社 科 学 术 文 库

LIBRARY OF ACADEMIC WORKS OF SOCIAL SCIENCES

外国历史大事集

现代部分·第一分册

朱庭光 ◉ 主　编

张椿年 ◉ 副主编

刘　陵　曹特金　朱希淦 ◉ 分册主编

中国社会科学出版社

图书在版编目(CIP)数据

外国历史大事集.现代部分.第一分册/朱庭光主编.—北京：
中国社会科学出版社，2017.3
(社科学术文库)
ISBN 978-7-5161-9659-5

Ⅰ.①外…　Ⅱ.①朱…　Ⅲ.①世界史—现代史　Ⅳ.①K1

中国版本图书馆CIP数据核字(2017)第005373号

出 版 人　赵剑英
责任编辑　刘志兵
特约编辑　张翠萍等
责任校对　张依婧
责任印制　李寡寡

出　　　版　中国社会科学出版社
社　　　址　北京鼓楼西大街甲158号
邮　　　编　100720
网　　　址　http://www.csspw.cn
发 行 部　010-84083685
门 市 部　010-84029450
经　　　销　新华书店及其他书店

印刷装订　北京君升印刷有限公司
版　　　次　2017年3月第1版
印　　　次　2017年3月第1次印刷

开　　　本　710×1000　1/16
印　　　张　39
插　　　页　2
字　　　数　656千字
定　　　价　158.00元

再版说明

　　《外国历史大事集》出版于 20 世纪 80 年代，是当时我国世界史学界知名学者们多年辛苦劳动的集体成果，体现出了扎实的学术功底和应用价值，是重要的学术参考书。二三十年过去了，此书仍然受到我国世界史学界的重视和广大读者的欢迎。

　　《外国历史大事集》此次再版，受到中国社会科学院创新工程的大力支持，将其列入社科学术文库。根据中国社会科学出版社的建议，此次再版时，将版式改为小 16 开；消除了原著中的一些错别字，对表述不够准确的地方也进行了推敲审定；删除了不清晰的插图，增加了古代部分的大事记内容。再版工作受到世界历史研究所专家们，包括一些退休专家的大力支持，他们对原著进行了细心审读，付出了辛苦劳动。参加审读的专家有如下同志：古代部分：第一分册，刘健；第二分册，郭方。近代部分：第一分册，于沛；第二分册，汤重南；第三分册，于沛；第四分册，部彦秀。现代部分：第一分册，沈永兴；第二分册，王章辉；第三分册，于沛；第四分册，姜芃。世界历史研究所科研处的同志也为再版修订做了大量工作。

　　衷心感谢中国社会科学院创新工程的支持！感谢参加修订工作的各位同志的辛勤劳动！对中国社会科学出版社决定再版《外国历史大事集》和出版社有关人员的辛苦劳动表示衷心感谢！

中国社会科学院世界历史研究所

2016 年 11 月

初版说明

　　《外国历史大事集·现代部分·第一分册》共辑入世界现代史上有一定历史地位和国际影响力的重大历史事件记述 47 篇，起自 1917 年俄国十月社会主义革命的胜利，讫于 20 世纪 20 年代末世界资本主义严重经济危机爆发之前。有少数稿件下限叙述到 30 年代初以至更晚一些。本册按事件发生年代先后，以欧洲、亚洲、非洲、拉丁美洲及国际关系、国际工人运动、科学文化等专题的顺序依次编排。

　　本册编辑小组由刘陵、曹特金、朱希渰、王显力四位同志组成，刘陵、曹特金、朱希渰任主编。组织和处理稿件的分工是：刘陵负责国际关系和科学文化，主持审改全分册书稿；曹特金负责欧洲和国际工人运动，其中苏联稿件与王显力等同志共同负责；朱希渰负责亚洲、非洲、拉丁美洲，并协助审改其他一些稿件；沈永兴负责统一体例和有关出版事宜。李谋源参加了部分地图的绘制。按照本套书正、副主编的分工，现代部分各分册由朱庭光负责通读所有稿件并定稿。

1986 年 6 月

目　录

俄国十月社会主义革命的胜利

于 沛 姚 海

1917 年 10 月 25 日（公历 11 月 7 日），俄国十月社会主义革命取得胜利，建立了世界上第一个社会主义国家，揭开了人类历史的新纪元。

二月革命后俄国的形势

1917 年二月革命推翻了统治俄国达 304 年之久的罗曼诺夫王朝，彻底埋葬了沙皇俄国的专制制度，同时也为俄国向社会主义过渡创造了条件。

在革命过程中，彼得格勒工人和士兵建立了革命政权——工兵代表苏维埃。2 月 27 日，布尔什维克党中央发表《告全体俄国公民书》，号召推翻沙皇专制制度，没收地主土地，实行八小时工作制，建立民主共和国，并立即退出战争。当晚，起义士兵由 26 日的 600 人增加到 66700 人，有力地加快了革命的进程。晚 9 时，彼得格勒苏维埃第一次会议在塔夫利达宫开幕，会议由国家杜马孟什维克党团代表齐赫泽主持。会上选出孟什维克的齐赫泽、斯柯别列夫，社会革命党人克伦斯基为主席团成员，布尔什维克的施略普尼柯夫、扎鲁茨基等 11 人为执行委员会委员。28 日，苏维埃发布公告，宣布彼得格勒苏维埃由各工厂、起义部队、各民主的和社会主义的政党推选的代表所组成。苏维埃的主要任务是"组织人民力量，为在俄国彻底巩固政治自由和实行由人民管理而斗争。苏维埃将指派区委员建立彼得格勒各区人民政权"。

同日，各连队的士兵代表在布尔什维克的支持下，来到塔夫利达宫参加会议。工人代表苏维埃扩大为工兵代表苏维埃。3 月 1 日，工兵代表苏维埃向彼得格勒卫戍部队发布著名的第 1 号命令：要求在部队中通过选举建立士兵委员会和水兵委员会，并由该委员会领导各部队的政治活动；各部队的所有武器弹药交由士兵委员会或水兵委员会管理，废除旧军衔制等一切旧部队中的制度。这样，军队开始掌握在苏维埃的手中。

彼得格勒苏维埃成立后，在短短的几天之内，还采取了一系列措施推动革命的发展。例如成立军事委员会和粮食委员会；建立工人民警队，即工人赤卫队的前身，负责维持首都的革命秩序；指派10名区委员建立区苏维埃政权；监督国家银行和造币厂，控制金融支配权；查封反动报纸，出版苏维埃机关报——《彼得格勒工人代表苏维埃消息报》等。苏维埃实际上开始行使政权机关的职能。

彼得格勒苏维埃政权建立后，对全俄产生了深刻而广泛的影响。据统计，到1917年3月，在394个城镇中成立了242个工人代表苏维埃，116个士兵代表苏维埃；在90个城市中建立了统一的工兵代表苏维埃。

当时俄国除了苏维埃政权外，还有另外一个政权，即资产阶级临时政府。

2月28日，彼得格勒武装起义以迅雷不及掩耳之势取得胜利，完全出乎资产阶级的意外。这迫使资产阶级放弃同专制制度勾结的打算，开始窃取革命的胜利果实。革命胜利的前夜，2月27日，资产阶级在杜马解散后成立了国家杜马临时委员会，由原国家杜马主席保皇派首领罗将柯任主席。28日，国家杜马临时委员会发表告俄国人民书，声称将由它来恢复国家政权，建立新的社会秩序，即由它来建立新的政府。

二月革命胜利后，苏维埃掌握了实际力量，特别是军事力量。如果得不到彼得格勒苏维埃的批准，国家杜马临时委员会就没有能力组织新政府。3月1日晚，彼得格勒苏维埃执委会的孟什维克和社会革命党人组成代表团，背着布尔什维克，开始同国家杜马临时委员会举行谈判。他们在谈判中执行机会主义路线，认为政权归资产阶级，这是资产阶级民主革命的必然结果。他们否认苏维埃能成为新的革命权力机关，认为只有资产阶级才有能力领导沙皇制度留下来的国家机构。

3月2日，彼得格勒苏维埃举行全体会议讨论建立新政权问题。布尔什维克代表建议成立工人阶级和革命军队的临时革命政府，不允许资产阶级参加。但是，在孟什维克和社会革命党人的操纵下，布尔什维克的建议被否决，通过了支持临时政府的决议。二月革命的胜利成果拱手交给资产阶级。

同日，资产阶级临时政府成立。大地主、全俄地方自治局联合会主席李沃夫任政府主席兼内政部部长，立宪民主党首领米留柯夫任外交部部长，十月党首领古契柯夫任陆海军部长，莫斯科纺织厂主科诺瓦洛夫任工商部长，糖业大王捷列申柯任财政部长，克伦斯基以社会革命党人的身份出任司法部长。

这样，既有工兵代表苏维埃政权，又有资产阶级临时政府政权，形成了两个政权并存的局面。出现这一历史上罕见的现象的重要原因，是"由于无产阶级的觉悟不高和组织不够"①。李沃夫后来曾这样分析俄国当时的政治形势："临时政府有权无力，而工兵代表苏维埃却有力无权。"

二月革命胜利后，布尔什维克党组织恢复了公开活动。3 月 5 日，党中央机关报《真理报》复刊。3 月 6 日，列宁用法文拍往斯德哥尔摩的一封电报中指出："我们的策略是：完全不信任新政府，不给新政府任何支持，特别要怀疑克伦斯基，把无产阶级武装起来（这是唯一的保证）……"② 这是列宁对临时政府成立的第一个反应。自 3 月 7 日起，侨居国外的列宁以给《真理报》写信的方式，揭露临时政府的反动实质，分析俄国革命的动力、特点和前途。列宁明确指出，二月革命只是变帝国主义战争为国内战争的第一阶段，目前正处在从革命的第一阶段过渡到第二阶段。4 月 3 日，列宁从瑞士回到彼得格勒，在车站受到工人和陆海军士兵的热烈欢迎。列宁在装甲车上发表演讲，高呼"社会主义革命万岁！"

4 月 4 日晨，列宁出席了在塔夫利达宫举行的布尔什维克党代表会议，作了关于战争与和平的报告。后来在布尔什维克与孟什维克的联席会议上又重述了一次。4 月 7 日，《真理报》发表报告的提纲，题为《论无产阶级在这次革命中的任务》，即具有重大历史意义的《四月提纲》。

《四月提纲》分析了俄国当时的形势，回答了革命面临的迫切问题，提出了从资产阶级民主革命向社会主义革命转变的路线。

提纲明确指出，目前俄国的特点是从革命的第一阶段过渡到革命的第二阶段，第二阶段应当使政权转到无产阶级和贫苦农民阶层手中。《四月提纲》还确定了党的策略方针，即不给临时政府任何支持，并彻底揭穿其种种诺言的欺骗性，争取全部政权归工人代表苏维埃。列宁强调，必须对群众进行耐心的、经常的、坚持不懈的说服教育工作，使他们摆脱小资产阶级政党的影响，不为临时政府所欺骗。

---

① 《列宁全集》第 36 卷，人民出版社 1956 年版，第 452 页。
② 《列宁全集》第 23 卷，人民出版社 1958 年版，第 302 页。

《四月提纲》为俄国革命的发展指明了方向。彼得格勒、莫斯科和许多地方的党组织相继召开代表会议，通过了拥护《四月提纲》的决议。1917年4月24—29日，举行了布尔什维克党的第七次全国代表会议（四月代表会议）。出席会议的代表共有151名（123名有表决权，18名有发言权），代表78个党组织的8万名党员。列宁当选为大会主席，并在会上作了报告，阐述了他在《四月提纲》中提出的由资产阶级民主革命转变为社会主义革命的路线和策略，批判了加米涅夫、李可夫等人关于俄国的资产阶级民主革命尚未完成，实现社会主义革命的条件尚未成熟等错误观点。在这次大会上，列宁、季诺维也夫、加米涅夫、米柳亭、诺根、斯维尔德洛夫、斯米尔加、斯大林、费多罗夫当选为中央委员。会议通过了列宁起草的关于战争问题、对临时政府的态度问题、土地问题等决议，确定了党的社会主义革命的路线和措施。

在列宁《四月提纲》的基础上，布尔什维克党实现了思想上和政治上的统一，为社会主义革命做好了思想上的准备。

七月事变

临时政府成立后，战争与和平问题成为临时政府迫切需要解决的问题。彼得格勒、莫斯科等城市多次举行争取和平的示威游行，要求立即停止战争。4月18日（公历5月1日），俄国人民第一次公开庆祝五一国际劳动节。彼得格勒工人清晨便举行反对帝国主义战争的示威游行，但在同日，临时政府外交部部长米留柯夫却向协约国发出照会，表示要"把世界大战进行到彻底胜利"，遵守沙皇政府签订的各种条约。

照会在4月20日公布后，立即引起工人和士兵的愤慨。彼得格勒的士兵和工人自发地组织起来。20—21日，10万名示威者高呼"打倒战争！""打倒米留柯夫！""公布秘密条约！""全部政权归苏维埃！""打倒侵略政策！"等口号。彼得格勒军区司令科尔尼洛夫企图用枪炮镇压示威群众。士兵拒绝向示威群众开火，他们声明，没有工兵代表苏维埃的同意，任何人的命令都不能生效。彼得格勒的示威游行很快扩展到莫斯科、下诺夫哥罗德、明斯克、哈尔科夫等地。

四月示威游行是反对临时政府的政治性示威游行，是临时政府危机的开端。临时政府为了渡过危机，解除了民愤最大的外交部长米留柯夫和陆海军部长古契柯夫的职务，并提出吸收苏维埃代表参加政府的建议，以维持它摇摇欲坠的统治。这时，苏维埃有可能根据群众的要求，把全部政权夺到自己手里。但孟什维克和社会革命党的首领不但没有利用这个机会，反而以参加临时政府的行动，帮助临时政府渡过了这次危机。

5月5日，新的临时联合政府成立。原临时政府主席李沃夫任总理。在这个政府里有10名代表资产阶级的部长和6名代表小资产阶级政党的部长。克伦斯基任陆海军部长，社会革命党首领切尔诺夫任农业部部长，孟什维克策列铁里任邮电部长，原财政部长捷列申柯改任外交部长。彼得格勒苏维埃的领导人违反了他们以前所作的不参加资产阶级政府的决定。他们还认为，临时联合政府的成立是革命民主制度的胜利，是资产阶级的重大让步。实际的情况正好相反。

临时联合政府执行的仍然是反人民的政策，对内，竭力把农民运动引上"合法斗争"的轨道，欺骗农民，要农民等待立宪会议召开后再分得土地，而不要去"强占"地主的土地。在工业方面，政府帮助大资产阶级成立了"保护工业委员会""私营铁路委员会""联合工业同盟"等组织，要求冻结工资，拒绝任何形式的监督。这些政策使垄断资产阶级的势力有了较大的发展，1917年上半年，俄国便新成立了206家股份公司。对外，临时联合政府加强对协约国帝国主义的依赖，以换取它们在政治和经济方面的支持。1917年5月，美国国务卿鲁特率领军政代表团访问俄国。临时联合政府以继续作战作为交换条件，得到美国3.25亿美元的贷款，用来购买美国的武器、弹药和其他军用物资。临时联合政府还表示，它同英法帝国主义的利益是一致的。5月31日向英法发出的照会宣布，它仍将坚定不移地忠于盟国的共同事业。

临时联合政府的内外政策充分暴露了它的资产阶级帝国主义性质，引起广大人民的极大愤慨，加速了无产阶级革命斗争的发展。列宁及其他布尔什维克领导人基洛夫、捷尔任斯基、古比雪夫、奥尔忠尼启则等积极参加工人、士兵集会，鼓舞人民的斗志。5月12日，列宁在普梯洛夫工厂两万人参加的群众大会上发表演说，指出只有工人农民夺取政权才能解决战争问题、土地问题和工人生活问题。5月14日，列宁在海军士官学校发表讲演，指出只有通过革命才能结束战争。5月22日，列宁在全俄第一次代表大会上发表演说，表示布尔什维克党坚决支持农民反对地主的斗争，农民应该无偿地得到土地。

1917 年夏，工人运动全面开展。6 月底，索尔莫夫工厂两万名工人举行罢工。7 月初，莫斯科市和莫斯科省五金工人罢工，彼得格勒、乌拉尔、巴库、顿巴斯的工人及莫斯科的铁路工人也展开了斗争。到 1917 年 7 月，布尔什维克党员增加了两倍。工会组织迅速壮大，6 月底已有会员 140 万人。在工人运动的影响下，农民运动开始高涨。在夏季，全俄 69 个省中已有 43 个省发生了农民骚动。3 月共发生农民骚动 50 余次，而在 5—6 月增加到 1600 多次。在部队中，二月革命后，布尔什维克在士兵中建立了党的军事组织，并出版了《士兵真理报》和《战壕真理报》，向士兵进行革命教育。波罗的海舰队所有的大军舰都成立了党组织，全舰队的布尔什维克党员已达 4000 人。6 月，布尔什维克全俄军事组织代表会议在彼得格勒举行，选举出了全俄军事组织中央局。会议决定更广泛地将广大士兵团结在布尔什维克周围，实行人民普遍武装，迎接新的战斗。

6 月 3 日，在全俄不断高涨的革命形势下，全俄工兵代表苏维埃第一次代表大会在彼得格勒开幕。在宣布自己党籍的 777 名代表中，布尔什维克占 105 名，社会革命党人占 285 名，孟什维克占 248 名。6 月 4 日和 9 日，列宁代表布尔什维克两次发表演讲。列宁指出，新型的人民政权绝不可能与资产阶级政府同时存在，只有进行社会主义革命才能摆脱战争。孟什维克和社会革命党的代表坚持同资产阶级结成联盟。策列铁里在会上发言说，现在俄国没有一个政党会说，你们把政权交给我们，你们走开吧，我们要取而代之。俄罗斯没有这样的党。这时列宁站起来打断了他的发言，高声说，有这样的党！列宁表示，布尔什维克随时都准备夺取全部政权。一个政党，如果在可能取得政权的时候拒绝掌握政权，那它就没有权利存在下去，就不配称为政党。

当工兵代表苏维埃第一次代表大会正在开会时，彼得格勒工人群众决定举行游行示威，向代表大会表示对临时政府内外政策的强烈不满。6 月 6 日，布尔什维克党中央委员会举行扩大会议。出席会议的除中央委员外，还有彼得格勒委员会和军事组织的代表。会议决定 6 月 10 日下午举行和平示威。为了保证这次活动有组织地进行，而且要有工人参加，布尔什维克党中央委员会在 6 月 9 日发表了《告彼得格勒全体劳动人民、全体工人和士兵书》，上面写道："工人们！加入士兵的队伍吧……同志们，都到街上去！士兵们，向工人伸出援助之手……同志们，都到大街上去！全部政权归全俄工人、士兵、农民代表苏维埃。"当时还提出"打倒 10 个资产阶级部长！""面包、和平、自由!"等口号。

示威游行即将在布尔什维克领导下有组织地进行时,孟什维克和社会革命党决定破坏这次活动。6月9日,他们在苏维埃代表大会上通过了在3天内禁止一切示威的决议。为了平息群众的不满,他们提出在6月18日举行示威游行,其目的是由他们来领导这次活动,并将其变成信任临时政府、反对布尔什维克的游行。这使布尔什维克的处境十分困难。如果按原定时间举行示威游行,就会违反苏维埃代表大会的决议,给人以口实,说布尔什维克搞阴谋诡计,挑起公开的决战。这恰巧是资产阶级所盼望的,因为布尔什维克还没有做好战斗的准备,资产阶级会以此为借口,对布尔什维克进行公开镇压。

6月9日晚,布尔什维克中央委员会作出决定,取消次日的示威,并将这一决定通过10日晨出版的《真理报》公布。但为了领导群众,揭露孟什维克、社会革命党同资产阶级临时政府相勾结的真面目,布尔什维克中央委员会、彼得格勒委员会在6月17日的《真理报》发表了《告彼得格勒全体劳动人民、全体工人和士兵书》,号召他们参加18日的示威游行,把这一天变成"革命的彼得格勒强烈反对复活的专横和压迫的日子"。

6月18日,约50万人参加了示威游行,除哥萨克团队、崩得分子和普列汉诺夫的《统一报》三个集团外,其余游行者都高呼布尔什维克提出的口号:"打倒10个资产阶级部长!""全部政权归苏维埃!"这次示威游行迅速提高了布尔什维克在全国人民中的威望,标志着资产阶级临时政府反动的内外政策和孟什维克、社会革命党投降政策的破产。在6月18日和以后的几天,莫斯科、伊凡诺沃-沃兹涅先斯克、索尔莫沃、科洛姆纳、基辅、哈尔科夫、叶卡捷琳诺斯拉夫等地,也都举行了声势浩大的示威游行。米留柯夫当时说,从彼得格勒开始的示威变成了"布尔什维克的庆祝大会"。

6月18日,彼得格勒举行示威游行的这一天,临时政府在苏维埃第一次代表大会的支持下,命令俄军在西南战线发起进攻。但是,士兵们不愿当帝国主义战争的炮灰。接到命令的15个师中,有10个师拒绝执行命令。仅北部战线的第5集团军,就有13000名士兵被交付法庭审判。临时政府强迫军队进攻,结果使俄军在前线遭到惨败,仅10天时间,俄军伤亡6万人。消息传来,激起了群众极大的愤怒,加深了临时政府的危机。

7月3日,彼得格勒再次爆发了工人和士兵的示威游行。布尔什维克党认为推翻临时政府的时机尚未成熟。这是因为军队和外省支持彼得格勒的革命力量还没有做好准备，处于孤立中的彼得格勒的革命群众如贸然行动，极易遭到资产阶级的血腥镇压。布尔什维克党中央于 3 日下午作出了劝阻群众行动的决定，但群众已积极行动起来。为了领导运动并使其具有和平的有组织的性质，党中央在当天深夜决定领导群众参加示威。第二天，50 多万工人、士兵和喀琅施塔得的水兵上街游行，要求苏维埃中央执行委员会主席立即夺取政权。

把持苏维埃领导权的孟什维克和社会革命党人完全站在临时政府一边，作出决定禁止示威游行，并同意临时政府从前线调部队到彼得格勒，用武力镇压群众运动。4 日下午 2 时，彼得格勒军区司令波洛夫采夫将军以"维持市内秩序"为名，下令哥萨克和士官生向示威群众开枪，造成 400 余人伤亡。随后，临时政府宣布彼得格勒戒严，封闭布尔什维克的《真理报》和《士兵真理报》，逮捕布尔什维克和革命工人，并通缉列宁，要以"叛国"和"组织武装暴动"的罪名把他送交法庭审讯。临时政府还解除工人武装，解散或调离参加示威的部队，并颁布了在前线恢复死刑、禁止举行群众大会等命令。

七月事变后，临时政府完全掌握了政权，孟什维克和社会革命党人领导的苏维埃成了它的附庸。7 月 24 日成立的以克伦斯基为首的新的联合政府，开始推行赤裸裸的反革命政策，而全俄苏维埃中央执行委员会竟然通过决议，承认这个政权是"拯救革命的政府"。

七月事变标志着两个政权并存局面的结束。由于孟什维克和社会革命党首领的叛卖，政权完全集中到反革命临时政府的手中，二月革命后出现的革命的和平发展道路已被堵塞。布尔什维克党转入地下，准备武装起义。

武装起义时机的成熟

国内政治局势的根本变化，要求布尔什维克党制定新的策略。列宁在七月事变后不久写成的《政治形势》《论口号》等文章中指出，"全部政权归苏维埃"的口号是革命和平发展的口号，现在已经不能用了。新的口号应该是准备武装起义，推翻资产阶级，建立无产阶级专政。1917 年 7 月 26 日到 8 月 3 日，在彼得格勒举行了布尔什维克党第六次全国代表大会。157 名拥有表决权和 110 名拥有发言权的代表出席了大会，这时，党已拥有 24 万名党员，即比四月代表会议时增加了两倍。斯维尔德洛夫、奥利明斯基、洛莫夫、尤列涅夫、斯大林五人组成大会主席团。列宁、季诺维也夫因受通缉，未能出席大会，但被选为大会荣誉代表。加米涅夫、托洛茨基、柯伦泰和卢那察尔斯基也被选为荣誉代表。斯大林在会上作了中央委员会的政治报告和关于政治形势的报告。代表大会在《关于政治形势》的决议中指出："现在，和平发展和使政权无痛苦地转归苏维埃已经不可能……"大会号召工人、革命士兵和贫苦农民准备同资产阶级决战。代表大会还通过了布哈林提出的反对列宁、季诺维也夫在任何情况下出庭受审的决议案。大会选举了以列宁为首的党中央委员会。新选出的中央委员会比上一届扩大了1倍多，共计有21名中央委员和10名候补中央委员。中央委员中除列宁外，还有季诺维也夫、加米涅夫、托洛茨基、布哈林、捷尔任斯基、李可夫、斯大林、柯伦泰、克列斯廷斯基、米柳亭、谢尔盖也夫、斯米尔加、穆拉诺夫、诺根、索柯里尼柯夫、乌里茨基、邵武勉、别尔金、布勃诺夫、斯维尔德洛夫。中央委员会受代表大会的委托，向全体劳动人民发表宣言，号召他们在布尔什维克的领导下，武装夺取政权。

七月事变后，资产阶级在英、法、美等帝国主义国家的支持下，加紧策划消灭革命力量、建立军事独裁的阴谋，并决定由新任俄军最高总司令科尔尼洛夫扮演军事独裁者的角色。为了动员反革命力量，8月12日到8月15日，临时政府在莫斯科召开了有高级将领、立宪民主党、孟什维克和社会革命党的代表，沙皇国家杜马、地方自治局、工商界和金融界的代表参加的国务会议。在会上，克伦斯基声称要以铁与血的手段确立秩序，科尔尼洛夫和卡列金则公开要求建立军事专政。会议结束后，科尔尼洛夫回到莫吉廖夫大本营着手准备叛乱。8月20日，他下令放弃里加，21日，德军占领里加，威逼彼得格勒。25日，科尔尼洛夫以保卫首都为借口，把他认为最可靠的部队——由克雷莫夫指挥的哥萨克第3骑兵军和由高加索山民组成的"野蛮师"调往彼得格勒，并要求临时政府交出全部政权。克雷莫夫宣布在彼得格勒、喀琅施塔得、爱沙尼亚、芬兰实行戒严，在这些地区和波罗的海舰队建立战地法庭；凡集会、罢工、保存武器、未经检查出版报纸杂志者，不经审讯即可就地枪决。原先积极参与叛乱阴谋的克伦斯基看到科尔尼洛夫不肯同他分享政权，同时害怕群众会把他本人和叛乱分子一起打倒，宣布科尔尼洛夫是卖国贼，下令将其逮捕。但他和临时政府没有采取、也无力采取任何有效的措施。

在危急时刻，布尔什维克党向群众揭露了科尔尼洛夫叛乱的实质。8月

27 日，布尔什维克党中央委员会、彼得格勒委员会、中央军事组织、工厂委员会中央会议、苏维埃中央执行委员会和彼得格勒苏维埃的布尔什维克党团散发了《告全体劳动人民、告彼得格勒全体工人和士兵书》的传单，号召工人和士兵起来保卫革命。彼得格勒的工人和革命士兵做好了迎击科尔尼洛夫部队的准备。普梯洛夫工厂组成了一支 2000 人的赤卫队，整个彼得格勒已武装起 4 万名工人。数百名布尔什维克宣传员深入科尔尼洛夫的部队，说服士兵拒绝执行进军彼得格勒的命令。通过他们的工作，不少士兵开始转到工人方面来。在西部战线，革命士兵控制了明斯克、戈麦尔、维帖布斯克、奥尔沙等铁路枢纽站和通往基辅、彼得格勒的公路。铁路工人拆毁路轨，阻止科尔尼洛夫军车的运行。

斯维尔德洛夫、斯大林、布勃诺夫、捷尔任斯基、乌里茨基等中央委员在斯莫尔尼宫领导了粉碎科尔尼洛夫叛乱的斗争。除彼得格勒外，莫斯科、下诺夫哥罗德、伊凡诺沃－沃兹涅先斯克、哈尔科夫、乌拉尔、伏尔加河流域、乌克兰、外高加索、顿河、西伯利亚、土耳克斯坦、波罗的海沿岸都成立了工人赤卫队，开展了反对科尔尼洛夫叛乱的斗争。8 月 30 日，克雷莫夫看到叛乱成功无望，开枪自杀。科尔尼洛夫也很快被捕。科尔尼洛夫掀起的叛乱彻底失败了。

广大人民群众从切身的经验中认识了临时政府的面目，看穿了小资产阶级政党妥协政策的实质。8 月 31 日，彼得格勒苏维埃以 279 票赞成、115 票反对、51 票弃权通过了布尔什维克提出的关于建立由无产阶级和农民代表组成政权的决议案。9 月 9 日，又以压倒多数通过了对孟什维克和社会革命党人把持的彼得格勒苏维埃主席团的不信任案，齐赫泽、策列铁里等被迫辞职，苏维埃的领导权转到了布尔什维克的手里。9 月 24 日，中央委员会决定提名托洛茨基任彼得格勒苏维埃主席。9 月 25 日，苏维埃批准了这一决定。在这之前，莫斯科苏维埃也实现了这一转变。9 月 5 日，在莫斯科工人代表苏维埃和士兵代表苏维埃举行统一的全体会议上，以 355 票对 254 票，通过了建立工人赤卫队、同妥协主义彻底决裂的决议。另一名中央委员诺根被任命为莫斯科苏维埃主席。彼得格勒、莫斯科苏维埃由布尔什维克掌握后，为布尔什维克掌握全国的苏维埃创造了条件。在不到两周的时间内，伊凡诺沃－沃兹涅先斯克、特维尔、科斯特罗马、维堡、赫尔辛福斯、喀琅施塔得、列维尔、明斯克、基辅、喀山、萨拉托夫、萨马拉、察里津、叶卡捷琳诺堡等 80 多个苏维埃都宣布支持彼得格勒和莫斯科苏维埃的决议。

　　9月间，全国绝大多数苏维埃的成分发生了变化，布尔什维克在其中占了优势，苏维埃成了革命的战斗机关。在这种形势下，布尔什维克党再次提出了"全部政权归苏维埃"的口号。现在，这个口号已经意味着举行武装起义。

彼得格勒武装起义

　　1917年秋天，俄国爆发全国性的危机。整个国民经济处于崩溃的境地。物价急剧上涨，工人的实际工资比战前几乎降低了一半，每1个卢布的购买力抵不上战前的10戈比。人民群众生活每况愈下。8月，彼得格勒和莫斯科的居民每天只能得到200克面包。资产阶级临时政府继续执行反革命的政策，日益尖锐的社会经济矛盾和政治矛盾促进了革命运动的蓬勃发展，大规模的、有组织的工人罢工持续不断，农民起义蔓延到欧俄部分90％以上的县。9月，农民起义的次数比5月增加了5倍。前线的士兵再也不愿打下去了，官兵矛盾不断尖锐。整个兵团拒绝执行战斗命令的现象明显增多，前线开始崩溃。少数民族的解放斗争也大大增强，一些地区已发展为公开的武装冲突。小资产阶级政党内部开始分裂，社会革命党内出现了左派。8—10月，皮尔姆、乌发、撒马拉、梁赞、伊尔库茨克、明斯克、巴库等地的左派社会革命党人先后同社会革命党决裂，建立自己独立的组织。在彼得格勒，社会革命党员有4.5万人，其中左派有4万人。左派社会革命党人同布尔什维克的联系日益密切。他们反对同资产阶级联合，主张取消地主土地所有制，孟什维克中形成的"国际主义者"集团也开始倾向于布尔什维克。

　　孟什维克和社会革命党人为了阻止革命的发展，把国家引向资产阶级立宪民主主义的道路，于9月14日到22日召开了所谓"全俄民主会议"。会议作出了同资产阶级联合组成政府的决定，并成立了一个"预备议会"。布尔什维克党对预备议会实行抵制，退出预备议会，同时展开了争取召开苏维埃第二次代表大会的运动，并加紧武装起义的准备。

　　彼得格勒七月事变之后，列宁转入秘密活动，他被迫居住在芬兰。9月中旬，他在分析了全国总的形势之后，认为举行武装起义的有利时机已经到来。他在写给布尔什维克党中央的信中，全面论证了武装起义的必要性。列宁认为，起义要获得胜利，应该靠先进的阶级，依靠人民的革命高潮，依靠革命发展进程上的转折点。这些条件在当时都已经具备。9 月 29 日,列宁进一步指出:"危机成熟了,俄国革命的整个前途已处在决定关头。"① 他特别强调,拖延起义的准备工作就有毁灭整个革命事业的危险。

10 月 7 日,列宁根据布尔什维克党中央委员会 10 月 3 日作出的专门决议,从芬兰秘密回到彼得格勒。10 月 10 日,党中央委员会举行会议。列宁、季诺维也夫、加米涅夫、托洛茨基、斯大林、斯维尔德洛夫、乌里茨基、捷尔任斯基、柯伦泰、布勃诺夫、索柯里尼柯夫、洛莫夫 12 名中央委员出席会议。列宁作了关于目前形势的报告,指出进行武装起义的政治条件已经成熟,党必须注意军事技术方面的问题,选择恰当时机,给敌人以致命打击。斯维尔德洛夫作了关于群众情绪和各地形势的报告。会议以 10 票赞成,加米涅夫、季诺维也夫 2 票反对,通过了列宁起草的关于武装起义的决议。根据党中央的决定,10 月 12 日,在彼得格勒苏维埃中成立了准备和领导起义的机关——革命军事委员会。

10 月 16 日,举行了布尔什维克党中央委员会扩大会议,讨论武装起义问题,出席这次会议的中央委员有 25 人,斯维尔德洛夫任会议主席。列宁在宣读了中央委员会 10 月 10 日的决议后指出:"根据对俄国和欧洲阶级斗争的政治分析,必须制定最坚决、最积极的政策,这个政策只能是武装起义。"② 加米涅夫、季诺维也夫继续反对起义,认为布尔什维克还没有足够的力量来取得胜利,应该等待立宪会议的召开。在辩论中,列宁 3 次发言批驳了他们的观点。最后,会议以 19 票赞成、2 票反对、4 票弃权的表决结果通过了关于武装起义的决议。号召所有党组织、全体工人和士兵加紧武装起义的准备,并决定由中央委员会和彼得格勒苏维埃选择进攻的恰当时机和方式。会议还选出了由布勃诺夫、捷尔任斯基、斯维尔德洛夫、斯大林、乌里茨基组成的革命军事总部,作为党的领导核心参加彼得格勒苏维埃革命军事委员会的工作。

正当全力准备武装起义的时候,10 月 18 日的《新生活报》发表了加米涅夫以他本人和季诺维也夫的名义所写的文章,泄露了关于举行武装起义的决定。文中写道:"不仅我和季诺维也夫同志,而且许多其他做实际工作的同志也认为,在目前社会力量对比的情况下,在几天后即将召开苏维埃代表

---

① 《列宁全集》第 26 卷,人民出版社 1959 年版,第 65 页。
② 同上书,第 173 页。

大会的情况下，发动武装起义是不允许的，这样做会给无产阶级革命带来灾难。"

为了扼杀正在准备中的武装起义，临时政府在 10 月 17 日举行秘密会议，讨论镇压布尔什维克的措施。会后，临时政府命令大本营火速把部队从前线调到彼得格勒，要求驻在首都的哥萨克团队做好战斗准备，加强对冬宫和其他政府机关的守卫，并由彼得格勒军区司令发布准备镇压起义的紧急命令。

但是，无论什么措施都不能挽救资产阶级临时政府的命运了。革命力量已充分地动员和组织起来，彼得格勒 2 万多人的工人赤卫队从 19 日起由革命军事委员会直接指挥。10 月 21 日，布尔什维克召开了首都所有部队和舰队团连委员会会议。会上由托洛茨基作了关于目前形势的报告。从这一天起，彼得格勒卫戍部队完全承认苏维埃为唯一的权力机关，承认军事革命委员会为直接指挥机关。波罗的海舰队的水兵从喀琅塔得和赫尔辛福斯调往彼得格勒，"阿芙乐尔"号巡洋舰和其他一些军舰都接受了战斗任务。10 月 22 日是"彼得格勒苏维埃日"，布尔什维克组织工人和士兵举行声势浩大的集会，要求立即把全部政权转归苏维埃。决战前夕，革命群众充分显示了自己的坚强决心和巨大力量，布尔什维克领导的社会主义革命大军进入战斗状态。

酝酿已久的阶级大搏斗开始了。

10 月 23 日夜，临时政府下令占领武装起义的司令部——斯莫尔尼宫，拆掉涅瓦河上的桥梁，以切断工人区和市中心区的联系。10 月 24 日，彼得格勒军区司令下令驱逐革命军事委员会派在团队中的政治委员并将他们交付法庭审判。当天清晨，士官生袭击了布尔什维克党中央机关报《工人之路报》和中央军事组织的《士兵报》印刷所，抢去报纸，捣毁铅版。上午，市内交通中断，士官生占领了电话局。

在这种形势下，布尔什维克党中央委员会立即举行会议，决定采取紧急措施回击反革命的进攻。10 月 24 日上午 10 时左右，工人赤卫队和革命士兵夺回了被占领的印刷所，立即出版报纸，发出推翻临时政府的号召。武装起义开始了。在几小时之内，一支总数超过 20 万人的革命队伍迅速行动起来。革命军事委员会通过"阿芙乐尔"号巡洋舰上的无线电台，号召彼得格勒以外的所有革命组织做好战斗准备，阻止临时政府的部队开往首都。

10 月 24 日晚上，列宁秘密来到斯莫尔尼宫，直接领导已经开始的武装起义。25 日凌晨，起义队伍夺取了涅瓦河上的桥梁，占领了电报总局、电话总局、邮政总局、通讯社、国家银行、发电厂、火车站等重要目标。到早上，除了冬宫等少数据点外，整个首都实际上掌握在起义者的手中。旧的国家机器已经瘫痪。克伦斯基乘坐美国大使馆的汽车，仓皇逃往普斯科夫的北方战线司令部。

10 月 25 日上午 10 时，革命军事委员会公布了列宁起草的《告俄国公民书》，宣告"临时政府已被推翻。国家政权已转到彼得格勒工兵代表苏维埃的机关，即领导彼得格勒无产阶级和卫戍部队的军事革命委员会手中"。① 下午，彼得格勒苏维埃在斯莫尔尼宫召开紧急会议，听取革命军事委员会关于推翻临时政府和起义胜利的报告。列宁在会上庄严宣布："布尔什维克始终认为必要的工农革命，已经成功了。"②

10 月 25 日傍晚，数万名赤卫队员、革命士兵和水兵包围了反革命的最后巢穴——冬宫。革命军事委员会向临时政府发出最后通牒，令其在 20 分钟内停止抵抗，缴械投降。临时政府以需要与大本营协商为借口拖延时间。20 分钟后，起义队伍冲进冬宫附近的军区司令部，控制了直接进攻冬宫的出击阵地。这时，守卫冬宫的反革命部队开始瓦解，300 名哥萨克自行撤离冬宫，一部分士官生也发生动摇。晚 8 时后，革命军事委员会委员丘德诺夫斯基前往冬宫，限令临时政府无条件投降，但遭到拒绝。列宁在听取了关于冬宫情况的汇报后，指示负责攻打冬宫的革命军事委员会主席波德沃依斯基迅速占领冬宫。晚 9 时 40 分，停泊在离冬宫不远的尼古拉耶夫桥边的"阿芙乐尔"号巡洋舰发射空弹，作为开始攻打冬宫的信号。起义者与据守冬宫的敌人英勇战斗，到深夜 1 时，以安东诺夫－奥夫申柯和丘德诺夫斯基为首的起义队伍冲进冬宫，与士官生进行了一个多小时短兵相接的搏斗。26 日凌晨 2 点 10 分，完全占领了冬宫，逮捕了临时政府的部长，并把他们押送到彼得－保罗要塞。至此，彼得格勒武装起义取得了彻底胜利。

在攻打冬宫的同时，10 月 25 日晚 10 时 45 分，全俄工兵代表苏维埃第二次代表大会在斯莫尔尼宫开幕。代表 402 个苏维埃出席大会的 673 名代表中，390 名属于布尔什维克，160 名属于社会革命党（大多数是左派社会革命党人），72 名属于孟什维克，其余属于各个小党派或无党派。有 505 名代

---

① 《列宁全集》第 26 卷，人民出版社 1959 年版，第 261 页。
② 同上书，第 219 页。

表带来了选民委托书，要求把政权交给苏维埃。布尔什维克掌握了大会的领导权，它是出席这次大会中最大的党。右派社会革命党、孟什维克和崩得分子的领导人拒绝参加主席团，并攻击布尔什维克领导的起义是"军事阴谋"。他们要求同临时政府进行谈判，并退出了代表大会。但左派社会革命党人拒绝退出大会，公开站在布尔什维克一边。它的首领卡列林在会上发言说："整个革命的命运是同布尔什维克的命运联系在一起的，布尔什维克的灭亡将是革命的灭亡。"26日凌晨3时10分，大会接到已攻下冬宫和临时政府成员被捕的报告。

26日晨5时，代表大会通过了由列宁起草、卢那察尔斯基代表布尔什维克党团宣读的《告工人、士兵和农民书》。这一历史性文献宣布："根据绝大多数工人、士兵和农民的意志，依靠彼得格勒工人和卫戍部队所举行的胜利起义，代表大会已经把政权掌握在自己手里"，"各地全部政权一律转归工兵农代表苏维埃"①。

26日晚上，代表大会举行第二次会议，列宁在会上作了关于和平问题和土地问题的报告。会议一致通过了苏维埃政权的第一个法令——和平法令，在这个法令中，苏维埃政府向各交战国的人民及政府建议立即就缔结公正的、民主的、不割地不赔款的和约进行谈判，谴责帝国主义战争，宣布废除秘密外交，并呼吁英、法、德等国的工人帮助苏维埃国家把和平事业有成效地进行到底。会议还通过了涉及千百万劳动人民利益的土地法令，这个法令规定，立即无偿地没收地主土地，永久废除土地私有权；地主的田庄以及一切皇族、寺院和教堂的土地，连同其耕畜、农具、房屋和一切附属物，一律交给乡土地委员会和县农民代表苏维埃支配，把土地分给劳动者平均使用。大会还决定，在立宪会议召开以前，成立苏维埃人民政府——人民委员会来管理国家。

列宁在会上当选为人民委员会主席。斯大林当选为民族事务人民委员，安东诺夫–奥弗申柯、克雷连柯和迪宾科当选为陆海军人民委员，斯克沃尔佐夫任财政人民委员，卢那察尔斯基任教育人民委员，洛莫夫任司法人民委员，米留金任农业人民委员，托洛茨基任外交人民委员，李可夫任内务人民委员，阿维洛夫任邮电人民委员，特奥多罗维奇任粮食人民委员，诺根任工商业人民委员，什里雅普尼科夫任劳动人民委员。大会还选举成立了苏维埃

---

① 《列宁全集》第26卷，人民出版社1959年版，第223页。

全俄中央执行委员会。全俄中央执行委员会共选出委员101人,其中布尔什维克62人,左派社会革命党人29人。

苏维埃第二次代表大会的召开宣告了世界上第一个社会主义国家的诞生。

十月革命的胜利不是偶然的。

领导这次革命的俄国无产阶级具有丰富的斗争经验。在斗争中,无产阶级和占人口大多数的劳动农民结成了紧密的联盟,使十月革命的胜利有了可靠的基础。

十月革命胜利的重要原因之一,是俄国有一个用马克思列宁主义理论武装起来的无产阶级政党——布尔什维克党。十月革命之所以能够迅速取得胜利,还由于俄国资产阶级比较软弱。此外,国际环境也有利于俄国无产阶级。十月革命发生在帝国主义世界大战期间,主要资本主义国家分成两大营垒,它们正在互相厮杀,不能马上抽出大量兵力来援助俄国资产阶级;而国际无产阶级的声援和同情则是对俄国革命的有力支持。

十月革命是人类历史上第一次成功的无产阶级革命。十月革命不仅是俄国历史的转折点,而且具有伟大的世界历史意义。十月革命的胜利冲破了世界帝国主义阵线,结束了帝国主义的一统天下,开始了人类社会从资本主义向社会主义的过渡。

苏维埃政权在全俄的建立

于　沛

从 1917 年 10 月 25 日（俄历，下同）到 1918 年 3 月，是俄国苏维埃政权胜利前进，扩展到全国范围的时期。在列宁和布尔什维克党的领导下，俄国人民粉碎了剥削阶级的反抗，首先在俄罗斯工业城市夺取政权，同时争取在中小城市夺取政权，并逐步扩展到农村和少数民族地区，苏维埃政权在全俄建立的过程中，经历了激烈曲折的政治斗争和武装斗争，鲜明地表现出十月革命的社会主义性质。

彼得格勒起义胜利后的俄国形势

彼得格勒武装起义胜利后，成立了苏维埃人民政府——人民委员会。但是，被推翻的反动势力并不甘心失败，企图通过军事叛乱重新夺回政权。

彼得格勒爆发武装起义时，临时政府总理克伦斯基于 10 月 25 日上午逃出彼得格勒，当天晚上到达北方战线司令部驻地普斯科夫。次日，他在普斯科夫南面的奥斯特洛夫会见了哥萨克骑兵部队第三骑兵军军长克拉斯诺夫。两人商定趁苏维埃政权还没有完全巩固，立即发动反革命叛乱，向彼得格勒进发。10 月 27—28 日，克伦斯基和克拉斯诺夫指挥的军队先后占领了距彼得格勒约 20 俄里的加特契纳和皇村。克伦斯基在加特契纳以"临时政府内阁总理兼俄罗斯全军最高总司令"的名义，向彼得格勒军区部队下令，要他们"执行应尽之天职"，推翻苏维埃政权。

10 月 29 日，彼得格勒的反革命"救国救革命委员会"策动士官生叛乱，企图与克伦斯基里应外合，推翻苏维埃政权。救国救革命委员会的前身是社会治安委员会，它是由市杜马代表、预备国会议员，退出第二次苏维埃代表大会的右派社会革命党党团分子和孟什维克党团分子、社会革命党中央委员会和孟什维克中央委员会的代表组成的。他们在策动士官生叛乱的同时，加紧同保皇党人、黑帮分子普里什克维哥等勾结，支持保皇党组织恢复帝制的活动。这表明，资产阶级和保皇党黑帮分子为反对苏维埃政权结成了统一战线。

10 月 29 日清晨，1000 多名士官生抢走了停放在米海依洛夫广场的装甲车，用突然袭击的方式占领了市电话局，切断了苏维埃政府同外界的电话联系，然后准备集中力量攻打斯莫尔尼宫。在彼得格勒人民的支持下，赤卫队和革命士兵同士官生展开激烈的巷战，及时地粉碎了这场叛乱。被击溃的士官生逃向皇村，投奔克伦斯基。

为了保卫彼得格勒十月武装起义的胜利成果，列宁、斯大林和奥尔忠尼启则领导革命人民积极做好抵御克伦斯基新的进攻准备。人们在通往彼得格勒的交通要冲挖掘战壕，设置铁丝网路障，还建立了许多工人武装连队和主要由青年女子组成的红十字军。工人武装同革命士兵迅速开赴前线，加强了彼得格勒的防御力量。

10 月 30 日，双方在普斯科夫展开激战。已逼近彼得格勒的克拉斯诺夫的哥萨克部队遭到失败，被迫放弃皇村，逃往加特契纳。11 月 1 日，革命军队乘胜收复了加特契纳。克伦斯基化装成女人逃离加特契纳。克拉斯诺夫当即被捕，被押往斯莫尔尼宫。但他表示，他"以将军的良心发誓"，今后永远不再反对苏维埃政权，所以很快就被释放。这个人不久即食言背信，重新策动反革命叛乱。[1]

在同克伦斯基－克拉斯诺夫叛乱分子作斗争的严重时刻，社会革命党和孟什维克通过他们领导的全俄铁路总工会执行委员会（简称"全俄铁总执委会"）公开反对苏维埃政权。10 月 29 日士官生发动武装叛乱时，全俄铁总执委会宣布："在彼得格勒成立的人民委员会，只依靠一个政党，自然不能得到全国的承认和拥护，必须组织别的政府"，它提议要建立"清一色的社会主义者政府"，还威胁说，如果拒绝这一要求，就举行总罢工。所谓"清一色的社会主义者政府"，是指包括有布尔什维克、孟什维克以及左派和右派社会革命党参加的政府，这实际上意味着取消无产阶级专政的苏维埃

---

① 克拉斯诺夫被释放后逃往顿河，1918 年，他在美英帝国主义的支持下组织白卫军，发动叛乱，以后在英法帝国主义的支持下两次进攻察里津，被击溃后于 1919 年逃往德国，成为德国谍报机关的间谍。1947 年，他同其他德国战犯一起被苏联最高法院军事委员会判处绞刑。

政权。

为了揭穿铁总执委会的阴谋，布尔什维克党中央决定同它进行谈判，但只是把这次谈判看作赢得必要的时间、彻底粉碎克伦斯基武装叛乱的一种"外交掩护"。布尔什维克党中央同时提出成立政府的条件，即它必须对全俄中央执行委员会负责并承认全俄苏维埃第二次代表大会通过的法令和决议。铁总执委会拒绝接受这一条件，暴露了它要求建立的"社会主义者政府"的真实目的。

在谈判过程中，加米涅夫、季诺维也夫违反党中央的决定，同意成立布尔什维克代表占1/2，孟什维克、右派社会革命党等反动政党占1/2的政府；对反动政党提出的把列宁排除在政府之外的挑衅性"提议"，也不表示反对。

布尔什维克党中央断然否决了加米涅夫、季诺维也夫向反动政党妥协的主张。11月2日，布尔什维克党中央委员会通过《关于中央内部反对派问题的决议》，指出加米涅夫、季诺维也夫等人"完全丧失了布尔什维主义的一切根本立场，背弃了无产阶级的阶级斗争"[1]。加米涅夫、季诺维也夫、李可夫、诺根和米柳亭声明退出中央委员会，拒绝布尔什维克党中央对他们的批判。同时，诺根、李可夫、米柳亭和泰奥多罗维奇还退出了人民委员会。布尔什维克党中央委员会迅速作出决定：撤销加米涅夫全俄中央执行委员会主席的职务，改由雅·米·斯维尔德洛夫担任；把格·伊·彼得罗夫斯基、彼·伊·斯图契卡、亚·格·施里赫特尔和马·季·叶利扎罗夫等坚定的布尔什维克补充到人民委员会。

彼得格勒武装起义取得胜利时，第一次世界大战仍在继续。苏维埃为迅速停止战争，实现持久和平，进行了不懈的努力。和平法令颁布后，苏维埃政府在11月8日照会英、美、法三国大使，提出在各条战线上缔结和平协定，开始和平谈判。但是，英、美、法三国拒绝承认苏维埃政权，没有接受这一建议。11月15日，苏维埃政府发表告各交战国人民书，号召各交战国人民参加停战协定的谈判。苏维埃政府宣布："我们将在12月1日进行和平谈判。如果盟国的人民不派出自己的代表，我们将单独同德国人进行谈判，我们希望普遍的和平，但是，如果这些盟国的资产阶级要迫使我们单独媾和的话，一切责任将由他们来担负。"英、美、法三国继续拒绝和平谈判，它们企图把战争进行下去，用德国人的枪炮扼杀俄国社会主义革命，消灭年轻

---

[1] 《列宁全集》第26卷，人民出版社1959年版，第258页。

的苏维埃政权。

粉碎克伦斯基－克拉斯诺夫武装叛乱后，对苏维埃政权威胁最大的是设在莫吉廖夫的大本营（俄国参加第一次世界大战时的参谋总部）。原参谋总长杜鹤宁得到克伦斯基失败的消息后，自封为最高总司令。前临时政府的部长们也都逃到这里，他们准备成立以社会革命党头目切尔诺夫为首的新政府。英、美、法帝国主义国家政府向杜鹤宁表示，他们不承认苏维埃政权，只承认大本营是俄国唯一的政权机关，还答应给他各种形式的援助，唆使他拒绝执行苏维埃政府关于立即同德国统帅部举行谈判的命令。

11月9日凌晨4时，列宁亲自来到彼得格勒总参谋部，电令杜鹤宁立即按照"和平法令"同德军统帅部进行谈判。杜鹤宁拒绝执行命令，并将沙皇俄国的将军科尔尼洛夫、邓尼金、卢柯姆斯基、罗曼诺夫斯基等释放出狱，公开对抗苏维埃政权。列宁宣布撤销杜鹤宁的职务，任命人民委员会委员尼·瓦·克雷连柯为最高总司令。同日，列宁通过无线电台向前线所有集团军、军、师团发表广播讲话，号召他们包围反动将领，停止军事行动，同德、奥士兵进行联欢，用自己的实际行动争取实现和平，粉碎大本营的反革命阴谋。根据人民委员会的命令，克雷连柯指挥彼得格勒、明斯克等地的革命士兵开赴大本营镇压杜鹤宁叛乱。11月18日，革命军事委员会宣布对大本营实行监督。20日晨，克雷连柯率领革命士兵抵达莫吉廖夫，战士们逮捕并处死了杜鹤宁。反革命的大本营彻底崩溃了。

彼得格勒起义胜利后，布尔什维克党中央采取的上述措施，有力地巩固了十月武装起义的胜利成果。但是，苏维埃政权面临的政治、军事形势仍是严峻的，盘踞在俄国其他地区的反革命势力同英、美、法等国际帝国主义势力相勾结，准备发动新的军事叛乱。为了彻底粉碎国内外反动势力策划的新的阴谋，布尔什维克党的主要任务是迅速在全俄建立苏维埃政权。

莫斯科起义和在全俄建立苏维埃政权

10月25日晨，布尔什维克莫斯科党委会开会时得知彼得格勒开始武装起义，当即成立了由弗拉基米尔斯基、比亚尼茨基和波德别尔斯基等人组成的党的军事总部。军事总部命令赤卫队和第56团的部分革命士兵迅速占领克里姆林宫附近的邮电总局和电报局。莫斯科工兵代表苏维埃当即举行会议，选举产生了革命军事委员会。该委员会由布尔什维克 M. 斯米尔诺夫、

Н. И. 穆拉洛夫、Г. А. 乌西也维奇和 Г. 洛莫夫 4 人，孟什维克 М. И. 梯帖利巴乌姆、М. Ф. 尼古拉耶夫 2 人，统一派① Н. К. 康斯坦丁诺夫 7 人组成。孟什维克和统一派分子同时又参加了反革命的"公安委员会"。革命军事委员会在武装斗争开始后才成立，这是一个严重的失误，它组织不纯，给指挥起义带来许多障碍。

10 月 25 日夜至 26 日晨，莫斯科革命军事委员会发表一系列命令。宣布彼得格勒武装起义已获胜利，要求莫斯科卫戍部队进入战备状态，规定除执行军事委员会发布的命令和指示外，其余一切指示和命令都不准执行。要求士兵、农民、铁路员工、邮电职工立即行动起来，为建立苏维埃政权而斗争。军事委员会还封闭了资产阶级报纸，占领了国家银行等重要机关。

与此同时，反动势力也在集结力量。10 月 25 日夜，莫斯科市杜马和莫斯科军区司令部召开紧急会议，成立了由莫斯科市长、右派社会革命党人鲁斯涅夫为首的"公安委员会"，并由军区司令里亚勃采夫上校负责组织和指挥反革命武装。当反动士官生包围了克里姆林宫之后，里亚勃采夫要求革命军事委员会从克里姆林宫撤出第 56 团和 193 团 1 个连的革命士兵。革命军事委员会非但没有及时与敌人进行斗争，反而同意谈判并达成协议：第 193 团的 1 个连从克里姆林宫撤出，已占领邮局和电报局的革命士兵也撤出；作为交换条件，士官生解除对克里姆林宫的包围。这一无原则的妥协使敌人的气焰更加嚣张。

革命士兵在 27 日晨撤出克里姆林宫后，里亚勃采夫当晚就撕毁协议，宣布全城戒严，派重兵重新包围克里姆林宫，并提出时限为 15 分钟的最后通牒。通牒要求立即解散革命军事委员会，并将其成员交法庭审判，还要求从克里姆林宫撤出第 56 团，把已从军火库取出的武器全部送还。革命军事委员会断然拒绝了这些条件，命令革命士兵采取军事行动粉碎敌人的反革命企图。但是，里亚勃采夫已将阿列克雪也夫军事学校、亚历山大罗夫军事学校和其他 6 所尉官学校的反革命军队组织起来，并配备优良武器，包围和攻击克里姆林宫。10 月 28 日晨，克里姆林宫失守。反革命军队从特罗伊茨基大门冲入，对革命士兵进行了血腥屠杀。为了打退反革命武装的进攻，莫斯科各工厂在同日宣布总罢工。工人们蜂拥来到苏维埃和革命军事委员会，要

---

① 统一派是孟什维克护国派极右翼集团，1917 年 3 月成立，十月革命时，统一派参加了反革命的"救国救革命委员会"。

求发放武器投入战斗。他们从喀山铁路备用线上的车厢中取出4万支步枪，武装了工人赤卫队。当晚莫斯科共有10万名工人和士兵组织起来，自觉地投入到保卫苏维埃政权的斗争中去。在革命高潮中，孟什维克完全退出了革命军事委员会。

10月29日晨，革命部队在布尔什维克叶·米·马林科夫、彼·彼·舍尔柯夫、巴·卡·什捷尔恩别尔格等人的指挥下，以三路向敌人发起猛攻，在苏哈列夫广场、奥斯托仁克、帕列齐斯琴克街、萨多瓦和尼基特门前进行了激战。经过一天战斗，重新夺回市政公署、邮电总局和电报局。铁路工人还及时占领了火车站，防止了大本营增派援军的可能。

在反革命军队节节败退的关键时刻，孟什维克和社会革命党企图通过谈判迫使布尔什维克作出让步，挽救反革命在军事上的失败。革命军事委员会错误地同意从10月29日夜12时至30日夜12时实行24小时停火。重开谈判，延误了革命部队在有利形势下对反革命势力的进攻。敌人以此争取时间，聚集了力量。24小时过去了，谈判没有取得任何实质性的进展，革命军事委员会决定不再延长停火时间，命令革命士兵和赤卫队为消灭反革命投入战斗。

10月底，伏龙芝领导的伊凡诺沃-沃兹涅先斯克和舒雅的赤卫队，以及从图拉等地运来的武器弹药抵达莫斯科，支援武装起义的革命队伍。喀琅施塔得的水兵和无线电台技术人员也先后来到莫斯科。11月1日，列宁在俄国社会民主工党（布）中央委员会会议上明确指出："必须派军队到莫斯科去"，"必须援助莫斯科人，这样我们的胜利就有保证了"。[①] 根据列宁的命令，同一天波罗的海舰队水兵和彼得格勒赤卫队进入莫斯科，大大提高了革命部队的战斗实力。从这时开始，莫斯科彻底消灭反革命军队，建立苏维埃政权的决战打响了。赤卫队和革命士兵同白卫分子及士官生展开了激烈战斗。克鲁吉茨军营和列弗尔托夫区的尉官学校，还有许多车站和要害机关迅速转到了人民手中。反革命军队被迫撤到克里姆林宫、军区司令部和亚历山大军校等几个据点死守。次日，革命队伍开进红场，完全包围了克里姆林宫。鲁斯涅夫见大势已去，被迫投降。下午5时，"公安委员会"在投降书上签字，宣布取消自己的组织机构，解除士官生和一切反动分子的武器。晚9时，革命军事委员会发布了莫斯科起义胜利的布告。11月3日拂晓，革命部队进一步肃清了死硬分子的顽抗，完全攻占了克里姆林宫，至此，莫斯科

---

① 《列宁全集》第26卷，人民出版社1959年版，第256页。

获得了解放，为苏维埃政权在全俄的建立创造了极为有利的形势。

继彼得格勒、莫斯科苏维埃政权的建立之后，苏维埃政权在前线的胜利也具有重大意义。它粉碎了资产阶级企图控制军队进行反革命叛乱的阴谋，有力地支持了全俄各地区苏维埃政权的建立。当时整个俄国战线包括西部战线、北部战线、西南战线和罗马尼亚战线四个部分。

在西部战线的大本营转到苏维埃政权手中的同时，司令部设在明斯克的第10、第2、第3集团军的布尔什维克立即行动起来，成立了革命军事委员会。在布尔什维克的领导下，革命士兵同孟什维克和社会革命党人进行了一番较量后，完全掌握了部队的领导权。

从里加东部到德温斯克的北部战线驻有第1、第5和第12集团军。彼得格勒起义爆发后，第12集团军中早已建立起来的革命军事委员会立即开始了公开活动。革命军事委员会指挥革命士兵迅速占领交通要冲和司令部所在地等重要地区，控制了军事领导权。驻防在普斯科夫部队中的布尔什维克党组织，这时也发动士兵同各种反动势力展开斗争，他们牢牢地控制住交通要道，粉碎了敌人企图调动军队镇压革命的阴谋。11月底，布尔什维克北部战线第一次代表大会召开。大会通过了坚决拥护苏维埃政权的决议，苏维埃政权在北部战线获得了胜利。

西南战线和罗马尼亚战线远离俄国中心地带，布尔什维克的力量较弱，反革命势力则有较大影响。资产阶级民族主义者在乌克兰士兵中大肆进行反对苏维埃政权的活动。通过布尔什维克的艰苦努力，许多士兵逐渐认清了敌人的本质，摆脱了他们的影响而转向苏维埃政权。在这些地区，斗争获得胜利的时间较晚。11月24日，西南战线革命军事委员会宣布承认苏维埃政权。12月10日，罗马尼亚战线黑海舰队士兵和水兵代表苏维埃第二次代表大会作出了相同的决定。

彼得格勒武装起义点燃的革命烈火在全国各地迅猛燃烧。从11月25日到月底，11个省城和重要的工业中心建立了苏维埃政权。彼得格勒、莫斯科等工业中心的无产阶级，为各地区苏维埃政权的建立做出重大贡献。如彼得格勒革命军事委员会派出600多名鼓动员、106名政治委员和61名指导员到各地，进行革命工作。到1918年3月，"苏维埃政权已经不仅在大城市和工厂区建立，并且已经深入到穷乡僻壤了"。[①]

---

① 《列宁全集》第27卷，人民出版社1958年版，第152页。

　　全国各地苏维埃政权的建立，具有不同的特点。在俄国大工业中心地区，工人阶级力量雄厚，布尔什维克党在工人群众中有很大影响，为夺取政权进行了长期的准备。早在十月革命前夜，鲁干斯克和伊凡诺沃－沃兹涅先斯克的布尔什维克在苏维埃和市杜马已占有绝对优势，工人和革命士兵已建立起自己的武装，并有效地控制了整个局势。所以，彼得格勒武装起义爆发后，这些地区在不长的时间内顺利地建立了苏维埃政权。10月26日，赤卫队和革命士兵在舒雅、亚历山大洛夫、科甫洛夫，建立了苏维埃政权。10月27—28日，弗拉基米尔、雅罗斯拉夫里、特维尔三个省城也先后建立了苏维埃政权。在斯摩棱斯克，赤卫队和革命人民猛烈打击负隅顽抗的敌人，政权在10月31日转到了人民的手中。

　　在大工业中心无产阶级的支持和影响下，苏维埃政权在俄罗斯中部广大农业地区相继取得胜利。布尔什维克党派出大批宣传员到农村发动贫苦农民，组织农民夺取地主和教会的土地，进一步加强了工农联盟。在实际斗争中，农民日益认清社会革命党人和孟什维克的真实面目，使他们陷于孤立境地。1917年底，奥勒尔、图拉、沃罗涅什、奔萨等地都建立了苏维埃政权。

　　在乌拉尔地区，布尔什维克党组织的力量仅次于彼得格勒和莫斯科。布尔什维克在工人农民中进行了艰苦细致的组织工作，并建立了革命武装。从1917年10月25日—11月1日，苏维埃政权在叶卡特林堡、皮尔姆、乌发等乌拉尔主要城市获得了胜利。1917年12月，哥萨克首领杜托夫在奥伦堡地区发动武装叛乱。杜托夫在社会革命党、孟什维克、资产阶级地主以及哈萨克、巴什基里亚民族主义者和外国帝国主义的支持下，占领了奥伦堡，割断了中亚细亚同苏维埃俄罗斯的联系，严重地威胁着伏尔加河流域和乌拉尔工业区的安全。为了平定这场叛乱，苏维埃政府从彼得格勒和莫斯科、乌拉尔、伏尔加河流域、中亚、哈萨克派出赤卫队和革命士兵，由柯鲍捷夫任讨伐杜托夫叛乱的特派员。1万多名革命士兵于1918年1月17日抵达奥伦堡城下。他们同城内的工人起义队伍内外夹击，在18日攻下了奥伦堡。杜托夫及其残部逃匿到图尔盖草原。奥伦堡地区建立了苏维埃政权。不久，在伏尔加河流域的下诺夫哥罗德、萨拉托夫、察里津、喀山、萨马拉等主要工业城市，苏维埃政权也取得了胜利。在伏尔加河下游的阿斯特拉罕，反革命势力进行了顽固的抵抗，赤卫队和革命士兵在当地鞑靼、吉尔吉斯、卡尔梅克各族人民的支持下，经过13天的激战，终于战胜了反动的哥萨克部队。到1918年1月下旬，这些地区完全建立了苏维埃政权。

在大本营即将崩溃的时候，邓尼金、卢柯姆斯基、埃尔德利、马尔科夫、科尔尼洛夫等反动将领于 11 月 19 日夜向南方逃窜。后来，米留柯夫和阿列克塞耶夫将军等也跑到这里。他们在协约国的帮助下，建立起一支反革命的志愿军（白卫军），同卡列金勾结在一起。顿河地区成为新的反革命中心。

哥萨克首领卡列金（1861—1918）宣布顿河地区独立，不服从苏维埃政权，公开掀起反革命叛乱。他不仅勾结了库班、捷列克、阿斯特拉罕的反革命哥萨克，而且同盘踞在奥伦堡的杜托夫和乌克兰中央拉达①等反革命势力也保持着密切的联系。他还得到了协约国帝国主义的大力支持。当时美国国务卿兰辛在给威尔逊总统的信中写道："卡列金集团是能够消灭布尔什维主义和扼杀苏维埃政府的最有组织的力量。……假如这个集团一旦失败，就等于整个俄国落到布尔什维克手中。……所以必须增强卡列金的同盟者的信心：如果他们的运动有足够的力量，一定能够得到我国政府道义上和物质上的援助。"1917 年底，美国国民银行根据威尔逊总统的指示，一次就提供了50 万美元的贷款。法国政府也提供了 1 亿卢布的贷款。

卡列金自 11 月下旬发动军事进攻，于 12 月初先后占领了罗斯托夫和塔干罗格，并企图占领顿巴斯和整个中部工业地区，扬言要进军莫斯科。

苏维埃政府采取果断措施，粉碎了卡列金的反革命阴谋。在布尔什维克党的号召下，莫斯科、彼得格勒等城市的赤卫队和北部战线、西部战线的革命士兵，以及顿巴斯的革命工人武装立即行动起来。同时，布尔什维克党加紧了哥萨克内部的分化瓦解工作。1917 年底，苏维埃政府发表《致哥萨克劳动者书》，揭露哥萨克上层的反革命政策，宣布土地归哥萨克劳动人民所有，号召哥萨克劳动人民与俄罗斯人民团结起来，还宣布逮捕卡列金、科尔尼洛夫等并交付法庭审判。1918 年初，在卡明斯卡亚镇召开了前线哥萨克士兵代表大会，大会宣布承认苏维埃政权，成立了以波德捷尔柯夫为首的顿河革命委员会，向卡列金宣战。大会还选出了出席即将召开的全俄苏维埃第三次代表大会的代表团。卡列金见苦心经营的反革命堡垒即将彻底崩溃，在 1月 29 日自杀。2 月初，塔干罗格市工人举行起义，在革命部队的配合下建立

---

① 乌克兰中央拉达是乌克兰资产阶级民族主义组织，1917 年 4 月在基辅举行的乌克兰资产阶级和小资产阶级党派的大会上成立。"拉达"是会议的意思。十月革命后，它宣布自己是"乌克兰人民共和国"的最高机关，拒绝承认苏维埃政权。

了苏维埃政权，并迅速向罗斯托夫进军。2月24日，赤卫队和革命士兵解放罗斯托夫。次日，卡列金反革命势力的最后阵地诺沃切尔卡斯克被攻占。3月初，顿河苏维埃共和国成立。

黑海沿岸的诺沃罗西斯克、斯塔夫罗波里、阿尔马维尔、迈科普等地区也建立了苏维埃政权。在库班，革命人民在3月中旬消灭了白卫分子的库班边区拉达，不久成立了库班苏维埃共和国。在北高加索各地区，十月革命后曾陆续建立苏维埃政权，但在反革命势力的进攻下，这些政权先后在1917年底至1918年初被颠覆。在高加索苏维埃委员基洛夫的领导下，布尔什维克党被迫转入地下，带领群众为重建苏维埃政权继续进行斗争。1918年3月，捷列克和达格斯坦苏维埃政权重新建立。

辽阔的西伯利亚和远东地区是俄国经济落后的农业地区。产业工人不仅人数少，而且主要分散在西伯利亚铁路沿线。这里没有发达的工业和地主土地占有制，富农经济发达，阶级斗争不像俄国其他地区那样尖锐。因此，孟什维克和社会革命党不但在农民中间，而且在一部分工人中间有着较大影响。布尔什维克党的力量较弱，鄂木斯克、伊尔库茨克、赤塔等地的党组织直至1917年秋以前一直处于同孟什维克联合的状态。这不能不影响布尔什维克革命领导作用的发挥。资产阶级、富农、哥萨克上层、右翼社会革命党人和孟什维克联合起来，打出建立所谓西伯利亚区域杜马的招牌，反对建立苏维埃政权。他们得到日本、美国等帝国主义国家的支持。然而，广大人民开始觉醒，对"西伯利亚区域杜马"之类的地主资产阶级政权深恶痛绝，坚决要求建立苏维埃政权。1917年10月29日，叶尼塞省的克拉斯诺亚尔斯克工人赤卫队经过激烈的搏斗，建立了西伯利亚地区第一个苏维埃政权。在鄂木斯克，工人赤卫队和革命士兵镇压了反革命叛乱，驱逐了孟什维克。12月2日至10日，西西伯利亚苏维埃第三次代表大会在鄂木斯克举行，宣告西西伯利亚苏维埃政权建立。在托木斯克和伊尔库茨克，革命工人和革命士兵同敌人展开英勇搏斗，到1917年底也都建立了苏维埃政权。在远东，海参崴苏维埃在11月18日通过了消灭市内资产阶级政权的决议。次日，在伯力建立了苏维埃政权。12月14日，在伯力召开远东边区苏维埃第三次代表大会，通过了沿海区域、阿穆尔河沿岸区域和阿穆尔区域一切政权转归苏维埃政权的宣言。1918年1月，托木斯克的劳动人民粉碎了西伯利亚区域杜马，1918年2月在伊尔库茨克举行了第二次苏维埃代表大会，西伯利亚苏维埃政权在西伯利亚和远东获得了完全的胜利。

苏维埃政权在民族地区的胜利

在白俄罗斯、乌克兰、高加索、中亚等少数民族地区，存在严重的封建残余。同小资产阶级和民族主义政党的影响相比，布尔什维克党的力量较小。彼得格勒武装起义胜利后，地方民族政府极力鼓吹"民族独立"，坚决反对苏维埃政权的建立。一些被推翻的俄罗斯剥削阶级代表人物逃到这里，与当地反动的民族主义分子勾结，企图把这些地区变成向苏维埃政权进攻的基地。国际帝国主义反动势力也插手这一地区。这一切，使建立苏维埃政权的斗争显得十分尖锐复杂。

列宁和布尔什维克党十分重视这些地区的革命。十月革命胜利后不久，苏维埃政府继《和平法令》和《土地法令》后，于11月2日颁布了《俄国各族人民权利宣言》，公开宣告俄国各族人民平等和享有自主权以及自决乃至分立并组织独立国家的权利。宣言还强调各族人民要互相信任，只有这样，"俄国各民族的工人和农民才能汇成一支革命力量，这支力量足以抗拒帝国主义合并成性的资产阶级的一切侵略"。11月20日，人民委员会又通过《告俄国和东方全体穆斯林劳动人民书》，宣布："今后，你们的信仰和习惯，你们的民族机关和文化机关，都被宣布为自由和不可侵犯的。自由地来安排自己的民族生活吧！你们有权利这样做。你们的权利和俄国其他民族的权利一样，都受革命及革命机关——各级工兵代表苏维埃的全力保护。"苏维埃政府还号召东方各族人民起来同帝国主义斗争，做自己命运的主人。苏维埃政府的民族政策给予各族人民极大的鼓舞，有力地推动了苏维埃政权在各民族地区的建立。

其中，白俄罗斯最早建立了苏维埃政权。早在十月革命前，布尔什维克在西部战线的广大士兵和工人、劳动农民中就已积极开展工作，为夺取政权作了较为充分的准备。当彼得格勒武装起义爆发后不久，明斯克、哥美里、莫吉廖夫、威特比斯克等地迅速建立了苏维埃政权。在明斯克还成立了西部战线和西部地区革命军事委员会。当西部战线司令日鲁耶夫将军和立宪民主党人、十月党人、社会革命党人、孟什维克以及民族主义者调集军队，企图颠覆苏维埃政权时，立即遭到了革命士兵的反击。11月4日，革命军事委员会解散了反苏维埃政权的"救国救革命委员会"及其他反动组织，摧毁了战线司令部。11月底，工兵代表苏维埃代表大会、前线代表大会和农民苏维埃代表大会在明斯克举行，奥尔忠尼启则和沃洛达尔斯基作为党中央与苏维埃政府的全权代表出席了这些会议。苏维埃政权在白俄罗斯和西部战线宣告成立。

在乌克兰，苏维埃政权是在错综复杂的形势下，通过艰苦的斗争建立起来的。彼得格勒武装起义爆发的当天，基辅革命士兵和广大工人群众立即行动起来，提出把政权交给苏维埃的要求。10月26日，乌克兰中央拉达发表宣言，号召乌克兰人民反对苏维埃政权。10月27日，在基辅召开了工人代表苏维埃和士兵代表苏维埃联席会议，会上成立了革命军事委员会。但是在次日，这个委员会的成员全部被捕。反动势力加紧了对革命人民的镇压。10月29日，布尔什维克在工人的支持下成立了新的革命军事委员会，立即组织武装力量，拟订起义计划。当天晚上，在基辅爆发了武装起义。革命的工人和士兵虽然战胜了临时政府的军队，但在中央拉达从前线调回反动军队之后，寡不敌众，被镇压下去。中央拉达通过煽动民族主义情绪，欺骗了相当一部分农民和一些工人。11月1日，中央拉达宣布自己是全乌克兰最高政权。11月7日，它发表第三个宣言，宣布不服从俄罗斯苏维埃政府。与此同时，中央拉达却同南线的卡列金匪帮加紧勾结，并同罗马尼亚战线司令、反动将领谢尔巴科夫缔结协定，决定将罗马尼亚战线和西南战线合并为统一的乌克兰战线，由谢尔巴科夫统一指挥，严重地威胁着整个苏维埃政权的安全。

为了摧毁这一新的反革命基地，全力支援乌克兰人民的革命斗争，俄罗斯苏维埃政府于12月4日向乌克兰中央拉达发出最后通牒。通牒再次申明乌克兰共和国有同俄罗斯分离或者结盟的权利，同时要求中央拉达不准反革命军队到顿河及其他地区；中央拉达应将武器交还给乌克兰的革命人民和赤卫队，支援反对卡列金匪帮的斗争。通牒特别强调，如果得不到满意的答复，俄罗斯苏维埃政府将认为中央拉达同苏维埃政权处于公开的战争状态。俄罗斯苏维埃政府还发表了告乌克兰人民宣言，宣布承认乌克兰独立，同意它分离或者同苏维埃俄国建立联邦关系；同时揭露了中央拉达一系列反革命政策的实质，号召乌克兰人民认清中央拉达的性质，为建立自己的民主政权而斗争。

中央拉达拒绝苏维埃政府的通牒，公开投靠协约国帝国主义国家。协约国政府急忙承认中央拉达，答应给予援助，这使广大群众认识到中央拉达是代表资产阶级利益的，是外国帝国主义的奴仆。12月9日，哈尔科夫赤卫队和革命士兵首先行动起来，在俄罗斯苏维埃政府派来的军队支持下，迅速解放了该市。12 月 11 日，在哈尔科夫召开了全乌克兰苏维埃第一次代表大会。大会正式宣布建立乌克兰苏维埃政权，成立了乌克兰苏维埃政府（人民书记处），由阿尔乔姆、博什和科秋宾斯基等人组成。大会还宣布苏维埃乌克兰和苏维埃俄罗斯结盟。在此之后，叶卡特林诺斯拉夫、奥德萨、马里乌波尔、尼古拉耶夫等地也都先后建立了苏维埃政权。1918 年 1 月 15 日，基辅爆发武装起义，有力地配合了正在围攻基辅的革命部队。1 月 26 日，基辅获得解放，中央拉达成员逃往沃伦，苏维埃政权在整个乌克兰地区得以建立。

在南高加索，布尔什维克长期同孟什维克共处于一个组织内，战斗力薄弱。除巴库外，其余地区工人阶级人数很少，并分散在资本主义小企业中工作，没有很好地组织起来。沙皇政府长期推行反动的民族政策，使俄罗斯人和其他少数民族之间存在严重的民族隔阂。德国、土耳其、英美帝国主义者在这一地区也有一定势力。这一地区建立苏维埃政权遇到的困难更多。1917 年 10 月 31 日，邵武勉、查帕里则等布尔什维克冲破孟什维克、社会革命党人和民族主义势力的阻挠，在巴库成立了革命军事委员会和赤卫队，建立了苏维埃政权。11 月 15 日，格鲁吉亚的孟什维克派、亚美尼亚的达什纳克派和阿塞拜疆的木沙瓦特派等反动的民族主义政党在第比利斯成立了南高加索行政委员会。他们同帝国主义相勾结，凭借反革命武装绞杀了苏维埃政权。1918 年 1 月，武装匪徒残杀了从高加索前线回来的俄罗斯士兵。南高加索人民在布尔什维克的领导下进行了长期的斗争，直至国内战争结束时才取得最后胜利。

中亚地区是沙皇俄国典型的殖民地。残酷的军事殖民统治使这里的经济、文化极端落后。中亚的革命中心是塔什干。10 月 28 日，塔什干的铁路工人和革命士兵开始进行武装夺权的斗争。在哈萨克斯坦革命人民的支持下，塔什干武装起义经过四天激战获得胜利。革命人民推翻了临时政府的土耳克斯坦委员会，建立了苏维埃政权。11 月中旬，在塔什干举行了边区苏维埃第三次代表大会，宣布成立土耳克斯坦人民委员会，由布尔什维克柯列索夫担任人民委员会主席。1918 年 1 月，反动的民族主义者和反革命残余发动叛乱，企图推翻新生的苏维埃政权，但很快被平息。中亚细亚和哈萨克斯坦的资产阶级民族主义反革命中心，如科坎德自治州和乌拉尔、奥连堡等地都回到了革命人民手中。到 1918 年 3 月，中亚各地区基本上都建立了苏维埃政权。4 月 30 日，土耳克斯坦边区苏维埃第五次代表大会批准土耳克斯坦苏维埃社会主义共和国成立，正式宣布土耳克斯坦边区领土为俄罗斯苏维埃联邦土耳克斯坦苏维埃共和国。各族人民从此走上了民主平等的光明道路。

从彼得格勒10月25日武装起义开始，到1918年3月，苏维埃政权首先在俄罗斯大工业城市，然后在中小城市、农村和各少数民族地区逐步取得了胜利。在短短的几个月内，苏维埃政权在全国各地区得以迅速建立不是偶然的。1918年3月8日，列宁在俄共（布）第七次代表大会上深刻地指出了这一历史性胜利的原因。他说："整个俄国都掀起了内战的浪潮，而我们到处都能异常容易地取得胜利，这是因为果实已经成熟了，群众已经领受了与资产阶级妥协的全部教训，我们提出的'全部政权归苏维埃'的口号已经经过群众长期历史经验的实际检验而成为他们的切身要求。"①

---

① 《列宁选集》第3卷，人民出版社1972年版，第454页。

《布列斯特和约》的签订

孙祥秀

《布列斯特和约》的全称为《布列斯特—立托夫斯克和约》。它是苏维埃俄国在十月革命胜利后处于极为复杂而困难的条件下，被迫与德国为首的同盟国集团签订的条约。这项条约对于苏俄是屈辱性的，但它使苏俄最终退出第一次世界大战，获得必要而可贵的和平喘息时间，为巩固世界上第一个社会主义国家起了重要的作用。

苏维埃俄国需要退出战争赢得和平

俄国在取得十月社会主义革命胜利的时候，已经饱受3年多帝国主义战争的摧残，整个国民经济遭到空前的破坏。据1918年1月1日的统计，国家预算已出现15.43亿卢布的高额赤字。战争的破坏，原料和燃料的欠缺，使得大批工矿企业停产以至倒闭。仅以冶金工业部门为例。偌大的俄国，在1917年仅有321个企业开工，15万工人在业；1918年3月，开工的企业减少到175个，在业工人仅有3.4万人。在首都彼得格勒，1917年12月就关闭了40家大型企业。交通运输的瘫痪情况比工矿企业更加严重。

旷日持久的帝国主义战争，使40％的农村劳动力应征入伍或负担军事劳务，大批耕畜被征军用，大量耕地荒芜，全国粮食奇缺，食品价格猛涨。早在1917年1月末，彼得格勒仅存10天的面包、3天的食油，无肉类供应。前线士兵只能领到相当于平时的半份口粮。1917年莫斯科的食品价格比1914年提高了7倍多。十月革命胜利后，农村富农拒绝卖粮给苏维埃政府，城市投机商乘机囤积居奇，粮食危机有增无减。这些人想用饥饿来扼杀新生的苏维埃共和国。

不仅工农业生产遭受破坏，被推翻的阶级也在积极进行反对和颠覆苏维埃政权的活动。城市资本家反抗工人对企业的监督，人为地制造歇业，使失业人数剧增。立宪民主党人、孟什维克和社会革命党人在帝国主义使团的支持下，煽动旧职员怠工，妄图阻挠各级苏维埃政权机构的正常运转。国家银行拒绝向苏维埃政府借款，私下以巨款帮助反革命集团，各地不时发生反革命叛乱。建立不久的各级无产阶级政权亟待巩固。

苏维埃俄国处在百废待兴的情况下，迫切需要摆脱帝国主义战争，给自己创造一个和平的国际环境，获得喘息时机，让人民休养生息，以便恢复国民经济，建立社会主义的经济制度和政治生活秩序，捍卫十月革命的成果。

两个帝国主义集团之间的火并，曾为俄国革命的胜利提供了有利的国际条件。然而，苏维埃俄国是唯一取得社会主义革命胜利的国家，它被国际帝国主义所包围，又处在与德国为首的同盟国集团的交战状态。苏俄既无继续战争的经济实力，又缺乏能够抵御德军侵略的军队。它只有一支 15 万人的赤卫队，尚未建立正规的红军。前线的旧俄军队接连战败，已趋瓦解。士兵们不愿作战，纷纷溃退或开小差。他们不断写信给布尔什维克党中央和苏维埃政府，要求退出战争，复员回家。一封士兵的来信这样写道："继续战争将不只是毁灭俄国的独立，而且会使人民受奴役，不只是成千上万，而是成百万计的子孙遭到死亡。因此我们需要和平，和平，和平。"这封信所反映的是前线士兵的普遍呼声。1918 年初，为复员旧俄军队召开了全俄军队代表大会，当列宁向代表们询问需要缔结和约还是继续战争时，他们作出的是不愿意继续战争的答复。列宁为此指出："俄国军队是不会去打仗的。军队的这种情况造成了严重的危机。"①

面对这种情况，苏维埃俄国若继续卷入战争，势必因力量对比的悬殊而使自己蒙受极大的损失，直接威胁苏维埃政权的生存。唯一的出路是退出战争，赢得和平。

苏维埃俄国从它诞生之时起，就为结束第一次世界大战展开了积极的斗争。1917 年 11 月 8 日，即在十月革命胜利的第二天，全俄苏维埃第二次代表大会通过了列宁制定的《和平法令》。法令向一切交战国的人民及其政府建议，立即就公正的民主的和约开始谈判，② 要求实现不割地不赔款的和平。

苏维埃政府根据上述原则采取了一系列步骤，11 月 20 日命令当时的前

---

① 《列宁选集》第 3 卷，人民出版社 1972 年版，第 458 页。
② 同上书，第 354 页。

线总司令旧俄将军杜鹤宁向同盟国的军事当局建议：立即停止军事行动，以便进行和谈。21 日，苏维埃政府外交人民委员部向英、美、法、意、塞尔维亚和比利时的驻俄使节发出照会："建议在所有战线上立即停战，并开始和平谈判。"22 日，杜鹤宁因拒绝执行上述命令，被撤去前线总司令职务。苏维埃政府命令克雷连柯继任，并向前线各团、师、军的士兵委员会和全体士兵、水兵发出号召：把和平事业掌握在自己手中，绝不让反革命的将军破坏和平事业；授予各团立即派代表同敌方的部队进行停战谈判的权利。23 日，外交人民委员部照会挪威、荷兰、瑞典、丹麦、瑞士、西班牙等中立国政府，请它们将苏俄关于停战与和平谈判的建议通知各同盟国政府。

同盟国的首要成员德国，虽在三年多的战争中夺取了波兰以及俄国西部的大量领土，但它的人员和财力都已受到极大的消耗。德国从战略上考虑，需要在欧洲摆脱两面作战的困难处境，集中兵力对付英法。同时，前线士兵的反战情绪十分强烈；国内人民因遭受战争之苦，迫切要求和平，柏林、汉堡、斯图加特、不来梅等城市纷纷爆发反战示威。德国的主要盟友奥匈帝国由于粮食紧张已无法进行战争。这些情况有利于俄国争取和平的斗争。

11 月 26 日，苏维埃政府以陆海军人民委员部和克雷连柯总司令的名义发出指令，让前线俄军派出军使，询问德军司令部是否同意停战和进行和平谈判。27 日，德国政府发出愿意与苏维埃俄国进行和谈的通知，暂时停止了俄德战线上的军事行动。

苏维埃政府利用德国政府的上述愿望，决定为争取全面的和平作出不懈的努力。它于 11 月 28 日向英、法、美等国政府和人民发出呼吁书，通知他们说：12 月初苏俄将同德国开始和平谈判，希望各盟国政府派代表参加。呼吁书还表示："我们希望普遍的和平。但是，如果这些盟国的资产阶级迫使我们单独媾和，他们应承担全部责任。"

以英国为首的协约国集团不接受苏俄的建议。从军事上讲，当时的俄德战线牵制着德国总兵力 31% 共 74 个师。一旦俄国退出战争，将会增大对西线协约国军队的压力。更重要的还在于政治上的原因，各协约国政府担心，苏维埃俄国退出战争，将有助于维护革命成果和巩固政权，把俄国革命的影响传播到其他国家。因此，它们指望俄德两国继续处于战争状态，使两国在交战中相互削弱，甚至借助德国军队消灭新生的苏维埃政权。英国首相劳合·乔治就曾表示："如果俄国将退出战争，那么革命就将成为决定所有国家人民的命运的最大因素。"协约国集团在 11 月 29 日召开的巴黎会议上作出了拒绝参加和谈的决定，并且商定："将采取对俄国对外政策的进展建立实际监督的措施"，以便阻止苏俄与德国单独媾和。

苏维埃俄国为敦促各协约国参加和平谈判作了最后的努力。11月30日，苏俄外交人民委员部再次向协约国发出照会，希望这些国家的政府及其驻俄外交代表，就是否参加定于12月初举行的和谈作出答复。各协约国政府拒不答复苏维埃政府的照会。苏俄便决定单独与德国及其盟国开始和平谈判。

布列斯特和谈的开始

1917年12月3日，苏维埃俄国与德国在德军占领的布列斯特—立托夫斯克开始了就停战协定进行谈判。苏俄派出由阿·阿·越飞为团长，包括格·亚·索柯里尼科夫、阿·阿·比赞科、列·朱·卡拉汉等8名团员的代表团；德国代表团由东线参谋长霍夫曼将军担任团长。

谈判中，苏俄代表团建议以《和平法令》提出的原则作为和谈的基础，遭到德方的拒绝。霍夫曼表示，原则问题是政治家的事，他只有权就停战的军事条款进行谈判。苏俄代表提出全线停战半年，以便进行和约谈判；为了不致加强德国在西线的军事力量，建议东线德军不调往西线。霍夫曼表示"这样的条件只能向战败国提出"。他拒绝接受俄方的建议。

谈判一开始就陷入僵局。12月5日，苏俄代表团要求休会。德方担心苏俄退出谈判，表示愿在调动军队问题上让步。双方于是签订了一个为期10天的临时停战协定。此后休会1周。12月15日谈判恢复，双方签订正式的停战协定。协定规定：1917年12月17日至1918年1月14日为停战期，在停战期内进行和约问题的谈判。

停战协定签订以后，苏维埃俄国力争协约国集团各国参加谈判，达成一项全面的和平条约。苏俄的建议再次遭到拒绝。美国国务卿罗·兰辛表示："美国正忙于作战，故对和平建议不感兴趣。"美国研究未来和约条件委员会在1917年12月22日的一份备忘录中写道："东方是德国最容易取得进展的方向，目前是德国利用这里为它提供机会的最好时机"，即让德国继续在东线与俄国交战。这反映了包括美国在内的协约国集团的愿望。

列宁充分估计到两个帝国主义集团正深陷于相互厮杀中，矛盾难以缓和，而苏俄则有可能利用这一矛盾摆脱战争。他正确指出："我们缔结单独和约，就能在目前可能的最大程度上摆脱两个彼此敌对的帝国主义集团，利用他们相互之间的敌视和战争，——这种敌视和战争阻碍他们勾结起来反对我们，——取得一定时期的行动自由，来继续进行和巩固社会主义革命。"①这是列宁贯穿布列斯特和谈过程的指导思想。苏维埃俄国决定单独进行与同盟国集团的和约谈判。

1917 年 12 月 22 日，苏俄与同盟国集团国家开始了和约问题的谈判。苏维埃政府代表团以越飞为团长，包括列·鲍·加米涅夫、米·尼·波克洛夫斯基等八名成员。同盟国方面：德国由外交部长理查德·冯·科曼任团长，霍夫曼任团员；奥匈帝国、土耳其和保加利亚的代表团团长分别是蔡尔宁、泰立特贝伊和波波夫。

谈判一开始，苏俄代表团根据《和平法令》申明的不割地、不赔款的原则，提出六点建议作为和谈的基础。它们主要包括：不得强行兼并战争期间占领的土地，并在最短期内从这些土地上撤走占领军；恢复在战争期间被奴役民族的政治独立；保证战前未享有独立的民族通过投票自行决定归属或建立独立国家；不支付战争赔款，等等。

同盟国集团内部由于各国不同的处境，持不同态度。奥匈帝国内外交困，难以继续战争，希望在所有战场停战和取得和平，表示原则上接受苏俄的建议。土耳其要求俄军撤出"土属亚美尼亚"。德国不愿意退出被它侵占的俄国领土，但在代表团内存在主和派和主战派之间策略上的分歧。科曼表示，讨论苏俄的建议必须以协约国参加谈判、交战各国普遍承担义务为前提；代表军方的霍夫曼持强硬态度，不同意将不割地、不赔款原则作为和谈基础。德国的基本立场是利用协约国集团拒绝和谈与苏俄处境的孤立，拒绝接受苏俄的建议。

和谈因同盟国要求研究苏俄的建议休会了三天，在 12 月 25 日继续进行。科曼声明，四国同盟愿意签订不割地、不赔款的和约；然而他再次强调了先前的前提，即"所有互相敌对的大国一致接受对各国人民具有同等约束力的条件"。实际上，他是以当时不能实现的先决条件否定自己的允诺。科曼还在 27 日的会谈中声明：德国只有在缔结和约以及俄国军队完成复员以后，它才能从占领的土地上撤军。与此同时，霍夫曼勾结乌克兰资产阶级政府——中央拉达，并在会谈中突然宣布，乌克兰中央拉达已经派出代表团来参加布列斯特和谈。由于德国代表团无意达成一项公正的和约，苏俄代表团

———————
① 《列宁全集》第 26 卷，人民出版社 1959 年版，第 421 页。

建议休会 10 天，返回彼得格勒。布列斯特和谈第一阶段结束。

最初的和谈进程表明，苏维埃俄国争取签订和约是一次极为困难的斗争。列宁为此指出："谁以为和平可以轻易获致，谁以为只要一提和平，资产阶级就会用盘子把和平给我们端过来，谁就是一个十分天真的人。"① 他认为布尔什维克党必须为此作顽强的努力，采取正确的策略。

党内在和约问题上的严重分歧

布尔什维克党内在和谈问题上产生了严重的策略分歧。1918 年初，以布哈林为首，在党内组成一个自称"左派共产主义者"的集团，他们利用受其控制的莫斯科省委会于 1 月 10 日通过决议，要求停止布列斯特和谈，进行反对德国的"革命战争"。他们被苏维埃政权的胜利进军所陶醉，无视复杂的国内外环境，认为"我们一向高举大旗同敌人公开作战，振臂一呼就能摧毁一切敌人"。他们还主张与所有资本主义国家断绝外交关系。列宁指出，他们提出的策略，"完全忽略了已经开始了的社会主义革命的现阶段的阶级力量和物质因素的客观对比"②。

1918 年 1 月 9 日开始了和谈的第二阶段。苏维埃俄国以外交人民委员托洛茨基代替越飞任代表团团长，增补了弗·阿·卡列林、彼·伊·斯图契卡、波克罗夫斯基等五名顾问。德国代表团由霍夫曼代替科曼任团长。

谈判一开始，霍夫曼针对苏俄主张承认民族自决权，提出让 1 月 5 日到达布列斯特的乌克兰中央拉达代表团参加和谈。托洛茨基未请示党中央，擅自决定承认这个不代表乌克兰人民的代表团。谈判中，德国代表团提出：乌克兰独立，波兰、立陶宛、拉脱维亚、爱沙尼亚和白俄罗斯的一部分脱离俄国。霍夫曼还拿出一张标有称为"霍夫曼线"的地图，这条线从莫昂宗德群岛，经里加偏东、得文斯克偏西的地区，直画到布列斯特。他要求苏俄代表团"承认德国占有这些地方"。他还要求苏俄偿付战争赔款。

托洛茨基拒绝接受德方提出的苛刻条件，写信给列宁表明自己的意见：不签订割地赔款和约，不继续战争，复员军队。1 月 15 日，列宁指示托洛茨基：不要采取既不进行战争也不签订和约的"不战不和"策略。他同时转告

---

① 《列宁全集》第 26 卷，人民出版社 1959 年版，第 323 页。

② 《列宁选集》第 3 卷，人民出版社 1972 年版，第 414 页。

托洛茨基，代表乌克兰人民的乌克兰苏维埃代表团即将去布列斯特，要求托洛茨基中断和谈，立即回彼得格勒。和谈自 1 月 18 日休会。

1 月 21 日，布尔什维克党召开中央委员与出席苏维埃"三大"的党员代表的联席会议，这是首次讨论关于签订对德和约的党中央会议。列宁提出了《关于立即缔结单独的割地和约问题的提纲》。这个提纲指出，俄国尚未具备反对德国的革命战争的条件，只能按德国的苛刻条件缔结和约，以便获得喘息，保证社会主义革命在一国得到巩固。提纲认为，鼓吹革命战争是一种拿苏维埃政权孤注一掷的冒险策略，它"必然会使俄国在遭受最严重的失败以后，被迫签订更加不利的单独和约"①。布哈林及其支持者不同意列宁的提纲，毫无根据地认为德国将发生革命，不可能进攻俄国，要求停止和谈，进行革命战争。参加党中央会议的托洛茨基也反对列宁的提纲，要求"既不进行战争也不签订和约"。参加会议的 63 人中有 32 人支持布哈林的意见，16 人支持托洛茨基的意见。列宁的提纲未被通过。

1 月 24 日，布尔什维克党再次召开中央委员会。列宁批评了布哈林的观点，他指出，德国只是孕育着革命，冀望德国爆发革命去制止德国的侵略是不现实的；俄国在条件显然不利的情况下进行革命战争，只能加强帝国主义的力量，牺牲苏维埃政权。列宁还指出，托洛茨基主张不战不和，结果只能引起德军的进攻，使俄国被迫签订条件更苛刻的和约。列宁的意见得到与会的斯维尔德洛夫、斯大林等中央委员的支持。多数"左派共产主义者"企图再次阻止党中央通过列宁关于缔结单独割地和约的提议，暂时收起革命战争的主张，转而支持托洛茨基不战不和的策略。

列宁努力防止已经开始的和谈中途夭折。他考虑到德国的柏林自 1 月中旬以来爆发了有 40 万人参加的工人运动，开始建立工人苏维埃，科隆、汉堡、慕尼黑等城市掀起反战的人民运动，奥地利的维也纳出现工人罢工，从而有可能迫使同盟国集团收起咄咄逼人的态度。因此，他在中央委员会提出新的建议：尽可能拖延和谈，直到德国提出最后通牒，那时应立即按德国的条件签订和约。列宁的这个建议虽遭到布哈林、托洛茨基等 9 人的反对，但在中央委员会以 11 人赞成的多数获得通过。

两天之后，全俄苏维埃召开第三次代表大会。大会通过拖延和谈的决议，授权列宁为首的苏维埃政府处理战争与和平问题。

---

① 《列宁选集》第 3 卷，人民出版社 1972 年版，第 415 页。

2月1日，布列斯特和谈复会。不久，乌克兰革命军队取得推翻拉达政权的重大胜利。3日，列宁通过广播电告苏俄代表团"基辅拉达已经垮台，乌克兰全部政权已由苏维埃掌握"。乌克兰苏维埃政府向布列斯特派去代表，表示愿与俄罗斯人民团结一致去签订和约。形势对拉达和同盟国不利。库尔曼与蔡尔宁急忙于5日回柏林商讨对策。他们不顾拉达政府已在8日被逐出基辅退驻敖德萨的窘境，在9日与拉达单独缔结和约。在这同时，德国在1月中旬兴起的工人运动被镇压，统治集团中的军队头目反对将和谈拖延下去。德国代表团于2月10日向苏俄代表团提出最后通牒：立即缔结和约，要求苏俄放弃从波罗的海沿岸到纳尔瓦、普斯科夫和得文斯克一线的大片领土。

托洛茨基返回彼得格勒时，列宁曾向他强调："德国人不下最后通牒，我们就一直坚持下去，等他们下了最后通牒我们才让步。"① 然而托洛茨基不顾党中央1月24日会议的决议与列宁的意见，固执己见，以苏维埃人民委员会的名义宣布：不签订和约，单方面结束战争状态并复员军队。第二阶段的和谈因遭受严重挫折而结束，苏俄代表团离开布列斯特。

托洛茨基擅自拒签和约，给德国重开战端提供了借口。2月13日，德国召开由威廉二世主持的政府会议，否定了科曼关于以更苛刻的条件继续进行和谈的建议。兴登堡、霍夫曼、鲁登道夫等军方主战派的意见占据上风。会议决定给予俄军以"短期而沉重的打击"，声称"托洛茨基不签订和约本身将自动导致停战的结束"。16日，德国政府发出通知：自18日中午开始，恢复同俄国的战争状态。

德国的进攻迫在眉睫。布尔什维克党在17日、18日两天接连召开了三次中央委员会。在17日晚的会议上，列宁为挽回危局，表示不能再观望和等待，要求立即向德国发出恢复和谈并签订割地和约的通知。托洛茨基不顾即将受到德国进攻的现实，声称"德国人不会进攻"。布哈林等"左派"认为，"在德国没有出现大规模进攻和这种进攻未对（德国的）工人运动产生影响之前，对恢复和谈需要等待"。他们都反对列宁的建议。

在18日上午的中央委员会上，列宁建议立即讨论向德国发出恢复和谈的电报。托洛茨基只是改换了理由，提出要"等待德国人的进攻将在德国人民中间产生什么样的影响"，依然不同意恢复和谈。列宁坚决表示，现在一

---

① 《列宁全集》第27卷，人民出版社1958年版，第101页。

个小时也不能浪费了，强烈要求中央委员会迅速对恢复和谈作出决断。但由于托洛茨基和布哈林等的继续反对，中央委员会仍未就恢复和谈问题作出决定。

这天中午，德国以 30 个师的兵力对苏俄发起进攻。国内的反动势力乘机蠢蠢欲动。从布列斯特和谈开始以来，立宪民主党人、社会革命党人和孟什维克就制造舆论，诬蔑布尔什维克要用"可耻的和约""出卖俄罗斯"，他们在"爱国主义"的幌子下，鼓吹向德国人交战。而当德国军队发动进攻，占领了得文斯克和列日伊察等城市时，他们却欣喜若狂地迎接德国侵略军，让自己的军官戴上旧俄的肩章，无耻地宣布："德国人终于来了，他们会替我们建立秩序。"这些反面的事实表明，主张革命战争的策略在客观上迎合了敌人的需要。

18 日晚又一次召开了党中央委员会，继续讨论立即恢复和谈问题。当时俄国已处于十分危急的时刻，布哈林依然坚持革命战争的策略，甚至建议"让农民去对付德国人的进攻"。托洛茨基则以需要询问德国人对苏俄有什么要求为理由，对恢复和谈持拖延态度。列宁严厉批评他们把德国人的进攻当作儿戏。他警告说："现在不能再观望了。观望就意味着听任俄国革命遭到破坏。"① 唯一的出路是向德国政府建议恢复谈判，通过发表声明，表示愿意签订德国提出的和约。列宁的意见得到斯维尔德洛夫和斯大林的支持。中央委员会经过激烈争论，终于以 7 票对 6 票的微弱多数（这次托洛茨基投了赞成票），通过恢复谈判和"马上向德国政府提议立即签订和约"的决定。

列宁代表苏维埃政府于 19 日凌晨向德国政府发去无线电报。列宁在电文中对德国的进攻提出抗议，同时表示："愿意根据德国政府在布列斯特—立托夫斯克所要求的条件，正式签订和约。"但是，德国政府为获得更加有利的和约条件，借口电报不是正式文件，要求将列宁签署的原稿送到得文斯克，故意拖延时间，不立即答复苏维埃政府的建议，继续大举进攻，又占领了苏俄西部大片领土。彼得格勒面临严重威胁。

2 月 20 日，全俄苏维埃人民委员会紧急选举了以列宁为首的临时执行委员会，授予保卫苏维埃国家安全的全权。21 日，列宁以人民委员会的名义发布《社会主义祖国在危急中！》的紧急法令。法令号召人民"奋不顾身地保

---

① 《列宁全集》第 26 卷，人民出版社 1959 年版，第 492 页。

卫苏维埃共和国，抗击资产阶级帝国主义德国的匪军"①。同时，列宁通过《真理报》发表文章，公布党内在布列斯特和谈问题上的分歧。在列宁的号召下，彼得格勒的工人组成了第一批红军部队，开往前线，挡住了德军向彼得格勒方向的进犯。

德国政府于 23 日通知苏维埃政府，同意恢复和谈，提出割让包括新占领土地的更加苛刻的和约条件，要求在 24 小时内答复。

23 日晚至 24 日晨，党中央委员会就战争与和平的最后决策进行了空前激烈的争论。布哈林及其支持者提出，签订和约会推迟西方正在成长的革命，不能挽救苏维埃政权，要求进行"神圣的战争"。托洛茨基故态复萌，重弹不战不和的老调，认为"媾和与进行战争都有危险"。他提出："我们可以签订和约，那也就失去了我们在工人阶级先进分子中间的基础。"他甚至指责列宁"有很多主观主义"，并以"不妨碍党的统一"为名，表示"不能继续留任并对外交事务承担个人的责任"。列宁不得不发出严肃的警告：如果不接受德国提出的最新条件，那么在三个星期后就将在处决苏维埃政权的判决书上签字。列宁向中央委员会提出最后通牒：如果让革命战争的空谈继续阻碍签订和约，他将退出苏维埃政府和党中央委员会。

在这次会议上，斯大林曾因德国提出的新和约条件太苛刻，一度不赞成缔结这样的和约。经过列宁的说服，他重新支持列宁的意见。由于列宁据理力争，中央委员会终于以 4 票反对、4 票弃权和 7 票赞成通过按德国的新条件签订和约的决定。

投票之后，托洛茨基声明，他不同意签订和约，但为避免党的分裂投了弃权票。布哈林及参加会议的其他"左派共产主义者"也发表声明：保留反对党中央决定的权利，要求辞去党内外职务。

列宁根据党中央委员会的决定，24 日以苏维埃人民委员会名义通知德国政府：同意按新条件进行签订和约的谈判。同日，布尔什维克党中央组织局发表由列宁和斯维尔德洛夫共同起草的告全体党员书："全体党员为了履行党员的义务，为了保持我们自己队伍的统一，应该执行中央领导机关——党的中央委员会的决定。"②

---

① 《列宁选集》第 3 卷，人民出版社 1972 年版，第 436 页。
② 《列宁全集》第 27 卷，人民出版社 1959 年版，第 44 页。

和约的签订

3 月 1 日开始了和谈的第三阶段。苏维埃俄国委派索柯里尼科夫为首席代表，彼得罗夫斯基、卡拉汉、齐切林等为代表，越飞为顾问的和谈代表团，抵达布列斯特。苏俄代表团谴责了德国军队的侵略行动，表示被迫接受德方强加的和约条件。3 日晚双方签订了合约。

《布列斯特和约》包含一系列掠夺性条款。和约规定：苏俄与同盟国之间停止战争，俄国军队全部复员，军舰驶回本国港口或立即解除武装；立陶宛、拉脱维亚、爱沙尼亚和白俄罗斯的一部分土地脱离俄国，由德奥两国决定它们的命运；高加索地区的卡尔斯、阿尔达罕、巴统割让给土耳其；俄国赔款 30 亿卢布；包括赤卫队在内的全部俄国军队撤出乌克兰；等等。对苏维埃俄国来说，它失去了 100 万平方公里的土地和 4600 万人口。然而正如列宁所指出，在只有俄国取得社会主义革命的胜利，而它的力量还很弱小的情况下，"不管是从我们的观点来看或者是从国际社会主义的观点来看，保卫这个已经开始了社会主义革命的共和国是高于一切的"①。

《布列斯特和约》签订以后，党内在这个问题上的矛盾和分歧并未解决。3 月 6 日，布哈林发表了题为《致全体党员书》的声明。他称党中央同意签订和约的决策离开了无产阶级革命的轨道，将导致无产阶级向资产阶级"投降"。他甚至号召党员反对缔结和约的做法。

3 月 6 日至 8 日，布尔什维克党召开了第七次代表大会，讨论《布列斯特和约》问题。列宁在会上作了《关于战争与和平》的政治报告。他详尽地分析了 1918 年初的形势，指出俄国正处在从苏维埃政权胜利进军过渡到巩固革命成果的异常艰难的时期。签订和约即使是屈辱的，也是必要的。他严肃批评了党内的"左倾"反对派，指出他们的错误"实际上是帮助了德帝国主义者"②。他要求党代表大会批准已经签订的和约，号召全党要善于利用和约所换来的喘息时机，加强已在俄国开始的社会主义革命。

布哈林代表"左倾"反对派作了《关于战争与和平的副报告》。他为革命战争的策略辩解，否认社会主义革命可以在一国首先胜利，认为俄国革命

---

① 《列宁全集》第 26 卷，人民出版社 1959 年版，第 425 页。

② 《列宁选集》第 3 卷，人民出版社 1972 年版，第 447 页。

的巩固只能依靠欧洲爆发革命。他宣称苏维埃俄国的出路就是进行反对德帝
国主义的革命战争，以便引起德国以至整个欧洲发生革命。他把签订和约的
行动错误地视为"全线投降，对外投降，对内投降"。

出席"七大"的大多数代表不同意布哈林在副报告中陈述的观点。他们
还否决了"左派"中有人认为托洛茨基"在布列斯特不签订和约是完全正
确的策略"这一观点。代表大会最后以多数票通过由列宁起草的《关于战争
与和平的决议》。这个决议写道："必须批准苏维埃政权同德国签订的十分苛
刻和极端屈辱的和约。"

"七大"召开以后，考虑到国家的安全，布尔什维克党中央和苏维埃政
府于 3 月 10 日从彼得格勒迁往莫斯科。从这天起莫斯科成为苏维埃俄国的
首都。

在"七大"召开前后，签订《布列斯特和约》得到了苏俄广大工农群
众的理解和支持。彼得格勒各区的工人纷纷举行集会，通过支持对德和约的
决议。其中一份决议写道："为使俄国革命能够摆脱立即遭到武力摧毁的危
险，为同帝国主义进行新的战争积聚力量，必须批准《布列斯特和约》。"
全国各地的人民群众也举行类似的集会，通过决议。其中的一份决议表示：
"我们像需要空气一样需要喘息，抛弃空谈，签订和约。"一些原先曾被
"左派共产主义者"控制的地方党组织，在 3 月初分别召开了党的地方代表
会议。这些会议通过谴责"左派"与拥护《布列斯特和约》的决议，并改
组了地方党的领导机构。

3 月 14—16 日，全俄苏维埃召开了第四次非常代表大会。列宁作了关于
签订和约问题的报告。他在报告中满怀信心地向代表们解释说："战争史已
经最明显不过地告诉了我们：失败的时候签订和约是积聚力量的手段。"[①] 俄
国革命遇到了胜利与曲折的交替，当革命力量相对弱小时，就需要退却和等
待，善于养精蓄锐，准备重新奋起。出席"四大"的代表以 784 票对 261 票
的多数通过了批准《布列斯特和约》的决议。

从布列斯特和谈开始到签订和约有三个多月时间，以列宁为首的布尔什
维克党和苏维埃政府，在国际和党内都经历了空前复杂与艰难的斗争。这场
斗争的重要意义在于，以列宁为首的布尔什维克党巧妙地利用了两个帝国主
义集团的深刻矛盾，与同盟国一方单独签订了合约，使苏维埃俄国退出了第

---

① 《列宁全集》第 27 卷，人民出版社 1958 年版，第 102 页。

一次世界大战。苏维埃俄国签订《布列斯特和约》虽然是不得已的行动，但是，它使世界上第一个社会主义国家避免了可能被帝国主义消灭的危险，赢得必要而可贵的喘息时间，以便组织正规的工农红军，建立社会主义的政治生活秩序，恢复被破坏的国民经济。所有这些，为苏维埃俄国粉碎帝国主义武装干涉和国内白匪的叛乱，取得 1918—1920 年的国内战争的胜利，准备了有利的物质条件。

对于德帝国主义来说，它从签订《布列斯特和约》中夺取了大量的权益，但是好景不长。三年多的帝国主义战争使它愈益陷入内外交困的窘境，人民不满，军队混乱，西线失利。这年的 11 月，德国终于爆发革命，推翻了威廉二世的统治。11 月 13 日，俄国苏维埃中央执行委员会通过决议，宣布废除不平等的《布列斯特和约》。

1918—1920 年苏俄国内战争

徐天新

十月革命胜利后，俄国国内的地主资本家和国外的帝国主义分子勾结在一起，掀起反苏维埃政权的叛乱。整个国内战争延续了三年，可分为三个阶段。第一阶段是反对捷克军团和小资产阶级政党的叛乱。第二阶段是粉碎高尔察克和邓尼金的进攻。第三阶段是打退波兰的武装干涉。苏俄人民在布尔什维克党的领导下，经过浴血奋战，粉碎了国内外的反革命叛乱，胜利地保卫了新生的苏维埃政权。

反对捷克军团和小资产阶级政党的叛乱

十月革命胜利后，沙俄反动将领和民族主义分子立即在各地掀起叛乱。其中规模较大的有：哥萨克头领杜托夫在乌拉尔南部奥伦堡地区的反叛；哥萨克另一头领卡列金在顿河地区的叛乱；贝加尔湖地区的临时政府特派员谢苗诺夫将军在远东地区的暴乱；民族主义分子在南高加索和中亚地区的骚动。这些叛乱很快就被平息了，只剩下一些残匪流窜在顿河流域和北高加索地区。

帝国主义列强在十月革命胜利之时正忙于第一次世界大战，无力对苏俄立即进行军事干涉。它们一方面采用各种隐蔽的形式进行干涉：向叛乱者提供金钱武器，或通过间谍特务组织暗杀破坏。另一方面积极筹划武装干涉。1917 年 12 月 22 日，协约国代表在巴黎开会，讨论并商定对苏维埃国家武装干涉的计划。会议的备忘录上写道："我们认为必须保持同乌克兰、哥萨克地区、芬兰、西伯利亚、高加索等地区的联系……我们的首要任务是提供资助以改造乌克兰，供养哥萨克和高加索的军队……如果法国承担向乌克兰提供军费的义务，英国将能为其他地区找到资金。当然，美国也会参加这项事务。"12 月 23 日，英法签订了《关于英法军队未来在俄国领土上作战区域》的秘密协议，规定英国的活动地区是哥萨克地区和高加索，法国的活动地区是乌克兰、比萨拉比亚和克里米亚半岛。美国资产阶级历史学家张伯伦认为，英法划分势力范围的基础是各自的经济利益。他指出："英国投资控制了高加索，法国则关心乌克兰的煤矿和铁矿。"

1918 年 3 月 3 日，苏俄同德奥集团签订《布列斯特和约》，退出第一次世界大战。3 月 9 日，英国就以履行盟国职责、防御德国舰队入侵为名，派军队在苏俄北方的摩尔曼斯克港登陆。不久，法美意的军队也开了进去。外国干涉军的人数约 1 万名。8 月，协约国军队侵占苏俄北方的另一重要港口——阿尔汉格尔斯克。在东方，日本以保护侨民为借口，于 4 月 5 日派军队占领海参崴，接着，美国军队也在该地登陆。日美干涉军多达 8 万人。与此同时，德国军队进入乌克兰和波罗的海沿岸地区。从此，开始了帝国主义对苏俄的武装干涉。但此时，干涉军尚未公开打出颠覆苏俄政权的口号，还没有向苏俄中心进攻。

苏俄国内战争的全面爆发是在 1918 年 5 月。它的标志是捷克军团的叛乱。这个军团是由在俄国的捷克战俘组成的，大约有 4.5 万人。军团司令是绍科罗夫。十月革命后，苏维埃政权允许他们经西伯利亚到法国去，但不得携带武器。5 月，当装载着捷克军团的 60 列军车停在奔萨到海参崴的铁路沿线时，捷克军团于 25 日首先在乌拉尔以西的马林斯克掀起叛乱。接着，占领了奔萨、萨马拉（今古比雪夫）、乌法、伊尔库茨克。伏尔加河中游地区、乌拉尔及西伯利亚的大部分地区落入叛军手中。

捷克军团的叛乱是在苏维埃政府处于困难时刻爆发的。当时，苏俄面临严重饥荒。1918 年 4 月的粮食采购只完成计划的 14.1%。政府被迫于 5 月 9 日宣布实行粮食专卖，规定全体农民必须把剩余的粮食按规定的价格卖给国家，违者将被逮捕判刑。政府还组织征粮队下乡，以保证国家得到最低限度的粮食，来供应城市居民和红军。

苏维埃的这项政策遭到富农的疯狂反对。人数众多的中农则对苏维埃政权的信任发生动摇。这一情况被社会革命党和孟什维克所利用。它们在各地建立起形形色色的反苏维埃政府。社会革命党人德尔贝尔于 1918 年初在托木斯克建立了西伯利亚临时政府。6 月，社会革命党人沃洛茨基另组新的西伯利亚临时政府。6 月 8 日，在捷克军团攻占萨马拉的当天，社会革命党人沃尔斯基在市内组成立宪会议成员委员会。7 月末，捷克军团攻入叶卡特琳堡（今斯维尔德洛夫斯克），社会革命党、人民社会党和立宪民主党联合组建了叶卡特琳堡临时政府。

此外，在苏俄北方的阿尔汉格尔斯克有人民社会党的柴可夫斯基政府，在中亚的阿什哈巴德有社会革命党的丰季科维政府，在格鲁吉亚有孟什维克政府。这些政府打着"立宪会议""买卖自由"和"反对《布列斯特和约》"的旗号，极力诱骗农民和中小工商业者参与它们的反苏维埃叛乱。

1918 年 9 月，社会革命党和孟什维克邀集各地反苏维埃集团的代表在乌法开会，成立以社会革命党人阿夫克森齐也夫为主席的五人执政内阁。执政内阁自称全俄临时政府，但它所能实际控制的只是原立宪会议成员委员会和西伯利亚临时政府管辖的地方。

捷克军团和社会革命党、孟什维克的叛乱，使年轻的苏维埃政权在 1918 年夏天陷于四面包围之中。苏俄政府所控制的地区只有全国面积的 1/4，主要是莫斯科周围的土地：东边到伏尔加河流域，西界大体是离莫斯科 500—600 公里的普斯科夫—莫吉廖夫一线，北边不到白海，南边不超过同乌克兰交界的地方。苏维埃失去了重要的粮食、原料、燃料产地。铁路瘫痪，工厂停工，粮食奇缺，人民生活十分困苦。首都工人每天只能得到极少量的面包，有时连这一点也得不到。与此同时，暗藏的敌人不断进行颠覆破坏。1918 年 7 月，"左派"社会革命党人在莫斯科等城市掀起叛乱。8 月 30 日，社会革命党人卡普兰开枪打伤列宁，无产阶级领袖中了两颗毒头子弹，伤势很重。

苏维埃的处境十分危急。1918 年 6 月 14 日，全俄苏维埃中央执行委员会决定把社会革命党人和孟什维克开除出苏维埃。7 月，把"左派"社会革命党人也开除出苏维埃。9 月 2 日，全俄中央执行委员会宣布苏维埃共和国为统一的军营，要求在"一切为了前线""一切为了战胜敌人"的口号下，把各项工作都转入战时轨道；要求"全体公民不分职业和年龄，必须无条件地履行苏维埃政权赋予的保卫国家的义务"。

为了把所有的人力、物力都集中起来用于战争，政府逐步改变过去的做法，实行"战时共产主义"政策。城市中，除大工业外，中等工业也收归国有。国家对收归国有的企业实行统一集中管理。农村中，实行余粮收集制。"战时共产主义"政策取消了自由贸易，对粮食和日用工业品实行配给制。不同阶级、职业和年龄的人，给予不同的定额。苏维埃政府决定实行全民劳动义务制，组织全体成年人参加各项劳动。"战时共产主义"政策是在战争条件下采取的一项政策，对保证战争的胜利起了积极作用。

布尔什维克党十分重视工农武装的建设。它动员自己的一半成员参加军队，使 1918 年初才组建的红军到 10 月就达到 80 万人。9 月，成立革命军事委员会，负责具体领导各条战线的战斗。委员会的主席是托洛茨基，总司令是参加红军的旧军官瓦采蒂斯。11 月 30 日，成立了以列宁为主席的工农国防委员会，统一领导全国的防务工作。

1918 年夏，捷克军团和萨马拉政府的军队占据了辛比尔斯克（今乌里扬诺夫斯克）和喀山，企图向西攻打莫斯科。布尔什维克党中央研究了这一形势，确认东方战线是当时首要的、具有决定意义的战线。8 月初，托洛茨基乘坐专列，亲赴伏尔加河流域前线鼓动宣传，组织力量，指挥战斗。在整个国内战争期间，革命军事委员会主席的专列开赴前线 36 次，行程 10 万多公里。

9 月底 10 月初，红军在东线司令谢·谢·加米涅夫①的率领下，解放了喀山、萨马拉，把敌人一直赶到乌拉尔。乌法的五人执政内阁见形势不妙，于 10 月迁往西伯利亚的鄂木斯克。

盘踞在顿河流域的克拉斯诺夫将军，在德国的支持下，于 1918 年夏天率领近 6 万哥萨克部队进攻察里津（后改称斯大林格勒，今称伏尔加格勒）。7 月 19 日，苏维埃政府建立北高加索军区的军事委员会，斯大林担任主席。他指挥红军在 8 月、10 月两次打退克拉斯诺夫的进攻。

粉碎高尔察克和邓尼金的进攻

1918 年 11 月，德奥集团战败，第一次世界大战结束。苏维埃政府立即宣布废除《布列斯特和约》，同时命令红军开入乌克兰、白俄罗斯和波罗的海沿海地区，收复德军占领的土地，支持当地人民建立苏维埃政权。

德奥集团的失败使协约国得以加紧对苏俄进行武装干涉。11 月下旬，12 个法国师和希腊师在敖德萨、塞瓦斯托波尔等港口登陆。英国舰队运送陆战队在巴统和诺沃罗西斯克登陆。协约国很快就在苏俄的南部集结了 13 万兵力，并在黑海各港口停泊 3 艘主力舰、8 艘巡洋舰和 12 艘鱼雷艇。干涉军的

---

① 谢·谢·加米涅夫（1881—1936）是参加红军的旧军官，不是担任党中央政治局委员的列·鲍·加米涅夫。

司令是法国唐谢利姆将军。

11月，协约国以自己的干涉军为主力，联合顿河地区的克拉斯诺夫的哥萨克部队和北高加索地区的邓尼金部队，共同向北进攻。

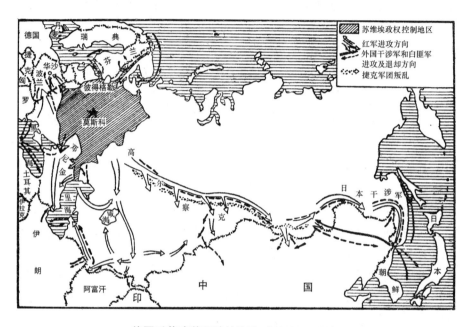

外国反苏武装干涉的失败（1918—1922）

苏维埃政府紧急动员各地力量支援南方战线和乌克兰战线。1919年初，红军反攻，解放了顿河流域。2月5日，红军开进基辅，收复乌克兰北部地区。与此同时，布尔什维克党派遣大批人员到协约国军队中活动，组织俄国工人士兵同他们联结。在革命宣传的影响下，越来越多的外国士兵拒绝同红军作战。4月4日，乌克兰战线的红军攻入克里米亚半岛。在红军节节胜利的形势下，停泊在塞瓦斯托波尔的法国舰队水兵于4月20日举行起义，反对武装干涉苏俄，要求返回祖国。法国政府看到自己军队内部不稳，难以继续军事干涉，便从乌克兰南部撤走全部军队。英国、希腊等国也相继从苏俄的南方和北方撤回干涉军。这样，协约国想主要靠自己的武装力量来推翻苏维埃政权的企图彻底破产了。列宁在评价这一事件的意义时说："我们迫使英法撤走本国军队这一胜利，是我们对协约国的一个极其重大的胜利。我们夺走了协约国士兵。我们用劳动者团结一致反对帝国主义政府的精神，夺走了协约国在军事上和技术上的莫大的优势。"①

1919 年春，协约国改变了反苏斗争策略。它把白卫军队推到第一线，组织他们统一进攻莫斯科。协约国最初以盘踞在西伯利亚的高尔察克军队为反苏维埃的主力。高尔察克原是沙皇的海军上将、黑海舰队司令。1918 年 11 月 4 日，被任命为西伯利亚政府的陆海军部长。18 日，高尔察克发动政变，推翻阿夫克森齐也夫的五人执政内阁，自称为"俄国的最高执政"。协约国大力支持高尔察克，派去许多军事顾问，运去大量武器弹药。据不完全统计，仅美国就给高尔察克运去 20 万支步枪和 400 多万发子弹。还有 10 多万日美英法干涉军驻扎在贝加尔湖以东的地区，保护着高尔察克的后方。1919 年 3 月 4 日，拥有 25 万人的高尔察克军队在乌拉尔地区发动大规模进攻。不久，攻占乌法，扑向伏尔加河流域。与此同时，北高加索的邓尼金将军、苏俄北方的米列尔将军、苏俄西北部的尤登尼奇将军也向红军发起攻击。

4 月 12 日，《真理报》发表了列宁起草的《俄共（布）中央关于东方战线局势的提纲》，指出东方战线再次成为决定性战线，号召全民动员，消灭这一危险。广大党团员、工会会员积极响应号召，将近 5 万人奔赴前线。在后方，莫斯科—喀山铁路莫斯科编组车站机车库的工人，于 4 月 12 日星期六利用工余时间义务劳动，修好了 3 台机车。各地工人纷纷起来效法，用星期六义务劳动来支援前线。列宁高度评价这一运动，称它为"伟大的创举"。

1919 年春，红军兵力增加到 150 万。东线红军分为南北两路。北路红军在绍林指挥下，向卡马河流域进攻。南路是重点。4 月 28 日，伏龙芝（1885—1925）指挥南路红军发起反攻。在尖刀部队中，有传奇式英雄恰巴也夫（旧译夏伯阳），他指挥的第 25 师勇猛善战，歼灭了高尔察克的军官突击大队，并于 6 月 9 日解放乌法。高尔察克军队败退 100 多公里，撤回乌拉尔山区。

正当红军节节胜利的时候，托洛茨基和总司令瓦采蒂斯建议抽调东线的大量兵力去支援南线反邓尼金的斗争。7 月，党中央开会否定了这项建议，认为停止东线进攻会使高尔察克得到重整旗鼓的机会，以再次向苏维埃政权反扑。为了贯彻这一决定，苏维埃政府任命谢·谢·加米涅夫接替瓦采蒂斯担任红军总司令。新任东线司令伏龙芝指挥红军继续东进，8 月解放整个乌

---

① 《列宁全集》第 30 卷，人民出版社 1959 年版，第 181 页。

拉尔地区。11 月，红军开进高尔察克的"首都"鄂木斯克。1920 年初，高尔察克被俘获。革命军事委员会判处他死刑。1920 年 2 月 7 日，红军同捷克军团签署停战协议，并允许捷克军团从远东撤离苏俄。这样，协约国组织的第一次武装干涉彻底失败了。

1919 年下半年，协约国组织了反苏维埃的第二次进攻。主力是邓尼金的部队。邓尼金（1872—1947），曾任临时政府的总参谋长，西方战线和西南战线司令。十月革命后，在北高加索和顿河流域南部掀起叛乱。1919 年，邓尼金的部队大约有 15 万人。协约国给这支白卫军送去了 38 万支步枪、200 门大炮、100 辆坦克和 194 架飞机，还派去了几百名军事顾问和飞行人员。1919 年 7 月 3 日，邓尼金发布进攻莫斯科的命令。不久，占领了顿巴斯和乌克兰大部分地区。

7 月 9 日，布尔什维克党中央发布了列宁起草的公开信《大家都去同邓尼金作斗争》，号召全党和全体劳动人民都去抗击邓尼金。8 月底，绍林指挥南线红军反攻，进展不大，在顿河上中游地区受阻。8 月，英国陆军大臣丘吉尔在自由党代表大会上宣称，要组织 14 国武装干涉苏俄。但是，这一狂妄计划未能实现。8 月底，邓尼金依仗自己的优越武器和彪悍骑兵，占领了基辅和第聂伯河西岸的乌克兰地区。9 月 3 日，他再次发出进攻莫斯科的命令。9 月 20 日，白军突破红军防线，占领了库尔斯克。10 月 13 日，占领了离莫斯科只有 300 多公里的奥廖尔，直接威胁到红色首都。全世界资产阶级都在为邓尼金叫好鼓气。顿巴斯的资本家宣布，将赏给第一个冲进莫斯科的团队 100 万卢布。

在这危急关头，党中央于 9 月 26 日宣布举行征收党员周。大约有 20 万工农加入了布尔什维克党。这表明人民大众对共产党和苏维埃政权的充分信赖。在人民的全力支持下，红军于 1919 年 10 月的上半月，在南方集中了 16 万把刺刀、2 万多把马刀和 4000 多挺机枪，而邓尼金部队只有 6 万把刺刀、近 5 万把马刀和 2000 多挺机枪。10 月中旬，红军以优势兵力转入反攻。10 月 20 日，南线司令叶戈罗夫和军事委员斯大林指挥红军解放了奥廖尔。11 月和 12 月，解放了库尔斯克、哈尔科夫和基辅。1920 年 1 月，绍林指挥东南战线红军攻进察里津和罗斯托夫。邓尼金部队被分成两股。一股逃向乌克兰南方。南线于 1920 年 1 月改称为西南战线。其任务是追击这股敌人。红军解放了敖德萨，但未能攻进克里米亚半岛。另一股是邓尼金的主力，败退到北高加索。东南战线于 1920 年 1 月改称为高加索战线，由图哈切夫斯基指挥。红军打败了敌人，进入北高加索，邓尼金本人逃亡国外。残余部队在弗兰格尔（1878—1928）的率领下逃到克里米亚半岛。

红军在粉碎东面的高尔察克和南面的邓尼金的叛乱的同时，也平定了其他地区的叛乱。在苏俄的西北部，尤登尼奇白卫军于 1919 年 5 月向彼得格勒发起进攻。由 12 艘巡洋舰、20 艘驱逐舰和 12 艘潜水艇组成的英国舰队开进波罗的海，从海上支持尤登尼奇的军队。正当战斗激烈进行之时，协约国间谍又策动彼得格勒附近的红丘、灰马、奥勃鲁切夫 3 个炮台叛乱，严重威胁着彼得格勒的安全。5 月 17 日，党中央派斯大林到彼得格勒战线。他指挥红军扑灭了 3 个炮台的叛乱，打退了敌人的进攻。波罗的海舰队的水兵击败了企图冲进彼得格勒的英国舰队。

9 月，当邓尼金军队进攻莫斯科未得手的时候，尤登尼奇白卫军再次发起进攻。10 月，进抵离彼得格勒只有 10 多公里的地方。形势十分危急。列宁向彼得格勒工人和红军战士发出战斗的号召："同志们，战斗到最后一滴血，守住每一寸土地，坚持到底，胜利就在眼前！"[1] 党中央派托洛茨基到彼得格勒亲自指挥作战。10 月底，守卫彼得格勒的第 7 集团军发起反攻，取得胜利，并将尤登尼奇的残部逐至爱沙尼亚，它们被爱沙尼亚政府解除了武装。在北方战线，红军也节节胜利，于 1920 年 2 月 21 日和 3 月 13 日，先后解放了阿尔汉格尔斯克和摩尔曼斯克。

这样，红军便粉碎了协约国第二次联合进攻，基本上解放了乌拉尔、西伯利亚、乌克兰和北高加索。

1919 年是红军取得决定性胜利的一年。它捣毁了国内的主要叛乱巢穴，严重打击了帝国主义阵线。1920 年 1 月 16 日，协约国最高委员会正式解除对苏俄的封锁，宣布允许协约国和中立国家同俄国人民进行商品交换。苏维埃国家赢得了宝贵的暂时和平。

打退波兰的武装干涉

苏俄赢得的和平，没过多久又被打破了。1920 年 4 月 25 日，波兰在协约国支持下入侵苏俄。不久，占领了基辅、乌克兰和白俄罗斯的大片土地。盘踞在克里米亚半岛的弗兰格尔白卫军也乘机向北进犯，企图攻占顿巴斯。

---

[1]　《列宁全集》第 30 卷，人民出版社 1959 年版，第 51 页。

苏维埃国家又一次面临严重的威胁。

党和政府紧急动员各方力量支援前线。仅5—6月，就有1.2万名共产党员被派往前线。6月，西南战线红军在叶戈罗夫和斯大林指挥下发起反击，解放了基辅和乌克兰。7月，图哈切夫斯基指挥西方战线红军进攻，迅速突破波兰防线，解放了白俄罗斯领土，进而越过国界，于月底逼近波兰首都华沙。

为了使波兰军队免于覆灭，协约国一方面由英国外交大臣寇松出面，要求红军停止进攻，并建议苏波双方举行和谈，划定边界；另一方面则加紧向波兰提供军事援助。波兰军队得到增援补充后，于1920年8月16日转入反攻。红军由于进展过速，先头部队远离后方，同时西方战线和西南战线相互配合得也不够好，在敌人的进攻面前不得不后撤。但是，红军很快就扭转了不利处境，挡住了波兰军队的进攻。10月，苏俄同波兰签订初步和约。1921年3月，双方签订里加和约，划定两国边界。

对波战争结束后，红军集中全力对付弗兰格尔。1920年11月，苏俄政府再次成立南方战线，伏龙芝任战线司令。11月6日，南线红军发起总攻击，摧毁彼列科普地峡和琼加尔地峡的坚固工事，冲进克里米亚半岛，消灭了弗兰格尔军队。协约国组织的第三次武装干涉被粉碎了。

1920年底，苏俄国内战争基本结束。但在边疆少数民族地区，平息叛乱、驱逐外国干涉军的斗争还持续了一段时间。

中亚是少数民族聚居的地区。早在1918年4月，这一地区就成立了土耳克斯坦苏维埃自治共和国。后来，杜托夫在乌拉尔南部地区叛乱，割断了它同莫斯科的联系。形形色色的民族主义分子乘机掀起反苏维埃暴动。1919年夏秋，红军解放乌拉尔地区后，分出一支队伍，组成土耳克斯坦战线。伏龙芝率领这支队伍开进中亚，平息了当地的叛乱。但是，在咸海南岸的乌兹别克和土库曼地区还存在两个封建王国——希瓦汗国和布哈拉埃米尔国。1919年底，希瓦人民举行起义，在红军的帮助下获得胜利。1920年4月，正式成立花剌子模人民苏维埃共和国。1920年8月，布哈拉人民起义，在红军帮助下推翻了埃米尔政权。布哈拉人民苏维埃共和国于1920年10月正式宣告成立。

在南高加索，政权掌握在协约国支持的阿塞拜疆资产阶级民族主义政党木沙瓦特（亦译作平等党）、亚美尼亚资产阶级民族主义政党达什纳克（亦译作联盟党）和格鲁吉亚孟什维克手里。1920年，英国看到邓尼金部队已经崩溃，红军即将进入高加索，慌忙把自己的干涉军撤离这一地区。这以后，南高加索人民的斗争蓬勃兴起。1920 年 4 月，阿塞拜疆人民举行起义，在红军帮助下推翻木沙瓦特政权，建立了阿塞拜疆苏维埃共和国。1920 年秋，亚美尼亚劳动者起来反对达什纳克政府。1920 年 11 月，亚美尼亚苏维埃共和国正式成立。1921 年 2 月，格鲁吉亚的孟什维克政府被推翻，格鲁吉亚苏维埃共和国诞生。

在远东地区，反对白匪和外国干涉军的斗争一直持续到 1922 年。在高尔察克被歼灭后，苏维埃政府为了避免同日本干涉军发生直接武装冲突，决定在贝加尔湖以东的地区建立一个缓冲国。1920 年 4 月，远东共和国正式成立①。它是共产党领导下的议会制共和国，建有自己的人民革命军。1922 年 10 月，共和国军事部长勃留赫尔（即加伦将军）指挥人民革命军攻进海参崴，迫使最后一批外国干涉军撤离苏维埃国土。11 月，远东共和国并入俄罗斯联邦。在战胜国内外敌人的基础上，1922 年 12 月 30 日，苏维埃社会主义共和国联盟（苏联）正式成立。

国内战争胜利的原因及其意义

国内战争的胜利来之不易。在初期，苏维埃政权的处境十分困难。红军刚建立，既缺乏有经验的指挥员，又缺少武器弹药。国内经济濒于崩溃。1918 年注册工业的总产值仅为 1913 年的 33%，1919 年为 17%，1920 年为 14%。主要谷物的产量，1920 年仅为战前 5 年平均数的 55%。外国的著名政治家、军事家几乎都认为苏维埃政权的末日即将来临。可是，经过几年的较量，垮台失败的不是苏维埃，而是国内的白卫军和外国的干涉军。为什么苏维埃政权能够取得胜利呢？

第一，有广大工农群众的全力支持。苏维埃是代表人民利益的政府，得到人民的爱戴和信赖。而白卫军同外国帝国主义勾结在一起，背叛祖国，恢复地主资本家统治，遭到工农大众的痛恨。劳动人民怀着高涨的爱国热情踊跃参军，使红军到内战结束时发展成为一支 500 万兵力的强大军队。在前线，红军战士英勇战斗，打击敌人。由于战功卓著，大约有 1.5 万名苏维埃军人获得红旗勋章。同时，大约有 100 万红军战士为国捐躯。在后方，劳动

---

① 参见本书《远东共和国的建立》一文。

人民不畏饥寒，不顾劳苦，夙兴夜寐地生产劳动，把粮食和军事物资源源不断地运往前方。人民的支持成为苏维埃政权战胜敌人的巨大力量源泉。

第二，有布尔什维克党的正确领导。列宁和党中央及时制定各项方针政策，统一组织全国力量，直接指导前线的战斗。党中央还把将近一半的党员派到前线去。30万党员在军队中带头冲锋陷阵，5万多党员在战场上献出自己的生命。党的正确政策和党员的模范作用把千百万群众组织成为一股不可抗拒的洪流，荡涤着旧社会的残渣余孽。

第三，有全世界无产者和劳动群众的同情与支持。苏维埃政权的正义斗争赢得世界人民的崇敬。数十万外国人同苏俄人民一起并肩战斗，其中有8万名匈牙利人、5万名中国人以及众多的德国人、波兰人、捷克人等。英法等国人民在自己的国家里掀起"不许干涉俄国"运动，束缚了帝国主义的侵略手脚。

总之，苏维埃人民在布尔什维克党领导下，在国际劳动者的支持下，经过几年的顽强战斗，终于平息了国内的反革命叛乱，挫败了帝国主义的武装干涉，胜利地保卫了十月革命的果实。第一个社会主义国家巍然屹立于世界。

战时共产主义在苏俄的实施

沈永兴 于 沛

"战时共产主义"，是指十月革命胜利后苏维埃俄国在外国武装干涉和国内战争时期所采取的一系列经济政策，同时也是特定条件下的一种经济体制。它从 1918 年夏开始形成，至 1921 年初结束。

战时共产主义的各项政策包括两个方面：一是为应付战争的紧急需要，完成当时客观的军事任务而被迫采取的措施；二是在后来的实施过程中，包含一些企望直接过渡到共产主义生产和分配的尝试性措施。因而具有共产主义性质。1921 年 4 月，列宁在著名的《论粮食税》一文中，第一次使用了"战时共产主义"这一术语。

"战时共产主义"以余粮收集制为主要内容，涉及经济生活的各个领域。在工业方面，实行管理的高度集中化和严格的劳动军事化，并采取普遍的劳动义务制；在分配领域，按照阶级的原则，对粮食及其他生活必需品实行统一的较为平均主义的配给制；在交换方面，否定商品和货币作用，基本上取消了市场和商品的自由交换，而是在市场之外，由政府通过专门机构组织城乡商品的直接交换，使货币基本上失去了等价物的作用。"战时共产主义"不是事先计划好的、通过一次性立法所制定的政策，而是在严酷的形势下在实践中逐步形成的。

实行企业全盘国有化、管理集中化和劳动军事化

十月革命胜利后不久，即开始对工业企业实行国有化。1917 年 11 月 17日，宣布第一个工业企业国有化法令，将斯米尔诺夫的利金纺织厂收归国有。从 1917 年底至 1918 年中，普梯洛夫工厂股份公司、输电股份公司、制糖业和石油业各大型企业都已收归国有。由于战争使国民经济状况严重恶

化，苏维埃政府开始加快了实行工业国有化的步伐，目的在于彻底剥夺资产阶级的经济基础，并以此获得更多的财力、物力来支持战争。1918 年 6 月 28 日，人民委员会颁布了大工业企业全面国有化的法令。到 1918 年底，煤炭、冶金、石油等主要工业部门的大型企业已完全收归国有，彻底夺取了垄断资本在工业体系中的统治地位。

随着战争的发展，工业企业的国有化不再局限于大型企业。俄共（布）1919 年 3 月通过的新党纲提出：要"坚持不懈地把已经开始并已基本上完成的对资产阶级的剥夺进行到底，把生产资料和流通资料变为苏维埃共和国的财产，即变为全体劳动者的公共财产"。当时，银行已被禁止付给私人企业股票、股金的利息；银行股票全部作废，实行国有化。铁路、冶金、采煤、大型金属加工、机器制造、发电、海洋和内河航运企业均被收归国有。到 1919 年 10 月 1 日，按最高国民经济委员会分配的任务进行生产的国有化企业已达 2522 个，工人总数达 750600 人。1920 年初，中型企业也基本上实现了国有化，到同年 4 月，已有 4141 个国有化企业，职工人数近 100 万人。1920 年 11 月 29 日，最高国民经济委员会宣布，凡拥有机械动力、工人在 5 人以上，或无机械动力、工人在 10 人以上的一切私营企业全部收归国有。这样，不仅大中型企业，而且小型企业也开始收归国有，俄共（布）制订的工业国有化计划基本完成。

为了加强对国有化企业的集中领导，国家采取管理总局制度。最高国民经济委员会成立了中央管理局和专业总局，如煤炭、石油、水泥、火柴等总局，各总局设有生产、供应、成品分配、统计核算等处。严格控制原料、燃料的采购供应和资金、产品的分配。1918 年 3 月，最高国民经济委员会关于国有化企业管理工作的决定规定，各总局享有特殊的权力。根据这个规定，管理总局越过地方行政机关，直接规定该局所属企业的生产计划、产品分配和原料采购等。这些企业的产品需无偿地全部上交。1920 年已成立了 52 个管理总局。同 1918 年相比，按照总局和管理局订单进行工作的工业企业数目增加了 64%，而按照"单独"订货（即各机关的非集中订货）工作的企业减少了 2/3，为自由市场工作的企业只相当于 1918 年的 7.9%，这主要是一些食品加工小企业。

战争迫使许多熟练工人加入红军走上前线，同时一部分工人由于城市粮食严重不足而迁居农村，这就使工业部门中的劳动力十分缺乏，1919 年末，军工厂需 3.8 万名工人，只能得到 1 万名；新建的弹药厂需 1292 名工人，实际上只能派去 322 人；兵工厂需 6619 人，只派去 2671 人；飞机制造厂需 598 人，只派去 119 人；火药厂需 729 人，只派去 114 人。当时陆续补充的新劳动力，大多是妇女和青少年，这就使熟练劳动力尤其不足。为了解决这一日益严重的问题，苏维埃政府开始实行和推广普遍的劳动义务制。

为了加强对实施劳动义务制的领导，苏维埃政府成立了以捷尔任斯基为主席的劳动义务制委员会，具体负责劳动义务制的实施。

1918 年 10 月 5 日，人民委员会首先颁布了资产阶级必须参加义务劳动的法令。对资产阶级和一切非劳动者发放劳动手册，代替身份证，根据劳动情况领取口粮。凡完不成劳动任务的一律不能领到粮食。劳动义务制并不局限于组织工农业和运输业所必需的劳动力，也包括对完成临时性工作所需的劳动力。1919 年 11 月 19 日，由于燃料危机，国防委员会授权内务人民委员部在某些地区实行采伐木材和运输的义务劳动。一直到 1919 年底，劳动义务制主要是在剥削阶级中实行的。

1920 年 1 月 29 日，苏维埃政府根据战争形势的发展，决定实行普遍劳动义务制。新的法令规定，所有有劳动能力的居民，不管其固定的工作是什么，都要根据需要完成其他任务。这时，劳动义务制已从剥削阶级扩大到一切阶级。

在实行劳动义务制的同时，各军工企业和燃料、运输等重要部门从 1919 年秋实行军事化。这些部门的所有工作人员都处于被动员状态，凡擅离职守者均被视为临阵脱逃，将按战时法律严惩。铁路和矿务等部门的专家与工人还被动员服军事现役，按照军事编制组织起来进行生产。1920 年底，俄共（布）第九次代表大会通过了广泛实行劳动义务制和经济军事化的决议。根据这一决议，苏维埃政府建立劳动军，即在保留一部分红军建制的情况下，改变其名称，组织这些红军主要从事经济战线上的各种工作，当时共建立了 8 支劳动军。

在整个战争期间，工厂工人的总数明显减少，1920 年只占 1917 年的 47.1%。但就军事工业来说，工人的数目却增加了，国内战争结束时，工人总数已超过战前的 1.5 倍。

实行余粮收集制

在内战时期，国内反革命势力和外国武装干涉者一度占领了苏俄 3/4 的土地，切断了俄罗斯中央地区同产粮区的联系。1918 年 1 月，莫斯科只运进 180 车皮粮食。而粮食需要量按每人每天 1/4 磅计算，需 510—530 车皮。此时，粮食问题成为广大群众生死攸关和苏维埃政权能否存在下去的关键问题，因而余粮收集制就成为"战时共产主义"政策中的核心内容。

列宁在 1918 年夏明确指出："目前我们还很难研究经济政策和农业政策，我们不得不抛开这些，而把全部注意力放在起码的任务即粮食问题上。"①

实行余粮收集制有一个发展过程，开始主要是搞粮食垄断。1918 年 5 月 13 日，全俄中央执行委员会和人民委员会颁布《授予粮食人民委员部特别权力同隐瞒粮食储存、进行粮食投机的农村资产阶级作斗争》的法令，这一法令要求以国家垄断粮食贸易和固定价格为基础，实行粮食专卖，并赋予粮食人民委员部向隐匿存粮的乡村资产阶级和粮食投机商作斗争的非常权力。10 月 30 日，全俄中央执行委员会颁布《征收农业实物税》法令。法令宣布，每个农民生产的农产品，在法令宣布后的一定期限内，除按规定留存种子和新收获前的个人消费粮以外，其余粮的一部分作为税收无偿上交给所在的乡，另一部分按规定的价格卖给国家。如不按规定交出或出售粮食，则被宣布为人民的敌人，并判处 10 年以上徒刑，驱逐出村庄，没收粮食及其他财产。但是，这一法令的实行并没有解决粮食问题，执行中也遇到很大困难。为此，开始组织工人征粮队。

随着国内战争的扩大，饥荒越来越严重。为了迅速改变这一紧张局势，人民委员会于 1919 年 1 月 11 日颁布了《关于在各产粮省征集余粮和饲料交给国家支配的法令》，即著名的余粮收集制法令。这一办法是将原来按粮食消费标准确定余粮数额，并按固定价格予以征购的办法，改成实物税的余粮收集制。余粮收集制标志着苏维埃俄国的经济政策发生了急剧的变化。余粮收集制法令规定："为满足国家需求所必需的一切粮食和谷物饲料，摊派给各产粮省向居民征收。"即国家先计算出所需粮食和饲料的总额（包括维持军队、机关、城市居民和工业之用，等等），然后分摊到各省。分摊原则是根据各省的产粮能力，即按中央统计局资料所载的各省播种面积、总产量、牲畜数目等来计算。各省又按同一原则分摊到县、乡、村，直至每个农户。所有余粮按实物的形式来强制摊派，按固定价格偿付。

① 《列宁全集》第 28 卷，人民出版社 1956 年版，第 18—19 页。

余粮收集制也不仅仅局限于粮食，后来扩大到各种副食品和原料，如土豆、肉类、奶类、家禽、蛋、麻、羊毛、皮革等。余粮收集制虽规定有贫农不收、中农酌量征收、富裕农户多收这样的阶级原则，实际上并没有严格执行。不仅对中农，即使是对贫农的口粮及农副产品也实行了强行征收。辛比尔斯克省塞基列耶夫斯克县沃耶茨克乡，播种面积在 1—2 俄亩的农户中，只有 50% 免交，其余每户交纳 50 普特以下。2—4 俄亩的农户中有 28.6% 免交，其余 52.4% 的农户每户交 50 普特以下。19% 的农户交 50 普特以上。在奔萨省、萨拉托夫省和其他各产粮省，大体上也是这样。除粮食人民委员部规定的国家摊派任务之外，经省粮食委员会批准还可增征，以解决当地对粮食和饲料的急需。这样，正如列宁所指出的那样："我们实际上从农民手里拿来了全部余粮，甚至有时不仅是余粮，而是农民的一部分必需食粮。"[1] 这就严重损害了农民的利益。由于强行征购价格极低，所付的货币又是一些不等价的、没有购买力的花花绿绿的纸币，实际上等于是从农民手中无偿地取走粮食。

为了有效地推行余粮收集制，人民委员会于 1919 年 2 月 27 日作出决议，决定派一些有觉悟的工人参加粮食机关的工作，加强已在 1918 年春就出现的工人征粮队，使工人征粮队趋于普遍化。征粮队在战争条件下具有军事组织的性质，每队至少 75 人，并配有机关枪。1918—1920 年全国计有 2700 个征粮队在进行工作，参加的工人约有 8.2 万人。实行余粮收集制以后，粮食征购量急速上升。1918—1919 年征得 1.079 亿普特，相当于 1917—1918 年的 147%；1919—1920 年征得 2.125 亿普特，相当于 1917—1918 年的 289.5%；1920—1921 年征得 3.67 亿普特，相当于 1917—1918 年的 500%。除以上由粮食人民委员部征得的粮食外，特设前线粮务委员会也来征集粮食。1919—1920 年，土耳克斯坦、东方战线、北方战线、西南战线、西方战线、高加索战线、第 7 集团军、海军等特设粮务委员会共征得粮食 34690.4 万普特，肉类和鱼 786.4 万普特，蔬菜 383.67 万普特。1919 年 12 月召开了全俄苏维埃第七次代表大会，大会充分肯定了余粮收集制，认为"在粮食方面实行强制的收集制是国家掌握剩余粮食的最适当的办法。有了这些余粮，就可以不仅在口头上，而且在实际上实现国家垄断"。

但是，余粮收集制毕竟是一种不得已而为之的办法，正如列宁后来所

---

[1] 《列宁全集》第 32 卷，人民出版社 1959 年版，第 333 页。

说："余粮收集制不是'理想'，而是一种痛苦和可悲的需要。"① 因为，余粮收集制虽然暂时能增加粮食的来源，成为解决粮食危机的应急办法，对保证内战胜利无疑起了重大作用，但它也有消极的一面，即严重地侵犯了农民的利益，使工农关系大大恶化。到了后期，工农群众的严重不满，导致了政治危机和经济危机。帝国主义和白卫分子利用这一形势在全国掀起富农叛乱，一些中农，甚至贫农也加入到叛乱队伍中去。工人对苏维埃政权不满的情绪也在增长。1921 年初，在莫斯科、彼得格勒和哈尔科夫等城市相继发生了怠工和罢工的事件。1921 年初发生的喀琅斯塔得大规模的暴乱是工农联盟破裂的征兆。列宁指出，苏维埃俄国不仅出现了"最大的政治危机"，而且"在经济战线上遭受了严重的失败，这次失败比高尔察克、邓尼金或毕苏茨基使我们遭受的任何失败都要严重得多，危险得多"②。

在实行余粮收集制的同时，农业集体化的步伐也加快了。1918 年夏天，组织了第一批农业劳动组合和农业公社。1918 年 12 月，召开的代表大会对农业集体化工作作了总结，并作出决议，要求"土地政策的最重要的任务就是要彻底地、坚决地、广泛地组织农业公社、国营共产主义农场和共耕社"。1919 年 2 月 14 日，全俄中央执行委员会发布了关于社会主义土地整理和过渡到社会主义农业的办法的条例，促使大批国营农场迅速建立起来。1918 年有国营农场 3101 个，1919 年底有 3547 个；而在 1920 年底已增至 4384 个，同 1918 年相比增加了 41%。当时国营农场总面积已超过 200 万俄亩。

实行贸易国家垄断和必需品的定量配给

1918 年 10 月 30 日，全俄中央执行委员会决定用扣除部分农产品的方式向农民征课实物税，允许农民在一定条件下处理多余的粮食，并没有禁止自由贸易，但日益严重的饥荒已使实物税法令不再适用了。苏维埃政府不得不禁止粮食及其他产品的贸易。列宁认为，"在粮食不足的情况下，采取任何一种导向所谓贸易自由的措施，都会引起疯狂的投机"③。1918 年 11 月 21

---

① 《列宁全集》第 32 卷，人民出版社 1959 年版，第 311 页。
② 《列宁全集》第 33 卷，人民出版社 1959 年版，第 380、44 页。
③ 《列宁全集》第 28 卷，人民出版社 1959 年版，第 374 页；第 30 卷，人民出版社 1959 年版，第 127 页。

日，人民委员会颁布了《关于组织供给居民一切食品以及个人和家庭消费品》的法令，这是贸易国有化的一个转折点。法令规定，一切个人消费品和家庭日用品的采购统统交给粮食人民委员部办理，该部设立产品分配管理总局，直接负责居民工业品和手工业品的供应。它还负责组织收购调节中心，组织商业检察机关，并有权采取调节国内商品流转的各项措施。这一法令特别强调，由国家垄断的产品只能通过苏维埃和合作社的贸易网分配。根据这一法令的要求，最高国民经济委员会和粮食人民委员部于同年 11 月 26 日作出决定，宣布对食糖、茶叶、食盐、火柴、棉布、靴鞋、胶皮套鞋、肥皂等实行国家垄断经营。1919 年底，由国家征集和垄断的产品已包括肉类和土豆；1920 年，又扩及黄油、蛋类、蜂蜜、蔬菜、乳制品、家禽等主要食品。这样，国家不仅对粮食实行垄断，而且对一切主要食品及日用品都实行了垄断，国营商业和消费合作社完全代替了私人贸易。

消费合作社早在十月革命前就已存在，但此时的性质已经不同。1918 年 4 月 11 日，全俄中央执行委员会批准了关于消费合作社的组织法令。此后消费合作社数量骤然增加，几乎城乡每个区都有，该区居民必须入社。它的主要职能是代表政府收集和分配粮食及其他日用品。入社居民都按政府规定定量标准凭证供应，农民凭缴售余粮获得购物卡，工商业主不得充当合作社负责人。这样，商品的流转不是通过市场，而在市场之外，由政府指定的消费合作社进行。苏维埃政府认为，在战争和饥荒的特定条件下，用强制手段禁止自由贸易是完全必要的。

由于任何形式的私人贸易都被视为非法，所以计划商品的范围和总额不断扩大。粮食根据等级定额进行平均分配，实行不劳动者不得食的原则。彼得格勒 1918 年下半年最早实行阶级口粮制。稍后，莫斯科、特维尔、雅罗斯拉夫、伊万诺沃－沃兹涅先斯克等工业中心也实行这一制度。最初口粮分配分成四个等级：工人按第一等或第二等供应，职员按第二等或第三等供应，不劳动分子按第四等供应。1919—1920 年对这一制度作了修改。人民委员会于 1920 年 4 月 30 日颁布法令，决定实行三级口粮供应制度：第一级是苏维埃企业和机关中的体力劳动工人；第二级是苏维埃机关和企业中的脑力劳动者和办公人员；第三级是私人企业、机构和团体中不剥削别人的工作者。虽然口粮分配分成几等，实际差别并不很悬殊。

当时苏维埃俄国的工资制度也比较平均。1919 年春，工人的最低工资与最高工资的比例是 1∶1.9，与专家工资的比例是 1∶5。工资分为实物形式和货币形式两个部分。由于物资极度匮乏，货币贬值，工资的实物部分具有决定意义。在这种情况下，加快了工资完全向实物化的转化，分配制度越来越趋向平均主义，并实行免费的供给制。

1919 年夏，城市和消费省、工业中心的儿童首先免费得到了粮食。1920年夏，对其余各省大约 600 万名儿童开始免费供应粮食。苏维埃国家还专门拨出商品基金向儿童免费发放衣服、被套、鞋等物。1920 年夏，俄共（布）中央委员会给各省党委的信中指出，粮食危机不允许通过提高工资的办法来改善工人状况，因此必须过渡到用国家储备向全体工业居民供应粮食。1920年 12 月 4 日，苏维埃政府颁布了《关于免费发放食品的法令》，接着又颁布了《关于免费向居民发放日用品的法令》（1920 年 12 月 17 日）、《关于取消燃料各种费用的法令》（1920 年 12 月 23 日）、《关于取消使用邮政、电报、电话和无线电报货币核算的法令》（1920 年 12 月 23 日）、《关于取消职工住房和使用自来水、排水设备、清洁设备、煤气、电灯和公共澡堂费用的法令》（1921 年 1 月 27 日）。这一系列法令的颁布表明，苏维埃政府已全面实行对国家职工及其家属提供免费供应的办法，这是工资向实物化转变，并且不断加强的必然结果。1917 年，实物形式的报酬占工资总额的 5%，1918 年占 48%，1919 年占 80%，1920 年已占 93%。

由于农产品和日用工业品的产量锐减、产品奇缺以及货币周转遭到严重破坏，货币不断贬值。1918 年 7 月流通的货币量为 437.12 亿卢布，1919 年7 月为 1131 亿卢布；1920 年 7 月为 5118.16 亿卢布；1921 年 1 月则达11685.97 亿卢布。从 1918 年 7 月 1 日至 1921 年 1 月 1 日，卢布的购买力下降了 99.47%。1919 年底在莫斯科各集市上，每 1 俄磅面包的价格是 170 卢布。工人和职员的工资无论怎样提高也赶不上飞涨的物价，货币已失去了意义。货币作为一般等价物已受到严重破坏，成为毫无用处的"彩色纸片"。

1919 年 3 月，俄共（布）第八次代表大会通过的新党纲明确提出了"扩大无货币结算的范围，并且准备消灭货币"。在列宁起草的党纲草案中这样写道："俄共将力求尽量迅速地实行最激进的措施，来准备消灭货币，首先是以存款折、支票和短期领物证等等来代替货币，建立有钱一定要存入银行的制度等等。"[①] 1920 年 1 月，在全俄国民经济委员会第三次代表大会上，财政人民委员部由于没有有效地消灭货币流通而遭到批评，大会决定采取发

---

①　《列宁全集》第 29 卷，人民出版社 1972 年版，第 92 页。

展实物工资、外贸用实物结算、加强同农民实物形式的产品交换等措施以消灭货币。同年 6 月 19 日，全俄中央执行委员会第二次会议通过了关于财政人民委员部报告的决议，再次重申消灭货币是符合俄罗斯苏维埃联邦社会主义共和国经济和行政发展的基本任务的。

俄共（布）在"战时共产主义"时期准备尽快消灭商品货币关系的方针，在当时理论界和广大群众中都引起了明显的反应，如 1920 年在报刊上曾展开关于消灭商品货币关系的讨论。一些经济学家认为，在苏维埃俄国，货币作为一般等价物的作用已不存在了，货币是旧制度的残余，社会主义的分配方法应是实物工资，在苏维埃制度下，产品已不是商品，这些产品只有在同资本主义国家进行贸易时才是商品。A. 苏普里恩在给列宁的信中写道："如果合理地观察生活，看到全部生活都已包括在衣、食、住中，除此之外，一切都是多余的，那么何必要这种恶魔般的货币。我是一个贫农的儿子，我看得很清楚，没有这种资产阶级的残余，没有可鄙的金币和纸币，工人和农民完全能幸福地生活……但愿苏维埃俄国作为第一个社会主义共和国，着手消灭这种巨大的罪恶——货币。"在"战时共产主义"时期出现的上述认识，以及在这种认识指导下的实践，确如列宁所说，是"犯了错误"[①]。但是，"战时共产主义"时期经济关系的实物化虽十分突出，却没有达到完全消灭货币的程度，如在全国通过粮食机关得到的粮食中，1919 年春只占城市居民需要量的 45%，1919 年夏占 30%，1920 年 1 月占 36%，其余部分则是通过其他途径，主要是通过黑市获得的。此外，货币税同余粮收集制及其他实物税相比，所起的作用不大，但毕竟没有取消。再如，苏维埃政府向工人颁发的奖励中，既包括实物，也包括货币。

总之，在分配和交换领域里，采取消灭商品生产和商品交换，准备取消货币，实行免费供应等措施，已超出了限度，因而产生了很大的副作用。因为这样做的结果，必然使经济控制过严，不利于生产发展；而且，取消商品交换和货币关系，在实践中也是行不通的。当时，几乎在所有的大城市里，都有较大规模的黑市交易场所，莫斯科苏哈列夫卡广场就是其中很著名的一个黑市交易市场。

----

① 《列宁选集》第 4 卷，人民出版社 1972 年版，第 571 页。

对"战时共产主义"的评价

　　关于"战时共产主义"政策的评价，列宁讲了很多，我们应全面理解。我们不能因列宁在 1921 年初多次肯定它，就认为"战时共产主义"政策是完全正确的，也不能因列宁在同年年底多次批评其错误而完全否定它。

　　1919 年夏开始的"战时共产主义"时期是苏维埃俄国政治经济发展的一个特殊阶段。"战时共产主义"政策是在战争的特定条件下，苏维埃国家为捍卫无产阶级政权采取的政策，而不是在一般条件下建设社会主义所必须实行的政策。列宁明确指出："'战时共产主义'是战争和经济破坏迫使我们实行的，它不是而且也不能是适应无产阶级经济任务的政策。它是一种临时的办法。"① 针对孟什维克、社会革命党人和考茨基之流的攻击，列宁根据"战时共产主义"政策在特定条件下所起的积极作用说："我们实行战时共产主义是一种功劳。"② 这种功劳具体的体现，就是在战斗激烈、政权不稳、饥饿威胁、经济瘫痪等极为困难的条件下，只有实行"战时共产主义"政策，才能保证在同国内外敌人进行殊死的搏斗中最终取得胜利。没有"战时共产主义"这一整套措施，就无法保障苏维埃政权取得内战的胜利。

　　然而，"战时共产主义"政策也存在严重的错误。这些错误主要指一些不顾当时客观历史条件而企图向共产主义直接过渡的措施。列宁一度认为，"战时共产主义"政策是实现社会主义经济建设的正确道路。他说："现在国家在军事方面取得了决定性胜利，就应该用军事办法来解决经济任务。""这条道路是正确的，一定能使我们获得巨大的成就，保证我们进行大规模的经济建设。"③ 但通过实践对"战时共产主义"政策的检验，列宁明确地放弃了这一思想，他说：在实行"战时共产主义"的时候，"我们做了许多完全错误的事情；我们没有保持一定的限度，不知道如何保持这个限度"④。在《十月革命四周年》等文章中，列宁更为具体地指出了错误的内容，他说："我们原打算（或许更确切些说，我们是没有充分根据地假定）直接用无产阶级国家的法令，在一个小农国家里按共产主义原则来调整国家的生产

------

　　① 《列宁全集》第 32 卷，人民出版社 1958 年版，第 333 页。
　　② 同上。
　　③ 《列宁全集》第 30 卷，人民出版社 1957 年版，第 301 页。
　　④ 《列宁全集》第 32 卷，人民出版社 1958 年版，第 208 页。

和产品分配，现实生活说明我们犯了错误。"当时"如果不能说计算过（在当时的情况下，我们一般很少计算），那么在一定程度上也曾假定过（可以说是毫无计算地假定），旧的俄罗斯经济将直接过渡到按共产主义原则进行的国家生产和分配"。① 致使在实践中，有些做法超过了理论上和政治上所需要的限度，出现了失误。

但是，也应该指出，这些错误在当时是不可避免的。

首先，苏维埃俄国作为世界上第一个无产阶级专政的社会主义国家，处在帝国主义的重重包围之中。在战争条件下，各种产品极端匮乏，粮食危机尤其严重。针对这种危急的状况，使用军事手段和方法来解决问题是必要的。

其次，苏维埃俄国的社会主义革命和建设是人类历史上的创举，列宁和布尔什维克党是在理论与实践上没有任何先例的情况下摸索前进的。马克思和恩格斯曾经设想，在以共同占有生产资料为基础的新社会里，生产者并不交换自己的产品，"商品生产就将被消除，而产品对生产者的统治也将随之消除，社会生产内部的无政府状态将为有计划的、自觉的组织所代替"。② 在斗争实践中，列宁虽清醒认识到俄国的政治经济有其特点，同西欧发达的资本主义国家不同，他说："俄国革命开始虽然容易，但是继续前进就困难了"，而欧洲革命"开始是非常困难的……但是它要进入革命的第二阶段和第三阶段，那就容易得多了"③。而且，俄国革命和建设的具体道路是什么，是无法作出预言的。在这种情况下，苏维埃俄国不可能立即解决如何使苏维埃经济同市场和商品货币联系起来的问题。列宁和布尔什维克党自然会按照马克思恩格斯的理论，把资本主义的消灭和商品生产的消灭联系起来。

总之，在当时错综复杂的国际和国内形势下，列宁和布尔什维克党如果不通过实践，就不可能找到适合俄国特点的社会主义建设的具体途径和方法。正是通过一系列"战时共产主义"政策的实践，列宁和布尔什维克党才明确地认识到哪些理论不符合俄国的情况，必须放弃，并从失误中总结教训，找到俄国社会主义建设的正确道路。列宁对此精辟地从理论上概括说："毫无疑问，从资本主义过渡到社会主义可以有各种不同的形式，还要取决

---

① 《列宁全集》第33卷，人民出版社1959年版，第39、42页。
② 《马克思恩格斯选集》第3卷，人民出版社1972年版，第441页。
③ 《列宁全集》第27卷，人民出版社1959年版，第160、266页。

于国内是大资本主义关系占优势，还是小经济占优势。"① 至于在苏维埃俄国这样一个仍保留有宗法式农业、农民占多数的国家里，"直接过渡到纯社会主义的经济形式和纯社会主义的分配，不是我们力所能及的事情"②。列宁说得好，在社会主义建设这场空前艰巨而又伟大的斗争中，"不要怕承认失败"，重要的是"要从失败的经验中进行学习，要把做得不好的工作更仔细、更谨慎、更有步骤地重新做起""学会用新方法来解决自己的任务"③。1921年 3 月，俄共（布）第十次代表大会在列宁的倡议下通过了《关于以粮食税代替余粮收集制的决议》，停止实施"战时共产主义"政策，开始执行比较符合俄国国情的新经济政策，苏维埃俄国的历史揭开了崭新的一页。

"战时共产主义"是国际史学界长期研究的课题之一。一些西方史学家认为，"战时共产主义"政策是"培植共产主义经济制度的一种尝试"，"是共产主义经济的苏维埃式的实验"。苏联史学家普遍认为"战时共产主义"政策是由于战争和破坏而被迫采取的政策，并不适应于无产阶级在和平时期的经济任务。有些史学家还认为，"战时共产主义"是国内战争时期的环境所导致的独特现象。从某种意义上讲，"战时共产主义"的经验作为保卫社会主义成果、反对内外敌人干涉斗争的经验，具有国际意义。近年来，我国史学界对"战时共产主义"的评价不再是简单地肯定；比较一致的看法是，"战时共产主义"政策既是为了应付战争而被迫采取的非常措施，又是企图直接过渡到共产主义的尝试。作为前者，它有功劳；作为后者，它有严重的错误。

---

① 《列宁全集》第 32 卷，人民出版社 1959 年版，第 221—222 页。
② 《列宁全集》第 33 卷，人民出版社 1959 年版，第 380 页。
③ 同上书，第 71 页。

俄国社会革命党由小资产阶级民主派堕落为反革命

陈之骅

社会革命党是俄国的一个小资产阶级政党，在全国形形色色的小资产阶级政党中它人数最多、影响最大。社会革命党最初是由一些民粹派分子建立起来的。它的理论、纲领和策略都带有深刻的民粹主义的烙印。当然，由于历史条件不同，它不是，也不可能是19世纪后期任何一个民粹派组织的复活或重建。社会革命党由小资产阶级民主派到反革命的演变过程，充分反映了俄国社会阶级关系的特殊性，是研究俄国革命不容忽视的一个重要课题。

社会革命党的建立及其在1905年革命中的积极作用

19世纪末和20世纪初，随着新的革命高潮的到来，俄国原来民粹派组织的一些成员又开始活动。首先是流亡在国外的民粹派分子。他们陆续建立了一些团体，如伦敦的"自由俄罗斯报刊基金会"，巴黎的"老民意党人小组"和"农业社会主义同盟"等；影响最大的则是伯尔尼的"俄国社会革命党人联盟"，其大多数成员比较年轻。接着，俄国国内的民粹派分子也活跃起来。1896年，俄国西部和伏尔加流域一些城市的民粹派代表在萨拉托夫成立了"社会革命党人联盟"（次年盟址迁往莫斯科）。1900年，南部一些城市的代表在哈尔科夫成立了"社会革命党"。1901年，两个组织经过会谈决定合并，成立了统一的中央领导机构。不久，国外的"俄国社会革命党人联盟"和"农业社会主义同盟"等团体相继加入这个联合组织。1902年，这个组织的机关报《革命俄国》刊登了一个通告，宣布"俄国社会革命党"正式成立。

1904年，社会革命党公布了党纲草案。党纲要求推翻沙皇专制统治，主张政治自由、工人立法、建立民主共和国。最后目标是"剥夺资本主义私有财产，在社会主义原则基础上重新组织全社会的生产"。党纲的要点是实行土地社会化，即消灭土地私有制，将土地无偿地转交给"建立在民主原则上的平等的农村和城市公社管理"；再由公社按消费定额（保证农民家庭生活必需的土地量）和劳动定额（农民家庭在不雇佣劳动情况下能耕作的土地量）平均分配给农民使用。党纲承认社会上存在阶级和阶级斗争，但不是从人们对生产资料的关系，而是从所谓"收入来源"来划分阶级。因此，无产者、农民和劳动知识分子三者不存在阶级差别。他们都是"以自己的劳动生活而不是不劳而获的人"。党纲把农民理想化，认为他们是"自发的社会主义者"，农民运动是直接的"社会主义运动"，而工人则是"实现农民的社会主义理想"的同盟军。党纲主张社会革命，但是不排斥通过和平改革来"改善"资本主义的可能性。党纲把实行个人恐怖看作反对沙皇专制制度的一个重要手段。

1905年12月，社会革命党召开了第一次代表大会，讨论并通过了党的纲领和章程。一大开会时，没有党员人数的材料，因为代表是以组织为单位产生的（大的组织2名，小的组织1名）。当时全国共有25个地方党的委员会和37个党的小组，还有1个国外委员会。到1907年2月召开二大时才有党员的统计数字。那时共有5万名党员和30万同情者。

社会革命党在1905—1907年第一次俄国革命期间起了积极的作用。它和布尔什维克一起，发动并参加了1905年10月全俄政治总罢工和12月莫斯科武装起义。社会革命党人深入到工人区进行革命宣传，特别是利用自己在全俄铁路工人联合会中的影响，对10月总罢工做出了贡献。社会革命党莫斯科委员会曾和莫斯科工人苏维埃以及俄国社会民主工党莫斯科委员会联名发布关于"12月7日中午12时举行总罢工并将其转变为武装起义"的决定，很多社会革命党人参加了普列斯尼亚区的街垒战。社会革命党在农村广泛开展了推翻沙皇专制制度、消灭农奴制残余的宣传鼓动，号召农民"拿起长矛、棍棒和手枪，投入战斗"。党中央和其他一些组织共同发表了《告全俄农民书》和《告全俄人民书》等宣言，强调农民举行武装起义的必要性。社会革命党人还积极参加了水兵起义。

在杜马问题上，社会革命党的立场总的来说是正确的。在革命高潮期间，它和布尔什维克一起抵制了布里根杜马和第一届国家杜马，揭露了沙皇政府对革命人民的欺骗。革命转入低潮以后，它又和布尔什维克一致行动，参加了第二届国家杜马。在第二届国家杜马中，社会革命党有 37 个席位。1907 年 2 月，在芬兰的塔姆迈福尔斯（即坦佩雷）召开了党的第二次代表大会，着重讨论了党在杜马中的策略，决定成立独立的杜马党团，与以布尔什维克为首的杜马左翼协调行动。

在第一次俄国革命期间，社会革命党表现出不能坚定依靠群众的缺陷。它一方面注意在工人、农民群众中进行宣传鼓动和组织工作，另一方面又不断地采取个人恐怖策略。据统计，从 1905 年至 1907 年，社会革命党人共搞了 204 次恐怖活动。例如 1905 年 2 月他们刺死了亚历山大二世的儿子谢尔盖·亚历山大罗维奇大公爵；甚至在十二月起义期间他们也搞恐怖活动，在莫斯科保安局大楼掷炸弹，还刺死了莫斯科秘密警察头子伏洛希诺夫，从而打乱了起义的部署；1906 年 3 月，他们处死了奸细加邦牧师；4 月，谋刺莫斯科总督杜巴索夫将军未遂。这些恐怖活动把群众的注意力转移到了个别统治阶级代表人物身上，给革命事业带来很大的危害。社会革命党在和自由资产阶级的关系上表现动摇。在整个革命过程中，它一直对自由资产阶级抱有幻想，把向沙皇专制统治妥协投降的自由资产阶级当成革命的一支重要力量，因而不能始终坚定地和布尔什维克联合行动。例如在第二届国家杜马中，社会革命党人既愿意和布尔什维克协调行动，又认为应当联合立宪民主党人，否认杜马反对派内部的斗争。

在第一次俄国革命期间，成立不久的社会革命党内部发生了第一次分裂。1906 年，一个极左的派别和一个右翼的派别分裂出来，分别建立了两个独立的政党。

极左派即最高纲领派，其领导人是 M. 索科洛夫和 E. 乌斯季诺夫。他们认为，必须在城乡立即发动社会主义革命。革命以后，"整个俄国农村将普遍出现革命的社会主义公社"，而工人则将紧随农民举起革命大旗。他们不仅主张土地社会化，而且主张工厂社会化。他们鼓吹通过恐怖手段"直接夺取"全部地主和国家的土地、耕畜、农具，以及所有工厂企业。他们要求与中央的"半截子"革命路线划清界限，走"直接实现社会主义"的道路。1906 年 10 月，极左派在芬兰的阿波（即土尔库）召开大会，宣布成立"社会革命党最高纲领派联盟"。这个党具有半无政府主义性质，其成员主要是小资产阶级知识分子，人数不多，在群众中影响不大。成立时在全国共有 23 个地方组织；1907 年增至 44 个，党员总数除彼得堡组织外共计约 400 人。

右翼集团于 1906 年正式宣布成立"人民社会党"，其领导人是阿·彼舍霍诺夫和贝·米雅柯金等。该党在政治上要求建立民主政权,包括立法杜马和向杜马负责的内阁。它反对农民以革命手段夺取地主土地,主张先将部分地主土地通过赎买方式分配给农民,然后通过进一步改革逐步实现全部土地国有化。人民社会党代表了农村小资产阶级中比较富裕的阶层以及一部分温和的知识分子的利益。列宁称它为"半立宪民主党性质"的党。1907年全党党员有1500—2000人。

1905—1907年,尽管极"左"派和右翼两个集团从党内分裂了出去,但社会革命党的队伍还是有了很大的发展。虽然它不时地在自由资产阶级和无产阶级之间动摇,但它还是一个主张革命的小资产阶级政党。它的动摇是由小资产阶级的经济地位和思想意识决定的,不能因为有这种动摇而把它和自由资产阶级的立宪民主党等同起来。

从二月革命到十月革命期间的社会革命党

1905—1907年革命失败后,沙皇政府对革命者和进步势力进行了残酷的镇压与迫害。一批社会革命党人被投入监狱和流放边区,党的组织遭到破坏,还有不少党员悲观失望,退出革命。党内思想比较混乱。一部分人要求取消党的秘密组织,停止在工农群众中进行革命宣传,鼓吹"党不仅要善于组织革命,还要善于搞进化改良";另一部分人则竭力主张加剧恐怖活动,认为只有发动一系列依靠"少数人的主动性"来实现的恐怖行动,才能改变城乡的沉闷状态。社会革命党发生了严重的组织危机和思想危机。

从1910年起,特别是1912年以后,随着国内新的革命高潮的出现,社会革命党又开始活跃起来。它的基层组织逐步恢复,在工会、合作社和地方自治机构中的影响不断加强。在第一次世界大战期间,由于大批小资产阶级分子被卷入政治运动和社会沙文主义、社会爱国主义思潮的增长,社会革命党的力量有了进一步的发展。不少农民、职员、知识分子和一部分暂时觉悟还不高的工人群众加入了党的队伍。特别是在不少地方自治局、士兵委员会和工会组织中,社会革命党的代表占了大多数。这一情况对以后革命的发展产生了重大的影响。

在二月革命中,社会革命党是一支重要的力量。它在革命的领导机构彼得格勒工人代表苏维埃的建立及其整个活动中起了很大的作用。彼得格勒苏维埃军事委员会的领导人姆斯提斯拉夫斯基和菲力波夫斯基都是社会革命党人。由这个委员会组织起来的工人、士兵队伍，夺取了首都很多重要的据点，并担任了彼得格勒苏维埃所在地塔夫利达宫的警卫。因此，社会革命党在推翻沙皇统治斗争中是做出了贡献的。但是，社会革命党在革命中的理论和指导思想是错误的。它认为，俄国社会主义革命的条件尚未成熟，正在发生的革命是资产阶级革命，因此必须"与资产阶级一起来进行"，并"与所有非社会主义者合作"，而且在革命胜利以后，社会主义者不应当掌握政权。党的领导人之一阿夫克森齐也夫曾经这样说过，在二月革命中，如果彼得格勒苏维埃夺取政权，那将是"革命事业中急于求成的现象"，它只能使民主派陷于孤立，并"激起反革命的感情"。正是从这些谬论出发，社会革命党在推翻了沙皇统治以后公然与自由资产阶级相勾结，并把政权拱手让给了它。

3月1日（公历3月14日），社会革命党人和以孟什维克占多数的彼得格勒苏维埃执委会同自由资产阶级的国家杜马临时委员会达成协议，由资产阶级来组织政府。3月2日，以大地主、立宪民主党人李沃夫公爵为首的资产阶级临时政府宣告成立，其成员大都是大资本家和资产阶级化了的地主。社会革命党人克伦斯基以民主派代表的身份入阁，任司法部长。为此，他辞去了彼得格勒苏维埃副主席的职务。临时政府成立的当天，社会革命党彼得格勒代表会议通过了一个决议，支持临时政府。决议说："鉴于反革命的危险尚未消除，当前的任务是巩固革命的政治成果，代表会议认为支持临时政府是绝对必要的，因为它将实现它业已公布的政治纲领，其中包括进行大赦，保障个人自由，废除阶层的、信仰的和民族的限制，以及准备召开立宪会议。……鉴于劳动群众有必要对临时政府的活动实行监督，代表会议欢迎亚·费·克伦斯基在临时政府中担任司法部长，作为人民利益及其自由的维护者，并完全赞同他在革命时期由于对现实条件的正确理解所执行的行动路线。"彼得格勒代表会议的这一决议得到了党的很多其他地方组织的支持。这个决议表明，社会革命党已经开始脱离革命，投降资产阶级。

4月20日和21日，彼得格勒10万士兵和工人因抗议米留柯夫4月18日的照会而进行游行示威，要求推翻临时政府，"全部政权归苏维埃"。临时政府面临严重的危机。这时，彼得格勒苏维埃是完全有可能取得全部政权的。可是，控制着苏维埃的社会革命党和孟什维克非但没有这样做，反而决定参加政府，从而挽救了资产阶级政权。这是社会革命党进一步向资产阶级投降。在5月6日成立的新的联合政府中，社会革命党的领导人切尔诺夫担任了农业部长，克伦斯基任陆海军部长。阿夫克森齐也夫在5月25日开幕的社会革命党第三次代表大会上承认，在临时政府四月危机时彼得格勒苏维埃是有可能把全部政权夺到手的，但是他认为，当时拒绝夺取政权是唯一正确的决定，因为只有与资产阶级联合，才能拯救国家和革命。

二月革命以后，社会革命党由秘密状态转而公开活动，同时加强了在农村和工厂中的工作。在很短的时期内，它的组织有很大的发展，影响也相应地扩大。例如索尔莫沃地区（今高尔基市附近）的社会革命党人在二月革命后的1个半月时间里，散发了4万份传单、1.4万份报纸和1万本小册子。在这个地区，1917年初仅有30名社会革命党人，到4月中旬发展到1500名。由于大批小资产阶级群众涌入党内，在二月革命以后社会革命党已经成为一个群众性的政党。1917年春季，党员总数已达到60万（据另一资料说是70万），所出版的主要报刊将近60种之多。

在临时政府四月危机以后，社会革命党的领导人又由向资产阶级妥协投降发展到以暴力镇压革命群众。7月4日，彼得格勒和克琅施塔得的工人和士兵举行示威游行，抗议临时政府在前线发动大规模的进攻。他们要求苏维埃执行委员会立即夺取全部政权，停止战争。社会革命党和孟什维克的领导人不仅没有接受群众的要求，反而同意临时政府对示威群众进行血腥镇压。这次流血事件成了反革命全面进攻的序幕，革命的和平发展阶段结束。社会革命党中央委员会通过了一个决议，表明它对这次流血事件的态度。决议指出，社会革命党"完全赞同政府采取的各项措施"，并号召所有党组织给政府"在这危急的时刻以最坚决和最有力的支持"。7月8日，成立了以社会革命党人克伦斯基为总理的新的联合政府。社会革命党的两名领导人也在新政府中任要职：阿夫克森齐也夫任内务部长，切尔诺夫仍任农业部长。9日，在苏维埃全俄中央执行委员会和农民代表苏维埃执行委员会联席会议上，社会革命党党团提议：承认克伦斯基领导的政府是"拯救祖国和革命的政府"。

社会革命党领导人由背弃革命到镇压革命的方针和路线，使党员不满情绪日益增长，最后导致党又一次发生分裂。

左派社会革命党的形成及其对十月革命的贡献

早在第一次世界大战期间，社会革命党内就出现了一个主要由激进的工人、学生和知识分子组成的人数不多的左翼派别，它最初的领导人是老革命民粹派分子马·纳坦松。左派自称为国际主义者，他们反对中央的护国主义路线，强调战争的掠夺性和反人民性。他们不仅要求停止战争，而且要求推翻沙皇专制统治。他们在一些地区和一些群众组织中与布尔什维克进行了一定程度的合作。纳坦松出席了 1915 年的齐美尔瓦尔得会议和 1916 年的昆塔尔会议，在会上支持列宁和布尔什维克的路线。

二月革命以后，左派势力继续发展，党内分裂加剧。除了对战争的态度外，左派和中央领导在对临时政府的态度和土地问题上也产生了重大的分歧。左派认为，临时政府是资产阶级政府，党不应该支持它，社会革命党人必须退出政府。左派还认为，土地问题不能等待立宪会议来解决，应当立即实现土地社会化。1917 年 5 月 25 日至 6 月 4 日在莫斯科举行的社会革命党第三次代表大会上，左派和中央领导在上述三个主要问题上展开了激烈的争论。左派领导人卡姆科夫、斯皮里多诺娃、阿尔加索夫等在大会上发言，阐述自己的立场和观点。在出席代表大会的 306 名正式代表中，左派代表仅 42 名。左派在会上提出的各个决议草案全部被否决。但是在选举中央委员会的时候，克伦斯基落选（136 票赞成，134 票反对）。这在一定程度上反映了左派的观点在党内的影响。

左派不仅公开表示反对中央领导的路线，而且要求建立自己独立的组织。最早发难的是哈尔科夫的党组织。在 1917 年 3 月举行的全市党代表会议上，它宣称不再受党的约束，并把自己的组织称为"国际主义者左派社会革命党"。此后，其他不少地方，如下诺夫戈罗德、斯摩棱斯克、阿斯特拉罕、喀琅施塔得、喀山、普斯科夫、萨拉托夫、敖德萨等地也先后建立了左派组织。在喀山，由左派掌握的农民代表苏维埃公然违抗中央，通过了要求立即没收地主土地的决议。

七月事件以后，党内矛盾进一步激化，左派力量不断加强。在 1917 年 8 月召开的中央第七次会议上，左派领导人要求坚决与立宪民主党人和临时政府决裂，成立清一色的社会主义者政府，并且立即把地主土地转交给土地委员会。这些要求得到了绝大多数与会者的支持。全国最有影响的社会革命党地方组织——彼得格勒的 4.5 万名党员中，有 4 万人属于左派。党的正式分裂已经不可避免。在 9 月 14 日开始举行的民主会议上，左派组织了自己独立的党团。他们坚决反对支持临时政府，提出了"打倒联合政府，人民政权和革命万岁"的口号。在 9 月 20 日开始举行的预备议会上，左派也离开统一的社会革命党党团而独立活动。他们公开声明"完全支持布尔什维克在预备议会以外进行的革命行动"。这意味着他们支持布尔什维克的武装起义计划。

在准备和发动十月革命的日子里，一个独立的小资产阶级政党——左派社会革命党实际上已经形成，它和布尔什维克站在一起，为这场揭开了人类历史新纪元的伟大革命运动做出了自己的贡献。左派社会革命党人参加了十月武装起义的领导机构彼得格勒苏维埃革命军事委员会。在这个委员会的20名成员中，左派社会革命党人占7名；在委员会的5人核心局中，社会革命党人占2人。左派社会革命党人巴维尔·拉济米尔是委员会的第一任主席。左派社会革命党人还参与了地方上的起义领导工作。在俄国中部地区的41个军事革命委员会中，有37个委员会有左派社会革命党人参加。彼得格勒武装起义进行的时候，左派社会革命党的领导人在斯莫尔尼宫中与布尔什维克并肩战斗。广大的左派社会革命党人则以普通工人、士兵的身份参加了这次革命斗争，其中有不少人英勇牺牲。

10月25日白天，准备出席苏维埃第二次代表大会的社会革命党党团开会。党团由159名代表组成，其中左派98人，居大多数。会上，党中央委员亨德尔曼遵照中央指示提出一个决议草案，否认苏维埃二大的合法性，并宣布社会革命党不参加二大的工作。左派否决了这个草案。于是，两派分道扬镳，各自组成了单独的党团。当天晚上，工兵代表苏维埃第二次代表大会开幕。右派党团申明说："布尔什维克党和彼得格勒工兵代表苏维埃在立宪会议召开之前，在全俄工兵代表苏维埃代表大会举行前一天就夺取了政权，这是对祖国和革命的背叛。"因此，右派决定退出二大。左派党团则针锋相对，决定参加大会，并且宣布支持布尔什维克和行将成立的革命政府。二大选举产生了布尔什维克一党组成的苏维埃政府和多党参加的苏维埃执行委员会。在101名中央执行委员中，左派社会革命党人占29名，是仅次于布尔什维克党的第二大党。

社会革命党中央坚持自己的背叛革命的路线，于10月27日通过一项决议，将所有参加彼得格勒苏维埃革命军事委员会的党员和拒绝退出苏维埃二大的党员开除出党。10月30日，中央下令解散左派领导的彼得格勒和其他一些地方的党组织。这些行动意味着党的正式分裂。1917年11月19日至27日，左派社会革命党人举行了第一次代表大会，出席大会的有来自99个地方和军队组织的116名代表。阿尔加索夫、马格罗夫斯基、卡姆科夫和乌斯季诺夫分别在会上作了关于组织问题、政治纲领、全俄中央执行委员会党团工作和农民代表苏维埃党团工作的报告。大会通过了参加全俄中央执行委员会和人民委员会的决议。大会正式宣布成立国际主义者左派社会革命党，并选出了由阿尔加索夫、卡姆科夫、卡列林、科列加也夫、姆斯季斯拉夫斯基、纳坦松、普罗相、斯皮里多诺娃、乌斯季诺夫等人参加的第一届中央委员会。

在苏维埃二大上，左派社会革命党拒绝参加苏维埃政府人民委员会，主要原因是它反对无产阶级专政，而主张成立一个由所有的"民主派"政党参加的"清一色的社会主义者政府"。由于列宁和布尔什维克党的说服教育与一再争取，同时迫于基层党员的压力，左派社会革命党终于同意参加政府。11 月 25 日，左派社会革命党人科列加也夫被任命为农业人民委员。但是，左派社会革命党感到不满足，还要求得到如内务部、陆海军部、交通部等重要部门的领导职位。经过反复谈判，两党于 12 月 13 日达成协议，左派社会革命党得到了 7 个人民委员的职位，条件是必须坚决执行苏维埃的政策。这 7 名人民委员是：农业人民委员科列加也夫，司法人民委员施泰因贝尔格，邮电人民委员普罗相，城乡自治机构人民委员特鲁托夫斯基，财政人民委员勃里连托夫，俄罗斯共和国产业人民委员卡列林，无任所人民委员阿尔加索夫。此外，还有一些左派社会革命党人被任命为人民委员会委员和一些人民委员部的副职。

在苏维埃政权建立以后最初的一段时间里，左派社会革命党与布尔什维克党进行了很好的合作，为巩固和发展十月革命的成果做出了有益的贡献。这种合作和贡献的一个突出表现是左派社会革命党对立宪会议的立场和态度。1918 年 1 月 5 日，在彼得格勒召开了立宪会议。在 715 名代表中，左派社会革命党人 40 名，布尔什维克 175 名，右派社会革命党人 370 名。右派社会革命党和立宪民主党勾结一起，依仗它们的绝对多数，拒绝通过布尔什维克提出的《被剥削劳动人民权利宣言》，拒绝承认苏维埃政府颁布的各项法令。在布尔什维克党团退出会议以后，左派社会革命党党团经过短时间的犹豫也退出了会议。次日，全俄中央执行委员会决定解散立宪会议，左派社会革命党人一致表示赞同。1 月 10 日召开了工兵代表苏维埃第三次代表大会，以取代立宪会议。在 1500 名代表中，左派社会革命党人占 40%。他们支持了大会的全部工作。左派社会革命党还支持农民代表苏维埃与工兵代表苏维埃合并。在农民代表苏维埃中，布尔什维克的影响较小。在 1917 年 11 月 27 日举行的农民代表苏维埃二大的 790 名代表中，布尔什维克仅 91 名，左派社会革命党人 350 名，右派社会革命党 305 名。左派社会革命党与布尔什维克的共同行动，使右派拉拢农民的企图遭到失败，同时扩大了布尔什维克的影响。1981 年 1 月 13 日起，工兵代表苏维埃三大与农民代表苏维埃三大联合举行。在所选出的全俄工兵农苏维埃中央执行委员会的 360 名成员中，布尔什维克占 160 名，左派社会革命党人占 125 名。大会选举左派社会革命党的领导人之一斯皮里多诺娃为全俄中央执行委员会农民部主席，还选举了两名左派社会革命党人参加苏维埃宪法起草小组。

社会革命党——反苏维埃武装叛乱的组织者

十月武装起义胜利以后，右派社会革命党不承认苏维埃政权，退出了苏维埃二大。这以后他们就千方百计地推翻新生的工农革命政权。当克伦斯基率领的部队攻占加特契纳和皇村并向彼得格勒逼近时，社会革命党中央发布宣言，号召群众支持叛军。与此同时，社会革命党的领导人阿夫克森齐也夫和郭茨等在首都组织士官生叛乱作为策应。

武装叛乱失败后，社会革命党又企图利用立宪会议来破坏十月革命的成果。1917 年 11 月底社会革命党带头组织了"保卫立宪会议联盟"，在群众中进行反苏维埃的宣传，同时继续策划叛乱。11 月 26 日至 12 月 5 日，社会革命党召开第四次代表大会。这是左派正式分裂出去以后召开的第一次代表大会。切尔诺夫和晋季诺夫分别作了形势报告和中央工作报告。大会的一个中心问题是立宪问题。大会的决议指出："社会革命党应当比任何时候都大声疾呼'全部政权归立宪会议！'的口号。"尽管社会革命党从苏维埃政权一诞生起就对它采取了敌视的立场和行动，但直到 1918 年夏季为止，社会革命党始终作为一个合法的政党在国内开展活动。它不仅在苏维埃三大选出的中央执行委员会中有 7 个席位，而且在很多地方苏维埃和苏维埃执委会中有其代表。

《布列斯特和约》签订以后，社会革命党加紧了反对苏维埃政权的步伐。1918 年 3 月，和约签订后不久，社会革命党中央就发表声明说："人民委员政府背叛了民主的俄国，也背叛了革命和国际，它应当被打倒……社会革命党将竭尽全力推翻布尔什维克统治。"1918 年 5 月，社会革命党第八次会议的一个决议进一步指出："党的基本任务是为恢复俄国的独立、为复兴俄国的民族和国家的统一而斗争……布尔什维克政权是实现这些目标的主要障碍。因此，一切民主力量当前的迫切任务是消灭这一政权。"在会议的另一个决议中还提道："为了建立在全国性的立法会议基础上的有组织的民主政府的利益，可以允许盟国军队开入俄国领土。"

在制造舆论的同时，它也进行了实际活动。1918 年 3 月，社会革命党人萨文科夫与原沙皇军队的上校彼尔胡罗夫相互勾结，建立了"捍卫祖国与自由联盟"，在雅罗斯拉夫尔、穆罗姆、雷宾斯克等地多次发动反苏维埃政权的武装叛乱。阿夫克森齐也夫伙同一些人民社会党人和立宪民主党人组织了"复兴俄国同盟"，进行公开的反革命破坏活动。这两个组织都秘密接受协约国帝国主义分子的财政资助。社会革命党对 1918 年 5 月开始的捷克军团叛乱起了推波助澜的作用。它们相互勾结，在全国范围内发动了旨在推翻苏维埃政权的国内战争。

在国内战争初期，在被自卫军和武装干涉者暂时占领的土地上，如阿尔汉格尔斯克、萨马拉、西伯利亚、里海东部等地区，社会革命党组织了一系列反革命"政府"。它们废除了苏维埃政权的法令，恢复了革命前的很多旧制度，对布尔什维克和工农革命群众进行了残酷的镇压与迫害。在这些"政府"中，影响最大和最具有代表性的是萨马拉的"立宪会议成员委员会"。

萨马拉是社会革命党的势力比较集中的一个地区。在萨马拉省苏维埃执委会中社会革命党人占很大比重，执委会主席克利穆什金便是社会革命党人。从 1918 年春季起，他们就在城乡开展反苏维埃政权的宣传鼓动，特别是煽动群众反对布尔什维克党的粮食政策。他们还组织武装力量，建立密谋组织，准备随时发动反革命暴乱。1918 年 6 月 8 日，叛乱的捷克军团占领了萨马拉。社会革命党人以军团做后盾，当天就宣布成立自己的"政府"。最初的"立宪会议成员委员会"共 5 名委员，都是社会革命党人，主席是沃尔斯基。到 9 月末委员增至 97 人，但社会革命党仍独揽大权。该"政府"还建立了以社会革命党人罗哥夫斯基为首的"部长会议"。在 16 名"部长"中除 1 名孟什维克（伊·马伊斯基——劳动部长）和 2 名无党派人士外，其余都是社会革命党人。1918 年 6—8 月，"立宪会议成员委员会"统治的范围包括整个萨马拉省、辛比尔斯克省、喀山省、乌法省以及萨拉托夫省的一部分。"立宪会议成员委员会"解除了银行、工厂和其他私人企业的国有化，将它们交还给原主经营；在农村，口头上仍坚持土地社会化的要求，但同时又明令规定 1917—1918 年度的冬季作物一概由播种者，即原来的地主来收获。从社会革命党领导的各个"政府"的所作所为可以看到，他们在反革命的道路上已经走得相当远了。

从 1918 年末开始，随着高尔察克、邓尼金等白卫反革命势力的崛起，国内战争进入一个新的阶段。在这一阶段，地主资产阶级保皇派成了反苏维埃政权的主力。社会革命党和他们发生了激烈的矛盾。这就使社会革命党不得不改变原来的反革命策略，提出要走所谓的"第三条道路"，并称自己为"第三势力"。

1918 年 12 月 5 日，在乌法举行的社会革命党中央委员会议上正式提出要改变对苏维埃政权的态度，并且决定将高尔察克占领区内的各级党组织转入地下。1919 年 2 月 6 日至 8 日，在莫斯科召开了党的代表会议，决议谴责各资产阶级政党"妄图建立个人独裁和恢复不受限制的横征暴敛"，并表示要停止反苏维埃的武装行动，因为这种行动会"助长反动势力的气焰"。1919 年 6 月在莫斯科举行党的第九次会议，正式宣布"停止对布尔什维克政权的武装斗争，代之以通常形式的政治斗争"。会议的决议对所谓"第三势力"作了很明确的概括："第三势力既不是布尔什维克主义，也不是复辟势力"；"它既反对无产阶级专政，也反对地主资产阶级反动派，只有它才能把俄国从死胡同中拉出来"。

社会革命党在策略上的这种转变并不表明它对苏维埃政权的基本立场有了变化。对此，该党的第九次会议的决议说得很坦率："党作出放弃与布尔什维克统治进行武装斗争的决定是出于对当前整个政治局势的考虑，不应把它理解为接受（即使是暂时的和有条件的）布尔什维克政权。""不能允许那种有害的幻想，似乎布尔什维克专政可以逐渐转变为人民政权"。事实上也是这样。社会革命党，特别是它的地方基层组织，在提出"第三条道路"的策略以后，从未停止过反苏维埃政权的武装叛乱活动。这种两面派的行径使广大基层党员的不满情绪日益增长。

国内战争结束以后，濒临瓦解的社会革命党还企图继续活动，成立了由 5 名委员组成的秘密的领导机构——中央局。1920 年 9 月，召开了党代表会议，号召全党行动起来，准备武装暴乱推翻无产阶级专政的苏维埃政权。1921 年 2 月，党中央发表了《关于策略问题的指示》，要求各地方组织积极开展武装叛乱活动，推翻布尔什维克统治，在俄国建立"民主的国家机构"。1921 年 8 月，在萨马拉举行的一次中央秘密会议指出："以革命手段推翻共产党专政的问题，已经刻不容缓地提上了日程，这是有关俄国劳动民主派生死存亡的问题。"此后，各地的党组织加紧了反革命的武装叛乱活动。

1922 年，苏维埃政府对 34 名社会革命党的重要人物提出起诉，罪名是进行反苏维埃国家的颠覆和恐怖活动。审判结束后，大批党员纷纷宣布与党脱离关系。1923 年 3 月，由乌拉尔和西伯利亚的一些党员发起召开了党代表大会。大会解散了党的中央机构，号召党员加入俄共（布）。大会选出了一个执行小组，任务是解散本党。至 1924 年初，国内各地党组织业已完全解散。据此，执行小组于 1924 年 2 月停止活动。

左派社会革命党的结局

在十月革命和苏维埃政权建立初期与布尔什维克党合作并对革命做出了贡献的左派社会革命党，最后也走上了反革命道路。

这个党的这种转变是从 1918 年 3 月以反对《布列斯特和约》开始的。它认为这是对革命事业的背叛。为此，左派社会革命党人退出了人民委员会。但这还不是他们和苏维埃政府的最终决裂。他们的代表仍继续留在中央和地方各级苏维埃执委会以及一些政府部门和机关之中。1918 年夏季以前，他们在地方苏维埃中的代表人数占总数的 20%—30%。在一些省里比例更大一些，例如在特维尔省执委会中，左派社会革命党人占 35%，在奥尔洛夫省占 38%，在彼得格勒省占 40%，在辛比尔斯克省占 50%。

左派社会革命党除了对《布列斯特和约》不满外，还竭力反对布尔什维克的农村政策，尤其反对粮食专卖法令、剥夺富农和成立贫农委员会。1918 年 4 月，左派社会革命党召开第二次代表大会。会上很多代表对布尔什维克党的农村政策进行攻击。在他们看来，俄国农村并未发生分化，农民是一个整体，其共同的敌人是地主。因此，把贫农和富农对立起来是对"劳动农民"的进攻，是对十月革命路线的"背叛"。这充分证明了左派社会革命党捍卫富农利益的立场。这是使左派社会革命党最终与布尔什维克决裂的根本原因。

左派社会革命党决定通过恐怖行动和武装叛乱来迫使苏维埃政府改变其内外政策。1918 年 6 月 24 日，中央通过了一项决议指出："必须在最近期间结束由于布尔什维克政府批准了《布列斯特和约》而出现的所谓暂息时期。为此，党中央委员会认为对德帝国主义的某些最重要代表采取一系列恐怖行动是可能而且适宜的。"6 月 28 日至 7 月 1 日举行的党的第三次代表大会批准了这个决议，还动员各地方组织和军事力量准备发动武装叛乱。中央还组织了由斯皮里多诺娃主持的一个局来领导这方面的工作。斯皮里多诺娃在三大的发言中说："我们党应当把起义的全部重担挑起来。在起义中我们要唤起全体群众，我们将纵火、煽动、组织。只有通过起义，我们才能控制目前的局势。"

1918 年 7 月 4 日，全俄苏维埃第五次代表大会在莫斯科开幕。在出席会议的 1164 名有表决权的代表中，左派社会革命党人为 353 名，布尔什维克 773 名。斯皮里多诺娃和卡姆科夫在会上猛烈攻击苏维埃政府。斯皮里多诺娃说："我现在以布尔什维克党的激烈反对者的名义向你们谈话。我认为，布尔什维克党在与农民的关系中正在开始执行一种招致毁灭的政策。……我们之间根本的、主要的分歧正是在农民问题上。"左派社会革命党代表提出了对人民委员会的不信任案，遭到了大会的否决。

左派社会革命党人在会上没有得逞，便在会外采取早已预谋好的破坏活动。7 月 6 日下午，两名左派社会革命党人混进德国大使馆，刺死了德国驻苏俄大使米尔巴赫。接着，左派社会革命党人在莫斯科发动了有名的"三仙巷武装叛乱"。三仙巷是受左派社会革命党人波波夫指挥的一支"契卡"部队的驻地。刺杀米尔巴赫的凶手逃到这里。当捷尔任斯基亲自前来要求交出凶手时，左派社会革命党人不仅拒绝服从命令，而且缴了捷尔任斯基的枪，同时发动了叛乱。叛乱者聚集了 1800 名步兵、80 名骑兵、4 辆装甲车、48 挺机枪和 8 门大炮，和苏维埃政权对峙。在列宁亲自领导下，对叛乱采取了坚决的措施。政府拘留了以斯皮里多诺娃为首的左派社会革命党出席苏维埃五大的主要领导人作为人质，以保证捷尔任斯基的安全，同时对叛乱者驻地发起了有力的军事行动。叛乱很快被平定了。苏维埃五大通过决议把"那些企图以刺杀米尔巴赫和发动反苏维埃政权的起义将俄国引向战争的"左派社会革命党人，从各地苏维埃中开除出去。在发动三仙巷叛乱的同时，左派社会革命党人还在彼得格勒、维捷布斯克、维亚特卡、弗拉基米尔等地和正在与捷克军团作战的辛比尔斯克前线发动了叛乱。这些反苏维埃的武装行动标志着左派社会革命党最终与右派社会革命党合流，走上了反革命的道路。

左派社会革命党领导人的倒行逆施引起了党内极大的不满。1918 年 9 月，由萨拉托夫党组织和党中央机关的部分党员发起，建立了以科列加也夫为首的"革命共产主义党"，宣布与布尔什维克党合作。该党在 1918 年末共有 2800 名党员和 1500 名同情者，1920 年 9 月与俄共（布）合并。1918 年 9 月，另一批左派社会革命党人建立了以扎克斯为首的"民粹派共产主义党"，并于同年 11 月与俄共（布）合并。当时全党共有 3000 名党员和 5000 名同情者。尽管如此，左派社会革命党领导仍坚持反苏维埃路线，继续发动武装叛乱。

1918 年 8 月，左派社会革命党建立了新的中央委员会，并将全党转入地下。在 1918 年下半年共发动武装叛乱 11 次。

国内战争结束后，党内分成两派。一派以施泰因贝尔格为首，宣布不以武力反对苏维埃政权，开始进行合法活动，主张把民粹主义思想与工团主义结合起来，鼓吹把管理生产的权力交给工会和合作社。另一派以斯皮里多诺娃为首，坚持进行地下活动，要求推翻苏维埃政权。他们在 1921 年组织了著名的"喀琅施塔得叛乱"。苏维埃政权对叛乱者进行了镇压，对合法派也未予承认。至 1929 年左派社会革命党已基本瓦解，其一部分成员逃亡国外。

俄共（布）党内关于工会问题的争论

周尚文

1920 年末，国内战争的硝烟刚刚熄灭，俄罗斯大地满目疮痍。工厂倒闭，土地荒芜，饥荒、瘟疫随处可见，政治局面非常不稳定。年轻的苏维埃政权虽然战胜了国内外敌人的武装叛乱和颠覆，但它所面临的局势依然是十分严峻的。

正在此时，俄共（布）党内爆发了一场关于工会问题的争论。这场争论的内容和意义，要比工会问题本身广泛得多，它涉及党的领导、无产阶级国家、工会在经济建设中的地位和作用、如何对待群众以及维护党的统一等重大问题。然而，这场争论是不合时宜的，因为当时全党全国人民面临的主要任务是恢复国民经济，争论却分散了对这一主要任务的注意力。由于托洛茨基挑起争论，并执意把党内意见分歧公之于众，致使党内派别林立，争论不休，迫使党不得不离开紧迫的经济任务去解决工会争论的问题。

托洛茨基挑起公开争论

在 1917 年 7 月 26 日至 8 月 3 日召开的俄国社会民主工党（布）第六次代表大会上，托洛茨基被接受入党并当选为中央委员会委员。他参与领导和亲自指挥彼得格勒十月武装起义。革命胜利后，托洛茨基曾任苏维埃俄国的外交人民委员、陆海军人民委员和革命军事委员会主席，地位相当显赫。十月革命以后，在他同列宁共事和合作的过程中，为革命为人民干了一些好事，做出过重要的贡献，也同列宁发生过两次重大的意见分歧和争论。除了 1918 年初关于《布列斯特和约》问题的分歧外，就是这场关于工会问题的争论。

1920 年 11 月 3 日，托洛茨基在全俄工会第五次代表会议的布尔什维克党团会议上发表演说，危言耸听地宣称工会面临"最深刻的内部危机"，这个危机是由于工会在生产中的作用与工会的任务不相适应所造成的。他认为，要克服工会危机，一方面必须"对工会加以整刷，以清除全部旧的残余"，另一方面必须强化战时措施，实行工会军事化，工会要成为强制机关，变为"革命惩罚"的执行者。他在主张实行"整刷"政策、主张"把螺丝钉拧紧一下"的同时，提出要立即实现工会国家化，按照各个工业部门把经济机关和工会融合起来，并赋予这个"联合体"以管理经济的行政职能。

　　托洛茨基的演说，引起了全俄工会中央理事会主席托姆斯基等人的强烈反对。但争论开始时，"斗士"只有托洛茨基和托姆斯基两人，大多数人持静观态度。11月5日，全俄工会中央理事会主席团委员鲁祖塔克向代表会议提交了一份题为《工会在生产中的任务》的报告提纲，其要旨是，首先，工会和国家经济管理机关应建立"最紧密的联系"，而不是相互取代和融合。这就是说，最高国民经济委员会要根据原料、燃料、机器的状况等物质因素来制订总的生产计划，工会则从组织劳动，即从合理地使用劳动的角度来执行生产计划，完成生产任务。因此，工会要参加生产计划的制订，"以便把生产的物质资源的利用和劳动的利用最恰当地结合起来。"其次，要实行真正的劳动纪律，有效地同逃避劳动的现象进行斗争。要达到这个目的，靠官僚主义的方法和自上而下的命令是行不通的，工会"应当教会每个车间、每个工厂中的自己的会员，注意由于技术设备使用不当或行政工作做得不能令人满意而引起的劳动力使用上的一切缺点。必须利用各个企业和生产部门的全部经验来同拖拉作风、怠惰习气和官僚主义作坚决的斗争"。工会还可以运用"纪律裁判会"的方式，同破坏无产阶级劳动纪律的行为作斗争。① 鲁祖塔克的这一提纲，受到列宁的称赞，列宁认为，"这个提纲比托洛茨基的提纲正确、完备。托洛茨基的提纲与鲁祖塔克的提纲不同的地方，也就是托洛茨基错误的地方"②。

　　11月8—9日，俄共（布）召开中央全会。在第一天的会议上，列宁和托洛茨基分别提出了两个关于工会问题的提纲草案。经表决，采纳了列宁提出的提纲草案，否决了托洛茨基的提纲草案。9日，中央全会通过了以列宁

---

　　① 《工会在生产中的任务（鲁祖塔克同志报告提纲）》，转引自《列宁选集》第4卷，人民出版社1972年版，第421—423页。

　　② 《列宁选集》第4卷，人民出版社1972年版，第438页。

的提纲草案为基础的决议草案。在中央全会决议和列宁拟写的决议草案及其草案初稿中，批评了托洛茨基直接领导的运输工会中央委员会，认为以人力、物力过分加强运输工会中央委员会的现象应该予以制止，确认加强工人民主和工会内部民主制是刻不容缓的，建议运输工会内部加强和发展正常的无产阶级民主方法。全会决定建立一个研究工会问题的专门委员会，由季诺维也夫、鲁祖塔克、托姆斯基、托洛茨基和李可夫五人组成。

鉴于列宁和托洛茨基之间发生意见分歧，会议休息时，加米涅夫、托姆斯基、布哈林、谢烈布里亚柯夫、谢尔盖也夫、捷尔任斯基、拉狄克、克列斯廷斯基、李可夫和季诺维也夫 10 名中央委员单独开会，采取"缓冲立场"，建议由专门委员会进一步讨论和研究有关工会任务与作用等问题，并不得把中央委员会内部的分歧和争论诉诸广泛的讨论。为此，决定取消列宁原定的将在全俄工会第五次代表会议党团会议上作的报告，另行委托季诺维也夫取代列宁作一个"非争论性的报告"，其他中央委员一律不准发言。"十人会议"的这个建议在当天继续举行的中央全会上以 8 票赞成、6 票反对获得通过。列宁投了反对票。

中央全会以后，托洛茨基拒绝参加工会问题专门委员会的活动，并坚持要把自己的意见在党报上公布出来。他说："在没有允许我像所有其他同志一样把这些问题全部提到党报上之前，我是不指望在小圈子里研究这些问题会有什么好处的，因此我也就不指望委员会的工作会带来什么好处。"① 由于托洛茨基的抵制，专门委员会又吸收了洛佐夫斯基、安德烈也夫、施略普尼柯夫和卢托维诺夫等人参加委员会工作，但后两人也拒绝合作。争论没有平息，反而愈演愈烈。

12 月 7 日，再次举行中央全会。由于在国内战争时期运输业陷于瘫痪，托洛茨基曾接受委托前往整顿。他采取战时措施，实行军事化的强制方法，取得了较为明显的效果。于是托洛茨基形成了他的一整套"劳动军事化"的主张，并和运输工会中央委员会之间形成一种特殊的关系。鉴于托洛茨基分子领导的运输工会中央委员会无视上次中央全会的决议，依然坚持战时领导方法，采取极端措施，造成广大水运员工的强烈不满，加深了运输工会内部的冲突和分裂，在中央全会上，季诺维也夫代表工会问题专门委员会建议撤销交通总政治部，改组运输工会的领导机构，从速召开运输工人代表大会，

---

① 转引自《列宁选集》第 4 卷，人民出版社 1972 年版，第 445 页。

以恢复正常的党和工会的组织形式和活动方式。托洛茨基强烈反对这个建议，会上争论激烈。

此时，布哈林提出一个"缓冲"的决议草案，一方面承认水运员工反对极端措施是正确的，谴责运输工会的领导人，另一方面反对在运输工人代表大会召开以前立即改组运输工会的领导机构。列宁和另外 6 名中央委员反对布哈林的草案。托洛茨基及其支持者出于策略上的考虑，投票赞成布哈林的草案，遂使这一"缓冲"草案以 8∶7 的比例得以通过。工会问题的争论引起了中央委员会内部的思想混乱，是非莫辨，争论升级。因此，列宁认为这是"两次不幸的中央全会"。①

在这种情况下，将争论局限在中央领导层内部已无必要，也不可能了。12 月 24 日，俄共（布）中央全会撤销 11 月中央全会关于不把中央内部分歧公开讨论的决议，把工会问题提交全党讨论，并在即将召开的党的代表大会上展开讨论，以形成统一的决议。

12 月 24 日，在季明剧院召开的一次群众性集会上，托洛茨基作了《关于工会在生产中的任务》的报告，托姆斯基就同一问题作副报告，这是工会问题争论公开化的启端。次日，托洛茨基在全俄苏维埃第八次代表大会上散发了他的纲领性小册子《工会的作用和任务》。小册子从头到尾都贯穿"整刷"精神。列宁认为："从形式民主的观点来看，托洛茨基无疑是有权发表纲领的，因为 12 月 24 日中央曾许可自由争论。但是从对革命是否适宜的观点来看，这就更加扩大了错误，这就是根据错误的纲领建立派别组织。"②

争论进入高潮的标志是 12 月 30 日在莫斯科大剧院召开有数千人参加的一次大会，党的主要活动家都出席了这次大会，并就各自不同的观点展开全面的交锋。与会者包括参加苏维埃八大的党员代表、全俄工会中央理事会和莫斯科省工会理事会的党员干部。会上，季诺维也夫、托洛茨基作了报告，布哈林、诺根、施略普尼柯夫和梁赞诺夫等人作了副报告。列宁作了题为《论工会、目前局势及托洛茨基的错误》的演说，他阐述了工会在无产阶级革命体系中的地位和作用，分析了争论的实质，对托洛茨基的错误观点和布哈林的"缓冲"立场进行了批评。1921 年初，彼得格勒和莫斯科两个最大、

---

① 《列宁选集》第 4 卷，人民出版社 1972 年版，第 411 页。
② 《列宁全集》第 32 卷，人民出版社 1958 年版，第 29 页。

最有影响的地方党组织也卷入了这场争论。1 月 12 日中央全会重申，必须完全自由地进行争论，任何组织都有权发表自己的见解和主张。

围绕不同纲领的各派争论

争论公开化以后，党内先后有 8 个派别提出各自的关于工会问题的纲领，它们是：由列宁、季诺维也夫、加米涅夫、托姆斯基、鲁祖塔克、加里宁、洛佐夫斯基、彼得罗夫斯基、阿尔乔姆和斯大林共同签署的“十人纲领”，还有托洛茨基派、“缓冲集团”、“工人反对派”、“民主集中派”、诺根派、梁赞诺夫派和伊格纳托夫派。从 1921 年 1 月中旬起，提出纲领的各派分别在不同场合宣传自己的观点和主张，争论进入一个新阶段。

托洛茨基派的主要观点。托洛茨基挑起了工会问题的公开争论。1920 年 12 月 25 日，托洛茨基最先发表其纲领性的小册子《工会的作用和任务》，他在小册子的序言中说，“虽然小册子署的是我的名字，其实它是集体工作的成果。许多负责工作人员，特别是工会工作者（全俄工会中央理事会主席团委员、五金工会中央理事会会员、运输工会中央委员会委员等）参与了商定原则性条文的措辞和制定实际建议的工作，这些条文和建议构成了本小册子的内容”①。可以认为，这本小册子的观点是托洛茨基派的观点。他们的主要观点是：

（1）工会正经历着严重的危机，危机的基本原因是，工会现阶段所面临的任务同原有的思维习惯和工作方式方法不相适应，从而构成“现有的工会和应有的工会之间的不相适应已发展成为工人国家内部的最大矛盾”。

（2）工会和经济机关融合起来，立即实现“工会国有化”。托洛茨基说，经济机关和工会的“平行存在”只能是一种“暂时现象”，“不能容许作为工人国家的原则”，必须“使工会毫无例外地吸收参加该工业部门的所有工作人员，使行政经济机关成为名副其实的生产机关，即成为工会的极重要的机关”。②他又说：“对于执政的工人阶级来说，工会方面的任务要从两个方面来考虑：一方面必须使工会掌握生产，另一方面应当使工会有能力掌

---

① 转引自《列宁文集》第 6 卷，俄文版，第 320 页。
② 《俄共（布）第十次代表大会速记记录》，1963 年俄文版，第 814 页。

握生产，而不仅仅是'协助'生产。"①

　　（3）主张用劳动军事化来克服眼前的困难和迈向共产主义胜利道路上的障碍。托洛茨基于 1920 年初曾组织一部分军队投入生产劳动，完成民用生产任务，同时加强军事纪律的作用。在国内战争的严重时刻度过以后，他竭力建议，在经济处于一片混乱的情况下不要解散军队，而把它作为劳动大军用于经济建设。他说："应当向工人说明，他们应该在哪里，应当调动他们、领导他们，完全同士兵一样……劳动的'逃兵'应当关入管教营或集中营。"他还说："没有工会本身的军事化，不建立一种使每一个劳动者自视为一个不能自由支配自己的劳动军人的制度，军事化是不能设想的；如果他接到调动的命令，就应当执行；不执行，即将作为逃兵受到处分。谁负责这件事呢？工会。工会创立新的制度，这就是工人阶级军事化。"他还提出，劳动对全国来说是义务性的，对每个工人来说是强制性的，这是社会主义的基础。

　　列宁和"十人纲领"的主要观点。继 1920 年底列宁发表《论工会、目前局势及托洛茨基的错误》之后，1921 年 1 月 14 日，列宁的观点相当集中地反映在"十人纲领"中。1 月 19 日，列宁发表《党内危机》一文，评述了工会问题争论的发展过程，揭露了各个反对派纲领的机会主义性质。同日，斯大林在《真理报》上发表题为《我们的意见分歧》一文，揭露了托洛茨基企图把军事方法搬到工会工作中来的错误。1 月 25 日，列宁写成《再论工会、目前局势及托洛茨基和布哈林的错误》一文，进一步论述了工会问题争论的实质，分析批判了托洛茨基和布哈林的错误。

　　首先需要说明的是，"工会国家化"的主张并非托洛茨基的首创。1919 年 1 月，列宁在全俄工会第二次代表大会上说："在这里，工会在自己的国家建设工作中应该提出一个崭新的问题，即共产党党团提出的决议案中称之为工会'国家化'的问题"，"工会必然要国家化，工会必然要和国家政权机关合并起来，建设大生产的事业必然要完全转到工会的手里"②。1919 年 3 月，俄共（布）第八次代表大会通过的党纲的经济方面第 5 条规定："公有工业的组织机构应当首先依靠工会"，"工会应当把作为统一经济整体的全部

---

① 《俄共（布）第十次代表大会速记记录》，1963 年俄文版，第 816 页。
② 《列宁全集》第 28 卷，人民出版社 1956 年版，第 397、402 页。

国民经济的全部管理切实地集中在自己手中"①。可见，在"工人国家"中，工会面临什么样的任务，是十月革命胜利后工人运动本身提出的新课题。"工会国家化"这一口号，在苏维埃俄国初创时期曾被普遍认为是一个正确的命题。列宁和托洛茨基的分歧在于，列宁认为"工会国家化"代表着一种客观趋势，但不能立即就去实行，而托洛茨基则主张立即实现"工会国家化"。列宁在批判托洛茨基时指出，工会和国家经济机关所以不能立刻合并起来，是因为要实现这种"合并"，"必须再走很多步"，首先要使工会成为教育机关，教育工人消除旧社会的偏见，成为新社会的建设者，并使工人学会管理和监督，即要使"几千万人积极地、直接地、实际地参加国家管理"的时候，才能实现这种"合并"。列宁强调说："假如工会现在就想自作主张地担负起国家政权的职能，那就只会弄得一团糟。"② 他进而指出，在"工人国家"里，工会是否存在，何时同国家政权合并的问题，"那是遥远的将来的事情，这个问题让我们的孙子去谈论吧"③。

那么，工会当前的任务是什么呢？首先，据列宁看来，工会应当是一个教育的组织，帮助工人掌握文化科学知识，学会参加民主政治生活，学会管理国家，提高工人对完成自己所肩负的伟大历史使命的自觉性。从这点上讲，工会是一个学习管理的学校，学习主持经济的学校，一个共产主义的学校，工会担负的这项独特任务，是任何国家行政机关所不能替代的。其次，列宁认为工会担负着"两种保护"的职责，"全体组织起来的无产阶级应当保护自己，而我们则应当利用这些工人组织来保护工人免受自己国家的侵犯，同时也利用它们来组织工人保护我们的国家"④。这就是说，国家作为上层建筑，是由一定的经济基础决定的，代表一定的阶级利益的；然而，有时它又会脱离经济基础，发生侵犯本阶级利益的行为，此时，工会就要保护工人"免遭自己国家的侵犯"；而当国内外阶级敌人企图颠覆无产阶级专政的国家时，工会又要组织工人群众奋起保护自己的国家。而实现这两种保护的纽带，就是工会。正因为如此，列宁认为，工会是无产阶级专政国家和工人群众之间的"传动装置"，是国家政权的"蓄水池"。

劳动军事化作为一种战时环境下的应急措施和非常政策，并不是什么错

---

① 《苏联共产党代表大会、代表会议和中央全会决议汇编》第一分册，第541页。
② 《列宁全集》第28卷，人民出版社1956年版，第402页。
③ 《列宁选集》第4卷，人民出版社1972年版，第406页。
④ 同上书，第408页。

误。列宁也说过，"错误""完全不在于它们采用了强制手段。这反而倒是它们的功劳"①。托洛茨基的错误，在于把劳动军事化这种临时措施看作建设社会主义的基础和工会工作的基本方法。列宁认为，军事方法有宝贵的经验，如"英雄主义""认真负责"等，也有坏经验，如"官僚主义""高傲自大"，托洛茨基"不是支持军事经验中的最好的东西，而是支持最坏的东西"②。在战争年代，托洛茨基运用强制的军事方法恢复经济和管理生产取得某种成功，这是基于工人群众对苏维埃政权的信赖和支持而焕发出来的英雄气概，而不是劳动军事化创造的"奇迹"。所以，在战时，工人对于一些严厉的强制措施还能够忍受，而当战争一结束，还袭用战时那套军事方法，工人便无法忍受了，党和工会必须相应地改变自己的工作方法。要求在工会那样的群众团体中推行民主原则，扩大民主，用选举制代替委任制，使工会真正成为党和群众的纽带，为工人说话办事，调动工人的社会主义积极性，并成为工人所拥护的具有威望的工人群众自己的组织。所以列宁在评论同托洛茨基争论的实质时，明确指出，工会问题上的分歧，不在于这个或那个具体问题或理论问题，而是"在对待群众、掌握群众、联系群众的方法问题上存在着分歧。问题的关键就在这里"③。

以布哈林为首的"缓冲派"主要观点。1920 年 12 月 7 日俄共（布）中央全会通过了布哈林提出的"缓冲"决议草案以后，布哈林继续采取"缓冲"立场。1921 年 1 月 3 日，布哈林在彼得格勒党组织举行的积极工作者会议上作了题为《论工会的任务》的副报告，为托洛茨基的主张进行辩护。他说："托洛茨基同志的错误，在于他没有充分地为共产主义学校这个方面辩护"；并说托洛茨基"曾经有过'整刷'的观点，但是现在他已经抛弃这个观点了"④。1 月 16 日，《真理报》发表布哈林"缓冲派"的纲领《论工会的任务与结构》，在这一纲领上署名的有布哈林、拉林、普列奥布拉任斯基、谢列布利雅柯夫、索柯里尼柯夫、雅柯夫列娃 6 人。这个纲领中主要有两个观点：其一，认为工会在无产阶级国家"起着双重作用：一方面，它们是'共产主义的学校'，是党和非党群众之间的中介人……另一方面，它们又是经济机关和整个国家机关的一个组成部分"。他们认为应把从政治上看问题

---

① 《列宁选集》第 4 卷，人民出版社 1972 年版，第 421 页。
② 同上。
③ 同上书，第 406 页。
④ 同上书，第 451、450 页。

和从经济上看问题结合起来，工会应当首先从整个经济任务的角度着眼（"少点政治，多点经济"），并指责列宁在工会问题上"只从政治角度着眼"。其二，认为工会有权向国家政权机关和经济机关派人，而这些候选人是"必须接受的"。列宁说，这个观点表明布哈林等人"完全背离了共产主义而转到工团主义立场上去了"。这个纲领"乃是思想瓦解达到顶点的表现"。①

工人反对派纲领的主要观点。工人反对派是 1919—1922 年俄共（布）党内一个具有无政府工团主义倾向的派别，其主要代表人物有施略普尼柯夫、柯伦泰、梅德维捷夫、卢托维诺夫、米洛诺夫等。1919 年初，"工人反对派"的纲领已开始形成。1920 年 3 月，施略普尼柯夫向党的九大提出过一个《关于俄共、苏维埃和生产工会》的提纲，建议由党和苏维埃国家抓政治，由工会抓经济。同年 9 月，在党的第九次代表会议上，正式以反对派面目出现，单独召开自己支持者的会议，走上派别活动的道路。1921 年 1 月 25 日，《真理报》发表了工人反对派的提纲《工会的任务》。3 月，柯伦泰写出《工人反对派》的小册子，全面地阐述了工人反对派的观点。在工会问题的争论中，工人反对派主要提出"国家工会化"的主张，认为工人阶级组织的最高形式不是党而是工会，建议实现苏维埃国家"工会化"，即要使无产阶级的国家服从于工会。他们提出要把全部国民经济的管理交给全俄生产者代表大会，由这个代表大会再选出国民经济的管理机关，"一切经济的职务的任命，都要在工会的同意下进行。工会提出的人选不得撤换"。此外，工人反对派还自诩代表工业无产阶级中实行阶级团结、具有阶级觉悟、阶级意志最坚定的部分，打着消灭"官僚主义"的口号鼓吹无政府工团主义。

"民主集中派"的主要观点。"民主集中派"产生于 1919 年初，1920 年正式形成为俄共（布）党内的一个反对派。该派的主要代表人物有奥辛斯基、萨普龙诺夫、斯米尔诺夫、马克西莫夫斯基、鲍古斯拉夫斯基等。他们几乎在每一篇文章、每一次演讲中都大谈"民主集中制"，由此得名。他们认为，苏维埃政权面临的危机是集中制的领导而造成的，原因是官僚主义已深入到一切机构，"权力集中已经超过限度了"。在工会问题争论中，1921年 1 月 16 日《真理报》发表了由布勃诺夫、奥辛斯基、萨普龙诺夫等署名的主张民主集中制一派的提纲《论工会》。他们认为工会问题的争论在目前

---

① 《列宁全集》第 32 卷，人民出版社 1958 年版，第 33 页。

没有任何重大的意义，也没有任何理论上的特殊复杂性。工会面临的危机表现为"麻木不仁的官僚主义"和"组织上的薄弱"。他们主张扩大工会在生产中的权力，反对由国家委派行政和经济工作人员，并要求按照他们的纲领来改组整个党政机构。

在工会问题争论中，除了上述 5 个影响较大的派别外，其余 3 个都是追随和依附于别的派别的小派别，例如，"'伊格纳托夫派'是跟着'萨普龙诺夫派'跑的。"①

8 个派别分别发表各自的纲领和观点，整个 1 月，全党上下都对工会问题展开了争论。各派之间也不断分化和重新组合。2 月初，托洛茨基派同"缓冲派"提出一份联合纲领。接着，诺根派、伊格纳托夫派和"民主集中派"相继并入"工人反对派"。至党的第十次代表大会前夕，剩下了 3 个纲领，即托洛茨基派和"缓冲派"的联合纲领，列宁、季诺维也夫等的"十人纲领"，"工人反对派"的纲领。在党的许多基层组织的争论中，大多数党员都表示支持列宁为代表的"十人纲领"，谴责托洛茨基等人在工会问题上的错误观点。至此，党的十大前夕，争论的阵线已趋于明朗。

俄共（布）第十次代表大会

3 月 8—16 日，俄共（布）举行第十次代表大会，列宁致开幕词并作中央委员会总结报告。季诺维也夫代表"十人纲领"的拥护者作报告，托洛茨基代表"托—布联合纲领"派、施略普尼柯夫代表"工人反对派"作副报告。各派各有两名代表在大会上发言，展开辩论，并进行表决。表决结果，336 票拥护"十人纲领"，"托—布联合纲领"得 50 票，"工人反对派"纲领得 18 票，2 票弃权。

据此，大会选举了各主要派别的代表人物组成工会问题起草委员会，以"十人纲领"为基础，起草了《关于工会的作用和任务》的决议草案付诸大会表决。表决结果，除 6 票（均属"工人反对派"）反对、4 票弃权外，大会通过了这一决议案。以列宁为代表的关于工会问题争论中的正确主张，终于获得了胜利。

在代表大会通过的关于工会问题的决议案中，着重指出，俄国共产党是

---

① 《列宁全集》第 32 卷，人民出版社 1959 年版，第 36 页。

在一个农民占人口绝大多数的国家里实现无产阶级专政的，因此，一个强大的、意志统一的工会是"无产阶级专政的支柱"。在苏维埃俄国，工会最重要的作用，在于它是共产主义的学校。工会的主要任务是组织经济和进行教育工作，不仅要使每一个会员都自觉地、积极地参加国家建设，而且要吸引最广大的劳动阶层，包括劳动者中最落后的阶层自觉地投身于经济建设事业，工会才能真正成为共产主义的学校。工会必须为会员和广大群众的日常生活的各个方面服务，维护他们的利益。工会工作的主要方法不是强制性的，而是说服性的，要恢复工人民主制，工会的一切机关要实行选举制，取消委任制，贯彻民主集中制的原则，反对官僚主义和因循敷衍的作风。工会要接受共产党的领导，"党组织一方面掌握总的领导，同时却不干预工会各部门的内部事务"[1]。

关于工会国家化，决议指出，迅速使工会国家化将是一个严重的政治错误，"任何人为地加快工会国家化速度的做法，都丝毫不能改善共和国的经济状况，而只会妨碍工会起共产主义学校的作用"。鉴于交通总政治部和运输工会中央委员会表现了脱离工人群众，并同全俄工会中央组织相对立的倾向，造成了违背工会正常的民主方法的偏差，代表大会同意撤销交通总政治部，并指示运输工会中央委员会必须实行正常的工人民主制。[2]

代表大会通过了列宁起草的关于党内工团主义和无政府主义倾向的决议。决议认为，"工人反对派"的各种提纲和文件，是"这种倾向的最完整、最完备的表现之一"。大会指出，"工人反对派"要求将管理国民经济的权力交给各产业工会的全俄代表大会的主张以及诸如此类的主张，其基本思想"在理论上是根本错误的，是完全违背马克思主义和共产主义的"，"在实践上是小资产阶级和无政府主义动摇性的表现，是削弱共产党的坚定的领导路线，在实际上帮助无产阶级革命的阶级敌人"。[3]

在工会问题的争论过程中，党内形成了种种派别，给党的团结统一造成了危害。尤其在面临政治危机和经济危机的严重时刻，党内的派别纷争造成了思想上的混乱，妨碍全党步调一致地为完成当前最紧迫的任务而奋斗。代表大会通过了列宁起草的《关于党的统一》的决议草案。决议指出，党的队

---

① 《苏联共产党代表大会、代表会议和中央全会决议汇编》第二分册，第75—77页。
② 同上书，第77、79页。
③ 同上书，第69—69页。

伍的团结统一是党作为无产阶级先锋队的必要条件，因此，"必须使一切觉悟的工人都清楚了解到任何派别活动都是有害的，都是不能容许的，因为派别活动事实上必然要削弱齐心协力的工作，使混进执政党内的敌人又能加紧活动来加深党的分裂，并利用这种分裂来达到反革命的目的"。① 代表大会要求全党保持党的队伍的团结和统一，责成中央委员会解散一切派别组织，禁止任何派别活动，违反者要受到党纪的处分，直至开除出党。

1920 年 11 月至 1921 年 3 月，俄共（布）党内关于工会问题的争论持续了 4 个月之久。在这场争论中，不仅托洛茨基提出的一些观点和主张是错误的，尤为错误的是他不顾大局，在这个困难的时刻挑起并加剧了这场争论。他从"左"的立场和观点出发，干扰了全党适时地向新经济政策的转变，被迫把许多精力放在既不紧迫、又不十分重要的工会问题的争论上。正如列宁所说，这一场争论"是太奢侈了，以至于使全世界都觉得奇怪——一个党在殊死斗争的最困难的情况下，而且在发生歉收和危机的条件下，在遭到严重破坏和军队复员的条件下，竟然用尽心思去研究各种纲领的细微末节，那么现在我们应当从这些教训中得出政治的结论，应当不仅得出关于各种错误的结论，而且得出关于阶级关系、工人阶级和农民的关系的政治结论"。② 托洛茨基后来也不得不承认自己的错误。他说，这场争论是"离题的"，"列宁出于准确无误的政治本能，意识到已经到了危急关头，采取措施减轻军事压力"，而他还要"试图让工会作出空前巨大的努力"；全党在进行关于工会问题的争论，"而实际问题却是日常的面包、燃料和工业原料问题。"

俄共（布）党内关于工会问题的争论所涉及的内容是原则性的，但争论也显示了党内存在不少矛盾和问题，又由于列宁能够正确对待党内矛盾，终于使争论圆满结束，促进了全党思想上、行动上的一致，顺利地实现了向新经济政策的转折。

---

① 《苏联共产党代表大会、代表会议和中央全会决议汇编》第二分册，第 63—64 页。
② 《列宁全集》第 32 卷，人民出版社 1959 年版，第 167—168 页。

远东共和国的建立

徐景学

　　1917 年十月革命胜利后，俄国建立了无产阶级专政的社会主义国家。时过不久，帝国主义勾结沙俄白卫军，武装干涉苏维埃政权，在俄国掀起了一场国内战争。在国内战争岁月里，俄国远东大地上产生了一个特殊类型的资产阶级民主共和国，这就是远东共和国。它作为苏维埃国家与帝国主义的缓冲国，存在了两年零八个月。它在军事、政治、外交等各条战线上都开展了卓有成效的斗争，在苏联历史乃至远东国际关系史上均占有重要的一页。

特殊条件下的特殊策略

　　在十月革命的鼓舞下，俄国东部西伯利亚与远东地区工农武装夺取政权的斗争势如破竹，大部分地区都在 1918 年 2—3 月建立了苏维埃政权，革命在凯歌行进。但是，日本帝国主义和美国帝国主义妄图扼杀十月革命，攫取远东的丰富资源，并进而霸占远东与西伯利亚。日本企图通过武装干涉独占西伯利亚东部渔业、矿山和森林的租让权。1918 年 4 月 5 日，日军先在海参崴登陆，并扬言要同布尔什维克决一死战。日本最高统帅部发给去西伯利亚的士兵每人一本袖珍俄文字典，其中"布尔什维克"一词被解释成"狗獾或野兽"，下面还注明"必须消灭"。面对日本的举动，美国则一方面力图限制其在远东的主要竞争者日本，另一方面"关心如何处理俄国、俄国的1.7 亿居民及其取之不尽的粮食、燃料和矿藏资源"。

　　帝国主义在武装干涉远东的同时，策动捷克军团叛乱，支持白卫军。捷克军团由克伦斯基临时政府期间于德奥战线上被俘的捷克籍战俘组成，近 5 万人。十月革命后苏俄政府决定让这些人取道西伯利亚，返回捷克。美、英、法等帝国主义在他们中间煽动反共情绪，挑动这些人进行反苏叛乱，从

1918 年 5 月 24 日起，捷克军团陆续在西伯利亚、远东各地叛乱。在帝国主义的指使下，远东地区的白卫军头目谢苗诺夫、卡尔梅科夫等先后向苏维埃政权发动进攻。1918 年 9 月 1 日，谢苗诺夫占领赤塔。9 月 5 日，卡尔梅科夫占领伯力，9 月 18 日占据海兰泡。同年 11 月 18 日，原沙皇海军上将高尔察克在鄂木斯克建立了"西伯利亚政府"。至此，远东的苏维埃政权几乎全部被摧垮。白色恐怖笼罩这一地区。

美、日帝国主义为了达到其统治远东的目的，它们扶植傀儡，企图在那里组织反苏维埃的"缓冲国"。早在 1919 年春，美国代表就同西伯利亚的孟什维克、社会革命党人勾结，在伊尔库茨克建立了所谓的"政治中心"。1920 年 1 月 3 日，这个"政治中心"的代表同行将崩溃的高尔察克伪政府谈判，要求其把权力转交给"政治中心"，但谈判未获结果。不久，"政治中心"自行夺取了伊尔库茨克的高尔察克政权。这一行动得到美、英等国的支持。孟什维克、社会革命党人企图麻痹苏俄政府，妄想得到它的承认。但是声名狼藉的"政治中心"政府只存在几天就垮台了。由 4 名布尔什维克和 1 名左派社会革命党人领导的伊尔库茨克革命委员会夺取了权力，打破了英、美、法企图分裂俄国、组建傀儡政府的美梦。

日本也极力寻找代理人，在远东地区建立缓冲国。1920 年 1 月 15 日，白卫军谢苗诺夫在赤塔建立"东部边区政府"，自任总裁。他答应将滨海地区从俄国分离出来，交给日本。日本准备同意在这一地区建立缓冲国后，由谢苗诺夫担任政府的首脑。帝国主义之所以玩弄组建"缓冲国"的花招，是慑于国际舆论，加之苏俄人民的英勇斗争顶住了协约国及白卫军的武装进攻，使帝国主义不得不改用扶植"儿皇帝"的办法，以吞并远东。列宁在 1920 年 3 月 1 日全俄哥萨克劳功者代表大会上一针见血地指出，协约国妄图在边疆制造傀儡国，扼杀苏维埃政府。

当时争夺远东霸权的主要是日本和美国。它们各自扶植傀儡，或亲自出兵妄图在西伯利亚割据一方，并伺机扩大势力。但到 1919 年末 1920 年初，由美、英所扶植的走狗高尔察克已被红军战败，他在鄂木斯克建立的伪政权被摧垮，高尔察克本人被处决，白军控制的西西伯利亚为红军所收复。这样美国在远东的地盘丧失了。到 1920 年 4 月，美、英被迫宣布从远东撤军。但是，此时日本在远东的军队却有增无减。据统计，1920 年初，日本在远东的驻军已达 17.5 万人，控制了主要城镇和据点，大有独吞远东之势。日本所扶植的走狗谢苗诺夫在外贝加尔地区和滨海地区活动十分猖獗。这种格局，引起了美国对日本的恐惧与不满。美国不甘失掉在远东的权益，更不愿眼睁睁看着日本扩大在远东的影响，因此一方面不断向日本施加压力，另一方面则表示要同苏俄政府接触。

列宁认为美日之间的这一矛盾是大可利用的，办法是：建立一个由布尔什维克领导的缓冲国。这样做既可以得到美国的支持，又可以钳制住日本，来一个缓兵之计。当时西线形势告急，红军正忙于对付波兰军队和弗兰格尔叛匪，抽不出兵力同时应付远东的白卫军。苏维埃政府决定，首先集中力量解决西方战事，保证西线战争的胜利，然后再解决远东问题。列宁明确指出，"问题就是这样摆着的：远东、堪察加和西伯利亚的一部分现在事实上为日本所占有，因为那里是受日本的军事力量支配的，因为正像你们所知道的，环境迫使我们建立了缓冲国——远东共和国。我们知道得很清楚，由于日本帝国主义的压迫，西伯利亚的农民忍受着怎样令人难以置信的灾难……但是，我们不能同日本打仗，我们不仅应该尽力设法推迟对日战争，如果可能的话，还要避免这场战争，因为根据大家都知道的情况看来，我们现在无力进行战争"[1]。

特殊类型的缓冲国

俄共（布）中央在 1920 年 2 月作出决定，认为必须在远东建立临时性的缓冲国家。2 月 18 日，中央致函西伯利亚革命委员会，命令暂不要把红军开到伊尔库茨克以东地区，以防止与日军冲突。3 月 3 日，中央政治局正式通过决议，在远东暂不恢复苏维埃政权，改建缓冲国。为领导筹建缓冲国，创建了 16 人组成的俄共（布）远东局（后改为俄共中央远东局）。3 月末，远东局成员库纳什列夫从莫斯科返回海参崴，传达中央指示，加紧筹建工作。1920 年 3 月 28 日在从白卫军魔掌中解放的上乌丁斯克（今乌兰乌德）城，召开了外贝加尔地区劳动者代表大会。这次大会实际系由布尔什维克党领导、倡议，按俄共（布）中央关于建立缓冲国的指示精神召开的，会议由各党派、各阶层代表参加。4 月 6 日，大会向全世界发表文告，宣布建立远东共和国。声明远东共和国为独立国家，由各政治党派和各民族代表组成临时政府。

---

[1] 《列宁全集》第 31 卷，人民出版社 1959 年版，第 422 页。

远东共和国宣布其疆域范围包括外贝加尔地区、阿穆尔地区、滨海边区及堪察加半岛等远东地区。建立了政府机构和武装力量。声明其武装力量是人民革命军，而不是苏俄的红军。人民革命军的任务与宗旨是反对谢苗诺夫等白卫军，不和日军发生冲突。远东共和国宣称它不是社会主义国家，而是一个资产阶级民主共和国，不建立苏维埃政权，但国家实行广泛的民主。远东共和国在 4 月 6 日的宣言和 5 月 14 日的声明中，阐述了外交政策并照会各国。外长克拉斯诺舍科夫通知各国，主张同所有国家建立友好关系。特别提出要同日本建立善邻邦交，而且尽力避免双方武装冲突，"如果双方偶然发生冲突，应视为令人可悲的误会"。远东共和国的建立，从道义上扼制了帝国主义的干涉活动。4 月 16 日，苏维埃政府外交人民委员齐切林电告远东共和国，认为建立这样的国家是目前远东的唯一出路。5 月 14 日，齐切林代表苏维埃政府正式宣布承认远东共和国。6 月 14 日列宁在与日本记者布施的谈话中，再次承认远东共和国的独立性。

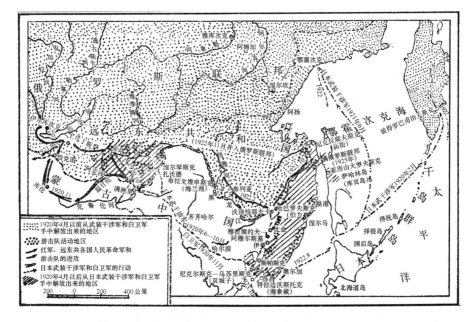

远东共和国

远东共和国建立后，不断发展壮大。初期远东大部分地区为白卫军和日军所盘踞。共和国直接控制的地区很少。白卫军头子谢苗诺夫占据赤塔地区，从而割断了远东共和国同东部的联系。1920 年 10 月，人民革命军打败了谢苗诺夫，解放了赤塔。接着，远东共和国立即在赤塔召开各地方政府联合大会，重申了 4 月 6 日会议精神，选举了以克拉斯诺舍科夫为首的中央政府，确定最高行政机关为部长会议，共和国首府从上乌丁斯克移至赤塔。各地方政府宣布自行解散，代之以新建立的共和国地方管理局。会议决定召开制宪会议，制定法令。这次会议另一重大成就是以人民革命军司令部名义统一了远东各地的武装力量。

远东共和国虽然公开宣布为资产阶级民主共和国，但实际上受俄共（布）中央领导。俄共（布）中央派出机构远东局直接领导与决定远东共和国的内政、外交方面的重大问题。中央执委会多次研究远东形势和共和国的方针、策略，有时邀请远东共和国代表一块儿讨论。在共和国政府领导成员中布尔什维克占大多数，从组织上保证了共和国执行列宁所制定的原则。

按照 1920 年 8 月 13 日俄共（布）中央政治局通过的《关于远东共和国的简明提纲》的规定，远东共和国只是在形式上为资产阶级民主共和国，实质上是布尔什维克领导的工农国家，是苏俄的一个部分。苏俄政府从外交、经济、军事等各方面支援共和国，保持其缓冲国的地位。双方先后签订铁路运输、内河与界河航运专约及经济同盟条约、外交事务协议等。苏维埃政府声明远东共和国是它的盟友，远东共和国也表示与苏俄在外交上步调一致。苏俄在经济十分困难的情况下，曾支援远东共和国大量物质和金钱，如 1921 年苏俄曾给予远东共和国贷款 800 万卢布，到 1922 年 11 月，苏俄贷款总额达 1 亿金卢布。按照俄共（布）中央指示，1921 年春，远东共和国改编了人民革命军，为提高军队的素质，中央还派出大批干部充实远东共和国的各级领导班子。

远东共和国的建立与巩固经历了艰苦复杂的斗争。这种斗争在布尔什维克党内及群众中也有所反映。有些领导者没有看到俄国国内战争的复杂性及西线战局的严重性，不理解列宁缓冲策略的意义，否定缓冲的必要，极力主张在远东立即恢复苏维埃。一些战士和群众也认为他们的斗争应是为了建立苏维埃政权，而不是"为了一块蓝色的补丁"①。列宁严厉批评了这种错误倾向，指出"要痛斥缓冲国的反对派，用党内审判来威胁他们一下"，"缓

---

① 远东共和国国旗的左上角有一蓝色四角形，一些不理解缓冲政策的人把它讥讽为"蓝色的补丁"。

冲国就是缓冲，以便等待时间，然后打败日本人"①。根据列宁的指示，各级党组织做了大量宣传工作，说明、教育广大党员和群众，认识缓冲政策的必要性及其历史作用。当时还有一种右倾错误思潮，持这种观点的领导者认为，既然建立资产阶级共和国，就不必坚持布尔什维克领导。他们丧失警惕，迁就和姑息孟什维克及社会革命党人的错误，甚至有的领导企图把远东共和国变成完全脱离苏俄、脱离俄共（布）中央的独立国家。列宁及俄共（布）中央对这种主张及行动进行了坚决的斗争，纠正了他们的错误，使远东共和国沿着健康道路前进。

远东共和国还遭到孟什维克、社会革命党人的破坏。日、美帝国主义也支持白卫军，企图整垮远东共和国。机会主义派别往往和白军勾结，妄想从内部改变远东共和国的性质，把它变成资产阶级反对苏俄的工具。1920 年 8 月，以社会革命党人麦德维杰夫为首，在海参崴组建了"政府"，邀请谢苗诺夫余党（赤塔"边区人民会议"的代表），举行联席会议，阴谋以海参崴为中心，组建国家，统治远东。俄共（布）远东局的一些领导未能识破麦德维杰夫的阴谋，曾主张要参加海参崴的联席会议，共同组建政府，幻想可以统一远东。俄共（布）中央及时纠正了远东局的错误，改组了远东局，并动员人民抵制反动派的组阁活动，挫败了麦德维杰夫的阴谋，避免了远东的分裂。

远东共和国在这种特殊、复杂的环境中，经历了一条坎坷的道路，艰难地向前挺进。

艰辛的战斗历程

在遭受日军威胁、白卫军挑战的艰难形势下建立的远东共和国，从诞生的第一天起，就在国内外各条战线上，展开了艰苦卓绝的斗争，终于绕过了各种暗礁，闯过了险象丛生的道道关口，赢得了斗争的胜利。

远东共和国首要的斗争任务是动员与组织力量，同白卫军进行决战。远东共和国清醒地认识到，为了自己的生存并能发挥缓冲作用，必须使自己强大，战胜白军，最终迫使日军撤退，统一远东。在武装斗争的岁月里，人民革命军起到了中坚作用。

---

① 《列宁文稿》中文版，第 8 卷，第 43 页；第 3 卷，第 350 页。

人民革命军是由游击队改编的，吸收了部分被俘的白卫军。远东共和国建立后不久颁布法令，实行义务兵制，使军队数量不断增加。许多工人、农民踊跃参军参战，1921 年初人民革命军曾达到 10 万人。

人民革命军系远东共和国的武装力量，它的名称与建制都有别于红军。但实际上人民革命军受布尔什维克党的领导，部队内部建立党的支部。由于人民革命军成分复杂，游击习气比较严重，影响了战斗力。布尔什维克注意提高指战员的思想觉悟，加强政治工作。1920 年 10 月 29 日，远东共和国召开会议，整顿了军队，把人民革命军划分为两个军（外贝加尔第 1 军和阿穆尔第 2 军），共辖 4 个步兵师。此外尚有 1 个骑兵师和两个独立骑兵大队。苏俄政府还派遣指挥员，来充实部队。

经过思想教育和组织整顿，人民革命军的素质有了提高，适应了战争需要，在战斗中发挥了中坚、骨干作用。

远东共和国建立之初，绝大部分远东地区为白卫军和外国干涉者所盘踞，共和国仅控制上乌丁斯克周围的一隅之地。人民革命军在同白卫军斗争、解放远东的过程中，进行了多次战斗。其中较大规模、具有举足轻重作用的战役有三次。第一次是 1920 年 10 月的赤塔战役。如前所述，赤塔当时为白匪头目谢苗诺夫所控制，俄国东部同西部的联系被切断。远东共和国从创立伊始，就与之进行斗争，以便拔掉这个"塞子"，但初期失利。1920 年 9 月，人民革命军曾集中 1 万名步兵、2 万名骑兵，大炮 35 门进攻赤塔。据守赤塔的白卫军有步兵 4965 人、骑兵 2150 人、大炮 17 门。战斗十分激烈。10 月 22 日人民革命军终于解放赤塔，白卫军溃不成军，四处逃窜。赤塔的解放，为人民革命军的东进打通了道路。第二次是沃洛恰耶夫卡战役。1922 年 1 月，人民革命军又组织了 7600 名步兵和骑兵，向伯力附近的沃洛恰耶夫卡进攻。这里是伯力的门户，也是阿穆尔州出入滨海省的咽喉，敌军近 8000 人死守沃洛恰耶夫卡。战斗从 2 月 10 日打响，人民革命军冒着零下 40 摄氏度的严寒，鏖战三昼夜，攻克了重镇沃洛恰耶夫卡。2 月 14 日光复伯力。第三次是继沃洛恰耶夫卡战役之后的斯帕斯克战役。这是滨海省发生的最大战役。该地是白军最后的集中点，有 9000 名敌军。人民革命军总司令乌勃列维奇亲自指挥，动员了 11000 名步兵和骑兵，于 1922 年 10 月 4 日发动攻势，9 日攻克斯帕斯克，白卫军伤亡 1000 多人，被俘 284 人。通过三次大战役，消灭了白卫军的主力，解放了远东大部领土，为最后赶走日本干涉军奠定了基础。

在武装斗争中，活跃在各地的游击队配合主力部队，发挥了重要作用。

远东共和国在外交上也取得了巨大成功。根据列宁和俄共（布）中央的指示，远东共和国多次发表《告各国政府和人民书》《致各国政府和人民宣言》等，阐述和平外交方针，主张同一切国家建立联系，希望各国承认远东共和国，并庄严声明外国军队应从远东共和国领土撤出。

在外交上，首要的任务是对付日本。因为要想发挥缓冲作用，绝不能同日本干涉军直接发生冲突，甚至为了避免冲突，在日军挑衅的情况下，远东共和国的武装力量也竭力克制，尽量防止双方直接进行战事，这样有时需要作出一些牺牲。远东共和国坚决执行这一原则，使日本找不到直接出兵的任何借口。由于远东共和国自身日益强大，先后和中、美等国有了接触与联系。这一切迫使日本考虑同远东共和国谈判。国际舆论严厉谴责日本在远东的驻军，因为到 1920 年下半年，整个俄国远东地区的外国干涉军都已退出，只有日军仍然赖着不走。日本政府拒不撤军的所谓理由是"保护日本侨民""保护捷克军团"，但这些理由早已不复存在了。日本被迫于 1920 年 5 月 24 日至 6 月 15 日在冈戈特车站同远东共和国举行第一次会谈。双方达成协议：从 7 月 18 日起首先在赤塔战线相互停止军事行动，并建立中立区。双方声明任何国家不得干涉远东共和国，这一缓冲国"不应使共产主义成为其社会制度的基础，应具有人民性质和广泛的民主原则"。这次会谈使日本在事实上承认了远东共和国的存在，它从 7 月 25 日起开始从外贝加尔地区撤军。这一巨大的外交胜利，保证了人民革命军战斗的顺利进行。

远东共和国努力同中国建立睦邻关系。1920 年 5 月，远东共和国组织了以国防部副部长优林为团长的使华代表团。代表团的使命是"确立远东共和国同中国的政治、经济方面的友好互助关系"。优林一行在华期间，虽然未同北洋军阀政府签订条约，但他们努力宣传苏俄的方针、政策，对中国人民表现了友好精神，谴责了沙俄对中国的侵略与奴役，实际上发挥了驻华代表的作用。优林在北京期间，还通过与各国驻华使节频繁接触，同一些国家建立了经贸联系。

远东共和国的外交不仅使其成功地完成了缓冲使命，避免了日本与苏俄的直接武装冲突，对保卫十月革命的胜利果实发挥了重大作用；而且远东共和国同一些国家建立了政治、经济联系，对于打破帝国主义对苏维埃政府的封锁也做出了贡献。

远东共和国除了在军事上和外交上开展复杂、艰巨的斗争外，在国内还整顿社会秩序，恢复和发展国民经济，注意贯彻列宁的民族政策等。

国内战争期间，远东经济遭到严重破坏。为恢复国民经济，远东共和国制定了一系列经济政策，如骨干大型企业归国家所有，大力促进农业发展，保护和巩固集体农庄，允许私有制的存在，允许租让，等等。为了扭转经济崩溃的局面，着力改革货币流通，恢复铁路运输，国家帮助农民恢复生产，发展国营和合作社商业，抑制和缩小私营商业。远东共和国宣布，"我们要在战场上获得胜利，也应在同经济崩溃和文盲的斗争中取得胜利"。

经过艰苦的工作，到 1922 年，国家收支基本平衡，粮食产量超过了1917 年的水平。集体农庄得到了发展，到 1921 年 8 月仅外贝加尔地区就增加到 53 个，全国达 100 多个。

远东共和国遵循列宁的方针，处理了俄罗斯民族与布里亚特民族之间的土地问题，开始改造国民教育体制。

远东共和国国内经济建设的主要目的是战争的需要，因此有许多问题尚未来得及妥善处理。但总的来看，政权不断巩固，经济逐渐恢复，为取得战争的胜利创造了前提。

光辉的历史一页

远东共和国经过 1922 年 10 月上旬的斯帕斯克战役，已经解放了外贝加尔地区、阿穆尔省和滨海省的大部分领土，此时白卫军大部分被歼灭，只有海参崴和库页岛等地仍被日本干涉军所占据。但是日本由于受到国际舆论的压力及国内反战运动的影响，不得不在 1922 年 6 月 24 日正式宣布于同年 10 月底之前从远东全部撤兵。日本外相说："撤军的决定是要使日本作为一个力图维护世界和平的非侵略国家而载入史册。"日本的这番表白丝毫不能洗刷它的侵略罪行。

1922 年 10 月 19 日，人民革命军兵临海参崴城下，城里的布尔什维克组织工人接应。10 月 24 日，最后一批运载日本干涉军的船只离开海参崴，10 月 25 日，该城解放。11 月 6 日，红军进驻堪察加半岛的彼特罗巴夫洛夫斯克。11 月 7 日，海兰泡政权转归革命委员会。至此，整个远东（除库页岛外）全部收复。

远东共和国武装力量消灭了白卫军，避免了同日本的冲突，而且迫使日本撤军，最后恢复了被敌人盘踞的远东，这样它就完成了自己的历史使命，失去了缓冲作用，重新合并于苏维埃俄国，使在远东重建苏维埃政权的可能性变为现实。远东各族人民强烈要求建立苏维埃，1922 年 10 月 30 日，俄共（布）中央远东局报告中央，反映了广大工农兵群众的迫切愿望，提出取消缓冲国及在远东建立苏维埃政权的方案。11 月 7 日，在庆祝十月革命 5 周年的纪念活动中，远东各地纷纷举行集会、游行，一致要求撤销远东共和国，重建苏维埃。11 月 13 日，远东共和国召开人民会议，次日大会通过决议，宣布撤销远东共和国，建立苏维埃政权，请求合并于苏维埃俄国。会议选出了远东革命委员会负责处理善后事宜。11 月 15 日，苏维埃政府接受远东共和国人民会议的请求，重新合并了远东地区（11 月 16 日人民革命军改编为红军）。从此，存在两年零八个月的远东共和国正式结束了自己的历史。

远东共和国所取得的成就是列宁制定的路线和方针的胜利。此外，国际无产阶级的援助也是远东共和国立于不败之地的重要因素。世界人民，特别是中国、朝鲜、日本等国的人民大力支援了苏联人民、支援了远东共和国。从十月革命开始，数以万计的华工参加红军。仅参加远东共和国人民革命军的中国战士就有七八千人，组成了中国旅、中国营和中国连。近万名朝鲜人也参加了远东的国内战争。中、朝人民和远东人民并肩战斗，共同用生命和鲜血捍卫了十月革命，保卫了远东共和国。

远东共和国在一些问题上曾犯有错误，在执行民族政策上出现过偏差，它只承认布里亚特民族的自治权，而对一些小民族仅仅答应给予文化上的民族自治，这就违背了列宁的民族自决的原则。在军事上也有一些失误，如过分重用旧军官，排斥工农干部；在赤塔战役中指挥有误，本应乘胜切断敌人退路，全歼白卫军，但没有切断敌人退路，致使白卫军头目谢苗诺夫及残部万人逃往滨海区，增加了滨海区的反革命力量。由于对滨海区反革命势力的危险性估计不足，未能有效地加强滨海区的防御力量，相反却从那里调出兵力，加强外贝加尔地区，导致伯力失守。远东共和国曾错误地宣布中东铁路所属地区是它的领土组成部分［这一错误被俄共（布）中央所纠正］。尽管如此，远东共和国在历史上确实发挥了巨大作用。

远东共和国不但维护了自身的独立与发展，而且以缓冲的地位形成了苏俄与日本干涉者之间的广大中间地带，使日本帝国主义失去了为镇压共产主义、消灭布尔什维克而直接干涉苏维埃俄国的借口，避免了苏俄与日本之间的直接冲突，使苏俄得以腾出手来，对付西方的波兰军队和弗兰格尔匪帮，只用几个月就取得了决定性胜利。这样，远东共和国为全国结束战争，打败白卫军及外国干涉者，保卫和巩固年轻的苏维埃政权做出了贡献。

　　远东共和国的建立及活动，再次证明列宁是一个伟大的无产阶级革命家和杰出的战略家。继《布列斯特和约》之后，在 1920 年初波兰军队和弗兰格尔匪帮在西线进攻的严重关头，列宁又适时地提出在远东建立缓冲国的英明决策，从而避免了与日本的战争，再次保卫了苏维埃政权。在远东共和国存在的整个过程中，都按照列宁的指示，巧妙地利用了日、美之间的矛盾，得到了美国的支持，孤立了日本，达到了迫使日本撤军的目的。

　　远东是苏联国内战争中斗争持续时间最长的地区，前后达 4 年半。远东也是国内战争中斗争最为复杂的地区之一。因为远东共和国一方面要同主要敌人白卫军进行艰苦的斗争，还要同日本帝国主义进行外交斗争，同时要同外国干涉者的代理人、形形色色的机会主义派别进行斗争；另一方面也需要正确解决人民内部（包括民族之间）、革命队伍内部的大量矛盾。远东的布尔什维克党组织不断提高组织能力，在斗争中得到了磨炼和发展，更趋于成熟。

苏联 20 年代的新经济政策

闻 一

随着国内战争的结束，从 1921 年春起，苏维埃俄国开始执行一种新的经济政策，这一政策与"战时共产主义"时期的经济政策有着重大的区别。它旨在通过彻底改变城乡间的相互经济关系，寻求工农结合的新形式，以迅速恢复和发展生产力，使国家走上正常的和平经济建设轨道。正如列宁所说，布尔什维克党"采取了一种被叫作'新的'经济政策，所谓新是对我们先前的经济政策而言"。[①]

这一政策的基本原则是列宁总结苏维埃俄国革命实践后提出，并在以后的执行过程中不断加以丰富和发展的。实行这一政策的结果，使处于崩溃边缘的苏维埃经济得到了拯救和复苏，苏维埃政权摆脱了严重的政治危机，获得进一步的巩固和发展，使这一时期成为苏联历史上一个重要的、具有开创意义的时期。

这一政策的许多根本措施到 20 年代后期开始发生变化。1926 年，苏联党和国家的主要领导人斯大林明确提出，新经济政策的实施进入一个新的时期，即"进入直接工业化的时期"[②]。尽管如此，却没有一份决议或文件宣布中止或停止执行新经济政策，所以苏联史书上一直把执行新经济政策起讫日期说成是自 1921 年至 1937 年。但综观苏联经济发展的事实，一种更为确切的提法是：新经济政策于 1921 年 3 月开始实施，于 1928 年左右中止执行。

出现严重的危机

1918 年夏天至 1921 年春天，苏俄经济政策即"战时共产主义"政策的

---

① 《列宁全集》第 33 卷，人民出版社 1957 年版，第 41—42 页。
② 《斯大林全集》第 8 卷，人民出版社 1953—1956 年版，第 110 页。

主要措施是余粮收集制。1919 年 1 月 11 日，人民委员会正式通过余粮收集制法令，余粮收集制的推行在俄国经济生活中引起了一系列连锁反应。

第一，在生活必需品的分配上，实行了平均主义和阶级路线相结合的分配原则。从粮食、饲料、肉类、土豆起，最后几乎是一切生活必需品都由国家垄断和统一分配。一方面，分配标准是维持一个人生存最低限度的需要量；另一方面坚持一条"不可动摇的阶级路线"；在农村依据能否提供粮食和提供多少，能提供的就是支持革命的，提供得越多，革命性就越坚决，因此，在分配上就优先；在城市看是否参加劳动，不劳动的居民无权获得粮食配给卡片。

第二，促使国民经济的管理高度集中化和军事化。1918 年 11 月 30 日成立的"工农国防委员会"有权对全国各种机构，尤其是经济机构的一切活动进行制约和管理。1919 年 7 月 8 日成立的"劳动与国防委员会""红军和海军供应特命全权委员会"有权管辖一切供应机构和一切军事工业。1918 年下半年开始加快了新的总管理局的组建，同时加快了企业国有化的进程。就全国范围讲，大型企业于 1919 年第一季度末、中型企业于 1920 年初实现了国有化，到 1920 年秋天，相当一部分小企业也实现了国有化。实行国有化的企业绝大部分都从事军火和军事物质的生产。

第三，禁止私人贸易，特别是粮食贸易，逐步实施以国家统一的、无所不包的有计划供应，来代替私营商业机构。这些做法，使城乡间的联系、工农业的结合迅速转到以产品直接交换为基础的轨道上来。

第四，预算赤字逐年增加，1918 年为支出总额的 66.6%，1919 年达77.3%，1920 年达 86.9%。大量发行货币，结果物价飞涨，货币贬值，各种经济关系日趋实物化。自 1918 年至 1920 年，通货膨胀的年平均增长率为59.2%，最终使货币几乎失去存在价值。

第五，产业工人的队伍发生重大变化，全国工人人数下降到不足战前的一半。产业工人或参加征粮队，或为了弄到生活所需的粮食，流向农村；而工业企业为维持生产，一方面把流入城市的农民招进工厂，另一方面把整支部队编进各个生产部门。这种状况导致阶级力量和阶级关系发生了对苏维埃政权不利的变化。

"战时共产主义"政策，这种非常时期的特殊政策，一方面保证了国内战争的胜利，为苏维埃俄国的生存和发展提供了最必需的条件，另一方面，尤其是随着战争的结束和国内和平局面的恢复，越来越明显地暴露了给整个国家的政治和经济生活带来严重的后果。

工业生产萎缩，工业产值锐减。全部注册工业的总产值，1920 年比 1917 年下降了 23.4%。一些主要工业部门的生产情况是：煤产量 1920 年 870 万吨，为 1917 年产量 3130 万吨的 28%；石油产量 1920 年 390 万吨，为 1917 年产量 880 万吨的 44%；铁产量 1920 年 12 万吨，为 1917 年产量 300 万吨的 4%；钢产量 1920 年 19 万吨，为 1917 年产量 310 万吨的 6%。农业 生产遭到空前未有的破坏。1921 年的耕地面积锐减至 5300 万俄亩，只有 1916 年 7920 万俄亩的 67% 多一点。粮食产量 1920 年为 4520 万吨，只有 1917 年产量 5460 万吨的 82.70%。农产品的商品率大大下降，作为城乡联系 的重要途径——铁路运输的情况日益严重。1920 年可以运行的机车数为 3069 台，为 1917 年机车数 17012 台的 18%；而到 1921 年春天，由于燃料供 应严重不足，又有 1000 台停运。1920 年可以运行的车厢 146706 节，为 1917 年 482991 节车厢的 30%。

广大工农群众对粮食和生活必需品的奇缺，对国民经济每况愈下的发展 趋势，对国家所采取的管理经济的办法，表现出越来越强烈的不满情绪。从 1920 年底至 1921 年春天，在俄罗斯东南部、乌克兰、西伯利亚和伏尔加河 沿岸地区，农民武装骚动峰起。其中尤以坦波夫地区最为激烈，参加骚乱的 农民有 5 万多人。1920 年 10 月，当时最大的机器制造工厂——彼得格勒的 普梯洛夫工厂的工人开始骚动。10 月 19 日工厂停产，工人罢工，提出的要 求是：提高工资，实行计件工资，发放鞋和衣服，降低工会所出售产品的价 格和发放粮食奖金。

1921 年 2 月 28 日，爆发了喀琅施塔得叛乱。参加叛乱的士兵大都是刚 刚来自农村的农民。他们在反苏维埃政权的组织者的煽动下，控制了波罗的 海舰队和喀琅施塔得要塞，提出"政权归苏维埃，不归党派"的口号。喀琅 施塔得叛乱使国内普遍存在的不满情绪发展到了极为严重的地步，经济危机 发展成了政治危机。所以，列宁及时指出："1921 年春天的经济转变为政 治：'喀琅施塔得'。"[1]

---

[1] 《列宁全集》第 32 卷，人民出版社 1959 年版，第 318 页。

历史性的转折

　　"喀琅施塔得"只不过是一个爆发点。其实，在 1920 年末和 1921 年初，列宁就触及了国内政治局势动荡不安的脉搏。1921 年 1—2 月，列宁邀请一些农民来了解农村的形势。俄共（布）中央在 1921 年 1 月 12 日开会讨论农民的情绪问题后，组成了一个委员会，其任务是研究迅速改善农民处境所可能采取的措施。在充分了解现实情况的基础上，列宁提出消除严重的经济危机和政治危机的主要途径，是要迅速消除工农关系间日益扩大的裂痕，而其关键是从粮食问题着手，刻不容缓地改善农民的处境。

　　1921 年 2 月 8 日，列宁在《农民问题提纲初稿》中提出了四个主要问题：(1) 用粮食税代替余粮收集制；(2) 减低粮食税额；(3) 采用税额与农民积极性相适应的原则；(4) 允许农民在缴纳粮食税后，有更大的自由来运用余粮（在地方周转范围内）。[①] 同一天的政治局会议研究并同意了列宁的这一提纲。

　　3 月 8 日至 16 日，召开了俄共（布）第十次代表大会。大会认为苏维埃俄国已处于一个新的历史时期，必须采取紧急措施来改善工农的生活状况，恢复和发展生产力。大会通过了《关于以实物税代替余粮收集制》的决议。3 月 21 日，全俄中央执行委员会颁布了内容基本相同的法令。这些决议和法令丰富了列宁在《农民问题提纲初稿》中提出的建议，并使之具体化。其主要内容是：(1) 粮食税税额应比余粮收集制时低，并且随着运输业和工业的逐步恢复，要不断降低税额；(2) 粮食税额要根据农户的具体情况来确定，对贫困农户可以减免；对恢复农业生产得力的农户，以减税作为奖励手段；(3) 税额要在春耕前公布，以刺激农民提高农业产量；(4) 农民有权支配纳税后的余粮，用来交换必需的物资，但交换只能在地方范围内。

　　1921 年 3 月 23 日，全俄中央执行委员会发表《告俄罗斯联邦农民书》，号召农民努力发展生产，扩大耕地面积。3 月 28 日，人民委员会颁布两项法令：《关于 1921—1922 年粮食实物税的总额》和《关于已完成收集制的省份进行自由交换和买卖农产品》。法令规定：(1) 1921—1922 年粮食税的总额为 2.4 亿普特（比原定的 1921—1922 年余粮收集额 4.23 亿普特减少近一半）；(2) 准予在完成 1920 年余粮收集任务的 44 个省，撤除所有道路上的

---

　　① 参见《列宁全集》第 32 卷，人民出版社 1958 年版，第 123 页。

武装拦粮队，粮食和饲料可以自由交换和买卖。根据这些法令，粮食税规定得要比余粮收集制的数额低得多。粮食低 43.3%，油菜籽低 50%，肉类低 74.5%，食油低 36.1%，亚麻纤维低 93.3%。

从上述决议和法令来看，苏维埃俄国这时在经济政策上作出的重大转变主要是在粮食政策方面（收购和分配）。这项政策，正像列宁在第十次党代表大会的报告中所说，它既是一项改善工人和贫苦农民生活状况的紧急措施，又是一项调整工农关系的重大决策。列宁把在经济上满足中农的利益和实行周转自由，即个体的商品交换，看成是在俄国保持住无产阶级政权的首要条件。因此，以实物税代替余粮收集制，首先而且主要是一个政治问题。①

然而，粮食税的贯彻实施却碰到许多困难。首先是思想方面的，广大农民和农村干部认为粮食税是采购粮食的一种临时办法，秋天一到还要按余粮收集制的办法行事；而执行粮食税的机构仍然习惯于按余粮收集的办法来工作，它们按户分配税额，坐地收购，强迫命令的事不断发生。配合 1921 年春的播种运动，党和国家的中央机构又向农村派出了大量的工作队，其中包括 6358 名党的负责干部和 1447 名农村工作专家，去收集粮食税。这种活动强化了用"战时共产主义"方法来收集粮食税的程度；其次，1921 年夏天发生严重干旱，波及伏尔加河沿岸、乌克兰南部和北高加索的 34 个省份。在遭灾的地区，70% 的耕地播下了种子，收获甚微，有 12 个省份连种子都没有收回来。在这种情况下，原定的粮食税总额未能完成，只征收了不足 2 亿普特的粮食（在俄罗斯联邦为 1.2 亿多普特，在乌克兰为 6250 万普特）。所以，在第十次党代表大会后，列宁在各种场合对各级党政干部和广大工农群众不断就有关粮食税和改变粮食政策的问题作出解释。

1921 年 3 月 21 日的法令，对迅速改善农民的经济状况、刺激农民的生产积极性、扩大耕地和对地方小工业的发展，都有一定的积极作用，但当年秋天的执行情况并不令人满意。农村的情况表明，仅靠改变粮食的采购和分配办法并不能进一步恢复和发展农村的生产力。这时列宁提出"苏维埃政权不仅要改变粮食政策，而且在许多方面要改变自己经济政策的基础"②。他说，当前的任务就是要"在实践中建立经济政策的新的形式和整座苏维埃大厦的基础"③。

---

① 参见《列宁全集》第 32 卷，人民出版社 1958 年版，第 214—215 页。
② 同上书，第 433 页。
③ 同上书，第 436 页。

　　除了粮食税的法令，俄共（布）第十次代表大会还在《资本主义包围下的苏维埃共和国》的决议中，再次确认租让是外国资本参加开发苏维埃共和国自然资源的一种切实可行的形式。事实上，还在 1920 年 7 月，人民委员会已经就租让问题拟定了一个吸引外国资本的条件（提纲）。11 月 23 日，人民委员会正式公布了《租让法令》。这时租让所强调的是社会主义国家和发达资本主义国家之间的经济合作。而俄共（布）第十次代表大会是以党代表大会的名义第一次确认这一可以长期执行的重要政策，并且强调租让"也应当成为发展苏维埃共和国的生产力和巩固在苏维埃共和国内已经建立的社会主义经济基础的有力手段"。

　　1921 年 3 月底，列宁根据最高国民经济委员会所制定的具体的租让草案，修改、制定了租让的 10 条主要原则。[①] 这些原则成了经济政策中的新因素，也促使人们对社会主义的传统观念发生变化。为此，列宁于 4 月 11 日在全俄工会中央理事会共产党党团会议上，亲自对这 10 条原则逐条作了解释和说明。在实行租让制的头一年，即在 1921/1922 年的经济年度内，有 224 份租让申请，实际签订的协议数为 14 份，实际生效的协议数为 9 份。

　　粮食税和租让制的全面贯彻实施，表明苏维埃俄国的经济政策开始从"战时共产主义"政策向新经济政策的历史性转折。

新经济政策在实践中的发展

　　1921 年 5 月 26—28 日，召开了俄共（布）第十次全国代表会议。这次会议成为制定和完善新经济政策的重要阶段。会议通过的关于经济政策的决议中，第一次使用了"新经济政策"这个词，并且确认"这是一个要在若干年内实行的长期的政策"。决议指出："商品交换是新经济政策的基本杠杆。如果不在工业和农业之间实行系统的商品交换或产品交换，无产阶级和农民在从资本主义到社会主义的过渡时期就不可能建立正确的关系，就不可能建立十分巩固的经济联盟"，"合作社是实行商品交换的主要机构。……反对无政府状态的（不接受国家的任何监督的）商品交换，把商品交换主要地集中在合作社手里，但是这决不排斥正当的自由贸易"，"允许把国家企业租给私人、合作社、劳动组合和公司"，"部分地修改大工业的生产计划，加强

---

　　① 参见《列宁全集》第 32 卷，人民出版社 1958 年版，第 289—304 页。

日用品和农民用品的生产", "发展实物奖励制度, 试行集体供应制。规定更
合理的粮食分配制度, 以提高劳动生产率", 等等。

由此可以看出, 从 3 月 21 日的粮食税法令执行至此, 苏维埃俄国的新
的经济政策已经涉及了工业、农业、商业等重要的国民经济领域和一系列经
济管理制度, 它在城乡间的联系、工农产品的流通和分配、工业本身的结构
和发展及生产的经营、管理等方面, 使得苏维埃俄国的经济发展具有以前的
经济政策所没有的新形式和新基础。

尤其值得注意的是, 大会决议特别重视商品交换的作用, 把它看成是从
资本主义向社会主义过渡的全部历史时期内发展经济和巩固工农联盟的最重
要的手段。

但是, 决议中所说的商品交换, 仍然是第十次代表大会期间列宁所申述
的概念: "工人在今后已经属于自己的工厂中, 为国家因而也是为占人口多
数的农民生产一切必需品, 并通过自己的铁路和船舶运送给农民, 同时从农
民那里取得全部剩余的农产品。"① 事实上, 这种交换并不经过市场, 不是通
过买卖, 而是由国家指定的消费合作社, 通过产品直接交换的形式来实现
的。为了实现这种商品交换, 1921 年 5 月, 人民委员会成立了布留哈诺夫、
米柳亭、施米特和拉林等人组成的委员会, 专门负责编制可供在国内换取粮
食的工业品目录。7 月, 人民委员会要求加快进行商品交换。8 月, 在全国
范围内进行商品交换。但实际执行结果却十分不能令人满意。原来计划在
1921 年 8 月 15 日前, 能在这种商品交换的基础上从农民那里取得 3200 万普
特的粮食, 结果成交额为 200 万普特, 只有原计划的 6.2%。

这种商品交换明显没有取得成功, 原因是多方面的。一是由于这时生产
日用必需品的工厂大批停工, 致使消费合作社没有足够的商品和农民进行交
换; 二是消费合作社的力量薄弱, 当时的总资金只有 25.4 亿金卢布②, 一个

---

① 《列宁全集》第 32 卷, 人民出版社 1958 年版, 第 275 页。

② 金卢布是俄国 1895—1897 年币制改革后所使用的一种金本位制的货币单位 [(含纯金
0.774235 克)。币值分为 51015 卢布 (帝俄金币) 和 7 卢布 50 戈比 5 卢布金币], 流通到 1914 年。
1921—1922 年, 金卢布用作计算单位, 在一些著作中亦称为 "战前卢布"。

苏维埃俄国 1924 年币制改革前, 有多种货币流通, 因此当时用作计算单位的有金卢布、商品卢
布和卢布等。1924 年币制改革后, 切尔文卢布成为流通的主要货币, 也成为主要的计算单位。在此
以后, 有关资料中的金卢布、卢布等都被转换成切尔文卢布。但由于史料的关系, 在历史资料中至
今仍然可以见到以金卢布 (战前卢布) 作计算单位的数字, 尤其是有关 20 年代中期的经济数字, 常
有各种计算单位同时使用的情况。

城市合作社平均资本为 950 金卢布，一个农村合作社平均资本只有 29 金卢布；三是 1920 年和 1921 年的干旱使农业减产；四是当时国家规定的工业品的价格较战前高两倍，而农产品价格仍保持战前水平，农民不愿意进行这种商品交换。当时普遍出现、极为活跃的私商却用较高的价格购买粮食，并以较低的价格出售工业产品。这样，所谓商品交换事实上变成了使用货币的市场贸易，变成了买卖，并且超出了地方经济周转的范围。

到 1921 年秋天，列宁坦率承认商品交换失败了。他说："所谓失败了，就是说它已经变成了商品买卖。"① 列宁指出，要进一步实行新经济政策，就必须继续"退到由国家来调节商业和货币流通"。②

1921 年 8 月 9 日，人民委员会在关于贯彻新经济政策原则的指示中，明确规定不应将商品交换限制在地方流转的范围之内，并指示在可能和有利的条件下转为货币交换。为了保证商业和货币流通的正常进行，11 月国家银行重新开业。12 月底，全俄苏维埃第九次代表大会召开，再次对各项重大措施作了调整。随后，新经济政策在实践中获得了进一步丰富和发展，真正成为在一个小农占人口绝大多数的国家里，从资本主义向社会主义过渡时期内所应实行的正确的无产阶级政策。

新经济政策的发展主要表现如下：

1. 农业方面，以提高农业经济的效益为目的，从消灭粮食征收上的平均主义着手，逐步为农民能稳定地、有效地使用土地创造必要的条件，最终提高农业的生产率。

全俄中央执行委员会于 1922 年 5 月 22 日和 1922 年 10 月 30 日分别通过了《土地劳动使用法》和《土地法典》，在土地和农业政策上作出了两项重大的变动。一是准予农民有选择土地使用形式的自由，规定农民可以选择的形式是：互助组、村社、独家田、独立农庄和混合形式。1922—1923 年，独家田和独立农庄获得了极为迅速的发展，因为这样的使用形式不仅使可耕地的利用率提高，而且使利用土地的经济效益增高。二是准予在劳动农户中辅助性地使用雇工劳动和土地的劳动出租，以调整农村中土地经营和劳动力使用上的不平衡状态，充分发掘农村内部的生产潜力。土地租佃的情况逐年增加。1925 年，出租土地数达到 700 万俄亩，农村中的雇工人数达到 120 万。

---

① 《列宁全集》第 33 卷，人民出版社 1957 年版，第 74 页。
② 同上书，第 74 页。

　　国家还以财政手段和税收政策大力扶植农业的发展。1922 年 12 月 21 日，全俄中央执行委员会和人民委员会作出《关于恢复农业和农机工业以及向农民组织农业信贷》的决议，成立了"促进农业、农机工业和组织农业信贷委员会"。1923 年，政府为此拨款 2000 万金卢布。1924 年 2 月，根据全俄苏维埃第二次代表大会的决议，成立了中央农业银行，基金为 4000 万金卢布。1925 年，政府又增拨 16200 万卢布。征收粮食税后，免税的有 50 万农户；1923 年后，免税的农户达到 2900 万。1921 年 8 月 16 日人民委员会通过《关于农业合作社》的法令后，消费合作社和生产合作社都获得了很大的发展。

　　由于这一系列措施，耕地面积迅速扩大。1923 年较之 1922 年增加 1140 万俄亩，达到 7000 万俄亩；1924 年又扩大至 7540 万俄亩。在这种总的发展趋势下，农村各阶层农户的实际耕地不断增加，拥有耕畜的情况有明显的改善，收入增加，支付能力不断提高。在粮食总产量增加的情况下，商品粮的比例也不断提高。

　　2. 工业方面，根据国家的经济实力、经济发展的需要和可能性，对企业进行了大规模的调整。

　　当时工业方面存在四大问题：（1）资金不足；（2）原材料供应困难；（3）交通运输遭到严重破坏；（4）管理机构无力。唯一的出路是对已经实行国有化的工业企业进行整顿。

　　首先，国家只保留那些直接影响国计民生的大中型企业。人民委员会 1921 年 8 月 9 日的《关于实行新经济政策的办法》指示规定，国家通过最高国民经济委员会及其地方机构，把某些生产部门和能优先得到物资、粮食和资金保证的一些重要的大型企业，进行集中管理。正如列宁明确指出的：要"特别注意更快地实行关于关闭尽可能多的不能生产的企业，使生产集中在为数不多安排得最好的企业中的计划"。1921 年 8 月 12 日和 8 月 16 日，劳动国际委员会和人民委员会先后颁布了《关于恢复大工业、提高和发展生产的各项措施的基本条例》和《关于扩大国营企业财政拨款和支配物资权限的法令》，对工业企业托拉斯化的原则和手续作出了明确的规定。

　　因此，所谓国家保留一部分企业，实质上是由生产集中化和托拉斯化的两个连续过程组成的。生产的集中由燃料工业开始，扩展至冶金工业，再到其他工业企业。矿井从 1921 年秋天的 267 个缩减至 1924 年的 176 个；冶金工业企业从 1922 年 10 月的 418 个减为 1923 年 7 月的 331 个；制革工业在

1917/1918 年共有 4647 家工厂，到 1922 年国家只保留了 240 家；纺织工业在 1922 年秋天至 1923 年下半年由 304 家减为 269 家。在新经济政策开始执行时，国家直接管理的企业有 37000 家，而生产集中后，只剩下 4500 家。

生产的集中使工厂开工率迅速上升，工业产量不断增高。顿巴斯煤矿和巴库油田的恢复正常生产，促进了交通运输的恢复。冶金工业的发展为其他工业的发展提供了条件。工业积累逐年增加，1922/1923 年为 24100 万卢布，1923/1924 年为 30000 万卢布，1924/1920 年为 73500 万卢布。国家对工业的拨款逐年增加，1923 年 10 月 1 日为 16200 万卢布，到 1925 年 1 月 1 日就增加到 51700 万卢布。由此，国家的基本建设投资也不断增长，1921—1924 年为 12650 万卢布，1924—1925 年为 32910 万卢布。

生产集中的过程使国有企业分为两大类，第一类是由国家继续供应的企业，另一类是不再由国家供应的企业。第二类企业是原来由中央级管理降为由地方来管理的轻工企业。这类企业的全部产品可以由企业本身按市场价格出售，所得收入用以发放工人工资和采购原材料与燃料。

在生产集中的同时，大量组建了企业联合体（托拉斯）。1921/1922 年，在直属最高国民经济委员会的企业内，组建了 430 个托拉斯，包括 4144 家企业、977000 名工人；在省属国有企业内，组建了 172 个托拉斯，包括 2281 家企业、159000 名工人。1922 年 3—4 月出现了一次销售危机。为了改变这种状态，协调托拉斯的销售和原材料的供应，国营工业企业开始更大规模的联合，组建辛迪加。1922 年 2 月 28 日成立了第一个辛迪加——全俄纺织辛迪加。整个工业的辛迪加化过程到年底结束，共组建了 17 个辛迪加。托拉斯或辛迪加管理局，较之过去的总管理局，与工业企业的关系密切。它们在使企业拥有某种程度的独立自主权、开放商业渠道和促进生产力的发展方面，起了一定的积极作用。但由于当时的农村尚没有一个能吸收工业产品的庞大市场，它们对各企业的领导更多的是集中在组织工业产品的销售方面。而它们的管理职能依然十分庞大和相当集中，这为以后高度集中的工业管理体制打下了基础。

其次，一些为人民生活所迫切需要的轻工企业，在国家一时无力经营的情况下，出租和租让给国内外的私人资本家。1921 年 7 月 5 日，人民委员会颁布《关于出租最高国民经济委员会所属企业的程序》的法令，允许合作社、联合体或私人承租企业。但执行情况表明，3/4 的承租人为原来的业主、业主合伙人或者旧企业的管理人员，而合作社承租只占 1/4。到 1923 年末，总计出租 7500 个中小企业，占计划出租企业数的 76.5%。平均每个租赁企业有 17 名工人。

私人业主大多是在生产日用生活必需品的部门里投资。在 20 年代中期，私人资本在生产日用必需品的全国总资本中的比例为 20%。在最为紧缺的必需品的生产中，私人资本的比例还要高。例如，在缝纫和制鞋工业中占 70%，在食品工业中占 34%，在皮革工业中占 27%，在木器加工工业中占 26% 等。私人资本在大工业中的比重逐年上升，1924 年占 21%，1926 年占 28%。到 1927 年，私人企业的情况是：在全部工业资本中占 5.6%，在产品总值中占 11.7%，在商品产值中占 13%，在生活必需品产值中占 17%，就业工人在工人总数中占 17%，在利润总额中占 13%。

随着私营工业的发展，私营业主的收入不断增加，国家对他们的征税也逐年增高。1924/1925 年，国家从私人企业得到的税款是：12400 万卢布营业税，6500 万卢布所得税，10200 万卢布承租费，总计 29100 万卢布，占当年全国直接税收入 60000 万卢布的近一半。

在实行租让政策的最初几年，外国投资的总金额为 1000 万金卢布。到 1927 年 10 月 1 日，外国投资总数增加到 5220 万卢布。从 1924/1925 年至 1926/1927 年，在工业总产量中，租让企业生产的产品分别为 0.2%、0.4% 和 0.5%。租让企业对燃料工业、采矿工业和交通运输的恢复起了相当的促进作用；而在粉碎资本主义世界对苏维埃俄国的经济封锁，争取一个较长的和平时期以便进行经济建设方面，租让政策无疑是一项重大的战略措施。

3. 商业方面，在加强国营商业机构的同时，大力发展私营商业，使之成为工农业产品销售和流转、城乡相互补充和联系的重要渠道。

私营商业获得迅速发展。仅 1921 年 10—12 月，国家发给私人的经商特许证就有 185000 份，一年后，这个数字增加到 50 多万份。这些私商活动的主要领域是：充当小商品生产者之间、小商品生产者和国营与合作社营机构之间的经纪人，采购粮食和原材料，代售工业产品。1922 年秋天，在全国的零售周转额中，私商占 3/4。1925/1926 年，私人零售点有 10 万多个，其周转额占零售周转总额的 42.6%。私商在批发商业中的比重，1923/1924 年占 18.1%，1924/1925 年占 8.5%，1925/1926 年占 7.9%。在 1925 年秋天，私营商业网占全部商业机构数的 77%，每 1 万居民中就有 31 个私营商铺。1925/1926 年，私商的商品周转总额达到 49 亿卢布。

农村私营商业网的发展表明农业的恢复和农村市场的活跃。1923/1924

年，农村中私人固定零售点有 82700 个，占全国零售网点的 25.5%，而到 1924/1925 年就增加到 155800 个，几乎增加一倍。

在 1926 年以前的一段时间里，国家把托拉斯和辛迪加的工业产品的一半数量通过私商销售；而城市需要的粮食，也有一半靠私商采购。对于农村来讲，由于合作社资金太少，通过私商来收售农产品，出售必需的生活用品和生产工具，就更有重要的意义。这一时期私营商业的活跃和发展表明，在国家监督和指导下的私人商业机构可以补充国营商业机构的不足和无力的状况，大大缩短了农产品的采购时间，把工业产品迅速送到消费者手里，加速了商品的流转过程。

4. 财政金融方面，采取措施逐步消灭赤字，使币制的稳定成为保障经济发展的决定性因素。

开始实行新经济政策时，由于物资短缺，大量发行纸币，造成了通货膨胀。1921 年 7 月 1 日，流通中的纸币数量达 2347.1 亿卢布。而到 1922 年 1 月 1 日增至 17543.9 亿卢布。随之而来的是物价飞涨。与 1917 年第四季度相比较，1921 年下半年，纸币流通量增大 712 倍，物价在莫斯科上涨 7.671 倍，在全国上涨 9.050 倍以上。加上信贷活动的分散，财政制度相当混乱。

国家所采取的一系列重大措施包括：（1）在国家银行重新开业后，陆续创立了工商业银行、俄罗斯商业银行、农业银行、消费合作社银行和农村中的信贷合作社网。通过这些机构实行信贷事业的集中。（2）1922 年 10 月 11 日，人民委员会颁布法令，授权国家银行发行面值为 1，2，3，5，10，25 和 50 的切尔文卢布，规定每枚切尔文卢布的含金量与战前面值为 10 卢布金币的含金量相同。切尔文卢布于同年 11 月投入流通，流通量逐年增大。1923 年 12 月 24 日，俄共（布）中央通过决议进行币制改革。此后，政府颁布法令陆续停止各种旧币的流通，规定以 50000（1923 年纸币）∶1（切尔文卢布）、500000（最后一次发行的纸币）∶1 和 5000 亿（已经作废的纸币）∶1 的比价，限期以旧币兑换新币。到 1924 年第一季度兑换总值为 1730 万切尔文卢布。结果，切尔文卢布增值，购买力提高，成为流通的主要货币。通货膨胀得到控制，财政金融制度趋于稳定。（3）加强对国家预算中支出的审查，缩减对管理机构和军队经费的拨款，保证了国家预算的计划性和可靠性。在此基础上，国家将农民负担的各种税务改为统一的农业税。1924 年 5 月，农业税的纳税方式全部改为征收货币。

5. 分配方面，取消平均主义的分配原则，在报酬制度上实行根本的改革。

广泛实行计件工资制，按照劳动的数量和质量来计算工资，并且逐步缩小工资中的实物部分，扩大货币部分。工资中实物供应部分 1922 年 1 月为 77.5%，1923 年 1 月为 21.1%，到 1923 年 9 月下降到 8.9%。与此同时，还实行各种奖励制度，鼓励劳动者不断提高劳动生产率。

新经济政策的中止

1924 年以前，是新经济政策执行得比较稳定的时期，但新经济政策本身并没有提出和解决国民经济中轻重工业、大小工业的布局和发展比例问题。在这方面，苏维埃俄国的经济政策具有连续性。在新经济政策条件下，坚持的是一条优先发展社会主义大工业的方针，而对为人民生活所迫切需要，也是为发展社会主义大工业所迫切需要的粮食、原材料、燃料和轻工产品的生产并没有采取切实可行的相应措施。因此，经济繁荣本身潜藏着比例安排、发展速度和方向上的新的矛盾。1923 年秋天的"销售危机"暴露出了这种矛盾。

从 1922 年 10 月起，工业品的价格迅速上涨，农产品的价格相对不断下跌。从 1922 年 11 月到 1923 年 10 月，工业品的指数从 1.20 上升到 1.76，农产品的指数却从 0.84 降至 0.57。同一时期，工业品价格的上涨超过农产品价格上涨的 1.08 倍（零售价）和 1.24 倍（批发价）。工农业产品价格上的"剪刀差"在 1923 年 10 月进入高峰期，相差约 1 倍。这种"剪刀差"越是在人口集中的大城市越为严重。据计算，要使这种差价恢复到正常水平，就必须将工业品的价格降低 49%，将农产品的价格提高 96%。

为了消除这种"危机"，苏维埃政府连续采取措施，致使经济政策发生重大变化。一是实行一条旨在排挤中间商的商业政策。各托拉斯和辛迪加加速开办自己的批发零售商店，力图直接建立国家工业和私人零售商的联系。当时在莫斯科设摊售货的就有 10 家大的托拉斯，仅莫斯科呢绒托拉斯就有 10 处摊商和 700 名货郎。二是加强对私营工商企业的征税，限制私人资本的积累和发展，不断提高征税率，开征各种间接税。三是国家迅速减少对私营工商企业的贷款，从 1923 年 10 月 1 日至 1924 年 1 月 1 日，几家最大的国营信贷机构私人的贷款从 1850 万卢布减少至 1000 万卢布。四是大幅度降低工业品的价格，规定一系列生活必需品的最高限价，并从 1924 年 2 月底起开展了一场全国性的工业品降价运动，规定居民两个月内必须在国营商店和合作社机构购买商品。五是从 1924 年起完全停止利用私人中间人和经纪人，吊销许多零售商人的营业执照。

结果，私营商业机构的数字大幅度减少，从 1923 年 10 月的 532388 个缩减至 1924 年 10 月的 451288 个。私人资本在全国批发商业的商品周转额中所占的比重，从 1923 年的 21.4% 降为 1924 年的 11.9%；在零售周转额中的比重，从 1922/1923 年的 74% 降为 1924 年的 53%。

然而，价格政策并没有能真正消除严重的"剪刀差"，只不过暂时抑制了市场供售之间的矛盾。在价格表面趋于平衡的状态下，生产和销售之间、工农业生产之间的不协调被一时隐蔽起来。到 1925 年 3、4 月份，商品荒再次尖锐起来，又出现了新的"销售危机"。

1925 年 4 月 23—30 日，俄共（布）中央委员会举行全体会议。全会讨论了国家所面临的问题。莫洛托夫在报告中批评了上述解决销售危机的措施，指出："无产阶级国家在用一切办法加强社会主义经济成分即大工业的时候，为了自己的利益，也应当不仅利用城市的市场关系，而且利用农村的市场关系，其中包括资本主义关系的一定发展。在目前时期，这种关系的发展应当是能够巩固无产阶级国家的；如果没有这种关系的发展，现在，一方面农民群众经济状况的改善就会受到阻碍，另一方面我国大工业生产力的真正强大发展也会受到阻碍。""我们应当最大限度地减少受限制商品的数量，减少限制的地区，使经济调整的实践适应个体小经济——这一点是没有任何疑义的。"所以，他提出俄共（布）所面临的任务是，实行"从去年的限制转到灵活的国家的经济调整"。

全会根据莫洛托夫的报告，通过了《党在农村经济贫困时期实行的经济政策的当前任务》。决议强调，"为了真正提高目前还是个体小农经济占绝对优势的农业，需要扩大农产品的商品率，因此要坚决消除农村中的'战时共产主义'残余（如停止以行政手段对付私营商业和富农等等），因为这种残余是同新经济政策条件下所容许的国内市场关系的发展相抵触的"，"必须加强注意商业的基本问题和整个经济政策问题……在苏维埃国家这一总的经济政策中，应当使国营工业的基本利益同农业发展的最重要利益结合起来，并使它们在经济发展的每一新阶段中相当正确地协调起来"。决议在有关经济政策的实际措施中，重申要继续贯彻《土地法典》，"容许农民根据土地法典更广泛地享有出租土地的权利";"赞同中央政治局 1925 年 4 月 16 日关于在农民经济中使用雇佣劳动问题的决议","应当严格遵守土地法典规定的自由选择土地使用形式的权利,对于分建独家农场和独立农庄的活动不能给以行政阻碍","坚决削减各种地方税,消除农村私营商业遭到的行政障碍,以便采取正确的、特别是经济的措施,把私营商业的活动纳入苏维埃商业的总的商品流通渠道","必须把一部分国家土地(其中包括国家机关租用的土地)交给农民使用。此外,在那些适于把国营农场的数量适当减少的省份(例如在土拉、库尔斯克、莫斯科、特维尔等省),必须把缩减出来的这些国营农场的土地转交给农民使用",等等。

这次中央全会后,苏维埃俄国的经济政策在经过了某种程度的收缩后,开始了一次重大的调整。这种调整保证了新经济政策的一些基本原则得以继续执行。

调整后的经济形势是相当好的。农业的播种面积基本上达到了战前水平,农产品的产量达到战前水平的 87%;工业总产量超过战前水平的 8.1%。工农业的增长速度较快。这一切使 1926 年这一年成为新经济政策实施中具有明显特色的一年。

但从 1926 年下半年开始,国家采取各项措施加强了对农村中的"富农"和城市中"耐普曼"的限制、排挤和消灭。1926 年 10 月 26 日至 11 月 3 日,联共(布)召开第十五次代表会议。会议的决议中明确提出农村中已存在两极分化,存在两种倾向(资本主义倾向和社会主义倾向)的斗争;并且认为党和国家要特别注意同私人资本作斗争的问题,因为私人资本仍然很强大。决议还重申"从社会阶级观点来看,目前农业发展过程的特点就是资本主义倾向和社会主义倾向的斗争。这一斗争给在我国条件下具有显著特点的农村分化过程打上了自己特殊的烙印",决议还指出"现在已有可能在业已达到巩固的工农联盟的基础上,同全体贫中农一起,进一步地、更有步骤和更坚决地限制富农和私商"。决议强调最有效的办法"不是使经济循着抵抗力最小而是循着要克服最大困难的道路前进的办法"。

新经济政策实施时,列宁就说:"找到了私人利益、私人买卖的利益与国家对这种利益的检查监督相结合的尺度,找到使私人利益服从共同利益的尺度。"[1] 所以,列宁认为,苏维埃俄国要使小农经济走上合作化和社会化的

———————————

[1] 《列宁全集》第 33 卷,人民出版社 1957 年版,第 423 页。

道路，要建立社会主义大工业的基础，并不是一蹴而就的事。①

　　20 年代末，苏联的经济政策恰恰是在小农经济的改造和社会主义建设的方式与途径问题上发生了明显的变化。列宁在这两个基本问题上所制定、并适合苏联国情的基本原则有了很大的变动。所以，新经济政策的执行实际上已经中止。此后，在社会主义建设问题上，苏联采取了一系列新的原则和措施，实行了与新经济政策有相应差别的新政策。

_____

　　①　《列宁全集》第 33 卷，人民出版社 1957 年版，第 425 页。

苏维埃社会主义共和国联盟的成立

郑异凡

1922 年底，苏维埃社会主义共和国联盟成立，这是苏联历史上的一件大事，它宣告了一个崭新的社会主义多民族国家的诞生，在世界上第一次出现了一个各平等民族的自由大联合。

布尔什维克党和列宁制定的民族政策

俄国是一个多民族的国家，它由 100 多个大小民族组成。俄罗斯族是最大的民族，据 1897 年统计，占全国人口总数的 43.3%。各少数民族虽然占人口的多数，达 56.7%，但它们分居各边远地区，联结不成一个有力量的整体。沙皇俄国素有"各族人民的监狱"① 之称，沙皇政府一方面把少数民族地区作为殖民掠夺对象，大量攫取它们的矿产、原料和粮食，另一方面又鼓励和纵容大俄罗斯沙文主义，挑拨民族关系，制造民族不和，不断制造蹂躏少数民族事件，以转移广大人民对沙皇制度的不满和反抗，妄图以此熄灭对沙皇制度的阶级斗争烈火。

二月革命虽然推翻了沙皇政府，但是资产阶级临时政府在民族政策方面依然继续沙皇政府的一套方针政策，各少数民族的劳动人民依然处于受剥削的无权状态。

1917 年十月革命的胜利在俄国民族关系上开始了崭新的篇章，它标志着俄国各族人民命运的根本转变。

列宁和布尔什维克党历来重视民族问题，把民族问题看作是无产阶级革命的一个有机组成部分。1914 年各帝国主义国家为瓜分世界而发动第一次世

---

① 《列宁全集》第 21 卷，人民出版社 1959 年版，第 392 页。

界大战，煽起民族仇恨，把世界各民族投入互相残杀的血海之中。这时，列宁和布尔什维克党高举无产阶级国际主义大旗，反对资产阶级民族主义、爱国主义，主张各被压迫民族、殖民地人民享有民族自决权。所谓民族自决，指的就是"政治自决、国家独立、建立民族国家"[①]、自治制和联邦制。但是主张民族自决权并不是鼓励所有民族的分离，不是一般地主张国家分裂。从社会历史发展看，世界发展的总趋势是加强各民族间的经济联系和协作，走向政治和经济上的联合与集中。因此，在这一时期列宁是原则上反对联邦制，而主张集中制的。但是列宁清醒地看到，沙俄政府推行的大俄罗斯主义，民族压迫，严重损害了"民族共居的事业"。在这种情况下，"有时在自由分离以后，反而可以获得更多的联系"。[②] 他说得很清楚，"我们是想建立大国，使各民族在真正民主和真正国际主义的基础上相互接近乃至相互融合，但是没有分离自由，这种基础是不可想象的"[③]。可以说，这是列宁处理民族问题的基本出发点。

十月革命的胜利，在俄国辽阔的土地上建立了无产阶级政权，俄国境内的广大被压迫民族获得了新生。1917 年 11 月 2（15）日，列宁签发了《俄国各民族权利宣言》，规定了处理民族问题的几条基本原则：

（1）俄国各民族的平等和主权；

（2）俄国各民族的自由自决直至分立并组织独立国家的权利；

（3）废除任何民族和民族宗教的一切特权和限制；

（4）居住在俄国领土上的各少数民族与种族集团的自由发展。

基于这一原则，苏维埃政权成立后立即无条件承认了波兰的独立；1917 年 12 月又应资产阶级芬兰政府的要求，承认芬兰独立。不过这时还没有明确规定苏俄这一多民族国家的组织形式。

1918 年初，经苏维埃第三次代表大会批准的《被剥削劳动人民权利宣言》正式选择了联邦制，规定"俄罗斯苏维埃共和国是建立在自由民族的自由联盟基础上的各苏维埃民族共和国联邦"，同时规定了自由自愿原则，认为"各个民族的工人和农民是否愿意参加和在什么基础上参加联邦政府及其他联邦苏维埃机关，这应当由他们在自己的全权苏维埃代表大会上独立

---

① 《列宁全集》第 20 卷，人民出版社 1958 年版，第 400 页。
② 《列宁全集》第 19 卷，人民出版社 1959 年版，第 502 页。
③ 《列宁全集》第 21 卷，人民出版社 1959 年版，第 392—393 页。

决定"。①

　　选择各民族的自由共和国联邦作为新的国家制度，这是根据俄国的国情作出的重大决策。其一，俄国是个多民族国家，其中一些民族在历史上曾组成过独立国家或曾是沙俄的附属国。二月革命，特别是十月革命之后，许多民族纷纷起来争取独立，并建立起民族国家。其二，沙皇俄国推行大俄罗斯主义，实行残酷的民族压迫，肆意摧残各民族的任何独立和自由，长期形成民族间的不和与不信任以至仇恨。在这种情况下只有坚持各民族间的完全平等，坚持自愿原则组成的联邦，同时保留它们的分离自由，才能消除民族间的不和与猜疑，形成新的民族关系，使各民族逐步接近以至融合。

　　斯大林在谈到以军事和经济事务的共同要求为基础的苏维埃共和国联邦这一形式的优越性时说：这种联邦制一是可以保证各个共和国和整个联邦的完整性和经济发展；二是把不同发展阶段上的不同民族和部族的一切不同的生活习惯、文化和经济状况包罗在一起，并根据这种不同情况采用这种或那种联邦形式；三是建立那些把自己的命运同联邦的命运这样或那样联系起来的民族和部族的和睦共处和兄弟合作。② 斯大林这里没有谈到用联邦制来保证各民族的平等。这不是偶然的。当时建立的俄罗斯联邦实行的是"区域自治"，加入俄罗斯联邦的各民族共和国是联邦内的自治共和国，有的民族则组成联邦内的自治区。它们都不是平等的独立共和国。俄罗斯民族本身并没有组成独立共和国加入联邦。斯大林后来提出的"自治化"方案，其原型就是这种建立在各民族自治原则上的联邦模式。

　　布尔什维克党在选择联邦制的时候并没有把这一制度绝对化。列宁认为，对共产党人来说，处于首要的地位是反对资本压迫和争取无产阶级专政的斗争中的团结一致。在这一基础上，采取联邦形式还是其他形式是次要的。他举乌克兰为例说，重要的是无产阶级专政的基本利益，是无产阶级对农民的领导作用，至于乌克兰是否成为一个分立的国家，那是一个极不重要的问题。究竟采取何种形式，应当由各族人民根据自己的切身经验教训，自己作出选择。"甚至这样一种前途，即乌克兰的工人和农民要求把各种制度都尝试一下（比方说他们在若干年内既尝试一下和俄罗斯苏维埃联邦社会主义共和国合并，又实际尝试一下和它分立而成为一个独立的乌克兰苏维埃社

---

① 《列宁全集》第26卷，人民出版社1959年版，第396、400页。

② 参见《斯大林全集》第5卷，人民出版社1956年版，第19页。

会主义共和国，又尝试一下各种形式的亲密联盟，如此等等），也丝毫不会
使我们感到奇怪，也不应该使我们感到恐慌。"①

　　这里坚持的就是一个自愿原则。这是列宁在其文章、报告中反复强调的
一个处理民族问题的重要原则。尽管经济上的联合、统一是必要的，是一个
进步现象，但是列宁反对那种"无论如何也需要经济上的统一"的说法，而
主张"用宣传、鼓动、自愿的联盟来达到它"②。

　　当时民族联合的最大障碍是大俄罗斯主义。列宁在处理民族问题时始终
把反对大俄罗斯主义、大国沙文主义放在首位，认为这是民族问题上的最大
危险。大俄罗斯主义是沙皇政府长期推行歧视、迫害俄国境内的少数民族，
使大俄罗斯民族处于统治地位的产物。沙皇政府推行大俄罗斯主义的恶果就
是造成民族间的不和。要消除这种恶果，就必须始终把反对大俄罗斯主义放
在首位，十分谨慎地对待被压迫民族的民族感情。列宁在俄共第八次代表大
会上曾告诫说："在这个问题上，我们应当十分慎重。像大俄罗斯这样的民
族特别需要慎重，因为它曾经引起所有其他民族的切齿痛恨。"③

　　在具体政策上，列宁主张对少数民族多作让步，要从当地的实际出发，
而不要生搬硬套俄罗斯的政策策略。1921 年 3 月，在格鲁吉亚从孟什维克政
权下解放出来后不久，列宁给奥尔忠尼启则去信说：对格鲁吉亚的知识分子
和小商人应采取一种特殊的让步政策，不该采取国有化的政策，格鲁吉亚的
内外部条件都要求"不要硬搬俄国的公式，而要善于灵活地制定以对任何小
资产阶级分子采取巨大让步为基础的特殊策略"④。他强调："决不可抄袭我
们的策略，而必须深思熟虑地把它加以改变，使它适合于不同的具体
条件。"⑤

　　列宁指示在格鲁吉亚的驻军，要他们同当地的格鲁吉亚革命委员会建立
密切联系，严格遵守革命委员会的指示，非经革命委员会的同意，不得采取
任何可能损害当地居民利益的措施，要特别尊重格鲁吉亚的自主机关，要特
别小心、慎重地对待当地的居民。列宁要求立即向全军发出相应指示，对

---

①　《列宁全集》第 30 卷，人民出版社 1957 年版，第 239—240 页。

②　《列宁全集》第 29 卷，人民出版社 1956 年版，第 167 页。

③　同上。

④　《列宁全集》第 32 卷，人民出版社 1958 年版，第 151—152 页。

⑤　同上书，第 305 页。

"违反这一指令的人一律加以惩处"①。必须执行正确的政策，帮助少数民族发展经济，改善他们的状况，消除事实上的不平等，从而"取得当地人的信任；取得三倍、四倍的信任"。列宁认为，"这对我们的整个世界政策是极其重要的"。②

各民族共和国联合的进程

彼得格勒十月武装起义取得胜利后，在 1917 年底至 1918 年春这段时间，各民族地区纷纷建立苏维埃政权。苏俄政府先后承认了爱沙尼亚、立陶宛、拉脱维亚、白俄罗斯苏维埃社会主义共和国的独立。不久，立陶宛和白俄罗斯两国联合，建立统一的苏维埃社会主义共和国。关于同乌克兰的关系，十月革命之初，人民委员会就宣布承认乌克兰人民共和国，同时承认它有同俄罗斯分离权或同俄罗斯共和国谈判建立联邦关系之权。不久，乌克兰建立苏维埃政权。乌克兰第一次苏维埃代表大会在《关于乌克兰的自决》的决议中承认，乌克兰共和国为俄罗斯共和国的联邦成员。

这些国家的建立，提出了各共和国之间的关系问题。这种关系经历了不同的发展阶段。

在 1918—1921 年的国内战争时期，各共和国之间的关系是建立在两国间的协定、条约基础上的。最早是贸易协定，如苏俄政府在承认波罗的海三国独立的同时，指示粮食人民委员部、最高国民经济委员会同三国相应的机关签订协定，建立双方的贸易关系。但是随着外国武装干涉和国内战争的激化，各共和国面临着保卫本国的独立和生存的问题。于是各共和国之间纷纷建立军事联盟，共同对付国内的反革命武装和外国武装干涉。基于这种需要，1919 年 5 月俄共中央作出了关于军事统一的指示，规定统一指挥红军，最严格地集中管理各共和国的一切力量和资源，特别是全部军事供给机构和铁路运输，以保证战争的胜利。同时，乌克兰、白俄罗斯等共和国政府也纷纷作出决定，要求统一军事行动。6 月 1 日全俄中央执行委员会发布《关于各苏维埃共和国（俄罗斯、乌克兰、拉脱维亚、立陶宛、白俄罗斯）联合对世界帝国主义进行斗争的法令》，规定在完全承认乌克兰等民族劳动人民独

---

① 《列宁全集》第 35 卷，人民出版社 1959 年版，第 477 页。

② 《列宁文稿》第 9 卷，人民出版社 1977 年版，第 393 页。

立、自由自决基础上，实现下列各部门的紧密联系：（1）军事组织和军事指挥；（2）各国国民经济委员会；（3）铁路管理和经营；（4）财政；（5）各国劳动人民委员部，对上述人民生活的各部门的领导归统一的委员会掌管。这就把各独立共和国的军事联合以法令的形式固定下来了。

此后，各独立共和国先后同俄罗斯联邦分别签订条约，对各部门的联合作出具体规定。签订此类条约的有阿塞拜疆（1920年9月）、乌克兰（同年年底）、白俄罗斯和格鲁吉亚（1921年初）。除了军事经济联盟条约外，还签订了一系列协定，如关于统一粮食政策的协定，关于执行统一的经济政策的协定，关于财政问题的协定，关于统一邮电管理的协定，关于管理铁路交通的协定，关于外贸问题的协定，等等。此外，俄罗斯联邦还在1920年9月和1921年3月先后同花剌子模苏维埃人民共和国和布哈拉苏维埃人民共和国签订了联盟条约和经济协定。

可以看出，这一时期联合的范围主要是军事指挥及为保证军事胜利所必需的各国民经济部门，目标是保证革命战争的胜利。

随着国内战争的胜利结束，各国的联合逐渐由军事经济发展到外交领域。1922年初鉴于全欧经济会议（热那亚会议）召开在即，2月22日，阿塞拜疆、亚美尼亚、白俄罗斯、布哈拉、格鲁吉亚、远东共和国、乌克兰和花剌子模等国同俄罗斯联邦签订议定书，委托俄罗斯联邦代表八国出席会议，在会上保护它们的权益并代表它们签订有关条约和协定。

这样，各独立苏维埃共和国的关系随着形势的需要，从军事联盟逐步扩大为军事、经济和外交联盟，这是以条约形式联结在一起的联盟。

成立苏联问题的提出

国内战争结束后，开展经济建设，恢复濒于崩溃的国民经济，已成为苏维埃政权的首要任务。苏俄是个幅员辽阔的国家，各共和国和各地区之间存在着历史形式的分工，要恢复国民经济，就需要有统一的经济计划，合理地使用全国的人力和资源，需要各地区的分工合作，需要工农业地区之间的相互支援。然而原来的联合形式（条约关系）已越来越不适应新的条件。例如俄罗斯联邦的劳动国防委员会实际上是各共和国之间的总的协调中心，但它对其他共和国的权力都无明确规定。国家计划委员会的作用越来越大，但它的决定对其他共和国的计划委员会无法律约束力。财政上的相互关系也是这样。在这种情况下，一旦出现分歧，只好由党的机关出面处理解决。与此同时，随着和平时期的到来，国际交往日益开展，在外交战线上面临着新的斗争，这就是外国帝国主义者妄图通过外交压力、经济干涉迫使苏维埃政权屈服，以取得战场上无法取得的东西。在这种情况下，各独立共和国在国际舞台上单独行动，或仅就某一问题（如热那亚会议）委托俄罗斯联邦代表各共和国的权益，显然已经不够。在外交战线上需要有更紧密的联盟以共同对付外国帝国主义。

这一切都把建立统一的苏维埃共和国联盟提上了日程。到了 1922 年，实现这一要求的可能性也日益成熟。首先，无产阶级专政的苏维埃政权经过战火的考验正日益巩固。反对外国武装干涉和国内反革命力量的并肩战斗，加强了各民族之间的友谊。其次，苏维埃政权实行的新经济政策不仅得到广大工人和农民的热烈拥护，也得到各族人民的衷心拥护。苏维埃政权已在辽阔的土地上牢牢地扎下了根。这是建立自由自愿联盟的政治经济保证。

布尔什维克党是建立新的联盟的领导力量。在建立各独立共和国的时候，布尔什维克党始终坚持党的集中统一，规定党的各部门不管其民族成分如何，必须无条件执行俄共及其领导机关的一切决定。各民族共和国的党组织不得独立，而是俄共所属的相当于省委一级的党组织。党的统一，保证了各个时期党的方针政策、党的各项决策能得到贯彻落实。与此同时，以列宁为首的俄共中央始终坚持民族自决以至国家分离权，注意反对民族问题上的主要危险——大俄罗斯沙文主义，坚持各民族一律平等，以国际主义精神教育各族人民，这就为各共和国的自愿联合准备了必要的思想基础。

联合应当向前发展，问题在于找到一个适应新情况、新要求的新的联合形式。

1922 年 3 月，乌克兰党中央提出，必须使乌克兰和俄罗斯两共和国之间的法律关系具体化。5 月 11 日，俄共中央政治局成立以伏龙芝为首的委员会来研究乌克兰共产党的建议。委员会制定了两国人民委员会相互关系的协议草案。但是委员会很快看出，不可能仅仅局限于解决乌、俄两国之间的相互关系问题，如贸易联系的发展就要求各共和国有统一的货币，废除关税壁垒，取消各共和国船只到各港口的限制，等等。同年 7 月，南高加索也提出，把南高加索联邦同俄罗斯联邦间的关系具体化、明确化。这段时间，白俄罗斯、乌克兰和南高加索都提出了成立联盟国家的问题。

斯大林的"自治化"方案

8月10日，俄共中央政治局建议组织局成立一个委员会，研究并草拟俄罗斯联邦同各民族共和国联合的原则方案，供下次中央全会参考。次日委员会成立，参加的有斯大林、古比雪夫、奥尔忠尼启则、拉柯夫斯基、索柯里尼柯夫和各共和国的代表：穆迪瓦尼（格鲁吉亚）、阿加马利－奥格雷（阿塞拜疆）、米雅斯尼柯夫（亚美尼亚）、彼得罗夫斯基（乌克兰）和切尔维亚科夫（白俄罗斯）等。斯大林起草了一项决议草案《关于俄罗斯苏维埃联邦社会主义共和国和各独立共和国的相互关系》，规定乌克兰、白俄罗斯、阿塞拜疆、格鲁吉亚和亚美尼亚一律作为自治共和国加入俄罗斯联邦。这是完全仿照组织俄罗斯联邦的模式来处理各独立共和国之间的关系的，被叫作"自治化"的方案。这一草案被分发给各民族共和国的党中央委员会去讨论，马上出现了严重的分歧。除阿塞拜疆、亚美尼亚的党中央和南高加索区委表示赞同外，其他几个共和国的党中央虽然都主张加强和发展各共和国之间的关系，但对这一"自治化"方案却提出不同程度的保留，甚至反对意见。白俄罗斯党中央主张仍保持现存的各独立共和国间的条约关系。乌克兰党中央没有作出关于联合道路的明确决定，实际上是有所保留。格鲁吉亚党中央则明确反对"自治化"方案，它在9月15日的会议上以多数票通过如下决定："认为根据斯大林同志的提纲建议的各独立共和国以自治形式进行联合为时过早。我们认为加强经济力量的联合和总政策的统一是必要的，但要保存独立的一切特征。"[①]

9月23—24日，俄共中央组织局的委员会举行会议，基本通过了"自治化"方案，只对各条款作了一些不涉及实质的修改和补充。其第1条规定：乌克兰、白俄罗斯、阿塞拜疆、格鲁吉亚、亚美尼亚各共和国"正式加入"俄罗斯联邦。这是实质性的规定，由此引申出其他各项规定。例如，与此相应，规定俄罗斯联邦的全俄中央执行委员会、人民委员会和劳动国防委员会的决定对于各加入国是"必须执行的"。各共和国的对外事务、军事、交通和邮电等人民委员部并入俄罗斯联邦的相应机构，财政、粮食、劳动和国民经济各人民委员部服从俄罗斯联邦相应人民委员部的领导。这样，留给各共

---

① 引自《列宁文稿》第4卷，人民出版社1977年版，第523页。

和国的独立的人民委员部就不多了，只剩下司法、教育、内务、农业、工农检查、卫生和社会保证等人民委员部。最后，对贯彻决定的方式作了专门规定，说"本决定如经俄共中央赞同，不予公布，而作为通令转发给各民族共和国的党中央，在全俄苏维埃代表大会召开前，先通过上述各共和国中央执行委员会或苏维埃代表大会按苏维埃系统予以贯彻，在全俄苏维埃代表大会召开时，再作为这些共和国的愿望予以公布"。①

这一方案在表决通过时 8 票赞同、1 票反对（格鲁吉亚的穆迪瓦尼）、1票弃权（乌克兰的彼得罗夫斯基）。彼得罗夫斯基曾要求把决定提交各共和国的省委常委会讨论，但以 4 票对 5 票被否决。投赞成票的是乌克兰的彼得罗夫斯基、白俄罗斯的切尔维亚科夫、阿塞拜疆的阿加马利－奥格雷和格鲁吉亚的穆迪瓦尼。在这种情况下，彼得罗夫斯基要求在委员会记录上注明：乌克兰共产党中央委员会没有讨论过同俄罗斯联邦的相互关系问题。

尽管"自治化"方案以多数票通过，但是我们看到，讨论过程中缺乏协商一致的精神，方案本身取消了各共和国的独立性，使之变成俄罗斯联邦的自治共和国，并且打算用一纸通令把它们并入俄罗斯联邦。因此毫不奇怪，乌克兰、白俄罗斯和格鲁吉亚这样一些有影响的共和国都程度不同地提出了异议。

"再建一层新楼"——列宁的主张

这一决议未经政治局审查，即由中央书记处分送全体中央委员和候补委员。9 月 25 日在哥尔克休养的列宁看到了委员会的全部材料，当即分别找斯大林、奥尔忠尼启则、米雅斯尼可夫、索柯里尼柯夫和穆迪瓦尼等人谈话，了解情况，交换意见，同时建议政治局委员加米涅夫和季诺维也夫仔细研究一下这一问题。9 月 26 日，列宁写信给加米涅夫和全体政治局委员，认为"斯大林有点操之过急"，批评了"自治化"方案，建议把"加入"俄罗斯联邦改成同俄罗斯联邦一起"正式联合成欧洲和亚洲苏维埃共和国联盟"。列宁解释说，这就是说，承认俄罗斯联邦同乌克兰、格鲁吉亚等共和国都是平等的，它们将一起平等地加入新的联盟、新的联邦。列宁强调："重要的是，我们不去助长'独立分子'，也不消灭他们的独立性，而是再建一层新

① 引自《列宁文稿》第 4 卷，人民出版社 1977 年版，第 523—524 页。

楼——平等的共和国联邦。"① 由于把"加入"俄罗斯联邦改成平等联合，列宁对组织机构也本着平等原则提出了修改意见，如建立一个"全联邦中央执行委员会"等。列宁提出的"再建一层新楼"，即在俄罗斯联邦之上成立一个建立在平等原则之上的共和国联盟，这是一个同自治化根本不同的崭新的方案。

斯大林在27日给列宁写了回信，表示同意列宁对第1条所作的修改，即把"加入"改成"联合"。但是，由于没有真正理解这一原则修改的精神实质，斯大林对由于这一修改而必然引起的机构设置的变动，几乎一概表示反对。例如他反对除全俄中央执行委员会外再建一个全联邦中央执行委员会，而主张简单地把全俄中央执行委员会改组成全联邦中央执行委员会了事。这样，俄罗斯联邦在新的联盟中仍然处于特殊地位。不过，斯大林没有坚持自己的意见，最后按照列宁的意见修改了委员会的决议。

10月6日，俄共中央召开全会，会上讨论了各独立共和国的相互关系问题。列宁因牙病没能出席，他给加米涅夫送去一个便条，便条上写道："我宣布同大俄罗斯沙文主义进行决死战。等我那颗该死的牙齿一治好，我就要用满口的好牙吃掉它。"列宁强调说："在联盟的中央执行委员会中要绝对坚持由俄罗斯人、乌克兰人、格鲁吉亚人等等轮流担任主席。绝对！"② 全会通过了以列宁的建议为基础写成的决议，委托新的委员会制定关于成立苏维埃社会主义共和国联盟的法令草案，以提交苏维埃代表大会。但是新的决议第一条中作了一项新的重大的修改。原先的"自治化"方案规定，格鲁吉亚、阿塞拜疆、亚美尼亚三个共和国和乌克兰、白俄罗斯一起加入俄罗斯联邦，而在新的决议案中格鲁吉亚等三国不是直接加入苏维埃联盟而是通过南高加索联邦加入苏联。经这样一改，虽然从整体上否定了"自治化"方案，但对格鲁吉亚等三国来说地位并未改变，它们不再是同俄罗斯联邦、乌克兰处于平等地位的加盟共和国，而是降了一级，仍处于原先"自治化"方案所规定的地位。在这之后，格鲁吉亚党的一些领导人继续要求取消南高加索联邦这一中间环节，作为平等的独立共和国加入苏联。这实际上也就是反对"自治化"方案的继续。然而，他们被指责为"民族独立分子""社会民族主义分子""民族倾向分子"。其实，他们的要求是颇为有限的。第一，他们不反

---

① 《列宁全集》第45卷，俄文版第5版，第212页。

② 同上书，第214页。

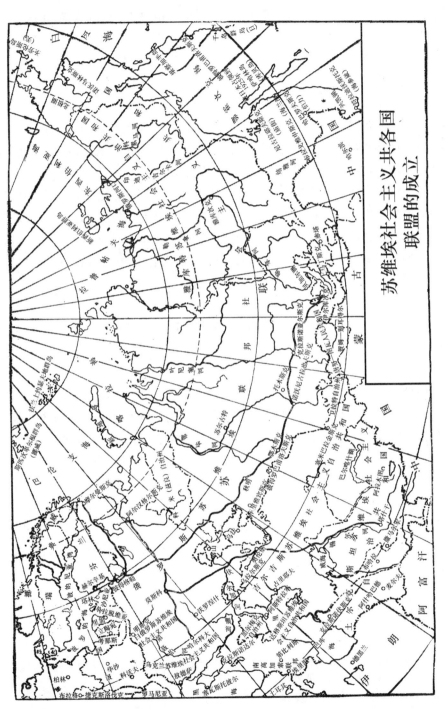

苏维埃社会主义共各国
联盟的成立

苏维埃社会主义共和国联盟的成立

对成立苏联，不要求脱离苏联而独立，相反地，格鲁吉亚是最早提出成立苏联的共和国之一。① 所以列宁只说"被认为有闹'独立'嫌疑的格鲁吉亚共产党员"②，从这一用语可以体会出，列宁是不赞成这种说法的。第二，列宁是反对这样乱戴帽子的。他指出，那些"轻蔑地滥用'社会民族主义'这种指责"的人，"不仅是真正地道的'社会民族主义者'，而且是粗暴的大俄罗斯的杰尔治摩尔达"③，即果戈理《钦差大臣》里鱼肉人民的警察。后来，列宁明确指出："'倾向分子'和'沙文主义'和'孟什维主义倾向'的称呼证明，这一倾向本身就在大国主义者身上。"

对于格鲁吉亚领导人的以平等的独立共和国加入联盟的要求，斯大林采取强硬措施，撤换了格鲁吉亚共和国的大批党政领导干部，用这种办法取得格鲁吉亚对通过南高加索加入苏联的支持。这种做法自然无助于解决分歧，而只会使矛盾激化。这正是列宁所批评的"斯大林的急躁和醉心于行政措施"的毛病。④

苏联的正式成立

十月全会后，成立苏联的运动在全速发展。

1922 年 12 月 13 日，全乌克兰第七次苏维埃代表大会通过关于成立苏联的宣言，宣言总结了过去各民族人民共同反对地主资本家斗争的历史经验，认为目前苏俄在国际上处于孤立地位，各共和国有必要进一步加强经济上的团结，把一切力量联合起来，以完成各共和国无力单独胜任的任务。为此建议俄罗斯、乌克兰、白俄罗斯、格鲁吉亚、亚美尼亚、阿塞拜疆各共和国的工人和农民，"迅速组织目前事实上已经存在的苏维埃共和国联盟，并以这种方式组织反对世界资本主义的社会主义工农统一战线"。接着，白俄罗斯第四次苏维埃代表大会，南高加索第一次苏维埃代表大会，先后通过决议，响应乌克兰的号召，赞同迅速成立苏联。

12 月 23 日召开全俄第十次苏维埃代表大会，其主要议程就是讨论"各缔约苏维埃共和国关于建立苏维埃社会主义共和国联盟的建议"。26 日，大

---

① 参见《斯大林全集》第 5 卷，人民出版社 1956 年版，第 120 页。
② 《列宁全集》第 45 卷，俄文第 5 版，第 211 页。
③ 《列宁全集》第 36 卷，人民出版社 1956 年版，第 632 页。
④ 同上书，第 629 页。

会通过了《关于建立苏维埃社会主义共和国联盟的决议》。其第一条写道：认为俄罗斯、乌克兰、南高加索、白俄罗斯共和国"联合成苏维埃社会主义共和国联盟是适时的"。[①] 授权俄罗斯联邦代表团同其他各共和国起草联盟成立宣言草案，同时规定了联盟条约所必须坚持的几条原则。

12月30日，四国代表聚会莫斯科，举行全苏联第一次苏维埃代表大会，讨论正式成立苏联事宜。这四个共和国是：

俄罗斯苏维埃社会主义共和国联邦，这是最大的共和国，面积2022.1万平方公里，约1亿居民，其中俄罗斯人占77%。有比较发达的工业区，大部分居民从事农业。十月革命以后在俄罗斯联邦境内陆续成立了10个自治共和国、11个民族自治区。1918年7月10日，全俄第五次苏维埃代表大会通过了俄罗斯苏维埃联邦社会主义共和国的第一个宪法。

乌克兰苏维埃社会主义共和国，成立于1917年12月25日，面积46万平方公里，居民有2630万，81%的居民从事农业，但也有许多大工业中心，顿巴斯—克里沃罗日耶区是俄国的煤炭冶金基地。

白俄罗斯苏维埃社会主义共和国，建立于1919年1月1日，面积52300平方公里，人口有154.1万，绝大多数从事农业。

南高加索联邦，成立于1922年3月12日，由3个共和国组成，面积19万平方公里，人口有567.5万，其中阿塞拜疆面积89500平方公里，213.5万人；亚美尼亚面积34500平方公里，139.9万人；格鲁吉亚面积66000平方公里，214万人。这三国都是农业国，存在严重的封建宗法关系残余，有的仍过着半游牧生活，重工业中心只有巴库。

此外还有两个人民共和国：花剌子模和布哈拉，它们的国家性质不同，暂时没有参加苏联。

出席苏维埃代表大会的代表共2215人，其中俄罗斯联邦1727人、乌克兰364人、南高加索91人、白俄罗斯33人。斯大林在会上作了关于成立苏联的报告，他指出，苏维埃政权已经摆脱了军事破坏时期，进入同经济破坏作斗争的时期，而"要粉碎和消除经济破坏，还必须把各苏维埃共和国的力量集中起来，必须把各共和国的一切财政和经济力量投到恢复我们各基本工业部门方面去。因此，各苏维埃共和国必须联合成一个联盟国家"[②]。这新的

---

① 引自《斯大林全集》第5卷，人民出版社1956年版，第126页。
② 《斯大林全集》第5卷，人民出版社1956年版，第130页。

国家形式就是苏维埃社会主义共和国联盟。大会基本通过《苏维埃社会主义共和国联盟成立宣言》和《苏维埃社会主义共和国联盟成立条约》两个文件，决定进一步听取各加盟共和国的意见，进行修改，然后提交苏联第二次苏维埃代表大会最后批准。宣言指出，统一力量和资源，恢复经济和进行经济建设，对付资本主义包围的需要，苏维埃政权的国际主义性质，"无条件地要求各苏维埃共和国联合成一个联盟国家，这个国家既能保证外部的安全和内部的经济繁荣，又能保证各族人民的民族发展自由"①。为此，各共和国的代表受权签订苏维埃社会主义共和国联盟成立条约。条约规定，俄罗斯、乌克兰、白俄罗斯、南高加索4个共和国联合成联盟国家"苏维埃社会主义共和国联盟"。国家最高权力机关为联盟苏维埃代表大会，大会闭会期间是联盟中央执行委员会，执委会闭会期间则是中央执行委员会主席团。中央执行委员会的执行机关是人民委员会。条约还规定了联盟和各共和国人民委员会的组成。外交、陆海军、对外贸易、交通、邮电统属联盟人民委员会领导，各加盟共和国不设人民委员部。条约的最后一条规定："每个加盟共和国都有自由退出联盟的权利"②。

加里宁在代表大会闭幕词中谈到了成立苏联的重大意义。他说："第一，这次联合代表大会使我们有可能加强我们的物质资源，以对抗仇视我们的资产阶级世界。第二，各苏维埃共和国的联合在政治上在很大程度上加强了苏维埃共和国在整个资产阶级世界面前的实际意义。第三，我们在这里奠定了真正兄弟大家庭的第一块基石。"

列宁因病未能出席大会，但当选为大会名誉主席。正值宣布成立苏联之际，列宁于1922年12月30日抱病口授了《论民族或"自治化"问题》这一重要文件。③

列宁在这里提出了一个重大原则问题：应当怎样理解国际主义？"国际主义"（Интэриационализм）一词，如果直译就是"族际主义"，列宁这里提的正是如何正确理解和处理民族间的关系问题。他指出，处理民族问题的根本出发点是无产阶级团结的根本利益，无产阶级阶级斗争的根本利益，因此，对无产者来说，不仅重要，而且极其必要的是保证在无产阶级的阶级斗

---

① 《斯大林全集》第5卷，人民出版社1956年版，第322—323页。

② 条约全文见《斯大林全集》第5卷，人民出版社1956年版，第324—330页。

③ 参见《列宁全集》第36卷，人民出版社1956年版，第628—634页。部分译文在引用时作了校订。以下引文均见此注。

争中取得少数民族的最大信任，这就要千方百计地消除历史上形成的少数民族对大民族的那种不信任和猜疑。要做到这一点，列宁认为不能仅仅限于遵守形式上的平等，原先的压迫民族甚至应当使自己处于不平等地位以抵偿生活上实际形成的不平等，消除少数民族对大民族的不信任心理。这就是说，对少数民族要多做一些让步，要温和一些，"在这方面过头比不及要好"。列宁认为，不能抽象地谈论民族主义，必须把压迫民族的民族主义和被压迫民族的民族主义，大民族的民族主义和小民族的民族主义区别开来。他说，对第二种民族主义，我们大民族的人在历史实践中几乎永远是有过错的，因为大民族在历史上施加了无数暴力。因此，在民族问题上必须集中力量反对主要危险——大俄罗斯沙文主义倾向。列宁高瞻远瞩地从世界革命发展的高度来看待这一问题，他强调正确处理民族问题对东方的影响，他说，东方亿万人民即将登上历史舞台，"如果在东方登上历史舞台的前夜，在它开始觉醒的时候，由于对我们本国的其他民族采取哪怕最微小的粗暴态度和不公正态度而损害了自己在东方的威信，那就是不可宽恕的机会主义"。

列宁针对当时的局势指出，在当前的情况下，"应当保留和巩固社会主义共和国联盟"，这是毫无疑问的。但是他反对过度的集中化，他说，国内的机构绝大部分还只是沙皇制度和资产阶级的大杂烩，在这种情况下过早地实行高度集中统一，无法保障少数民族的权利，"退出联盟的自由"的保证也只是一纸空文。同这种过分集中的要求相反，列宁甚至认为应做好倒退的准备，即只在军事和外交方面保留苏维埃社会主义共和国联盟，而在其他方面恢复各人民委员部的完全独立。

由于准备工作的缘故，这次召开的第一次苏维埃代表大会未能制定和通过宪法，会后加紧进行了宪法的起草和审定工作。1923 年 7 月 6 日在莫斯科召开第一届苏联中央执行委员会第二次会议，会议通过了苏联宪法，选举列宁为苏联人民委员会主席，还选出了苏联各人民委员部的人民委员。1924 年 1 月 31 日，苏联第二次苏维埃代表大会最后批准了第一个苏联宪法。宪法分两部分，第一部分为《苏维埃社会主义共和国联盟成立宣言》，第二部分为《苏维埃社会主义共和国联盟订立的盟约》。盟约规定了共和国联盟各级机构的设置和职权。和原先的盟约不同，宪法规定在最高权力机关设置两院：联盟院和民族院，在苏维埃代表大会闭会期间，联盟院和民族院所组成的联盟中央执行委员会为联盟的最高权力机关。联盟院按各加盟共和国人口比例从各共和国选举产生，名额为 414 人。民族院由每一加盟共和国和自治共和国各选派代表 5 人，苏俄各自治省每省选派代表 1 人组织。设立民族院在保障各民族的利益上前进了一步，起了一定的作用，但代表人数的规定明显地有利于俄罗斯联邦，而不利于其他加盟共和国，因此它所起的作用不能不受到限制。宪法规定了苏联的国旗和国徽，决定以莫斯科为首都。至此苏维埃社会主义共和国联盟的建立工作全部完成。

苏联的成立给世界各国被压迫人民、被压迫民族以极大的鼓舞，特别是给东方各民族以极大的影响。我国伟大的革命先行者孙中山在 1925 年写的致苏联遗书中写道："你们是自由的共和国大联合之首领，此自由的共和国大联合，是不朽的列宁遗与被压迫民族的世界之真遗产。帝国主义下的难民，将藉此以保卫其自由，从以古代奴役战争偏私为基础之国际制度中谋解放。"

列宁逝世前后俄共（布）党内的斗争

周尚文

1923 年 3 月初，列宁再次发病，失去知觉，不能视事。此后，病情时好时坏，始终未能重返工作岗位，至 1924 年 1 月 21 日溘然去世。列宁逝世前后，俄共（布）党内连续发生的两次激烈的斗争，是在斯大林、季诺维也夫、加米涅夫为代表的党中央多数派与托洛茨基反对派之间展开的。这两场斗争，对日后苏联政治、经济以及社会生活的发展影响颇大。

党内民主问题争论的起因

新经济政策实行两年多以后，苏联国民经济状况有了很大的好转，但1923 年秋天遇到新的困难。由于工农业产品价格的剪刀差太大，卢布继续大幅度贬值，严重地影响了广大工人农民的物质生活水平和购买力水平。工业品虽然并不丰富，可是由于价格昂贵，许多人购买不起，反而积压，形成所谓 "销售危机"，亦称 "剪刀差危机"。例如，1913 年农民购买一张犁要出售 20 普特谷物，而 1923 年则要出售 150 普特；购买一台铡草机 1913 年要出售 150 普特谷物，1923 年则要出售 847 普特。除了经济和财政方面的困难以外，保加利亚革命和德国革命相继失败，这两个国家的革命曾受到共产国际和俄共的极大关注与援助。加上党的领袖卧病不起。这一系列事件使得政治上出现某种不稳定的因素，一场新的党内争论就在这一背景下爆发了。

列宁因患病退出政治活动的舞台以后，俄共（布）党内实际上形成了以斯大林、季诺维也夫、加米涅夫三人的集体领导，他们的对手是以托洛茨基为首的反对派。

托洛茨基早在 1902 年就加入了 "火星派"，他曾是 "旧火星报" 的一名活跃分子。俄国社会民主工党第二次代表大会以后，他长期游移于布尔什维克和孟什维克之间，自立一派，直至 1917 年夏。在这个阶段，从政治态度看，他是一名同沙皇专制制度坚决斗争的革命家；从党派立场看，这个派的基本倾向是中派，经常鼓吹无原则的"团结"和"统一"，鼓吹调和主义。沙皇统治期间，托洛茨基曾多次被捕流放，在国外流亡的 10 多年间，他都以职业革命家的面貌出现在政治舞台上；长期从事报刊工作，又使他具有比较敏锐的头脑和广泛的影响。所以，当 1917 年夏他同"区联派"成员一起申请加入布尔什维克党以后，在党的第六次代表大会上他即被选为党中央委员，并直接参与领导和指挥了彼得格勒十月武装起义。十月革命胜利后，他曾担任外交人民委员、陆海军人民委员、最高军事委员会主席和某些经济部门的领导职务，在自己的工作岗位上为年轻的苏维埃国家做出过重要贡献。然而，托洛茨基的"非布尔什维主义"倾向时常暴露出来，在许多重大问题上，他的错误意见和主张时常引起党内的分歧和争论。在《布列斯特和约》问题和工会问题的争论中，列宁曾严厉批评过他的错误。但总的说来，在十月革命后列宁和托洛茨基合作共事的 7 个年头里，两人关系较为密切，在不少问题上，彼此互相支持和合作。

　　1923 年秋天，除了有关国际革命和国内剪刀差危机的争论外，广大党员和干部要求改善党内生活缺乏生气的状况，扩大党内民主，反对官僚主义的呼声相当强烈。1923 年 9 月，俄共（布）召开中央全会，捷尔任斯基在全会上的报告中指出，党内出现党的生活停滞的现象，委任制度日益代替选举制度，这种状况使党衰弱，在政治上是极其危险的。鉴于党的涣散、党内生活窒息的情况日趋严重，全会决定成立以捷尔任斯基为首的一个委员会，具体研究党内的官僚主义问题以及劳动群众不满的根源，并提出建议。托洛茨基被选入这个委员会，但他拒绝与捷尔任斯基合作，拒绝参加委员会的活动。

　　由于列宁的病情依然十分严重，预料难以重返工作岗位，因此，有关党内民主问题的争论一开始，就蕴藏着某种争夺领导权的因素。9 月 23 日，在上述俄共（布）中央全会上，斯大林、季诺维也夫、加米涅夫联名提议扩大革命军事委员会组成人员，托洛茨基是该委员会主席，而提名增补的新成员都是托洛茨基的反对者，其中包括斯大林。据当事人回忆说，托洛茨基认为此事"实际上是幕后策划的一系列旨在反对他的阴谋中的新的一环，其最终目的是要把他逐出革命的领导中心"。于是在全会上发生了公开的争吵，托洛茨基退出会场。

1923 年 10 月 8 日，托洛茨基向党的中央委员会和中央监察委员会发出一封批评中央工作的信件。他说，有人认为现今党内已产生非法的反对派集团，还存在一种党员不向党组织报告的气氛。"这两个事实都证明，自党的第十二次代表大会以来，党内形势已经十分恶化了"。他指责党的机关"官僚化"和"脱离群众"。他认为采用强制性制度和党统管一切的制度，是战时共产主义政策的产物，并不符合工人民主制，"而这种在党的第十二次代表大会之前就开始形成的、后来又进一步得以发展的现行制度都比战时共产主义最艰难时期的制度远离工人民主制。由于采用挑选书记的方法，党机关的官僚化已经达到闻所未闻的程度"。

在托洛茨基的影响下，10 月 15 日，由皮达可夫、普列奥布拉任斯基、谢里布利亚科夫、安东诺夫－奥夫申科、斯米尔诺夫、奥辛斯基、布勃诺夫、柯秀尔、萨普龙诺夫、穆拉洛夫、马克西莫夫斯基等 46 名党的负责干部联名签署了一份上书党中央政治局的声明。声明一开头就说："目前局势极端严重。我们为了党的利益，为了工人阶级的利益不得不公开告诉你们，继续执行政治局多数派的政策，将给全党带来严重的危害。"声明列举了国内国外所面临的困难和问题，认为这些困难和问题是中央决定政策时"临时应付，轻率从事，不成体系"所造成的。国内"剪刀差"危机的出现，是由于"在经济方面没有做到量入而出，结果，我们在工业、农业、财政和运输方面取得肯定的巨大成就的同时，还面临着这些成就停止不前和严重的普遍经济危机的前景。而国家经济所取得的这些成就从根本上说，不能归功于不称职的领导，而是在不顾这种领导，或者毋宁说，在缺乏任何领导的情况下取得的"。声明认为，"经济动荡造成国内政治复杂化和对外活动能力的瘫痪，是由于不健全的党内状况所造成的，我们看到党正在日益分裂为等级森严的书记特权阶层和'普通人'，分裂为由上层选定的党的职业官员和不参加他们的派别生活的普通党员群众。……党内建立的制度是完全不能忍受的，它扼杀党的独立自主精神，以特选的官僚组成的机关来代替党，这个官僚机关平时可以运转自如，但危机一旦到来就必然发生故障，并且会有在日益迫近的严重事变面前根本不能应付的危险"。

毋庸讳言，当时俄共（布）党内生活中确实存在着一些比较突出的问题和缺陷。但看来，托洛茨基的信和"四十六人声明"所提出的问题有某些夸大不实之处，言辞比较激烈，锋芒很明显地针对中央政治局大多数领导成员。

1923 年，俄共（布）中央政治局成员共有 7 人，列宁卧病后，实际上只有 6 人。政治局多数派几乎包括除托洛茨基以外的其余所有成员，他们是：斯大林、季诺维也夫、加米涅夫、李可夫和托姆斯基。托洛茨基的信和"四十六人声明"理所当然地引起政治局内多数派的不满和警惕。他们以政治局的名义写信给托洛茨基说："我们认为有必要向全党公开声明，托洛茨基同志所有的不满情绪，他的全部激情，他多年来向中央委员会发起的一切进攻，他竭力想把党搞乱的企图，所有这一切都是由于托洛茨基想叫中央委员会把他放在我们工业生活的最高领导岗位上。""托洛茨基是人民委员会委员、劳动国防人民委员，列宁还给予他人民委员会副主席的职务。……托洛茨基明确地拒绝做列宁的副手，他显然认为这一职务有损于他的尊严。他是按照'要么独揽一切大权，要么什么也不要'这一公式来行事的"。

10 月 25 日，俄共（布）中央委员会和中央监察委员会召开有 10 个党组织的代表参加的扩大的联席全会。全会谴责了托洛茨基的信和"四十六人声明"，认为"它是派别分裂政策的一个步骤"，并指出，"托洛茨基在世界革命和党所经历的最严重的关头进行发动是一个严重的政治错误，这尤其是因为托洛茨基对政治局的攻击在客观上具有派别发动的性质，使党的统一有遭受打击的危险并造成党的危机"。决议在付诸表决时，除 10 票弃权外，以102 票对 2 票通过。但中央联席全会的这个决议，连同托洛茨基 10 月 8 日的信和"四十六人声明"当时均未公布，这表明党中央在这困难的时刻不打算引起新的党内争论。

11 月 7 日，季诺维也夫在《真理报》上发表题为《党的新任务》一文。这篇文章带有相当大的权威性，不仅因为当时季诺维也夫在党内、共产国际内地位很高，而且选在纪念十月革命 6 周年这个庄严的日子发表，代表了党的最高领导层的一种正式态度。季诺维也夫的文中说："最近在我们党内生活中，无疑是十分平静的，有的地方甚至干脆处于停顿状态。……我们最大的不幸常常在于，我们从上到下布置的一切重大问题几乎都是事先决定好了的。这就削弱了全体党员群众的创造性，减少了基层党支部的主动性。"文章分析了造成这种党内状况的原因，季诺维也夫认为，共产党是建立在民主集中制的原则上的，然而，管理像俄国那样地域广阔而又经济落后的国家的共产党，不能不是一个严格的、集中的组织，之所以造成这样的事实，很大程度上是由于全体党员群众的文化和政治水平远远落后于他们的领导阶层的水平。因此，党所面临的新任务是："必须使党内生活大大活跃起来，必须使我们谈论不已的党内工人民主在更大程度上具体体现出来。"为了实现这一新任务，必须进一步加强对普通党员的教育工作，必须使工会更加接近生产，必须切实加强党内的工人民主，即加强党内在一般政治问题，经济问题及其他问题上的自由争论，等等。《真理报》为这篇文章所加的"编者按"说："编辑部刊登季诺维也夫同志的文章是为了对该文所提出的问题进行讨论。编辑部特别希望党支部、工厂委员会和职工会等单位的同志们参加这一讨论。编辑部也愿意刊登非党人士的来信、文章和意见。"

季诺维也夫的这篇文章中有一定的自我批评，表明中央政治局愿意扩大党内民主，健全和活跃党内生活。《真理报》号召就党内民主问题展开讨论后，编辑部很快收到许多来信来稿，说明广大读者、一般党员和中下层干部对这个问题具有广泛的兴趣。他们提出了不少中肯的、积极的改进党内生活的建议和意见。也有人在讨论中抱怨说："党机关已经僵化了，它已开始变为一个'党的工作人员和专家'特权阶层、一个特殊的'牧师'特权阶层，等等。"普列奥布拉任斯基在一篇文章中说："当我们处在包围之中时，党的生活却比较活跃，组织的自主权也比较大。但是当我们有了客观条件，可以给予党的生活以新的活力，并且为适应新任务出现了活跃党的生活的现实必要性时，我们却没有从战时共产主义时期的状况向前迈进一步；相反，我们却更加官僚主义了，更加僵化了。"讨论中尽管有的文章言辞比较尖刻，但没有产生重大的原则分歧，气氛是正常的。人们主要不是批评党组织的官僚主义结构，而是批评它的个别行为。大家都着眼于寻找一种切实可行的、克服人人都憎恶的官僚主义弊端的办法。当然，也有不少人对托洛茨基突然对"发扬党内民主"的关心感到费解和疑惑，因为人们对他不久前关于工会问题争论中要求加强劳动中的"军事纪律""拧紧螺丝钉"等言论记忆犹新。

在关于党内民主问题的讨论中，中央政治局多数派试图与托洛茨基达成协议，以维护党的统一。由于此时托洛茨基正在患病，有几次会议是在托洛茨基住处召开的，其目的是通过一个双方都能接受的决议草案。12月初，托洛茨基拒绝了多数派提出的决议草案后，由斯大林、加米涅夫和托洛茨基等人组成一个起草新决议的小组委员会。在这个委员会起草的"关于党的建设"的决议草案中，吸收了托洛茨基信中的一些观点和看法，因此，这个决议草案可以看作双方达成某种谅解和妥协的表示。12月5日，俄共（布）中央政治局和中央监察委员会主席团联席会议通过了《关于党的建设》的决议，这个决议在12月7日《真理报》上全文发表。

　　决议在分析当前经济形势中出现的问题时认为，这是由于社会主义工业基础薄弱，以及新经济政策实施后出现的某些消极因素而造成。"过渡时期现阶段的客观矛盾的产生，是由于同时存在着各种不同的经济形式，存在着市场关系，由于国家机关在实际工作中还必须采用一些资本主义的形式和方法，必须依靠一些和无产阶级格格不入的工作人员等等。这些客观矛盾表现为一系列的不良倾向，反对这些不良倾向在目前是极其必要的。"决议列举了不良倾向的表现有：党员之间物质待遇悬殊；同资产阶级分子联系的增加和受他们的思想影响；狭隘的本位主义的滋长；对整个社会主义建设和世界革命的前途丧失信心的危险；党的各级机关的官僚主义化和由此产生的党脱离群众的危险，等等。决议认为，不论从党在新经济政策时期同种种影响作斗争来说，或是从反对党内不良倾向、提高党的战斗力来说，"都要求大力改变党的方针，也就是要求切实地经常地实行工人民主原则"，"工人民主制就是全体党员有公开讨论党的生活中一切重要问题的自由，有对这些问题展开争论的自由，同时，自下至上的各级领导人员和集体领导机构都应由选举产生。但是，工人民主制绝不是以派别集团的自由为前提，派别集团对于执政党是非常危险的，因为它们足以引起政府和整个国家机关的分裂或瓦解"。"党的领导机构要听取广大党员群众的呼声，不要认为任何批评都是派别活动的表现；不能把党看作是行政机关或主管部门，可是也不能把它看作是各种派别争论的俱乐部。"12 月 5 日的决议是包括托洛茨基在内一致通过的，这表明俄共（布）中央期望党内生活朝着健康的方向转变，党的最高领导层能够取得一致，相互谅解。当然，这个决议本身是妥协性的，分歧并没有弥合。

　　决议还相应规定了改革党内生活的一系列措施，其基本思想是要改善党员干部和群众的关系，如，严格实行各级负责人的选举制；一切问题都要提交全体党员讨论；加强党的教育工作；省代表会议和全党代表会议每年应召开两次，以使党员每年有两次发表意见的可能性；重申党的监察委员会的任务是反对党的机关和党的实际工作中的官僚主义作风，处理那些阻碍党组织在实际工作中实行工人民主原则的党的负责人，等等。然而，对这些措施的贯彻执行各有不同的理解，这就不可避免地造成了下一阶段争论的激化。

"新方针"引起的争论

俄共（布）中央《关于党的建设》的决议公布后的第二天，托洛茨基发出了一封题为《新方针，给党的会议的信》，这封信以解释党的决议为名，事先未同中央商量，就径自在一些党的会议上宣读。《真理报》编辑部不同意这封信提出的观点，但还是在 12 月 11 日全文予以刊载。就是托洛茨基以《新方针》为总标题发表的这封信和《小集团和派别组织的形成》《关于新老两辈的问题》《党的社会成分》《官僚主义和革命》《传统和革命政策》《关于"低估"农民的问题》《计划经济（1042）》《论军队和其他方面的因循守旧》《论结合》等一组文章。这组文章的前三篇分别在 12 月底的《真理报》上发表，其余均收入《新方针》为题的小册子中。托洛茨基的新的发动，使党内争论公开化并激烈起来。

关于党内民主和反对官僚主义问题，无疑是当时遇到的众多问题中的一个重要问题。对这个问题的认识，党内存在严重的分歧，这是客观存在的事实。然而，在当时国内外都遇到巨大困难、特别当领袖卧病不起的严重时刻，进行一场大规模的公开争论显然是不适宜的。因此，中央政治局采取妥协的办法，避免分歧激化，也不主张争论公开化，是一种顾全大局的符合全党利益的做法。

总的说来，有关党内民主问题的争论，在 12 月 5 日一致通过决议之后，本来可以也应该告一段落了。但托洛茨基没有罢休，在包括他也参加起草的《关于党的建设》的决议刚刚获得通过和公布以后，他立即公开发难。尽管他的关于《新方针》等文章中含有一些合理的意见和正确的批评，但他再次挑起争论本身，却是一种不顾大局的错误行为，理所当然地引起广大党员群众的不满和愤慨。

托洛茨基在《新方针，给党的会议的信》中重复强调官僚主义的危害性，宣称党的官僚主义正在到处横行，将使党陷入绝境。官僚主义的主要过错在于，它扼杀党的各级组织的首创精神，从而阻碍党的整个水平的提高。托洛茨基说，关于党的建设的决议标志着党在自己的历史道路上着手作重大的转变，这个转变意味着放弃旧方针，实行新方针。而"新方针决不意味着委托党的机关在某一时期内颁布和贯彻民主法令，建立民主制度。不，这种民主制度只能由党自己来实现。简单地说，党应当把自己的机关置于自己的控制之下"。而要做到这一点，必须"从下面施加压力，使之贯彻执行"。托洛茨基分析了贯彻新方针中的新老两代人的关系问题，他说，参加党的机关工作的，必定是一些经验丰富的有功劳的同志，所以机关的官僚主义会严重地影响党的青年一代的政治思想的提高。而"青年是党的最可靠的晴雨表，对党的官僚主义的反应最敏感"。"只有老一代和青年一代在党内民主的范围内经常相互影响，才能保持老近卫军这一革命因素。否则，老一辈就会僵化，就会不知不觉地成为机关官僚主义的最完备的体现者。'老近卫军'的蜕化在历史上发生过不止一次……"在托洛茨基"新方针"的文章中可以明显看到，首先，他的矛头是针对以中央书记处为代表的党的机关，也就是针对斯大林、季诺维也夫、加米涅夫的领导集体的。其次，他提出所谓"老近卫军"蜕化来影射老布尔什维克蜕化，这种对党的干部队伍的基本估计是不正确的、蓄意夸张的。原先不是布尔什维克的托洛茨基把自己置于大多数老布尔什维克相对立的地位，不能不引起人们对他的不满和愤慨。最后，托洛茨基主张用青年作为反对官僚主义的生力军。青年固然有许多优点，也有不少弱点，不同层次的青年又会有不同的政治态度，而他是笼统地、无原则地吹捧青年，人为地制造新老两代人的隔阂。从这些方面看，托洛茨基的言论不仅带有很大的片面性，而且他的许多话直接针对政治局多数派，也不能不使人怀疑他有打击别人，抬高自己，争当领袖的野心。所以他的文章一发表，立即掀起一场轩然大波。

托洛茨基的追随者立即公开行动。普列奥布拉任斯基在莫斯科市党组织举行的大会上，要求立即进行全面的改革，"从上到下普遍实行各级党机关负责人员的选举制和适当更新一批担任党的领导工作的同志"。12月11日，反对派分子在莫斯科党组织召开的群众大会上全面发动，萨普龙诺夫作为反对派主要代表同加米涅夫进行论战，他声称官僚主义是反对派形成的原因，并要求清洗党的机关。很清楚，反对派的要旨是，借口党的领导机关存在的官僚主义，要求大幅度地更换领导成员，以保证"新方针"的贯彻执行。反对派的激昂情绪笼罩着整个会场。

在这种情况下，政治局多数派决定应战。12月12日，《真理报》发表一篇社论，社论中说，"新方针"将"按它所应实现的那样加以实现，而不能象那些不懂得维护我们集中化的和有纪律的党的基础的人所设想的那样来实现"。从12月13日起，《真理报》开始载文反击反对派的言论，斥责反对派企图在反对官僚主义蔓延的口号下摧毁党的机关；他们企图把马克思主义和列宁主义割裂开来，等等。12月15日，斯大林在《真理报》发表一篇长文，驳斥反对派提出的一些论点，他指出，"有两种民主：一种是党员群众的民主，这些党员群众极愿意发挥自动性并积极参加党的领导工作；另一种是有不满情绪的党内要人的'民主'，这些党内要人认为民主的实质就是用一些人代替另一些人。党一定会赞成第一种民主，并且要坚决地实现这种民主。党一定会抛弃有不满情绪的党内要人的'民主'，因为它和真正的工人的党内民主毫无共同之处"①。针对托洛茨基关于新老两代人的言论，斯大林嘲讽托洛茨基"自命为布尔什维克老近卫军"，事实上，他根本算不上老布尔什维克。斯大林进而指出，托洛茨基把老青两代人对立起来是别有用心的，目的是"侮辱老近卫军并蛊惑性地阿谀青年，在我们党的这两支基本队伍中间制造并扩大裂缝"②。

争论进行得很激烈，然而气氛还是比较正常的，双方都能自由而充分地发表见解，批评对方或为自己的观点辩护。在党的会议上，普列奥布拉任斯基、皮达可夫、拉法伊尔、萨普龙诺夫等人支持托洛茨基的观点，季诺维也夫、加米涅夫、斯大林、布哈林、李可夫、加里宁等人驳斥和批判托洛茨基的观点，《真理报》先后发表了所有这些人的文章。

12月17日，托洛茨基在《真理报》发表一封"答质询"的短信，信中说："对最近在《真理报》上发表的某些专门文章我将不予回答，因为我认为这更符合党的利益，尤其有利于目前正在进行的关于新方针的争论。"对此，《真理报》加了编者按说："作为中央机关报的编辑部，有责任把那些为回答托洛茨基同志的'新方针'的信而寄到《真理报》来的捍卫中央路线的文章刊登出来。当然，编辑部也准备随时留出《真理报》的篇幅，供托洛茨基同志回答。"

12月28日起，《真理报》用5天的大量版面，连载了题为《肃清派别活动（中央机关报编辑部答托洛茨基同志）》的长文，系统地揭露了这场争论的实质以及在一系列重大问题上的原则分歧，批判了托洛茨基在《新方针》中提出的错误观点。党内大多数组织和党员也都支持党中央的路线，即政治局多数派的路线。据莫斯科党委会公布的材料：全市413个工人支部中，支持中央的有346个（9223人），支持反对派的有67个（2223人）；高

---

① 《斯大林全集》第5卷，人民出版社1956年版，第312页。

② 同上书，第316页。

等学校支部中支持中央的有 32 个（2790 人），支持反对派的有 40 个支部（6594 人）；在苏维埃机关中支持中央的有 181 个支部，支持反对派的有 57 个支部；在军队中支持中央的有 77 个支部，支持反对派的有 22 个支部。这说明托洛茨基反对派还有一定数量的支持者，然而多数人是支持中央路线的。1924 年 1 月 9 日，斯大林在同罗斯塔社记者谈话中说，从各地党组织送来的材料看，俄共（布）全体党员的 90% 以上是赞同中央委员会立场的。①

1924 年 1 月 16—18 日，俄共（布）召开第十三次代表会议。会上由斯大林作的《关于党的建设的当前任务的报告》中对争论作了总结。代表会议通过的决议指出，托洛茨基及其追随者挑起争论带有派别活动的性质，以"新方针"为题的那封信"实际上就是一篇反对中央委员会的派别宣言"。决议指出反对派的错误主要有：（1）号召破坏党的机关，以不分青红皂白的批评来破坏党的机关的威信；（2）企图把年轻党员同党的基本干部和党中央委员会对立起来；（3）暗示党的基本干部已在蜕化，以此来破坏中央委员会的威信；（4）从"左"和右的两方面对新经济政策进行批评；（5）违反党纪，在组织纪律方面的非布尔什维主义观点；（6）公然违背党的十大通过的禁止在党内成立派别组织的决定。"党的全国代表会议总结了这些分歧，并分析了反对派代表人物的发动的全部性质，得出一个结论。"在我们面前的现在这个反对派不仅企图修正布尔什维主义，不仅公然背离列宁主义，而且具有明显的小资产阶级倾向"。历时 4 个月的关于党内民主问题的争论，以托洛茨基反对派的失败而告终。这场争论的结束，提高了政治局多数派的地位和威信，对当时保持全党在思想上组织上的统一是必要的；争论自始至终气氛还算正常。然而，由于掺杂着一些个人因素，就争论内容来说，往往用渲染事实，扣大帽子，指责和煽动，来代替深入的说理和批评，因而未能真正分清是非，给日后留下消极的影响。

"列宁主义还是托洛茨基主义"的争论

1924 年 1 月 21 日，列宁因病去世。列宁的逝世，使全党和全国人民沉浸在深切的悲痛中。托洛茨基在赴南方养病途中，在梯比利斯获悉列宁逝世的消息。作为党和国家的主要领导人之一，托洛茨基理应赶回莫斯科，参加

---

① 参见《斯大林全集》第 6 卷，人民出版社 1956 年版，第 3 页。

领袖的葬礼。然而他没有这样做，还是继续他的旅程。对他的这种做法，人们从感情上说来，是无法理解也是难以接受的。事后，托洛茨基为自己的行为辩解，说斯大林在葬礼日期上欺骗了他，使他感到来不及赶回莫斯科参加葬礼。这种解释是牵强的，不能令人信服。托洛茨基当时作为最高军事首长和中央政治局委员，完全可以动用最新式的运输工具，尽早赶回莫斯科。由于托洛茨基在列宁葬礼上没有露面，"斯大林主持丧礼，他在执绋者中处于突出的地位，他还不顾列宁的未亡人和某些布尔什维克知识分子的抗议，把列宁墓安置在红场上。在这一点上，他违背了列宁的谦虚和简朴的原则，可是他比任何欧化的布尔什维克都更懂得，大部分仍旧是农民的俄国人民会被一个圣所和'有着永不败坏的肉体的圣人'所感动。后来千百万的老百姓走过这座陵墓并从参谒列宁而'获得力量'这件事，证明了这一点"。①

　　列宁去世后，人们纷纷著书写文章，缅怀列宁的伟大功绩，并试图对列宁的理论贡献作一个完整的表述和概括。由于列宁的逝世，领袖地位空缺，谁能成为党的实际领袖，成了一个十分敏感的问题。此时，托洛茨基反对派在政治上、理论上已处于劣势，他们许多"左"的观点和主张受到了谴责，但托洛茨基的个人地位和威信，在党内外仍然相当高。因此，列宁逝世后的这场争论，既是托洛茨基"左"倾错误思想发展的结果，也不可避免地带有浓厚的争夺最高领导权力的色彩。

　　十月革命后，托洛茨基陆续发表过一些早期和革命胜利前后他与列宁共事相处的回忆文章。1924年4月，他把这些文章汇集成《论列宁》的小册子出版。这在当时是很平常的一件事。这本小册子的基本内容是怀念和赞颂列宁，也有一些段落不适当地抬高了自己。同年9月，托洛茨基在高加索的基斯洛沃茨克休假时，又将他早期的文章和讲话汇编成一本书出版，他为这本书写了一篇题为《十月的教训》的"序言"。正是这篇"序言"，又引起了一场激烈的党内争论。

　　托洛茨基的这篇"序言"，主要是阐述在革命高潮时期（1917年2—10月）党的策略运用中的经验教训。他强调，研究和总结这一时期布尔什维克党的策略思想以及围绕策略问题的党内争论具有重大的国际意义。1923年秋天，保加利亚和德国革命相继失败，托洛茨基认为，德国革命的"一切先决条件均已具备，单单缺少一个了解革命规律和方法的、有远见的、坚决的党

---

① 安娜·路易斯·斯特朗：《斯大林时代》，世界知识出版社1979年版，第14页。

的领导"。接着，他追述了这一时期布尔什维克党内的策略分歧：在革命初期，即列宁回国前，党内许多领导人和当时的《真理报》犯有护国主义立场的错误。在四月代表会议上，列宁提出由民主革命转变为社会主义革命的纲领，主张推翻临时政府，通过苏维埃夺取政权，实行国内社会主义革命和国外世界革命相结合的方针，而党内右派则主张对临时政府施加压力来完成民主革命。在对待民主会议和预备国会的问题上，党内右派又采取机会主义态度，迷恋于议会道路，主张把苏维埃引到资产阶级议会。当武装起义直接提上日程以后，以季诺维也夫和加米涅夫为代表的党内右派先后写了10月11日《论时局》的信和10月18日发表在《新生活报》上的信，信中坚决反对中央委员会所通过的关于武装起义的决议，并将有关起义的计划泄露出去。托洛茨基在揭露季诺维也夫和加米涅夫所犯的叛卖性的严重错误之后，谈到列宁和他本人在十月期间的策略运用。他说，在准备苏维埃第二次代表大会的掩护下，并且在保护这次代表大会的口号下来准备和举行起义给彼得格勒苏维埃革命军事委员会提供了不可估量的好处，"自从我们彼得格勒苏维埃拒绝克伦斯基关于把2/3卫戍部队调往前线的命令时起，我们实际上已经进入武装起义状态。当时不在彼得格勒的列宁，未能估计到这件事实的全部意义。据我的回忆，在他当时所有的信件中，对于这种情况就没有提到一个字"。接着，托洛茨基强调，当彼得格勒苏维埃反对调走卫戍部队，于10月16日成立了革命军事委员会并向所有部队和机关派出自己的代表以后，"不仅完全孤立了彼得格勒军区司令部，也完全孤立了政府的时候，10月25日起义的结局已经预先决定了至少3/4"。"10月25日的起义只具有补充的性质，正是因为这个缘故，它进行得才很顺利。……我们利用合法的两个政权并存的传统和方式，掩护了彼得格勒卫戍部队的实际起义。不仅如此，我们在宣传中，使夺取政权这一行动形式上迁就苏维埃第二次代表大会，发展和加深了已经形成的两个政权并存的传统，从而明确了苏维埃的合法地位，以便在整个俄国举行布尔什维克起义。"

表面看来，托洛茨基写《十月的教训》是为了总结革命的经验教训，但此时此刻，他写这篇文章显然不仅仅是这个目的，而是别有一番用意的。因此，当这篇"序言"一发表，立即在党内引起强烈的反响，其主要原因有以下几点：其一，文章直接指名批评了十月革命时期季诺维也夫和加米涅夫所犯的严重错误，又不指名地批评了党内其他一些领导人，虽然所举的事例基本属实，虽然托洛茨基在文章中声明决不是为了"攻击当时犯了错误的人"。

但此刻旧事重提，人们普遍认为托洛茨基此举不怀好意；其二，文章中不适当地提高和夸大自己在十月起义中的地位和作用，甚至把自己描绘成比列宁更加高明，这既不符合历史事实，也是人们感情上无法接受的；其三，在当时俄共（布）党内，出现一场争夺最高领导权的斗争在所难免，双方的阵线已相当分明，因此，托洛茨基的言行立即被看作怀有领袖欲野心的明证，构成一种严重的反党言行。

10月18日，加米涅夫首先对托洛茨基的言论进行了反驳，他以《托洛茨基主义还是列宁主义》为题在有积极分子参加的莫斯科市委会会议上作报告。在报告中，加米涅夫历数了自1903年到十月革命时期托洛茨基同列宁之间的分歧，认为托洛茨基主义远非个人的偶然现象，而是"一股历史潮流的典型表现"，"是孟什维主义的代理人，是孟什维主义为了影响工人阶级的这个或那个阶层而利用的工具，是孟什维主义的奴仆"。

一个月以后，即11月19日，斯大林以同样的标题——《托洛茨基主义还是列宁主义》在全苏工会中央理事会共产党党团会议上发表了演说。他揭露了托洛茨基关于十月起义、关于党和十月革命的准备等问题上的奇谈。他说，十月革命前夕，托洛茨基是"作为一个失去军队的政治上的孤立者走到布尔什维克方面来的"，在那时，他不得不把自己的货色"藏到柜子里去"。而如今，在新的历史条件下，托洛茨基"企图恢复托洛茨基主义，'战胜'列宁主义，偷运和培植托洛茨基主义的一切特点"。斯大林进一步指出，"托洛茨基主义是同列宁主义不相容的特殊的思想体系"，"新托洛茨基主义恰好在列宁逝世的时候出现，这个事实决不能认为是偶然的。列宁在世时，它是不敢采取这个冒险步骤的"。最后，斯大林提出，党的任务"就是要埋葬托洛茨基主义这一思潮"。[①]

11月30日，季诺维也夫在《真理报》上发表《布尔什维主义还是托洛茨基主义》一文。他认为托洛茨基的《十月的教训》十分公开地企图修正或者甚至是直接消灭列宁主义的基础，托洛茨基的"不断革命"论，是一种"孟什维主义的变种"。季诺维也夫断言，在《十月的教训》里，托洛茨基"有多少论断几乎就有多少错误的论断"。季诺维也夫承认自己在十月变革中犯了"一个巨大的错误"，但他说几天之内就承认并纠正了这一错误，因此，不久之后，列宁也认为这些意见完全消除了。

---

① 《斯大林全集》第6卷，人民出版社1956年版，第304、309页。

　　党的其他领导人也纷纷撰文批判托洛茨基主义。布哈林称托洛茨基主义是"埋藏在党的根基下的炸药";莫洛托夫称托洛茨基主义"是在列宁的旗帜下对列宁主义的修正";李可夫要求全党都来反对"旨在从布尔什维克党内消除布尔什维克意识形态的托洛茨基主义的宣传运动"。

　　这次党内争论与以前几次争论不同之点在于,争论是由《十月的教训》一文引起的,然而争论并没有围绕这篇文章所提出的党在革命时期的策略运用问题展开,而是由于列宁刚刚逝世和涉及对列宁主义的评价,表现为情绪激动、反应强烈,以至演变成一场全面清算托洛茨基主义、埋葬托洛茨基主义的声势浩大的运动。从11月19日起,在《真理报》上发表的均是批判和揭露托洛茨基主义的文章。各地党组织也纷纷集会,通过决议,发表声明,谴责托洛茨基主义。争论变成单方面的批判和指控。其间,唯有克鲁普斯卡娅的文章中表达了不同的看法,她说:"我不知道,托洛茨基同志是不是应该对所有指控他的死罪负责,对此不是没有争论的。"

　　在此期间,报纸上公布了托洛茨基1913年4月给齐赫泽的信和同年给乌里茨基的信。当年,托洛茨基和列宁正处在严重的对立状态,列宁曾以十分严厉的语言批判和揭露托洛茨基的派别活动以及他的中派主义、调和主义立场,而托洛茨基也在一些信中指责和咒骂列宁。在争论的时刻,公布这些档案材料,就加强了托洛茨基企图以托洛茨基主义代替列宁主义的严重性质,也加深了人们对托洛茨基主义的愤慨。

　　在这场党内争论中,托洛茨基的失败是不可避免的。其原因是多方面的。在列宁刚刚去世不久的情况下,托洛茨基挑起争论是很不得人心的。以斯大林为首的中央多数派高举了列宁主义的旗帜,在争论中罗列党史上列宁和托洛茨基的分歧与对立,贬斥托洛茨基在革命事业中做出的贡献,避而不谈托洛茨基和列宁之间曾经有过的密切合作的事实。这样,在不少人的心目中,托洛茨基成了一名钻进革命队伍里来的阴谋家、野心家,托洛茨基主义成了同列宁主义直接对立的异端邪说。由于思想斗争和政治斗争交织在一起,遂使思想斗争以十分尖锐的形式表现出来。党内争论不再如列宁在世时那样既能分清是非、又能达到思想上政治上的一致。多数派运用党的一切宣传阵地和党的纪律来对付反对派。争论变成单方面的对机会主义的声讨和组织上你死我活的争斗。

　　1925年1月15日,托洛茨基给即将召开的俄共(布)中央全会写信。信中说:"我无论如何也不能接受说我执行一条特殊的路线("托洛茨基主义")和企图修正列宁主义的指责。仿佛不是我走向了布尔什维主义，而是布尔什维主义走向了我，这种凭空加在我头上的说法简直是奇怪之至。我在《十月的教训》序言中坦率地说过，布尔什维主义不仅同民粹主义和孟什维主义，而且同'调和主义'这种曾包括我在内的思潮作了不可调和的斗争，从而为完成自己在革命中的作用做好了准备。近八年来，我从来都没有从所谓'托洛茨基主义'的角度去看待某个问题，我过去认为，现在仍认为，'托洛茨基主义'在政治上早已消除了。这些年来，从没有人向我说过，我的某些思想或建议标志着一种特殊的'托洛茨基主义'思潮。只是在就我的《1917 年》一书进行争论时这个名词才出现，这完全出乎我的意料。"托洛茨基为自己的言行作了几点辩解，最后提出："事业的利益要求尽快解除我的革命军事委员会主席的职务。"

　　1 月 17—20 日，俄共（布）中央委员会和中央监察委员会举行联席全会。托洛茨基称病没有出席。会议除 2 票反对、1 票弃权外，通过了关于托洛茨基言论的决议。决议指出："在党内和在党的周围，托洛茨基的反对派言论使他的名字成了一切非布尔什维克的、一切非共产主义的和反无产阶级的倾向和派别的旗帜。……实质上，现在的托洛茨基主义是按照近似'欧洲'式的假马克思主义的精神，也就是说，归根到底，是按照'欧洲'社会民主主义的精神伪造共产主义。"联席全会决定："给予托洛茨基最严厉的警告"，并认为"托洛茨基不能继续在苏联革命军事委员会中工作"。1 月 26 日，苏维埃中央执行委员会主席团通过决议，解除托洛茨基的陆海军人民委员和革命军事委员会主席的职务。至此，俄共（布）党内反对托洛茨基的斗争告一段落。

俄共（布）党内托季联盟的出现及其失败

周尚文

    1925 年托洛茨基被解除革命军事委员会主席职务之后，布尔什维克党内斗争并未止息。1925 年 12 月党的第十四次代表大会上，出现了以斯大林为代表的中央多数派和以季诺维也夫、加米涅夫为首的"新反对派"的分歧和争论。随着"新反对派"的失败，1926 年夏，新老反对派谋求联合起来，结成托季联盟。托季联盟的形成，党内又出现一场新的严重的较量。这场斗争一直延续到 1927 年底，以托洛茨基、季诺维也夫及其骨干分子被开除出党，托季联盟崩溃而告一段落。

"新反对派"的出现

    季诺维也夫、加米涅夫与斯大林之间的分歧，早在 1923 年列宁患病期间就有所显露。那年夏天，在北高加索基斯洛沃斯克休养地的一个山洞里，季诺维也夫同一些前来休养的中央委员布哈林、伏罗希洛夫、叶甫多基莫夫、拉舍维奇等人联名给斯大林写信，主张取消政治局，使书记处政治化。具体说来，就是由季诺维也夫、托洛茨基、斯大林组成书记处，作为政治上和组织上的最高领导机关。这个建议的目的，是在列宁病重期间，限制斯大林作为总书记的个人权力，建立一种三人集体领导互相制约的领导体制。斯大林拒绝了这一计划。[①]

    1924 年 6 月，斯大林在俄共（布）中央县委书记训练班上作报告，在批评托洛茨基反对派的同时，指责加米涅夫犯了一个理论错误，说加米涅夫

---

① 参见《斯大林全集》第 7 卷，人民出版社 1956 年版，第 324 页。

把列宁所说的"新经济政策的"俄国歪曲为"耐普曼的"俄国①。斯大林说，这个奇怪的口号是由于"平常不关心理论问题，不关心确切的理论定义"而造成的。在同一篇报告中，斯大林还不指名地批评了季诺维也夫把无产阶级专政说成"党专政"，并指责这是一种"胡说"。②

同年8月，格鲁吉亚发生农民暴动。暴动的起因是农民对农村政策的不满，而孟什维克利用了这种情绪，遂酿成规模相当大的暴动。在10月的中央全会上，斯大林和季诺维也夫等人在农村政策问题上产生分歧，未能取得一致的决议。只是由于共同对付托洛茨基新的发动，他们之间的矛盾才没有公开化和进一步扩大。

1925年初托洛茨基被解职时，季诺维也夫、加米涅夫曾强烈主张开除托洛茨基的党籍。在他们影响下的共青团中央竟通过一个决议，要求开除托洛茨基的党籍。斯大林对此提出反对意见，党中央也拒绝了季诺维也夫等人的要求。斯大林后来说："我们所以没有同意季诺维也夫和加米涅夫两同志的建议，是因为我们知道，割除政策对党是很危险的。割除的方法，流血的方法——而他们正是要求流血——是危险的，是有传染性的，今天割除一个人，明天割除另一个人，后天再割除第三个人，——那在我们党内还会留下什么人呢?"③

1925年4月底，召开了党的第十四次代表会议。会议的主要议题是农民问题，政治局曾为大会准备了一个促进农业生产的意见书。会前，布哈林在向莫斯科组织积极分子会议上的报告中提出一个大胆的建议，他向全体农民发出一个"发财吧"的口号。此时，党中央打算采用鼓励富裕的个体农民发展生产的政策，引起了季诺维也夫等人的批评和指责。

9月，季诺维也夫发表《列宁主义》一书，随后，又发表题为《时代的哲学》的文章，申述了自己对列宁主义的理解及对一系列重大问题的看法。他认为新经济政策不是一种进步，而是一种"战略退却"。他认为，当前的政策不是引导走向社会主义，而是走向了一个"特殊的在无产阶级国家中的'国家资本主义'"。季诺维也夫强调，苏维埃政权确实有遭受小资产阶级思想影响的危险，党应对此保持警惕。

---

① 俄语"НЭПВСКАЯ"（新经济政策的）多加"МАН"就成为"НЭПМАНОВС - КАЯ"（耐普曼的）。

② 参见《斯大林全集》第6卷，人民出版社1956年版，第224页。

③ 《斯大林全集》第7卷，人民出版社1956年版，第317页。

季诺维也夫当时是共产国际主席、党中央政治局委员和列宁格勒省委书记。由于他在列宁格勒长期主持工作，在该地具有广泛的影响和拥有相当大的势力。他的观点在列宁格勒得到传播和支持。他还利用《列宁格勒真理报》宣传他的一系列主张，并利用这一舆论工具同党中央和莫斯科省委的舆论工具相抗衡。列宁格勒共青团组织已散发了一份关于农民问题的声明，着重批评布哈林及他提出的"发财吧"的口号。季诺维也夫的观点和主张取得了列宁格勒省党的代表会议的支持。因此，这个新的反对派也称"列宁格勒反对派"。

鉴于这种情况，党中央取消了原定在列宁格勒召开第十四次代表大会的打算，会议改在莫斯科举行。中央还否决了列宁格勒代表团提出的一名大会主席团委员候选人。这样，当 1925 年 12 月党的十四大召开的时候，会议气氛就相当紧张。斯大林代表中央委员会向大会作政治报告。他在总结同托洛茨基主义的争论后说，现在又进入了"新的争论时期"，他提到"列宁格勒的同志们"和"莫斯科的同志们"存在着分歧，但为了"不预决事变的进程和不刺激人"，他表示不在报告中谈论它，他相信"党一定也能在这种争论中很快地取得胜利，决不会发生什么特别事故"①，基于政策的分歧和派别活动的因素，列宁格勒代表团不赞成中央的政治报告，他们推举季诺维也夫向大会作副报告。于是，争论的帷幕正式拉开了，它标志着以季诺维也夫、加米涅夫为首的新反对派正式形成。

联共（布）党内同新反对派的争论，主要围绕以下三个问题展开。

1. 关于一国能否建成社会主义问题。十月革命胜利后，人们普遍认为，社会主义在一个国家内是无法建成的，尤其在俄国这样经济文化较为落后的国家。俄国革命的胜利可以成为欧洲社会主义革命的序幕，而欧洲革命的胜利才能保证俄国的社会主义事业坚持下来并取得最终胜利。列宁在世时，对这个问题未作进一步的论述。

1923 年秋，保加利亚、德国革命相继失败以后，世界革命进入低潮时期。欧洲其他国家的革命胜利一时难以指望，而苏联又面临着全面开展经济建设的新时期，于是，能不能在一国建成社会主义的问题就成为一个迫切的现实问题和理论问题提了出来。作为一个理论问题，最初人们并未予以应有的重视，对"一国建成社会主义"和"社会主义在一国的最终胜利"等概

---

① 《斯大林全集》第 7 卷，人民出版社 1956 年版，第 288 页。

念和提法的内容及其含义，并没有确切的区分。例如，1922 年，托洛茨基从他的"不断革命论"出发，在一篇序言中提出，在俄国这样的国家无产阶级掌握政权以后，会和那些协助过它取得政权的广大农民群众发生敌对的冲突，而"在农民占人口绝大多数的落后国家内，工人政府所处地位的矛盾，只有在国际范围内，即在无产阶级世界革命的舞台上，才能求得解决"。同样，直至 1924 年 4 月，斯大林在作《论列宁主义基础》的报告中也说，没有几个先进国家无产者的共同努力，在单独一个国家内无法解决组织社会主义生产的任务。①

当时，人们既没有把托洛茨基的言论当作反党反社会主义的言论加以批判，也没有把斯大林言论同托洛茨基的言论相提并论。这些言论被普遍接受，并未引起争议，只能说明人们还普遍拘泥于传统观念的束缚，把一国社会主义的命运寄托在世界革命的命运上面。他们还没有认识到苏联经济文化虽然比较落后，但通过新经济政策的实施，有可能依靠自身的力量来克服这种落后状态，独立自主地建成一个比较先进的社会主义工业国。

直至党的第十四次代表大会上，争论双方对这个问题所持的观点才完全明朗。季诺维也夫副报告的一个中心内容，就是认为如果没有世界革命的援助，一国建成社会主义是不可能的。他说："能不能在一个国家中，况且不是在美国，而是在我们这样的农民国家中最后建成社会主义并巩固社会主义制度呢？我们用不到争辩，在一个国家中建成社会主义是不可能的。"布哈林反驳了季诺维也夫的这一论点，认为季诺维也夫的报告把自己置于中央大多数人的对立面上，不懂得新经济政策的实质就是要在一国建成社会主义，并认为一国不能建成社会主义的观点只是重复托洛茨基主义的论调。季诺维也夫在大会上引述斯大林一年多前在《论列宁主义基础》里的那段话来答辩，并认为"一国建成社会主义"的提法不符合列宁主义，是一种充满"民族狭隘气味"的"胡说"。代表大会没有就一国社会主义问题展开争论，也没有作出结论。斯大林本人没有在代表大会上对这个问题作专门论述。但是，会上对"一国能否建成社会主义"的争论，显然引起他的关注。

1926 年 1 月，斯大林在《论列宁主义的几个问题》一文中进一步论述了这个问题，并对新反对派的理论错误作了剖析。斯大林承认一年多前他在《论列宁主义基础》中的那段话是有缺点的，"缺点就在于把两个不同的问

---

① 参见《斯大林全集》第 8 卷，人民出版社 1953—1956 年版，第 60—61 页。

题连接成一个问题"。他指出，应当把"一国能否建成社会主义"和"社会
主义能否在一个国家里获得最终胜利"作为两个问题区分开来，给予不同的
回答。斯大林说，社会主义能够在一个国家内建成，"这就是可能用我国内
部力量来解决无产阶级和农民间的矛盾，这就是在其他国家无产者的同情和
支援下，但无须其他国家无产阶级革命的预先胜利，无产阶级可能夺得政权
并利用这个政权在我国建成完全的社会主义社会"。而社会主义不可能在单
独一个国家内获得完全的最终胜利，"这就是说，没有至少几个国家革命的
胜利，就不可能有免除武装干涉因而不可能免除资产阶级制度复辟的完全保
障"。斯大林进而指出，新反对派犯了"不相信社会主义事业"和"曲解列
宁主义"的错误。[①]

2. 关于农民问题和农村政策。在实施新经济政策的过程中，农民问题是
一个极其重要的问题。1924—1925 年，党着手调整农村政策，减收农业税，
降低工业品价格，缩小工农业产品的"剪刀差"，并在新经济政策的范围内，
允许租种土地和适量雇工。这些措施使农村经济趋于活跃，富农和富裕农民
的经济实力增长尤为迅速。对这种现象，党中央多数派认为这是实施新经济
政策而出现的正常现象，主张进一步放宽政策，因势利导。李可夫要求统统
取消对富农和城市私人资本施加压力的任何行政措施。布哈林则在提出"发
财吧"口号之后，继而提出"富农和平长入社会主义"的论点。他设想，
在新经济政策下，农村中建立贫农合作社，在销售、采购和信用方面的中农
合作社，以及富农合作社组成一个"总体系"。如果富农长入这个总体系，
这将是国家资本主义，而贫农和中农加入这个总体系，就是列宁说过的合作
社。布哈林认为，贫农、中农和富农合作社并存，农村阶级斗争将放弃以前
的方式，而采取经济竞争和经济排挤的形式，这一切，构成一幅五彩缤纷的
图画。

季诺维也夫和加米涅夫批评布哈林等人的上述言论，并指责中央多数派
存在"富农倾向"。他们提出相反的建议：加强对富农的压力，提高对富农
的税收。克鲁普斯卡娅著文尖锐批评布哈林提出的"发财吧"的口号，但中
央不允许这篇文章公开发表。接着，季诺维也夫在党的第十四次代表大会的
副报告中警告说，贫农占农村人口的 40%—45%，而如今富农正在成长并企
图剥光和掠夺贫农，这是党所不能容许的。布哈林"发财吧"的口号，只能

---

① 参见《斯大林全集》第 8 卷，人民出版社 1953—1956 年版，第 64—65 页。

期望富农的孙辈去感谢他。布哈林在会上发表声明，为了避免引起思想混乱，他愿意收回"发财吧"的口号。然而，克鲁普斯卡娅在大会发言中继续批评布哈林提出的这一口号。

在党的十四大政治报告中，斯大林也认为"发财吧"的口号是错误的，但他又为布哈林作了辩护，说布哈林"只是犯了一个不大的错误"，同季诺维也夫、加米涅夫曾经犯过的违反党中央决议的事件比，"布哈林的错误甚至是不值得注意的"。① 斯大林猛烈地抨击了新反对派提出的党内存在"富农倾向"的说法，他认为，目前党内存在着两种倾向：一种是对富农危险估计不足，它会引导到否认农村中的阶级斗争；另一种是夸大富农危险，即在富农分子面前张皇失措，它会挑起农村中的阶级斗争，挑起国内战争，破坏经济建设的开展。斯大林强调指出，第二种倾向比第一种倾向更坏、更危险，因此，"应该集中火力来反对第二种倾向"②，即集中力量同新反对派作斗争。

3. 关于党内民主和党的领导机构的改组问题。新反对派重提扩大党内民主的要求，要求限制和削弱书记处和总书记所拥有的权力。加米涅夫在党的第十四次代表大会的发言中建议使中央政治局拥有政治上和组织上领导的全权，改组书记处，使书记处服从政治局，完成政治局作出决议的一切技术方面的任务。斯大林驳斥了加米涅夫的这些主张。这时，新反对派虽然还可以在大会上发言和进行辩论，但他们发言时常常受到一部分代表的起哄、嘲笑和诘问。他们只能得到列宁格勒代表团的支持。例如，加米涅夫在发言中呼吁："回到列宁（时代）去！"他说："我不止一次地告诉过斯大林同志本人，不止一次地告诉过一些列宁主义者同志们，所以我今天在大会上重复说，我产生了这样的看法：斯大林同志不能起到统一布尔什维克司令部的作用。"此时，会场上一片骚动。许多代表发出"不对！""胡说！""他摊牌了！"等喧哗声，唯有列宁格勒代表团报以掌声。加米涅夫在发言结束时说："我们反对个人统治的理论，反对制造'领袖'。"许多代表则高呼："要斯大林！要斯大林！！要斯大林！！！""向斯大林同志致敬！"

12月23日，代表大会以556:65票通过了中央委员会政治报告的决议，它标志着新反对派在政治上的失败。12月28日，大会又通过了有关新反对

---

① 《斯大林全集》第7卷，人民出版社1956年版，第321页。

② 同上书，第279页。

派的几项决议：向列宁格勒党组织呼吁，谴责列宁格勒代表团犯下的错误；由中央派人改组《列宁格勒真理报》编辑部；撤销加米涅夫向大会作关于当前经济建设问题的报告。当晚，中央立即采取措施，委派《消息报》主编改任《列宁格勒真理报》主编。

12 月 31 日，代表大会闭幕。斯大林重申不用"割除"的办法对付新反对派。选举结果，季诺维也夫继续当选为政治局委员，加米涅夫被选为政治局候补委员（原为政治局委员），索柯里尼科夫失去了政治局候补委员的地位，克鲁普斯卡娅当选为中央监察委员会委员（原为主席团委员）。在党的第十四次代表大会上，新反对派在政治上和组织上均告失败。

新老反对派的联合

鉴于新反对派在列宁格勒有较大的影响和势力，党的第十四次代表大会闭幕以后，中央派出了以莫洛托夫、基洛夫、伏罗希洛夫、加里宁、安得列也夫等组成的代表团前往列宁格勒，向基层组织和广大党员传达大会通过的决议和路线。中央代表团成员先后出席了 717 个工厂党组织召开的会议，向 63000 名（占该地区党员的 82%）党员作了报告。列宁格勒的绝大多数党员表示拥护中央的路线，谴责新反对派在代表大会上的立场。

1926 年 2 月 10—12 日，列宁格勒党的第十二次代表会议召开。会议的主要报告人布哈林在会上阐述了新经济政策和资本主义之间的区别，指责新反对派没有认识这一时期的特征和鼓吹一国不能建成社会主义的论调。会议通过决议，谴责新反对派的错误，并决定改组列宁格勒省委会。新当选的省委委员中有斯大林、加里宁、莫洛托夫、基洛夫。随后，基洛夫当选为省委第一书记和西北局书记。新反对派遂失去了在列宁格勒的地位，他们的影响也大大削弱了。

联共（布）党内同新反对派的争论和斗争，是在苏联进入一个新的转折时期进行的。这场争论，从根本上来说，是围绕如何开展大规模的社会主义经济建设、如何看待新经济政策以及社会主义的前途方向等问题展开的。几年来，由于新经济政策的实施，国民经济恢复工作基本完成，工农业生产的产量产值已分别达到或接近战前水平，大规模经济建设的任务提上了日程。在一个经济文化落后的国家里，如何进行社会主义建设，是没有先例的。因而在制定经济建设的路线、方针和政策时，党内出现了严重的意见分歧。另外，随着生产的恢复、自由贸易的开放、商品经济的活跃，城乡一部分人的经济地位发生变化，耐普曼和富农的力量有所增强。对于新出现的这些社会经济现象，党内也有各种不同的看法。有人认为这意味着"资本主义复活"，要求改变政策，加强对资本主义的进攻。有人认为这是实行新经济政策而产生的正常现象，对资本主义的危险性不宜估计过高，不值得大惊小怪。这些意见分歧，归根到底是新经济政策应不应该坚持下去以及怎样坚持下去的问题。由于失去了像列宁那样高瞻远瞩又有崇高威望的领袖，又缺乏健全的党内生活制度，致使这些分歧难以弥合。加上列宁逝世不久，党的领袖地位空缺，谁能成为党的实际领袖成了一个十分敏感的问题。围绕对国内政治、经济政策上的分歧都染上了某种权力之争的色彩，使问题更趋复杂。

在党的第十四次代表大会上，托洛茨基表现沉默，在斯大林同新反对派的斗争中采取旁观的态度。季诺维也夫和加米涅夫对托洛茨基反对派的声讨和批判言犹在耳，他们也不敢贸然去争取托洛茨基的支持。但事实上，他们在理论观点和政策主张方面是相当类似的。

新反对派失败后，主要由于以下两个方面的原因使党内新老反对派开始接近起来。

其一，他们有相同的理论观点。新反对派宣扬的"一国不能建成社会主义"的论断，可以从托洛茨基的"不断革命论"中找到理论依据。托洛茨基教条式地接受马克思、恩格斯关于"剥夺剥夺者""消灭私有制"的结论，他担心汪洋大海般的小农——小私有者将是社会主义改造不可逾越的障碍。俄国的经济文化落后，工人阶级将会遇到占人口多数的农民的"敌对的冲突"。这种"敌对的冲突"意味着工农联盟的破裂和社会主义建设的失败，这一前景对无产阶级国家来说是无法想象的。实行新经济政策以后，托洛茨基又担心2500万小农户将是资本主义势力的根源。在他看来，社会主义革命的关键是要克服农民的反抗，而在工人阶级占人口少数的俄国是无法克服这种反抗的。逻辑的结论是：一个国家无法建成社会主义。新反对派正是从这里找到了同托洛茨基的共同点。

其二，同样的失败使他们处于相似的地位和命运。他们都感到自己在党内的地位和影响日益削弱。眼看斯大林在党内地位日益巩固，权力不断扩大，他们的不满和恐惧也与日俱增。他们无法通过正常的党内斗争的方法巩固自己的地位和获得群众的信任，便走上党内派别活动的道路，并在这条道路上越走越远。

在 1926 年 4 月初召开的联共（布）中央全会上，李可夫作了关于经济任务的报告。托洛茨基、季诺维也夫、加米涅夫对这个报告提出许多修改意见和建议，他们主张扩大日用品的生产，加快工业化的速度，提高工人的名义工资和实际工资，对富裕农民加征税收，等等。这些主张虽然还不是以联合方案的形式提出来的，但已表明两个反对派在政策主张上非常接近，他们同中央多数派的政策分歧也十分明显。可以认为，在 4 月中央全会上，是新老反对派联合，即托季联盟形成的开端。

4 月中旬，托洛茨基因病赴柏林治疗。季诺维也夫和加米涅夫亲往车站送行。托洛茨基在自传中说："季诺维也夫和加米涅夫前来给我送行，感情十分真挚，他们不愿同斯大林保持观点一致。"加米涅夫对托洛茨基说："只要你同季诺维也夫一起出现在主席台，就能够重新征服全党。"出于政治上的共同需要，他们之间已达成结盟的默契。

1926 年春夏之交，由共产国际执行委员会工作人员别连基出面，在莫斯科近郊的一个树林里召开反对派的秘密会议。参加会议的人都按照秘密活动的规则进行。新反对派骨干分子、联共（布）中央候补委员、革命军事委员会副主席拉舍维奇在会上作报告，他号召建立反对派的派别组织，来同斯大林为首的中央多数派相抗衡。

这次秘密集会不久就被中央发觉，并将其称为"拉舍维奇事件"提交 7 月召开的联共（布）中央委员会和中央监察委员会联席全会专门予以讨论。联席全会认为这一事件实际上是由季诺维也夫领导的反对派建立"第二党"的活动，并利用共产国际执委会的机关来达到这一目的。为此，联席全会决定解除拉舍维奇党内外一切职务，并给予最后严重警告的处分，解除季诺维也夫在共产国际的领导职务，由布哈林继任。

就在七月中央联席全会上，反对派联名提出一份《十三人声明》。在声明上署名的有：巴卡也夫、皮达可夫、利兹金、阿夫杰也夫、拉舍维奇、季诺维也夫、穆拉洛夫、克鲁普斯卡娅、彼得松、托洛茨基、索洛维约夫、加米涅夫和叶夫多基莫夫。声明对当前党内外一系列重大问题提出了自己的政治主张。它的发展，是托季联盟正式形成的标志。

《十三人声明》是托季联盟的第一份纲领，它的主要内容有：（1）关于党的最高领导层的蜕化。声明认为，最近一个时期以来，党内危机日益深重，党的最高领导层日趋脱离群众，离开正确路线。党内产生危机的直接原因是，在列宁逝世后的这段时期内，官僚主义骇人听闻地发展起来了，而且还在继续发展。在这种情况下，造成"党员不敢公开表达他们发自内心深处的思想、希望和要求"，"一切讨论都是由上往下贯彻，基层的党员只能洗耳恭听，他们只能单独地、偷偷地思考问题。"（2）关于经济建设方面的政策。声明认为，只有当工业得到高速度的发展，使国家的技术水平更加接近先进资本主义国家的时候，向社会主义的发展才有保障，这是一切都必须服从的"至关紧要的目标"。然而，目前的工资政策、经济政策、税收政策和农村政策都是错误的。声明提出加快工业化速度，对富农加征税收，从秋天起提高工人工资等要求。（3）关于派别活动。声明认为，前两年中，存在着一个由6名政治局委员和中央监察委员会主席古比雪夫组成的"七人"宗派集团，"这个处于最高领导阶层的宗派集团背着党，事先决定中央委员会和政治局议事日程上的每一个问题，并且独自决定许多问题，根本没有把它们提交政治局讨论"。而这个宗派集团还在那里进行一场反对"派别"和"小集团"的斗争。声明要求使一切有争论的问题都能完全按照党的传统加以解决，恢复党内民主，健全集体领导。（4）关于"拉舍维奇事件"。声明说，在中央七月全会前夕，所谓"拉舍维奇事件"突然变成了"季诺维也夫事件"，这是斯大林派别集团蓄意制造的，是一种"明显的脱离列宁主义路线的倾向"。

在《十三人声明》中，联合反对派对党中央的批评，虽然也有正确的成分，但总的基调是错误的、夸大的。例如，关于官僚主义问题，党和国家机关中，这一弊病无疑是存在的，然而，当时苏维埃政权建立未满10年，同内外敌人的斗争持续不断，社会生活仍处于迅速变革的年代，广大党员和党的干部一直站在社会主义革命和建设的最前列，说此时官僚主义已达到"骇人听闻"的地步，显然是言过其实的。又如，工业化速度问题，1925年、1926年度的工业总产值分别比上年度增长66.1%和43.2%，已达到相当高的发展速度。反对派一味鼓吹更高的工业发展速度，虽然是一种超越国力所允许范围的"左"的主张。

《十三人声明》上有娜·康·克鲁普斯卡娅的签名，表明她也属于这个联合反对派的行列。但当年（1926）秋天，她宣布同反对派脱离关系，因为"反对派走得太远了……同志式的批评变成了派别活动"。

以《十三人声明》发表为标志，托洛茨基和季诺维也夫两派正式结盟，不是偶然的。在此以前，他们都在不同场合表示，愿意在双方之间消除分歧，互相谅解。6月26日，季诺维也夫在中央监察委员会主席团会议上说："有那么一段悲惨的时期，我们两派真正的无产阶级革命者本应团结起来，以反对正在蜕化变质的斯大林以及他的朋友们，但因为对党内的一些情况的本质不清楚，我们在两年期间互相攻讦。对此我们深表遗憾，并希望今后不再重演。"托洛茨基在七月中央联席全会期间也发表声明说："在《十月的教训》一书中，我无疑是把党的政策的一些机会主义动向和季诺维也夫、加米涅夫的名字联在一起。中央内部思想斗争的经验表明，这是很大的错误。这一错误的原因在于我不可能了解七人团内部的思想斗争，并及时断定机会主义动向是来自反对季诺维也夫和加米涅夫同志的斯大林为首的那一派。"

托洛茨基和季诺维也夫之间的互相"宽恕"和"赦免"，表明新老反对派的结盟是无原则的，基础是不牢靠的。然而，托季联盟的形成，矛头是针对"斯大林为首的那一派"这点倒是明白无误的。因此，它的出现，预示着党内将有一场新的严重的较量。斯大林严密地注视着反对派联盟的形成，并予以尖锐的揭露。他指出："在手段上的不加选择和在政治上的毫无原则，这是托洛茨基派和新反对派联盟存在的基础。"①

托季联盟的活动及其失败

托季联盟形成以后，党中央就向他们发出警告，不要挑起全国规模的公开争论，制造分裂。反对派成员不顾中央的警告，他们四处活动，奔走于莫斯科、列宁格勒和一些大城市的工厂基层党组织之间，从一个支部到另一个支部，他们散发传单，发表演讲，宣传反对派联盟的纲领。双方的争论往往十分激烈，会场上常常出现种种骚乱。这不能不引起一些党组织的关注，有些党组织则动用行政和组织手段予以压制。党中央再次给予警告，加上反对派在实际活动中不断碰壁，使他们不得不有所收敛。

10月16日，由季诺维也夫、加米涅夫、皮达可夫、索柯里尼科夫、托洛茨基、叶夫多基莫夫六人签名发表一份声明。声明中说："在第十四次代表大会上和大会以后，我们在一系列原则问题上与大会的多数和中央产生了分歧，我们的观点已在代表大会、中央全会和政治局发表的正式文件和发言中阐明。我们现在仍坚持这些观点。……同时我们认为有责任向党公开承认，为了坚持自己的观点，我们和我们的志同道合者曾在第十四次代表大会后多次采取了违犯党纪，超出党所规定的党内思想斗争范围而走上派别活动

---

① 《斯大林全集》第8卷，人民出版社1954年版，第196页。

道路的步骤。我们认为这些步骤是绝对错误的，声明坚决放弃用派别方式来捍卫自己的观点……同时我们承认，我们不顾中央的决议而开始了全国争论，十月间在莫斯科和列宁格勒发表的言论违背了中央关于不允许全国争论的决议。……近几个月里，许多同志由于违犯党纪和采用派别方法为反对派观点辩护而被开除出党。以上所述，我们这些签名的人显然对这些行动负有政治责任。"《六人声明》的基本精神是：他们坚持自己的观点，但承认进行派别活动是错误的。由于托季联盟的头面人物作了检讨，1926 年底至1927 年春，联共（布）党内保持了暂时的平静。

10 月 23 日，联共（布）召开中央委员会和中央监察委员会联席全会。会议严厉批评了托季联盟的错误言行。斯大林警告反对派不仅要承认组织方面的错误，而且要承认"自己观点的错误"。反对派拒绝承认自己的观点错误。中央联席全会决定对托洛茨基、季诺维也夫、加米涅夫等人提出警告，并决定免除托洛茨基的政治局委员、加米涅夫的政治局候补委员的职务。

11 月初，在联共（布）召开的第十五次代表会议上，反对派继续受到谴责，斯大林作了题为《论我们党内的社会民主主义倾向》的报告，他认为反对派联盟只是"无原则的联盟""机会主义的联盟"，他嘲笑反对派联盟"加在一起是一些被阉割者的力量"，因而它不能长久存在，正在走向崩溃[①]。

1927 年春夏，国际上出现一股反苏反共的潮流。4 月，蒋介石在上海发动四一二反革命政变，对中国共产党人进行血腥屠杀，轰轰烈烈的中国大革命濒临失败。5 月，伦敦发生袭击苏联商务代办处的事件，英苏断交。6 月，一名波兰籍的白卫分子在华沙刺死了苏联大使。同年夏天，在柏林、北京、上海、天津等地连续发生袭击苏联使馆和商务代办处的事件。随着国际局势趋于紧张，一度比较平静的党内斗争又紧张起来。

5 月 26 日，托洛茨基、季诺维也夫、叶夫多基莫夫、斯米尔加等 84 人上书联共（布）中央和中央政治局，史称《八十四人声明》（一称《八十三人声明》[②]）。声明从最近期间中国革命受挫和同英国断交的事件，追究中央

---

　①　《斯大林全集》第 8 卷，人民出版社 1953—1956 年版，第 213 页。

　②　据《八十四人声明》附言中说明："本文件最初由 83 位同志递交给党中央委员会"，故亦称《八十三人声明》。后来补上的一名是谁，待考。

多数派执行了一条对外政策方面的右倾错误路线，使苏联又面临一场新的反苏战争的危险境地。反对派声称要给党寻找一条摆脱危机的出路，以使党得救。他们认为，对外政策方面的错误是"国内政策上的错误路线的继续和发展"。反对派列举了中央多数派在工业、农业及党内生活方面的错误政策之后说，"党和苏维埃的整个官方机构在向左开火，却对真正的即来自右边的阶级危险大开方便之门"。声明指责多数派破坏党内制度，损害党内民主，遏制党内争论，对党和工人阶级隐瞒分歧的真实内容，把有争议的问题提到党面前都被说成是妄图破坏党的团结。这一切，使官僚主义严重滋长，无产阶级专政的基础遭到削弱，党也被削弱了。

这份声明强调："我们需要列宁在世时那样的铁的纪律，我们也需要列宁在世时那样的党内民主。"声明还提出了克服党内分歧加强党内团结的八项建议，其主旨是要求恢复列宁在世时对党内分歧和争论的一贯做法。反对派的这一呼吁，对于党内斗争中日益采取严酷手段，动辄组织处理的情况来说，有很强的针对性。而举列宁的旗号，用列宁的语录，进行相互指责和攻讦，又是列宁去世后联共（布）党内争论的一个显著特点。反对派提出"回到列宁（时代）去"的口号，正是为了笼络群众，取得群众对他们信任的一种策略。由于这份文件是向党中央递交的，又要征集大家的签名（据称共征集至 3000 人在这份声明上签名），因而声明本身没有十分激烈的言辞。但斯大林和中央多数派认为它是反对派联盟向党进攻的一个新的步骤，因而密切注意并进行反击。

6 月 27 日，托季联盟部分成员，大多原先是萨普龙诺夫集团（即原"民主集中派"）分子发表了一份《十五人声明》。声明对反对派领导人在党内斗争中过于软弱提出激烈批评，他们提出不仅要在党内积极进行合法的政治斗争，而且要在党外鼓动工人党员参与这一斗争。声明认为，"在斗争的时刻，所有官员都会站在斯大林一边，而工人党员将站在反对派一边"。因此，只有取得工人阶级的积极支持，反对派才能同斯大林及中央多数派进行较量。声明还指责斯大林在党内斗争中动用国家保安局力量的行为。

斗争继续在升级。6 月，反对派骨干分子、中央委员斯米尔加被派遣去远东工作。托季联盟认为这是斯大林对反对派新的迫害。托洛茨基、季诺维也夫及数百名群众来到雅罗斯拉夫车站送行，托洛茨基还在现场发表演说。这一事件被看作对党中央的一次示威。

7月11日，托洛茨基在给奥尔忠尼启则的信中，提出所谓"克利孟梭实验"①。托洛茨基声称，战争一旦爆发，当敌军兵临城下的时候，为了工人国家的胜利，反对派要像克利孟梭那样采取行动，更换现今的领导人。用托洛茨基的话说："把那些无知的和无耻的抄袭家的政治路线象垃圾一样地扫除掉。"② 反对派自称是"布尔什维克—列宁主义者"，他们指责斯大林和中央多数派走上了"热月化"③ 的道路。这一切都表明，反对派联盟已不限于对党的方针政策提出不同看法，也不限于对党中央多数派提出批评，而是直接号召推翻中央多数派的领导，进行公开的分裂活动了。

1927年7月29日至8月9日，联共（布）召开中央委员会和中央监察委员会联席全会。会上提出了取消托洛茨基和季诺维也夫的中央委员资格问题。8月5日，斯大林在联席全会上发表演说。他向反对派提出三项条件：（1）放弃关于"热月化"的无稽之谈和关于克利孟梭式实验的荒谬口号；（2）公开斥责分裂共产国际的政策；（3）放弃一切派别活动，放弃一切用以建立第二党，在联共（布）党内建立新党的手段。斯大林警告说，"如果托洛茨基和季诺维也夫不接受这些条件，我们就不能容许他们留在我们党的中央委员会里"。④

在这种情况下，8月8日，托季联盟的13名头面人物发表声明，表示接受三项条件，表示"无条件地和无保留地赞成在现在的中央领导之下，在共产国际执行委员会现在的领导之下保卫苏联"。他们否认关于"热月化"的言论是针对现今的党中央的，并表示坚决谴责任何成立第二党的企图，"我们准备竭尽全力消除一切派别因素，这些派别因素是由于党内制度被曲解的条件下我们曾不得不争取让党知道我们真正的观点而形成的"。

8月中央联席全会决定：暂时不讨论把托洛茨基、季诺维也夫开除出中央委员会的问题，而给他们以最后严重警告的处分。联席全会还决定于1927年12月召开党的第十五次代表大会。根据党章的规定，党的生活中一切争论问题，在决议未通过之前，党内可以自由地进行讨论。按照惯例，通常在党的代表大会前两三个月，中央委员会应公布大会主要报告的提纲，同时公

---

① 克利孟梭（1841—1929）法国资产阶级政治家。在第一次世界大战中，当德军攻至距巴黎80公里时，仍对当时的法国政府激烈斗争，终于更换了政府。

② 转引自《斯大林全集》第10卷，人民出版社1959年版，第48页。

③ 指1794年7月27日法国资产阶级的反革命政变，史称"热月政变"。

④ 《斯大林全集》第10卷，人民出版社1959年版，第76、77页。

布不同意现行政策的共产党员集体或个人的反提纲。托季联盟利用这一规定，又拟定了一份冗长而详尽的反提纲——《反对派政纲》，送交中央委员会并要求给予印发。

9月8日，中央政治局拒绝印发《反对派政纲》。斯大林说明了拒绝发表的理由。首先，因为中央不愿意也没有权力使托洛茨基的派别组织合法化；其次，如果发表了反对派的政纲，就意味着不但不去解散，反而去帮助组织集团和派别；最后，反对派政纲中包含着对党的诬蔑，这种诬蔑如果发表出来，给党和国家的损害是无限的。[①] 这时，托季联盟便自行印制并散发这份《反对派政纲》。由于承印的印刷所里有原先的白卫分子，于是被国家政治保安局宣布为非法，予以封闭，并逮捕了几名工作人员。这就使党内斗争更加紧张了。

《反对派政纲》就其内容来说，只是重申了《十三人声明》和《八十四人声明》中已提出的观点和政策，然而它最全面而又详尽地提出了反对派同中央多数派之间在内外政策方面的种种分歧。它对当前形势的估计是，资本主义势力在增长，富农、耐普曼和官僚的力量在增长，工人阶级和贫农的地位在削弱；在国外，苏联的国际威信在下降，正面临着一场新的反苏战争的威胁。反对派把这一切都归咎于中央多数派执行了"一条时而稍稍向左，然后大大向右摇摆的路线"。接着反对派提出自己的政治主张，它可以归结为：作为社会主义建设前提的工业化必须有一个确定的高速度；反对富农和资本主义势力的增长；及时改善工人生活条件；在党内、工会和苏维埃内实行民主。

从《反对派政纲》中可以看出，托季联盟已经形成一整套对社会主义建设的前途、工农业方针、经济工作、军事建设、外交政策、党和苏维埃的看法，这些看法都带有"左"的倾向，而且都是直接针对斯大林和中央多数派的。除了政见分歧以外，反对派联盟虽然一再表明不搞"第二党"，但他们的派别活动从未停止，他们实际上已形成以托洛茨基、季诺维也夫为首脑的宗派组织。反对派不但有言论，而且进行了大量的反党派别活动。这样，就使得党内矛盾极度尖锐起来。

10月21—23日，联共（布）召开中央委员会和中央监察委员会联席全会。鉴于8月以来托季联盟的反党派别活动有增无已，决定将托洛茨基、季

---

① 参见《斯大林全集》第10卷，人民出版社1959年版，第156页。

诺维也夫开除出中央委员会，并把他们的问题提交党的第十五次代表大会审理。为了揭露托季联盟的反党派别活动，联席全会还决定进行全党公开争论，将中央委员会几次全会的速记记录发给几十万党员阅读，在《真理报》上开辟争论专页，并于11月5日、17日在专页上发表了反对派关于国民经济五年计划和农村工作的提纲，以供广大党员进行比较和鉴别。

经过全党大辩论，联共（布）党内724000名党员（占当时党员总数的99％以上）都投票拥护党中央的路线，反对托季联盟的机会主义路线；赞成托季联盟路线的只有4000人，即不到1％。托季联盟首脑及其骨干分子陷于空前孤立的地位。

11月7日，是十月革命十周年的纪念日。托季联盟竟组织一伙人在莫斯科、列宁格勒走上街头举行示威。他们手里拿着标语、漫画，把联共（布）描绘成关在牢笼里的囚徒。他们散发传单，发表演说，喊着"回到列宁去！""斯大林派正在欺骗工人阶级！""制止斯大林分子胡作非为"等蛊惑人心的口号，抬着托洛茨基、季诺维也夫的画像，把他们奉为"世界革命领袖"。托洛茨基、加米涅夫和季诺维也夫、拉狄克分别在莫斯科和列宁格勒同这支示威队伍会见，并企图发表演说。这支零落的反对派示威队伍很快被声势浩大的庆祝节日的群众游行队伍所驱散。托季联盟把党内矛盾诉诸街头，妄想通过街头示威挽回他们的败局，这就使矛盾的性质从党内争论转化为公开对抗党中央的行动，变成一次反党的政治事件。

11月11日，中央监察委员会主席团召开会议，要求托洛茨基、季诺维也夫停止召开非法的反党会议，不要把党内争论扩大到党外去。托洛茨基、季诺维也夫退出会场。数小时后，他们提出书面答复，拒绝中央的要求。在此情况下，11月14日，中央委员会和中央监察委员会举行联席全会，决定把托洛茨基、季诺维也夫开除出党。

11月16日，苏联著名外交家、托洛茨基的密友越飞自杀身亡，送葬的人很多。反对派又利用这一机会进行活动。他们唱起内战时期有颂扬托洛茨基词句的歌曲，企图激起人们对托洛茨基的怀念。托洛茨基、季诺维也夫、加米涅夫等人相继在葬仪上讲了话。然而，当有人向列队的红军士兵发出呼吁，要他们向托洛茨基欢呼致敬、高喊"乌拉"的时候，红军士兵们都纹丝不动。这显然不能用红军战士已经熟悉托洛茨基来加以说明，恰恰表明托季联盟在红军和广大群众中已陷于完全孤立的境地。

随着党内斗争的不断加剧，中央对反对派分子的处置措施也越来越严厉。托洛茨基、季诺维也夫被开除出党后，从中央到地方开始追查参加反对派活动的分子。在 12 月 2—12 日党的第十五次代表大会召开时，还有加米涅夫、巴卡也夫、叶夫多基莫夫、拉柯夫斯基等反对派分子在大会上发言。然而，他们每个人的发言都被喧闹声、咒骂声打断几十次，甚至连发言内容都听不清。这既表明人们对反对派反党言行的愤慨，也说明党内越来越缺乏正常的民主气氛。最后，大会作出决议，认为"参加托洛茨基反对派和宣传其观点的行为与留在联共（布）党内是不相容的"，决定把包括加米涅夫、皮达可夫、拉狄克、拉柯夫斯基、斯米尔加、拉舍维奇等 75 名托季联盟骨干分子开除出党，并将 23 名萨普龙诺夫集团分子开除出党。决议还要求各级党组织努力纯洁自己的队伍，清除"一切不可救药的托洛茨基反对派分子"。

至此，托季联盟在政治上、组织上宣告破产。

奥匈帝国的崩溃

康春林

奥匈帝国是一个多民族的军事封建帝国，它和土耳其同是"1815 年重新修补过的旧欧洲国家制度的最后支柱"[①]。1918 年，它作为同盟国的主要成员在第一次世界大战中惨败，国内爆发资产阶级民族民主革命，奥匈帝国因此而瓦解。在帝国的废墟上，出现了民族国家并立的景象。

奥匈帝国是各族人民的监狱

奥匈帝国的前身是奥地利帝国，统治民族为日耳曼人。1866 年，奥地利在与普鲁士争夺德意志统一领导权的战争中失败，被排挤出德意志联邦。奥皇弗朗西斯·约瑟夫一世（1848—1916）为稳定本国局势，维持帝国生存，决定向被压迫民族中较为强大的匈牙利的统治阶级妥协。1867 年，奥地利政府与匈牙利国会签署协定，将帝国改组为奥匈二元帝国。

根据协定，奥皇既是奥地利的皇帝，又是匈牙利的国王。两国各有自己的宪法、国会和政府，但须有统一的对外政策和关税政策，因此设立统一的外交、军事和财政三个部。以莱塔河为国界，包括匈牙利、斯洛伐克、德兰西瓦尼亚、阜姆和克罗地亚—斯洛文尼亚称外莱塔尼亚，由匈牙利王国直接管辖；奥地利、捷克、摩拉维亚、西里西亚、格尔茨、伊斯特里亚、的里雅斯特、达尔马提亚、布科维纳、克莱那和加里西亚称内莱塔尼亚，归奥地利王国直接管辖。

奥匈帝国建立后，资产阶级的自由党掌握政权，执行强化日耳曼人统治、压制其他民族的政策。1879 年，以塔菲为首的代表贵族地主的保守党代

[①] 《马克思恩格斯全集》第 34 卷，人民出版社 1983 年版，第 297 页。

替自由党组阁。塔菲内阁（1879—1893）采取笼络斯拉夫人、挑拨各族团结、镇压工人运动的政策。1884年，政府颁布非常法，封闭工会，查禁工人出版物。

与西欧和中欧其他大国相比，奥匈帝国资本主义发展较晚。19世纪末20世纪初，奥匈进入帝国主义阶段。采矿、冶金、机器制造、铁路建筑等工业取得较大发展。1903—1913年，奥地利煤和生铁的消费量分别增长54%和90%。工业工人1910年达到500万。奥地利经济的发展很不平衡，工业集中在捷克和奥地利本土。1910年，两地的工人分别为280万和100万。工业基本上为日耳曼人所掌握。1873年经济危机后，奥地利出现垄断组织。1878年成立冶铁业卡特尔，到1912年卡特尔增至200多个。银行资本的集中也很明显，维也纳最大的罗特西尔德银行拥有维克威茨公司的大部分资本，控制许多铁矿和冶金业。

匈牙利1898—1913年的工业产量增长120%，食品和农产品加工业比较发达，同时也出现了冶金、机器制造、造船、采矿等工业。匈牙利以各种股份公司形式出现的垄断组织发展较快，拥有资本数量从1907年的274450万克朗增加到1913年的437800万克朗。

奥匈帝国没有海外殖民地，主要依靠剥削本国各族人民。严重的封建残余束缚了资本主义的发展。"这些残余就是专制制度（极权的专制政权）、封建制度（农奴主地主的土地占有制和特权）和民族压迫。"[1] 1909年，奥地利1845户大地主拥有土地570万公顷，平均每户3000公顷，占农户46%的贫农只有全部土地的4.4%。加里西亚的大地主占有本地区全部土地的57%，共300万公顷，其中21户特大地主辖有461.600公顷。而占农户80%的贫苦农民平均每户只有1公顷左右。匈牙利耕地的一半被24000户大地主占有，缺地农民达550万人，被迫租种地主土地。

地主阶级与资产阶级共掌政权。皇帝权力很大，地主和高级教士占据政府要职，帝国议会的上议院几乎全是显贵和高僧，匈牙利议会上下两院均为大地主控制。

奥匈国内阶级矛盾比较尖锐。资本家主要依靠延长工人劳动时间和加强工人劳动强度获取超额利润。1913年，奥地利有40%工人的工作日超过10小时，纺织等部门常常超过12小时；在匈牙利则为13—14小时。人民负担

---

① 《列宁全集》第18卷，人民出版社1959年版，第363页。

着沉重的直接税和间接税。1913 年，奥地利有 20% 的工人失业。在政治上，人民不能享受基本的民主权利。1907 年匈牙利议会选举时，由于选举权财产资格的规定，全国 2600 万人中仅有 100 万人能够参加选举。

人民采用外逃、罢工、示威和暴动等方式反抗压迫。1913 年前的 19 年间，移居国外的人数达 350 万。从俄国 1905 年革命到第一次世界大战前，在维也纳、布达佩斯、布拉格等重要城市，工人、市民的各种形式的反抗斗争几乎没有间断过。1912 年，匈牙利发生了要求普选权和抗议依·蒂萨当选议会议长的政治示威，布达佩斯的工人和市民与军队进行了街垒战。蒂萨是大贵族地主的代表，一贯主张高压政策和马扎尔化的民族政策。

奥匈的民族矛盾尤其尖锐和复杂。统治民族无论在奥地利或匈牙利都不占国民的多数。1900 年全国共有 5200 万人，3000 万人是斯拉夫人。在奥地利，日耳曼人占 35.78%，近 1000 万人，斯拉夫人占 60%，意大利人占 2.84%，罗马尼亚人占 0.9%。在匈牙利，马扎尔人与其他民族的比例为 800 万∶1800 万。

贵族地主和大资本家基本上是日耳曼人和马扎尔人。加里西亚的地主是波兰人。匈牙利官吏的 95%、法官的 96% 是马扎尔人。1910 年匈牙利议会的组成如下：马扎尔人 393 名，日耳曼人 13 名，罗马尼亚人 5 名，斯洛伐克人 2 名，南部斯拉夫人和乌克兰人连 1 名议员也没有。奥地利虽进行了普选，却以"经济和文化情况"为由，规定日耳曼人地区每 40 万人选 1 名议员，波、捷、罗则分别为 52 万、55 万和 102 万。1907 年普选后日耳曼人获得 45.1% 的议席。统治民族的上层牢牢控制了中央议会和政府。

政府有意制造民族不和，在不同的民族地区实行不同的工资标准。1911 年轻工部门工人的日工资，维也纳为 4.1 克朗，利沃夫只有 1.96 克朗。德兰西瓦尼亚工人工资比匈牙利低 20%。农业工人的工资，利沃夫和切尔诺夫策只及维也纳和布达佩斯地区的一半。

文化方面的种族歧视尤为明显。奥地利政府故意保持被压迫民族地区的落后状态，使达尔马提亚、加里西亚和布科维纳的识字者只占人口的 25%，日耳曼人地区则达到 80%。匈牙利政府推行马扎尔化政策，强令斯洛伐克、德兰西瓦尼亚等地用匈语授课和办报，致使当地用民族语言授课的学校受到摧残，大批关闭。

长期以来，被压迫民族坚持民主和民族解放的斗争。南部斯拉夫人寄希望于独立的塞尔维亚。1912 年塞尔维亚在巴尔干战争中的胜利，极大地鼓舞了奥匈境内所有的南部斯拉夫人。达尔马提亚人不顾政府镇压，举行了亲塞示威。波斯尼亚和黑塞哥维纳 1908 年被奥匈帝国兼并后，出现了一个名为"黑手"的民族组织，积极发展成员，从事恐怖活动。1908 年帝国政府试图镇压克罗地亚的民族运动，一次逮捕该地区的 53 名塞尔维亚人，制造了所谓"阿格拉姆叛国案"①。当后来证实此案的证据纯系捏造之后，克罗地亚群情激愤，政治局势动荡不宁，迫使政府不得不诉诸武力。

捷克的社会民主党、农民党、少壮捷克人党和 1900 年由查理大学哲学教授托·马萨里克创立的进步党等，领导了争取民族民主权利的广泛斗争。起初主要是争取本民族语言的地位和普选权，进而要求本民族地区行政和经济管理的权利。如果可能，就在联邦制的国家体制内实现这些权利；不然，就争取建立独立的国家。捷克和斯洛伐克人民在谋求民族权利的过程中，越来越明确地提出了两个地区统一的问题。德兰西瓦尼亚和加里西亚人民则谋求与本民族的独立国家合并。

奥匈统治集团认为，为了向巴尔干纵深地区扩张，削弱南部斯拉夫人的民族斗争，摆脱国内的经济危机，必须发动对塞尔维亚的战争。为此，他们甚至甘冒与协约国开战的风险。鼓吹战争的代表人物有奥地利皇太子弗朗茨·斐迪南，参谋总长孔拿得和外交大臣埃伦塔尔。奥匈正式吞并波斯尼亚和黑塞哥维纳，使它与同样谋求巴尔干霸权的俄国的矛盾尖锐化。1912 年，奥匈通过扩军法案，新兵征集额从每年 13.5 万增加到 21.2 万。1912 年，土耳其被巴尔干四国同盟赶出巴尔干绝大部分地区。这一情况更加刺激了奥匈扩张的欲望。于是，政府制定《战时特别措施指导方略》，以维持"国内秩序"；颁布战时劳动义务法，规定一切人力、物力须为战争服务。

1914 年 6 月 28 日，弗朗茨·斐迪南在靠近波斯尼亚首府萨拉热窝被刺身亡，酿成了震惊世界的萨拉热窝事件。德国和奥匈帝国以这一事件为借口，于 1914 年 7 月底和 8 月初首先发动了第一次世界大战。

大战加剧了奥匈的社会矛盾

奥匈统治者竭力掩盖战争目的。1914 年 7 月 28 日，奥皇发布《告我臣

---

① 1908 年，奥匈帝国政府贿赂克罗地亚当地一些上层人物，使他们提供伪证，以在克罗地亚区进行泛塞尔维亚阴谋活动的罪名，逮捕了 53 名塞尔维亚人。

民》诏书，称战争的目的是维护本国的"荣誉"。朝野报刊竞相论证为"防御"沙俄而战的意义，鼓吹战争将使国家"政治复兴，青春再现"。匈牙利各资产阶级政党，包括执政的民族党，在野的独立党和宪法党，同声支持战争。匈牙利首相依·蒂萨宣称："战争将结束各党之间的不和，结束阶级斗争，消除民族矛盾。"

战争初期，奥匈与德国的战争分工如下：德军主力放在西线，对付英国和法国；奥军主力放在东线加里西亚一带，对付俄国。奥匈统治者把希望寄托于德国速决战计划的成功。但是，战争的实际进程出乎他们的预料。德军遇到法国和英国军队的有力抵抗，速决战计划破产，整个战争变成了持久战和消耗战。奥军在东线，巴尔干战线和奥—意战线同样陷入了长期战争的泥潭。在东线，奥、俄两军 1914—1917 年进行了 3 年半的拉锯战。1914 年奥军在俄军强大压力下撤出加里西亚，1915 年在德军援助下又将其占领。1916 年，俄军卷土重来，再度进入加里西亚。1917 年俄国爆发十月革命后前线旧军队瓦解，奥军乘机夺回加里西亚并侵入乌克兰。在巴尔干战线，奥军在保加利亚军队的支援下，1915 年占领塞尔维亚，此后与英、法军队构筑的马其顿防线相对峙。这一年，意大利参加协约国对奥宣战，迫使奥匈政府向奥—意战线调集大量兵力。

长期的大规模的战争成为奥匈政府的沉重负担。战争开始时奥匈兵力140 万人，战时共动员 900 万。为了弥补庞大的战争开支，大量发行纸币，致使通货膨胀。1916 年克朗的币值仅等于战前的 49%，年底国债高达 442.3亿克朗。战时农业税增加 60%，劳动农民被搜刮殆尽。协约国对同盟国的经济封锁加重了奥匈的经济负担。

为了维持战争，政府被迫实行经济军事化。战争的第一年，成立了许多以公司为招牌的国家垄断机构，协调国家与企业的关系，建立对棉花、毛类、油脂、化学品和金属等的统一管理。1916 年初，许多重要工商部门成立军事经济委员会。垄断财团攫取委员会的领导职位，取得利润优厚的订货，大发战争财。

由于人力、畜力、资金等严重缺乏，农业生产凋敝。1914 年全国产麦9.020 万公担、玉米 5420 万公担、土豆 21100 万公担。1916 年这几种作物分别降到 6290 万公担、2750 万公担和 10500 万公担。仅土豆一项，平均消费量就从每人每天 500 克降至 118 克。政府被迫实行战时生活管理制度。1915年 1 月 31 日，政府下令实行"战时面包"规定，限定面包中至少有 50% 的代用品。1915 年，奥地利和匈牙利先后颁布国家统购食粮的法令，实行面包配给制：城市每人每天 200 克面粉，乡村 300 克。

统治阶级把战争负担转嫁于劳动人民。1914 年 7 月 25 日，政府颁布禁止罢工的法令，向工厂派出军代表，强令所有 17—50 岁的工人"为战争的需要劳动"。劳动定额提高，劳动强度增加，劳动日常常延长至 14—18 小时甚至 20 小时。当局动辄以"不服从纪律"为由迫害工人。由于原材料缺乏，大批工厂倒闭，大量工人失业。1914 年，仅奥地利纺织业就有 20 万人失业。厂主常常故意宣布工厂倒闭，然后重新开业而规定较低的工资。矿工工资 1915 年比 1914 年降低 20%—22%，捷克许多矿场的工人每月只能得到 14—28 天的工资。生活必需品的价格 1915 年 7 月比战前提高 60%。

阶级剥削的加剧还表现在大量女工和童工的使用上。当局为了使更多的男子上前线，鼓励使用女工和童工。到战争结束时，上、下奥地利和捷克有 40%—50% 的工人是妇女。女工和童工的工资比一般工人低 30%—40%。

由于社会民主党某些领袖及其影响下的工会组织鼓吹阶级和平，工人纷纷退出工会，自己组织起来进行斗争。1915 年奥地利自由工会人数从 1913 年的 41.5 万降到 17.7 万。匈牙利则从 10.75 万降到 4.11 万。捷克西部煤矿工人 1914 年 8 月举行了反对降低工资和延长工时的罢工，1915 年春许多城市发生反对提高物价的骚动。1914 年底至 1915 年初，布达佩斯等地兵工厂工人罢工。1915 年 6 月维也纳五金工人罢工。战争初期，工人斗争具有自发、分散和偏重于经济要求的特点。

社会民主党出现了分裂。1916 年，以奥地利社会民主党书记之一弗·阿德勒为首的中派形成，提出签订不割地不赔款的和约的要求。匈牙利社会主义者中出现以科尔文为首的左翼反战小组。1916 年 10 月 22 日，弗·阿德勒在维也纳一家大饭店亲手将首相施裘尔克击毙，向反动政府和社会民主党的机会主义路线提出了公开的挑战。

战争一开始，反战情绪就弥漫于后方和前线。布拉格、布尔诺等地人们低吟着包含反战思想和民族感情的歌曲《喂，斯拉夫人》。1915 年，捷克许多地方出现反战的标语和传单。奥匈军队由 11 个民族组成，85% 的军官由日耳曼人和马扎尔人担任，57% 的士兵来自被压迫民族。布拉格步兵第 28 团 1914 年 10 月开赴前线时，故意打起红白两色的捷克民族旗帜，1915 年 4 月该团全体官兵奏着军乐投降俄国。有的捷克和斯洛伐克团队拒绝向俄国人和塞尔维亚人进攻，遭到当局镇压。1915 年和 1916 年东线出现奥、俄两方士兵战壕联欢的现象。

战争使民族矛盾加剧。被压迫民族战前取得的一点点民主权利完全被取消。民族议会封闭，民族党派遭受迫害。1915年1月，政府强令捷克一切公务使用德文。捷克青年党首领克拉马日、社会党主席苏库普、帝国议会议员帕欣等被捕。反战、争取民族独立和民主的活动被镇压。1914年8—12月，捷克有950人涉及"叛国罪"被捕，整个战争期间有5000人被判死刑。1918年波兰社会党领袖达申斯基在帝国议会揭露，战争期间加里西亚以间谍罪判处死刑的达3万人。德兰西瓦尼亚的罗马尼亚人有1万被强行迁移。战争中，南部斯拉夫人因"叛国罪"被关押1万人，流放3万人。奥匈军事当局把每一个异族人"都看成奸细和敌人"。1918年，依·蒂萨在波斯尼亚一次会议上歇斯底里地叫嚷："也许我们将被消灭，但在我们被消灭以前先要消灭你们！"民族矛盾的尖锐程度由此可见一斑。

协约国极力利用奥匈国内的民族矛盾，支持被压迫各民族。1914年秋，捷克人民党领袖马萨里克和贝奈斯明确提出捷克独立的目标。次年11月在巴黎建立了捷克行动委员会，发表声明要求独立，并将声明在法国、瑞士、俄国和美国广为传播。人民党领导了国内的分离运动，该运动称为"玛菲阿"，即"黑手"的意思。1915年5月，以帝国议会克罗地亚议员特鲁姆比奇为首的南部斯拉夫民族委员会在伦敦成立，通过奥匈所属南部斯拉夫各地区与塞尔维亚联合的方案。在协约国的支持下，奥匈各被压迫民族的组织还在国外出版各种民族报刊。

奥匈各被压迫民族的民族解放运动，因各自情况不同而各有其特点，大致可以分为以下几种类型：捷克斯洛伐克整个民族都处于奥匈统治之下，斗争目标是建立独立国家；南部斯拉夫人、罗马尼亚人和意大利人在奥匈之外都有本民族的独立国家存在，其目标是与各自的民族国家实行统一；波兰历史上被俄、普、奥三国瓜分，在第一次世界大战中三国分属两个军事集团，因此波兰处境困难，需要完成从各个部分的解放、独立到最后统一的过程。

战争后期奥匈帝国革命运动的高涨

1917年俄国的两次革命，尤其是十月革命促进了奥匈的革命运动，加速了奥匈帝国的解体。

二月革命推翻沙皇的消息，使深受哈布斯堡王朝压迫之苦的各族人民感到振奋。1917年3月到7月，奥地利、匈牙利、捷克、斯洛伐克、德兰西瓦尼亚、加里西亚和的里雅斯特等地，政治性的罢工和示威接连不断。专制势力在民主潮流日益增长的压力下被迫退却。5月23日，匈牙利首相蒂萨辞职。6月17日，奥地利克拉姆—马尔廷茨政府遭到斯拉夫族议员和政党一致反对，也被迫辞职。统治阶级中的明智之士已经感到专制政权根基的虚弱。1917年4月，奥外交大臣切尔宁向皇帝陈述："如果两个中欧帝国不能在近几个月缔结和约，各民族将撇开它们自己去干，那时革命浪潮将淹没一切。"奥匈帝国皇帝立即派其内弟布尔邦斯基与英、法秘密接触，探索单独媾和的可能性。

各民族的解放运动从谋求民族权利、民主和联邦制的斗争上升为争取独立的斗争。1917年7月20日，特鲁姆比奇和塞尔维亚首相柏西奇签署《科孚岛宣言》，把建立统一的南部斯拉夫人国家定作共同目标。这篇宣言可以看作未来南斯拉夫的出生证书。1917年6月，法国承认设在巴黎的波兰民族委员会为波兰官方组织，并决定建立一支波兰军队。

十月革命给了奥匈帝国更加巨大的冲击。它向奥匈人民指出了用国内革命结束帝国主义战争的道路。

苏维埃政府在其《和平法令》中向所有交战国建议，立即实现不割地、不赔款的和平，接着直接向德奥政府呼吁和谈。苏维埃俄国的态度也反映了奥匈人民的意愿，11月11日，维也纳5万多人示威，声援俄国革命。上、下奥地利各地都举行了声援俄国的集会。12月，维也纳出现的革命传单之一指出，"俄国人民和俄国革命者已向我们表明如何取得和平"，号召人民走俄国的道路，推翻资产阶级和地主政权。12月30日，维也纳地下工兵苏维埃建立。匈牙利社会民主党在广大工人的压力下，于11月25日在布达佩斯中心公园举行10万人的集会，著名演说家波卡尼·德发表了热情洋溢的演说，赞扬十月革命。大会决议明确地指出了要走俄国革命的道路。左翼社会民主党人阿利普里·久拉、兰德利尔·耶诺、鲁达什·拉和党外社会主义战士科尔文·奥托、沙拉伊·伊姆雷等，利用各种场合和途径，对社会民主党领导集团的改良主义进行了尖锐的批评，并在工人和士兵中积极进行宣传和组织工作。苏维埃俄国政府关于民族自决权的决定和《俄罗斯各民族权利宣言》在奥匈被压迫民族地区广为传播。

美国总统威尔逊于1918年1月抛出的《十四点》原则中，第10条主张使奥匈各民族得到"自治的发展"。在协约国各国政府支持下，1918年4月奥匈帝国各被压迫民族主要政党的代表会议在罗马召开。会议通过三项决定：（1）每个民族应有建立独立国家或与本民族国家合并的权利；（2）奥匈帝国是德国的工具和各被压迫民族实现自己权利的障碍；（3）共同反对全体人民的压迫者奥匈帝国。

罗马会议为奥匈各被压迫民族的独立作了组织上的准备。会议的决定得到法国总理克利孟梭和美国国务卿兰辛的赞同。威尔逊也于1918年夏修改了《十四点》原则，明确表示支持捷克斯洛伐克和南部斯拉夫的统一。6月3日，法、英、美、意政府还发表声明支持波兰独立。协约国和美国的态度对奥匈帝国解体和各民族的独立，也起了推波助澜的作用。

1918年1月，奥匈粮食供应出现危机，政府被迫将面粉定量减到每人每天165克。决定公布后，维也纳在1月4日发生了抗议罢工。从此，反对战争、反对饥饿、要求和平和民主的抗议浪潮席卷了从加里西亚到的里雅斯特的广大地区。据当时警方统计，奥地利罢工人数为：维也纳11万，下奥地利15万，施提里亚5万，上奥地利15万。同时，布达佩斯1月18日也有15万人罢工，到1月20—21日发展成全国总罢工。

一月总罢工具有鲜明的反对战争、要求民主的政治性质。工人不但反对降低粮食定量，而且强烈要求缔结和约，给人民以民主。维也纳、新维也纳、布达佩斯等地都成立了工人代表苏维埃。卡尔皇帝担心革命爆发，曾躲到大本营巴登。

一月总罢工鼓舞了亚得里亚海东部海岸港口卡塔洛的水兵和工人。在水手帕斯、格拉巴尔等的领导下，2月1日上午，停泊在港口的海军旗舰圣乔治号的水兵奏起马赛曲，升起红旗，鸣响礼炮，港内42艘军舰用长鸣的汽笛齐声响应，开始了起义。水兵们逮捕了舰队司令，选出水兵苏维埃，提出立即缔结和约、实现不割地不赔款的和平，要求民族自决和在奥地利和匈牙利两国成立民主政府。

海军司令霍尔蒂调集海岸炮兵和德军潜艇封锁了港口，于2月2日下午向被围的起义舰队进攻。起义水兵缺乏指挥经验，得不到内地支持，被迫于2月3日投降。800多名水兵被捕，帕斯、格拉巴尔等4人被处死。

卡塔洛水兵起义波及奥匈海军大部分部队，是一月总罢工的直接继续，是奥匈形成革命危机的重要标志。

1918年春夏之交，粮食问题更加严重。维也纳一到晚上就排起了领取次日面包的长队。加里西亚别列格县当时有8万人死于饥饿和瘟疫。5月1日，维也纳、布达佩斯、布拉格、布拉迪斯拉发、利沃夫、克拉科夫、萨格勒布等市的工人和市民把"五一"纪念游行变成了政治示威，提出明确的政治要求："土地归人民，工厂归工人""要民族自决""要社会主义国家"等。整个5月和6月罢工连续不断。饥饿、绝望的群众逐渐革命化。德兰西瓦尼亚雷希察的一名检察官报告说，罢工者已不满足于要求提高工资，而是提出了政权问题。

1918年6月17日，面粉定量降到82.5克。捷克、加里西亚、南部斯拉夫等地立即爆发反饥饿浪潮。抗征、抢粮的流血冲突时有发生。加里西亚、布科维纳、斯洛伐克和德兰西瓦尼亚发生夺地骚动。南部斯拉夫各地农民袭击地方政府，销毁债券，拒绝交纳地租和服劳役。6月17日，维也纳举行10万人总罢工。6月20日，左派社会民主党人埃诺·隆德莱在布达佩斯自由广场发表鼓动演说，号召政治总罢工。21日，全市所有工厂停工，电车停驶，报刊停印。工人代表会议向政府提出抗议并要求政府辞职，提出了反对战争，反对军事独裁，反对资本压迫，要求和平和国家民主化的政治主张。当局调动大量军队和宪兵才将工人镇压下去。

六月大罢工提出了包括改变国家政权的明确的政治目标，标志着奥匈帝国的革命危机已经成熟。

革命的爆发和帝国的崩溃

1918年初秋，奥匈帝国的战争机器已接近崩溃。

4年战争期间，奥匈军队死、伤、被俘和失踪者达500万以上，占居民总数的11%。战争结束前，前线物资极度匮乏，某些地区士兵三四天才能吃到一次面包，每天只能领到两三发子弹。衣服破烂不堪，伤员无医待毙。这种状况使士兵和低级军官的厌战反战情绪与日俱增，导致奥军7月在意大利皮牙韦河战役中的失败。[①] 军事失败又加剧了士兵的不满。第18步兵团拒绝出击，打死20名军官后全部逃走。1918年逃兵达80多万人。逃兵集聚山林，号称"绿军"，专门与官府作对。仅克罗地亚绿军即达5万名。驻守乌

---

① 1918年夏，奥匈在意奥战线集结大量军队，企图夺取彻底胜利。6月15日，奥匈军队在意大利东北部的皮牙韦河发动全面进攻。由于奥匈军队军需供应极差，士兵普遍厌战反战，军心涣散，被意大利军队于7月击败。

克兰的奥匈占领军受俄国革命的熏染，倾向革命。甚至维也纳驻军营地也被某些大臣视为"骚乱的策源地"。

由于军事形势的恶化，奥匈皇帝于 1918 年 8 月向德国表示，奥匈将被迫求和。9 月 15 日，奥匈的马其顿防线崩溃。9 月 29 日，保加利亚向协约国投降。10 月初，塞尔维亚大部为英、法军队光复，英、法军并进抵波斯尼亚和克罗地亚。10 月 4 日，英、法、美军把西部战线推移到德国境内。

奥匈政府在军事上已面临彻底垮台，表示愿意接受威尔逊的《十四点》原则，以期得到协约国的怜悯，维持帝国的完整。同时，政府表示愿意向被压迫民族让步。10 月 1 日，首相古萨莱克建议实行以"民族自治"为基础的联邦制。10 月 16 日，奥匈皇帝发表《致我奥地利各族忠实人民》的声明，表示愿意实行联邦制。已经成熟的被压迫民族的人民和政党懂得，政府此举在于延缓帝国的统治，表示坚决反对。匈牙利政府亦因不愿再受哈布斯堡宫廷的管辖，企图在摆脱奥地利统治后，维持匈属地区的完整和统一，也摒弃了皇帝声明。

10 月 18 日，威尔逊照会维也纳。提出：由于形势发生很大变化，"仅仅基于自治来对待奥匈各民族已不再可能"。奥匈外交大臣布里安伯爵把照会形容为一颗毁坏帝国大厦的炸弹。

奥匈政府决定立即实行君主立宪制，为维持帝国存在作出最后努力。10 月 21 日帝国议会改为临时国民议会，选举 20 名议员组成执委会，其中社会民主党议员 5 名。国民议会提议讨论扩大地方权力问题。然而，这时各族人民已经用不着上面的"恩赐"，自己动手夺取政权了。

1918 年 10 月 24 日，意大利军队在皮牙韦河一线发起总攻。奥军溃不成军，全线败退。统治阶级内外交困，再也无法维持原来的统治。革命的时机已经到来。

捷克首先宣告独立。整个 1918 年的秋天，捷克各地动荡不宁，工人和士兵的罢工示威连续不断，只有少数警备部队尚掌握在反动当局的手里，革命形势已经形成。以马萨里克为首的捷克民族委员会密切注视着国内外形势的发展。10 月 28 日，布拉格传来政府接受威尔逊和平条件的消息，工人、市民和士兵一起涌上大街，在瓦茨拉夫斯基广场等处示威，坚决要求独立。捷克民族委员会立即以革命领导机关的面目出现，于当天宣布独立。在人民群众支持下，经过 3 天的努力，控制了军队和政府机关。10 月 30 日，斯洛伐克民族委员会通过与捷克合并的决议。11 月 14 日宣布成立捷克斯洛伐克共和国，捷克人民党主席马萨里克任总统。

1918年9—10月，克罗地亚、斯洛文尼亚、达尔马提亚、沃伊沃了那等地爆发农民起义。1918年8月，斯洛文尼亚和伊斯特利亚民族委员会在卢布尔雅那成立。9月20日，波斯尼亚和黑塞哥维那人民会议成立。10月5—6日，有社会民主党参加的斯洛文尼亚，克罗地亚和塞尔维亚人民会议在萨格勒布成立，发表了争取独立和统一的宣言。10月下旬，南部斯拉夫各地的民族军队纷纷起义，支持民族政权。美、英、法、意、塞军队应当地民族政府的请求，占领沿海地区。经过南部斯拉夫各地民族势力的代表与塞尔维亚政府的谈判，塞尔维亚摄政王亚历山大于1918年12月1日正式宣布成立"塞尔维亚—克罗地亚—斯洛文尼亚王国"，统一了南部斯拉夫各地区。1929年定名为南斯拉夫。

德兰西瓦尼亚罗马尼亚民族党和匈牙利社会民主党罗马尼亚支部在民族解放运动中结成了联盟，1918年共同成立民族委员会并组织了武装卫队。10月底，民族委员会依靠工人、农民和士兵，控制了德兰西瓦尼亚各地的政权。1918年12月1日，德兰西瓦尼亚罗马尼亚人大国民议会在阿尔巴—尤利亚召开，通过了德兰西瓦尼亚与罗马尼亚统一的决议。布科维纳也于11月28日举行了类似的会议，宣布与罗马尼亚统一。

1918年1月和10月，华沙等地两次举行总罢工，建立了工人委员会。资产阶级及其合作者社会民主党掌握了民族解放运动的领导权。10月9日在克拉科夫成立了波兰民族委员会（11月7日迁到卢布林）。波兰实现了独立和统一①。

1918年10月，奥地利工人罢工再次出现高潮。维也纳、新维也纳、林茨、格拉茨等地工人代表苏维埃重新建立。新维也纳工人控制了飞机场和车站等。许多军队驻地也选出了士兵委员会。工人和士兵提出了和平、自由、共和国和社会主义等要求。10月28日，维也纳宣布总罢工，示威群众高呼"和平万岁""打倒君主制度"。10月30日，示威群众包围了临时国民议会，控制了首都局势。奥地利出现了类似俄国1917年2月底的形势。资产阶级政府10月30日召集临时国民议会，将社会民主党推到前台收拾残局。10月31日，以社会民主党人卡尔·伦纳为首的政府宣布成立。新政府立即控制工人、士兵苏维埃，将它变成了工会式的组织。社会民主党领袖奥托·鲍威尔

---

① 参见本书《波兰的复国》一文。

说，"人民已经取得胜利"，以后的任务是等待社会"自行转变为社会主义"。这种机会主义的态度严重损害了工人运动的发展。

11 月 3 日，在意大利城市帕多瓦签署了停战协定，奥、匈除了保留 20 个师的和平部队外，其余军队全部复员，盟国军队可以自由进出奥、匈。11 月 11 日皇帝退位并离开奥地利。11 月 12 日临时国民议会正式宣布奥地利共和国成立。

1918 年 10 月 24 日和 25 日，布达佩斯先后建立工人和士兵苏维埃，提出了建立共和国、土地改革和工厂国有化等要求。10 月 30 日，布达佩斯工人和士兵起义。10 月 31 日，以独立党首领卡罗利为首的自由资产阶级和社会民主党的联合政府成立。11 月 13 日，联合政府与协约国缔结停战协定，11 月 16 日宣布成立共和国①。

奥匈帝国由于军事失败和资产阶级民族民主革命的胜利而完全解体。各民族国家在独立自主的道路上迈开了新的历史步伐。

---

① 参见本书《1919 年匈牙利苏维埃共和国》一文。

德国十一月革命

严志梁

1918 年德国爆发的十一月革命，是德国历史上自 16 世纪农民战争以来最重大的革命事件。十一月革命作为一次资产阶级民主革命，推翻了德国的帝制和各邦王公的专制政权，建立了议会制的魏玛共和国，推动了德国历史的前进。然而，在这场革命中，坚持社会主义要求的无产阶级党派和广大工人群众遭到了残酷的镇压；无产阶级夺取政权、建立苏维埃共和国的一些尝试先后遭到失败。

革命的开端

十一月革命是德国在第一次世界大战期间社会矛盾激化的结果。

延续了 4 年多的帝国主义战争严重破坏了德国的经济。200 万精壮劳力葬身战场，连同被俘和受伤的共达 750 万人，约占全德人口的 1/6。战争使工业产量下降了 50%，农业产量下降了 40%—60%。

德国经济的破坏并没有影响垄断资本家和容克地主的利益，相反，他们利用战争大发横财，在 4 年多的战争中共获得 500 亿金马克的巨额利润。仅克虏伯股份公司就盈利 8 亿马克，约为战前和平年景 20 年的利润。

战争造成的灾难全部转嫁到劳动人民身上。粮食供应因战争和收获不佳而剧减。1916—1917 年民众过了一个"萝卜冬季"，饥寒交迫。战争后期，德国的粮食和原料库存枯竭，约有 100 万老人、妇女和儿童因营养不足而死亡。人民的不满和反抗情绪在增长。

俄国的十月革命给德国人民树立了一个令人鼓舞的榜样。苏俄对和平的强烈呼吁，增强了德国人民和士兵反对帝国主义战争、争取和平的斗争。反战情绪在德军的前线和后方蔓延，逃兵数以万计。在东线，德、俄两国士兵的联欢事件越来越多。

大战期间，人民群众反战斗争的规模越来越大，政治色彩越来越浓。1916 年 5 月 1 日，数千名柏林工人在波茨坦广场举行反对战争的示威，提出了要求"面包、自由、和平"的口号。1917 年 4 月，全德将近 30 万人举行罢工，斗争中心是柏林，并波及鲁尔、莱比锡等地。1918 年 1 月，罢工浪潮又席卷德国各大工业中心——柏林、汉堡、不来梅、基尔、鲁尔区、德累斯顿、慕尼黑等地，罢工人数超过 50 万。罢工者要求政府按照苏俄的建议缔结和约，改善居民食物供给以及在德国建立民主制度。1918 年罢工工人总数达 250 万之多。

俄国十月革命之后，德国迫使苏俄接受了掠夺性的布列斯特和约。这并没有减轻它的经济负担和军事负担，反而使它陷入被占领地区人民的包围之中，约有 52 个师的兵力被牵制在东线。

在败局已定的情况下，德军在西线再度发动几次大规模进攻。1918 年 3 月 21 日，德军向索姆河口进攻；5 月 27 日，向马恩河进攻，虽然取得了一些进展，但到 7 月中又被逐回原来的阵地。8 月 8—13 日，英法军队对德军发起了最后一次进攻战——亚眠战役。德军遭到重创，在 75 公里长的战线上退却了 10—18 公里，损失近 5 万人。

德国的军事崩溃即将来临。以兴登堡和鲁登道夫为首的将军们主张立即签订妥协性的和约，以保存力量。统治集团开始探索迅速缔结和约的途径。一些政治家觉得，突然提议媾和，可能会招致国内的强烈不满，比较稳妥的办法是由一个受国会信任的新政府出面媾和。于是保守的赫脱林内阁被一个联合政府取代，号称"自由派"的巴登邦亲王马克斯被任命为帝国首相。德国社会民主党人谢德曼和鲍威尔也成了政府成员。

1918 年秋天，德国革命的形势开始成熟。不幸的是：德国当时还没有一个坚持革命的无产阶级政党。原来在工人群众中拥有广泛影响的德国社会民主党，在第一次世界大战以前就分裂为左、中、右派。右派以 1913 年当上党主席的艾伯特为首，奉行机会主义政策，大战爆发后，便公开支持资产阶级的政策。中派的领导人为理论家考茨基和 1911 年当选社会民主党两主席之一的哈塞。他们反对右派赤裸裸的资产阶级政策，于 1917 年 4 月脱离社会民主党，另行建立独立社会民主党，以吸引先进工人。左派即马克思主义革命派，以卡尔·李卜克内西、罗莎·卢森堡等著名活动家为首。他们在 1916 年建立了"斯巴达克团"，办刊物，印传单，广泛开展革命宣传活动，但它还不是独立的无产阶级革命党，它于 1917 年 4 月在组织上加入了独立社会民主党。

十一月革命不是从国家的政治中心开始，而是从德国西北地区的基尔港开始的。1918 年 10 月底，德国海军总司令、海军上将冯・谢尔命令舰队出海同英国人决战，目的是以舰队"光荣的沉没"的行动，来鼓舞陆军的士气。这显然是要 8 万名水兵去白白送死。水兵们不执行这道命令。当局采取高压手段，逮捕了上千名水兵。11 月 3 日，基尔港的水兵上街举行群众大会，码头工人也来参加。卫戍部队士兵拒绝向水兵开枪。集会群众要求释放被捕的水兵。几千人朝监狱方向行进，在十字路口遭到舰队下级军官队伍的射击，当场有 8 人被打死，29 人受伤。对和平队伍的枪杀更加激怒了水兵，他们迅速武装起来。11 月 4 日，基尔的士兵苏维埃成立。同日，基尔工人苏维埃也成立，它决定于第二天举行总罢工，以支持起义的水兵。政府从汉堡和卢卑克派来镇压的军队，有的参加了起义队伍，其余的被解除了武装。基尔的政权落到了工人、水兵苏维埃手中。

基尔水兵起义揭开了德国十一月革命的序幕。革命火焰迅速蔓延到德国各地。11 月 5 日，卢卑克士兵起义，军官被逮捕，工兵苏维埃取得了政权。11 月 6 日，汉堡所有的造船厂工人举行了罢工，停泊在码头的军舰升起了红旗。工人、士兵和水兵举行示威游行，要求撤换卫戍司令法尔克。游行队伍在通过易北河隧道时遭到了机枪扫射，9 人被打死，几十人受伤。愤怒的工人和士兵攻占了武器库、兵营和车站，城市的政权转到了工兵苏维埃的手中。11 月 7 日，巴伐利亚王朝被推翻。11 月 8 日，不来梅・罗斯托克、不伦瑞克、什未林、德累斯顿、莱比锡等城市都建立了工兵苏维埃。不久，萨克森、符腾堡等邦的君主相继被赶下台。

革命的火焰燃烧到了首都柏林。这时德皇威廉不在首都，他于 10 月底到了前线作战指挥的大本营——比利时的小城镇斯巴。社民党领导人以退出政府为威胁，迫使帝国首相马克斯通电德皇，要求他逊位，把皇位传给他的一个孙子。他们企图用这个办法拯救在革命浪潮中行将覆灭的帝制。斯巴达克派坚决要求废除帝制，建立社会主义共和国，号召首都劳动者为实现这一目标而举行总罢工和武装起义。

11 月 8 日，在革命斗争过程中诞生的柏林工人苏维埃有两名领导人被捕。于是工人苏维埃通过决议：11 月 9 日举行总罢工和武装示威游行。这天清晨，雄壮的工人队伍走出工厂大门，涌上街头。数万名工人从郊区向市中心集中，向宫廷、国会、帝国办公厅前进。政府专门从汉堡调来"维持秩序"的猎骑兵第 4 营倒戈支持工人。接着，柏林卫戍部队和有些近卫团的士兵纷纷倒戈。只在一个普鲁士兵营前发生了小小的武装冲突，有 3 名工人被打死。工人和士兵很快占领了警察总局；政府各部、电报局、国会大楼，到处升起了红旗。

革命火焰迅猛蔓延，使统治集团手忙脚乱。马克斯没有等到德皇答复退位问题的电报，已顾不得皇帝本人及军阀们是否同意，便在 9 日中午宣告"（帝国）皇帝兼（普鲁士）国王"威廉二世逊位（18 天后，即 11 月 28 日，威廉二世本人才正式宣告退位），并擅自决定，他代表退位的德皇建议社民党领导人艾伯特任帝国首相，企图用这种办法为拯救帝制作出最后的努力。

这时候，连艾伯特也感到，帝国首相这个官衔已没有什么实际意义了，因为人民要求推翻旧政权，群众信任的只是各地涌现的工兵苏维埃。因此，艾伯特等人竭力渗入苏维埃，夺取领导权。11 月 9 日下午，他们决定用"工兵苏维埃"的名义发布传单，号召工人举行早已开始了的示威游行。传单声称这次"运动是由德国社会民主党和德国独立社会民主党所共同领导的"。为了骗得群众的信任和支持，另一位社民党领导人谢德曼在临时安排的对群众演说中，竟欺骗性地擅自宣布德意志为民主共和国。仍然企图维持君主制度的艾伯特对谢德曼的演说十分不满，大发雷霆。

为了使革命深入发展，斯巴达克派在 11 月 9 日出版号外，提出了 14 条要求，其中有：取消戒严状态；释放政治犯；解除警察和反动官兵的武装；解除帝国首相、国务大臣及秘书的职务；把工厂、银行等交给工兵苏维埃；选举拥有立法权、行政权的全德工兵苏维埃，等等。这天下午 4 时，卡·李卜克内西站在帝国皇宫阳台上，向广大工人和士兵发表激动人心的演说，他宣布德意志为自由的社会主义共和国。

艾伯特、谢德曼等人建议独立社会民主党人与社民党人联合起来，组成所谓"统一的社会主义政府"。独立社民党右派领导人哈塞等人接受了此项建议。两党达成协议，决定建立联合政府，由 3 名社民党人（艾伯特、谢德曼和兰兹贝格）和 3 名独立社民党人（哈塞、狄特曼和巴特）组成。独立社民党人"原则上"同意召开立宪会议，而社民党人则在形式上"承认"："政权在苏维埃手中"。

11 月 10 日下午 5 时半，柏林工兵苏维埃代表大会在布什马戏院开幕。约有 3000 人到会，士兵占绝大多数。艾伯特在发言中把革命成果的获得完全归功于社民党人。他告知大会将成立两党平等的"社会主义"政府，博得了赞成的掌声。大会通过了艾伯特提议的政府成员名单，该政府设有权利平等的两名主席——艾伯特和哈塞。政府取名为"人民全权代表委员会"。

11 月 12 日，人民全权代表委员会公布了《纲领性声明》，它宣布取消戒严状态，取消书刊检查，宣布言论、出版、集会自由；实行政治大赦；宣布从 1919 年 1 月 1 日起实行 8 小时工作制；但是关于失业救济、社会保险、解决房荒等问题讲得十分含糊。《纲领性声明》宣称：从革命中诞生的"社会主义"政府的任务是实现"社会主义的纲领"，但是却没有提出实行社会主义的政策措施。它根本不提生产资料的社会化，却明确宣布保护资本主义所有制，它没有谈到工兵苏维埃的作用，却宣布实行普选制和召开立宪会议。人民全权代表委员会的施政纲领说明：它实质上是一个资产阶级政府。

社会民主党各派对革命的态度及其演变

十一月革命爆发后，对于革命航船应驶向什么目标，社民党、独立社民党和斯巴达克派各有自己不同的看法。

社民党领导人主张进行"国民"会议的选举，尽快建立"合法"的政府。社民党的《前进报》载文说：我们握有暴力，但我们只利用暴力来建立正义的政权，不是"全部政权归苏维埃"，而是全部政权归整个"国民"。他们实际上主张建立和巩固资产阶级议会制。

斯巴达克派努力为建立工人阶级的政权而斗争，主张"全部政权归劳动群众，归工兵苏维埃"。斯巴达克派的领袖正确地把立宪的国民会议看作资产阶级的政权。卢森堡在《国民会议》一文中写道，召开国民会议"将加强资产阶级的地位，削弱无产阶级的地位，并以空洞的幻想蒙蔽无产阶级，将时间浪费于狼和羔羊的无谓争论上，一句话，将帮助那些企图消灭无产阶级革命，消灭社会主义的人，将帮助那些企图把无产阶级革命限制在资产阶级民主革命范围里的人"。

独立社民党人的态度介于社民党人和斯巴达克派之间，其左派领导人、柏林苏维埃执委会主席缪来尔反对召开国民会议，其右派领导人哈塞、巴特等人支持召开立宪的国民会议，而集体通过的决议是：既召开苏维埃代表大会，也召开立宪会议；苏维埃执委会对政府只行使"监督权"。

列宁在 1919 年 1 月谈到德国十一月革命的根本问题时指出："或者是

'苏维埃政权'，或者是打着各种招牌（像'国民'会议或'立宪'会议之类）的资产阶级议会。世界历史就是这样提出问题的"①。苏维埃政权和资产阶级议会，这两者是不可调和的。独立社民党企图使苏维埃执委会对资产阶级政府实行监督，但是正如列宁所说："没有政权，监督就是空话。"②

德国十一月革命中诞生的工兵苏维埃，除在不来梅、莱比锡、不伦瑞克等少数地方掌握了实际政权外，在大多数地方并不掌握实际政权，政权仍旧在资产阶级手里。革命虽然推翻了帝制，但帝国时期的旧官吏和旧军官继续留任。容克资产阶级政党改头换面又活跃起来。保守党改名民族人民党，民族自由党改名人民党，其左翼与进步自由党合并，组成民主党，中央党还保留原有名称。旧军官也四处出动，组织所谓"志愿部队"。专门对付革命工人。

在柏林，围绕拥护苏维埃政权还是拥护"国民"会议的问题，斗争十分激烈。主张建立资产阶级议会制的社民党领导人，对来自右的方面的危险熟视无睹，却时刻提防左派的力量，他们甚至利用反革命的势力，来钳制苏维埃和打击斯巴达克派。

11月10日，艾伯特和德皇军队的总司令——陆军元帅兴登堡签订了秘密合作协议，共同"反对布尔什维主义"。他们计划调集10个师团，全副武装开进柏林，驱散工兵苏维埃，解除工人武装，解散"不可靠的"部队。只是由于缺少可靠的部队，一时凑不齐这些师团，才不得不采取逐步打击苏维埃的办法。他们保留了德皇政权的国家机器。政府10个部中有8个部的权力仍操纵在前德皇的国务大臣手里；帝国的军官、法官、外交官及其他官员被大量留任；兴登堡被留任军队总司令。不久，在士兵中流传着由兴登堡署名的传单。传单上写道，如果由斯巴达克派和独立社民党的激进分子掌权，德国就会出现俄国那样的局面，协约国将不同德国签订和约，德国将被分裂，传单最后号召士兵支持艾伯特政府。许多反动军官在艾伯特等人的默许或赞助下，搜罗社会上的失业退伍军人、游民和流氓，组织了形形色色"志愿部队"的反革命武装，在柏林街头寻衅闹事，专门对付革命的工人和士兵。

根据当时出现的种种迹象，李卜克内西在给12月2日《红旗报》写的

---

① 《列宁全集》第28卷，人民出版社1956年版，第409页。
② 《列宁全集》第24卷，人民出版社1957年版，第202页。

社论中指出，柏林有发生反革命叛乱的危险。12月6日，柏林果然发生了反革命叛乱。柏林卫戍司令威尔斯集合了一大批士兵和下级军官，在帝国首相官邸前宣布艾伯特为共和国总统。暴乱分子袭击了斯巴达克派的《红旗报》编辑部，闯进了柏林苏维埃执行委员会，以所谓"反对艾伯特和谢德曼"的罪名逮捕了一些委员。斯巴达克派立即在首都组织革命工人和士兵示威，抗议艾伯特政府和反革命势力对革命的进攻。下午6时，游行队伍遭到暴乱分子的袭击，16人被打死，30人被打伤。柏林工人和驻在柏林倾向革命的人民海军师迅速向暴乱分子进行反击。由于陆军司令部原定用以包围柏林的"可靠"部队的延误，反革命暴乱被粉碎了。7日和8日，15万柏林工人举行盛大的示威游行，高呼"打倒血案祸首艾伯特—谢德曼政府！""全部政权归工兵苏维埃"等口号。艾伯特政府被迫作出声明，承认苏维埃对政府有"监督权"，但又声称这两股力量应采取完全一致的行动。

反动势力不得不暂时退却，社民党右翼领导人决定从内部搞垮苏维埃。12月16日至21日举行了全德工兵苏维埃代表大会。出席大会的社民党代表有288人，独立社民党代表有87人（其中斯巴达克派只有10人），无党派士兵代表有27人，资产阶级政党成员有25人。在大会开幕的那天，斯巴达克派为了使大会作出有利于革命的决议，发动了约有25万人参加的大示威游行，提出了"解除反革命武装""全部政权归工兵苏维埃"等要求。但是大会在社民党右翼领导人操纵下，通过了有利于资产阶级的决议：召开"国民"会议，在"国民"会议召开之前，把全部立法权、行政权交给艾伯特政府；大会选出的苏维埃中央理事会只具有"监督"政府的权力。

社民党领导人知道，全德苏维埃代表大会虽然作出了有利于资产阶级的决议，但政权问题的最后解决还得诉诸武力。艾伯特政府一方面厉兵秣马，扩充自己的武装，另一方面制造阴谋，削弱无产阶级的武装力量。为了使列吉将军在柏林郊区组建的反革命军队进驻柏林，它蓄意制造阴谋，使人民海军师陷入"混乱状态"。人民海军师原来驻守皇宫，它的3000名水兵是充满反叛情绪的年轻人，12月6日曾协助柏林工人粉碎了反革命叛乱，以后又日益革命化，成了反动势力的眼中钉。政府为了将它调离柏林，暗中散布谣言，诽谤该师水兵在守卫皇宫时盗窃了大量珍宝财富。柏林卫戍司令威尔斯乘机停发了人民海军师的军饷。人民海军师司令多林巴赫带领部分水兵于12月23日来到柏林卫戍司令部，同威尔斯谈判。这时在大街上等待谈判结果的水兵突然遭到卫戍部队的袭击，当场有2人被打死，3人受重伤。愤怒的水兵逮捕了威尔斯，把他押往练马场大楼。当天晚上，列吉将军的军队——配备有大炮的近卫骑兵部队开进柏林。24 日清晨，政府军包围了皇宫和练马场，命令水兵交出武器，释放威尔斯。水兵们拒绝了这些要求，皇宫和练马场大楼遭到了大炮的轰击。双方激战两个小时。接着大批来自柏林北部各企业的工人涌向皇宫，其中有很多妇女和孩童，他们渗入政府军的士兵群众中，迫使他们停止了战斗。水兵和政府之间开始了谈判。结果政府同意水兵留在柏林，但要离开皇宫，还要保证不参加反政府的活动。列吉的部队返回原来的宿营地；威尔斯被解除了卫戍司令的职务。

这次流血事件中 60 多名牺牲者的鲜血，使许多工人认清了艾伯特政府的面目。在群众的压力下，独立社民党的代表哈塞、迪特曼和巴特于 12 月 27 日退出了艾伯特政府。

革命的进程使斯巴达克派觉悟到，必须组织独立的无产阶级革命党。

还在十一月革命刚开始时，就有许多斯巴达克派成员要求退出独立社民党而单独建党。但是卢森堡认为，斯巴达克派应该继续留在那里，争取群众，排挤掉机会主义领导人，变独立社民党为无产阶级革命党。她还认为，斯巴达克派如果不留在独立社民党内做争取群众的工作，就有在革命浪潮中脱离群众的危险。卢森堡的观点得到了斯巴达克派另一领导人约吉歇斯的支持，因此在 11 月 10 日的会议上，斯巴达克团仅仅改组为斯巴达克同盟。同盟虽然有自己选出的中央委员会，能够领导在全国各地开始建立的支部，但它还不是独立的政党，组织上仍留在独立社民党内。

在革命过程中，斯巴达克派不断批评独立社民党右派领导人的妥协政策，谴责他们加入艾伯特政府，反对他们支持召开"国民"会议的态度，但都不能改变哈塞等人的妥协政策。圣诞节前的流血事件发生后，由于独立社民党领导人对政府刁难水兵的事件不肯明确表示态度，斯巴达克派终于同独立社民党决裂。12 月 29 日，斯巴达克派在柏林召开了全国代表会议。到会的有 46 个地区的 83 名代表。经过简短的讨论，会议以 80 票对 3 票的多数，通过了关于建立德国共产党的决议。

1918 年 12 月 30 日，召开了德国共产党成立大会。大会由威廉·皮克主持。李卜克内西作了关于独立社民党的危机的报告，阐明了从组织上脱离社民党的必要性。卢森堡作了关于党的纲领的报告。大会选出了由 12 人组成的党中央委员会，其中有李卜克内西、卢森堡、约吉歇斯、皮克等。

卢森堡起草的《纲领》，即在 12 月 14 日《红旗报》上刊载的《斯巴达克同盟要求些什么?》一文，经大会稍作修改，被确定为德国共产党的纲领。《纲领》指出：资产阶级的阶级统治是造成千百万人死亡的世界大战的根源，只有无产阶级的世界革命，只有社会主义才是人类当前唯一的救星，工人阶级只有通过"武装革命"才能取得统治权，而共产党人是这种革命的先锋战士；工人阶级专政即政权归工兵苏维埃，消灭生产资料的资本主义所有制，建立工人赤卫队以保卫革命成果等。《纲领》确定了政治、社会和经济各领域的当前任务：建立统一的社会主义共和国；打碎旧的国家机器；全部政权归工兵苏维埃；没收王室财产；废止国债和战债；没收银行、矿井、大工厂、商业单位、交通企业和大地产；立即解除警察、军官的武装，建立工人民警和赤卫队，等等。但是《纲领》也包含了一些错误，如对政权的意义估计不足，表现了斯巴达克派对夺取政权的消极态度。在《纲领》的最后部分有这样的思想："即便是谢德曼、艾伯特已经破产，独立社民党人因与他们合作而进入了死胡同，斯巴达克同盟也拒绝掌握政权。只有当德国无产阶级群众的大多数明显地表示出这种愿望的时候，只有当这些群众自觉地接受了斯巴达克同盟的观点、目的和斗争方法的时候，斯巴达克同盟才会夺取政权。"这表明年轻的德国共产党尚缺乏政治斗争经验，也缺乏历史使命感。《纲领》对无产阶级革命同盟军的问题也注意不够，没有提出给贫雇农分配土地这样的能吸引农民群众参加革命的措施。《纲领》虽然包含了一些错误，可是它毕竟是马克思恩格斯逝世以后德国工人运动史上革命的、最符合马克思主义的一个纲领，在德国十一月革命中发挥了重要作用。

　　德国共产党的建立不仅推动了德国共产主义运动的发展，而且具有国际意义。由于德国社会民主党在第二国际的各党中力量最强，影响最大，居于主导的地位，所以它的左派摆脱机会主义的羁绊，建立了独立的无产阶级革命政党，对欧洲其他国家共产党的诞生起了巨大的促进作用。因此列宁认为，德共的建立表明："真正革命的第三国际即共产国际就在事实上成立起来了。"①

柏林的一月战斗

　　德共建立以后，反革命势力加紧镇压革命工人。1919 年 1 月 4 日，一位

---

① 《列宁全集》第 28 卷，人民出版社 1956 年版，第 408 页。

颇受工人爱戴的左派独立社民党人埃喜霍恩被艾伯特政府撤去柏林警察总监的职务。这原是柏林唯一不属于社民党人的职务。政府此举不仅是为了把持这一重要的职位，以削弱革命的力量，也是想以此诱使工人去进行没有准备的战斗。

愤怒的柏林工人果然在1月5日举行了抗议示威游行。德共号召工人提出下列要求：恢复埃喜霍恩的职务，解除反革命的武装，武装工人。1月5日晚上，柏林的工长举行会议，号召工人于次日开始群众性的罢工。会上建立了由独立社民党人和共产党人组成的"革命行动委员会"，领导人为左派独立社民党人列德堡、硕尔泽和共产党人李卜克内西。革命行动委员会号召推翻艾伯特政府。对此德共中央并不同意，认为时机尚未成熟，因为在柏林的工人尚未组织起来，反动势力在市郊集结了相当数量的军队，不用说农村，就是一些革命城市也没有立即支援柏林工人的准备。1月6日，柏林爆发总罢工，上街游行工人达50万。大批工人向市中心集中，革命行动委员会把从警察总局和其他一些地方得来的武器发给工人。因此，示威游行者有了部分的武装保卫力量。许多工人决心大干一场。面对声势浩大的运动，独立社民党领导人动摇了，他们刚刚还主张推翻政府，现在却主张坐下来同政府谈判。1月6日晚上，革命行动委员会以51票对10票通过与政府谈判的决议。

谈判还在进行，政府却早已决定采取武力镇压了。1月6日早晨，政府和全德苏维埃中央理事会召开了联席会议，艾伯特和另一名社民党领导人诺斯克要求用武力对付革命工人，没有人反对。有人提议近卫骑兵师师长霍夫曼将军担任总指挥，许多人怕引起广大群众的愤怒而否决了这项提议。当有人推举诺斯克担任这个角色时，诺斯克说："总得有人来做嗜血狗，我不怕担这个责任。"被任命为柏林总督、政府军总司令的诺斯克立即调兵遣将，准备血洗柏林。

那几天，在柏林的一些地方已经发生激烈的冲突，工人占领了火车站、电报局、印刷厂、铁路管理处等地方。但半个月前由于柏林工人支援才得到解围的人民海军师，却准备履行不参加反政府活动的保证，在这次冲突中采取"中立"态度。

1月8日晚上，革命行动委员会同政府的谈判破裂。独立社民党左派领导人号召工人坚持武装斗争，但是却没有对武装起义进行具体的组织和技术指导。年轻的德国共产党在柏林只有300多名党员，力量很弱，还不足以独立地组织和领导起义。政府军加紧了对革命工人的进攻。

1月11日晨，诺斯克指挥政府军进攻被革命工人占领的《前进报》报社大楼，用榴弹炮发射了70多发炮弹。楼的正面被轰毁，存纸仓库起火，大楼被占领，300多名工人被俘。当天深夜，政府军开始用榴弹炮和掷弹筒轰击约有300名工人守卫的警察总局。12日晨，士兵冲进大楼，开始了疯狂的镇压，俘虏遭毒打，许多人被就地枪杀。诺斯克要求工人交出武器；政府宣布共产党员不受法律保护。据官方缩小了的统计数字，柏林在1月被打死156人。

在激烈冲突的日子里，士兵中流传着一些传单，说谁杀死李卜克内西和卢森堡，谁就可得到奖赏。共产党人和革命群众劝说这两位领导人采取一些预防措施。他们同意变换寓所，但是不想停止在《红旗报》的工作，他们在纽科伦区隐藏了两天，后来又藏在柏林区——曼海姆路上的维尔迈村一个私人寓所。1月15日晚上，这个地点被社民党"国会"团"第14组"的密探侦破。当晚他们被资产阶级的"自卫民团"逮捕，被解送到动物园附近的艾登旅馆。驻守在那里的近卫骑兵师司令部下令将被捕者逐个押往莫阿比特监狱。先后被带走的李卜克内西和卢森堡，遭到出口处站岗的轻骑兵用枪托猛击，然后在途中被反动军官枪杀。第二天谣言四起，说李卜克内西是在企图逃跑时被击毙的，而卢森堡则是被愤怒的人群用私刑杀害的，连尸体也找不到（卢森堡的遗体于1919年5月31日在兰德维尔运河被发现）。德国反动分子的残暴屠杀，激起了德国和全世界无产阶级的极大愤怒。

1919年1月19日，在白色恐怖的气氛中进行国民会议的选举。社民党和独立社民党在3000万选票中只得了1400万票，占有45.5%的席位；各资产阶级政党共得了1600万票，取得了54.5%的席位。共产党抵制了这次国民会议。

2月6日，"国民"（制宪）会议在土林根的一个小城市魏玛开幕。当天，全德工兵苏维埃中央理事会通过决议，把从"全德工兵苏维埃代表大会取得的"权力交给"国民"会议。11日，"国民"会议选举艾伯特为共和国总统。12日，谢德曼组织政府，社民党公开地同资产阶级政党组织了联合政府。

革命的余波

柏林无产阶级的一月战斗得到了德国许多地区工人的响应。1915年1—

5月，德国的工人运动继续广泛开展。这时期，广大工人的政治觉悟有了进一步的提高。他们通过刽子手诺斯克的血腥暴行，进一步看清了社民党右翼领导人所奉行的罪恶政策。同时，工人的经济状况进一步恶化。由于军工生产的缩减和军队复员、失业人数剧增，到1919年2月，失业大军超过100万，仅柏林一地就超过30万。广大劳动人民为争取生存权利，加强了革命斗争。

不来梅的斗争很激烈，那里的共产党组织领导人约翰·克尼夫享有很高的威望。早在1918年12月24日，不来梅苏维埃就拒绝承认全德苏维埃代表大会关于把政权交给"国民"会议的决议。1919年1月10日，不来梅宣布成立社会主义共和国，建立了由共产党人、独立社民党人及士兵代表组成的政府。不来梅苏维埃政权实行了民主改革。增加失业津贴，提高工人工资，对资产阶级报刊实行新闻检查制度。1月11日，靠近汉堡的小城库克斯港也宣布成立苏维埃共和国。

诺斯克镇压了柏林工人斗争后，立即调遣一个师的政府军去消灭不来梅和库克斯港的苏维埃共和国。不来梅和库克斯港的工人向汉堡工人求援。由于汉堡的社民党领导人拒派援军，汉堡苏维埃的成员台尔曼直接向汉堡工人呼吁，号召他们组成志愿军前去支援。但是工会领导人命令铁路局不准运送这些志愿军，援兵只得步行而未能及时赶到。2月初，这两个城市的苏维埃政权先后遭到镇压。

鲁尔区工人在1919年1月要求实现矿井社会化。诺斯克调军队前去镇压。鲁尔区的工人士兵苏维埃于2月16日号召工人举行总罢工。有的地方的工人夺取枪支、大炮和手榴弹，同政府军发生冲突。"国民"会议为了欺骗工人，通过了所谓"关于煤炭工业社会化"的法律。但是这项法律根本没有触及矿井所有权的问题。

2月下旬，德国中部地区的矿工也举行大罢工，要求实现矿井社会化。

为了支援鲁尔区和德国中部的矿工，柏林无产阶级斗争再次高涨起来。在一月战斗中持"中立"立场的柏林苏维埃也不得不行动起来。它在工人的压力下，于3月3日通过了举行总罢工的决议，要求政府释放被捕的工人，解散反革命的"志愿部队"，承认苏维埃，同苏俄恢复外交关系等。3日当天，诺斯克宣布首都戒严，工人和警察在街头发生冲突。5日，工人斗争发展为武装起义。政府军在工人密集的区域竟动用飞机和大炮轰击。由于力量悬殊，起义失败。在柏林三月战斗期间，约1200名工人殉难。

镇压了柏林工人起义后，政府加强了对鲁尔区和德国中部工人的镇压，屠杀浪潮席卷全国。

巴伐利亚无产阶级的斗争，在德国十一月革命史上谱写了光辉的一页。十一月革命之初，巴伐利亚的君主制度被推翻，成立了以独立社民党人埃森奈尔为首的共和政府。1919 年 2 月 21 日，埃森奈尔被保皇党人刺杀。3 月 17 日，成立了以社民党人霍夫曼为首的新政府。由于广大工人对苏维埃制度的向往，霍夫曼政府打出了"苏维埃"政府的招牌。4 月 7 日，独立社民党人宣布巴伐利亚为"苏维埃"共和国，多来尔组织了自称的"苏维埃"政府。这个政府保留了全部旧的国家机器，也没有采取任何有利于社会主义的措施。

从慕尼黑逃到巴伐利亚北部的霍夫曼政府声称，它仍然是巴伐利亚的"合法"政府。在它的策动下，4 月 13 日，慕尼黑发生了反革命叛乱。反革命分子逮捕了多来尔政府的成员后，集中力量打击共产党。自称的"苏维埃"政府投降了。共产党号召工人举行总罢工，号召工兵苏维埃清除叛徒，同反革命势力进行斗争。革命的工人、士兵镇压了反革命暴乱后，把政权授予由工厂委员会和士兵苏维埃所建立的行动委员会，其中起领导作用的是以欧根·莱威奈为首的共产党人。这样就建立了真正的巴伐利亚苏维埃共和国。

巴伐利亚苏维埃政府立即解除资产阶级武装，建立赤卫队和红军，武装了 3 万工人；对银行和工厂实行国有化；没收存粮分配给工人；成立肃反委员会。

但苏维埃政府的处境很困难。霍夫曼政府在谢德曼全德政府支援下，建立了 6 万人的军队，于 1 月 19 日开始向慕尼黑进攻。红军战士英勇作战，取得一些胜利。但独立社民党领导人在关键时刻却动摇了，苏维埃政府的防务因而被削弱。4 月 26 日，在苏维埃的例行全会上，多来尔同一伙企图妥协的独立社民党人发动了诬蔑共产党人的宣传运动，利用极端困难的粮食问题，迫使共产党人退出政府。重新被多来尔控制的行动委员会企图通过谈判进行妥协。接替多来尔指挥前线一个战斗阵地的独立社民党人克林格尔霍费尔不战而退，把阵地送给敌人。5 月 1 日，霍夫曼军攻入慕尼黑，共产党人领导的那部分红军顽强抵抗，逐街防守，坚持数日，至 5 月 5 日战斗才结束。

巴伐利亚苏维埃政权被颠覆了。无产阶级建立苏维埃政权的尝试遭受了严重挫折。德国十一月革命至此结束。

　　尽管德国在第一次世界大战前已经具备了无产阶级社会主义革命的经济前提，工人群众向往社会主义，在革命过程中，巴伐利亚、不来梅等地还一度建立了苏维埃政权，但是总的来说，取得无产阶级社会主义革命胜利的主客观条件还未充分具备，革命的领导力量还不成熟，因此不仅没有取得无产阶级革命的胜利，甚至连资产阶级民主革命的任务也没有彻底完成。尽管如此，德国十一月革命还是为国际无产阶级的革命运动提供了宝贵的经验教训，在世界现代史上谱写了光辉的一页。

波兰的复国

刘邦义

　　18 世纪后半叶，波兰贵族共和国被俄国、普鲁士和奥地利三国瓜分。波兰人民备受亡国和民族压迫之苦，经过长达 123 年百折不挠的斗争，终于在 1918 年重新获得独立。

第一次世界大战爆发前后的波兰

　　波兰于 10 世纪中叶形成封建国家，曾是欧洲的强国之一。18 世纪后半叶，它被俄、普、奥三国先后三次瓜分。波兰人民多次举行反抗外国占领、争取民族独立的起义，都相继失败。1863 年 1 月，在波兰王国爆发了大规模的反沙皇起义。在起义军民的巨大压力下，1864 年 3 月，沙皇政府不得不颁布解放农奴的法令，以削弱起义者的影响。事实上，沙皇政府给予农民的，不过是起义军早已宣传、并由农民自己实现了的东西。不久，起义被俄军镇压下去。波兰人民争取民族独立和社会解放的斗争转入低潮。

　　随着资本主义的发展，工人阶级登上为独立和自由而斗争的政治舞台。波兰的独立运动进入了一个新阶段。从 19 世纪 80 年代起，先后成立了 3 个社会主义政党：无产阶级党、波兰社会党和波兰王国社会民主党。1900 年，波兰王国社会民主党与立陶宛工人运动的组织合并，成立无产阶级革命政党——"波兰王国和立陶宛社会民主党"。罗莎·卢森堡、费·捷尔任斯基、尤·马尔赫列夫斯基等曾是它的领袖。

　　第一次世界大战爆发前，波兰仍处于俄、普、奥三国的占领之下。俄国占领东部，在那里建立了"波兰王国"。① 这个王国加上被瓜分时划归俄国的波兰领土，共 53 万平方公里，约占原波兰领土的 73%。在经济上，波兰王国是三个占领区中最落后的地区。直到第一次世界大战爆发，它一直是俄国的原材料供应地，仅有少量的加工工业，1901—1913 年的 10 多年间，工业发展迟缓，工厂数仅增加 13%。波兰王国虽然主要是农业区，农业也十分落后。土地大部分集中在少数地主手里，农民缺地无地的问题越来越严重。当时，农村人口的 1/4（150 多万人）是无地农民，农民平均收入水平不足俄国农民的 1/3。

波兰的东南部是奥占区即加里西亚地区，约 8 万多平方公里，占原波兰领土的 11% 以上。这里工业比较发达，主要是冶金、采矿、石油和纺织工业。食品工业发展很快，1900—1911 年的 11 年间，新建 500 多家面粉作坊、200 家酿酒作坊、克拉科夫大型碱厂等。随着工厂的增加，工人人数由 1902 年的 3 万多增加到 1912 年的 6 万，即增加了将近 1 倍。加里西亚农业的主要特点是，中等和富裕农民的经济地位比较脆弱，而中小地主比较强大，对农业的发展起着重大作用。加里西亚的畜牧业比较发达，其经济与市场联系十分密切。

波兰的西北部是普占区，其面积为 26000 多平方公里，仅占波兰面积的 5% 左右。普占区是三个占领区中经济最为发达的地区。它是德国主要的工业基地之一，工业发展迅速。1907 年在工厂中做工的人数为 85 万多，到 1914 年已超过 100 万。上西里西亚不仅是普占区而且是整个波兰最大的工业中心。那里的工人人数几乎等于整个波兰工人人数的一半。主要工业有采煤、冶金等。波兹南的制糖工业在德国占第 3 位。但工人的生活水平大大低于德国工人，每天工作时间在 10—12 小时。

工业的发展促进了农业的发展。第一次世界大战之前，在大波兰②地区出现了第一批拖拉机站。农业单产几乎等于俄国占领区的两倍。这里的农民比其他两个占领区富裕。波兹南地区的农民人均粮食产量等于波兰王国的 3 倍。1910 年，波兹南地区每千人平均有 613 头猪，在加里西亚为 229 头，而

---

① 波兰王国：1815 年维也纳会议上，沙皇亚历山大一世凭借军事实力，攫取了原为普奥占领而后被拿破仑法国所控制的华沙大公国领土的大部分，在这里建立起波兰王国，沙皇兼任国王。1915 年，波兰王国被奥匈军队和德国军队占领。

② 大波兰：波兰历史地名，波兰国家创建时的中心，在瓦尔塔河流域的波兰西部地区，包括现在的波兹南、卡利什、谢拉兹、温奇查、库雅维—布列斯特、伊诺夫罗茨瓦夫等省和多布任地区。

波兰王国仅有 51 头。

大战爆发前，各占领国对待波兰基本上都是推行民族同化政策，不允许任何具有波兰特征的东西存在。

1905—1907 年，在俄国革命运动的影响下，在波兰王国掀起了革命浪潮。沙皇政府用恐怖血腥手段镇压城市的罢工和示威游行，派遣讨伐队镇压农村的游击活动。1908 年，沙皇政府决定把工人、教会、社会和文化等团体一律解散。大批革命志士被杀害或被流放到俄国的边远省份。另外，它对一些反革命的政党采取拉拢、收买政策，把这些政党的领导人选入国家杜马，达到以"波兰人治波兰人"的目的。

在这种形势下，波兰王国和立陶宛社会民主党、波兰社会党和国民民主党之间发生了严重分歧。以费·捷尔任斯基和勃·维索沃夫斯基为首的波兰王国和立陶宛社会民主党，要求大力开展群众运动，并把这一运动同俄国革命紧密结合起来。以国民民主党为首的资产阶级右翼集团则唯恐革命爆发，他们甚至给沙皇写信，请求沙皇镇压群众运动。而以约·毕苏茨基为首的波兰社会党则崇尚个人恐怖手段。

在革命形势的冲击下，1906 年波兰社会党内部发生分裂，分别组成以马克西米利安·霍尔维茨①和玛丽亚·科苏茨卡②为首的"波兰社会党左派"和以毕苏茨基为首的所谓"波兰社会党革命派"。

波兰王国的革命浪潮席卷城乡各地。工人罢工要求提高工资，缩短工作时间；学生罢课要求学校波兰化，不分民族和性别享受平等的教育权利；广大农民要求土地，捣毁地主庄园，反对用俄语作为官方语言，要求建立农村自治法庭和法庭民主化，罢免亲占领者村长的职务等。所有这些，不仅加速了波兰的独立斗争，而且是对俄国工人斗争的有力支援。

第一次世界大战爆发前夕，在依靠协约国还是依靠同盟国的问题上，在波兰资产阶级政治势力之间产生了严重的分歧，形成了两个政治派别。一派是以毕苏茨基为首的所谓"亲奥派"。1914 年，毕苏茨基在巴黎的一次社会党人集会上说："波兰的独立问题只有在俄国被奥匈和德国打败……才有可能彻底解决。"他主张依靠德奥帝国主义来恢复波兰的独立。另一派是以国

---

① 马克西米利安·霍尔维茨（1877—1937），波兰工人运动活动家，波兰社会党左派的领导人之一，后加入波兰共产党，成为共产国际活动家。

② 玛丽亚·科苏茨卡（1879—1939），著名波兰革命运动女活动家，参加过 1905—1907 年的革命，波兰社会党党员，后为波兰社会党左派和波兰共产党领导人。

民民主党领导人罗·德莫夫斯基为首的所谓"亲俄派"。他认为，日耳曼人不仅对普占区，而且对整个波兰都构成了严重的威胁。他说，德国的民族政策是在欧洲大陆建立一个强大的日耳曼国家，为此，它必须首先夺取波兰。因此，他主张依靠俄国重建波兰的独立。

大战爆发后，波兰成了两个帝国主义集团相互厮杀的战场。瓜分波兰的三个占领国家，为了驱使波兰人民充当炮灰，先后提出了让波兰人民享有"自由和独立"的虚伪口号。1914 年 8 月，德军总司令部发表告波兰人民书，号召波兰人民举行起义，推翻俄国的统治，许诺给波兰"自由和独立"。8 月 9 日，奥匈军总司令部也发表宣言，声称奥波在维也纳城下①有过共同战斗的传统，请波兰人相信"我们首脑的公正和慷慨"，定会使波兰重建"自由和独立"。8 月 14 日，俄军总司令尼古拉·尼古拉耶维奇大公发表告波兰人民书，号召波兰人民"在沙皇领导下复兴自由的波兰"。俄国的盟国英、法两国则支持俄国的对波政策，竟说波兰问题是俄国的内政。

软弱无能的波兰资产阶级、地主和小资产阶级，依然把重建独立国家的希望寄托在帝国主义交战国一方的身上，企图依靠一个帝国主义国家去反对另一个帝国主义国家。以罗·德莫夫斯基为首的亲俄派，在华沙建立了所谓的"波兰民族委员会"，企图在战争结束时夺取波兰的政权。由于得不到波兰社会各界的支持，这一派很快停止了活动，德莫夫斯基等逃往俄国。以毕苏茨基为首的亲奥派，主张波兰应该有自己的军队，训练自己的干部，进行广泛的民主改革，召开立宪议会，建立一个"民主"的或"人民"的波兰。1914 年 8 月 16 日，毕苏茨基在奥占区的克拉科夫成立了一个"最高民族委员会"，组建了两个兵团，共三个旅，自任第 1 旅旅长。毕苏茨基率领波兰兵团战士，配合奥德军队开赴波兰王国，参加对俄战争。

波兰王国和立陶宛社会民主党同波兰社会党左派一致认为，不论是奥、德还是俄国在战争中获胜，都不可能给波兰带来真正的独立和自由。他们号召波兰人民反对帝国主义的战争政策，号召波兰工人阶级要与俄国工人阶级及其先锋队——布尔什维克团结起来，砸碎沙皇专制制度的枷锁，进行社会主义革命，从而使波兰人民获得真正的解放，重建独立的波兰国家。

1915 年 7 月，德国和奥匈帝国在波兰兵团的配合下。在东线打败俄军。

---

① 指维也纳解围战。1683 年 9 月 12 日，波奥军队在波军统帅杨·索别斯基三世（后为波兰国王）率领下打败土耳其军。

8月5日，德军攻占华沙，并很快占领整个波兰王国。德军占领波兰北部，奥军占领波兰南部。为了诱使波兰人民继续充当炮灰，1916年11月5日，德、奥两国发表宣言，声称要建立"独立的波兰王国"，但对德奥占领区只字不提。1916年12月6日，德奥当局建立了一个由波兰人组成的所谓"临时国务会议"，任命毕苏茨基为其成员。它并不是波兰政府，只是占领者的一个咨询性机构，因而遭到包括毕苏茨基在内的广大民族主义者和人民的反对。德军控制了波兰战局后，德奥当局于1917年6月强迫波兰兵团效忠于他们，遭到毕苏茨基的坚决拒绝，他愤然退出临时国务会议。波兰兵团的广大官兵也拒绝宣誓。这就是所谓"宣誓危机"。1917年7月22日，德国当局逮捕了毕苏茨基和卡·索森科夫斯基①，把他们囚禁在德国马格德堡监狱。

1916年11月15日，沙皇政府抗议德、奥11月5日宣言，认为这是"干涉俄国的内政"，"践踏国际法"。同年12月25日，沙皇尼古拉二世提出建立"自由波兰"的伪善口号，其目的在于夺取德、奥占领区，建立"沙皇领导下的统一的波兰"。

独立国家的重建

1917年俄国的二月革命，对波兰重获独立产生了巨大影响。1917年3月27日，彼得格勒工兵代表苏维埃向波兰人民发表宣言，宣布要保证波兰人"重建独立波兰的权利"。这是有史以来第一次宣告波兰人民拥有真正独立的权利。俄国资产阶级临时政府被迫在1917年3月30日承认"波兰的独立"。但是，它却规定这个未来的独立国家，必须和俄国结成军事同盟。一个弱小的波兰与一个强大的俄国结成军事同盟，这意味着要波兰完全处于俄国的军事控制之下。

由于俄国革命运动的蓬勃发展和波兰王国被德国占领，原先亲俄的国民民主党转而投靠法国。1917年7月，该党在巴黎成立以罗·德莫夫斯基为主席的"波兰民族委员会"，并组建波兰军队。这个委员会代表波兰大地主、大资产阶级的利益，企图依靠法国的帮助使波兰获得独立，以便将来战争结

---

① 卡·索森科夫斯基（1885—1969），波兰将军，毕苏茨基亲密合作者之一，参加过1939年9月的波德战争，从1940年起，参加波兰流亡政府，1943—1944年，为流亡政府军事首脑，反对与苏联友好。

束后打回波兰，建立一个"非革命和非民主倾向的"波兰政府。它主张
"恢复波兰的历史疆界即 1772 年波兰被瓜分前的领土"，反对举行立宪议会。
法国、英国、意大利和美国立即承认"波兰民族委员会"为"波兰的正式
机关"。

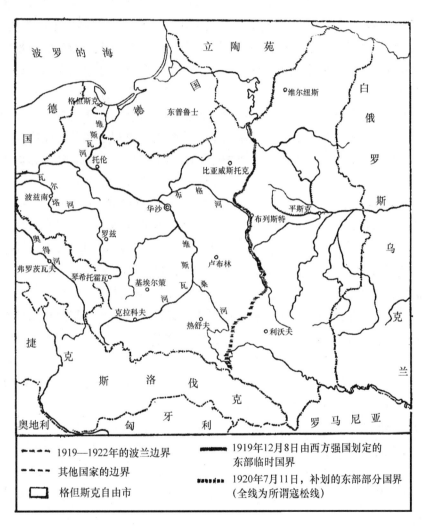

1918—1922 年的波兰

俄国十月革命的胜利鼓舞了波兰人民，他们在波兰工人阶级政党的领导
下，加强了争取国家独立和社会解放的斗争。在华沙，处于地下状态的波兰

王国和立陶宛社会民主党总委员会发表告波兰工人书，提出了"打倒战争！""打倒资本主义！社会革命万岁！"的口号。1918年1月，波兰工人先后在克拉科夫、普什米尔、新采奇、华沙和东布罗瓦矿区等德、奥占领区组织了数十万人参加的罢工和示威游行。罢工者提出8小时工作制、要面包、停止战争、满足农民的土地的要求；同时，也提出了建立波兰国家的口号。罢工期间，在华沙成立了公用事业工人代表苏维埃，要求以苏维埃俄国为榜样、建立工农联合政权，进行社会革命。1918年春天，数万名居留俄国的难民从俄国回到波兰。他们带来了俄国的消息，特别是介绍了波兰工人和士兵参加十月革命、为建立苏维埃政权而战的情况，推动了波兰的革命运动。但是，波兰王国和立陶宛社会民主党没有制定出正确的策略，误认为波兰的社会问题和民族问题将取决于欧洲社会主义革命的胜利，忽视了波兰的民族解放和民主革命口号，因而它在波兰人民中的影响小于波兰社会党革命派和加里西亚—西里西亚社会民主党（这两个政党以后合并为波兰社会党）。

1918年8月29日，根据列宁的建议，苏维埃俄国颁布法令，宣布废除沙皇政府与普鲁士、奥地利签订的关于瓜分波兰的一切条约，同时承认波兰人民享有独立和统一的不可否认的权利。同年，苏维埃俄国选派波兰代表参加了俄国与德、奥签订的布勒斯特和约会议，这是波兰被瓜分后第一次派出外交代表参加的国际会议。

俄国苏维埃政权的巩固、奥匈帝国的崩溃以及奥地利、德国和匈牙利境内革命运动的发展，大大促进了波兰民族解放运动的高涨。1918年10月，华沙、卢布林和其他一些城市的工人再次举行罢工和示威游行。奥占区的波兰军民最先解除了奥地利军队的武装，把侵略者赶出了国境。1918年10月28日，在克拉科夫成立了一个地方性政权机构——"波兰清算委员会"。参加委员会的有农民党①、社会党、国民民主党和保守分子。农民党领导人文琴特·维托斯任委员会主席。在波兰王国境内，德、奥当局一手扶植起来的傀儡政权——摄政会议得不到社会各界和人民的支持，只不过是一具政治僵尸。因而组织国家政权的主动权落到了以社会党为首的小资产阶级政党手里。

---

① 农民党。1895年在奥占区的热舒夫建立，参加的主要是农民。它的宗旨是反对地主对农民的压迫和剥削。1913以后该党分裂出左、右两派，左派以激进的农民为主，称为"解放派"；右派以富裕农民为主称为"皮亚斯特派"。1913年，两派又联合为统一的农民党，反对毕苏茨基的内外政策。

1918 年 11 月初，波兰各地纷纷建立工人代表苏维埃和农民代表苏维埃。其中主要的有，11 月 5 日在卢布林建立的工人代表苏维埃；6 日在波兰南部建立的"达尔诺布热格共和国"，它是由热舒夫省的达尔诺布热格县举行的、有 3 万农民参加的大会宣布成立的地方性农民政权，成立后立即着手分配地主庄园的土地给农民。领导这一运动的是农民运动和工人运动活动家托玛斯·东巴尔和爱德华·奥肯。11 月 8 日，波兰社会党左派、波兰王国和立陶宛社会民主党以及华沙工会联盟苏维埃统一委员会，共同组织了联合所有工业企业的"工人代表苏维埃"。在短短的时间里，全国各大工业中心几乎都建立了工人代表苏维埃。在一些县则建立了农民代表苏维埃。据统计，当时在波兰王国境内，先后共建立了 100 多个苏维埃。这是城乡劳动人民建立政权的一种尝试。在工人比较集中的东布罗瓦矿区还成立了工人赤卫队。

1918 年 12 月，波兰王国和立陶宛社会民主党、波兰社会党左派召开了合并大会，两党联合组成"波兰共产主义工人党"（1925 年改名为波兰共产党）。它的主要领导人是：阿道尔夫·瓦尔斯基、马克西米利安·霍尔维茨、斯太凡·克鲁利科夫斯基等。代表大会通过了政治纲领、《致波兰无产阶级宣言》和临时章程。波兰共产主义工人党拥护和支持苏维埃俄国的各项政策，提出了通过社会主义革命推翻剥削阶级政权、建立工人阶级专政的任务。它的政治纲领规定了生产资料社会化、社会生活和政治生活民主化等，提出了 8 小时工作制、禁止高利贷、反对物价上涨、承认工人代表团和工厂委员会的权力、同苏维埃俄国友好团结等要求。波兰共产主义工人党出版了《红旗》《群众》《共产主义者》等刊物，宣传自己的政治主张和革命思想，在东布罗瓦矿区、罗兹、华沙和其他城市，组建了工人代表苏维埃，企图通过这一形式夺取政权。由于资产阶级当局的镇压，加上钻进苏维埃内部的波兰社会党右翼分子的破坏和分裂活动，波兰共产主义工人党的纲领未能实现。

1918 年 11 月 7 日，在奥匈占领业已崩溃的情况下，在卢布林成立了以社会党领导人伊格纳策·达申斯基①为首的资产阶级的"波兰共和国临时人民政府"。参加这个政府的有社会党右翼活动家延·莫拉切夫斯基和托·阿尔齐舍夫斯基、农民党"解放派"领导人斯·图古特、尤·波尼亚托夫斯基

---

① 伊格纳策·达申斯基（1866—1936），波兰社会党右翼活动家，先为加利西亚社会民主党、后为波兰社会党领导人。1918 年出任卢布林政府总理，1928—1930 年为议长。

和农民党"波亚斯特"的代表等。毕苏茨基控制的"波兰军事组织"的代表爱德华·雷兹—西米格威①担任"临时人民政府"的军事部长。"人民政府"宣告波兰为"人民共和国",宣布公民权利平等,8小时工作制,提出了没收大地主和中等地主的土地分给农民,把某些工业部门收归国有等建议,并许诺把这些建议交给未来的议会审议。这个政府还答应实施失业和老年医疗保险,实施世俗和免费教育,成立纠察队以制止投机,维护社会治安等。

波兰的工人、农民和知识分子轻信了卢布林政府的许诺,以为这个"人民政府"会代表他们的利益,因而支持了它。然而,"临时人民政府"仅仅存在了7天。11月10日,原波兰兵团的首领毕苏茨基从德国的马格德堡拘留地回到了华沙。11月11日华沙光复。卢布林政府立即把自己的政权拱手交给毕苏茨基,并于11月14日停止了自己的活动。克拉科夫"清算委员会"也宣布接受毕苏茨基的领导。11月11日被定为波兰的独立日。遭受123年亡国之苦的波兰人民终于赢得了独立。

建国初期的内外政策及面临的问题

1918年11月18日,被誉为"天赐神人"的毕苏茨基公开宣布自己为"国家元首"和"军事统帅"。在卢布林政府的基础上,毕苏茨基在华沙组建了以波兰社会党领导人之一延·莫拉切夫斯基②为首的所谓"中左政府"。

华沙政府对内实行军事独裁统治,下令解散波兰苏维埃,公开反对苏维埃俄国,反对波兰共产主义工人党。11月22日,华沙政府颁布一项临时国家法令,宣布波兰为"共和国",实质上,它是一个军事独裁专政的政府。参加这个政府的只有一个党即波兰社会党,而且是其右翼。1919年初,波兰社会党"革命派"和加里西亚—西里西亚社会民主党合并于以毕苏茨基为首的波兰社会党。波兰社会党"革命派"的首领们在把政权交给毕苏茨基之后,便参加了在野派。

---

① 爱德华·雷兹—西米格威(1886—1941),波兰元帅,政治家,1920年波苏战争时的波军统帅,1935年毕苏茨基死后为波兰政府领袖。1939年9月波德战争时任波军总司令,9月17日逃亡国外,1941年潜返华沙后死亡。

② 延·莫拉切夫斯基(1870—1944)。波兰政治家,右翼社会党人,1918—1919年为波兰政府总理。

1919 年 1 月 16 日，毕苏茨基再次进行政府改组，任命伊格纳策·帕德列夫斯基①为政府首脑。1919 年 1 月 26 日，伊·帕德列夫斯基迫于各在野党和人民群众的压力，匆匆忙忙举行立法议会选举。选举是在戒备森严的情况下进行的，有的地方原奥普占领者的代表竟然也在议会选举中当选。选举结果右派取得了重大成就。在原波兰王国，右派获近半数（45%）的选票，中间派为 8%，左派为 31%，其他小党派为 13%。在加里西亚地区，中间派和左派占优势，中间派获 43% 的选票，左派为 37%，右派仅获得 10.5% 的选票。以后在波兹南和波莫瑞举行的选举中，右派获得了大多数的选票。波兰共产主义工人党抵制了这次选举。

选举之后，议会颁布了所谓的"小宪法"。这是一个过渡性的宪法条例。"小宪法"宣布：（1）立法议会为独立的最高权力机构；（2）国家元首是议会的代表及其法令的最高执行者；（3）国家元首在与议会协商后组织政府；（4）国家元首及其政府对议会负责并向它报告自己的工作。1919 年 2 月 10日召开立法议会，地主资产阶级政权在波兰取得了合法地位。

毕苏茨基—帕德列夫斯基政府宣布解散人民警察，由宪兵队和军队取而代之（人数为 17 万，主要成分是原在法国建立、现已回国的波兰军队）。新政府依靠宪兵队和军队对内镇压革命运动，宣布共产主义工人党为非法，迫害共产党人，反对工人代表苏维埃及其他在野党。

法、英、美、意等国政府迫于俄国十月革命的影响、波兰人民要求独立的呼声及世界舆论的压力，同时考虑到他们自己将来在波兰的利益，企图利用波兰作为反苏的前进基地，发表了关于"建立波兰国家"的声明。1919年 6 月 28 日签订的《凡尔赛和约》，确认波兰独立。波兰代表帕德列夫斯基和德莫夫斯基在《凡尔赛和约》上签了字。按照和约规定，波兰东部以东布格河即后来的所谓"寇松线"②为波苏边界，西部仅获得波兹南地区和波莫瑞的一部分。维斯瓦河口、格但斯克（但泽）及其三角洲地区，则设立国联监督下的所谓自由市。按照和约规定，上西里西亚、下西里西亚的一部分、

---

① 伊·帕德列夫斯基（1860—1944），波兰著名的钢琴家和作曲家、政治家，1919 年为波兰政府总理，两次世界大战期间在美国从事争取波兰独立的活动；一生创作了许多歌剧、歌曲和交响乐等。

② 寇松线：1920 年波苏战争时，英国外交大臣寇松出面调停，向波苏交战双方提出大致以布格河为界的停火线，因称"寇松线"。该停火线大体是 1918 年 12 月巴黎和会波兰民族事务委员会提出的波兰东部国境的临时界线，也基本上是现在的波苏边界线。

瓦尔米亚和玛佐尔地区由公民投票决定其归属问题。（1920 年投票结果。上述地区均落入德国之手）战胜国不顾波兰民族利益划定的波德边界，无论从经济上、政治上还是从战略上都有利于德国。波兰的固有领土西里西亚和波莫瑞的大部分仍被德国占领。在北部，波兰仅获得一块没有出海口的、狭窄的半荒芜地带，即所谓"波兰走廊"。走廊两旁都是德国领土，这为日后德国入侵波兰提供了方便。

毕苏茨基—帕德列夫斯基政府对外奉行反苏政策。它把恢复 1772 年以前的边界，占有立陶宛、西白俄罗斯和西乌克兰作为重建波兰的重要任务。然而，120 多年来，领土变迁很大。第一次世界大战结束后，立陶宛和乌克兰要求独立的呼声很高，无意同波兰合并。1918 年 11 月 1 日，乌克兰成立了一个"乌克兰民族委员会"，宣布建立"西乌克兰人民共和国"，该委员会反对与波兰合并，并与波兰发生了武装冲突。1918 年 11 月 22 日，波军攻占利沃夫城。1919 年 5 月，波军发动新的攻势。西乌克兰人民共和国的处境岌岌可危。英、法等国出面调停。11 月 21 日，双方达成协议，波兰同意乌克兰人民的自治权，期限为 25 年。

当时波兰的东部边境地区是不同民族的杂居地，如南边的利沃夫市和北边的维尔诺市就是如此。在农村，地主大多数是波兰人和俄罗斯人，而农民则是乌克兰人和俄罗斯人。在这种情况下，在对待东部边境地区问题上，各个政治集团之间意见不一。主要有两种主张。一种以毕苏茨基为首，他们从俄国是波兰的主要危险的观点出发，主张支持俄国境内各民族的独立运动，期望这些民族获得独立后同波兰联合，组成以波兰为主的联邦制国家。这一主张首先遭到乌克兰的反对。另一种以罗·德莫夫斯基为首的国民民主党主张实行兼并政策，即把西白俄罗斯、西乌克兰和立陶宛的领土合并到波兰来，把非波兰人同化。

上述两种主张都未能实现。1919 年 2 月，以毕苏茨基为首的波兰政府，为了恢复瓜分前的疆界，实现"从海洋到海洋"（指从波罗的海到黑海）的梦想，趁协约国武装干涉苏维埃俄国之机，在法、英、美的支持下，一再拒绝苏维埃俄国关于在和平和睦邻原则基础上建立波苏关系的倡议，发动了对苏战争。毕苏茨基动员了 50 多万军队，自任总司令，分南、北两路进军，先后攻占布列斯特、维尔诺、明斯克、白俄罗斯全境和西乌克兰等地。1920年 4 月 25 日，他被授予元帅称号，开始所谓"向基辅进军"，5 月 6 日攻陷基辅。不久，苏俄红军开始反攻，波军节节败退，红军直逼华沙城下。7 月

29 日，苏俄红军攻占比亚威斯托克城，7 月 30 日在该城市成立以尤·马尔赫列夫斯基和费·捷尔任斯基为首的波兰临时革命委员会。委员会发表了告波兰劳动人民宣言，宣告"革命的，社会主义"的政权成立，这是波兰历史上第一个工农革命政府。宣言包括建设社会主义的纲领，提出了维持正常生活、恢复工业交通、改革教育事业等措施。它着手建立波兰红军，在苏俄红军攻占的加里西亚、白俄罗斯、乌克兰等地区也先后成立了革命委员会。8月中旬，苏俄红军在通往华沙的要冲地带受挫后开始退却，波兰临时革命委员会也停止了自己的活动。

波军在前线虽然有所进展，但波兰政府已无力继续进行战争了。1921 年3 月，波苏先后在明斯克和里加举行和平谈判。3 月 18 日，波、苏两国签订《里加条约》，确定了波兰东部的新边界。根据条约，西白俄罗斯、西乌克兰和立陶宛的一部分（包括其首都维尔诺）仍划归波兰。

重新独立后的波兰领土为 388000 平方公里，人口 2700 万。1921 年 3 月17 日，波兰立法议会通过宪法，宣布波兰为两院制的共和国。宪法宣布：最高权力属于人民，应通过议会行使；议会在普遍、平等、直接、秘密和按比例投票的基础上选举产生；波兰语为国语；天主教为国教；公民享有"自由"和"权利"。宪法还规定实行社会保险、劳动保护、保护妇幼、分土地给农民等政策。这样，从 1918 年开始的重建波兰国家的过程到此结束。

重建后的波兰，基础脆弱，困难重重，危机四伏。

波兰是一个多民族的国家。在全国 2700 万人口中，波兰人为 1863 万，占 69%。乌克兰人为 378 万，占 14%。犹太人为 216 万，占 8%。白俄罗斯人和日耳曼人各为 108 万，各占 4%。斯拉夫少数民族（即乌克兰人和白俄罗斯人）住在东部。日耳曼人住在北部、西部。在这些少数民族中，部分乌克兰人和日耳曼人非常轻视波兰国家。他们数量多、能量大，而且日耳曼人又得到德国当局的支持，从而构成了对波兰的严重威胁。

重建后的波兰面临复杂的国内形势。首要的任务是急需把原来的三个占领区统一起来，不仅要统一法律、教育、货币和行政管理制度，甚至还需要统一交通体系。长期的外国占领和战争破坏，使波兰的许多城镇和乡村被烧毁，工厂缺乏原料和机器，农村缺乏耕畜和工具。75% 的波兰居民居住在农村，使得农村人口过剩，工农业劳动生产率很低。各地区之间的经济联系中断，经济、文化发展水平差别也很大。单就文化水平来说，水平最高的是普占区，那里已经消灭了文盲，而东部的俄占区，文盲约占 60%。

重建后的波兰，国内政治腐败，政党林立，但没有一个政党能在议会选举中获得绝对多数。因此，只能建立一个联合政府或所谓的超议会政府，因而内阁更替频繁，政局极不稳定，是一个软弱的国家。

波兰地处苏联和德国两大强国之间。重建后的波兰自称执行"等距离外交"政策，但实际上执行的是亲德、亲英、亲法而反苏的政策。在东部，苏俄政府对毕苏茨基持不信任态度，对1921年的《里加条约》所确立的波苏边界不满；在西部，德国对波兰的领土，尤其是对"波兰走廊"和格但斯克早已垂涎欲滴、虎视眈眈。此外，在国界以外的波兰人共650多万，其中150万生活在德国境内，他们中的一些人曾被以后德国利用来入侵波兰。

在上述国内形势和国际环境下的波兰，政治、经济、军事危机不断发生，终于在1939年9月1日希特勒德国的闪电战下迅速崩溃。

巴黎和会的召开与凡尔赛体系的建立

沈永兴

1919 年 1 月 18 日，为建立第一次世界大战结束后的世界新秩序，在巴黎凡尔赛宫召开了历时达半年之久的和平会议。这是一次帝国主义战胜国重新瓜分世界的分赃会议。会议产生了国际联盟，并对德国、奥地利、保加利亚、匈牙利和土耳其五个战败国分别缔结了《凡尔赛和约》、《圣日耳曼和约》、《纳伊和约》、《特里亚农和约》及《色佛尔和约》。根据这些和约所确立的战后国际关系的新体系和新秩序，就被称为凡尔赛体系。这个体系是几个战胜的协约国列强妥协分赃的产物，它对战败国实行了骇人听闻的制裁和掠夺，给一些殖民地、半殖民地国家套上了新的枷锁，还把矛头指向苏维埃俄国和各国革命运动。巴黎和会在世界现代史上是一个重要事件，也是污秽的一页。

列强的分赃计划

1918 年 11 月 11 日晨，协约国联军总司令福煦与德国外交大臣埃尔茨伯格为团长的求和代表团，在贡比涅森林的雷通车站福煦元帅乘坐的列车上，签订了停战协定。这场历时 4 年零 3 个月、给人类带来空前浩劫的帝国主义战争宣告结束。

贡比涅停战协定为期 36 天，其间德国曾 5 次请求缔结和约，都遭到拒绝。停战协定不得不一再延长。表面上的原因是协约国要等待美国总统威尔逊的到来。实际上，却是因为协约国集团内部就缔结对德和约的条件，在预备性谈判中一直不能取得一致意见。美、英、法、日等帝国主义战胜国各怀鬼胎，钩心斗角，都想在有利于自己的条件下多分一些赃物，最大限度地实现各自的掠夺野心并抑制对手。

法国虽然在战争中损失惨重，但已跃居第一号陆军强国。鉴于普法战争的耻辱和大战中成为进攻目标的教训，法国害怕德国东山再起，想方设法削弱和肢解德国，以便确立法国在欧洲大陆的霸权。它的具体目标是：收复失地（即普法战争中割给德国的阿尔萨斯和洛林），把边界推到莱茵河，索取巨额赔款，大量裁减德国军备，夺取德国在非洲的殖民地；它对土耳其在中近东的领土甚至小亚细亚的一部分也怀有领土野心，并且力图插足和控制中欧和东南欧。法国这项分赃计划的执行者，就是具有丰富外交和政治斗争经验、外号为"倒阁能手"和"老虎"的总理克利孟梭。

英国带着分赃计划出席和会的是"第一流的资产阶级生意人和滑头政客"劳合·乔治。根据传统的"大陆均势"政策，英国不愿德国被肢解或过分屡弱，以利于同法国抗衡和制约苏俄。但英国又要大大削弱德国的竞争能力，剥夺其全部殖民地和绝大部分军舰及商船，以利于巩固自己的世界霸权地位。它想利用日本与美国抗衡，也支持意大利和巴尔干国家拆法国的台。

美国在大战中发了横财，从债务国变为债权国，集中了世界黄金储备的40%。经济实力陡然增长，使美国在资本主义世界中的地位大大增强，并一跃称雄于世界舞台。为进一步扩大美国在国际事务中的影响，实现称霸世界的野心，美国首先要抑制英法，办法是：（1）保持一个拥有一定实力的德国，使它成为在欧洲抗衡英法的力量；（2）大力鼓吹并迫使英法承认贸易、航行自由等原则，以便利用自己雄厚的经济实力，打进英法的地盘，逐步排挤英法的原有势力。其次要削弱日本在远东的势力，扩大美国在中国的势力，办法是：（1）争取它所主张的"门户开放"原则获得国际承认；（2）以协约国的集体名义接管德国在华权益，以排除日本独占的企图，使美国自己取得染指的机会。再次是建立国际联盟，把国际联盟纳入和约内容，以便利用自己支配下的国联来控制世界，并通过国联的处置，分得殖民地。美国对外政策的基石、并在和会上兜售的纲领，就是美国总统威尔逊早在1918年1月8日演说中提出的"十四点"原则[①]。美国上述的各项考虑大都

---

① 威尔逊提出的"十四点"原则的内容要点为：（1）"公开外交"；（2）"海上贸易和通航自由"；（3）"消除国际贸易障碍"；（4）"裁减军备"；（5）"公正解决一切殖民地争端"；（6）"德国退出它所占有的一切领土，解决有关俄国的各项问题"；（7）"解放并恢复比利时"；（8）"阿尔萨斯—洛林归还法国"；（9）"修正意大利边界"；（10）"奥匈统治下的各族人民享有自治权"；（11）"德军撤出罗马尼亚、塞尔维亚、门的内哥罗，保证塞尔维亚拥有出海口"；（12）"达达尼尔海峡对各国船只开放"；（13）"凡波兰人居住的领土均应属于波兰，并拥有出海口"；（14）"建立国际联盟"。

是这"十四点"原则的体现。威尔逊为了实现自己的计划，不惜远涉重洋，率领一个庞大的代表团来到巴黎，这是美国建国以后总统第一次参加大型国际会议，也是出席和会的唯一的国家元首。

意大利的打算是独霸亚得里亚海，把过去属于奥匈帝国的一部分领土和战时英、法、意、俄瓜分土耳其密约中所允诺给意大利的领土，并入自己的版图，还要进占巴尔干，首先是阜姆港。它在和会上虽然也跻身于强国之列，毕竟实力不够，力难从心。意大利派遣了以总理奥兰多为首的代表团参加巴黎和会。

日本的主要目标在远东，即使强占中国山东半岛的权益合法化，进一步扩大对中国的侵略；获得德国在太平洋上的殖民地加罗林、马绍尔、马利亚纳群岛。日本代表团是由西园寺公望侯爵、牧野男爵、新田子爵等组成的。

帝国主义列强上述掠夺野心是互相冲突、矛盾重重的。

协约国对和会的操纵和控制

经过激烈的讨价还价和紧张的筹备，1919 年 1 月 18 日，规模空前的巴黎和会终于在法国外交部大厅正式开幕。参加会议的有：英、美、法、日、意、比利时、玻利维亚、巴西、古巴、厄瓜多尔、尼加拉瓜、巴拿马、海地、秘鲁、危地马拉、洪都拉斯、乌拉圭、波兰、葡萄牙、罗马尼亚、捷克斯洛伐克、塞尔维亚—克罗地亚—斯洛文尼亚王国（今南斯拉夫）、希腊、中国、暹罗（今泰国）、汉志、利比里亚以及英国的自治领澳大利亚、新西兰、加拿大和南非，此外还有印度。① 代表达 1000 多名，其中全权代表只有 70 人。

和会从一开始就体现出强权政治的原则：

第一，参加和会的各国代表的权利是不平等的，出席会议的国家分为四类：第一类是"享有整体利益"的国家。即会议的组织者和操纵者美、英、法、日、意五个国家，可以参加一切会议；第二类是"享有局部利益"的交战国，包括比利时、中国、巴西、希腊、印度、英国几个自治领、危地马拉、海地、汉志、洪都拉斯、古巴、利比里亚、巴拿马、尼加拉瓜、波兰、

---

① 印度当时不是英国的自治领，属英国政府印度部管辖，印度出席和会的代表是英国政府印度部大臣门德枢。

葡萄牙、罗马尼亚、塞尔维亚—克罗地亚—斯洛文尼亚、暹罗、捷克斯洛伐克，这些国家可以出席与他们有关问题的会议；第三类是与德、奥等断绝外交关系的国家，其中包括厄瓜多尔、秘鲁、玻利维亚、乌拉圭，其代表只能在讨论涉及本国问题时才允许出席；第四类是中立国和即将成立的国家，它们可以在五个大国中的某一国的邀请下，就直接有关的问题发言。会议把苏维埃俄国排除在外，德、奥等战败国也不允许出席。

第二，代表名额也是不平等的：第一类国家可以派 5 名代表；比利时、巴西、塞尔维亚可以派 3 名，其余国家只能派 2 名或 1 名。

第三，和会把会议分为三种：最高会议、专门委员会会议和全体会议，以便列强操纵。为了保证会议按几个帝国主义大国的意愿进行，和会成立了由五国首脑和外长组成的"十人会议"，即最高会议，它操纵了和会进程和重大问题的决定权。"十人会议"成员是：美国的威尔逊和兰辛、法国的克利孟梭和毕松、英国的劳合·乔治和贝尔福、意大利的奥兰多和索尼诺，以及日本的牧野男爵和新田子爵。克利孟梭赤裸裸地说："只有五大强国先行决定了一切重大问题，然后才走进会场。"这充分暴露出列强主宰国际事务的本质。全体会议选举克利孟梭为大会主席，兰辛、劳合·乔治、奥兰多和西园寺公望为副主席。

在和会进行过程中，他们仍然感到"十人会议"对于解决分赃问题很不方便，又成立了由美、英、法、意首脑组成的"四巨头会议"和五国外长组成的"五人会议"。即使在"四巨头会议"中，奥兰多也充其量不过是一个配角而已。威尔逊、克利孟梭、劳合·乔治才是和会真正的主角，他们操纵了和会的一切大权。至于全体会议，在长达半年的会期里只开过 7 次，而且都只是走过场。

会议一开始，就在程序问题上争吵起来。第一天，法国总统普恩加莱发表开幕演说，要求首先制裁战争祸首、肢解德国。威尔逊则主张以"十四点"为原则，先制定《国际联盟盟约》和建立国联。劳合·乔治提议先讨论殖民地问题。他们各执己见，互不相让，竟闹得不可开交。

建立国际联盟

建立国际联盟是巴黎和会的主要议题之一。

各国人民在经历了世界大战的浩劫后，渴望和平，期望能建立一个保障和平的国际机构。几个战胜国首脑正是迎合这种愿望，想把自己装扮成和平卫士，而威尔逊则显得特别起劲。

建立国际组织的方案有好几个。法国的方案是由劳动部长里昂·布乔亚为首的政府特别委员会起草的。其要点是规定德国不得加入国际组织，设立国际军队和参谋本部，以达到由陆军首强法国来控制这支国际军队，从而控制这个国际组织的目的。以菲利莫尔勋爵为首的英国委员会也拟订过一个方案。它设计的国际联盟实际只是几个大国的仲裁机构，目的是要协助英国进行殖民统治。以威尔逊的密友豪斯上校为首的一批人也拟订了一个草案。它准许德国和小国加入国联，规定全体成员国互相保证"领土完整和政治独立"的原则，对殖民地和势力范围，方案提出只要取得国联会员国 3/4 的同意，便可以修改这些国家的组成及其边界。这显然是要削弱英法，并通过国联，取得殖民地和势力范围。

以这个草案为蓝本作了修改后，威尔逊提出了一个新的国际联盟草案，称为巴黎方案。该方案很重要的一点，就是规定把德国殖民地和前奥斯曼帝国的领地交给国联委任统治。各方在国联问题上展开了激烈的争吵。

威尔逊主张首先讨论国联问题。他坚持国联盟约应与和约共同构成不可分割的整体，对所有国家都具有约束力，遭到英法的坚决反对。"十人会议"对此进行了长达 4 天的争论，未获结果。最后才达成妥协：决定国联问题与其他问题同时平行讨论。为了起草《国联盟约》，成立了一个特别委员会，这个委员会以其住地被称为"克利容饭店委员会"，威尔逊亲任主席。

列强在关于萨尔的归属和关于海上自由是否应列入《国联盟约》等问题上争执激烈，相持不下。法国要求取得原德国领土萨尔，以补偿战争中的损失。美国则害怕法国取得萨尔丰富的煤矿后，会在欧洲变得过于强大。英国反对在《国联盟约》中列入海上自由条款，以维护自己的海军优势和贸易地位。美国则力图以海上自由为名，向世界海洋扩张。这些争执都牵涉这几个帝国主义国家的根本利益，因此矛盾尖锐，难以调和。但是威尔逊在和会上的地位，由于国内反对派势力的增长而遭到削弱。反对派特别攻击威尔逊搞国际联盟，是违反华盛顿不要干预欧洲事务的遗训，背弃了门罗主义传统，使威尔逊处境窘迫。

为了不给反对派以口实，威尔逊力图在《国联盟约》中加上关于门罗主义与《国联盟约》不相抵触的一条说明。英法看准了威尔逊的弱点，不予同意，并以此为手段，迫使威尔逊在萨尔及海上自由问题上让步，终于达成了一笔政治交易。

4 月 14 日，克利孟梭表示，法国可以同意把关于门罗主义的说明列入《国联盟约》，要求美国也同意把萨尔交法国委任统治。威尔逊被迫同意。同时，英、美也达成妥协，美国保证放弃海上军备竞争，以换取英国在《国联盟约》和萨尔问题上对自己的支持。

这样，英、法才最后接受了《国联盟约》草案。在这场交易中，英、法得到的是实惠，而美国得到的只是《国联盟约》一纸空文。劳合·乔治和克利孟梭利用了威尔逊贪图虚名和对国际联盟不顾一切的追求，玩弄手段，把他戏弄于股掌之中。4 月 28 日，《国联盟约》在全体会议上一致通过。

《国联盟约》规定：凡参加对德作战的国家及新成立的国家，均为国联创始国；战时 13 个中立国被接收为会员国，其他国家则须大会 2/3 的票数通过，并经行政院一致同意方可加入。国联的权力机构是会员国全体会议及行政院。美、英、法、意、日为常任理事国，还有 4 个可更换的非常任理事国。

《国联盟约》还确定了殖民地委任统治制。委任统治分为三类：第一类是原属于土耳其的阿拉伯地区，因较为发达，可"暂被承认为独立国之程度"，受委任统治国指导；第二类是中非和东非地区，在短期内不赋予独立之诺言，委任统治国必须负地方行政之责；第三类是西南非洲和南太平洋一些岛屿，委任统治国可视作本国领土的一部分。国联把上述地区交给英国、法国、比利时、日本和英国自治领，但未规定委任统治的期限。美国又没有得到什么好处。

因此，美国尽管为国联的创立煞费苦心，到头来却毫无收获。不仅没有捞到殖民地，连成立后的国联也被英、法所控制，因为根据规定，国联的主要机构是会员全体代表大会和行政院。每个会员国、包括自治领都拥有 1 票，这样仅英国与自治领就拥有 6 票，当时美国根本不能控制其他国家，行政院由 9 国代表组成，其中包括 5 名常任理事国（英、法、意、日、美）和 4 名非常任理事国，美国也不能操纵。因此在 1919 年 7 月，当威尔逊带着以巨大代价和全力以赴换来的《国联盟约》回到国内时，迎面而来的是一片讽刺、谴责和反对之声，"对他不满的人士"形成了一个反威尔逊的广泛联盟。1919 年 11 月 19 日，美国参议院以 53：38 的多数拒绝批准和约。

国际联盟并没有成为"和平的工具"，相反，它是一个强盗的联盟。列宁指出："这个臭名远扬的'国际联盟'，它企图瓜分管理各国家的权利，企图分割世界。"[①] 它的作用只是巩固了战后确立的帝国主义体系，成为镇压各国革命运动和奴役弱小民族的工具。

苛刻的对德和约

对德和约是巴黎和会的一个主要议题。和会在如何处置德国问题上发生了最激烈的角斗。列强像几头恶狼一样，为分食一头倒下的野兽而相互撕咬。

法国想夺得最大最肥的一块肉，把边界推移到莱茵河，在左岸成立一个依附于法国的莱茵共和国；夺取萨尔地区，利用洛林的铁和萨尔的煤构成一个工业基地；建立一个包括波兹南、但泽在内的大波兰，既用它来钳制德国，又用它来牵制苏俄。英、美怕法国过于强大，反对法国的过分要求，它们不同意法国占领莱茵区，也不让法国在萨尔享有行政统治权，最多只能享有对煤矿的一定开采权。3 月 25 日，劳合·乔治提出了一个备忘录，即著名的《枫丹白露文件》，反对过分削弱德国。他认为，即便把德国削弱到 1 个五等国的程度，也无济于事。"如果德国认为 1919 年的和约不公平，那么它将会找到对战胜国进行报复的手段"。备忘录提出莱茵区仍属德国，但要非军事化；阿尔萨斯—洛林归还法国，法国对萨尔煤矿享有 10 年开采权；波兰得到但泽走廊。

关于赔款问题，原已由澳大利亚总理休斯担任主席的专门委员会，拟定赔款总额是 4800 亿金马克，但法国要求 6000 亿至 8000 亿金马克。劳合·乔治在备忘录里则认为法国提出的数字是"疯狂的幻想"。他坚持主张赔偿"只能由参加过战争的那一代人负担"，赔款数额应与德国的支付能力相适应。在赔款的分配上，他提出法国得到 50%，英国 30%，其他国家 20%。英国出席和会的代表、著名经济专家凯恩斯则认为，德国的赔偿不应超过500 亿金马克。

美国唯恐把德国这只下金蛋的母鸡勒死，反对过分削弱德国，杀鸡取卵，主张赔款数额要少一点。美国代表提出的赔款总额为 2280 亿金马克。美国更反对英、法把偿还美国的债款和赔款问题联系在一起。

法国对《枫丹白露文件》强烈不满。克利孟梭反唇相讥说，如果英国宽

---

① 《列宁全集》第 30 卷，人民出版社 1957 年版，第 408 页。

宏大量的话，应在殖民地和海洋方面给予德国补偿。法国坚持它应享有赔款份额的58%，英国为25%。威尔逊则建议折中，法国为56%，英国为28%。

会议从这个房间吵到那个房间。威尔逊、克利孟梭都一度以回国或退出会议相挟。经过幕后交易，同时迫于英美联合阵线，法国才同意妥协。4月25日，以勃洛克道夫—兰道为首的德国代表团被召到巴黎，领取和约的初步文本。

但德国并不是一头任人宰割的羔羊，它知道协约国内部矛盾重重。代表团临行前，德国政府召开一系列会议，准备对协约国的方案进行讨价还价，尤其不愿意承认德国是战争元凶。勃洛克道夫—兰道说："有人要求我们承认是战争的唯一祸首，如果我本人这样承认，那是撒谎。"5月12日，政府部长谢尔曼对在柏林街头举行反和约示威的群众演说："让那些想要签署这样和约的手趁早烂掉吧。"5月29日，勃洛克道夫—兰道向和会提出了反提案，主要内容是：德国同意保留一支10万人的军队；坚决要求加入国联；放弃阿尔萨斯—洛林，但要举行公民投票；愿将波兹南的大部分归还波兰；同意将殖民地交给国联，但德国应享有委任统治权；答应缴纳1000亿金马克的赔款；对战争责任问题要成立"公开委员会"调查。

6月16日，协约国对德国作出答复，对原文本略作改动，主要改动是：法国放弃对萨尔区实行政治统治，任命5名专员负责行政管理；在上西里西亚举行公民投票。克利孟梭强调，对于"今天这一条约文本，要么完全接受，要么完全拒绝"。6月21日，德国政府通知准备签署和约，但不承认应负战争罪责。克利孟梭答复说，和会不接受任何修改和保留，德国只能签字或者拒绝签字。6月23日，德国国会通过了无条件签署和约的决议。1919年6月28日，在凡尔赛宫的镜厅——48年前威廉一世宣布德意志帝国成立的地方，举行了对德和约正式签字仪式。《凡尔赛和约》由此得名。

《凡尔赛和约》是十分苛刻的，主要内容有：（1）疆界问题；（2）限制军备；（3）赔款；（4）殖民地问题。

关于德国的疆界，和约规定德国应将阿尔萨斯—洛林归还法国；萨尔煤矿归法国，但行政管理权属国联，为期15年，期满后通过公民投票决定归属；莱茵河左岸由协约国占领15年，河的右岸50公里内不得设防；马尔梅迪、欧本及毛莱斯纳地区划归比利时；石勒苏益格—荷尔斯泰因地区的一部分归丹麦；西普鲁士的大部、东普鲁士的一部分、波兹南及波美拉尼亚某些地区交给波兰；但泽为自由市，但泽所属地区交国联管制；上西里西亚南部

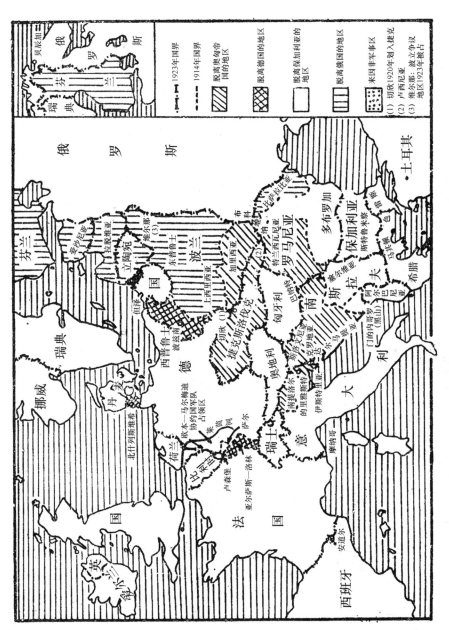

1848—1923 年欧洲疆界的变迁

的古尔琴地区划给捷克。这样，德国便丧失了原有领土的 1/8 和人口的 1/10。

关于限制军备问题，和约明确规定：解散德军总参谋部，废除普遍义务兵役制，德国陆军总数不得超过 10 万人（步兵不应超过 7 个师，骑兵不超过 3 个师），其中军官不得多于 4000 人；禁止拥有空军、海军航空兵及使用飞船、坦克和重炮、毒气；各类海军舰只不超过 36 艘（包括装甲舰 6 艘，轻巡洋舰 6 艘，驱逐舰和鱼雷舰各 12 艘），不得配备主力舰，禁止德国拥有潜艇。设立 3 个国际监察委员会，督察和约军事条款的实施。

关于赔款问题，和约规定成立特别的赔偿委员会，在 1924 年 5 月 1 日前确定应在 30 年内付清的总额（后来确定的赔款总额为 1300 亿金马克）。1921 年 5 月 1 日前，德国应以黄金、船只、商品和有价证券交付 200 亿金马克。此外，德国还应交付全部 1600 吨级以上的商船、一半 1000 吨级以上的商船、1/4 的渔船、1/5 的内河船只；5 年内德国还应为协约国建造 20 万吨商船；德国须在 10 年内向法、意、比分别提供 14000 万吨、7700 万吨和 800 万吨煤及牲口、机器、颜料等化工产品。

按照和约，德国交出全部殖民地，并按委任统治原则交给有关国家：东非的坦噶尼喀归英国，卢旺达—布隆迪归比利时，基翁格归葡萄牙，多哥和喀麦隆被英法所瓜分，德属西南非洲交给南非联邦，新几内亚交给澳大利亚，萨摩亚群岛归新西兰，太平洋上的马绍尔群岛、马里亚纳群岛和加罗林群岛则由日本委任统治。

《凡尔赛和约》是一项骇人听闻的掠夺性和约，是取得胜利的强盗与掠夺者强加给战败的强盗与掠夺者的不平等条约，真正受害的是德国人民。所以列宁指出："这个和约比我们的布列斯特—里托夫斯克和约更野蛮、更带有强制性。"[①] "《凡尔赛和约》不过是强盗和掠夺者的条约……是一个高利贷者的和约，刽子手的和约，屠夫的和约。"[②]

策划武装干涉苏俄和匈牙利革命的大本营

十月革命的胜利冲破了帝国主义的锁链，引起了帝国主义列强的惶恐不

---

① 《列宁全集》第 30 卷，人民出版社 1957 年版，第 248 页。
② 《列宁全集》第 31 卷，人民出版社 1958 年版，第 291 页。

安。他们企图建立起"一道防疫带"，阻止革命的蔓延，还策划行动，要把世界上第一个社会主义国家扼杀于摇篮之中。

早在签订停战协定的第二天，协约国总司令部参谋总部就制订了"消灭布尔什维主义"的计划。这个计划预定要出动 24 个师（其中法国 5 个师、英国 7 个师、希腊 10 个师、意大利 2 个师），以加强在北方、彼得格勒方面和其他地区业已开始的反苏军事行动，并假道罗马尼亚和黑海对乌克兰进行武装干涉。

到 1918 年底，大批的武装干涉军在摩尔曼斯克、阿尔汉格尔斯克和海参崴登陆。协约国海军侵入波罗的海的苏俄领海。但这时协约国干涉军的主攻方向是俄国南方地区。11 月底，法军陆战队在敖德萨、塞瓦斯托波尔和诺沃罗西斯克登陆。武装干涉者还通过黑海，把军队和援助白卫分子的物资源源运到俄国南方，这样便出现了协约国列强对苏维埃俄国进行公开武装干涉的时期。于是在巴黎和会上，如何干涉苏俄也成了一个重要议题。在商讨和会议程时，威尔逊提出："当前最重要的事情，是全面讨论同俄国的关系问题。"福煦元帅在和会的预备会上，赤裸裸地建议向苏俄发动进攻。帝国主义对扼杀苏维埃政权是完全一致的，但在策略手段上却有分歧。在 1919 年 1 月 16 日的"十人会议"上，劳合·乔治提出了三种解决俄国问题的办法：武装干涉、封锁和试图达成协议。但他估计到前两种办法前景不妙，因此最好是先谈判。美国支持这种意见。法国却不同意，而主张武装干涉。意大利外长索尼诺干脆要求组织一支反苏志愿部队。当时，苏维埃俄国的革命正处于凯歌行进的时期。武装干涉者的前几次侵犯在和会开幕时已被打退，红军在各条战线转入反攻。红军节节胜利的消息，打乱了干涉者们的部署。

作为缓兵之计，"十人会议"决定委托威尔逊邀请在俄国交战的各方派代表，出席关于恢复俄国和平问题的会议。1919 年 1 月 22 日，各报刊登了威尔逊的呼吁书。为了缩小影响，会议准备在黑海海峡中的马尔马拉海僻静的王子岛召开。但协约国并没有诚意，威尔逊的呼吁书根本不列收件人的姓名，苏维埃政府没有收到"十人会议"直接发出的正式呼吁书。尽管如此，真诚渴望和平的苏维埃政府仍同意派代表出席会议，并准备作出一定程度的让步：承认战前的债务和偿付利息，提供某些租让权，条件是必须从苏俄境内撤走一切外国军队。这一行动揭穿了帝国主义假和平、真干涉的伎俩，使它们陷于被动局面。所以威尔逊说："他们这一行动蓄意使人难堪。"协约国最后借口俄国各反革命政府拒绝同布尔什维克会谈，使王子岛会议流产。

和会操纵者一计不成，又生一计。根据威尔逊的建议，派遣以美国出席和会代表威·蒲立特为首的特别代表团前往苏俄进行活动，名义上是代表英美两国，了解谈判的条件，实际上是为了猎取情报，赢得武装干涉的时间。2 月底蒲立特向苏俄政府提出了八项谈判条件①。

为了摆脱战争，争取喘息时机，列宁原则上同意这些条件，但对每一条又都提出了若干重要的修改和补充。如第 2 条改为："俄国境内所有事实上存在的政府在辖区内保持政权，但人民自愿更换政府的情况例外。"第 8 条改为："一切外国军队应一律撤出俄国，对各个反苏政府的一切军事援助应予停止。"另外关于承认旧债问题，改为"应由旧俄所属各国平均分摊"等。苏俄代表与蒲立特终于草签了一项有关停战的预备性条约。当蒲立特把这项条约草案带回巴黎后，高尔察克已经向苏维埃政权发动了进攻。威尔逊和劳合·乔治出尔反尔，竟否认曾委托蒲立特去签订任何条约。

巴黎和会不但积极策划反对苏维埃俄国，而且也是策动武装干涉匈牙利革命的总指挥部②。

早在匈牙利苏维埃共和国宣布成立的前几天，即 1919 年 3 月 19 日，协约国就通过其驻匈军事代表威克斯递交了一份照会，要求匈牙利驻东线军队后撤大约 100 公里，空出来的地方由罗马尼亚军队及协约国联军占领。

1919 年 3 月 21 日，匈牙利苏维埃共和国宣布成立。忙于分赃的帝国主义首领们对此惊慌失措。巴黎和会召开紧急会议，讨论所谓的"匈牙利问题"；协约国总部也下令禁止同匈牙利贸易，实行经济封锁。3 月 27 日，出席和会的美国代表团在讨论匈牙利问题的会议上提出了三个方案：（1）英、法、美、意军直接占领匈牙利；（2）在罗马尼亚、捷克和塞尔维亚军的协助

---

① 这条件是：

1. 各战场停止军事行动。

2. 所有事实上存在的政府仍驻留在原来的辖区内。

3. 苏俄同海外联系所必需的铁路、港口应遵守国际铁路及欧洲其他港口的现行规则。

4. 保证各协约国臣民享有自由进入苏维埃残国的权利和充分的安全。

5. 赦免双方全部政治犯，曾站在协约国方面作战的全部俄国人也应享有充分自由。

6. 恢复苏俄与外国的贸易关系，但在苏维埃俄国主权得到应有尊重的条件下，须保证在俄国各阶级中平等分配协约国提供的援助。

7. 有关俄国对协约国债务等问题，均应在恢复和平后另行研究。

8. 一俟俄国军队超员部分复员，多余武器交出或销毁后，一切协约国军队应撤离俄国。

② 参见本书《1919 年匈牙利苏维埃共和国》一文。

下组织对匈牙利的武装干涉；（3）在匈牙利右派社会党人的协助下准备反革命政变。讨论这个方案时，法国代表赞成第一个方案；英美赞同第二个方案，并把它同第三方案结合起来。但是，这一计划没有立即实施。4月4日，他们先派遣以史末资将军为首的"和平使团"前往布达佩斯，向匈牙利共和国领导人库恩·贝拉递交一份照会，要求匈牙利红军撤至协约国1918年11月13日划定的分界线。

4月16日，罗马尼亚军发动进攻，开始了武装干涉。参加进攻的还有法国、捷克和塞尔维亚的军队。6月，匈牙利红军切断了罗马尼亚和捷克军的战线，反攻取得胜利。6月16日，斯洛伐克苏维埃共和国宣告诞生。6月8日和13日，克利孟梭代表巴黎和会向匈牙利政府两次发出最后通牒，要求匈牙利红军停止进攻，并撤退到1918年11月13日停战协定规定的分界线内。作为交换条件，保证让罗马尼亚军也撤到蒂萨河以东，并邀请匈牙利政府参加巴黎和会。通牒威胁说："如果从6月14日中午起，4天之内没有接到确实执行这一决定的消息，各国认为有权派遣军队或采取其他措施。"

6月19日，匈牙利第一次苏维埃代表大会在改良主义者占多数的情况下接受了克利孟梭的最后通牒。匈牙利红军后撤了，克利孟梭却背信弃义地让罗马尼亚军继续留在匈牙利境内。

此时，武装干涉军从四面八方包围了匈牙利：在南面有法军3个师、塞尔维亚军3个师；在东方，有罗军6个师；在北部有捷军4个师。7月5日，巴黎和会作出了进一步武装干涉匈牙利革命的决议。在协约国的武装干涉下，双方军事力量过于悬殊，加上右派社会民主党人的叛变和匈牙利共产党指导方针上的失误，8月初，匈牙利苏维埃共和国终于被颠覆。

围绕中国山东问题的斗争

中国作为参战国，也派代表出席巴黎和会，但只被列为"享有局部利益"的第二类国家。中国派出的代表有五人（陆征祥、顾维钧、王正廷、施肇基、魏宸祖），可是只准有两人同时出席会议，他们的任务只是"申述自己的情况和理由"。即使在讨论山东问题时，也总共只被邀请参加过三次会。

按理，巴黎和会应无条件地把战败的德国占据我国山东的一切权益归还中国。和会在讨论殖民地分配问题时，日本代表牧野竟无理要求将德国在山东的"权利"全部转交给日本，并搬出 1915 年强加给中国的"二十一条"和 1917 年日本与英、法、俄、意签订的秘密协定等作为根据。中日代表在会上辩论的消息传到中国，舆论哗然，全国人民纷纷致电中国代表，要他们坚持主张，不得退让。在国内舆论的声援下，中国代表向和会提出七项希望条件：废弃势力范围；撤退外国军队巡警；裁退外国邮局和有线、无线电机关；撤销领事裁判权；归还租借地；归还租界、关税自主权。在留欧学生的强烈要求下，又提出取消"二十一条"的要求。但这两个提案，均被操纵和会的"十人会议"以与和会无关为理由，予以拒绝。在 1919 年 1 月 27 日和 28 日的会议上，王正廷和顾维钧据理力争，要求归还山东，在日本的压力下，北洋政府外交次长曹汝霖却说此举纯属王、顾二人的"擅自行动"，以讨好日本。4 月，和会继续讨论山东问题。在 4 月 22 日、29 日和 30 日的三次四国首脑会议上，就决定了山东问题的命运。中国代表被拒之门外，连会议记录也不让看。

英、法两国支持日本的蛮横要求。美国在会议开始时为了贯彻"门户开放"原则，并出于与日本在远东利益上的矛盾，建议将德国在山东的权益交和会接收，由"国际共管"。日本反对，并且以拒绝加入国联和签署和约相威胁。在这个关键时刻，威尔逊为了使国联不至垮台，旋即转变态度，讨好日本，再也不提山东交国联共管。美国的做法，充分暴露出威尔逊所鼓吹的"公正""正义"的本质。连兰辛也出于私人的不满说，威尔逊的做法"出卖了一个伟大的原则"。1919 年 4 月 30 日，"三巨头"召开最后一次关于山东问题的会议，只邀请日本代表参加，而把中国代表拒之门外。

会议把炮制出来的解决山东问题的方案写进了《凡尔赛和约》第 156 条至 158 条。条文规定：根据 1898 年中德条约及关于山东省的其他一切协定，德国所获的胶州地区、铁路、矿山、工厂、海底电缆和一切附属之权利，"均为日本获得并继续为其所有"，甚至连各种档案、文书均应移交日本。这是一个严重损害中国主权的决定。

中国代表向"三巨头"会议提出抗议，并声明"对该项条款有保留之义务"，但北洋军阀政府在帝国主义压力下，作出了丧权辱国的决定，密电中国代表签字。消息传开，激起了中国人民的极大愤慨。

巴黎和会关于中国山东问题的决定和中国外交的失败，点燃了轰轰烈烈的"五四"反帝反封建运动的导火线。中国代表最后拒绝在《凡尔赛和约》上签字。

对奥、匈、保、土和约的签订

《凡尔赛和约》签订之后，协约国相继与其他几个战败国签订和约。在讨论这些和约时，协约国列强之间也是矛盾尖锐，特别是在瓜分土耳其领土问题上，冲突激烈。

法国在多瑙河和巴尔干地区具有明显的优势，它支持罗马尼亚、波兰、塞尔维亚、捷克的领土要求，企望由这些国家组成亲法政治集团。英、美反对法国势力的扩大。英国力图把土耳其和保加利亚的领土割让给在它控制下的希腊。意大利则企图分得一份丰厚的"土耳其遗产"，要求盟国履行秘密协定①中许下的诺言，甚至要求得到连密约中也未作规定的阜姆（里耶卡）港。1919年4月底，在意大利的这些要求遭到拒绝后，以奥兰多为首的代表团离开和会回到罗马以示抗议，但无人理睬，后来又不请自回。

对奥和约是1919年9月10日在巴黎附近的圣日耳曼宫签订的，故称《圣日耳曼和约》。和约确认奥匈帝国的解体，禁止德奥合并，承认匈、波、捷、塞等国的独立和疆界。它把原属奥匈的南斯拉夫人地区划给意大利和塞尔维亚；波希米亚、摩拉维亚归捷克；布科维纳、德兰西瓦尼亚划给罗马尼亚；南提罗尔、的里雅斯特、伊斯特拉半岛划给意大利，阜姆成为自由港。和约规定：奥地利必须废除强迫征兵制，陆军不得超过3万人，不得拥有空军和海军舰队，只允许在多瑙河上保留3艘小舰。战争赔款的数额和交付期限授权由赔偿委员会决定。

1919年11月27日，在巴黎近郊纳伊签订对保加利亚的和约。和约确认南多布罗加并入罗马尼亚，将马其顿的一部分划给塞尔维亚，西色雷斯划归希腊。保加利亚因而失去了爱琴海的出海口。军队被限定为2万人，赔款数额为22.5亿金法郎，分37年偿付。另在6个月内向塞、罗、希三国交付7万多头牲口，5年内供给塞5万吨煤。

由于匈牙利在1919年爆发革命，直至1920年6月4日，协约国才在凡尔赛的特里亚农宫与匈牙利资产阶级政府签订和约。它规定：匈牙利把斯洛

---

① 指1915年4月26日英、法、俄、意的《伦敦秘密协定》。

伐克和外喀尔巴阡乌克兰划给捷克；德兰西瓦尼亚和巴纳特东部归罗马尼亚；克罗地亚、巴奇卡和巴纳特西部归塞尔维亚；布根兰德留给奥地利。匈牙利陆军限为35000人，并承担原奥匈帝国的一半赔款。

1920年8月10日，战胜国与土耳其苏丹政府在巴黎近郊的色佛尔签订《色佛尔和约》。《色佛尔和约》规定，在委任统治的名义下，巴勒斯坦和伊拉克脱离土耳其归英国；叙利亚和黎巴嫩归法国；土耳其承认汉志和亚美尼亚的独立；除伊斯坦布尔城及郊区之外，土耳其在欧洲的领土划归希腊；基里基亚及安纳托里亚南部几个州划归法国，东部一部分划归亚美尼亚，东南部划归"自治"的库尔德斯坦。和约还规定了一些苛刻的奴役性条款，例如，达达尼尔和博斯普鲁斯海峡对各国商船和军舰开放，由实际上主要从属于英国的国际的海峡委员会监督，土耳其无权过问，英、法等国对土耳其继续保持领事裁判权，并对土耳其财政施加监督。和约还规定土耳其军队不得超过5万人，不得拥有空军和重型武器，海军只能保留7艘军舰和6艘鱼雷舰。这份苛刻的和约是凡尔赛体系中最带有奴役性的一个条约，不仅使土耳其丧失了4/5的领土，而且几乎丧失了独立和全部主权，但由凯末尔领导的土耳其大国民议会政府，始终拒绝承认《色佛尔和约》。

建立在火山上的凡尔赛体系

由《凡尔赛和约》及其他几个和约构成的凡尔赛体系，仅仅是几个战胜的大国根据新的力量对比、经过激烈较量之后达成的暂时妥协而已。它是极不稳固的，连克利孟梭的助手塔迪厄也承认："这次和约同所有其他和约一样，仅仅是，而且不能不是战争的继续。"靠凡尔赛体系建立起来的"新秩序"，不仅没有消除，而且加深了各种矛盾。

首先，几个和约对战败国都具有肆无忌惮的掠夺和奴役性质，深化了战胜国和战败国的矛盾。这些和约不仅分割了德、奥等国的领土，还把它们抢劫一空，甚至剥夺了这些国家人民的基本生活资料。德国之所以在和约上签字，完全是被迫和强制的。《凡尔赛和约》墨迹未干，德国就寻找借口不履行和约条款。希特勒正是利用复仇主义情绪和打倒《凡尔赛和约》的口号，把德国引向法西斯主义和发动战争的道路。

其次，加深了战胜国之间的矛盾。凡尔赛体系的建立，主要捞到好处的是法、英、日，而美国得到的只是《国联盟约》一纸空文，并未捞到实惠。

美国当然不肯善罢甘休。它重整旗鼓,不久便发起华盛顿会议,与英、日在远东进行争夺,在欧洲则加紧扶植德国,以对抗英、法。此外,意大利对分赃不均十分不满,英、法之间在欧洲的矛盾也在上升。这就使帝国主义争夺世界的矛盾发展到一个新阶段。

最后,深化了帝国主义和殖民地被压迫民族的矛盾。和会把德国殖民地和土耳其的领土以国联委任统治的名义重新瓜分,给这些地区的人民套上了新的殖民枷锁。和会无视中国人民的主权,把中国的山东省私相授予。这一切都加深了帝国主义和殖民地被压迫民族的矛盾,也必然会加强他们的反抗。

此外,这一体系是敌视苏维埃俄国的,它也加深了帝国主义和社会主义国家之间的矛盾。凡尔赛体系内部的这些矛盾告诉我们,帝国主义国家之间必然要发生新的冲突,民族解放运动和世界无产阶级革命必然走向新的高潮,因此,凡尔赛体系是极不稳固的。

所以列宁指出:"靠《凡尔赛和约》来维系的整个国际体系、国际秩序是建立在火山上的,整个地球上受奴役的 7/10 的居民已经忍无可忍了,他们渴望有人发动斗争,使这些国家都开始发生动摇。"[①] 凡尔赛体系的崩溃是不可避免的。

---

① 《列宁全集》第 31 卷,人民出版社 1958 年版,第 292 页。

共产国际的成立

周　邦

共产国际（1919—1943）即第三国际，是各国共产党的联合组织，它是在第二国际破产和俄国十月革命取得胜利、各被压迫民族的民族解放运动空前高涨的历史条件下成立的。列宁和布尔什维克党同其他国家的左派社会党人一起，为共产国际的创立贡献了力量。

十月革命后的国际共产主义运动

伟大的十月社会主义革命的胜利，为国际工人运动和反帝斗争开创了崭新的局面。欧洲到处掀起了蓬勃的革命新高潮。殖民地和附属国人民的斗争进入一个新的阶段。自大战爆发以来就出现的各国社会民主党的分化现象愈加明显。

还在战争期间，1918 年 1 月，奥匈帝国和德意志帝国就有近 200 万人罢工，罢工者要求停止战争，改善粮食供应状况。在一些工业中心一度成立了工人代表苏维埃。

在沙俄的附属国芬兰，十月革命的影响更为直接。1917 年 11 月 13 日，芬兰各大城市举行了总罢工，建立了工人武装赤卫队。总罢工迅速演变为武装起义。只是由于社会民主党右翼领导人的阻挠破坏，于 11 月 19 日宣布总罢工停止，芬兰资产阶级才在德国反动势力的支持下夺得了政权。12 月 6 日，芬兰宣布脱离俄国而完全独立。1918 年 1 月 28 日，芬兰再次爆发革命，赤卫队占领了首都赫尔辛基，推翻了资产阶级政府，建立了芬兰人民代表委员会。社会民主党左翼曼奈尔、西罗拉、库西宁等人进入委员会。资产阶级政府逃到芬兰北部。南部工业地区的政权掌握在工人手中。人民代表委员会宣布成立芬兰社会主义共和国，实施 8 小时工作制，无偿分地给佃农，没收逃亡资本家的企业，对企业实行工人监督。1918 年 3 月 1 日，芬兰社会主义工人共和国和俄罗斯苏维埃社会主义联邦共和国订立友好条约。这个革命政权一直存在到 4 月底。

在保加利亚，1918 年 9 月爆发了夫拉达依起义。3 万名被战争折磨得疲惫不堪的保加利亚军队的士兵（其中有不少人是社会党左翼"紧密派"的成员）奋起反抗政府，要求停止战争，缔结和约和废黜国王斐迪南。起义者捣毁了设在丘斯滕迪耳的参谋本部，占领了腊多米尔。9 月 27 日，起义领导人保加利亚农民联盟领袖达斯卡洛夫根据士兵的要求，在腊多米尔宣布废黜国王斐迪南，成立以斯丹博利斯基为首的共和国政府。这个政府只存在了几天。10 月 2 日，同德军勾结的国王军队占领了腊多米尔，起义被镇压。

1918 年 11 月，德国爆发了革命。11 月 3 日，海军基地基尔港的 8 万水兵因拒绝执行作战命令而发动武装起义。水兵得到了工人的支持，在基尔建立全德第一个工兵代表苏维埃。革命很快扩展到全国，各地纷纷建立工兵代表苏维埃。11 月 9 日，柏林数十万工人响应斯巴达克派和柏林工人苏维埃执行委员会的号召，举行了总罢工。总罢工迅速发展为武装起义，德皇威廉二世逃往荷兰。霍亨索伦王朝被推翻了。

1918 年秋，奥匈帝国境内的捷克人、斯洛伐克人、南部斯拉夫人、波兰人、西乌克兰人、罗马尼亚人奋起开展民族解放斗争。10 月至 11 月的资产阶级民主革命推翻了哈布斯堡王朝。许多城市里产生了工人代表苏维埃。无产阶级是这次革命的主力，但由于社会民主党右翼的干扰，未能夺得政权。奥匈帝国崩溃后，相继诞生了奥地利、匈牙利、捷克、波兰共和国和塞尔维亚—克罗地亚—斯洛文尼亚王国。

在意大利，战争带来的是经济凋敝。数十万复员军人加入了失业大军。人民大众在战争中迅速提高了政治觉悟，迫切要求改变现状。1917 年 8 月，都灵工人举行总罢工，要求改善粮食供给状况。总罢工很快演变为武装起义，工人同前来镇压的军警发生冲突，死 500 人，伤 2000 余人。1919 年初，罢工浪潮席卷意大利全境。主要的罢工中心有米兰、都灵、热那亚和北方其他工业城市。工人要求提高工资，实行 8 小时工作制；同时也提出了政治要求——政府应立即停止对苏俄的武装干涉。

第一次世界大战后，英国工人运动很活跃，军队中也不断发生骚动。士兵要求复员，要求停止反苏武装干涉。1919 年 1 月，铁路工人、矿工和运输工人在伦敦举行全国会议，通过了"不准干涉苏俄！"的行动纲领。9 月，在曼彻斯特成立了"不准干涉苏俄全国委员会"。1919 年 1 月底，克莱德河工业区 10 万工人罢工，要求缩短工作日至每周 40 小时。领导这次罢工的是苏格兰工人车间代表委员会。未来的英共中央执行委员会主席威廉·加拉赫是委员会成员之一。

在法国，1917 年 11 月上台的克利孟梭政府执行露骨的反动政策。大战结束后，政府拖延军队的复员工作，想以军事实力对外保持国际上的优势地位，同时武装干涉苏俄；对内延长战时制度的实施，剥夺人民的民主权利。这种政策在法国引起了强烈的不满情绪。1918—1920 年，法国工人发动了政治性罢工和示威游行。国内许多阶层投入反对武装干涉苏俄的运动。在著名作家昂利·巴比塞和罗曼·罗兰的倡导下，法国知识界掀起了抗议政府武装干涉苏俄的浪潮。在军队里，士兵拒绝调往东线。1919 年 4 月，停泊在黑海的两艘法国装甲舰上的水兵率先起义，拒绝对苏俄作战。法国政府被迫作出了让步，于 5 月 1 日前将法国舰队全部撤离黑海。

革命并没有局限于欧洲。在亚洲，第一次世界大战爆发后，各被压迫民族同帝国主义之间的矛盾进一步激化。中国在 1919 年爆发了反帝反封建的五四运动。在印度，为抗议英国殖民者颁布的镇压"骚乱"的罗拉特法案，1919 年 4 月 6 日在国大党领袖甘地的组织下举行了总罢市。1919 年 3 月 1 日，朝鲜汉城爆发了反对日本帝国主义的人民起义。此外，在越南、印度尼西亚、菲律宾等亚洲国家也先后爆发了反帝和争取民族独立的运动。土耳其和阿富汗获得了民族独立。

在拉丁美洲各国，反抗外国资本的压迫同摧毁存在于农业的封建和半封建的生产关系的斗争交织在一起。第一次世界大战后，阿根廷、巴西、墨西哥、秘鲁、智利、乌拉圭的劳动人民提出了一系列民主要求，诸如进行土地改革、实行 8 小时工作制、提高工资、保护妇女和儿童的劳动、工会结社自由、改革大学教育等。

十月革命胜利后出现革命高涨的形势表明，需要有坚强的无产阶级政党来领导运动。然而，这时的社会民主党却不能担当这个重任。自大战爆发后，几乎所有国家的社会民主党内部都出现了分化。围绕着对待战争和本国政府的态度问题，分成了左、中、右三个不同的派别。左派受到工人和其他劳动群众的拥护，日益壮大。

大战爆发后，德国社会民主党右翼领导人谢德曼等人公开支持政府，并运用党内纪律，强迫议会党团成员投票赞成战争拨款，指责以卡尔·李卜克内西为代表的左派。然而，左派并没有屈服。1915 年 3 月，左派秘密召开全国代表会议，会后出版了《国际》杂志，提出"不要国内和平，要进行国内战争"和"重新建立国际"的口号，并于 1916 年 1 月组成斯巴达克派。1917 年 4 月，以哈塞、考茨基为首的中派利用党员和工人群众对右翼领导人的不满，脱离社会民主党，另立德国独立社会民主党，斯巴达克派加入其中。

十月革命胜利后，德国社会民主党的分化愈加明显。右派不惜参加巴登邦的马克斯亲王的政府，为挽救濒于覆灭的帝国出力。只有斯巴达克派始终站在革命的前列。1918 年 10 月 7 日，在德国十一月革命爆发前夕，斯巴达克派举行了全国代表会议，对国内政治局势和阶级关系作了分析，确定了德国无产阶级当前的任务是实现民主革命。十一月革命爆发后，斯巴达克派又和 11 月初成立的柏林工人苏维埃执行委员会一起，号召柏林工人举行总罢工和武装起义，推翻霍亨索伦王朝，建立社会主义共和国。威廉二世出逃后，社会民主党右翼领导人艾伯特组织新政府，独立社会民主党应邀派出 3 人参加。斯巴达克派坚持建立社会主义共和国等主张，未加入这个政府。11 月 11 日，斯巴达克派改名为斯巴达克同盟，选出了由卡尔·李卜克内西和罗莎·卢森堡等 13 人组成的中央委员会，出版了机关报《红旗报》，有自己的盟员证。12 月 14 日，卢森堡在《红旗报》上发表了《斯巴达克联盟要求些什么？》，从而提出了斯巴达克派的纲领性宣言。12 月 30 日，德国共产党在柏林成立。德国共产党的成立标志着工人运动的左翼与右倾机会主义和中派主义的彻底决裂。德国共产党在成立大会上表示坚决反对恢复第二国际，主张建立"采取真正革命行动的国际"。德国共产党的成立，加速了第三国际的建立。列宁十分重视这个第二国际中最大的党的发展变化，他认为，当斯巴达克同盟改名为德国共产党的时候，真正无产阶级的、真正国际主义的、真正革命的第三国际即共产国际的建立，就成为事实了。

与此同时，法国、意大利、英国、美国、西班牙、罗马尼亚、捷克斯洛伐克、南斯拉夫、比利时、瑞士、挪威、丹麦等国社会民主党中的革命派都有了发展。这些国家的共产党的成立要晚一些，但是，这些国家中左派的发展也同样为建立共产国际创造了条件。

在世界革命运动高涨的形势下，至 1918 年底，在欧美一些国家建立了第一批共产党。1917 年 5 月，瑞典的左翼社会民主党人组成了独立的政党，奠定了瑞典共产党的基础。1918 年 1 月 5—6 日，阿根廷左翼社会党人成立了国际社会党，后改称共产党。1918 年 8 月 29 日，芬兰共产党人在莫斯科召开代表大会，会上成立了芬兰共产党。1918 年 11 月 3 日，奥地利左翼社会民主党人的代表召开了代表会议，会上宣布成立奥地利共产党。1918 年 11 月 17 日，在希腊社会主义者代表大会上成立了希腊社会主义工人党，后改称共产党。荷兰的左派社会主义集团"论坛派"于 1918 年 11 月 19 日宣布成立荷兰共产党。1918 年 11 月 24 日，匈牙利共产党诞生。1918 年 12 月 16 日，波兰、立陶宛的社会民主党及波兰社会党左派的代表，在代表大会上宣布成立波兰共产主义工人党。所有这些共产党的成立，都为建立共产国际奠定了基础。

十月革命后出现的世界革命形势和第一批共产党的建立，使得破产了的第二国际的右派十分惊慌。为了同正在酝酿成立的新的国际争夺工人群众，他们匆忙于 1919 年 2 月在瑞士伯尔尼召开社会党国际代表会议。社会民主党右翼的头面人物在会上推崇国际联盟，攻击十月革命和俄国建立的无产阶级专政。会议通过了恢复第二国际的决议，也通过了支持国际联盟和反对无产阶级专政的决议，并决定设立一个常设委员会。

筹备建立共产国际

第一次世界大战爆发后不久，列宁就提出了建立新的国际的主张。他在 1914 年 11 月 1 日发表的《社会主义国际的状况和任务》一文中，第一次明确提出"第三国际万岁！"的口号，指出："第三国际现在面临的任务是，组织无产阶级的力量向各国的资本主义政府举行革命进攻，发动反对各国资产阶级的国内战争，夺取政权，争取社会主义的胜利！"[1] 列宁不仅为建立第三国际进行宣传，而且采取了许多实际步骤。其中最重要的是同瑞士和意大利社会党就召开国际社会主义者——反战派国际代表会议达成了协议。1915 年 9 月 5—8 日，在瑞士齐美尔瓦尔得举行了战时第一次国际社会主义者代表会议，参加者有来自俄国、德国、法国、波兰、罗马尼亚、保加利亚、意大利、荷兰、瑞士、瑞典、挪威 11 个国家的代表 30 余人。在以列宁为首的 8 名左派代表的坚持下，会议通过了宣言，指出第一次世界大战是帝国主义战争，谴责社会沙文主义和"保卫祖国"的口号。齐美尔瓦尔得会议结束

---

[1] 《列宁全集》第 21 卷，人民出版社 1959 年版，第 23 页。

后，左派建立了自己的组织，选出了领导机构——国际社会党委员会，并出版了自己的刊物《先驱》杂志，继续为反对帝国主义战争和建立第三国际而斗争。

1916 年 4 月在昆塔尔召开了国际社会主义者第二次代表会议，这次会议由俄国、德国、波兰、奥匈、英国、法国、意大利、塞尔维亚、葡萄牙和瑞士的代表共 40 余人参加，左派增至 12 人。由于左派的斗争，会议通过决议，谴责了第二国际执行局的机会主义立场，并批判了和平主义。但是，布尔什维克党提出的"使'本国'政府在帝国主义战争中失败"，"变帝国主义战争为国内战争"的立场仍然未被采纳。

十月革命取得胜利后不久，以列宁为首的布尔什维克党就采取了创建共产国际的具体措施。首先是派代表团出国，同各国的社会主义政党建立联系。1917 年 12 月 14 日有列宁出席的全俄中央执行委员会会议，提出了召开国际社会主义代表大会的问题。

1918 年 1 月 24 日在彼得格勒召开了一些左派党和左派集团的代表会议，参加会议的有俄国布尔什维克代表和左派社会革命党人代表，瑞典、挪威、波兰、立陶宛、罗马尼亚、美国、亚美尼亚的代表及英国和捷克斯洛伐克的国际主义者。会议决定采取若干具体措施，为召开国际共产主义代表会议作准备。会议通过决议，决定以下列条件为基础召开国际左派代表会议："1. 各党和各组织同意进行反对本国政府的革命斗争，争取立即媾和；2. 支持俄国十月革命和苏维埃政权。"这表明会议赞同列宁和布尔什维克党准备成立一个把机会主义分子清除出去的第三国际的方针。彼得格勒会议选出了国际局，以便筹备国际主义者代表会议。会议的决定曾分送各国左派的党和组织。

在加强同各国的联系方面，俄共（布）中央外国人团体联合会和俄共（布）穆斯林组织中央常务局起了相当大的作用。十月革命爆发时，俄国有来自德国、奥匈帝国、保加利亚和土耳其的 200 万以上的士兵和军官战俘，还有几十万到俄国寻找工作的外国劳动者。其中有德国人、捷克人、斯洛伐克人、芬兰人、比利时人、意大利人、伊朗人、中国人及朝鲜人等。这些外国劳动者和战俘同本地劳动者一起，投入到反对沙皇、地主和资本家的斗争中。在斗争中，他们建立起了自己的组织，并同布尔什维克建立了联系，其中有些人还加入了布尔什维克的行列。许多人参加了红军的国际部队，一些优秀分子成立了共产主义团体，成为俄共（布）外国人支部，后来又联合成立了俄共（布）外国人团体联合会，成立时的主席是库恩·贝拉。列宁经常关心联合会的活动，把它看作共产国际的基础之一，指出它在建立共产国际中的意义。

到1918年底，成立共产国际的思想已得到国际工人运动许多左翼代表的支持。这时列宁提出了立即召开国际共产党人和左派社会民主党人代表会议的建议。列宁于1918年12月27日给格·瓦·齐切林写信，提出筹备这一代表会议的具体行动计划。他认为，为了建立共产国际，应赶快筹备国际社会党代表会议。在谈到制定共产国际纲领的基本原则时，列宁建议，采取俄共（布）纲领和斯巴达克同盟的纲领性文件《斯巴达克同盟要求些什么?》中所阐述的原则精神。信中提出了邀请各组织参加国际代表会议的主要条件如下：（1）坚决主张同社会爱国主义者（即在1914—1918年帝国主义大战时直接或间接地拥护资产阶级政府的人）决裂。（2）赞成现在的社会主义革命和无产阶级专政。（3）原则上赞成"苏维埃政权"，反对用资产阶级议会制限制我们的工作，反对服从资产阶级议会制，赞成苏维埃政权是更高级的和更接近于社会主义的政权类型。[①]

信中还提出应邀请以下三种类型的政党和组织参加会议：第一种类型是已站在共产国际立场上和完全拥护正式建立共产国际的"斯巴达克同盟"、波兰和立陶宛社会民主党、芬兰、奥地利、匈牙利、荷兰、俄国、乌克兰、爱斯兰、拉脱维亚共产党、瑞典左翼社会民主党人。第二种类型是有争取基础的党，如保加利亚"紧密派"、罗马尼亚社会民主党、苏格兰社会党、挪威社会民主党、丹麦社会民主党人小组（玛丽·尼尔森）和接近布尔什维主义的工团主义派、"同盟"（美国）或IO·德布斯小组以及英国和意大利社会党。被列宁列入第二类的几乎所有组织中都还有中派分子。第三种类型的组织是社会沙文主义政党内，或多或少接近布尔什维主义的派别，如瑞士社会民主党内的左派和青年派，法国的洛里欧小组。列宁还同意邀请中国、朝鲜和伊朗革命工人组织的代表以及"日本党"，作为来宾参加代表会议。

1919年1月，在莫斯科召开了有许多国家的共产党、左派社会党和小组参加的代表会议。与会者一致同意列宁提出的在近期召开国际革命无产阶级政党代表大会的建议，并讨论通过了《共产国际第一次代表大会邀请书》。

1919年1月24日，由8个党即俄国、波兰、匈牙利、奥地利、拉脱维

---

① 参见《列宁文稿》第7卷，人民出版社1959年版，第283—285页。

亚、芬兰共产党及巴尔干革命社会民主主义联盟和美国社会主义工人党的代表签署的邀请书，在《真理报》上发表。书中写道："世界革命形势一日千里地发展，新的问题不断出现；各资本主义国家狼狈为奸，打着骗人的'国际联盟'的旗号，策划反对革命，致使世界革命有被扼杀的危险；社会主义叛徒的政党正串通一气，企图互相'饶恕'，帮助本国政府和本国资产阶级再次欺骗工人阶级；另一方面，革命经验已经相当丰富，整个革命进程业已国际化。面对这一切，我们必须倡议把讨论召集革命的无产阶级政党国际大会的问题提出来，作为当前任务。"会议建议欧、美、亚三大洲的 39 个共产主义和左翼社会主义政党、团体和组织，派遣自己的代表出席这次会议，参加建立共产国际。

列宁仔细考虑了国际共产主义代表会议的筹备工作并拟定了日程。根据他的意见，代表会议应听取各国党代表的报告，成立共产国际，讨论纲领性问题（无产阶级专政和苏维埃政权，对资产阶级民主的态度，剥夺剥夺者和社会化），研究策略问题（对资产阶级政府和其他政党的态度），以及解决组织问题。

这样，由于俄共（布）中央在列宁的领导和直接参加下，同各国国际主义者一起进行了大量的工作，在莫斯科召开国际共产主义代表会议的准备工作已经完成了。

共产国际成立大会

1919 年 3 月 2 日，在莫斯科克里姆林宫的一个大厅里，开始了国际共产主义代表会议的工作。21 个国家 35 个组织的 52 名代表[①]出席。其中包括苏俄、德国、奥地利、匈牙利、波兰、芬兰、瑞典共产党的代表，挪威、瑞士、美国、保加利亚、罗马尼亚、法国、捷克斯洛伐克、南斯拉夫、英国、荷兰、土耳其、伊朗、中国、朝鲜的左翼社会民主党、左派社会主义者或工人组织的代表，乌克兰、白俄罗斯、拉脱维亚、立陶宛、爱沙尼亚、亚美尼亚、格鲁吉亚、阿塞拜疆、土耳克斯坦、俄罗斯东部民族的共产党人，伏尔加河流域德意志人中的共产党人，也都有自己的代表参加。

---

①　关于参加共产党第一次代表大会的代表人数及其所属国家、政党的数字，各种书刊记载不尽相同。

由于帝国主义的封锁迫害和伯尔尼国际的阻挠破坏，外国共产党人来到苏俄参加共产国际代表会议时，历尽艰难险阻，有的甚至横遭逮捕。奥地利代表 K. 施泰因哈特（格鲁贝尔）在代表会议上讲述了他从维也纳到莫斯科花了 17 天、以流浪的帮工身份才完成的全部旅程。

中国当时旅居苏俄的华工联合会负责人刘绍周（即刘泽荣）和张永奎，作为享有发言权的代表被邀出席了会议，这是东方殖民地和半殖民地国家的无产阶级第一次参加国际无产阶级组织的活动。这一事实表明，第三国际与第二国际不同，它不只是发达的资本主义国家的工人阶级的革命组织，而且是殖民地半殖民地国家劳动群众的革命组织。

会议的许多参加者都认为，必须在这次会议上立即成立新的国际。但德国共产党的代表麦克斯·阿尔伯特（胡果·埃贝莱因）提出，由于他未接到德共中央的指示，建议只召开共产主义代表会议，以便先制定可作为联合基础的政治纲领。他还认为，召开代表大会的准备时间太短，因为并非所有组织都得到了成立共产国际的通知，而许多代表又不能来到莫斯科。

考虑到诞生中的国际这一最大政党的代表的意见，列宁和其他与会者决定不坚持立即成立共产国际的主张，这次会议仍然作为国际共产主义代表会议开始工作。代表会议的任务是制定行动纲领，选举常务局和号召左派共产党加入组织。开幕式由列宁主持。列宁在开幕词中确定了代表会议的任务和主要工作方针。会议的中心任务是，强调无产阶级专政的必要性和消除对资产阶级民主的幻想，帮助各国建立共产党。代表们批准了预备会议关于此次会议应作为国际共产主义代表会议召开的建议。

迟到的奥地利、巴尔干和瑞典的代表的到达，使代表会议更具有代表性。为此，3 月 3 日决议起草委员会根据代表们的意见，再一次提出讨论立即成立共产国际的问题。3 月 4 日，这一问题被提到代表会议的全体会议上讨论。奥地利共产党、瑞典左派社会民主党、巴尔干社会民主党联盟及匈牙利共产党的代表提出了一项关于立即成立共产国际的提案。他们认为，为了争取无产阶级专政的斗争，为反对机会主义国际的复活，以及为显示各国共产党的团结，应当立即成立共产国际，并由正在莫斯科举行的国际共产主义代表会议来实现这一要求。埃贝莱因再次发言反对这个建议，他认为尚未形成建立共产国际的组织基础。

代表会议的其他与会者大都不同意埃贝莱因的意见。季诺维也夫以俄共（布）代表团的名义建议立即成立共产国际。芬兰共产党代表 И. 拉希亚认为埃贝莱因反对立即成立共产国际的论据不足。他宣读芬兰代表团的声明说，"芬兰共产党认为，成立共产国际的问题业已成熟，这种必要性是由总的国际形势和国际革命无产阶级运动的任务所规定的"①。最后，代表会议的参加者进行投票表决，在 1 票弃权（埃贝莱因）的情况下通过的决议说："国际共产主义代表会议决定成立新的国际，并采用共产国际的名称……各党、组织和小组在 8 个月内保有申请加入共产国际的权利。"② 代表们以热烈的掌声欢迎表决的结果。表决后埃贝莱因发表声明说，尽管他主张推迟成立共产国际，但他回国后将尽力促使德国共产党的领导，支持成立共产国际的决定。

代表会议自 3 月 4 日起，即作为共产国际（第三国际）第一次代表大会继续进行。代表大会一致通过了解散齐美尔瓦尔得联盟的决定。声明中指出："齐美尔瓦尔得联盟中的一切真正革命因素，正在由共产国际所接受和继承。"③ 会上，列宁就代表大会议程中的主要问题，即关于资产阶级民主和无产阶级专政的问题作了报告。大会通过了这个报告的提纲。同时，还通过了《共产国际宣言》和《共产国际行动纲领》，号召工人阶级为夺取政权、实现无产阶级专政而斗争。最后，代表大会研究了组织问题，鉴于国际共产主义组织刚刚建立，还没有在所有国家建立共产党，许多国家革命组织的代表未能参加成立大会，因此决定推迟制定和通过共产国际章程。与此同时，代表大会通过了一项关于组织问题的简短决议，其中谈到共产国际的领导机关是执行委员会，并决定该机关设在莫斯科。

3 月 6 日第一次代表大会闭幕。大会结束后立即成立了共产国际执行委员会，由俄国、德国、奥地利、匈牙利、巴尔干、瑞士及斯堪的纳维亚共产党的代表参加，并将为第二次代表大会前加入共产国际的各党代表保留了名额。执行委员会选出一个五人执行局，其成员有列宁、季诺维也夫、托洛茨基、拉科夫斯基和普拉廷。季诺维也夫被选为共产国际执行委员会主席。

第一次代表大会正式宣布了共产国际的成立，从理论上总结了无产阶级革命的初步经验，为各国年轻的共产党指明了方向。大会谴责了伯尔尼国际，揭露了第二国际社会沙文主义者和中派领袖，要求各国党同他们决裂。

---

① 见《共产国际第一次代表大会》（记录），1933 年，莫斯科俄文版，第 125 页。

② 同上书，第 218 页。

③ 同上书，第 132 页。

列宁高度评价共产国际成立的意义。他强调共产国际是各国无产阶级共同奋斗的成果，是由于存在于"各处猛烈发展的无产阶级革命"的国际环境而诞生的。它继承了第一国际和第二国际的优良传统，但清除了第二国际的"机会主义的、社会沙文主义的、资产阶级的和小资产阶级的脏东西，并已开始实现无产阶级专政"①。

---

① 《列宁选集》第 3 卷，人民出版社 1972 年版，第 810 页。

1919 年匈牙利苏维埃共和国

阚思静

1919 年匈牙利苏维埃共和国，是继俄国十月革命之后，在欧洲创建的、人类历史上第二个无产阶级专政的国家。它虽然只存在了 133 天，在国内外反革命力量的联合进攻下失败了，却是载入世界现代史上的一桩重大事件。

革命前夕匈牙利社会和经济概况

20 世纪初，作为奥匈帝国组成部分的匈牙利已发展为垄断资本主义，土地关系保留了较多的半封建主义的残余，政治上处于奥地利的附庸地位。

1900 年，匈牙利钢铁、冶金生产 90% 以上集中在 4 家垄断财阀的手里。全国主要工业企业被 82 个卡特尔所控制，其中 26 个是匈牙利独营，56 个是奥匈联营。万人以上的大工厂多分布在布达佩斯及市郊。战前匈牙利 80% 的对外贸易是专对奥地利的，奥皇把匈牙利当作提供工业原料的农业附庸国。匈牙利有 50% 人口从事农业生产。农业占工农业总产值的 70%。土地 48% 集中在占有 100 霍尔特①以上土地的地主手里，其中拥有 1000 霍尔特以上的大地主不到 0.1%，却占有 30.3% 的土地。全国无地或少地的农业无产者或半无产者竟占全体农户的 3/4 以上，他们备受资本主义和封建主义的双重剥削，生活贫困。

奥地利皇帝兼任匈牙利国王。匈牙利每届政府必须由维也纳宫廷审批。国家政权机构，包括议会两院，主要由代表容克贵族和垄断资本家利益的自由党所把持。内阁总理就是自由党的首领蒂萨·伊斯特伯爵。他忠于《1867年协定》所确认的二元制奥匈帝国，执行依附奥地利和鼓吹军国主义的战争

---

① 1 霍尔特等于 0.57 公顷。

政策。封建大地主在贵族院的议员中占 3/4，众议院占 1/5—1/6。匈牙利国家就是这样一个由奥地利控制的君主专制政权。在议会中有一个拥有 20 个席位的反对派，代表中等资产阶级和地方贵族利益的 48 年独立党。这个党的主席卡罗利·米哈伊伯爵主张摆脱奥地利的统治，维护民族独立，与西方亲善。48 年独立党尽管同自由党有激烈的矛盾，但在镇压、扼制工农革命运动方面，他们又沆瀣一气，如出一辙。

匈牙利国内的民族矛盾十分尖锐。全国 2000 万人口中，马扎尔族占一半，其余一半是克罗地亚人、塞尔维亚人、罗马尼亚人、斯洛文尼亚人及乌克兰人。匈牙利境内的非匈牙利民族，深受奥匈统治阶级的双重民族压迫。

匈牙利统治阶级追随德、奥帝国卷入第一次世界大战，严重地摧残了国家经济，激化了政治危机。战争年代，工农业总产值下降到战前的 50%。煤炭和钢铁产量只达到 1913 年的 55%。小麦和黑麦的产量只及战前的 56%。饿殍遍野，民不聊生。战争中伤亡和被俘的有 200 万人，占全国人口的 1/10。人民蒙受苦难，而资本家地主却大发横财。

1918 年秋，匈牙利国家面临急需解决的问题是：（1）摆脱对奥地利的依附，退出战争，争取缔结有利于维护民族独立的和约；（2）消灭君主专制，建立民主共和国；（3）消灭封建土地所有制，给农民以土地；（4）解决马扎尔民族和各少数民族的矛盾问题；（5）保障城乡人民基本的生活供应。然而，要指望继承维也纳宫廷鼻息苟活的匈牙利统治阶级去寻求民族自强的生路，无异于缘木求鱼。他们对这些振兴国家的紧迫任务，无法或根本不想解决。

伟大的俄国十月社会主义革命不仅给匈牙利工人树立了推翻地主资本家政权的榜样，而且指明了用革命摆脱战祸的道路。1917 年以后，有着光荣传统的匈牙利工人阶级，以从未有过的崭新面貌多次掀起震撼全国的革命运动，加速了匈牙利革命的历史进程。

长期以来，匈牙利工人运动的主要领导者是匈牙利社会民主党。它前身是 1880 年成立的匈牙利全国总工人党，以后在这个党的基础上改建为社会民主党。它初期曾对工运起过积极作用，90 年代末，逐渐向机会主义方面演变，成了思想上、组织上涣散的小资产阶级政党。大战期间，加拉米·艾尔内、维尔特涅尔·雅科布、孔菲·日格蒙德、伯姆·维尔莫什等领导人推行沙文主义政策，支持帝国主义战争，以后又采取和平主义的立场，放弃阶级斗争，阻止反战运动。俄国十月革命后，社会民主党有了较大规模的发展。

党员人数从 1916 年的 6.6 万人增加到 1918 年的 25.5 万人。党内革命和改良的两种倾向急剧分化，逐渐形成以朗德列尔·耶诺和汉布尔格尔·耶诺为代表的新的左翼势力。他们反对社会民主党内主要领导人的机会主义路线。

除了社会民主党以外，还有革命社会主义者的团体或小组。代表人物有科尔文·奥托、沙拉伊·伊姆雷。他们组织"伽利略小组"，进行反对军国主义的活动，并和国际齐美尔瓦尔得联盟取得联系，这是后来的匈牙利共产党的萌芽。它同社会民主党左翼都致力于宣传俄国十月革命的胜利，鲜明地提出"走俄国人的路""打倒帝国主义战争""我们要和平"等口号。

在这些日子里，革命风暴席卷全国。1917 年 11 月 25 日，布达佩斯 10 万人聚会，声援俄国十月革命的胜利。从 1918 年 1 月 18 日开始，布达佩斯 30 万工人举行声势浩大的为期 3 天的政治总罢工，要求立即实现不割地、不赔款的和平。随后，在首都 25 个工矿企业中，建立了第一批革命工人苏维埃。

1918 年 2 月 1 日，在达尔马提亚的卡托罗海军基地，40 艘军舰 6 万余名水兵起义，要求根据苏俄建议缔结和约，宣布民族自决权，建立共和国。这次起义遭到血腥镇压，成千人交付战地军事法庭受审，许多人被处决。奥匈帝国海军舰队司令霍尔蒂·米克洛什是镇压这次水兵起义的元凶。

1918 年 1—3 月，成群结队的农民进行骚乱，夺取地主土地，焚烧富豪庄园，抢分粮食。

1918 年 6 月 20 日，国家铁路局机车车辆厂工人举行要求提高工资、改善劳动条件的罢工。罢工遭到宪兵镇压，有 4 人被打死，19 人受伤，旋有 4000 名工人聚集在国会大厦前抗议这场流血事件，翌日酿成全国性的政治总罢工。铁路工人罢工总指挥是朗德列尔。罢工持续 10 天之久，布达佩斯各大工厂几乎都成立了革命工人苏维埃。

工农兵的革命运动虽然先后遭到当局的干涉、扼制、镇压而失败，但给全国播下了革命的火种，成为同年 10 月匈牙利大革命的先导。

1918 年"秋玫瑰革命"和卡罗利政权

1918 年 10 月匈牙利爆发了资产阶级民主革命，史称"秋玫瑰革命"。它是 1919 年 3 月匈牙利苏维埃共和国诞生的前奏。

1918 年秋，德国、奥匈帝国、保加利亚、土耳其等同盟国在军事上已土崩瓦解。10月底，奥匈帝国军队在意大利战场彻底溃败。紧接着，罗马尼亚、捷克、塞尔维亚、克罗地亚等地区相继成立国民委员会，宣布脱离奥匈帝国而独立。哈布斯堡王朝已被肢解。

1918年10月，匈牙利时局动荡。10月17日，蒂萨伯爵在匈议会宣布："我们没有赢得这场战争"，自由党垮台了。48年独立党的卡罗利伯爵发表了民主、独立、和平主义的政纲，深得两院议员的赞赏。这时匈统治集团试图脚踩两只船，乐于推出亲协约国的卡罗利去收拾残局。10月25日，匈牙利成立了以卡罗利为首的国民委员会，由48年独立党、激进党和社会民主党等中小资产阶级政党的代表组成。翌日公布《十二条宣言》，主要内容有：立即停战，退出德国联盟；国家完全独立；保证公民的自由权利；普选；实行民主改革，等等。就是这样最起码的民主政治的呼吁，也遭到奥皇查理四世的反对。

10月28日，布达佩斯几十万群众在停战、独立和建立人民共和国的口号下上街游行，要求奥皇任命卡罗利为总理。游行队伍同警察发生冲突。警察在链桥头向示威群众开枪，有2人被打死，70余人受伤。

10月30日，布达佩斯爆发了人民起义。武装工人和革命士兵逮捕了城防司令官，占领了国家电话总局、邮局、铁路局、兵营及其他战略要地，并释放了政治犯。一列车开往前线的士兵拒绝执行命令，加入起义队伍。起义者高唱赞颂1848年民族英雄科苏特的歌曲，涌进车站月台。士兵们扯去奥匈军队标志的帽徽，别上秋天的白玫瑰。同一天，在首都成立了第一个革命士兵苏维埃。10月31日，在原国民委员会基础上，成立了以卡罗利为总理、有社会民主党人参加的联合政府。这一天，哈布斯堡忠实走卒蒂萨被革命群众抓获枪决了。

匈牙利这次资产阶级民主革命，摧毁了哈布斯堡王朝，赢得了匈牙利的独立，建立了资产阶级共和国。工人阶级是这次革命的主力军，建立了自己的政权——工人苏维埃。为这次革命建树功勋的有社会民主党中的左翼势力，有革命社会主义者科尔文—沙拉伊团体，还有从苏俄归国战俘中的共产主义者和革命者。不过，这些革命的团体和政治家还没有形成一个统一集中的马克思列宁主义的工人政党，致使革命果实最后落到了自由资产阶级的手里。

原国民委员会并没有参加这场革命。卡罗利是以他激进的资产阶级民主派的声望，被群众拥上政治舞台的。1918年11月16日，联合政府宣布匈牙利为共和国，卡罗利担任临时总统。这个政府竭力通过改良的道路来维护资本主义制度，并阻止国内革命的进一步发展；对外取悦协约国，谋求缔结比较体面的和约。

上台后的卡罗利侈谈"普选制"和空泛的社会改良，却不去触动资本主义所有制和封建大地产。1919 年 2 月 16 日颁布了土地法令，规定："凡面积超过 500 霍尔特的大地产，国家有权没收其超过 500 霍尔特以外的部分"；分到土地的农民，都负有缴纳赎金的义务。尽管总统卡罗利在他老家带头把自己的土地首先进行分配，但响应者寥寥无几。这种有利于富裕农民的极温和的土改法令，还遭到来自地主和教会神甫的反对，最终也成了一张废纸。"普选"的许诺一再拖延，从未兑现。城乡人民生活毫无保障和改善。

卡罗利于 1918 年 11 月 13 日亲率代表团赴贝尔格莱德，同协约国签订停战协定，他受到怠慢。协约国提出的条件十分苛刻，规定匈方必须让出特兰西瓦尼亚南部、巴拉特、巴奇考州和鲍芳尼奥州的一部分，由罗马尼亚和塞尔维亚军进驻；协约国军可自由通过并进驻匈境的任何地区。随后，毗邻各国在协约国的纵容下，任意侵占、蚕食边界非匈牙利民族聚集区。

卡罗利联合政府无能力解决战后匈牙利社会、经济、民族和外交等重大问题，却殚精竭虑制止国内的革命运动。他们在"恢复秩序"的旗号下，向全国各地派遣政府代表和军队去"维持治安"；呼吁"停止阶级斗争"，要工人回工厂生产，士兵回营房待命。他们搜缴复员军人和武装工人的武器；用武力镇压农民分地、分粮食的骚乱。卡罗利还在 1919 年 1 月 18 日改组联合政府，把社会民主党从两名部长增加到 6 名，分别掌管外交、国防、内务、教育、商业和社会福利等部门，以掩盖其资产阶级政权的面目。

卡罗利政权是自由资产阶级和社会民主党为制止革命而建立的联盟。摆在匈牙利工人阶级面前的任务，就是要建立一个真正的马克思列宁主义的新型政党，以便率领工农大众，把资产阶级革命转变为社会主义的革命。

共产党的成立和革命斗争

匈牙利共产党在 1918 年 11 月 24 日成立，它标志着匈牙利革命运动进入一个崭新的阶段。

匈共的早期历史，可以追溯到匈牙利战俘在俄国进行的革命活动。1918年 3 月 24 日，在莫斯科成立了以匈战俘为主体的俄共（布）匈牙利共产主义小组，他们选举库恩·贝拉为组长，创办匈文版《社会革命报》，通过秘密途径运往国内。同年 11 月 4 日，侨居俄国的共产主义者举行代表大会，决定全体成员立即分批返回祖国，联合国内的革命力量，共同创建匈牙利共产党。1918 年 11 月 24 日，在布达佩斯毛约尔街 42 号召开了匈牙利共产党成立大会。大会选举产生了第一届中央委员会。党中央委员会由三部分人组成：从苏俄归国的共产主义小组的成员库恩·贝拉、杨奇克·费伦兹、万杜什·卡罗利、波尔·埃尔诺等；革命社会主义者小组的代表科尔文·奥托、米库利克·尤若夫；社会民主党左派的代表鲁道什·拉斯洛、桑托·贝拉、瓦戈·贝拉等。大会还缺席选举萨姆埃里·蒂波尔为中委，他是 1919 年 1 月初才从苏俄归国的。全会推选库恩为党中央书记，决定创办《红色新闻》报为党中央机关报。大会之后，集体入党的还有以海维希·久拉为首的工程师小组和以卢卡奇·久尔吉为首的知识分子小组。

匈共中央书记库恩·贝拉（1886—1939），16 岁就加入社会民主党，担任过新闻记者，是特兰西瓦尼亚工运领导人之一。1915 年被迫应征入伍，1916 年在俄国被俘。1917 年夏加入俄共（布）。他在保卫俄国苏维埃政权中屡建战功，多次见到过列宁。列宁称誉他是"一位完全走过了俄国布尔什维主义实际道路的共产党员"[1]。他是匈共创始人，也是而后匈牙利苏维埃共和国的实际领导人。

匈牙利共产党从成立的第一天起，就致力于消除工运中社会民主主义思潮的传统影响，把武装起义和建立苏维埃形式的无产阶级专政提到首位，作为党的行动纲领。匈共指出："当务之急是要粉碎资产阶级的国家，实现生产资料公有化的无产阶级专政"，"实现这一目的，不是通过议会道路，而重点应放在无产阶级群众斗争上，群众游行和工农武装起义上——这就是无产阶级夺取政权的共产党人的手段。"（《红色新闻》12 月 7 日）

匈共首先派遣大批成员，通过各种渠道，渗透到旧军队中，做瓦解策反工作。在各兵营中都建立了共产党的组织，他们号召士兵和复员军人："保存武器，用来为建立无产阶级政权而斗争。"他们还从由巴尔干途经匈返德的部队中，搜缴了 100 车皮的枪支弹药，大量分发，或降价出售。匈共在布达佩斯成立了拥有 2 万之众的全国复员士兵自由组织和全国复员下级军官自由组织。卡罗利政权首都警察局长迪埃后来不无叹息地承认："共产主义运

---

① 《列宁全集》第 29 卷，人民出版社 1956 年版，第 238 页。

动确实在军队中迅猛发展起来了。"他们的"行为已经不再是什么一般的政治运动，而是为实现他们一直宣扬的、用武力推翻现行国家和社会制度的目的而进行的准备"。

匈共组织领导了各种不同形式的武装斗争和工农运动。1918 年 12 月 12 日，布达佩斯卫戍部队士兵为举行反对联合政府陆军部长的示威游行，迫使这个部长辞职。12 月 25 日，受匈共影响的骑兵团占领了克奇克梅特兵营，解除了军官的武装。12 月 26 日，布达佩斯工人同政府武装部队发生流血冲突，伤亡多人。12 月 31 日，布达佩斯两个最大的兵营与效忠政府的武装部队发生流血冲突。这时，卡罗利通过社会民主党人孔菲和维尔特涅尔进行"调停"，即把陆军部交给共产党人，以换取匈共参加议会执政，遭到库恩拒绝。1919 年 1 月 3 日，布达佩斯甘茨发电厂工人赶走了旧管理人员，由职工自行组成监督委员会管理生产。接着，首都军工、钢铁、纺织、机械各工厂企业陆续响应仿效，并建立了工人赤卫队。1 月初，北方煤矿中心肖尔里托里矿矿工为驱逐矿主，同政府军队发生流血冲突，有 16 人被打死，90 余人受伤。与此同时，贫苦农民占领大地产的风潮，首先从匈牙利平原和蒂萨河以西地区兴起，然后波及多瑙河以西地区，绍莫吉州声势尤其浩大。

卡罗利面对如火如荼的革命形势，如坐针毡，一筹莫展。1919 年 1 月德国反动分子杀害了李卜克内西和卢森堡，白色恐怖猖獗。于是，卡罗利伙同社会民主党人铤而走险，采取了公开的反共步骤。1 月 28 日，社会民主党中央及其操纵下的工会理事会通过决议，把共产党人从社会民主党、工会及工人苏维埃中开除出去。（后经社会民主党内朗德列尔等人的斗争，3 月 3 日撤销了这个决议）2 月 3 日，警察局执行联合政府 1 月 23 日的决议，搜查并捣毁匈共《红色新闻》编辑部。2 月 19 日，社会民主党挑起警察同失业工人游行队伍的流血事件，许多示威者受伤，有 3 名警察被工人打死。政府当局便于当日夜间逮捕以库恩为首的 57 名匈共中央委员及 150 名党的积极分子，匈共被迫转入地下状态。未遭逮捕的萨姆埃里组织了临时中央委员会，2 月 24 日决定更广泛地开展工兵农革命运动和准备武装起义。

1919 年 3 月，匈共领导的革命犹如燎原烈火，从多瑙河流域燃遍全国。3 月上旬，各地工厂由工人委员会取代厂长、企业主来治理工厂。多瑙河右岸 1 万霍尔特以上土地的大地产，均为贫雇农所占领，并被宣布为生产合作社的财产。1 月 14 日，布达佩斯武装士兵举行盛大集会，通过决议拥护无产阶级专政。3 月 18 日，拥有 4 万工人的全国最大钢铁联合企业中心切佩尔工厂，为庆祝巴黎公社纪念日召开 5000 人大会，强烈抗议联合政府的暴行，要求释放共产党人和建立无产阶级专政。3 月 19 日，2 万失业工人示威游行，要求把工厂、银行收归国有。3 月 20 日，首都印刷工人宣布总罢工。从 3 月 14 日到 21 日，全国有 11 个州和两大城市的政府人民委员被驱逐。

三月革命使卡罗利统治集团无法照旧统治下去了。当局不得不逐渐放松对羁押在狱的库恩等人的警戒，甚至让他们和外面的革命力量取得联系。3 月 11 日，库恩同社会民主党内左派的代表人物进行了频繁的接触，拟议两党联合，提出夺取资产阶级政权，实现生产资料公有化，建立无产阶级专政的苏维埃共和国等 10 条纲领。当时匈共只有 15000 名党员，社会民主党党员却剧增到 70 万人。但随着形势的发展，社会民主党内部要求与共产党联合的左派力量占了上风。社会民主党人、联合政府的国防部长伯姆后来无不感慨地说道：当时他这个党成千上万的人"虽然组织上还在社会民主党内，但思想和行动上已经是共产党了"。

匈牙利苏维埃共和国的诞生

用武力奴役战败的匈牙利，是协约国既定的方针。鉴于卡罗利政权即将倾覆，势必危及资产阶级在欧洲大陆的统治，巴黎和会于 3 月 19 日深夜，通过协约国驻匈军事代表、法国的威克斯上校向匈方递交一份照会，要求划定新的军事分界线，即等于将 1918 年 11 月 13 日签订的军事分界线，从东向西延伸 100 公里，差不多到了蒂萨河沿岸，匈军撤出的地方一部分由罗马尼亚军占领；另外 40—50 公里宽的地带划为中立区，由协约国联军进驻。照会限令匈方务必在 3 月 21 日 18 点答复，3 月 23 日开始撤军。如果接受这份最后通牒，匈牙利就丧失有 1000 万匈牙利居民居住的土地，而且撤出的地区又是国家主要的工业区。所以，3 月 20 日凌晨卡罗利接到这份照会时，如雷击顶。他沮丧地说："在这上面签字的政府，一天也存在不下去。"

卡罗利政权固然为三月革命的汪洋大海所包围，而威克斯通牒却使它陷入灭顶之灾。3 月 19 日深夜（相当于 20 日凌晨）到 21 日下午 6 时，匈牙利全国被协约国列强武装占领的阴影所笼罩。时局促使国内各阶级、各政治派别重新组合。

3 月 20 日下午，卡罗利主持召开联合政府部长会议。这个临时总统持拒绝照会的立场。他认为，联合政府应当辞职，由他退居幕后，成立一个由社会民主党组成的"工人"政府。他们的目的，一来是用政府的"辞职"，暂时熬过协约国限令答复通牒期限的难关；二来用"工人"政府的招牌，由社会民主党出面沟通战胜国的社会主义者，争取对各所在国政府施加压力，达到缓解或摆脱既成的困境。会议决定翌日继续开会，正式拟定"工人政府"成员的名单。

3 月 21 日上午，社会民主党领导人背着卡罗利及联合政府召开会议，通过了与匈共谈判，联合夺权，以及拒绝接受威克斯通牒的决定。但党内加拉米·艾尔内、佩德尔·久拉等右派首领坚持反共立场，当即宣布他们退出社会民主党。当日下午，组成以朗德列尔为首的代表团，去监狱与库恩等就两党成立联合政府问题进行谈判。最后以库恩 3 月 11 日建议为基础，达成下列协议：

匈牙利社会民主党和匈牙利共产党在今天举行的双方领导人联席会议上，决定两党完全合并。

合并后的新政党，在革命的共产国际尚未作出决定之前，暂称为匈牙利社会主义党。

实行合并的基础是：两党共同参加对党和国家政权的领导。

党以无产阶级的名义立即接管全部政权。

工兵农苏维埃实行无产阶级专政。因此，原国民议会选举计划自行作废。

立即创建无产阶级的阶级军队，并夺取资产阶级手中的全部武装。为了保证无产阶级的统治和反对协约国帝国主义，将和俄罗斯苏维埃政府缔结最全面、最紧密的军事和思想的联盟。

在这份协议书上签字的，共产党方面是杨奇克·费伦茨、库恩·贝拉，社会民主党方面是加尔巴伊·山多尔。当时正是 21 日下午 3 时。

与此同时，3 月 21 日这一天，布达佩斯工人和士兵苏维埃进行了夺权的频繁活动。当日上午，切佩尔工厂召开各大工厂代表参加的工人苏维埃大会。会上部署立即强占各重要据点，准备武装劫狱。下午，布达佩斯士兵苏维埃召开会议，一致通过决议，立即夺取政权，建立无产阶级专政。这个士兵苏维埃拥有 2 万名装备良好的卫戍部队，5000 名人民警卫队及武装工人，9000 名铁路国民卫队，近 2 万名复员士兵和下级军官。会议 5 时结束，布达佩斯警察局长迪埃即被拘留，并被迫交出指挥权。由于社会民主党的转变，原为这个党掌握的联合政府的国防武装力量，顷刻转向拥护无产阶级专政。当时在首都称得起效忠政府的总共才有 700 名警察（另一说是 1300 名），因此这个警察头目也就俯首帖耳地交了枪。入夜，人民警卫队占领警察局，在盖列尔特山上设立指挥部。赤卫队占领了法国殖民军警卫的布达佩斯无线电中心。工兵苏维埃搜缴了城里的汽车，并包围监狱，逼迫当局立即释放被羁押的政治犯。

一直蒙在鼓里的卡罗利，下午 4 时还在主持最后一次联合内阁会议，磋商由他任命新政府的成员名单。社会民主党只有两名部长出席虚与委蛇。会后，卡罗利被电话告知，在没有征得他同意的情况下，已宣布他和联合政府的辞职，布达佩斯工人苏维埃已批准两个工人政党合并，并决定实行无产阶级专政。这样，资产阶级共和国就不复存在了。卡罗利对用如此方式通知他辞职虽有不满，但也只能承认既成事实。

晚 6 时整，一份拒绝威克斯通牒的照会送到协约国驻匈办事处，人群蜂拥四周，欢呼雀跃。7 时，布达佩斯工兵苏维埃大会隆重宣布匈牙利苏维埃共和国诞生。大会沉浸在胜利的狂欢之中，与会者高呼："无产阶级专政万岁！""世界无产阶级革命万岁！"掌声雷动，经久不息。会上还宣读了卡罗利题为《告匈牙利人民》的辞职声明。声明宣称："我作为匈牙利人民共和国临时总统，反对巴黎和会的这个决定，并向全世界无产阶级吁求对正义的支持和帮助。我宣布辞职，把政权转交给匈牙利无产阶级。"

晚 10 时召开两党领导人联席会议，协商酝酿新政府的成员名单。革命政府由主席、13 个人民委员和 17 个副人民委员组成，共产党占 11 席，社会民主党占 20 席①，主席由加尔巴伊担任，库恩任外交人民委员，但在实际中起主导作用的是库恩等人。外省城乡工兵农苏维埃政权在几天内就建立起来并开始工作。

国内的改革和建设

3 月 22 日，新生政权公布《告全国人民书》庄严地宣告：匈牙利无产

---

① 共产党占有正职 2 席、副职 9 席。为增加共产党人在革命政府苏维埃中的比例，4 月 3 日库恩建议副人民委员会应与人民委员会的权利相等。此议案在实际工作中得到贯彻。

阶级已掌握了全部政权，实行无产阶级专政。"只有确立社会主义、共产主义，才能把国家从崩溃的无政府状态中拯救出来。"匈牙利的国体是苏维埃共和国。"革命政府苏维埃将立即着手进行一系列旨在准备和实现社会主义和共产主义的重大建设工作。实行大地产、大企业、矿山、银行和交通运输业的国有化。实行土地改革的办法，不是分配土地建立小农户，而是建立社会主义生产合作社。"同时，组织一支足以保证实行工农专政的无产阶级军队，反对资本家地主的反抗和防御外国武装的入侵。在外交方面，同苏俄联盟，反对侵略成性的帝国主义。

匈牙利无产阶级首先按照巴黎公社的原则，粉碎资产阶级的国家机器，由人民选举产生各级工兵农苏维埃，行使无产阶级专政的职能。4 月 2 日《匈牙利苏维埃共和国临时宪法》就是这一决策的法律依据。4 月 7 日被定为城乡苏维埃全民选举日。凡年满 18 岁从事有益于社会劳动的男女公民，都身着节日盛装，在居民委员会负责人的带领下，高擎红旗，列队到选举站。布达佩斯市当日有 50 万人参加投票，呈现了炽热的革命激情。按《临时宪法》的规定，不劳而获的资本家、商人、牧师、僧侣，服刑的犯罪分子，均被剥夺了选举权和被选举权。

创建红军和红色民警队，是建立无产阶级国家政权支柱的重大措施。革命政府苏维埃和内务人民委员分别于 3 月 25 日、26 日公布了这一决策的两项法令和命令。

红军的来源，首先是应征入伍的、有组织的工人和已经武装起来的无产阶级士兵。红军的招募和组建工作由军事人民委员主管。由于社会民主党右派首领大抓军权，使革命政权内部发生了尖锐的矛盾，红军招募工作进展缓慢，4 月初才组建起 49000 人的队伍。革命政权对旧军残部也进行了整顿和改编，补充了一批工人出身的连排指挥员，并向每个支队派遣政治委员。

其实，一支以工人为主体的新型红军，是在反对协约国武装占领的卫国战争的烽火中建立起来的。5 月 15 日，红军人数达 12 万人。6 月大捷后又增到 20 万。它拥有 113 个步兵营、84 个机关枪连、8 个骑兵连（870 匹马）、34 个炮队、8 个空军连（37 架飞机），以及一些地方部队和技术部队。这支红军在保卫苏维埃政权中历尽艰辛，不畏强暴，浴血奋战，表现了匈牙利无产阶级的革命精神。

红色民警队是确保国内治安的武装力量，同时也是红军的后备军，其成员视需要可随时调到红军服役。红色警卫队基本上是以革命前夕的人民警卫队为主体组建的。由于社会民主党右派首领的干扰，旧警察和宪兵大多被留用。4月初，红色民警队的各级领导班子开始改组，增加了工人的成分。苏维埃共和国期间，红色民警队的战士由17000人增到34000人，其中工人约占80%。他们在整顿革命秩序、参加肃清反革命武装叛乱等方面功勋卓著。

革命政府苏维埃彻底摧毁敌对阶级的物质基础，在工、商、农等经济领域中实行了社会主义改造。

3月26日，公布实行工业和金融机关国有化的两个法令。工人赤卫队占领接管全国银行金融机构，政府授权财政人民委员立即清算冻结资本家地主的全部存款。这是吸取巴黎公社的教训而采取的果断措施。法令规定，凡雇用20个工人以上的工业企业、矿山和交通运输业都收归国有。1个月内全国有27000个企业被无偿征收，均置于国家管辖和工人阶级的监督之下。社会生产人民委员任命的生产委员和由工人选举产生的工人监督委员会（由3—5人、多到7人组成）共同领导企业生产和管理事宜。工会在企业国有化中显示出主要的地位。社会民主党右派首领操纵中央工会理事会通过决议，保持各级工会领导班子原封不动，阻挠匈共插手，对城市工业国有化进行怠工和破坏活动。

实行国有化过程中出现了一些问题。生产委员和工人监督委员会之间职责不明，管理上发生混乱。各工厂很多熟练工人开赴前线，又废除计件工资，实行计时工资，使劳动纪律松懈，生产率有所下降。工业国有化的范围扩大化，有的不到20个工人的企业也被征收。这在商业方面更为严重。4月2日公布大商店国有化的法令，规定凡雇用10人以上工人的商店予以充公。由社会生产人民委员派代表到商店，伙同店主对商店、货栈储藏的商品进行登记，转归国有，或仍属原店主所有，但受国家监督。执行结果大大失控。全国除了医药、书报、文具、香烟等行业外，所有商店均关闭，由政府集中处理解决居民的消费。

4月3日，公布土地国有化的法令。凡土地面积超过100霍尔特的地产，全部无偿收归国有。根据这个法令，在全国1330万霍尔特的土地中，有近700万霍尔特、约占53%的土地实现了国有化①，在匈牙利历史上第一次消灭了半封建地主所有制。收归国有的土地转交给耕种这块土地的农业无产者，以合作社的形式经营。大约组织起了11000个农业合作社。新建的合作

---

① 此数字不包括外国武装占领的沦陷区。

社没有采取循序渐进、逐步过渡的措施，而是一哄而起，纳入过度集中的国营经济的轨道。农业合作社相当于国营企业中的工人苏维埃。为了"保持生产的连续性"，不得不大量起用旧管理人员以至于地主本人。所以大地产的国有化只是在形式上完成了，很多地方，旧财主作为被委任的代表，照旧在国营农场发号施令，农业无产者照旧称他们为"老爷"。结果，农业无产者尽管生活条件有较大的改善，却感觉不到革命所带来的真正改变，以至于把自己看作"国家的雇农"。苏维埃政府拒绝分配土地的做法，并没有达到"保持生产连续性"的效果。据国家统计，苏维埃共和国期间的粮食产量比战前下降了 20%—25%。

革命政府苏维埃为维护和改善城乡劳动者物质生活及福利条件，做了大量的工作。苏维埃共和国实行普遍强制劳动制度，"不劳动者不得食"。同时也保障公民有劳动的权利。在城市，工厂一律实行 8 小时工作制，即每周 48 小时。少年工人实行 6 小时工作制，即每周 36 小时。如有特殊情况需延长工时，应发加班补贴金。男女同工同酬，工人工资提高近两倍。劳动者享有工伤保险和免费医疗。工人患病每日照发 5—20 克朗的补助。据统计，工人和职员平均最低生活费比战前高 4.1%，比卡罗利执政时期高 19.2%。农业工人，一般说由战时每年 120—150 克朗的现金收入，提高到 2400—3200 克朗；实物收入 1918 年秋是 12—16 公担谷物，1919 年春每个农业工人有 24—28 公担谷物，还有其他副食品。

消灭"贫民窟"，改善劳动者的居住条件，也是引人注目的一件事。国家实行住宅国有化，征用私人住宅、私营别墅、旅店，由中央住宅委员会统一分配给城乡贫苦劳动者。凡无房或住工棚，或三人以上成人挤在一住所的无产者家庭，"按照人道主义的起码条件，分配和调整住房"。4 月 20 日开始，布达佩斯有 15000 户无产者乔迁到适当的住宅。对居住在国有化房屋的职工房租降低 20%。同时国家征收商店和库房现有的全部家具，以优惠的条件分配给贫苦劳动者使用。布达佩斯有 1 万户左右的无产者家庭享受到这种待遇。

此外，有关文化、教育、艺术、出版直到首都的市政建设等，都有远景的规划和当前的具体措施。从组建革命法庭、惩治反革命案件，到维护妇女儿童的权益，处理事关千家万户的日常消费、供应等，都列入革命政府苏维埃紧迫的议事日程，加以详尽的研究和付诸实现。这充分体现了新生政权为工农利益锐意改革的冲天干劲和惊人的创造力。

反对协约国的卫国战争

苏维埃匈牙利的创立，意味着国际帝国主义的链条在欧洲心脏地区的这一环节被突破。麇集在巴黎和会的西方列强于 3 月 26 日召开紧急会议，讨论所谓的"匈牙利问题"。为了防止布尔什维克主义"细菌"的蔓延，他们处心积虑地策划扼杀这个新生的政权。

4 月 4 日，巴黎和会委派以史末资将军为首的"和平使团"去布达佩斯。使团递交了协约国的照会，这份照会陈述的条件，比起 3 月 19 日威克斯递交的照会，不能不说是一种让步，所以匈方相应地予以回复，指望能获得履约的保障，并争取对方进一步退让：如确立分界线范围、坚持中立区保留现存社会和经济制度、完全停止对匈的封锁、允许提供煤炭和食油等。但是这个使团对匈方的回照置之不理，第二天就不告而别。显然，西方列强不过是以"和平谈判"为幌子，旨在欺骗世界舆论，紧接着就是明火执仗的大规模武装干涉。

4 月 16 日晨，受协约国唆使的罗马尼亚贵族军首先在东线 130 公里宽的地区发动全面进攻，匈方被迫仓促应战。当时红军组建尚未具规模，不得不把正在改编的卡罗利旧军调往前线。前"国民军"最精锐的师团——塞凯伊团由特兰西瓦尼亚的匈牙利人组成，调防到东线前沿阵地的左翼。4 月 18 日，这个团的前少校军官克拉多维尔率部投敌，并摧毁了驻地索特马尔—内梅提市的苏维埃政权。侧翼的红军奋起抵抗，然而已陷孤立，终被罗军击溃，解除了武装。这样，罗军就打开了通往布达佩斯的道路。

4 月 19 日，布达佩斯工兵代表苏维埃召开大会。库恩在会上指出：摆在匈牙利苏维埃共和国面前的，是两个相对立的世界力量的冲突："一个是帝国主义的资本主义，一个是布尔什维主义的社会主义。"罗马尼亚官僚统治者的进攻，是国际的阶级斗争。决定命运的严重时刻已经来到了。"目前我们要依靠本身的力量，也就是匈牙利无产阶级革命的力量"。这次会议决定，政府苏维埃和工人苏维埃的一半人员及工人阶级的半数都要上前线。第二天发表了题为《革命在危急中》的告全国工农书。

会后，库恩、萨姆埃里、汉布尔格尔等领导人深入各地区，广泛开展征集工农参加红军的宣传鼓动工作。6 天之内就有 4 万人报名应征入伍。为了适应战备的形势，成立了红军司令部。伯姆被任命为总司令，斯特隆费尔德·欧列尔为总参谋长。后者为红军的创建立下了功绩。

但是，苏维埃共和国的战局不仅未见转机，反而日益恶化。4 月 23 日，红军东线反击受挫，主动放弃了德布勒森和尼雷吉哈佐。4 月 25 日，塞尔维亚军和法军从南线进军。4 月 27 日，捷克斯洛伐克军从北线进犯，并很快与罗马尼亚军会合。这样，巴尔干协约国军总指挥、法军将领弗朗歇·德斯佩里统率 20 万—22 万的武装力量（包括法、捷、罗、塞的军队）倾巢而出。4 月 29 日，罗捷联合占领外喀尔巴阡的全部领土。4 月 30 日，罗军挺进到蒂萨河沿岸。5 月 1 日，索尔诺克城失陷。5 月 2 日，捷克军占领北方最大的工业城市——米什科尔茨。在南线，塞尔维亚军和法军先后进驻马科与霍德迈泽瓦沙尔黑伊市。外国武装干涉军在被占领的国土上残酷地杀害苏维埃政权的领导人，极力扶植反革命势力。

匈牙利苏维埃共和国危在旦夕。围绕着保卫还是抛弃工农政权的问题，革命内部形成了两个根本对立的派别。在 5 月 1 日革命政府苏维埃会议上，孔菲居然宣称："无产阶级政权已经无望了。"他提议苏维埃政府辞职，把政权转交给由"温和分子"组成的所谓 12 人委员会来执政。翌晨，总司令伯姆未经会议讨论，擅自下达指令，要红军单方面停止军事行动，并解散守卫蒂萨河左岸的红军。与之相反，以库恩为代表的领导人，在 5 月 2 日召开的布达佩斯工兵代表苏维埃会议上，痛斥社会民主党右派首领的叛徒行径，号召无产阶级参加红军，誓死保卫苏维埃共和国。5 月 3 日《红色新闻》社论强调指出：匈牙利无产阶级面临着是"要社会主义，还是要资本主义"这个生死攸关的严峻抉择。5 月 4 日，向全国公布了《革命政府苏维埃动员令》。

布达佩斯工人以极大的革命热情，纷纷响应苏维埃共和国的召唤。在拥有 3000 名工人的北方铁路机械厂，就有 1800 人立即编成正规连队前往军营报到，换上军服，开往前线。报名参军的群众挤满了军营办事处，他们入伍手续简便迅速。尽管人民委员会建议，18—45 岁经过军训的人方可应征入伍，但所有工厂大都决定，即使过了 50 岁，没有受过军训的人，同样准予上前线。《人民之声报》刊登了一位 54 岁铁路老工人的公开信，他说："请发给我一套军服，送我到前线去吧。除了觉悟，难道还有什么别的能诱使我上战场吗？我只知道，现在我应该拯救祖国。"这样，布达佩斯工人苏维埃在几天之内，就组织了 10 万人的工人师团，开赴前线。库恩称 5 月 2 日这一天开创了"匈牙利无产阶级革命的英雄时代"，并确认 5 月 2 日为红军的建军节。这是匈牙利卫国战争的一个转折点。

红军在萨姆埃里的指挥下，5月3日光复索尔诺克市，并成功地阻截了捷克军向匈内地的进军。5月中旬开始转入反攻。5月19日，朗德列尔军团在北线发动攻势，5月21日收复北方米什科尔茨城及近郊。旋与罗捷白卫联军浴血拼搏几昼夜，5月29日终于突破了罗捷之间的防线，把罗军击退到蒂萨河对岸，并朝着北方考绍城（即今捷克的科息策城）胜利进军。

红军反攻开始时，萨姆埃里于5月21日受苏维埃政府的委托，乘飞机越过敌军战线，去莫斯科向列宁汇报工作，并就两国签订军事同盟进行磋商。他返回时，带回了列宁签署的《向匈牙利工人致敬》信。这时，红军在北线的战果辉煌。从5月30日开始至6月中旬，红军共收复2835平方公里的土地，解放了包括约100万斯洛伐克人聚居的考绍、埃派耶什等7个城市。6月16日在考绍城宣告建立斯洛伐克苏维埃共和国，它加入匈牙利社会主义苏维埃联邦共和国。由20人组成斯洛伐克革命委员会，主席是捷共党员安东尼·耶鲁塞克。中欧革命形势出现了新的高潮。这时红军人数已达20万，并拥有相当可观的装备。

1919年6月12—13日，召开了匈牙利统一的社会主义党代表大会。大会就党的名称、党的组织原则，特别是无产阶级专政问题展开了激烈的讨论。共产国际执委会由列宁署名，致信匈社会主义党，要求统一共产党的名称。信中强调指出建立真正共产党的必要性："在每一个国家、在任何情况下，都绝对需要有一个目标明确的、具有明确纲领和严格纪律的共产党。放弃这一点，特别是在已经成立了这种党的国家里，就意味着向后倒退。"但是，有一部分社会民主党人极力反对匈共为建立真正无产阶级政党的各项提议，无视共产国际的指示，坚持不改变党的名称。大会最后采取折中的办法，决定易名为"匈牙利社会主义—共产主义工人党"。

无产阶级专政的问题，是这次大会争论的中心。孔菲首先发难，诋毁所谓"共产党人的强硬措施"，提出"改变专政手段"的政纲。萨姆埃里针锋相对，据理驳斥。他说："我们绝对一分钟都不要想改变无产阶级专政的手段，我们只能更坚毅地更无情地使用这种手段，去对付无产阶级的一切敌人。"双方几乎闹到组织上公开的分裂。最后，代表大会选出了由13人组成的中央委员会。其中共产党人5名：库恩·贝、鲁达什·拉、瓦戈·贝、万杜什·卡、波尔·艾。社会民主党人8名：朗德列尔·叶、保加尼·德、尼斯托尔·吉、巴雅基·费、伯姆·维、维尔特涅尔·雅、孔菲·日、哈尔巴伊·山。前四人是匈共的挚友，始终和匈共并肩战斗、荣辱与共。苏维埃共和国覆灭后，他们都成了匈共优秀的地下党员；后四人逐渐堕落为反苏维埃政权的阴谋分子，充当国内反革命分子的向导。

　　1919 年 6 月 14—23 日，召开了全匈苏维埃代表大会，讨论通过《匈牙利社会主义苏维埃联邦共和国宪法》。宪法确认："苏维埃共和国的全部政权、自由和权力都属于无产阶级，目的在于推翻资本主义制度和资产阶级统治，用社会主义生产和社会主义制度代替之。"无疑，这部宪法是人民已取得胜利成果的结晶。但是，宪法没有提到党的领导作用和工农联盟问题。

　　大会期间，巴黎和会发来一个所谓克利孟梭照会，引起轩然大波，它成了大会争论的焦点。匈红军在北方进军，屡获胜利。巴黎和会主席、法国总理克利孟梭极为焦急，他以和会的名义，于 6 月 7 日和 13 日连续向匈牙利政府发出照会，要求匈方立即停止对捷的进攻，后撤至协约国所划定的分界线内；作为交换条件，保证让罗军也后撤到蒂萨河以东；南线停火；并邀请匈政府参加和会，以便弄清他们是如何看待匈牙利公正的边界问题的。若不履行这些条件，协约国将对匈全面诉诸武力。这份照会助长了社会民主党右派的投降阴谋活动。他们公然提出："不惜任何代价争取和平"，"在协约国的援助下建设社会主义"。以萨姆埃里为代表的共产党人坚决反对，但居少数。当时主要决策人库恩出于所谓的"布列斯特策略"考虑，竟然同意妥协，接受照会。列宁 6 月 18 日曾就这个问题与库恩通过电报，指出："您开始同协约国谈判当然是对的。应该开始进行谈判，必须利用一切哪怕可以争得暂时的停战或和平的可能性，以便使人民得到休息。但是一分钟也不要相信协约国，它在欺骗你们，它只是为了赢得时间好更有效地扼杀你们和我们。"①

　　苏维埃匈牙利接受克利孟梭照会，发布了《告全体红军士兵》书。6 月30 日，匈红军开始从北方撤军，斯洛伐克苏维埃共和国随即倾覆，然而罗马尼亚军却按兵不撤。7 月 3 日，罗军炸毁横跨蒂萨河上的桥梁，肆意挑衅。巴黎和会非但没有邀请匈牙利赴会，听取对军事分界线的申辩，反而在 7 月5 日通过了关于武装干涉匈牙利的议案。显然，克利孟梭的照会是协约国设置的一个圈套。

　　库恩仿效苏俄"布列斯特和约策略"来接受克利孟梭的通牒，是犯了历史性的错误。他没能正确地估计当时所处的国际环境和地理因素。首先，

---

　　① 《列宁全集》第 36 卷，人民出版社 1956 年版，第 535 页。

1918 年初，苏俄是在大战快结束的时候，同濒临崩溃的德、奥匈帝国签约，因此，这个和约不可能长久保持效力；可是苏维埃匈牙利接受通牒的对方则是刚打了胜仗、妄图称霸世界的协约国。其次，苏俄有广阔的领土，可是匈牙利太小了，布达佩斯距边境只有 60—70 公里，而且拥有稠密的现代化公路和铁路网；只有和相邻的苏维埃斯洛伐克连成一块，才便于军事上的调动和防御。

后期的形势和结局

北方撤军葬送了斯洛伐克苏维埃共和国，等于把前线移到了首都的大门口，严重地挫伤了红军战士和劳动人民的战斗情绪。国内投降妥协的气焰甚嚣尘上。协约国在匈牙利的代理人策划的反革命暴乱不时发生。整个形势急转而下。

1919 年 6 月 24 日，即正式签署接受克利孟梭通牒的那天，首都卫戍部队和多瑙河快舰部队里的反动军官发动了一场武装暴乱。在多瑙河上停泊的 3 艘铁甲舰首先炮击苏维埃大楼。暴乱者占领军事学院、国家电话局及其他重要据点。他们张贴"社会民主党万岁"的标语。社会主义—共产主义工人党发出号召书《用无产阶级的赤色恐怖来回击资产阶级的白色恐怖》，得到全国工人的热烈响应。以科尔文为首的红色民警队当天就粉碎了他们的进攻，波及外省的反革命活动也在两天之内平息。这次暴乱由社会民主党右派首领、首都驻军司令豪布利奇等人暗中支持，并得到协约国的配合。军事法庭枪决了 11 名暴乱的肇事者，但主谋人却逍遥法外。

法军占领南部塞格德城后，5 月 5 日成立了以卡罗利·久拉伯爵为首的"白卫"政府，霍尔蒂任军事部长，他纠集前奥匈军官，拼凑"国民军"，并积极策划国内反革命武装暴乱。当时还有以帕格维尼奇伯爵为首的"匈全国农业经营者联合会"，由旧军官和其他反革命分子为核心组成的"匈全国武装力量联合会"，由旧政府官僚、军官组成的公开宣扬沙文主义和种族主义组织的"匈牙利人觉醒社"，等等，他们名目繁多，是旨在推翻苏维埃政权的反革命团体和组织；利用政治、军事、粮食等方面的危机，兴风作浪，滋事扰乱。协约国驻匈办事处和所谓的"维也纳委员会"，成了反革命势力里通协约国的重要渠道。6 月下旬，由反革命分子煽动受蒙蔽的农民闹事也增多了。

协约国实行经济封锁，以"粮食救济"为诱饵，逼迫苏维埃共和国就范。6、7 月间全国濒临饥馑绝境，有个所谓"美国救济总署"的传单不胫而走，说什么只要推翻苏维埃政权，立即给予粮食援助。国内谣言四起，人心浮动。革命政府苏维埃于 7 月 4 日召开会议，决定派工人师团去多瑙河以西地区，对粮食进行军事征收，但没有收到应有的效果。

与此同时，革命政府苏维埃加紧对军队的调整和部署，决定由朗德列尔接替伯姆任红军总司令，尤利艾尔任总参谋长。红军编为 4 个军团，分布在 4 个地区。

7 月 11 日，库恩向克利孟梭发出照会，强烈要求他立即履行种种诺言。7 月 13 日，克利孟梭复电，声称在停战协定实行之前，不能进行谈判。与此同时，库恩同列宁联系，指望苏俄红军挺进加里西亚，对罗马尼亚发动进攻，以支援匈牙利。7 月 17 日，巴黎和会各国外长集会，讨论福煦元帅关于解除匈牙利人的武装和进军的计划。同一天，苏、匈两国政府分别呼吁世界无产阶级，坚决制止和粉碎国际帝国主义对匈牙利的武装侵略阴谋，声援匈牙利革命。

在匈牙利苏维埃政府内部流传着一种看法，认为罗马尼亚军将于 7 月 23 日发动进攻。政府于是仓促通过用武力迫使罗军服从协约国要求的决议。他们经过酝酿，决定采取先发制人的办法。7 月 20 日拂晓，匈红军集中 300 门大炮的火力，向罗军阵地开火。约 21000 名红军战士在大炮的掩护下，从索尔诺克、托考伊和琼各拉德三个地方强渡蒂萨河，三天之内一直追击罗军，个别地区挺进了 50 公里。7 月 24 日，罗军以 119 个营和 60 个骑兵连近 7 万兵力发起反击。匈红军前线军官叛变，战局骤然逆转。7 月 26 日，红军慌乱向蒂萨河左岸溃退。正是新上任的红军总参谋长尤利艾尔里通协约国，泄露作战计划，给这次红军 7 月进攻以毁灭性的打击。协约国法军将领弗朗歇·德斯佩里给福煦元帅第 10 号电报中说，由于我们拿到了红军作战计划的副本，"我们就完全掌握了匈牙利方面的一切情况"，"我们确信，匈牙利的进攻一开始就会遭到失败"。

就在红军进攻的第 2 天，即 7 月 21 日，伯姆以匈驻奥地利大使身份潜往维也纳，经加拉米穿针引线，同协约国代表就抛弃苏维埃政权，另行组织社会民主党政府问题进行谈判。加拉米退出社会民主党以后，一直流亡国外，配合协约国积极从事反共反苏维埃的罪恶活动。谈判的内容严守秘密。

7 月 24 日，巴黎和会发表声明，提出对匈和谈和解除封锁的先决条件是，苏维埃政府辞职。7月25日，巴黎和会最高委员会拟定了匈牙利政府成员的名单。7月30日，克利孟梭再次发出照会，认为苏维埃政府是"不代表民意的"，只有建立由工会领袖组成的政府，始可解除封锁和进行谈判。同一天，罗马尼亚军以3个师的强大兵力渡过蒂萨河，占领索尔诺克。7月31日深夜，库恩和汉布尔格从前线返回首都召开革命政府苏维埃紧急会议，建议立刻发动工人团体和所有的人都上前线，继续进行武装抵抗。维尔特涅尔坚决反对，他提议接受协约国关于苏维埃政府辞职的提案，得到不少与会者的赞同。这次会议不了了之。

1919年8月1日，当罗马尼亚占领军进逼到离布达佩斯只有30—40公里的时候，苏维埃政府被迫宣布辞职。这一天最后一次苏维埃政府会议上，库恩作了这样的说明："共产党人将采取其他方式继续进行斗争，以便在取得丰富的经验之后，以新的力量开始争取无产阶级专政的斗争。"接着就由社会民主党右派首领拼凑成所谓的"工会政府"执政。政府总理是佩德尔·久拉，此人和加拉米同一营垒。由他签署公布《告匈牙利人民》的号召书，书中提到：协约国当局向我们发出了最后通牒。它要求维护苏维埃制度原则的现行政府由其他政府来取代，并以这种更替作为开始谈判的条件。匈牙利社会主义联邦苏维埃共和国政府认为，在当前继续抵抗协约国只能导致无谓的牺牲。因此政府卸去了自己的全权，由工会政府担负临时管理国家的责任。

这个"工会政府"为了取悦协约国，执政的第一步就是解散苏维埃和红色民警队，重建宪兵队，释放被关押的反革命分子，把工厂、银行归还资本家，强迫无产者迁出已分配的新居。接着秘密下令逮捕和屠杀共产党人。8月3日，罗军开进布达佩斯。8月6日，佩德尔工会政府被反动军官驱逐，宣布约瑟夫·哈布斯堡大公"摄政"，授命弗里德里希·伊斯特万当总理，完全实现了地主资本家政权的复辟。接着就是恢复土地私有制，对革命人民进行血腥的镇压。

11月16日，按协约国的指令，"国民军"霍尔蒂所部进驻布达佩斯，以代替罗军。以镇压苏维埃政权为己任的刽子手霍尔蒂穷凶极恶，把匈牙利全国变成了"屠宰场"。从佩德尔到霍尔蒂，反革命的白色恐怖笼罩全国。他们屠杀了萨姆埃里、科尔文等5000多名革命战士，把5万人投入监狱和集中营，有4万人逃亡国外。苏维埃共和国就这样被淹没在血泊之中。1920年1月，协约国同匈牙利签订了《特里亚农和约》，匈将原有疆土的2/3、人口的一半分割给邻国，并需承担 22 亿金法郎的军事赔款。从此。匈牙利人民沦入霍尔蒂法西斯专政的黑暗统治下，达 25 年之久。

匈牙利苏维埃共和国失败的原因和历史意义

敌众我寡，力量过于悬殊，是导致苏维埃共和国覆灭的主要原因。

国际帝国主义及其包围匈牙利的附庸军，是一支强大的、没有受到敌对势力牵制的武装力量，他们在巴尔干集结了多达 20 万—22 万的兵力，对这个 2000 万人口的小国，实现了武装入侵和经济封锁。

匈牙利新旧政权的更迭，是以两个工人政党的合并和卡罗利的辞职为契机，赢得了革命和平发展的途径。但要巩固胜利，保持政权，就不那么容易了。随着国内革命深入和卫国战争爆发，旧政权残渣余孽和被推翻的资本家地主，千方百计地妄图夺回已失去的“天堂”。跻身在无产阶级专政内部的右派社会民主党人，口头上承认共产党纲领，实际上动摇不定，到了紧急关头便公然抛弃、并出卖无产阶级革命。协约国列强有效地利用了这两股势力，使新生政权腹背受敌，毁于一旦。

匈牙利共产党面临着空前残酷、异常艰难而又复杂的战斗的考验。处于幼年时期的党，思想理论不够成熟，组织上有待于巩固。当时毗邻各国的无产阶级力量又不足以制止各自国家统治者对匈的武力讨伐。匈牙利无产阶级同协约国奋战之际，正是欧洲革命开始进入低潮之时。1919 年 5 月 1 日，巴伐利亚苏维埃共和国覆灭，标志着德国十一月革命的终结。而当时苏俄也正处于帝国主义武装干涉之中。1919 年 7 月，哥萨克匪帮格里哥里耶夫的暴乱，使俄罗斯—乌克兰红军后方受到威胁，影响了对匈牙利苏维埃共和国的军事援助。“受到四面围攻，折臂断足的匈牙利苏维埃共和国，终于在反革命的十字架上，受尽残酷折磨而死去。”[1]

党的领导和农民土地政策上的失误，是苏维埃共和国覆灭的重大原因。

有无一个统一集中、纪律严明的马克思主义政党的领导，是革命成败的关键。诚然，面对威克斯通牒的威胁，匈共争取联合社会民主党采取统一步伐夺取政权，是有利于团结工人阶级队伍、加速资产阶级统治集团的分崩离析的。问题在于匈共是以取消独立政党的代价去换取联合，实行组织上的机

---

[1] 《匈牙利的白色恐怖》共产国际第二次代表大会的呼吁书。

械合并。1919 年 3 月 28 日，原匈共中央公布了一份"声明"，声称："原匈共中央委员会宣布党的解散。今后，任何人以共产党的名义承担的任何义务和行为，都将被认为是欺骗和对无产阶级利益的背叛。今天的会议后，取消一切组织独立活动。"显然，这就等于取消了作为无产阶级专政领导力量的共产党的存在。匈共没有保持先锋队的独立性，没有用既联合、又斗争的革命两手，去对付同盟者的两重性。合并后的党成了一个成分复杂，思想不纯，组织涣散和没有定型的党①。党内无政府工团主义和社会民主主义的思潮泛滥。他们把党的作用降低到工会的附属品，提出"职工会高于一切""工人苏维埃就是一切"。苏维埃共和国期间，缺少一个强有力的战斗的工人阶级司令部的统一指挥。匈牙利革命的实践证明，如果没有共产党的领导，工人阶级即使掌握了政权，也会得而复失。

审慎地处理好农民的土地问题，是解决革命后备军、加强无产阶级专政的可靠保证。匈共采取果断的措施铲除半封建土地所有制，没收大地产，无疑是跨出了坚实的一步。问题在于他们无视农民对土地的渴求，超越民主革命阶段，推行"立即实现社会主义"的极左政策，以致酿成了严重的恶果。苏维埃领导人把平分土地的要求看成是"农民小资产阶层"对社会主义革命的反动，并把它当作"小资产阶级、修正主义的口号"来加以反对。他们以为，只要无产阶级国家公布一纸法令，几百万农民就可以进入社会主义。一个半封建的农业国经过战争浩劫，生产力遭到极度破坏的条件下，在实行土地国有之后便全面推行农业合作化，这在农民看来，只是在旧庄园门上换了个"社会主义"的招牌。农民在这种"直接过渡"中，并没有感觉到新旧制度之间的区别。在土地国有化的过程中，还任意扩大没收土地的界限，侵犯了中农的利益，引起了小农的恐慌，给反革命分子以可乘之机。苏维埃共和国未能团结中农，依靠贫农来开展农村革命运动，因而始终未能形成工农联盟，这就严重地阻碍了农村向红军输送兵员和对城市供应粮食。本来可以成为革命基地的农村，却成了反革命复辟势力触角可及的地盘。对此，列宁曾指出，匈牙利有很多大地产，在这里一定会找出而且应该找出一部分土地来分给小农，"如果无产阶级的国家政权不实行这种政策，那它就一定不能

---

① 社会民主党右派首领利用工会组织，在党的内部占绝对优势。苏维埃共和国期间，工会会员猛增至 140 万人，他们可以通过以会费折成党费的办法集体入党。会员证和党证可以相互通用。

维持下去"①。

苏维埃共和国的经济政策，反映了尚处于幼年时期的党的领导者们对于社会主义制度理解的种种局限性。匈牙利苏维埃领导人把从资本主义到社会主义过渡时期看得极其短暂，似乎世界革命很快就会成功，实现共产主义已为期不远。他们试图一下子跳进社会主义，把"直接过渡"列为紧迫的议事日程，混淆了民主主义和社会主义、共产主义的初级阶段和高级阶段的区别。在这种错误的思想指导下，他们任意侵犯中小私有者的利益，使得本来可以接受新制度的城乡小资产阶层转而反对新政权。

错误常常是正确的先导。1919 年的匈牙利革命，是在一个因战败而沦入几乎同殖民地无甚差别境地的小国，实行无产阶级专政的一次伟大的实践。共产国际第二次代表大会总结了匈牙利苏维埃共和国用鲜血换来的经验教训，以教育各国共产党。它成为国际无产阶级专政历史经验的宝贵财富。

1919 年的匈牙利革命是欧洲无产阶级革命的一次"总演习"。在这次革命中诞生了匈牙利共产党，它在战后以无产阶级革命为主导的世界革命舞台上，上演了一出震撼心魄、威武雄壮的戏剧。匈牙利革命向全世界证明，劳动者打碎剥削制度的枷锁后，能够掌握政权，发挥自己的聪明才智，建立起崭新的社会主义制度。苏维埃政权不仅仅是"俄国特有的现象"，在其他国家也可以建立，这是历史的必然。"在这里，除了苏维埃政权的胜利以外，我们还取得了精神上的胜利"②。苏维埃匈牙利的出现，打乱了帝国主义武装进攻苏俄的计划，使协约国在巴尔干的军队不得不掉过头来对付苏维埃匈牙利。匈牙利苏维埃共和国的诞生及其光辉业绩，促进了马克思列宁主义的学说在西方的传播。尽管匈牙利苏维埃共和国覆灭了，但它显示了"中欧无产阶级的曙光"，并对东方产生了强烈的反响。当时中国大地上正爆发反对帝国主义的五四运动。毛泽东当时曾撰文指出：受压迫的各国人民，"唯有步俄国和匈牙利的后尘，实行社会大革命"，才有出路。李大钊也充分肯定苏维埃匈牙利的出现，是"政治史上算得顶有价值的事体"。

---

① 《列宁选集》第 4 卷，人民出版社 1972 年版，第 341 页。
② 《列宁全集》第 29 卷，人民出版社 1956 年版，第 195 页。

华盛顿会议的召开与九国公约的签订

顾云深

华盛顿会议亦称"太平洋会议",是第一次世界大战结束后,继巴黎和会之后又一次重大的国际会议。会议由美国发起,于 1921 年 11 月 12 日至 1922 年 2 月 6 日在美国首都华盛顿召开。出席会议的有 9 个国家,即英国、法国、日本、意大利、荷兰、比利时、葡萄牙、中国及东道主美国。会议的主要议题是削减与限制海军军备,以缓和各主要帝国主义国家日趋激烈的军备竞赛;同时企图解决帝国主义列强在远东和太平洋地区的矛盾,重新划分势力范围。会上缔结的《九国公约》,就是与会的帝国主义列强为调整对华政策、巩固在华势力而签署的一项条约,是它们加紧侵略和加强争夺中国的表现。

华盛顿会议上所确立的远东国际关系格局,是巴黎和会上所确立的欧洲国际关系格局的补充,一般并称为"凡尔赛—华盛顿体系"。

列强在远东的角逐和华盛顿会议的召开

进入 20 世纪以后,帝国主义列强在远东与太平洋地区的争霸愈演愈烈;英国、美国、法国、德国、日本与沙俄是这场争霸战中的主要角色。第一次世界大战后的国际政治格局发生了巨大的变动;德国战败被迫暂时退出了逐鹿;沙俄政府被十月革命推翻;新生的苏俄摒弃了沙俄的帝国主义政策。这些都使帝国主义在远东的争霸局面为之改观。1919 年的巴黎和会及其所建立的凡尔赛体系主要是调整了帝国主义国家在西方的关系,对于远东和太平洋地区的势力划分,则因种种原因,悬而未决,成为一大遗留问题。在战争中实力大为膨胀的美国,由于在巴黎和会上的外交失败,未能取得充分体现出美国实力的成果,尤其愤愤不满。它极力寻找机会,在东方弥补这一缺憾。

战后在远东和太平洋地区争霸最激烈的是美、英、日三国,其中又以日、美两国的矛盾更为尖锐。正如列宁所分析的那样："近几十年来这两个国家的经济发展，积下了无数的易燃物，因此这两个大国必然会为争夺太平洋和太平洋地区的霸权而展开激烈的搏斗。"①

帝国主义争夺的重点在于中国。第一次世界大战时，日本帝国主义利用西方列强忙于欧洲战争而无暇东顾之机，加快了对华侵略的步伐，大有独吞中国之势。在政治上，1915 年它提出了奴役中国的"二十一条"，企图使中国完全沦为日本的殖民地。1917 年，它又通过兰辛—石井协定②，使美国承认日本在华的特殊权益。在经济上，1917 年到 1918 年间通过"西原借款"③，加强对华经济控制。《凡尔赛和约》使日本继承了德国在山东的非法权益，其势力不仅扩张到华北，而且逐渐向英国在华势力范围长江流域与华南渗透。自 1914 年后，日本在上海的投资速度远过于东北，特别是棉纱行业。中国棉纺业里的外商纱厂，几乎尽为日商所有。据统计，日本在华开设的公司数，从 1914 年的 955 家上升到 1921 年的 6141 家。日本商品开始排挤英货，英、日矛盾日趋加深。日本在华势力的急速膨胀也危及美国的利益。美国不仅对英国自 1840 年鸦片战争以来在华独占鳌头的地位十分眼红，而且也不能容忍日本势力的急速膨胀。在美国看来，中国是一个潜在的巨大市场。在英国、日本等国已捷足先登的不利形势下，美国只能凭借自己雄厚的经济实力，打进中国，分享杯羹。因此，它一向倡导"门户开放"政策。第一次世界大战后美国对华政策的重心，依然是实行门户开放政策，以此来抑制日本的扩张势头。

为了争夺远东和太平洋地区的霸权，战后帝国主义进行了疯狂的海军军备竞赛。还在 19 世纪末，美国军事战略家马汉就极力鼓吹争霸海洋的所谓"海上实力论"，主张美国大力扩充海军，以两洋海军来争夺远东与太平洋地区的霸权优势。此论颇得垄断资产阶级的青睐，成为历来美国政府制定对外政策的战略依据。1916 年，美国国会通过了海军扩建三年计划，打算建造军舰 137 艘，其中包括 10 艘主力舰、6 艘巡洋舰和 50 艘驱逐舰。尽管第一次

---

①　《列宁全集》第 27 卷，人民出版社 1959 年版，第 341 页。

②　1917 年 11 月 2 日，日本前外相石井菊次郎与美国国务卿兰辛以换文方式，签订协定，宣布两国承认在中国维持门户开放及机会均等，美国则承认日本在中国"享有特殊利益，特别是在同日本属地毗连的地方"。

③　"西原借款"，指 1917—1918 年间，中国北洋政府曾以出卖铁路权等为抵押，先后向日本举债 1.4 亿元，因日方负责交涉之人是日本寺内内阁的代表西原龟三，故统称"西原借款"。

世界大战推迟了这一计划的完成，但到 1919 年，美国已拥有军舰 595 艘，总吨位为 146.8 万吨。从 1917 年起，美国的海军军费超过了英国。海军部长丹尼尔斯表示，美国"必须利用它的意志、能力、人力和财力，为建设一支世界上最强大的、最优秀的海军而努力"。1918 年，美国政府又准备拨款 6 亿美元进行新的五年扩军计划。

美国海军军力的增强，引起了列强的惶惶不安。反应最为强烈的是英、日两国。英国首相劳合·乔治曾说："大不列颠宁愿花尽最后一分钱，也要保持海军对美国或其他任何一个国家的优势。"巴黎和会期间，英、美两国发生了"巴黎海军战"①。英国以支持威尔逊"国联"计划为条件，迫使美国放弃五年扩军计划。虽说美国当时答应了英国的条件，但数月之后便将诺言弃置一边，重新批准了扩军计划。英国恼羞成怒，亦拼命加紧建造新式军舰，力图保持优势。英国当时拥有军舰 737 艘，总吨位为 230 万吨，居世界第一，但它的军舰舰令老化程度远高于美国。后起的日本亦雄心勃勃，1917 年底通过了"八四舰队"计划，1920 年又扩展为"八八舰队"计划②。海军预算从 1914 年的 8300 万日元上升到 1921 年的 48350 万日元，激增 5 倍。法国、意大利两国虽战争疮痍未复，但也积极参加军备竞赛。

帝国主义国家海军军备竞争愈演愈烈，各国财政负担逐年增加，1920 年至 1921 年各国的经济都出现了不同程度的萧条。日本遭到了明治以来最严重的经济危机，一些主要产业必须靠政府或银行救助才能生存。美国经济也不景气，人民负担日趋加重，一些劳工、妇女、宗教团体都批评政府的扩军计划。连统治集团内部也有人认为，军备竞赛加重了财政负担，有可能引起社会动荡不宁的局面。1920 年上台的哈定政府，从政党斗争的角度出发，打出了"恢复正常"的旗号，以安抚国内不满情绪，笼络民心。它就缩减军备问题主动与各国磋商，企图召开国际会议，通过外交途径来约束对手，取得美国在军备上的优势。

美国还想通过国际会议来解决英日同盟问题。英、日两国曾于 1902 年缔结了英日同盟，1911 年续约 10 年，这个同盟先是针对俄国，继而抗衡德国。在其存在的约 20 年期间，对英日维护其帝国主义利益，起过重要作用。第一次世界

---

① "巴黎海军战"，指英、美两国在巴黎和会期间，因海军力量问题而发生的争论。这种说法出自美国海军部长丹尼尔斯之口。

② 即拥有一支以主力舰 8 艘、巡洋舰 8 艘为基础的舰队，故称。

大战后，在德、俄均已退出竞争的情况下，英日同盟的矛头势必针对美国，使美国陷于不利地位。所以，美国视英日同盟为其在远东和太平洋地区争霸的心腹之患。美国海军部认为，"假如英日同盟继续存在，美国要维护安全，必须拥有一支相当于英日两强海军联合起来的力量，这就意味着美国必须拥有世界上最强大的海军"。参议员洛奇也指出："英日同盟在我们与远东和太平洋的关系中，是一个最危险的因素。"因此，美国想尽力拆散英日同盟。

1921 年，续约 10 年的英日同盟业已到期。英国对于是否再予续约踌躇不决，在同年召开的帝国会议（英帝国各自治领的总理也参加）上，就此发生了激烈的争论，加拿大总理米汉、南非总理史末资等人主张不再与日本续约，认为同盟的存在过于束缚自己的手脚，同时又妨碍同美国的关系。考虑到英国对美欠款达 47 亿美元，得罪债主显然是不明智的。当然也不能轻易与日本闹翻。帝国会议遂决定先将同盟延长一年，然后准备在有日、美两国参加的国际会议上协商解决。

而对日本来说，英日同盟可以说是日本自 20 世纪初以来就已奠定的外交政策之基石，至关重要，日本希望能继续保持同盟，借以加强自己在远东和太平洋地区争霸的地位。1921 年，日本派遣皇太子裕仁访英，以示亲善，并转达日本继续修盟的愿望。

华盛顿会议的召开，正是帝国主义国家在远东和太平洋地区矛盾冲突的产物，是日趋剧烈的军备竞赛导致的结果。1921 年 2 月 24 日，美国参议员首先建议召开限制海军军备的美、英、日三强会议。英国表示欢迎，并于 7 月 6 日正式向美国提议召开太平洋会议。7 月 8 日，美国向英、法、意、日、中五国非正式提议召开国际会议。美国的意图是拉拢法、意、中牵制英、日，以免在三强会议上出现 2 对 1 的不利局面。8 月 21 日，哈定正式发出邀请。葡萄牙、荷兰、比利时也表示会议议题与己有关，要求参加，于是会议范围遂扩大为九国。

对于美国的邀请，各国出于各自的打算，都欣然应邀。唯独日本犹豫不决。它在 7 月 27 日给哈定的复照中，建议会议讨论的范围需事先议定，主要目的应限于讨论与限制军备有直接关系的问题，特别是要"加意回避单独关系某几个特定国家"的问题，凡是"可认为既定事实的事务"，都不要列进会议的议程。言下之意，即日本在华的特别利益不得随意侵犯。由于担心陷入外交孤立，日本政府最终决定与会，但朝野的惊慌情绪却难以掩饰。当时英国驻日大使曾在发回国内的信件中写道："整个商人阶层简直就把会议的召开，视作将日本传讯于英、美的法庭之前"，"无论朝野均持敌视态度"。

由于巴黎和会允许日本攫取德国在山东的非法权益，在中国人民爱国运动的压力下，出席和会的中国代表拒绝在《凡尔赛和约》上签字。山东问题便成为中日之间的悬案。当美国提议召开华盛顿会议并邀请中国与会时，北洋政府表示欢迎，"愿与各国一律平等参与"。并在外交部成立"参加华盛顿会议筹备处"，由外交总长颜惠庆任主席。中国国内舆论沸腾，各报章连篇累牍地刊载有关华盛顿会议的评论与消息。各界人士组成了"太平洋会议后援会"，希望中国的外交能自强自立，力争维护中国的主权，争回山东问题上的民族权益。出席这次会议的中国代表顾维钧在他的回忆录中写道，当时中国最关心的问题是："马上解决山东问题，立即废除那些不平等条约，废除不平等条约在当时尤其是针对日本，要免受日本在中国大陆推行领土扩张和经济渗透政策之害。……中国尤其对会议寄予极大希望。"

《四国条约》和《五国海军协定》

1921 年 11 月 12 日，华盛顿会议正式开幕，美国国务卿休斯被推选为大会主席。会议主要议题有二：一为限制军备问题，二为处理有关远东和太平洋问题。前者由美、英、日、法、意五大海军国组成的"裁减军备委员会"商讨，后者则由与会九国组成的"远东问题总委员会"合议。大会期间共有 7 次公开的全体会议，听取正式报告，批准各项决议。大会虽标榜废除秘密外交，实际上所有重大问题都先由英、美、日、法四国代表团团长会议决定，其中又主要受美国代表休斯、英国代表贝尔福和日本代表加藤操纵。会议共批准与通过了 7 项条约与 13 项议决案①，其中直接关系到中国的在 10

---

① 7 项条约包括《关于太平洋区域岛屿属地和领地的条约》（简称《四国条约》），《关于太平洋区域岛屿属地和领地条约的声明》及前者的《补充条约》，《美英法意日五国关于限制海军军备条约》（简称《五国海军协定》），《关于在战争中使用潜水艇和有毒气体的条约》，《九国关于中国事件应适用各原则及政策之条约》（简称《九国公约》），《九国间关于中国关税税则之条约》。13 项议决案包括《关于建立法学家委员会以便研究修改战争法律的议决案》《关于限制法学家委员会权限的议决案》《关于限制海军军备条约批准以前出售船舰议决案》《关于远东问题审议局议决案》《关于在中国治外法权议决案》《关于在中国之外国邮局议决案》《关于在中国无线电议决案并附声明书》《关于统一中国铁路议决案并附中国声明书》《关于裁减中国军队议决案》《关于中国及有关中国之现有条约议决案》《各国连同中国在内赞同关于中东铁路之议决案》《除中国外各国赞同关于中东铁路议决案》。

项以上。在所有条约中最重要的是 1921 年 12 月 13 日美、英、法、日签订的《四国条约》，1922 年 2 月 6 日美、英、日、法、意五国签订的《五国海军协定》，以及同日由九国订立的《九国公约》。

要达成限制军备的协议并调整列强在远东和太平洋的关系，首先必须解决英日同盟问题。拆散英日同盟，美国最为起劲。还在会议之前，美国就曾对英国打招呼说，英日同盟的缔结是以抗衡俄、德两国为目标的，既然来自两国的威胁已不复存在，美国认为没有理由继续保持同盟。20 年代初，英国正遇到爱尔兰民族独立运动兴起的麻烦，休斯借机对英施加压力，声称美国对爱尔兰独立是否予以承认，当视英、日关系而定。实际上是威逼英国放弃英日同盟。

对此，英国首相劳合·乔治在下院的一次演说中表示："日本是英国的旧盟友，双方在 20 年的同盟中，甚有所益，当今美国与英国极为协和，我认为首先应该与美国增进友好的合作，其次也要维持对日本的亲善与合作。"英国决定以两全之策，即用英、美、日三国协定来取代英日同盟。1921 年 11 月 11 日，英国代表团刚抵达华盛顿，贝尔福便就这个问题与休斯秘密会晤。12 月 1 日，英、美、日三方再次密谈。贝尔福首先提出以英、美、日三国同盟来取代英日同盟的方案。由于这个方案不仅限于太平洋区域，还包括对华问题在内，并要求缔约国承担一定的军事义务，因而遭到美国反对。

美国表示不能承担军事义务，对华问题应另结国际公约来解决，还提议邀请法国参加，缔结四国条约。休斯后来谈到此举的目的时说："法国的加入，将使盟约有 4 票而不是 3 票，因此没人能说英、日可联合起来反对我们。"

经过一系列的谈判协商，12 月 13 日，美、英、日、法签订了《四国条约》，1922 年 2 月 6 日又签补充条约。其主要内容为：缔约各国相互尊重彼此在太平洋区域内岛屿属地和岛屿领地的权利，如发生争端，则召开四国会议解决。一旦受到外部威胁，则四国协商采取行动。经商定，一俟缔约各国批准，英日同盟应予终止。条约有效期为 10 年。

对美国来说，拆散英日同盟的外交目标已达到，为了防止有承担军事义务之虞，1923 年美国参议院在批准条约时仍保留声明：美国"不投入武装力量、不结盟、不承担参加任何防御的义务"。

英国也把条约的缔结看作外交上的成功，认为条约有利于维护英国在太平洋区域的利益，既不失与日本修好，又改善了同美国的关系，一举而数得。

英日同盟的终结，对日本无疑是一大冲击，日本代表私下讽刺英国人说："无论如何，你们给同盟举行了盛大的葬礼。"但在另一方面，日本也以英、美承认日本在太平洋区域的地位而自慰。外相内田康哉说："四国条约是华盛顿会议的一大成功，日本的国际地位有加无已。"《四国条约》的签订反映了帝国主义列强之间企图缓和矛盾，巩固现有秩序，以协同对付正在蓬勃兴起的远东与太平洋地区民族解放运动的需要。但帝国主义之间的妥协和联合是暂时的，它们之间的矛盾并未基本解决。正像列宁所指出的那样："在华盛顿会议上缔结的英、美、法、日四国同盟，首先像所有帝国主义的同盟一样，是极不巩固的，其次，是与所有其他民族为敌的。"[1]

作为华盛顿会议主要议题之一的限制海军军备问题，始终是列强争吵不休的中心。在 1921 年 11 月 12 日第 1 次会议上，美国代表休斯提出一个方案，引起与会各国的震动，被称为休斯的"外交炸弹"。其要点为："(1) 各国放弃一切现有的和正在制订中的主力舰造舰方案；(2) 各国废置一定数量的旧舰，以便进一步裁军；(3) 有关各国的现有海军实力将一般地予以照顾；(4) 以主力舰的吨位作为计算海军力量的尺度，同时容许按比例配备辅助舰只。"按照休斯的方案，五强拥有主力舰吨位的比例应是：英、美各 50 万吨，日本 30 万吨，法、意各 17.5 万吨；同时规定最大主力舰吨位不得超过 35000 吨。美国的目的首先是争夺"裁军"旗号，捞取政治资本；其次是先发制人，率先提出有利于确立美国优势地位的方案，迫使英、日接受其在军舰吨位比例上的领先地位。

英国虽在会前即曾通过海军大臣李氏，表示愿意放弃自 1887 年以来所奉行的"双强标准"[2]，接受海军力量对等的原则，并愿与美国就此达成协议，但美国的突袭，仍为英国所始料不及。英国代表波蒂听到休斯要求英国停止建造 4 艘新式大型军舰时，竟为之晕厥。现实的经济实力对比，使英国意识到无力继续与美国进行军备竞赛，只得退而接受力量对等原则。为了在欧洲保持优势，英国把眼睛盯在法国的陆军与潜艇上，提出对潜艇加以限制与裁减陆军的要求，以削弱法国在潜艇方面与英国相差无几的实力和赖以称

---

① 《列宁文集》第 23 卷，俄文版，第 277 页。

② "双强标准"，即英帝国一国的海军力量，要等于世界上其他两个最强大海军国家海军力量的总和。

霸欧洲大陆的陆军,遭到法国代表白里安的强烈反对。双方唇枪舌剑,针锋相对,几乎使会议陷入僵局。由于意、日的反对,英国才未如愿,潜艇与陆军问题不了了之。

法国最关心的是意大利与它在军舰吨位上的对等,认为法国与二等强国意大利平起平坐,意味着法国在地中海优势的削弱,所以它也对休斯方案提出异议,要求法、意之比应该"类似于美、日之比"。然而在整个会议期间,法国常遭英、美的排挤,孤掌难鸣,再则大战创伤未愈,最后只好接受休斯的方案。

日本明知经济状况不允许其进行更大规模的军备竞赛,但它仍拼命反对美国的方案,坚持提出10:10:7的比例。英美当然不愿让步。美国宣称,如果日本执意孤行,美国将以牙还牙,日本造1艘军舰,美国就造4艘。双方争持不下,于是日本提出以美英在太平洋海域中的某些岛屿不设海军基地与新的要塞为条件,换取对美国5:5:3方案的赞同。日本政府指令加藤对美国阐明日本的立场,即日本认为"关于设防工事问题,是整个海军军备协定中一个不可分割的部分,日本决心为此争论到底"。加藤还声言,军舰比例少于10:7,将引起日本公众舆论的反对。

经过激烈的争吵,日、美达成协议,1922年2月6日《五国海军协定》签字,规定各国主力舰总吨位限额,英、美各为52.5万吨,日本31.5万吨,法、意各为17.5万吨,即维持5:5:3:1.75:1.75之比例;同时还规定了一个为期10年的停止建造主力舰的"海军休息期"。此外,还就太平洋地区设防工事问题作出若干规定:除夏威夷和新加坡之外,英、美不得在太平洋西部地区建设与加强海军基地,连关岛和菲律宾的防御工事均不得加强。日本亦不得在千岛群岛、小笠原群岛等岛屿加强防御工事,但不包括日本本土。

所以从总体上看,日本虽在主力舰比例上逊于英、美,但会前日本在小笠原群岛的设防工事已经竣工,五国协定对之并无影响,而对英、美的限制却大得多。日本在太平洋海军基地的建设上显然占了便宜,实际上"更有利于日本海军对中国海岸的控制"。日本军方认为,维持太平洋防务现状的规定,使日本"赖以挽回颓势不少","得以弥补'八八舰队'计划的财政破绽,太平洋上的势力得以保持平衡,为不幸中之大幸"。日本通过《五国协定》所占有的优势,在1941年太平洋战争爆发之后,得到了充分的体现。

《五国协定》是现代史上第一个裁军协议。它暂时缓和了帝国主义在某些方面的军备竞赛和冲突，但作用极为有限。随着科技的迅速进步，新式军备不断涌现，新的军事竞赛很快又在其他领域内开展起来，使这一条约随之失去了实际意义。

《九国公约》和"门户开放"

华盛顿会议上一个更加重要的问题，是商讨解决远东和太平洋问题，而中国问题无疑是这一议题的核心。中国希望能在华盛顿会议上得到英、美的支持，从日本手中收回山东主权，并且能解决列强在华的一系列权益问题。然而，帝国主义列强却完全漠视中国的愿望。

1921年11月15日深夜，也就是远东和太平洋问题总委会第一次会议的前夜，中国代表团突然接到美国国务院的通知：中国代表团可在次日的会议上提交报告。在美国的授意下，中国代表匆匆起草了关于解决中国问题的十大原则，大意为：尊重中国领土与主权完整；赞成"门户开放""机会均等"；各国缔结有关中国及远东条约时须通知中国；废除过去中国给予各国在华的一切特权；撤销各国对华各种政治上、司法上、行政上的限制；现有的对华条约应有期限规定；凡涉及让与权的解释应有利于让与国；中国如不参战，应尊重中国的中立；订立解决远东与太平洋和平问题的条约；设一专门会议定期讨论远东与太平洋问题。

中国北洋政府提出的这十大原则，是十分空洞的，而且并未提出实施的具体要求，其中第2条"中国既极赞同所称开放门户主义，即与约各国一律享有工商业机会均等主义，故自愿承认该项主义，并实行于中华民国各地方，无有例外"。特别迎合美国的心意。美国代表鲁特又把十大原则中稍有涉及具体的各条舍去，着重保留了维护现状与门户开放方面的内容，修正为4条，称为"鲁特四原则"。其内容为：（1）尊重中国的主权与独立以及领土与行政的完整；（2）给中国一个完全无阻碍的机会，使之能发展并维持一个强有力而巩固的政府；（3）运用各国的影响，以求切实建立和维持在全中国领土上的各国工商业机会均等的原则；（4）不得利用中国的现状，以求获得特别权利，而致削弱其他国家的权利，并不得奖助有害他国安全的行动。其实质就是在尊重中国独立与领土完整的幌子下，维护机会均等和门户开放的主张。

鲁特的四原则在11月21日的会议上提出之后，日本代表曾问，"行政完整"的意义是什么？鲁特回答说，并不影响合法的特别利益。这就更进一步表明，所谓中国主权独立和领土行政完整，是受不平等条约的约束的。对此，日本代表表示满意。此后，美国代表休斯又向大会提出"关于中国门户开放案"，重申"门户开放，机会均等"的原则。但当中国提出归还德国在山东的权利、关税自主、收回治外法权、收回外国租借地、撤退外国驻军等具体要求时，帝国主义列强或拒绝，或推诿拖延，或仅在十分次要的小问题上作点微不足道的让步。因此，中国的要求基本上未能实现。

1922 年 2 月 6 日签订了《九国关于中国事件应适用各原则及政策之条约》（简称《九国公约》），共 9 条。鲁特四原则被列为第 1 条，构成了这一公约的核心。其他各条的主要内容是，保证第 1 条原则不受侵害，并规定为保证"门户开放""机会均等"之实施，各缔约国不得"在中国任何指定区域，获取有关商务或经济发展之一般优越权利"和"任何专利或优越权"。还就中国铁路运输的运费待遇，尊重中国战时保持中立及条约具体实施的技术性问题，达成协议。

《九国公约》标榜"尊重中国主权、独立和领土完整"，实际上无视中国在会议期间提出的上述具体要求。其主要之点在于确立了美国主张的"门户开放""利益均等"原则，为美国排挤英、日，加强对华扩张准备了有利条件，这是美国取得的重要成就。因此，休斯心满意足地声称："由于有了这个公约，'门户开放'才在中国终于变成事实。"美国外交史家普拉特也承认，《九国公约》是"首次将美国对华关系的传统政策，以条约的形式固定下来"。

会议期间的一个引人注目的插曲，是中、日关于山东问题的谈判。中国原先希望大会能直接解决山东问题，但日本坚决反对。而 1914 年英国与日本共同出兵，从德国手中夺取山东时，曾许诺将山东作为日本参加对德作战的报酬，所以仍然支持日本。美国虽表面上支持中国对山东的要求，但为了使日本承认"门户开放"政策和在海军军备问题上让步，又决定同意日本关于通过中、日谈判解决山东问题的要求。在英美的斡旋下，中、日举行了关于山东问题的谈判，英、美并派观察员列席。

中、日会谈从 1921 年 12 月 1 日开始，到 1922 年 2 月 4 日结束，断断续续地进行了两个月。在谈判中，双方争执最烈的是胶济铁路问题。日本态度蛮横，坚持霸占一切有关铁路的权益。而中国代表则要求收回胶济铁路，并愿向日本给予补偿。日本拒绝了这一要求，使会谈陷入僵局。但由于中国人民要求归还山东权益的呼声日益高涨，中国代表顾维钧等人据理力争，同时美国也对日本施加压力，最后日本不得不在山东问题上被迫后退。

1922 年 2 月 4 日，中、日双方签订了《解决山东悬案条约及其附约》。条约规定：山东归还中国，但中国必须开放若干商埠口岸；胶济铁路路权归属中国，但中国要偿还日本 5300 万马克（合 3200 万银圆）的铁路产值；在未偿清之前，车务长与会计长的职务仍由日本人担任。中国收回山东主权与胶济铁路路权，是对《凡尔赛和约》关于山东问题规定的修正，也是中国在华盛顿会议期间所取得的一个外交成果，但实际上日本仍对山东保持了重大的控制权。

华盛顿会议调整了帝国主义列强在远东和太平洋地区的关系。它所建立的华盛顿体系补充了凡尔赛体系在东方的空缺，凡尔赛—华盛顿体系从而成为第一次世界大战后维系国际关系新格局的基石。

美国在华盛顿会议上取得了重要的成就，它既迫使英国承认了两国在海军军备上处于平等地位，又迫使日本接受了在中国问题上的"门户开放""机会均等"原则，从而使自己在华盛顿体系中处于优越地位。帝国主义之间的矛盾与斗争，从此进入了新的阶段。

华盛顿会议使日本独霸中国的狂妄野心受到压制，"又使中国回复到几个帝国主义国家共同支配的局面"。[1] 中国的半殖民地地位依然如故，中国革命面临着艰巨的任务。

华盛顿会议暂时地和在一定程度上缓和了帝国主义列强之间的关系，但缓和中又酝酿着新的冲突。建立在这样一个基础上的华盛顿体系，当然不会是巩固的，它必然逃不脱崩溃的命运。

---

① 《毛泽东选集》第 1 卷，人民出版社 1991 年版，第 129 页。

热那亚会议的召开与《拉巴洛条约》的签订

郑绍钦

　　1922 年 4 月 10 日至 5 月 19 日，在意大利的热那亚召开了国际经济会议，讨论"复兴欧洲经济问题"。这是第一次世界大战后欧洲所有国家都参加的一个规模空前的盛会。除欧洲国家外，日本也是这次会议的发起国。英国的 4 个自治领和印度亦应邀参加。这使与会国总数达 34 国之多。[①] 美国则派观察员出席。因此，热那亚会议实际上已超越欧洲范围，成为具有世界意义的一次国际会议。

　　热那亚会议之所以重要，还因为出席会议的国家中，包括第一个社会主义国家苏俄和作为欧洲大国的战败国德国。热那亚会议是苏俄建国后首次出席的国际会议，苏俄的出席，意味着资本主义大国对新生的社会主义国家事实上的承认。而德国的与会则表明：尽管德国是个战败国，但它的重要性却是任何人无法忽视或抹杀的。这两个国家在热那亚会议上的出现及其在会上的活动，又使会议越出了经济的范围，成为政治斗争的舞台。会议没有什么具体结果，但苏德在会议期间签订了《拉巴洛条约》，对欧洲局势产生了重要影响。

协约国的戛纳决议

　　1922 年 1 月 6 日，英国首相劳合·乔治、法国总理白里安和意大利、比利时、日本的代表，在法国南部的海滨游览胜地戛纳，举行协约国最高委员

---

　　① 参加这次会议的国家有：阿尔巴尼亚、奥地利、比利时、保加利亚、英国、匈牙利、德国、希腊、荷兰、丹麦、冰岛、意大利、西班牙、拉脱维亚、立陶宛、卢塞堡、挪威、波兰、葡萄牙、罗马尼亚、苏维埃俄国、塞尔维亚（南斯拉夫）、芬兰、法国、捷克斯洛伐克、瑞士、瑞典、爱沙尼亚、日本、加拿大、澳大利亚、新西兰、印度河南非联邦。中国北洋政府也派观察员出席。

会会议。美国派观察员参加，德国的复兴部长拉特瑙应邀列席。

会上劳合·乔治建议召开包括苏俄在内的欧洲各国经济会议，以便迫使苏俄"偿付债务，赔偿外国企业主因财产被没收而受到的损失"。他事先已同白里安磋商，因此所提出的决议草案当即获得通过。决议宣称："与会的协约国一致同意，应当在2月或3月初召开欧洲各国经济财政会议。欧洲一切国家，包括德国、俄国、奥地利、匈牙利和保加利亚，都应当被邀请派遣代表来参加。"决议要求各国总理尽可能亲自来参加这次会议。以便会上通过的一切决议，能够尽速贯彻。

这次会议的决议，还提出了保证会议成功必须具备的基本条件：（1）任何国家均不得将本国的所有制、国家经济生活和管理制度强加给别国；（2）保障外国资本和利润不受侵犯；（3）凡希望得到外国贷款的政府，应承担该国历届政府的债务，要归还或赔偿被接管的外国财产；（4）各国应拥有必要的交易资金，制定保证贸易的金融货币规章；（5）放弃颠覆别国的宣传；（6）停止对邻国的敌对行动。

戛纳决议提出的6项条件是互相矛盾的。如第1条表示承认"任何国家均不得将本国的所有制、国家经济生活和管理制度强加给别国。每个国家都有权利选择自己喜欢的制度"。但其他条件却表明：决议的真实意图，是把苏俄偿付全部旧债和废除国有化法令，作为外交承认的先决条件。至于如何通过热那亚会议来实现戛纳决议，各帝国主义国家都有自己的具体打算。

英国政府作为这次会议的主要发起者和组织者，它打算联合一切资本主义国家，结成统一战线，来迫使苏俄作出尽可能多的让步，签订奴役性条约，在俄国恢复旧制度；通过这次会议来加强英国在资本主义世界的地位，对抗美国对海上霸权的争夺，在欧洲大陆上拉拢德国，遏制法国。

意大利追随英国的"复兴"欧洲政策。它不是沙俄的债权国，对苏俄的要求是取消对外贸易垄断制，发展两国的传统贸易关系。

德国的拉特瑙在戛纳会议上积极建议西方列强成立共同的银行团，来对俄国实行经济奴役。同时，他又要求在热那亚会议上讨论减轻德国赔款问题，以利德国经济复兴。

法国总理白里安在戛纳决议通过之前，把"欧洲各国经济会议"改为"欧洲各国经济财政会议"，特意强调不是政治会议。他要求同苏俄解决债务问题。因为，沙俄欠法国110多亿金法郎的债款，持有债券的法国人达160多万人。然而，总统米勒兰和陆军、财政等部的部长们却对戛纳决议表示不满。他们反对邀请苏俄和德国参加会议，尤其反对讨论德国赔款问题。白里安从戛纳回到巴黎，即遭到议会大多数议员的猛烈攻击而辞职。代之而上台的普恩加莱向英国发出照会："如果苏维埃政府不预先承认戛纳决议提出的一切条件，法国政府就不派代表团参加热那亚会议。"他建议把会期至少推迟3个月。实际上，普恩加莱是要让会议开不起来。此外，他要维护凡尔赛体系的各项条约，在赔款问题上不向德国让步。

美国认为，热那亚会议不论称作"经济会议"或"经济财政会议""都不是一次纯经济会议，它必定具有政治会议的性质"。国务卿休斯声明，美国政府不同苏维埃政府打交道，拒绝参加会议。美国采取这种态度，还有休斯声明中未便说出的更重要的原因：他担心讨论减轻德国赔款问题，会牵连出协约国对美国的欠债问题。

为了协调英、法两国的行动，1922年2月25日，劳合·乔治和普恩加莱在布伦举行会谈。劳合·乔治以放弃讨论德国赔款和修改和约问题，来换得普恩加莱同意召开热那亚会议。双方约定：邀请苏俄参加会议并不意味着承认它。关于承认与否，应视苏俄是否接受协约国提出的各项经济要求而定。为了拟定这些要求，3月20—28日，协约国的财政经济专家集中到伦敦开会。

伦敦专家会议综合了协约各国的各种要求，写出了一份秘密文件《复兴欧洲和俄国经济备忘录》。其主要内容是：要求苏维埃政府偿还沙皇政府、临时政府以及地方当局的一切债务；要求发还被收归国有的外国人在俄的财产，或给予相当的赔偿；要求取消对外贸易垄断制；要求让外国人在苏俄享有类似治外法权的特权，由协约国列强监督苏俄财政。这样，就预先决定了即将举行的欧洲经济会议，实际上是协约国对苏俄的谈判。

苏俄准备赴会

随着帝国主义对苏俄武装干涉的失败和欧洲一些国家革命高潮的消退，从1920年后半年开始，在苏维埃国家和西方帝国主义国家之间，出现了某种均势。紧张尖锐的武装斗争局面有所缓和，呈现了某种暂息。苏维埃国家力图使局势进一步缓和，争取同资本主义世界逐步建立正常关系，以便恢复战争创伤，进行和平建设，巩固社会主义政权。西方帝国主义国家虽然仇视新生的社会主义国家，但因连年征战，经济凋敝，人民生活困难并对统治集团的反动政策十分不满，要继续打仗已力不从心。它们迫切需要俄国的原料和市场来解决自己面临的困难。这样，在两种制度之间，就开始出现了建立正常关系，首先是经济关系的可能。

当时，在苏维埃国家和西方帝国主义国家之间的经济关系方面，存在着两个问题，它们阻碍了经济关系的恢复与发展。这就是：关于沙俄所欠外债及其偿还和外国在俄投资及其产权的问题。十月革命后，苏维埃国家曾宣告废除一切外债，并把外资企业全部收归国有。西方国家对此极为不满，坚持要苏维埃国家偿还外债，发还全部外资企业。要争取同西方国家建立正常经济关系，就应该设法对这些问题采取灵活的措施。

1921 年 10 月 28 日，苏维埃政府在致英、法、意、日、美等国的照会中，建议召开国际会议，研究有关建立欧洲和平和经济合作的一切问题。照会表示：只要各国正式承认苏维埃政府并向它提供贷款，苏俄"愿意对各国及其国民承担 1914 年以前沙皇政府所借的外债"。照会表明苏俄愿意向列强作出适当让步，如修改 1918 年 2 月 3 日颁布的废除一切外债法令。苏维埃政府还希望通过国际会议，西方列强和苏俄都能考虑对方的要求，缔结全面的和平条约，"达到普遍的和解"。苏维埃国家采取的这一主动行动，实际上是促成西方国家召开戛纳会议和决定举行热那亚会议的重要动因。

1922 年 1 月 7 日，意大利首相博诺米以协约国最高委员会的名义，邀请苏俄政府代表团于 3 月到热那亚参加会议，同时发出戛纳决议的副本，并表示希望苏俄代表团能由列宁亲自率领。第二天，外交人民委员齐切林电复意大利外交部，表示苏维埃政府愉快地接受邀请，并且说明："如果人民委员会主席列宁因工作繁忙不能离开俄国，代表团的组成及拥有最广泛的全权，和列宁本人参加时完全一样。由此可见，对于会议工作的顺利进展，从俄国方面不会有任何障碍。"

1 月 27 日，全俄中央执行委员会非常会议决定，派出以列宁为团长、齐切林为副团长的阵容强大的代表团[1]出席热那亚会议。

———————————

① 代表团成员是："团长——人民委员会主席、全俄中央执行委员会委员弗·伊·乌里扬诺夫（列宁），副团长——外交人民委员、中央执行委员会委员格·瓦·齐切林；代表团成员：外贸人民委员、俄国驻英国代表团团长、全俄中央执行委员会委员列·波·克拉辛；全俄中央执行委员会委员阿·阿·越飞；驻意大利全权代表瓦·瓦·沃罗夫斯基；乌克兰人民委员会主席兼外交人民委员、全俄中央执行委员会委员赫·格·拉柯夫斯基；职工联合会全俄中央苏维埃总书记、全俄中央执行委员会主席团成员扬·艾·鲁祖塔克等。"会议还规定："当列宁因故不能赴会时，副团长拥有团长的一切权力"，包括"以俄罗斯苏维埃社会主义联邦共和国的名义进行谈判、缔结和签订关于一切问题的协议和条约"。

　　代表成员是经过严格挑选的，列宁称赞他们都是苏维埃俄国的优秀外交家。同时，遵照列宁的指示，代表团的工作人员必须个个能干实事，政治可靠。他强调指出：必须把那些"企图欺骗我们，使出国之行变成休息，变成同白卫分子加强联系"的人，统统从工作人员名单中划掉；任何工作人员如有失职，"在欧洲丢脸"，推荐者要负责任。①

　　俄共（布）中央委员会对苏维埃代表团应采取的策略，从1月16日至3月27日，在绝对保密的情况下作了多次反复的讨论，最后拟定了十分详细的指令。其主要内容是：苏维埃代表团"不是以共产党人的身份，而是以商人的身份到热那亚去"。因此，不要在那里宣传共产主义理论观点，在任何情况下，都不要使用"暴力革命"和"流血斗争"这样一些吓人的字眼。要善于利用与会者战胜国与战败国、大国与小国、好战派与和平主义者的种种矛盾，特别是利用和平主义来瓦解资产阶级阵营，分化敌人，抵制帝国主义的无理要求，"作有利于我们的生意"。"如果在那里，我们的对方很识时务，不过分固执，那就通过热那亚会议达到这一点，如果他们硬要固执，那就在会外达到这一点。"②

　　列宁就如何在会外达到自己的目的一事，在1月16日向外交人民委员部提出了两项任务：（1）"在柏林和莫斯科两地，同德国人立即开始纯属私下（不用任何文件）的谈判，商谈我们和他们在热那亚期间的接触问题"；（2）通知所有全权代表，"让他们试探其驻在国政府，是否同意同我们开始非正式的秘密谈判，以便事先拟定热那亚会议的方针问题"。③

　　通过这些会前的工作，3月29日，赴热那亚的苏维埃代表团，在里加和拉脱维亚、波兰、爱沙尼亚三国代表举行了一次联席会议，商谈了在热那亚将如何一致行动问题。三国代表表示，为了复兴东欧，必须在法律上承认苏俄。4月初，途经柏林的苏俄代表团，和德国政府就两国和约问题进行了磋商，并拟出了苏德条约草案。虽因德国当时仍寄望于英国，而未能正式签订条约，但条约草案的拟出，却已为在热那亚突破资本主义国家统一战线作了必要的准备。

　　为了进行讨价还价的谈判，苏俄在资料方面作了充分准备。一方面，

---

①　《列宁文稿》第4卷，人民出版社1977年版，第200—201、207页。
②　《列宁全集》第33卷，人民出版社1959年版，第231页。
③　《列宁文稿》第10卷，人民出版社1959年版，第21页。

根据最高国民经济委员会、农业、工业、交通等部门提供的材料，拟出了一份备忘录，详细说明全国在3—5年内需要国外提供30多亿金卢布的贷款，作为购买农业机械、工业设备和交通器材之用。同时，把实行新经济政策以来，苏俄保证外国投资者和技术专家正当权益的各种立法，编印成册。另一方面，依据国家特设委员会关于战争和封锁给苏俄造成损失情况的调查报告，以及人民委员会和全国各地提供的资料，对苏俄在协约国武装干涉中遭受的损失数字，作了专门统计。同时，收集了协约国策动反苏干涉和叛乱的确凿证据，准备在谈判偿还债务问题时提出反要求。

列宁非常重视这种准备，认为确凿的证据和资料，就是在谈判桌上和敌人作战的武器。他在2月7日给齐切林的信中指出："应当把我们的全部大炮都准备好、部署好，至于哪些用来示威，哪些用来开火，以及在什么时候开火，我们随时都来得及作出决定。"①

各国在会上的初次交锋

4月10日下午3时，热那亚国际经济会议在圣乔治宫隆重开幕。

会议主席、意大利首相法克塔、英国首相劳合·乔治等发起国代表团团长先后发言。他们承认欧洲经济凋敝，"复兴欧洲需要和平，需要各国通力合作。"还说："在这次会议上，大家都是平等的。""在这里，战争造成仇视和敌意的痕迹已经消除了。在与会者中间，既不分朋友和敌人，也不分战胜者和战败者。"可是，他们都强调与会各国必须接受戛纳决议提出的条件。法国代表团团长、副总理巴都为阻止德国人提出减少赔款要求，还强硬声明不许讨论修改《凡尔赛和约》的任何条款。德国代表团团长、总理维尔特的发言，则不厌其烦地诉说德国的艰难处境，恳求协约国列强不要只顾自己的利益而牺牲别国。

下午5时30分，轮到苏俄外交人民委员、代表团代理团长齐切林宣读声明。他先用流利的法语讲话，接着又用讲得同样漂亮的英语把发言的内容重复一遍，让会议的每一个参加者和广大的听众，都能直接听懂他阐明苏俄国策的声音。

齐切林说："在当前这个历史时代，衰老的社会制度和新生的社会制度

---

① 《列宁文稿》第4卷，人民出版社1977年版，第211页。

并存是可能的，体现这两种不同所有制之间的经济合作，对于世界经济复兴是绝对必要的。"这种合作必须建立在"互利、平等和充分的、无条件的相互承认的基础上"。接着他又说："俄国是欧洲最大的国家，拥有无限丰富的自然资源，它的复兴是世界经济必不可少的条件。苏维埃政府决定在经济上对外开放，把几百万俄亩最肥沃的土地，以及一部分森林、煤矿、矿产资源，租让给外资经营开发。"但是，"只要欧洲和全世界还处在新的战争威胁之下，恢复世界经济的任何努力都是徒劳的"。因此，苏维埃政府建议普遍裁减各国的军备和军队。

对于戛纳决议，齐切林表示重视决议的第 1 条，即承认各国有权选择自己喜爱的制度，对其余各条，则保留提出补充和修改的权利。他严正声明，苏维埃政府绝不会接受奴役协定。

齐切林这篇声明虽极简短，却是苏维埃政府成立以来第一次利用国际会议的讲台，郑重宣布对外奉行和平共处政策的纲领性文件。在齐切林发言的近 20 分钟时间里，与会者从劳合·乔治到各国专家和记者，都屏息静听。这篇声明，打破了英、法、意等发起国给这次会议规定的基调，立即成为各国代表发言谈论的中心。

法国代表团尤其敌视普遍裁军建议。齐切林刚刚坐下来，巴都便非常激动地站起来，措辞强烈地声称："如果俄国代表团坚持要求讨论这个问题，那么，法国代表团的态度不仅是抵制，不仅是抗议，而且是明确、断然、彻底、坚决的拒绝。"齐切林当即引用白里安在华盛顿会议上的发言，予以驳斥。他道理充足，语调却十分平静地说："当时白里安先生声明，法国一直希望能够裁减军备，只是由于担心俄国拥有数量庞大的红军的威胁，故未便付诸实现。如今俄国提议普遍裁军，法国不肯裁军，就不再有所借口了。"会场爆发出热烈的掌声，表明人们对齐切林这番话的赞赏。在座的和平主义者情绪活跃，法国代表团的处境却十分尴尬。在巴都欲辩无词之时，老练能干的劳合·乔治站出来解围。他态度诙谐，半开玩笑地把裁军建议称作"危险的爆炸物"。他声称会议的议程已经排得满满了，"不要再给会议的航船增加负荷了，免得超重覆没。"这样一来，苏俄的裁军建议便被否决。然而，口口声声说"欧洲需要和平"的帝国主义者的伪善面孔，也就暴露无遗了。

亚尔培别墅的僵局

4月11日起，会议分政治、财政、经济、交通运输4个委员会进行工作，其中起主要作用的是政治委员会，"俄国问题"集中在这个委员会讨论解决。在这里，苏俄代表收到协约国专家们在伦敦拟定的《复兴欧洲和俄国经济备忘录》。协约国代表在这份文件里，向苏俄要求偿还旧俄当局的一切债务：战前旧债为96.5亿金卢布、战债88.46亿金卢布，总计184.96亿金卢布。苏维埃代表团认真研究了备忘录提出的各项要求，认识到协约国列强对复兴欧洲和俄国毫无诚意，它们的真实意图是在俄国恢复资本主义，把俄国变成它们的殖民地，于是决定提出反要求。

4月14—15日，劳合·乔治邀请齐切林、克拉辛和李维诺夫到英国代表团的驻地亚尔培别墅，同英、法、意、比的代表举行秘密谈判。他们要求把伦敦专家拟定的那份备忘录作为协议的基础，遭到苏方坚决反对。苏方指出，协约国对武装干涉和内战给俄国造成的损失负有不容推卸的责任。因此，在偿还债务问题上，苏方针锋相对地向协约国提出反要求：赔偿武装干涉给苏俄造成的损失，已经计算出来的共有390.4497亿金卢布。此外，尚有大量无法计算的损失。

齐切林后来在回忆这两天的秘密谈判的文章中写道："当我国代表团提到俄国人民群众摆脱旧历史时代的一切债务时，劳合·乔治莫名其妙地笑起来，并说：'难道他们认为不该还债'？而当我方把反要求的文件摆到他面前的时候，他又说：'如果你们来热那亚就是为了提出这种要求，我认为，完全可以不来。'"

在亚尔培别墅秘密谈判陷入僵局以后，劳合·乔治代表协约国提出最后通牒。其内容是协约国断然拒绝苏俄的反要求，并坚决要求偿还被收归国有的外国所有者的财产；如果苏俄放弃反要求，协约国可以削减战时债务，并考虑延期偿还利息问题。它限定苏俄代表团在4月20日对这一通牒作出答复。

苏德签订《拉巴洛条约》

在出席热那亚会议的资本主义国家中，德国的处境是特殊的。一方面，它是战败国，备受战胜国的欺凌，丢失了全部殖民地和许多国外市场，又被迫交付过重的赔偿。这使德国经济破产、民生凋敝，急需得到苏俄的原料和市场来使自己摆脱困境。另一方面，它又对协约国抱有幻想，希望协约国能做些让步，使自己的日子好过些。所以，它又不想下决心接近苏俄，而只想做点德苏接近的姿态，来吓唬协约国，以增加同它们讨价还价的砝码。因此，尽管会前齐切林率领苏俄代表团途经柏林，和德国总理维尔特、外长拉特瑙①会晤时，就商定了苏德条约草案，德方却迟迟不肯签字。

1922 年 4 月 4 日，齐切林在离开柏林赶赴热那亚时，向莫斯科报告说："德国人同我们进行了谈判，为的是表示，他们好像要同我们达成协议。但是所有迹象表明，实际上他们还不想达成协议。"当时维尔特政府里的实权派、德国财团的核心人物拉特瑙坚决拒绝立即签订和约。他考虑的是：第一，不想使协约国面对既成事实；第二，不想脱离英国单独行动。他一直希望在英国参与下，建立"复兴"俄国的国际银行团。

然而，热那亚会议一开始，德国代表团便受到协约国的冷遇和压制。亚尔培别墅秘密会谈，又把德国撇在一边，使德国代表团惶惶不安。因为伦敦专家备忘录第 6 款，依照《凡尔赛和约》第 116 条的规定，确认俄国对德国有索取赔偿的权利。在这种情况下，德国代表团成员、外交部东方司司长马尔藏积极行动起来。他于 4 月 15 日上午 10 时向越飞和拉柯夫斯基探询：苏俄是否有意再谈判苏德条约草案的问题。这两位苏俄代表团成员表示："苏维埃俄国不管同协约国的关系如何解决，都希望同德国建立起合作关系。德国最理想的保障，应当是正式签订苏德条约。"

当天夜里，齐切林等从亚尔培别墅回到苏俄代表团驻地后，得知德国人曾来探询，马上开会研究并决定：利用德国代表团在协约国与苏俄之间摇摆不定，并开始把希望转向苏俄的时刻，发动一次外交突袭。4 月 16 日凌晨 1 时 15 分，越飞打电话叫醒马尔藏②，邀请德方在 16 日上午 11 时到热那亚郊区拉巴洛，重开谈判。他并特意说明：这是星期日，苏俄代表团才能抽出时间来。马尔藏马上向拉特瑙报告，并把德国代表团全体成员叫醒，紧急地召开"睡衣会议"。会议历时两个小时，直到早晨 5 时才决定通知俄国人：依

---

　　① 1922 年 1 月 31 日，拉特瑙由复兴部长改任外交部长。

　　② 此处据《马尔藏日记》。另一种说法认为：打电话给马尔藏的，是外交人民委员部经济法律司司长萨巴宁。

约赴会。

在"睡衣会议"开过之后，拉特瑙态度还有些犹豫。他在 4 月 16 日清晨，三次到电话机旁要求接通英国代表团，均因英国外交官员都在熟睡之中，未能及时得到回音。他只好同意向柏林总统府发出电报："这里的政治局势，迫使我们必须单独同俄国签订协定，以便保障受到伦敦专家备忘录威胁的德国利益。"几个小时以后，当拉特瑙坐上汽车的时候，侍者才匆忙来告：劳合·乔治要他接电话。他手一挥，说："酒已倒出，就应当喝下去！"汽车向拉巴洛疾驰而去。

1922 年 4 月 16 日中午 12 时，苏德双方在拉巴洛开始谈判。一切进行得非常顺利。下午 6 时半，拉特瑙和齐切林分别代表两国政府，签订了《德国和俄罗斯苏维埃联邦社会主义共和国协定》。这就是开辟长达 10 年的苏德合作时代（1922—1932）的《拉巴洛条约》。

条约的第 1 条规定，德国和苏俄彼此放弃对军费支出及在战争期间给其国民造成的一切损失的赔偿。双方彼此放弃偿还战俘费用的要求。这就是说，德国正式放弃了《布列斯特和约》，苏俄则放弃了根据《凡尔赛和约》应从德国获得的赔款。它充分体现《和平法令》中提出的缔结不兼并、不赔款的和约的精神。

条约的第 2 条规定，德国放弃它在俄国的公私财产被苏维埃政府收归国有而产生的要求，条件是苏俄不得满足其他国家类似的要求。这就在资本主义列强和苏俄的关系中，如何处理被没收的财产和债务等问题上，开了确认苏俄新生的社会经济制度的先例。

由于苏俄在条约的第 1 条规定中主动作了让步，德国在条约的第 2 条规定中也作了相应的让步，解决了两国关系中最主要的问题，因而也就顺理成章地达成第 3 条协议：两国之间的"外交和领事关系应予立即恢复"。

条约的第 4、5 条规定，两国根据最惠国待遇原则，发展彼此的贸易和经济关系，并且，应以彼此亲善的精神进行合作，以满足两国的经济需要。

苏德《拉巴洛条约》是苏维埃外交的重大胜利。苏维埃代表团在热那亚会议之外，善于不失时机地利用德国同英法的矛盾，取得这一成功。其意义不仅在于突破了帝国主义的反苏统一战线，获得了一个资本主义大国对苏俄的正式承认，更重要的是使和平共处原则得到了具体的体现，实现了社会主义和资本主义两种制度的国家的真正平等。

4 月 17 日，苏德《拉巴洛条约》在热那亚的公布，引起了协约国集团一片慌乱。英、法、意、比、日、捷、罗、波、南等国代表集会于法克塔的住所拉吉热别墅，研究对策。协约国外交家硬说《拉巴洛条约》破坏了《凡尔赛和约规定》，巴都则强烈要求立即废除它。4 月 18 日，经九国代表签字的协约国致德国总理维尔特的照会，宣布把德国开除出政治委员会。不过，它们除了这点报复性小动作外，已别无他法。

热那亚会议的结束

4 月 20 日，齐切林致函劳合·乔治，表示在取消俄国的战时债务和全部利息、向苏俄提供足够的财政援助和法律上予以承认的条件下，苏维埃政府准备"恢复原业主对国有产业的使用权，在不能这样做的情况下，则直接同原业主达成协议，来满足他们的合理要求"。这是为争取同协约国达成协议而作出的重大让步表示。

协约国的代表经过长时间的争论，于 5 月 2 日向苏维埃代表团提出一份新的备忘录。它除了坚持伦敦专家备忘录的要求，还依照英国的要求声明：那些在颁布工业国有化法令以前，在俄国拥有产业的公司和个人，应宣布为在俄国有权取得赔偿的"原业主"。至于向苏俄提供财政援助等问题，新备忘录则只字不提。

这时，协约国内部无法调和的矛盾已公开暴露。法国代表团拒绝在 5 月 2 日的备忘录上签字。美国作为热那亚会议的旁观者，公开反对备忘录在"原业主"问题上的解释。因为，围绕着热那亚会议，两家世界最大的石油公司——"英荷壳牌石油公司"和"美孚石油公司"争夺苏俄油田租让权的争斗，已经达到了白热化。若依照备忘录的解释，革命前在俄国拥有大油田的"英荷壳牌石油公司"，就可在争夺租让权中占优先地位。美国驻意大利大使、出席热那亚会议观察员蔡尔德奉命发表声明："决不容忍同俄国缔结任何损害门户开放政策或我们所要求于俄国的财产权利的协定，不管是单独协定，抑或是共同协定。"

5 月 11 日，苏维埃代表团对协约国 5 月 2 日备忘录作了书面答复：苏维埃政府在法律上没有责任偿还旧俄政府的债务，拒绝把收归国有的财产发给原业主或赔偿他们的损失。这篇答复的结尾是：苏维埃政府参加会议的目的，是为了同各国达成协议，"这一目的是以这样的前提为基础，即组织武装干涉的外国列强，不能以战胜者对战败者的口吻来对俄国谈判，俄国并没有战败……俄国今后为了达成协议，也准备对外国列强作重大让步，但要有一个条件，即对方必须予俄国人民相应的让步。对俄国人民来说，任何不能以实际利益补偿其让步的协议，都是不能接受的。"

协约国的顽固立场，使会议的前景越来越黯淡。5月18日政治委员会开会决定：6月26日在海牙召开两个委员会——"俄罗斯委员会"（有苏俄代表参加）和"非俄罗斯委员会"（无苏俄代表参加），来研究苏俄和其他国家之间的一切财政争端。这等于预告热那亚会议就这样不了了之。会议还通过了热那亚会议与会国在海牙开会期间和以后4个月内互不侵犯的协定。5月19日，热那亚会议举行最后一次全体会议，批准了这一决议。

在5月19日闭幕式上，劳合·乔治把热那亚会议不能解决"俄国问题"的责任推到苏维埃代表团的身上。他把苏俄比作负债累累的穷人，当债主向他讨债时，他却宣布说："不，我的原则是不还。"对于这种攻击，齐切林立即回答："英国首相冲着我说，邻人借给我钱，我必须偿还他。好，为息事宁人计，在这种特定情况下，我同意这么办。可是我应当补充一点，若是这个邻人闯进了我的房子，打死了我的孩子，捣毁了我的家具而且把房屋都烧掉了。这样一来，起码，他应先赔偿我的损失才对。"简简单单几句话，说得义正词严、入情入理，驳得劳合·乔治无词以对。

热那亚会议以协约国列强的失败而告终。它们在戛纳决议中提出的奴役苏维埃俄国的要求，一条也没有实现。它们的代表团两手空空，一无所获。

苏维埃国家却通过热那亚会议取得了重大成就。热那亚会议是苏维埃国家与西方帝国主义国家，在关系正常化的斗争中，进行的第一个回合的较量。帝国主义国家终于不得不和苏维埃国家坐在一起开会，从事实上承认它的存在，这件事本身便是苏维埃外交的胜利。苏维埃国家虽然没有在会上取得进一步的成果，但重要的是：以热那亚会议为媒介，在会外却取得了引人注目的成绩。这就是苏俄和德国签订的《拉巴洛条约》。它使苏维埃国家摆脱了孤立处境，大大加强了自己的国际地位，同时也以这个条约为具体榜样，向资本主义世界昭告了恢复对苏正常关系的正确道路。

德国也取得了对自己十分有利的成就。在协约国对德国施加压力，要求"立即废除"《拉巴洛条约》的时候，维尔特在4月21日的复照中回答："德国有权缔结这个条约。"这是因为这个条约在政治和经济上对德国资产阶级政府、对德意志民族都极为有利。德国这个欧洲工业最发达的国家，为了摆脱《凡尔赛和约》的压制，必须从东方找寻经济出路，而同拥有最丰富的自然资源和农业品的苏俄，实行牢固的经济合作。两国只有签订正式和约，才能保障经济合作的顺利进行。德国通过签订这个和约，还摆脱了它在战后的孤立困境，加强了它的国际地位。这就有力地遏制了当时称霸欧洲、穷兵黩武并且强占德国领土的法帝国主义。德国代表团回国之后，维尔特向国会报告说："《拉巴洛条约》是大战浩劫之后，第一桩真正的和平事业。"因此，这个条约在德国获得举国上下的支持，很快就获得国会的通过批准。

1922 年 5 月 17 日，全俄中央执行委员会听取了越飞所作的关于苏维埃代表团出席热那亚会议的报告，通过了由列宁拟定的决议。决议指出：苏维埃代表团"正确地完成了自己的任务，捍卫了俄罗斯苏维埃联邦社会主义共和国彻底的国家独立和自主，同奴役俄国工人、农民的企图进行了斗争，对外国资本家企图在俄国恢复私有制的企图给予了有力的回击"。它肯定"苏维埃代表团是在完全平等互利的基础上"签订了《拉巴洛条约》。

《拉巴洛条约》是苏维埃外交的成功突破。条约签订后不久，1924—1925 年，英、意、挪威、希腊、法国、中国和日本先后在法律上承认苏联。苏联同资本主义国家和平共处的新时期终于来到了。

《拉巴洛条约》签订后，苏德关系在平等互利的基础上得到了迅速、稳定的发展。这一事实不仅有利于两国的复兴，也成为稳定欧洲局势的一个重要因素，在长达 10 年的时间里，对欧洲局势产生了重要的作用。

社会主义工人国际的成立

孙耀文

社会主义工人国际是活动于 20 世纪二三十年代的社会改良主义国际组织。在第一次世界大战结束后的革命浪潮中，各国机会主义派别受到激烈冲击，急于恢复破产了的第二国际。由于内部矛盾重重，复活第二国际的活动几经周折，历时数年。起初，在 1919 年 2 月组成伯尔尼国际（后称伦敦国际），不久，各国中派于 1921 年初单独建立了维也纳国际（通称第二半国际），它们后来又在 1923 年合并为社会主义工人国际。这个联合右翼与中派的国际组织常常照旧被称为第二国际。

第二国际的复活

第二国际随着第一次世界大战爆发而陷于崩溃。社会党国际局在 1914 年 7 月底举行了战前最后一次会议后，实际上完全停止了活动。除俄国布尔什维克党等少数左派政党与组织外，第二国际大多数政党都支持本国政府进行帝国主义战争。社会沙文主义者背叛斯图加特反战决议和巴塞尔宣言，一心企求本国政府获胜。协约国的社会党人和德、奥集团的社会党人各开各的代表会议，前者 1915 年 2 月中旬在伦敦举行，后者同年 4 月中旬在维也纳举行，分别号召各自一方国家的工人，支持本国政府的战争行动。

各国的中派摇摆于社会沙文主义者与左派之间。德国的中派虽然在群众反战情绪的推动下，不再赞成战争拨款，并同右派发生争执，以至分离，单独成立德国独立社会民主党，但是他们并没有积极进行真正的反战革命活动。一些国家的中派代表尽管也同左派一起出席了 1915 年在齐美尔瓦尔得、1916 年在昆塔尔举行的国际社会党人代表会议，但仍然拒绝同社会沙文主义派决裂，反对列宁和布尔什维克党创建新的第三国际的主张。

1917 年俄国二月革命推翻沙皇统治后，协约国的社会民主党右派领导人依然鼓吹把战争进行到底，而为了防范革命事变，又不得不开始筹划召开社会党国际代表会议。一些中立国的社会民主党首领，如瑞典的布兰亭等，倡议在斯德哥尔摩举行这样的会议，力图使交战国的社会党人和解。但是，各国左派社会民主党人拒绝出席，而英、法、比利时等国的社会党人在本国还没有战胜敌国之时，也不愿意同敌国的社会党人见面。

十月革命在俄国胜利和第一次世界大战结束，使欧洲乃至世界的形势发生急剧变化。各国机会主义流派加紧了恢复第二国际的活动。

从 1918 年下半年起，欧洲一些国家的革命运动迅猛发展，许多国家的左派在组织上同社会民主党决裂，建立起共产党，或组成共产主义团体和小组。协约国帝国主义列强既急于分赃，又迫切要求巩固战后的统治秩序，于是在 1919 年 1 月召开巴黎和会，策划成立国际联盟。与此同时，各国社会民主党首领达成协议，又征得协约国当局的同意，决定在瑞士伯尔尼举行国际社会党人代表会议。在互相敌对数年之后，他们现在要尽快捐弃旧恶，互相赦免，共同恢复第二国际。

伯尔尼代表会议于 1919 年 2 月上旬举行。来自 26 个国家的 102 名代表中，聚集了比利时工党的王德威尔得（原国际局主席）、德·布鲁凯尔，法国社会党的托马、列诺得尔、龙格，英国工党的韩德逊、麦克唐纳，奥地利社会民主党的弗·阿德勒、奥·鲍威尔，瑞典社会民主党的布兰亭，德国社会民主党的维尔斯，德国独立社会民主党的考茨基等这样一些右派和中派的著名人物。各国左派都拒绝到会。

伯尔尼代表会议不免要讨论战争罪责问题，但它没有揭露第一次世界大战的帝国主义性质，也没有指出国际垄断资本是真正的罪魁祸首。由于德国战败，曾经支持德皇政府进行战争的德国社会民主党首领，在会上受到激烈谴责。法国代表托马、列诺得尔竭力为自己的社会沙文主义立场辩解，同时攻击德国社会民主党首领背弃无产阶级国际义务。德国代表维尔斯则千方百计为本党右翼首领在战争期间的行径开脱，也不放过机会对法国社会党人反唇相讥。然而，德国代表不得不对会上占据优势的协约国的社会党代表作出让步。虽然他们曾在德国十一月革命爆发之初阻止德国工人以起义的方式推翻德皇政府，但在这次会上都发表声明宣称："起义的德国无产阶级已经彻底推翻了要对战争负责的旧制度。"随后又表示德国党"坚决愿意贡献自己的全部力量，来恢复被破坏了的国际，并和各国社会党人一道，为社会主义的胜利而奋斗"。会议通过一项决议，说"现在已为能在国际中同心协力工作，铺平了道路"。于是争吵双方初步和解。

"民主与专政"问题是伯尔尼会议的中心议题。社会民主党的右派首领和一些中派人物，大都以赞扬"一般民主"、谴责"一般专政"的手法，维护资产阶级民主，反对无产阶级专政，像考茨基在半年以前发表《无产阶级专政》一书那样，诽谤俄国十月革命和苏维埃政权。由于各国革命浪潮正继续向前推进，而许多国家的工人群众又向往苏维埃俄国，因而也有一些中派人物与政党口头上表示拥护苏维埃，同时又宣扬把苏维埃同议会制结合起来的观点。

当执掌政权的德国社会民主党右派首领试图立即取消工人与士兵苏维埃时，中派著名理论家希法亭在他自己主编的《自由报》（2月9日）上发表文章，要求把苏维埃变为国家组织，同资产阶级议会制的"国民议会"并存相处。德国独立社会民主党中央和议会党团2月11日发表一项宣言，把希法亭的主张当作该党的基本政治口号。奥地利社会民主党首领的立场也大致相同。鉴于党内左派提出全部政权归苏维埃的口号，党领导人鲍威尔和弗·阿德勒等也表示不反对拥护苏维埃，同时又设法控制其领导权，不让它变成领导无产阶级革命的机关。他们甚至在口头上不否认无产阶级专政的可能性和必要性。

在伯尔尼代表会议上，居主导地位的还是右派首领和考茨基等一些中派代表。布兰亭、考茨基等人指责布尔什维克党采用破坏民主的方法、背叛社会主义，进而强烈要求代表会议号召国际社会党人，联合对付布尔什维主义，甚至公开谴责俄国苏维埃政权。另一些中派人物，如弗·阿德勒、龙格等，不同意公然粗暴地攻击苏维埃俄国。经过争论，会议在一项决议中笼统地把俄国十月革命同德国、奥地利的革命等量齐观，同表"祝贺"，同时声称，社会民主党右派与中派"一如既往地站在民主的立场上"，要求各国工人用"民主方法"来建立"革命政体"，"政治改革"也在此范围内进行，以抵制俄国革命的影响。

对于即将由帝国主义列强成立的国际联盟，伯尔尼会议颂扬它将防止新的战争、保证公正的工人立法。决议认为成立国际联盟将"把各国人民联合成一个统一体"，并号召各国工人全力支持它。会议的一项决议冠冕堂皇地承认民族自决权，同时又宣扬由国际联盟"保护附属国、殖民地的居民"，"促使土著居民尽快发展，得以实行国家自治"。伯尔尼会议的这些决议都呈献给了巴黎和会。

伯尔尼代表会议成立了由布兰亭、韩德逊和胡斯曼三人组成的执行委员会。机会主义派所要复活的国际，虽然在组织上还没有完全成型，但已经初步形成。"伯尔尼国际"这一特有名称也已使用。不过，人们通常还把它称为第二国际。

新组成的执行委员会立即为加强组织而采取措施，由它和各党派出的两名代表组成常务委员会。2 月 10 日常委会会议决定，吸收列诺得尔、麦克唐纳等三人参加执委会。4 月 20—29 日，常委会在阿姆斯特丹举行第二次会议，决定出版公报、建立各党之间的情报交流。

同年 8 月初，在琉森召开第二次代表会议，为正式成立国际作进一步筹备。由于巴黎和会上签订的《凡尔赛和约》具有露骨的掠夺性，引起各国人民的不满，于是一些代表在琉森曾要求修订条约。然而会议的决议却"高兴地祝贺和约的签订"。多数与会者还激烈攻击苏维埃俄国，但会议没有作出公开反对苏俄的决议。代表会议讨论了章程草案，决定第二年 2 月在日内瓦召开代表大会，以正式恢复第二国际。

然而，右翼首领这时面临严重困难。伯尔尼代表会议后不久，共产国际就在 1919 年 3 月初成立。新创建的共产党和一些左派组织纷纷加入共产国际。大多数中派政党和组织，在工人群众革命情绪的影响下，拒绝出席日内瓦代表大会，连积极参加过前几次会议的德国、奥地利、法国的中派也明确表示无意到会。有的中派政党甚至希望加入共产国际的行列。德国独立社会民主党、法国社会党（龙格派）和意大利社会党，都派代表参加 1920 年 7 月共产国际第二次代表大会。于是，伯尔尼国际的日内瓦代表大会，不得不推迟 5 个月举行。

出席 1920 年 7 月 31 日至 8 月 5 日日内瓦代表大会的，有来自 17 个国家的 120 名代表，主要是英国、德国和比利时等国的社会党右翼人物。在再次讨论战争罪责问题时，德国代表被迫向协约国的社会党代表承认，自己对德国当时的制度反对不力。大会决议仍未谴责两个帝国主义集团是战争祸首。大会依旧要求各国工人支持国际联盟，宣称它将会把凡尔赛的和平变为正义、持久的和平。代表大会讨论了"社会化"问题，执意反对通过革命夺取政权、消灭私有制。决议认为"社会化"只应逐步实行，不得无偿剥夺私有财产，并鼓吹建立由工人参加的管理委员会，同企业主签订协定。

日内瓦代表大会通过了国际的正式章程，随后选举了新的执行委员会，取代原社会党国际局。至此，第二国际在组织上完全恢复。执行委员会成员有韩德逊、托马、麦克唐纳、维尔斯、布兰亭、斯陶宁格、特鲁尔斯特拉、王德威尔得、德·布鲁凯尔等，他们都是各国社会民主党著名右派首领，也是后来社会主义工人国际领导的基本班底。大会还决定国际机关驻地由布鲁塞尔迁到伦敦，此后，伯尔尼国际又称伦敦国际。在这个国际中居于首位的是英国工党。在战前第二国际中长期居领先地位的德国社会民主党，现在重新发挥举足轻重的作用。比利时工党由于有王德威尔得等老牌活动家，也居于这个国际的前列。伦敦国际包括 15 个国家的右翼社会党，有 600 万党员。

归附于伦敦国际的有国际工会联合会。这个工会国际组织，是 1919 年 7 月底在阿姆斯特丹召开的工会代表会议上成立的，也称阿姆斯特丹工会国际。工会右翼首领掌握着多数国家工会的领导权，其会员总数达 1800 万人。阿姆斯特丹工会国际的领导机构也操在他们手中，其第一任主席、副主席就分别是英国、法国工会的右翼领导人伍·阿·阿普来顿（后由杰·赫·托马斯继任）、列·茹奥。这个工会国际推行阶级合作政策，赞同《凡尔赛和约》，并且决定参加国际联盟所属的国际劳工局。

1921 年 5 月，在阿姆斯特丹召开的国际社会民主青年组织第一次代表大会上，成立了青年工人国际。社会民主党青年组织领导人福格德、奥伦豪尔等人组成国际执行局，控制领导权。它同样是伦敦国际的附属组织。

第二半国际短暂分立

1920 年前后，欧洲各国革命浪潮仍在持续。苏维埃俄国粉碎了外国武装干涉与国内反革命叛乱。柏林工人起义和巴伐利亚苏维埃共和国虽遭社会民主党政府镇压，但德国工人还是平定了卡普暴动。在奥地利，社会民主党与资产阶级政党的联合执政结束，从而成为反对派。鲍威尔后来承认："我们应当转为反对派，以便保护我们的党，不使广大群众离开我们，并防止工人的广大阶层靠拢共产党人。"意大利工人占领工厂的运动扩展到许多城市。法国、英国的罢工运动也在持续展开。这种形势加剧了社会民主党内左、中、右三派之间的矛盾。许多党围绕退出还是留在第二国际的问题，发生了激烈的争论。

在 1919 年 10 月意大利社会党波伦亚代表大会上，由于左派代表坚持斗争，通过了承认必须为建立无产阶级专政而斗争的新纲领，同时通过了退出第二国际、加入共产国际的决议。在 1920 年 2 月法国社会党斯特拉斯堡代表大会上，也以多数票通过了要求退出第二国际的提案。在中派首领迪特曼、克里斯平等人控制领导权的德国独立社会民主党内，多伊米希、施特克尔等左翼代表，领导组成了左派组织，出版自己的刊物，号召参加共产国际；在一些地方，左派组织开始与共产党的地方组织合并。英国独立工党同年 4 月举行的代表会议上，苏格兰等地区党组织也提出决议案，要求该党退出第二国际，立即加入共产国际。

在一些中派组织退出伦敦国际时，一些中派领导人也表示赞成加入共产国际。同克里斯平、迪特曼一起出席共产国际第二次代表大会的意大利社会党中派首领塞拉蒂，在会上就说："我认为，共产国际应当向所有能够和我们一起进行革命的党，敞开大门，然后再去进行争论。"这些中派领导人虽同右派的立场有区别，却并不同意共产国际的基本原则，也不愿同右翼首领决裂。共产国际第二次代表大会制定了加入共产国际的 21 项条件，规定必须承认和宣传无产阶级专政，实行民主集中制，服从共产国际的集中领导，执行其一切决定，立即同改良主义和中派政策完全决裂等。这样，那些在工人群众中仍有影响而不接受上述原则的中派政党，就没有进入共产国际。在一些国家的社会民主党内，对 21 项加入条件的尖锐争论，导致了党的分裂。

在 1920 年 10 月德国独立社会民主党哈雷代表大会上，强大的左派力量使大会以压倒多数通过决议，接受 21 项条件，同意加入共产国际。随后，各左派组织与德国共产党合并。中派代表则另行集会，仍保持独立社会民主党名称。在法国社会党内明显地分成三派：以勃鲁姆为代表的右派反对加入共产国际；以龙格为首的中派则主张有保留地加入共产国际，但反对 21 项条件；以加香为代表的左派完全同意按 21 项条件，立即加入共产国际。同年底，在图尔代表大会上，法国社会党发生分裂，左派组成共产党。在 1921年 1 月意大利社会党里窝那代表大会上，塞拉蒂为首的中派同意有条件地接受 21 项条件，但反对同屠拉梯领导的右派决裂；波尔迪加等左派则接受 21项条件，立即加入共产国际，并退出代表大会，单独成立共产党。在其他一些社会民主党内也出现了类似分化。

中派首领既不能加入共产国际，而为了在富有革命情绪的工人群众中保持自己原有的影响，也不能马上同右派完全合流。他们就打算建立一个超然于第二国际与第三国际、宣称要联合各派工人的国际组织。鲍威尔曾在 1920年奥地利社会民主党代表大会上这样说过："关于国际，我们首先要尝试把像我们一样，在某种程度上属于国际工人运动中派的那些党，集合起来，这些党在右面同所谓第二国际所体现的改良主义，在左面同所谓第三国际所体现的布尔什维主义，都保持同样的距离。"奥地利社会民主党这次代表大会决定退出第二国际，同时宣布不加入第三国际。

不久，筹组中派国际的活动开始进行。1920 年 10 月，英国独立工党理事会通过决议，率先宣称，凡未加入两个国际的各党派应聚会，讨论建立真正的世界性国际。德国独立社会民主党中央则致函奥地利、瑞士、法国、意大利等国中派党，要求退出第二国际的各党商讨成立新的国际。

同年 12 月，各中派政党和组织在伯尔尼召开预备会议，筹组新国际。会议通过《告各国工人书》和《告各国社会党书》，既批评第二国际，也批评第三国际。抨击前者，说它属于"纯粹改良主义"，"拒绝进行夺取政权的革命斗争"；而指责后者"把俄国工农革命中运用的一切方法奉为金科玉律"。这次伯尔尼预备会还成立了阿德勒、格里姆、累德堡和沃尔舍德组成的委员会，具体筹备中派各党的代表会议。

1921 年 2 月，各国中派在维也纳举行代表会议，有 10 个国家的 73 名代表到会，其中有孟什维克和右派社会革命党的代表。弗·阿德勒在会上宣称要团结各国社会党人，因为他们只有一个敌人——世界资产阶级。会议对第二国际、第三国际都进行批评，矛头主要指向共产国际。一些代表指责共产国际分散无产阶级力量，推行"分裂政策"。阿德勒毫不掩饰地说道："我们与之斗争的主要对手不是日内瓦，而是莫斯科。"

代表会议讨论了"帝国主义与社会革命"这个重要议题。决议只是笼统地号召各党组织群众集会，要求各国裁军，同时宣称"社会党应该反对用暴力解决战后发生的重大问题的任何做法"。会议对"同反革命势力进行国际斗争"问题所作的决议，空洞地呼吁无产阶级为保卫已经取得的阵地而斗争。阿德勒作《关于阶级斗争的方法和组织》的报告，表示既不同意第二国际宣扬的"纯粹民主"，也不赞成共产国际坚持的无产阶级专政观点。他尤其激烈批评共产党人。说他们只根据俄国革命就认为其他国家无产阶级也能夺得政权。他说，按工人阶级目前的力量，要取得直接胜利是不可能的，不能采取千篇一律的做法。决议也说："国际不应该像第二国际那样，只允许无产阶级采用民主方法进行斗争，也不应该像第三国际那样，要求它们仿效俄国工农革命。"维也纳代表会议的基本立场是，试图把议会制同苏维埃、资产阶级民主同无产阶级专政调和起来，强调西方国家应主要进行议会斗争，而不主张继续开展群众革命斗争。因而它在基本点上不同于共产国际的观点和策略，更接近第二国际首领的改良主义方针。

维也纳代表会议通过了中派国际的章程，这一组织定名为社会党国际联合会。章程宣布，新国际力求通过革命的阶级斗争，夺取政治权力和经济权力，来实现社会主义，也谈到加入联合会的各社会党应当采取统一行动。章程禁止各党同其他国际组织单独谈判，以此限制它们争取各国工人阶级的统一行动。

代表会议成立了执行委员会，其中有各成员党的代表，并由阿德勒、格里姆、累德堡、龙格和沃尔舍德五人组成执行局，阿德勒当选为书记。这个国际由维也纳代表会议产生，维也纳又被选为其驻在地，因而常被称为"维也纳国际"。而这个组织的思想、政治原则，实质上接近第二国际，所以也称为"第二半国际"。

在第二半国际中起决定作用的，是下列四个党：约有 50 万党员的奥地利社会民主党、约有 80 万党员的德国独立社会民主党及法国社会党与英国独立工党。这个国际在 1922 年包括 24 个中派政党与组织，有 200 万党员，并得到部分工会（约 450 万会员）的支持。第二半国际也控制一个青年组织，即 1921 年 2 月成立的国际社会主义青年联合会（第二半青年国际）。

第二半国际是第一次世界大战后的革命高潮中社会改良主义队伍暂时分裂的产物，存在时间极为短暂。第二国际的一名首领胡斯曼当时就断言说："这些先生们在维也纳说的像莫斯科人一样，而心里想的却跟我们一样。归根到底，他们会回到我们这儿来。"

事实上，第二半国际在其存在期间（1921—1923），在当时国际工人运动的一些重大问题上，基本上是倾向和追随第二国际的。

这时，欧洲各国的革命高潮渐趋低落，无产阶级立即夺取政权的可能性也已消失。各国资本家则在 1920 年底开始的经济危机中压低工人生活水平，取消他们在革命期间争得的成果。形势迫切要求各国各派工人消除分裂状态，共同反击国际资本。然而，第二半国际不仅拒绝支持为援助俄国饥民而成立的国际工人援助会，而且在几乎一年时间内，对共产国际提出的为抗击国际资本进攻而统一行动的建议，持消极态度。就在同时，它却多次商讨同第二国际实现联合的问题。在同第二国际商定后，它才于 1922 年 3 月致函共产国际，建议召开三个国际的执委会代表联席会议。

三个国际执委会代表会议终于在当年 4 月初于柏林举行。然而，第二半国际阿德勒等代表,追随第二国际代表王德威尔得等人,不去讨论有关反击资本家进攻等紧迫问题,反而猛烈指责共产国际,甚至要求允许他们干涉苏俄的内政。他们要求在格鲁吉亚恢复社会革命党人——孟什维克政府,停止共产党人对社会民主主义的批判,保证不处决因反苏维埃政权而被捕的右派社会革命党人等。在共产国际代表团单方面作出妥协,同意让第二国际和第二半国际的代表作为辩护人,参加社会革命党人案的审判后,代表会议勉强达成协议,由三个国际各派三名代表组成混合委员会,筹备国际无产阶级代表会议,并在一项宣言中号召各国工人举行联合的群众示威。

然而,会后不久,第二半国际就同第二国际和阿姆斯特丹工会国际,于5月在阿姆斯特丹举行第一次联席会议,决定单独召开它们所属社会党和工会的代表会议。英国、法国和比利时三国社会党人代表会议也通过一项决议,建议召开没有共产党人参加的全体社会党代表会议。随后,第二半国际、第二国际的执委会达成协议,拒绝同共产国际继续磋商各国工人阶级的行动统一问题。与共产国际的对立,促使这两个国际在组织上合流。

第二国际与第二半国际的合并

1922年,欧洲各国工人革命斗争已明显低落,反动势力则加紧对工人阶级进攻,墨索里尼于当年10月在意大利攫取政权,建立法西斯独裁。在这种形势的影响下,第二半国际同第二国际之间及它们所属各党的右翼与中派首领之间,原先的表面争论也停息下来。德国独立社会民主党首领在同年1月莱比锡代表大会上,还对德国社会民主党1921年格利茨纲领进行了批评,并且不赞成它谋求同资产阶级政党联合执政的所谓"联合"政策,甚至在口头上承认无产阶级专政、支持苏维埃俄国。但会后不久,他们就放弃了这种立场,同时表示可以接受格利茨纲领作为两党合并的基础。在法国社会党和意大利社会党内,当左派单独成立共产党后,中派同右翼首领不仅在组织上保持统一,就是在思想、政策上也没有出现重大分歧。以中派面目出现的独立工党依然留在英国工党队伍中。与此相应,第二半国际也逐渐抛弃了对第二国际改良主义的批评,而主动地向第二国际靠拢。

在维也纳代表会议后不久,第二半国际就不断谋求同第二国际妥协以至联合。当年6月它同英国工党接触,然后它们于7月、10月两次举行联席会议,商讨制定统一的国际的基本原则。1922年1月,第二半国际和第二国际在伦敦举行执委联席会议，实际上开始为合并做准备。在同共产国际会谈结束后，合并步骤进一步加速。同年 6 月第二国际在伦敦举行的代表会议，完全否定就统一行动问题同共产国际达成协议的可能性，同时对第二半国际表示，两个国际之间的分歧纯粹是策略性的，而不是原则性的。第二半国际执委会也在同月的一项决议中，拒绝同共产国际进行任何谈判。显然，第二半国际已经抛弃原先的"中间"立场，很快又回到第二国际中去。

在两个国际中居重要地位的德国社会民主党和独立社会民主党，在 1922 年 9 月顺当地合而为一，只有累德堡领导的一个人数不多的团体拒绝并入社会民主党。右派与中派的首领纷纷致贺。王德威尔得称道："在通向国际合并的道路上，德国社会民主党队伍的分裂曾是一种障碍。如今障碍已经消除，因而我可以说，国际重又恢复，再次成为一个真正的国际。"1922 年 10 月至 1923 年 1 月，两个国际的领导人举行一系列会晤，决定各派五名代表联合组成"行动委员会"，为召开合并代表大会加紧筹备。

正在这时，法国军队于 1923 年 1 月入侵德国鲁尔地区。共产国际提出联合举行群众性抗议罢工等积极建议，并在法兰克福召集了各派工人组织的代表会议。然而第二国际和阿姆斯特丹工会国际拒绝到会；除德国累德堡团体外，第二半国际的各党也没有参加会议。共产国际倡议成立的国际反法西斯和反战委员会，也致函第二国际执委会，呼吁对法西斯主义和战争危险不能熟视无睹。第二国际和第二半国际仍不响应，而是迫不及待地要实现其联合。

1923 年 2 月 8 日，两个国际的联合行动委员会在科伦召开会议，制定了"无产阶级组织加入统一国际的条件"。随后它又向一些党发出《告各国工人党和社会党的通告》，指责共产党"有意识地反对无产阶级联合"，宣布同共产国际一起召集国际工人代表大会的可能性在很长时间内将不存在，因而它们除单独召开代表大会外，别无他途。

第二半国际在合并代表大会召开前夕，于 5 月 20 日举行了最后一次代表会议。弗·阿德勒表白说，社会党国际联合会从来没有认为自己就是国际，而只把自己看作应当建立起无所不包的国际基础，这个任务可以认为已经完成，因而联合会继续存在已无意义，已经到了解散它的时候。会议通过决议，决定解散维也纳国际，同第二国际合并，从而表明它主动融化于右派改良主义者控制的国际。

第二国际与第二半国际的合并代表大会于 5 月 21—25 日在汉堡举行，

来自30个国家43个党的426名代表及195名来宾到会,两个国际的绝大多数政党都有其代表。大会主席维尔斯在开幕会上满意地宣称:"我们中间无疑还有尚未弥合的对立之处。然而这种意见分歧,对于德国社会民主党的统一的阻碍是如此之少,以至它也不会妨碍国际的统一。"大会没有对两个国际往年的活动进行批判性总结,也不再谈论它们之间以前的争执。

大会各议程的报告人分属于两个国际,而基本观点则大体一致,互为补充。第二半国际的理论家希法亭就"帝国主义和约与工人阶级的任务"这一议程作报告,一方面谈到无产阶级必须夺取国家政权,另一方面又宣称:我们的任务是彻底消除工人对暴力的信仰。第二国际的两个报告人悉·韦伯和勃鲁姆的基调也与此一致。大会决议提到了战后的政治危机与经济危机,而对于怎样防止战争、对帝国主义作坚决斗争,则只是把各国工人政党的议会党团投票反对军事拨款,作为"决定这种斗争成败的首要条件"。决议继续散布对国际联盟的幻想,说工人阶级的责任在于采取各种办法,防止国联蜕化为反动派和帝国主义的工具,各国工人要对本国代表在国联的活动直接监督,使其机构民主化。这项决议表示反对法国对鲁尔区的军事占领。

第二半国际的理论家鲍威尔作"关于反对国际反动派的国际斗争"的报告,呼吁各社会党在斗争中合作。这时,由英共领导人哈·波立特、德共领导人弗·赫克尔特等人组成的国际反法西斯和反战委员会,向汉堡大会主席团建议讨论各国无产者共同反对法西斯和战争威胁问题,然而他们没有被允许出席大会。汉堡大会关于这一议程的决议,没有提出切实措施,仅仅空洞地号召"各国工人阶级集中自己的一切力量,来跟国际反动派决战,反抗资本主义的暴力进攻,在全世界恢复民主制度……保证社会主义的胜利"。这项决议还表示反对对俄国的武装干涉,同时又激烈指责苏维埃政府"继续使用恐怖手段和不断剥夺民主自由……不但对俄国工人是危险的,而且也危及国际无产阶级最主要的利益"。

汉堡代表大会实现了第二国际与第二半国际的合并,通过了新国际的章程。合并成立的新国际称为"社会主义工人国际"。以后的三次代表大会(1925年在马赛,1928年在布鲁塞尔,1931年在维也纳)对汉堡大会通过的章程,都只作了细微修改,就再次肯定、继续执行。这表明,社会主义工人国际成立伊始,就从总体上为它自己和各国社会民主党,确定了此后十几年活动的基本方针。

新章程第1条规定:"凡旨在以社会主义生产方式取代资本主义生产方

式，并承认表现在政治与经济活动中的阶级斗争，是工人阶级解放的手段的各社会主义工人政党，均可加入社会主义工人国际"。与第二半国际章程中的"革命""夺取政权"之类激昂词句不同，它不过泛泛地主张通过阶级斗争实现社会主义。当然，右翼社会民主党首领是反对无产阶级通过革命夺取政权，消灭私有制，以实现社会主义的。他们宣布追求社会主义，实际上只是推行各种形式的改良主义。

章程第 15 条有特殊意义。它规定："执行委员会委员参加政府时，即自动取消其委员资格。在他退出政府后，即可再度当选。"这项规定是对德、奥等国社会民主党首领 1918 年以来活动的默许与追认，这些首领在无产阶级起义推翻帝国主义统治时组成政府，接替资产阶级政党掌权，维护资产阶级议会民主制，阻止革命继续发展。这个"社会主义"国际以这项条文表示，完全允许自己的领导成员自由参加资产阶级政府，从而为各国社会民主党人日后单独或与其他政党联合执政铺平道路，使社会民主党同资产阶级实行阶级合作"合法化"。

汉堡代表大会还选举产生了社会主义工人国际的领导机构，确定伦敦为驻在地（1925 年迁至苏黎世，1935 年再迁至布鲁塞尔）。执行委员会成员只计 35 名，有麦克唐纳、龙格、克里斯平、弥勒、斯陶宁格等著名右翼与原中派首领。反对苏维埃俄国的格鲁吉亚、亚美尼亚的社会民主党人也在执委会中占有席位。韩德逊任执行委员会主席（1929 年以后，王德威尔得和布鲁凯尔先后多年担任此职），弗·阿德勒（任职至 1939 年）和托姆·肖任书记。执行委员会还选出了九人执行局，成员为韩德逊、王德威尔得、布兰亭、维尔斯、特鲁尔斯特拉、鲍威尔等，还有一名流亡的孟什维克阿布拉莫维奇。负责处理日常工作的事务委员会由阿德勒、肖和执行委员会中的英国代表组成。执行委员会的成员在以后多年中没有重大变更（个别人去世除外）。

在社会主义工人国际中起重大作用的是德国社会民主党、英国工党、奥地利社会民主党，以及比利时工党、法国社会党。它们在执行委员会中占半数以上名额。

社会主义工人国际的成立，表明国际社会民主主义派别，在战后革命危机结束时，最终弥合了中派与右派的暂时分裂，它们复活第二国际的过程至此完成。同第二半国际融合于第二国际一样，各成员党中原先的中派分子，也差不多都归附右翼首领。

社会主义工人国际的成立，标志着国际社会民主主义运动进入一个新的阶段。在这个国际中，仍然存在不同的倾向与派别。然而，在原先第二国际内的各国左派组织已纷纷建立共产党，加入了共产国际，而留在各国社会民主党内的左派力量比较薄弱、分散，缺乏坚强的领导，在党内影响较小。因此，与第二国际不同，在社会主义工人国际内，既没有像布尔什维克党那样的左派政党，也没有像卡·李卜克内西、卢森堡等著名人物领导的斯巴达克派那样坚定的左派组织。

至于原先的中派分子，在他们与右翼首领合流于同一党、同一国际之后，没有与后者发生严重分歧以致再行分裂。其中多数已与右翼首领没有重大差异。例如，中派的著名理论家考茨基与希法亭就是德国社会民主党1925年海德堡纲领的主要草拟者，希法亭还在海德堡代表大会上作党纲问题报告，纲领与报告都被右翼占据优势的代表大会通过。当然，中派并非在所有问题上都同右翼完全一致。最典型的例子是奥地利社会民主党，它在理论观点与策略上都仍然具有明显的中派色彩。鲍威尔起草的1926年林茨纲领，既表示党将通过民主制的形式和在民主制的一切保障下，行使国家权力，又不完全否认无产阶级专政的可能性，而谈论工人阶级应当有"防御性暴力"，用专政手段粉碎资产阶级的暴力反抗。到30年代，鲍威尔和阿德勒也与右翼首领的立场不同，表示愿意与共产党人建立统一战线，同时又要求克服改良主义和布尔什维主义的"片面性"。虽然与右翼不尽一致，但并不妨碍鲍威尔在社会主义工人国际的第三次代表大会上充当主要议程的报告人。右翼与中派的首领尽管有某种不同倾向，他们还是一起组成了社会改良主义派别的国际中心，长期与共产国际相对立。

同第一次世界大战前的第二国际相比较，社会主义工人国际的活动也显示出某些新特点。如果说机会主义派别在第二国际时期主要是系统地篡改马克思主义、宣扬修正主义，那么，在社会主义工人国际时期，其活动家则特别着重于改良主义的实践。社会民主党的一些首领多次加入资产阶级政府，同资产阶级实行阶级合作，成了整个社会主义工人国际和各国社会民主党的基本活动方针。这个国际成立当年，德国社会民主党领导人弥勒、希法亭就率先加入斯特莱斯曼领导的资产阶级联合内阁。弥勒还在1928年组织社会民主党政府执政近两年。麦克唐纳则在1924年1月组成英国历史上第一届工党政府，1929年工党再次上台当政，从此开始了工党与保守党轮流执政的格局。法国社会党领导人勃鲁姆也多次表示希望加入政府。在斯堪的纳维亚各国，社会民主党首领曾不止一次地单独组阁或与资产阶级政党联合执政。在国际政策方面，社会主义工人国际从成立之初起，就把希望寄托于国际联盟。

社会主义工人国际在理论方面大多是重复修正主义前辈的基本观点，不过已把它们正式引进党纲，广泛宣传。比较新的理论则主要是希法亭提出的"有组织的资本主义"理论。希法亭把垄断资本主义称为"有组织的资本主义"，说它在实际上用有计划生产的社会主义原则代替了自由竞争的资本主义原则，因而能够消除经济危机，改善工人状况，逐渐变成社会主义经济。鲍威尔等人也鼓吹这一理论，使它在这个国际中风靡一时。

在第一次世界大战后几年的革命运动冲击下，国际社会民主主义运动曾一度削弱。但是，在许多左派组织退出第二国际之后，重新成立的社会主义工人国际还是包容了40多个社会民主党，其党员总数在628万以上。同时，各国社会民主党在工人群众中继续保持着很深的（甚至是占首位的）影响，拥有2560多万选民。阿姆斯特丹工会国际在政治上和思想上依旧处在复活后的第二国际的影响之下。这个工会国际所属各国工会会员达2300万，占当时世界各国工会会员总数一半以上。此外，原先分属于第二国际、第二半国际的两个青年组织——青年工人国际和国际社会主义青年组织联合会，也同时合并成社会主义青年工人国际，照例隶属于合并后的第二国际。因而社会主义工人国际还是一支不可忽略的强大力量。

虽然这个国际组织的领导权一直由社会改良主义首领把持着，但它仍然是国际工人运动中的一个流派，其基本成员还是各国工人。为了反对日益增长的法西斯主义和战争危险，坚持采取正确的统一战线策略，争取这个国际组织及其成员党（包括上层领导），特别是其广大工人群众展开共同斗争，是完全必要的，也是可能的。然而，共产国际主要领导人在20年代中期至30年代初，错误地把这个国际和所属党称为"社会法西斯主义"，从而加深了对立，对当时国际工人运动的发展起了很大的消极作用，也给世界反法西斯斗争造成严重影响。

鲁尔事件始末

时殷弘

　　1923—1924 年的鲁尔事件，是第一次世界大战后帝国主义之间的矛盾在欧洲问题上的集中表现。1923 年 1 月，法国以德国未能按照《凡尔赛和约》规定，向法国交付赔偿为名，伙同比利时派兵进占德国西部重要工业中心鲁尔地区。德国以"消极抵抗"方式进行了强烈的反抗。英美对法国的行动也极为不满。德法矛盾及英美与法国的矛盾都迅速激化，使鲁尔事件成为当时欧洲国际矛盾的焦点。

　　鲁尔事件加剧了德国的财政经济危机。德国国民经济濒于破产，政治动乱层出不穷。法国也耗资浩繁，得不偿失，国际上陷于孤立。美国于是乘虚而入，提出解决德国赔偿问题的道威斯计划。法国被迫接受。1924 年 11 月，法比军撤出鲁尔。喧嚣一时的鲁尔事件终于解决。

　　鲁尔事件的解决表明：法国开始丧失在欧洲大陆的优势地位，而德国则在英、美的扶植下开始逐渐恢复实力，这对此后欧洲及世界局势的发展都具有深远的意义。

英、法联合榨取德国赔偿

　　鲁尔事件是德国赔偿问题发展的结果。在此以前，赔偿问题经历了两个阶段。第一个阶段从 1920 年 1 月《凡尔赛和约》生效，到 1921 年 5 月德国被迫接受赔偿计划。英、法在这个阶段暂时合作，迫使德国就范。在此后的第二阶段，随着执行赔偿计划的失败，德国和法国之间以及英国和法国之间的矛盾激化起来，导致法国和比利时占领鲁尔。

　　由于战胜国之间的争执，《凡尔赛和约》未能确定德国赔偿总额及其在各有关国家间分配的比例。和约只是：（1）由主要战胜国和比利时组成的赔偿委员会确定德国所造成的损害，在 1921 年 5 月前拟就一项赔偿偿付计划，并自该日起实行；（2）迄 1921 年 5 月 1 日止，德国以黄金或实物形式缴付 200 亿金马克，作为外国占领军费用和部分赔偿。然而，在和约签署前不久，协约国曾提出，由德国在和约签署后四个月内，向它们提交赔偿方案，并据此同德国签订了一项附录于和约的议定书。这一要求的实质，在于绕开和约所规定的程序，通过协约国的直接磋商，和德国先提出赔偿计划的方式，早日索得巨额赔偿。

1920 年 7 月，协约国最高委员会在斯巴开会。会议根据上述议定书的精神，邀请德国总理康斯坦丁·费伦巴赫和外交部长瓦尔特·西蒙参加。在会上，西蒙提出了一项旨在尽可能减轻德国负担的赔偿建议，并告诫协约国必须考虑德国经济和财政的实际情况，否则将使德国的偿付能力“消灭殆尽”。协约国当即拒绝德国建议，因而斯巴会议未能确定德国赔偿额。

1921 年 1 月，英、法、意、日和比利时的代表在巴黎举行会议，草拟了一份赔偿建议，交德国政府考虑。这项建议提出德国须在 42 年内偿付两种赔偿，第一种是固定赔偿，总共为 2260 亿金马克；第二种是不固定的赔偿，即德国每年交付年出口值的 12%。德国政府断然拒绝了这一苛刻的建议。3 月 1 日，西蒙在被邀参加协约国伦敦会议时提出反建议。他按所谓“目前价值”，将巴黎会议提出的赔偿额打了折扣，再从中减去据称已用实物消偿的 200 亿金马克，使固定赔偿额减至 300 亿金马克。至于不固定的赔偿，则完全被取消了。协约国对这项反建议十分恼火，于 3 月 3 日向德国递交最后通牒，威胁如不接受巴黎会议建议，将立即实行军事制裁。经过几天毫无结果的谈判，3 月 8 日协约国军队占领了杜塞尔多夫等鲁尔地区的三个门户，不久又在德国被占领区和其余德国领土之间，建立关税警戒线，将关税收入充作赔偿。

伦敦会议的破裂和协约国实行的制裁，标志着协约国和德国直接谈判解决赔偿问题的尝试最后失败，协约国回到《凡尔赛和约》关于通过赔偿委员会制订赔偿计划的程序。4 月 27 日，赔偿委员会宣布赔偿计划，规定赔偿总额为 1320 亿金马克，分为固定和不固定两种偿付。固定赔偿为每年 20 亿金马克，不固定赔偿为德国年出口值的 26%，两种偿付均在每年分四次缴纳。德国以海关税收、出口品征税 25% 等税款为担保。德国政府开支由赔偿委员会下属的保证委员会严密监督，以确保能优先偿付赔偿。

为迫使德国就范，协约国于 5 月 5 日向德国政府递交最后通牒，勒令后者在六天内接受赔偿计划，否则将立即"占领鲁尔并采取一切陆海军措施"。德国费伦巴赫政府在内外交困中下台。约瑟夫·沃斯为首的新政府采取"履行（赔偿）政策"，于 5 月 11 日接受赔偿计划。赔偿问题进入了新的阶段。

英、法在赔偿问题上的分裂

　　在德国按计划履行第一笔偿付后不久，赔偿问题又陷于困境。由于战争的严重破坏，德国经济凋敝衰败，德国政府便用滥发纸币来应付各种需要，并以此显示德国缺乏赔偿能力。1921 年 9—11 月，德国马克价值连续猛跌，导致赔偿计划难以履行。经英国首相劳合·乔治的努力，协约国在 1922 年 1 月的戛纳会议上决定，允许部分赔偿延期偿付。但在会议临近结束时，法国政局突变，狂热的霸权主义分子雷蒙德·普恩加莱再次上台出任总理。普恩加莱主张彻底削弱德国，与英国的对德政策发生了严重的对立。此后，英、法、德三国间围绕德国赔偿问题及采取何种对策的问题，展开了日益激烈的斗争。

　　1922 年 3 月起，马克汇率再次大幅度下降。到 8 月，伦敦金融市场上英镑与马克的比价竟跌至 1∶4.676，只及 1921 年 5 月德国接受赔偿计划时的 5%。德国政府把马克急剧贬值归咎于交付赔偿，要求对此后两年半中的所有现金赔偿，实行全面的延期偿付。这就使赔偿问题变得更加尖锐。对此，英、法从对立的总政策出发，采取了不同的立场。

　　《凡尔赛和约》缔结后，英国政府不仅关心从德国索取赔偿，而且希望德国恢复经济，并以此为中心，谋求有利于英国垄断资本的欧洲资本主义经济"复兴"。英国还打算在政治上扶持德国，借以制约法国和使德国成为反苏包围圈的重要环节。德国开始实施赔偿计划后，上述倾向就成了英国政策的主导方面。劳合·乔治要求法国和英国一起"越出眼前的赔偿问题，努力应付整个欧洲的经济形势"。他还主张"向德国贸易敞开东欧和中欧"，促进它的经济恢复，以加强偿付赔偿的能力。为此，劳合·乔治发起召开了有德国和苏联参加的热那亚会议，讨论"欧洲复兴问题"。热那亚会议上德国违背英国意愿，同苏联缔结拉巴洛条约后，英国更加担心，严厉的对德政策会促使德国同苏联进一步接近。

　　法国政府的政策与英国政府相反，它谋求彻底削弱德国，使它不可能东山再起，以维护和加强法国的霸权地位与本国安全，并替法国垄断资本铲除德国这一竞争者。此外，根据协约国斯巴会议协议，法国在赔偿总额中所得份额占一半以上，因而它对榨取巨额赔偿有着最大的利害关系。

至于比利时，由于它希望从压迫德国中得到好处，也由于它已丧失战前不受侵犯的中立地位，不得不依赖法国来保障自身的安全，因而支持普恩加莱的方针。

8 月 7 日至 14 日协约国在伦敦开会，讨论赔偿问题。针对德国要求延期偿付赔款，普恩加莱提出了反措施，即总称为"生产性保证"的建议：（1）协约国征用鲁尔地区的煤矿和森林；（2）莱茵河被占领区内，德国染料工厂 60% 的资本移交给协约国，该地区进出口贸易由协约国控制；（3）协约国在鲁尔地区周围沿莱茵河设立关卡线，将所征关税充作赔偿；（4）德国全部海关收入和出口值的 25% 交与协约国。这些"生产性保证"的目的，在于进一步控制德国经济，并夺取鲁尔地区很大一部分矿业和经济收入，以此大大削弱德国。同时，他还企图在德国和英国拒绝后，以此为口实，由法国单方面占领鲁尔。

英国政府拒绝普恩加莱的建议，认为实施这一建议势必导致德国经济的崩溃，这不符合英国的意图。10 月初，赔偿委员会中的英国代表提议，对德国全部现金赔偿和大部分实物赔偿，实行 2—4 年的延期偿付，在延期偿付结束前，应当根据把赔偿调整到符合德国赔偿能力，和通过外国贷款帮助德国偿付的原则，重新确定德国的全部赔偿义务。11 月初，德国政府也向赔偿委员会提出了类似的建议，但均遭法国拒绝。

《凡尔赛和约》规定，各协约国政府在赔偿委员会认定德国有意不覆行赔偿义务的时候，有权采取经济、财政和"各该政府在此局势下可能认为必要的其他措施"。法国企图利用这个规定，指责德国在实物偿付方面未能履行赔偿义务，以便为自己的军事行动找到法律依据。

12 月 26 日，赔偿委员会应法国要求开会，讨论德国未如数履行木材交付的问题。这一问题的起因本是：不愿接受贬值纸币的德国木材商，拒绝履行先前同德国政府签订的出售木材合同，并非德国政府拒付实物赔偿。但任委员会主席的法国代表借机宣称，德国政府有意不履行赔偿计划。委员会应将此事正式通知各协约国政府，以便采取制裁措施。英国代表强烈反对，认为和约的制裁规定不适用于目前的场合。他还指出，法国是在为占领鲁尔制造借口，"自特洛伊城苦战 10 年而败于木马计以来，历史上还从未有过这般利用木材的记录"。但是，比利时和意大利代表支持法国，会议以 3∶1 的多数，宣布德国已构成有意不履行赔偿之罪。半个月后，赔偿委员会又以3：1的多数，宣布德国有意不履行煤炭交付。法、比两国政府随即通知德国政府：为实行和约规定的制裁，法国和比利时决定向鲁尔地区派出一个"工矿业盟国管制委员会"，由它监督鲁尔煤矿，保证赔偿计划的履行。通知还宣布，法、比两国决定向鲁尔地区派出"保护该委员会并使之能贯彻其指示所必需的军队"，任何德国地方当局或居民的反抗和怠工，都将遭到严厉惩罚。

法国武装占领鲁尔和德国的"消极抵抗"

1923年1月11日，法军两个步兵师和一个骑兵师，由比利时军的一支分遣队随同，开进鲁尔中部的重要城市埃森。1月15日，法比军占领多特蒙德等城市。此后占领范围迅速扩大，直至囊括几乎整个鲁尔盆地。除西北部由比军占领外，鲁尔地区绝大部分沦于法军占领之下。

法比军队侵占鲁尔的行动，在德国引起极大的愤慨。1月12日，德国外交部照会法、比两国政府，指责占领鲁尔是"最严重地侵害德国主权"的战争行动。照会宣布："德国无法保卫自己免遭这一暴行的侵害。但它无意屈从于此种破坏和平的行为……只要这一对德国经济中心的暴力侵犯所造成的非法局面继续下去，只要它的实际后果未被消除，德国就不向造成这一局面的国家缴纳赔偿。"

与此同时，鲁尔地区的德国官员和居民，开始了范围广泛的"消极抵抗"运动。他们拒绝同占领者合作，拒不服从占领当局的任何命令。煤矿主和矿工抵制"管制委员会"的权力，削减或停止煤炭开采，拒绝其征用要求。铁路职工拒绝开动占领者需要的列车，也不按占领当局的命令调度营运。邮政部门不给占领者传递信件，不向他们提供电信服务。报纸杂志拒绝刊登占领当局颁布的通告或法规。德国地方当局官员则"装出看不见入侵者存在的样子，自行其是"。

鲁尔地区德国人的抵抗并不限于消极的不合作。在一些场合，它还发展为与占领军之间的流血冲突。最突出的例子发生在埃森的克虏伯工厂，该厂职工反抗占领的行动遭到法军枪击，死伤达65人。反抗占领军的破坏活动层出不穷。占领当局对此采取了严厉的镇压措施，破坏者一遭逮捕，便由军事法庭处以重刑，直至枪决。

德国政府竭力鼓励"消极抵抗"运动。它向因拒绝为占领者服务而遭受严重生活困难的德国官员和职工提供财政支援。它颁布法令，禁止向占领当局纳税，禁止与占领当局或法国和比利时贸易，违者须受监禁 3 月直至服苦役 5 年的惩罚。它还下令对任何可能帮助占领者的德国公民限制其人身自由，防止这些人进入被占领区。

占领者竭力掠夺鲁尔地区的财富，德国人则顽强地予以抵制。斗争的焦点是煤炭和铁路运输。矿主们不肯把煤炭交给占领当局，也不向它缴纳原先付给本国政府的煤炭税。法、比两国随即采取报复措施，禁止鲁尔煤炭向德国其他地区输出。占领当局还没收由于无法输出而大量堆积的煤炭，尽可能把这些煤炭运往法国和比利时。到 8 月，由于矿主和矿工停止采煤，积存的煤炭已近告罄，占领当局便直接接管煤矿，并从法国和比利时招募矿工开采。但是，占领当局的努力收效甚微。从鲁尔被占领到德国放弃"消极抵抗"，法国和比利时掠得原煤、焦煤和煤球共 237.5 万吨，仅及 1922 年同期内德国实物赔偿中燃料部分的 21%。占领者在铁路运输方面同样遭到巨大的困难。鲁尔地区德国国家铁路当局拒不执行占领者的命令，铁路职工接连罢工，迫使占领当局在进占鲁尔后不久，就动用了一支 1 万余人的工兵部队，直接经营铁路。然而，想用数量如此之小、又不熟悉当地情况的外国军队，来经营原先雇用 17 万职工的十分复杂的鲁尔铁路系统，是注定要失败的。到 12 月初，鲁尔铁路部门的"消极抵抗"结束时，平均每日货运量只及占领前的 1/4。

法比军队侵占鲁尔后不久，法国又利用 1924 年 1 月初美国占领军撤出莱茵河左岸美占区的机会，把自己的军队开进去，并掌握了协约国莱茵高级委员会的多数，把这个管制莱茵占领区的机构变成法国的工具。法国伙同比利时，不仅以该委员会的名义扩大对莱茵河右岸桥头堡的占领，还把它们在鲁尔实行的强制措施推行到莱茵河左岸占领区。与此同时，鲁尔的"消极抵抗"运动也扩展到了莱茵被占领区。

"消极抵抗"运动期间，鲁尔地区在占领军的高压下承受了重大牺牲。据法国当局统计，从 1923 年 1 月到 1924 年 1 月，占领军打死 76 人，打伤 92 人。此外，被迫或自愿帮助占领者而被同胞打死的德国人达 300 名，打伤的超过 2000 名。被占领军驱逐出鲁尔的德国人接近 15 万。占领当局解雇了大量不肯从命的德国官员和职工，征用公共建筑，掠夺私人财产，通过军事法庭，对许多从事"消极抵抗"的德国官员和企业主判处徒刑与巨额罚金。

鲁尔的被占领和"消极抵抗"运动，使德国经济陷于崩溃。德国丧失了钢铁产量的 80%、煤产量的 85%、铁路运输和矿山交通的 70%，对外贸易也急剧减少。为"消极抵抗"运动提供的财政支持，给德国政府增加了难以承受的负担，到 1923 年夏天，这方面的开支已达每日 4000 万马克。内外交困的德国政府只有依赖毫无限制的赤字财政政策，马克跌到了无异于废纸的地步。绝大多数居民的生活遭到近乎毁灭性的打击。德国各城市的街头，到处是徒劳地寻觅工作的失业者和竞相乞讨残羹剩饭的乞丐，小业主们千方百计地抛售产业，以免挨饿，工厂银行破产倒闭者不计其数。据一位当时驻柏林的美国外交官估计，有 1500 万德国人处于"急需救济"的危境。"在许多地区，一半以上儿童患结核病，30% 的结核病人不得不同他人挤在一张床上。"

经济崩溃加剧了政治动荡。1923 年 10 月，萨克森和图林根两州爆发了共产党和左翼社会民主党人领导的革命，汉堡工人也举行了武装起义；在德国其他一些地区，有组织或自发的群众斗争高涨起来。成千上万的人走上街头，高呼"要面包，要工作"和要求成立工人政府的口号。流血冲突事件比比皆是。极端反动的势力也利用严重的经济形势，大肆活动，巴伐利亚州首府慕尼黑就发生了希特勒纳粹党人的暴动。魏玛共和国处于极大的危机之中。到 8、9 月间，德国政府已无力继续"消极抵抗"。

8 月 11 日，德国威廉·古诺政府宣布，无法继续向英国等未参加鲁尔占领国家交付实物赔偿。三天后，古斯塔夫·斯特莱斯曼取代古诺，就任德国总理。在向议会发表的就职演说中，斯特莱斯曼表示在以下三项条件得到满足的情况下，德国愿停止"消极抵抗"：（1）恢复德国在鲁尔的行政和经济控制；（2）在莱茵被占领区恢复《凡尔赛和约》确立的体制；（3）释放因"消极抵抗"而被监禁的德国公民，允许被驱逐的德国公民返回家园并恢复其职业。斯特莱斯曼在各种场合向德国人民鼓吹，为避免更大灾难，必须准备退让。对此，普恩加莱表示欢迎德国改变政策。9 月 27 日，在上述三项条件无一得到满足的情况下，德国总统弗里德里希·艾伯特下令，撤销德国政府先前为支持"消极抵抗"而颁布的一切条令。第二天，德国政府又取消了关于停止向法比两国交付赔偿的法令。

10 月下旬，德国驻巴黎和布鲁塞尔的使节分别向法国和比利时政府提出谈判解决鲁尔问题的建议，遭到拒绝。普恩加莱表示，只能由占领当局和占领区居民就停止"消极抵抗"达成具体安排，不考虑政府间谈判。事实上，占领区内急于恢复生产的德国资本家同占领当局或法国工业集团间的私下谈判，早在 8 月就开始了。10 月 8 日，鲁尔的沃尔夫工业集团不顾政府压力，同占领当局达成交付煤炭协议。11 月 1 日，克虏伯工业集团同协约国莱茵高级委员会达成交付煤炭协议。11 月 23 日，拥有鲁尔区多数煤矿的施丁纳斯等工矿业巨头，无视政府警告，同占领当局签署了类似的协议。几天后，德国国家铁路当局也停止"消极抵抗"。到 1924 年初，鲁尔和莱茵地区的"消极抵抗"运动已全部结束。

但法国不仅继续维持对鲁尔的军事占领，而且进一步策动莱茵河左岸占领区内的一小撮德国人，进行分离主义叛乱，企图建立法国保护下的"莱茵共和国"。尽管德国当局及垄断资本家已停止"消极抵抗"，可是鲁尔的工人阶级却奋起反击。他们袭击和惩处亲法分子，以罢工、示威和占领工厂等方式反对占领，破坏恢复向法比交付赔偿的企业。鲁尔人民的反抗，使占领当局始终无法建立稳定的秩序。

法国占领鲁尔，虽然使德国蒙受了严重的损失，但法国自己却没有捞到预期的好处。仅就经济方面说，法国从鲁尔共掠得 13.6 亿法郎财富，但除去庞大的占领费用，纯收益仅 5 亿法郎。占领鲁尔导致德国停止支付赔偿，而赔偿的中止又严重损害了法国财政的信用，法郎开始贬值。这时，英美为了打击法国，又火上浇油，向金融市场大量抛售法郎和有价证券，大大加速了法郎的贬值。1923 年间法郎在国内外金融市场上的价值跌落了 25%，法国财政状况急剧恶化。英国又会同美国，把一度支持法国占领鲁尔的意大利拉拢过去，共同对法国施加压力，要求法国停止占领鲁尔和重新审议赔偿问题。法国内外交困，对鲁尔的占领逐渐成为法国沉重的包袱。

美国的干预和鲁尔事件的结束

欧洲局势的发展同美国密切相关。虽然美国在第一次世界大战后实行所谓"孤立主义"政策，但它同时仍以有利于自己的方式干预欧洲事务。特别是利用自己头号资本主义大国的经济实力来影响欧洲经济，力图使之从属于美国垄断资本。美国政府对法国普恩加莱政府制造鲁尔事件十分不满，认为由此将造成的德国经济崩溃势必彻底破坏美国把德国当作销售商品和输出资本市场的计划。同时，它也同英国政府一样，认为这一事件严重阻碍了整个西欧和中欧的经济"复兴"，这对美国在这些地区的经济利益极为有害。

对美国来说，特别具有直接利害关系的是，鲁尔问题和德国赔偿问题能否解决，关系到美国能否收回战债。第一次世界大战期间，欧洲协约国为了从美国输入大量军需品和其他商品，不仅耗竭了战前近 50 亿美元债权，而且对美国政府欠下了 103.4 亿美元战债。很明显，欧洲协约国得不到德国赔偿，就无法（也不愿）向美国偿还战债。法国占领鲁尔导致德国停付赔偿后，战债面临被勾销的危险，这当然是使美国深为忧虑的。此外，它还认为鲁尔事件大大加剧了德国政局的混乱，造成了德国资产阶级议会民主制倾覆的危险，德国的局势如继续恶化，将使欧洲大陆的现存政治社会结构和帝国主义国际体系遭到严重破坏。因此，美国政府认定自己当前最紧迫的外交任务是拯救德国经济和财政，恢复赔偿支付，并促使法比占领军退出鲁尔。在这方面，它得到了英国政府的积极支持。

早在 1922 年 12 月底，即法、比两国军队占领鲁尔前夕，美国国务卿查尔斯·埃文斯·休斯就提出，由一个"公正的"专家委员会来研究德国赔偿问题的解决办法，并表示美国金融家将乐意参加这个委员会。休斯的建议当时未得到欧洲各协约国响应。1923 年 10 月中旬，美国总统卡尔文·柯立芝对报界声明，休斯前所表述的立场仍然有效。正在力促法国撤出鲁尔的英国政府立即同美国政府磋商，确定了按照休斯建议重新制订德国赔偿计划，并由此结束鲁尔被占领局面的共同立场。在英、美联合压力下，法国不得不同意由专家委员会研究赔偿问题。

1924 年 1 月中旬，专家委员会在美国金融家查尔斯·道威斯领导下开始工作，并于同年 4 月 9 日提出新的赔偿计划，即"道威斯计划"。这个计划规定，在提供外国（主要是美国）贷款和改组德国财政的基础上，德国按照根据其"偿付能力"重新确定了年度赔偿额，恢复赔偿交付，取消"本计划建议之外的一切外国经济控制"，即法、比两国对鲁尔的占领。5 月中旬，普恩加莱因大选失败下台，这是法国对德政策破产的标志。8 月 16 日，有美国和德国代表参加的协约国伦敦会议通过了道威斯计划，并决定立即恢复德国在鲁尔的行政和经济控制，占领军一年内撤出鲁尔。10 月，赔偿委员会宣布德国已恢复"经济和财政统一"。到 11 月 18 日，法比占领军已全部撤出鲁尔。鲁尔事件至此告一段落。

苏联和共产国际对法国占领鲁尔进行了强烈的谴责，指出这是帝国主义战胜国掠夺和宰割德国人民的行径。斯大林在 1924 年 9 月说：占领鲁尔

"是为法国在欧洲的军事和经济领导权建立物质基础。但是大家都知道，这个计划没有实现，占领的方法只是产生了相反的结果"①。

　　鲁尔事件以战后初期欧洲国际关系的改组告终。法国开始丧失先前依凭英法合作而维持的优势地位。德国在英、美扶持下，渡过了大战结束以来最严重的经济、政治和外交危机，开始逐渐恢复经济实力和大国地位。鲁尔事件的解决和道威斯计划的实施，为欧洲新的政治格局的形成铺平了道路。《洛加诺公约》则正式确定了这个新的格局。鲁尔事件解决后，为各种矛盾猛烈震撼着的欧洲资本主义帝国主义体系，便进入了一个短暂的相对稳定时期。

---

①　《斯大林全集》第 6 卷，人民出版社 1956 年版，第 249—250 页。

道威斯计划和杨格计划的制订及其实施

时殷弘

1924 年 4 月，由美国银行家查尔斯·道威斯为首的国际专家委员会提出了一项向德国提供贷款，帮助它摆脱财政危机，并使德国恢复偿付战争赔偿的计划，即"道威斯计划"。道威斯计划的问世及其实施，是美国从本身政治和经济利益出发，干预欧洲事务的结果。它暂时稳定了由于法国和比利时占领德国鲁尔地区而严重动摇的欧洲资本——帝国主义体系，使德国开始恢复实力和大国地位。为了"最终解决"赔偿问题，1929 年 6 月由美国工业家欧文·杨格任主席的国际专家委员会，又确定了德国赔偿总额和偿付年限的计划，即"杨格计划"。但是，接踵而至的资本主义世界经济危机使杨格计划未能实现，德国赔偿问题和与此密切相关的协约国战债问题，也由此而一笔勾销。

鲁尔危机和战债问题[①]

1923 年 1 月，法国以德国不履行赔偿义务为口实，伙同比利时出兵占领德国的鲁尔地区。德国报以"消极抵抗"运动，先后停止向法、比和英国等国交付赔偿。鲁尔的被占领导致德国经济崩溃和社会动乱。在经济政治危机的猛烈冲击下，魏玛共和国议会民主制濒临瓦解，凡尔赛体系和与德国赔偿问题密切相关的世界资本主义经济，也面临被破坏的危险。

英国政府强烈反对法比占领鲁尔。1923 年 7 月 20 日，英国外交大臣乔治·寇松照会法、比、意大利和日本，建议建立一个"公正的"国际专家委员会，就德国赔偿能力、偿付办法和经济保证提供建议，以制订最终全面解

---

① 关于法、比占领鲁尔及与此有关的情况，请参见本书《鲁尔事件始末》一文。

决德国赔偿和财政问题的广泛计划，并在这一工作中"谋求美国专家的合作"。他还提出，德国方面只要为专家委员会建议提出经济保证，法、比占领军便应立即撤出鲁尔。寇松的这项建议被法、比两国政府全盘拒绝。9月19日，英国首相斯坦利·鲍德温和法国总理普恩加莱在巴黎进行非正式会晤，亦无结果。

9月底，经济的全面崩溃和无法承担的财政重负，迫使德国政府无条件放弃"消极抵抗"。但是，法比仍继续占领鲁尔，德国经济和财政加速崩溃。马克价值以伦敦金融市场的汇率计算，9月到11月两个月内，竟下跌到仅为原值的1/45。

这时，一直在大西洋彼岸注视着鲁尔危机发展的美国政府，发出了准备立即干预赔偿事务的信号。

美国参加第一次世界大战的根本目的，是取得战后世界安排的决定权，以建立美国的全球霸主地位。但是，巴黎和会上美国称霸企图的失败，导致了战后"孤立主义"对外政策。在对外经济关系中，美国实行保护主义，高筑关税壁垒，拒绝同欧洲主要资本主义国家实行"经济协调"。

美国在战债问题上的立场尤其顽固。欧洲各国对美国政府欠下战债共103.4亿美元，其中英国欠43亿美元，法国欠34亿美元，意大利欠16.5亿美元。它们认为，美国在战争中人员牺牲最少，理应在经济上多尽义务，因而这些战债应该一概取消。1920年5月，英、法两国政府首脑发表联合声明，主张同时勾销战债和德国赔偿。为动员各协约国一齐向美国施加压力，英国外交大臣贝尔福于1922年8月1日照会法国、意大利等六个对英国负有战债的协约国政府，提出英国"准备放弃对德国赔偿的一切未来权利，和对战债偿付的一切要求，只要这一放弃成为一项使此重大问题能作为一个整体来处理的……总计划的一部分"。此即著名的"贝尔福照会"。然而，美国顽固地拒绝欧洲协约国的要求。它坚持战债不得减免，也不得成为任何多边国际协商的对象，坚持否认协约国偿还战债和它们从德国获得赔偿之间有任何联系。美国总统卡尔文·柯立芝以夏洛克的腔调，为美国的政策辩护："它们借了钱。不是吗?!"①

---

①　1923—1926年，美国政府为防止债务国根本就拒绝偿债，通过向下调整利息率，先后同13个国家达成战债协定，在保持纸面本金的情况下，将未清偿战债实际减少了43%。但美国政府宣称这不是减少战债，而只是"新旧债券交替"。

美国在维持孤立主义政策的同时，仍力求以有利于自己的方式干预国际事务。它拒绝的，只是那些可能导致为欧洲列强"火中取栗"的，对外政治军事义务，而非不冒风险地保护和发展本身利益的机会。20年代初欧洲局势的动荡，使美国统治集团认为，解决德国赔偿问题关系到美国的根本利益。德国的经济危机与财政破产，危害美国的资本和商品输出。德国资产阶级议会民主制倾覆的前景，与法国在欧洲大陆势力的进一步加强，违背美国的政治和战略利益。具有更直接利害关系的是，赔偿问题能否解决，将决定美国能否收回战债。法、比占领鲁尔导致德国停付赔偿后，战债面临被勾销的危险。柯立芝总统在对国会的首次演说中承认，美国关心"欧洲复兴"的原因，在于欧洲协约国尚有巨额战债未偿还。必须使德国恢复赔偿偿付，而稳定德国财政，减轻其赔偿义务，并促使法比占领军退出鲁尔，是实现这一点的唯一途径。

美国的干预和道威斯计划的问世

1922年12月29日，即法、比占领鲁尔迫在眉睫之时，美国国务卿查尔斯·埃文斯·休斯在康涅狄格州纽黑文对美国历史学会发表重要演说。休斯在演说中提出，应由一个"公正的"国际专家委员会研究赔偿问题，包括对德国的偿付能力作出估计。他表示，美国公民将会参加这个委员会的工作。

休斯演说表明，美国政府设想的解决办法，是根据德国偿付能力重新制订赔偿计划，成立一个有美国人参加的"专家委员会"，以取代法国控制的赔偿委员会。

1923年10月11日，柯立芝总统对报界声明，休斯的纽黑文演说所表述的立场仍然有效。英国政府立即响应，外交大臣寇松照会休斯说，鉴于赔偿问题的解决"涉及战债问题"，英国政府将邀请其他协约国政府一起，请求美国派官方代表或非官方人士，参加休斯提议进行的研究。10月15日，休斯复照寇松，表示美国愿参加关于德国赔偿和财政的协商。他还针对寇松把赔偿和战债联系起来的企图，强调这种协商不得涉及战债问题。英国政府收到休斯照会后，立即向法、比、意三国政府建议迅速组成有美国人参加的专家委员会。法国政府虽不得不同意建立专家委员会，但力图保住自己的阵地，反对修改1921年5月赔偿计划确定的赔偿总额，要求专家委员会"在任何情况下，不得侵犯赔偿委员会的权力"。为了迫使法国进一步就范，美国政府于 11 月 9 日宣布，美国人不会参加受法国所提条件限制的专家委员会。比利时政府也不赞成法国对专家委员会的限制。一度支持法比占领鲁尔的意大利政府，也全盘接受了英、美立场。所有这些，加上英、美的联合压力，使法国十分孤立，普恩加莱政府只得让步。11 月 30 日，赔偿委员会一致决定成立两个由美国人参加的专家委员会，研究德国的"资源和偿付能力"。到 12 月下旬，两个委员会都已组成。第一委员会的任务是研究平衡德国预算和稳定德国金融的方法，美国芝加哥中央信托公司董事长查尔斯·G.道威斯和通用电气公司董事长欧文·D. 杨格，参加了第一委员会，由道威斯任该委员会主席。第二委员会的任务是调查德国资本外流情况及引回的办法，由英国人雷金纳德·麦肯纳任主席，美国金融家亨利·罗宾逊参加了这个委员会的工作。二者之中，以第一委员会为最重要，它实际上为美国金融家所控制。

经过近三个月的讨论，1924 年 4 月 9 日道威斯向赔偿委员会提出专家委员会报告，即"道威斯计划"。计划的主要内容如下：

（1）计划生效后的第一年，德国交付 10 亿金马克，此后三年分别交付 12.2 亿金马克、12 亿金马克和 17.5 亿金马克；从第五年起进入"标准时期"，每年交付 25 亿金马克，加上根据德国经济增长情况确定的追加额（第五年不需交付追加额）。

（2）向德国提供 8 亿金马克外国贷款，作为第一年赔偿交付的主要部分，并满足改组后的德意志银行对黄金储备的部分需要。

（3）德国以铁路收入、重工业债券、烟、酒、糖收入和关税作为赔偿担保。

（4）把赔偿转换为外汇的责任，不再由德国政府承担，改由代表各赔偿收受国的一个兑换委员会承担。

（5）改组德意志银行，使之虽行使国家银行的职能，但不受政府控制，并严格控制向政府贷款。发行新货币"德国马克"。建立一个成员一半为外国人的总理事会，保证银行法规得到遵守。

（6）"德国需要《凡尔赛和约》所规定的德国领土内的资源，以及上述领土内自由的经济活动"；"不应存在本计划建议之外的一切外国经济控制或干涉"。

道威斯计划的直接目的，是在结束法国对鲁尔的占领，和向德国提供财政支持的基础上，使德国经济得以逐步恢复，从而恢复偿付赔偿，使欧洲协约国有可能向美国偿还战债。但是，这个计划还有着进一步的经济和政治意义。在经济上，英、美希望以稳定德国财政，来实现德国经济的恢复和发展，使德国成为它们商品和资本输出的巨大市场，并促进有利于英美垄断资本的欧洲"经济复兴"。在政治上，英美还试图通过这个计划，稳定资产阶级议会制的魏玛共和国，利用它来抑制法国并牵制苏联。连同一年后的《洛加诺公约》，道威斯计划标志着英、美开始实行扶持德国的政策。

道威斯计划酝酿期间，新任英国首相兰姆塞·麦克唐纳不断向普恩加莱施加压力，要法国停止"毁灭德国、毁灭欧洲"的行径。与此同时，以摩根信托公司为首的一批美国大银行，向法国政府表示，只要法国接受即将问世的道威斯计划，它们就愿为稳定法郎提供1亿美元贷款。1924年5月中旬，坚决推行占领鲁尔政策的普恩加莱在大选中失败下台。继任总统、激进党人埃德瓦·埃里欧（旧译赫里欧）表示，道威斯计划为赔偿问题的解决，提供了"良好基础"。

7月16日，讨论道威斯计划的协约国国际会议在伦敦开幕。美国政府打破几年来至多只派观察员列席协约国会议的惯例，派遣驻英大使弗兰克·凯洛格为正式代表。8月5日起，由总理威廉·马克斯和外交部长斯特莱斯曼率领的德国代表团，也应邀参加了会议的部分议程。美国对会议的进展起了重大作用。会议开幕后不久，休斯和美国财政部部长安德鲁·梅隆先后以"私人身份"到达伦敦，从幕后干预会议。他们伙同美国金融界，以拒绝发放道威斯计划建议的贷款相要挟，迫使法国放弃了为保留单方面制裁的可能而作的努力。8月16日，伦敦会议各方签署了最后议定书，规定实施道威斯计划、立即恢复德国在鲁尔的行政权，法、比占领军一年内全部撤出鲁尔。会议决定设立由美国人担任的赔偿偿付总管一职，负责协调赔偿的履行。

道威斯计划的实施

伦敦会议后，有关各方面采取了将道威斯计划和伦敦会议决议付诸实施的一系列措施。1924年8月底，德国议会通过改革财政的法律。9月初，前美国财政部副部长 S. 帕克·吉尔伯特出任赔偿偿付总管，10月10日，美、英、法、比等国银行家签署了向德国政府贷款8亿金马克（合2亿美元）的协定，美国和英国银行家分别承担1.1亿美元和6000万美元。10月29日，赔偿委员会宣布德国已恢复"经济和财政统一"。11月18日，最后一批占领军撤出鲁尔。

道威斯计划实施期间，美国私人资本（主要是短期贷款）源源不断地流入德国。一批又一批美元从美国流入德国后，再以赔款形式，从德国流入各协约国，然后又以战债偿还形式流回美国。1924—1931 年，美国投资者向德国提供了 22.5 亿美元贷款，同期内德国向各协约国偿付了 27.54 亿美元赔款，美国则从各协约国收回约 20 亿美元战债本息。美国的投资还使德国经济得以迅速恢复，经济实力得以加强。

在外国贷款的帮助下，德国充分履行了道威斯计划规定的赔偿义务，并逐渐出现了经济繁荣。钢铁产量从 1924 年到 1928 年增加 1 倍多，对外贸易到 1929 年已出现顺差，政府收支由于收入增多而逐渐平衡。不过，这种景气是很脆弱的。斯特莱斯曼当时就警告说："德国是在火山口上跳舞。一旦短期贷款被抽回，一大部分德国经济就会崩溃。"

赔偿问题上的新争吵

道威斯委员会在拟订德国赔偿计划时，当务之急是使德国恢复偿付赔偿，和使法、比占领军撤出鲁尔。至于赔偿问题的最后解决，只能在德国经济逐渐恢复后才有可能。它未确定赔偿总额和偿付年限。但委员会认为，一俟"环境许可"，就应立即"就赔偿的所有问题达成最终的全面协议"。

以新的赔偿计划取代道威斯计划的要求，首先来自德国。1927 年 3 月德国议会辩论国家预算时，大多数政党都强烈要求为赔偿确定合理的总额。此后，赔偿偿付总管吉尔伯特在这方面起了主要作用。1927 年 12 月，吉尔伯特在关于实施道威斯计划的年度报告中，强调赔偿总额之未确定，削弱着德国从事经济复兴的"正常动因"。随后几个月里，他又到美、法、比、意等国活动，与这些国家的政府首脑或财政部长密商最终解决赔偿问题。尽管吉尔伯特的努力当时未获显著成效，但他的看法在欧洲各主要国家政府中得到了越来越多的响应。

欧洲政治局势也有利于重新决定赔偿问题。《洛加诺公约》签署和德国加入国际联盟后，英、美继续奉行扶持德国的政策，德国则在外长斯特莱斯曼的主持下，推行与战胜国"协调"的外交，有效地促进了德国国际地位的改善。1928 年，美国筹划缔结凯洛格《非战公约》。"和平"气氛一时笼罩欧洲。这种政治形势与德国经济的景气，以及外国在德投资的迅速增长相结合，促使战胜国重新考虑，同整个资本主义世界的稳定和繁荣密切相关的赔偿问题。

1928 年 8 月底，斯特莱斯曼同重新担任法国总理的普恩加莱在巴黎商讨赔偿问题。9 月初，出席在日内瓦召开的国联第九届大会的德国总理赫尔曼·弥勒同法国外长阿里斯泰德·白里安进行了类似的会谈。在此基础上，与会的英、法、德、意、比、日六国代表于 9 月 16 日发表联合声明，宣布六国一致同意指派一个专家委员会来研究"赔偿问题之完全和确凿的解决"。此即所谓"日内瓦协议"。

此后四个月里，有关各国就专家委员会的组成程序和权限，进行了激烈的争论，这主要是德法之间及美国和英法之间的争论。德国主张专家委员会人选（美国专家除外）由日内瓦协议六国政府分别任命。法国却要求由协约国赔偿委员会任命，以此贬压德国。在专家委员会的权限方面，德国希望重新检验其偿付能力，减轻赔偿负担；法国却主张委员会只应确定按道威斯计划"标准时期"年度赔偿额，进行偿付的年限和方法。由于得不到英国的支持，法国最后不得不作出退让。12 月 23 日，代表各协约国政府的普恩加莱和德国驻法大使发表联合声明，肯定了德国关于专家委员会组成程序的主张。但对委员会的权限，联合声明只笼统地规定为，"为完全和最终解决赔偿问题起草建议"。

与道威斯计划问世前后截然不同，美国政府对制订新的赔偿计划颇为冷淡。这不是因为美国放弃了扶持德国的政策，而是由于它对英、法等国借此取消战债的可能深怀戒心。1927 年 12 月，财政部长梅隆就针对吉尔伯特"最终解决"的言论，重申在任何情况下，不得把赔偿和战债联系起来。1928 年 9 月，日内瓦协议达成的消息传到华盛顿后，"美国政府的态度显然是敌意的"。

美国的戒心并非无因。吉尔伯特 1928 年 4 月曾私下向普恩加莱提出，在德国向美国偿付 40 亿美元，和向法、比两国偿付少许赔偿后，战债与赔偿一并勾销。而且，吉尔伯特关于制订新的赔偿计划的努力，起初未获显著成效，一个重要原因是，英国政府要求在美国承诺减免战债后，才答应重新考虑赔偿问题。法国和意大利政府也抱着类似的态度。日内瓦协议问世后，英国政府又坚持美国若不减免战债，英国从德国获得的赔偿和从其他协约国索回的战债，就不得少于它必须向美国偿还的战债。财政大臣温斯顿·丘吉尔尤其强硬，说欧洲将形成一致立场，美国若拒绝减免战债，它就将自负

"阻碍欧洲和解与复兴"的"罪责"。

10月中旬，德国在获得解除协约国对莱茵河左岸德国领土的占领和解除外国财政控制的谅解后，答应在新计划下缴纳的赔偿将足以使协约国偿债，这才缓和了英法同美国的矛盾。1929年1月19日，曾积极参与制订道威斯计划的杨格和金融巨头J. P. 摩根，被任命为专家委员会的美国成员。

杨格计划的制订

1929年2月11日，专家委员会由杨格主持，在巴黎开始工作。6月7日，委员会通过了英、德两国成员起草的报告，即"杨格计划"。计划主要内容如下：

（1）赔偿总额确定为1110亿德国马克（合370亿金马克），分59年偿清。第一年偿付7.4亿德国马克，以后36年里，年偿付额从17亿德国马克渐增至约25亿德国马克，平均每年近20亿德国马克。此后22年，每年偿付近17亿德国马克。

（2）赔偿分为无条件偿付和有条件偿付两部分。前一部分总共为660亿德国马克，必须按月缴纳，不得延期。后一部分在一特设的特别咨询委员会断定"德国经济可能被严重损害"时，至多可延期两年缴纳。

（3）赔偿来源于德国铁路收入和国家预算。

（4）赔款兑换为外汇的责任，改由德国政府承担。

（5）由美、英、法、德、比、意、日七国中央银行行长和金融界代表，组成"国际清算银行"。该银行行使征收和分配赔款的职能，并在德国经济不景气时提供援助。此外，该银行还将作为上述七国中央银行间的联系机构，"促进国际金融的稳定和世界贸易的增长"。

除了赔偿总额和偿付年限的确定，杨格计划与道威斯计划的主要差别是：德国赔偿负担的减轻。杨格计划头37年的年赔偿额，比道威斯计划"标准年度"的固定年赔偿额，约少20%，后22年减少得更多。道威斯计划中固定年赔偿之外的追加额被取消了，德国在经济困难时，还有可能延期交付部分赔偿。同时，杨格计划大体放弃了战胜国对德国财政的管制。这些都有利于德国垄断资本主义经济的发展。杨格计划是英、美扶持德国政策的继续，它在基本目标上同道威斯计划是一致的。由于同英、法在战债问题上的矛盾，美国起初态度冷淡。然而，一旦获得索回战债的保证，它就欣然成了制订这一计划的主持者。

杨格委员会估计有关各国会迅速接受杨格计划,因而建议计划于1929年9月1日实施。但德国赔偿的分配比例却遭到英国的拒绝,以致计划无法如期生效。8月6日,英、法、意、比、日、德六国会议在海牙开幕。英国财政大臣菲利普·斯诺登在会上坚决要求无条件偿付部分的分配,应按照1920年7月协约国斯巴会议确定的德国赔偿分配比例,即法国52%、英国22%、意大利10%等,而不是按杨格委员会主张的那样法国得到近80%,英国仅得区区90万英镑。会议经过近一个月的争吵,最后同意将英国每年所得的无条件偿付,增至480万英镑。

1930年1月3—21日,英、法、意、比、日、德等21国代表举行第二次海牙会议,签署了以接受杨格计划为中心的一系列协定。5月17日,设在瑞士巴塞尔的国际清算银行开始营业,杨格计划自该日起生效。

资本主义世界经济危机和杨格计划的夭折

1929年10月,即杨格计划问世后仅四个月,纽约股票市场崩溃,空前严重的经济危机随即席卷美国。由于危机的作用,美国各垄断财团纷纷停止对欧洲国家贷款,甚至抽回投资。这对欧洲国家的经济造成了很大影响,而长期依赖美国贷款的德国,遭受打击尤其严重。为扭转对外贸易迅速下降的趋势,德国政府在同一些邻国签订双边贸易协定后,筹划建立与奥地利的关税同盟。处于财政困境中的奥地利政府则企图以此争取德国贷款。1931年3月,德国外交部长朱利叶斯·科尔丢宣布,德、奥两国正商讨建立关税同盟。这个消息在法国引起了很大激动,朝野一致抨击这是走向《凡尔赛和约》所禁止的德奥合并的第一步。法国金融界在政府的指使下,立即从德、奥两国银行抽回约3亿美元短期贷款。其他国家债权人看到德国财政有因此崩溃的危险,也纷纷抽回短期贷款。5月,奥地利最大的私人银行"信贷公司"宣告破产,由此造成的恐慌席卷整个中欧,德国财政崩溃迫在眉睫。

为了挽救德国经济,从而保护美国在德国的巨额投资,防止国内经济危机进一步恶化,美国政府决定采取紧急措施。6月20日,赫伯特·胡佛总统宣布,美国愿以战债延期偿付一年,换取同时间内德国赔偿的拖期偿付。这个所谓"胡佛延期偿付令",在此后三个星期里陆续获得欧洲各协约国政府同意,又于12月经美国国会批准实施。但到此时,德国金融市场早已崩溃。

德国四家最大的银行之一——达姆斯塔特国民银行，于 7 月中旬宣告破产，德国政府立即下令全国所有银行关闭两天。柏林股票交易所这个德国经济的神经中枢，关闭了两个月之久。

经济危机一方面使德国无法履行杨格计划，另一方面又为它要求取消赔偿提供了理由。总统冯·兴登堡接连不断发出紧急状态令，每一次都宣布德国财政破产，资源告罄，以示取消赔偿之不可避免。总理亨利希·勃鲁宁则于 1932 年 1 月初发表声明，直截了当地宣称："德国的形势使它不可能继续政治性偿付，任何维持政治债务体系的企图，都会把德国和全世界导入灾难。"英国和意大利积极支持德国的要求，主张就此迅速召开国际会议。法国起初努力拖延，但在埃里欧取代皮埃尔·赖伐尔担任总理后，它转而采取同英、意两国一致的立场。欧洲协约国同意取消赔偿的一个重要原因，是要借此勾销它们欠美国的战债。1932 年 6—7 月，欧洲各赔偿接受国和德国的政府首脑在瑞士洛桑开会，决定德国只需要向国际清算银行缴纳 30 亿金马克债券，就可以了结全部赔偿义务。与此同时，各赔偿接受国又协议，它们贯彻上述决定，须以美国勾销战债为条件。

美国顽固地坚持索回战债。胡佛"延期偿付令"宣布后，美国政府官员和金融界巨头用各种办法力图防止战债的减免。他们要求讨论赔偿问题的国际会议，以赔偿和军备的关系为主要议题，鼓吹协约国通过裁军大大减少国家开支，由此减少对获得赔偿的依赖，以便在不受赔偿偿付状况影响的情况下，偿还战债。另外，他们兜售新的延期偿付建议，以免欧洲国家赖债。摩根财团的主要成员之一托马斯·拉蒙特就曾在美国政府的鼓励下，向欧洲国家的官员建议：由即将召开的洛桑会议，把赔偿偿付延期 3—5 年，美国可在战债方面采取对等行动。

对于洛桑会议关于一并勾销赔偿和战债的主张，美国政府表示坚决拒绝。1932 年底，胡佛延期偿付令即将到期，美国政府向欧洲各协约国发出通知，要求如期恢复战债偿付。但法国到期分文不交，其他债务国虽缴纳了 1931 年的年度偿付，但这是它们（芬兰除外）的最后一次偿付。德国也不再向赔偿接受国交付赔偿。美国除了在 1934 年由国会通过禁止向一切不履行债务的国家提供贷款的约翰逊法案，以示报复外，毫无办法。杨格计划及整个赔偿和战债问题，就这样由于资本主义相对稳定局面的崩溃，而不了了之地结束了。

道威斯计划的实施对欧洲局势产生了十分重要的影响。

　　道威斯计划表面上着眼于经济问题，即解决德国赔偿问题，实际目的却不仅如此，它还要通过赔偿问题的解决，在政治上收到一箭三雕的效果：一是迅速稳定极为混乱的德国局势，巩固魏玛共和国的资产阶级民主制度，维护和加强德国垄断资本主义的统治；二是为美英资本大规模打进德国、建立美英对德国经济的控制，创造有利条件；三是恢复和加强德国经济实力，使之能与法国抗衡，以削弱法国在欧洲大陆的霸权地位，同时也可牵制苏联。道威斯计划的实施，使以上这些意图基本上都得以实现。

　　通过道威斯计划，美国在政治和经济上双双获利，不仅收回了大批战债，更重要的是取得了处置德国问题的领导权。法国则失去了在德国问题上的领导权，从而大大削弱了在欧陆的霸权。德国经济开始恢复，并很快又以经济大国的姿态出现。《凡尔赛和约》所确立的欧洲国际关系格局，开始改观。同时，德国工业实力的恢复与加强，又为之后法西斯势力取得政权后发动世界战争，准备了经济基础。

　　道威斯计划的实施，暂时稳定了动乱的欧洲资本主义秩序，推动了欧洲进入资本主义暂时相对的稳定时期。

《洛加诺公约》的签订

洪育沂

1925 年 10 月 5—16 日，欧洲的一些资本主义国家，在瑞士游览胜地洛加诺举行了一次重要的国际会议，讨论调整相互关系问题。会上签订了一系列文件，总称《洛加诺公约》，它对欧洲的国际格局产生了一定影响。

参加这次会议的有：英国外交大臣奥斯汀·张伯伦、法国外长白里安、德国总理路德和外长斯特莱斯曼、比利时外交大臣王德威尔得、意大利驻国际联盟代表夏洛雅、波兰外长斯克钦斯基、捷克斯洛伐克外长贝奈斯[①]。会议后期，意大利首相墨索里尼与会。《洛加诺公约》于 10 月 16 日在会上草签后，12 月 1 日在伦敦举行正式签字仪式。

《洛加诺公约》包括一个议定书和六个附件。议定书宣布，此次会议的目的，是寻求避免战争及和平解决争端的办法。六个附件可分为：

（1）关于德国同西邻关系的三个条约：《德法比英意相互保证条约》《德法仲裁条约》《德比仲裁条约》；

（2）关于德国同东邻关系的两个条约：《德波仲裁条约》《德捷仲裁条约》；

（3）与会各国就《国联盟约》第 16 条的解释，致德国代表的联合照会。

会议期间还缔结了《法波相互保证条约》和《法捷相互保证条约》。

洛加诺会议的中心议题，是安全保证问题。

德法矛盾和安全保证问题

在《凡尔赛和约》缔结后，战胜国同德国的关系仍然相当紧张。在赔偿

---

① 波、捷外长只在讨论与他们有关的两个仲裁条约时，才出席会议。

问题和安全问题上，法、德矛盾尤为突出。

按照《凡尔赛和约》，战胜国已经占领了莱茵河左岸的德国领土。为了向德国勒索赔款和迫使它履行裁减军备的义务，它们任意对德国进行制裁，一再破坏它的领土主权完整，威胁它的安全。1921年3月，战胜国又占领了位于莱茵河右岸的三个德国城市：杜塞尔多夫、杜伊斯堡和鲁罗尔特。1923年1月，法、比出兵占领德国工矿要地鲁尔。法国官方人士公然策动莱茵兰脱离德国的分裂运动。1924年12月，协约国宣布延期自莱茵河左岸北区撤出占领军，而按和约规定，本应于1925年1月撤出。凡此种种，都使德国痛感自身的安全没有保障。

当时，法、德军事力量对比悬殊。德国自知无法靠武力来保卫西部领土，对法、比占领鲁尔只好进行"消极抵抗"。但这样做，引起了国内严重的经济混乱。因此，它转而争取在国际保证下同法国实现和解。早在1922年底，德国总理古诺就曾建议，德、法缔结条约，保证在30年内互不侵犯，并邀英、意、比参加。1923年5月和9月，德国在要求法、比撤出鲁尔的同时，又再次建议，在莱茵兰地区有利害关系的国家缔结条约，互相保证维持领土现状。这些建议，都遭到法国拒绝。1924年道威斯计划通过后，德、法在赔偿问题上的矛盾缓和，安全问题便被提上德国外交日程的首位。

法国虽然是战胜国，但它深知，德国人口超过法国，工业潜力十分雄厚，一旦德国治愈战败的创伤，就可能起而复仇，索取阿尔萨斯—洛林，重新威胁法国的安全。因此，战后初期，法国从两个方面对德国进行钳制：一曰集体钳制，二曰强力高压。但都没有收到预期的效果。

集体钳制，表现在三个步骤上。第一，巴黎和会期间，法国分别同英、美缔结了针对德国的防御条约。但因美国变卦，法英条约也连带没有生效。第二，法国先后与比、波、捷、南等中小国家结盟。但因为没有得到英国的保证，这些同盟的作用是有限的。第三，1924年，法国在英国工党政府支持下，曾促使国联第五届大会通过《日内瓦议定书》，规定各签字国有义务进行合作，去"抵抗侵略者"。旋因英工党政府下台，保守党政府拒签《日内瓦议定书》，其他许多国家随之拒签，使法国大失所望。

强力高压，表现为上述出兵占领德国领土，实行军事制裁等。占领鲁尔，是高压的顶点。但是高压并未迫使德国屈膝，反而激起它的顽抗。占领鲁尔和德国的"消极抵抗"，使法、德两败俱伤。双方都不得不考虑调整政策。1924年，推行对德高压政策的普恩加莱政府下台，继任的埃里欧政府

（旧译赫里欧）主张从鲁尔撤出占领军，改善对德关系。1925 年就任外长的白里安，坚决主张法、德和解，结束对抗。《日内瓦议定书》被拒绝后，法国舆论普遍认为，必须寻找一个得到英国保证的、能维护法国安全的新办法。

这时，英国在西欧国际关系中处于特殊地位，它的政策受到两方面因素的影响。

一方面，从长远来看，英国同法国一样，担心德国重新西侵。一些英国军政要人认为，由于军事技术的发展，英国已经不能单靠英吉利海峡的天然屏障而高枕无忧了；英国应把莱茵河看成自己的军事边界，如果德军越过莱茵河进犯法国，就会构成对英国潜在的威胁。因此，保证莱茵兰的现状不受破坏，不但关系到法国的安全，而且关系到英国自身的安全。法、比有人主张同英国结成防德集团，英国不予同意，因为这样做，可能驱使德国进一步同苏联接近。英国驻德大使达贝农（旧译阿贝农）说，必须找到一种办法，"既保证了法国边界的安全，又不致使欧洲面临德国离去的危险"。他警告说，盲目坚持战时盟国反德集团的政策，"会迫使德国与俄国结成密切的联盟"。

另一方面，从眼前看，法国在西欧称王称霸，对德国予取予求，随意制裁，动辄出兵占领德国领土，这也威胁了英国在西欧的地位。对此，英国也是无法容忍的。斯特莱斯曼看出，对英国来说，欧洲大陆上法国霸权的威胁，是"最可恨的事"。达贝农不断把一些德国军政人士的看法转告英国政府：如果听任法国控制比利时，又把洛林的钢同鲁尔的焦炭结合起来，把法国同德国西部的所有矿山、工厂结成一个整体，那么，"英国就必须面对犹如拿破仑时代英国曾与之斗争的那种联合力量"。英国当然不愿看到这种状况的出现，它希望限制法国，保持法、德之间的均势。

英国权衡利弊，主张促成法、德和解。达贝农说，"和解的基本条件，是法、德双方的安全"，必须使双方都得到"牢靠的保证"，确保其边界不可侵犯。这对英国将大有好处。首先，德国不侵犯法国边界，英国自己也将得到安全；法国不侵犯德国边界，德国与法国平起平坐，法国在西欧的霸权地位就会受到打击。其次，要使法、德双方的安全都得到牢靠的保证，就必须由第三者出任保证国，这个保证国，舍英国其谁？这样一来，英国就可以凌驾于法、德两国之上，去左右西欧局势。最后，法、德和解将促成德国"在平等的基础上参加西欧列强的联合"，这至少可以削弱德国同苏联的关系。

道威斯计划通过后，英国抓住有利时机，积极开展活动。1924 年底，达贝农向德国外交部长表示，1922 年古诺总理建议的中心思想很好，只因当时法国是普恩加莱当政，这个建议遭到拒绝，现在形势变了，可以换个形式，把古诺建议重新提出来。

在英国的推动下，德国采取了行动。

关于德国同西邻关系的条约

1925 年 1 月 20 日，德国向英国（2 月 9 日又向法国）发出备忘录，提出了一项以古诺建议为基础的关于缔结安全保证公约的方案。备忘录要求"实现德法的友好谅解"，并提出几项具体建议：

（1）在莱茵地区有利害关系的国家，首先是英、法、意、德①，缔结一项公约，保证互不进行战争，还可以缔结一项全面的仲裁公约，与该公约结成一个整体；

（2）德国也准备同其他所有国家缔结仲裁条约，以和平解决法律的和政治的争端；

（3）德国还愿意接受一项保证莱茵地区领土现状的公约。

英国外交大臣奥斯汀·张伯伦高度赞扬德国的备忘录，说它提出了一项"极为重要"的建议，因为它表明，德国决心放弃用战争手段去修改欧洲国家的边界。他建议法国同英国一道，使德国的建议成为"真正的安全和和平的基础"。

比利时外交大臣欢迎缔结一项公约，以便给西方带来和平，并要求，公约必须由英国提供保证，否则就得不到真正的和平。

德国的建议没有提维持德国东部边界现状，法国对此表示不满，但对备忘录的主要内容则表示欢迎。意大利也同意参加有关的公约。

有关国家，主要是德、法、英进行了几个月的磋商和酝酿。德、法、英、比、意还各派法律专家举行了预备会议。1925 年 8 月 17 日和 8 月 25 日，外国占领军先后撤出德国领土鲁尔和莱茵河右岸的杜塞尔多夫等三个城市，进一步改善了西欧国际政治的气氛。1925 年 10 月 5 日，洛加诺会议正

---

① 后来，德国政府表示，备忘录里"忘了"提比利时，德国同意比利时也参加有关的谈判。

式开幕。

洛加诺会议一开始，奥斯汀·张伯伦就建议，以后的会议不设主席，会议应在"完全平等"的基础上进行。各国代表多次举行非正式会晤，他们或在乡间旅舍长谈，或在乘汽艇同游马乔列湖时交换看法。六年前巴黎和会期间，战胜国对战败国代表欺压凌辱、相互横眉怒目的场面，已不再出现。由于有关各国在德国同它西部邻国的关系问题上立场接近，所以，会上比较顺利地草签了《德法比英意相互保证公约》，即《莱茵保证安全公约》简称《莱茵保安公约》。

公约的主要内容如下：

> 德、法和德、比边界维持现状；
> 《凡尔赛和约》关于莱茵兰非军事区的规定应得到遵守；
> 德、法和德、比互不侵犯，和平解决争端；
> 德国和法、比，任何一方对另一方发动侵略，越过边界或在非军事区集结军队时，英国和意大利应立即援助被侵犯的一方。

会上还草签了内容相同的《德法仲裁条约》和《德比仲裁条约》。条约规定，缔约双方之间的争端，如果不能通过正常的外交方式解决，应提交仲裁法庭或国际法庭常设和解委员会，该委员会由双方公民各一人和双方政府同意的第三国公民三人组成。

《莱茵保安公约》是《洛加诺公约》诸文件中最重要的一个。

按照《莱茵保安公约》，德国应尊重《凡尔赛和约》所确定的德、法和德、比边界现状，不得重新占领阿尔萨斯—洛林或欧本—马尔梅迪，也不得进军莱茵兰非军事区。虽然这些内容并未超过《凡尔赛和约》，但因《凡尔赛和约》是强加给德国的，而《莱茵保安公约》则是通过平等协商，德国自愿接受的，所以，德国所承担的这些义务，受到了更大的重视。更重要的是，如果德国违约，英、意将出面援助法、比。这一点，同《凡尔赛和约》大不相同。战后，法、比所企求的安全，得到了两个欧洲大国的保证。对此，法、比是满意的。

按照《莱茵保安公约》，法、比也必须尊重《凡尔赛和约》所确定的它们同德国的边界现状，以及莱茵兰非军事区的现状，如有违犯，英、意将出面援助德国。此后，法、比再也不得像过去那样，随意对德国进行军事制裁，动辄占领德国的领土了。德国的安全，同样得到有力的保证。过去，协约国军队占领莱茵河左岸的根据是维护法、比的安全。现在，它们的安全既已得到国际保证，德国就有理由要求提前撤出尚留在莱茵河左岸的占领军了。这一切，都使德国感到满意。过去，在占领鲁尔时期，法国曾以西欧霸主自居，对德国恣意欺压。现在，通过《莱茵保安公约》，法国不得不同德国平起平坐，对等地承担维持现状的义务。这表明，法国丧失了它的西欧霸主地位。在第一次世界大战后初期西欧国际关系史上，这是意义重大的一个转折。对此，德国更有理由感到满意。

通过《莱茵保安公约》，英国所追求的目标全部达到。它取得了凌驾于法德之上、左右西欧局势的优越地位。它既加强了防范德国西侵的安全措施，又抑制了法国称霸西欧的意图。在同苏联争夺对德国影响的斗争中，它以改善德国同西欧国家关系为手段，收到了拉拢德国的效果。难怪达贝农颇为得意地说，英国外交取得了引人注目的成就。

意大利充当保证国，在一定程度上提高了它的国际威望。然而，它的影响是有限的。

美国没有参加洛加诺会议。但美国总统柯立芝一直鼓励各国就安全问题达成协议。美国联邦储备银行经理斯特隆格和美国驻英大使霍顿曾分别表示，只有赞成缔结安全保证公约的政府，才能得到美国的贷款。当时，道威斯计划刚刚通过，美国希望确保自己在西欧，特别是在德国投资的安全，所以，它积极施加影响，促使西欧局势稳定下来。

关于德国同东邻关系的条约

《莱茵保安公约》保证维持德国同它的两个西邻——法、比的边界现状。这一原则是否适用于德国同它的两个东邻——波、捷的边界呢？

按照《凡尔赛和约》划归比利时的欧本—马尔梅迪，是1815年才由普鲁士占领的。该地居民分别操瓦隆语、法语和尼德兰语，德语并不占主要地位。划归法国的阿尔萨斯—洛林，是1871年普法战争后才被德国占领的。该地居民兼用德语和法语，但多数人同法国人一样，信奉天主教。该地被德国占领后，反对德国统治的活动时有发生。斯特莱斯曼认为，战后初期，法国在欧洲的分量，超过了拿破仑极盛时期，德国绝不可能重新取得阿尔萨斯—洛林。根据历史、语言、现实几个方面的考虑，德国同意维持它的西部边界现状。

德国同它的东邻波兰之间，存在着严重的领土纠纷。按照《凡尔赛和约》划归波兰的"走廊"地带，把德国本部同东普鲁士隔开了，这是德国不能接受的。按照1921年10月国联的决定，波、德居民杂居的上西里西亚，南部划归波兰。那里不但是上西里西亚最富庶的地区，而且在部分城市里，居住着大量德意志人。对此，德国一直耿耿于怀。此外，德国还认为，按照《凡尔赛和约》，绝大部分居民是德意志人的但泽脱离德国，这是违反了民族自决原则的。德国高级将领塞克特曾表示，希望同苏联联合起来，进行一场"摧毁波兰"的战争，以改变领土现状，收回德、苏各自被波兰割去的土地。

当时，德国政府虽没有采取这样激烈的做法，但它坚决不肯承担维持德、波边界现状的义务。斯特莱斯曼在洛加诺会议前不久表示，调整东部边界，"收复但泽和走廊，修改上西里西亚边界"，是近期内德国对外政策的一项任务。在这种政策指导下，1925年1月20日的德国备忘录，只字不提东部边界，只提维持西部边界现状。备忘录只表示，德国准备同所有国家缔结仲裁条约，以和平解决法律的和政治的争端，而不提准备缔结保证条约，以维持德波领土现状。

波兰对德国的态度深感不安。波兰外长斯克钦斯基说，缔结一个只保证德国西部边界而不保证其东部边界的条约，就像"拥有一所挂着美丽挂毯的房子，并单独对它采取了防火措施，而听任邻室里堆放着的东西，有着火的危险"。波兰驻英公使表示，波兰人将手执武器，捍卫自己的土地。捷外长贝奈斯也反对缔结不保证德国东部边界的条约。

法国坚决反对德国修改其东部边界，因为这将削弱法国在东欧的盟友波兰，并可能触发足以动摇凡尔赛体系的修约浪潮。埃里欧宣布，"永远无法考虑一个侵犯了法国盟国利益的安全公约"。法国表示，德国同未参加《莱茵保安公约》的邻国缔结的仲裁条约，必须适用于任何性质的争端，而且应该同《莱茵保安公约》"构成一个整体"，并由参加《莱茵保安公约》的国家保证其执行。换句话说，法国要求，德国同它的东部邻国缔结的仲裁条约，其适用范围应包括领土争端；德国如果企图改变其东部边界现状，应受到法、英、意的制裁。

德国同法、波的立场截然对立，英国的态度便举足轻重了。

对待波兰，英国同法国的立场有两点不同。

第一，早在巴黎和会上，法国为了反苏抑德，主张建立"大波兰"，恢复1772年的波兰边界。英国不愿法国借此扩大其在东欧的势力，反对建立

"大波兰",主张波兰的疆域只限制在波兰人居住的地区,而不要囊括居民主要是德意志人、白俄罗斯人、乌克兰人的地区。在这一点上,英、德有共同语言。巴黎和会以后,法国主张将上西里西亚南部工业区划给波兰时,英国曾要求留给德国。英国不像法国那样强烈反对修改德波边界。

第二,德国修改德、波边界,会削弱法国钳制德国的东翼,影响法国的安全,而在当时,这对英国的安全,不会有什么影响。如果说,在德、法边界问题上,英、法有共同利益的话,那么,在德、波边界问题上,英、法并无共同利益。因此,英国政府宣布,"除了德国同法、比之间的边界之外,对于任何边界,我们将不承担任何新的义务"。奥斯汀·张伯伦还说:"英国政府永远不愿,也不能以英国士兵的骨头去为波兰走廊冒险。"

由于德、英反对,法、波关于缔结维持德国东部边界现状的保证条约的愿望,没有实现。斯特莱斯曼颇为得意地说:"我在洛加诺看到了……有可能收复德国的东部领土。"

在洛加诺会议上,德国分别同波、捷草签了仲裁条约,其内容同德法、德比仲裁条约相同,而完全没有保证在它们之间维持领土现状的规定。[①]

法国为了抚慰波、捷,就在会议期间分别同它们缔结了相互保证条约,规定在遭到无端进攻时,双方将相互提供援助。这两个条约同有英、意参加的《莱茵保安公约》比起来,影响小得多。而且,早在1921年和1924年,法国就已经分别同波、捷结盟,在洛加诺会议上再缔结相互保证条约,并没有多大实际意义。

关于解释《国联盟约》第16条的联合照会

在洛加诺会议酝酿期间,法国提出,德国必须答应无条件、无保留地参加国联,《莱茵保安公约》才有可能缔结。这个要求,得到了英国支持。

国联刚成立时,德国被排斥在外。后来,法国看到,德国对它东部边界的态度,孕育着在东欧扩张和重建其军事霸权地位的危险,因此,法国希望把德国吸收进国联,好对它的扩张进行某些限制。英国想利用德国,在国联内部同法国互相抗衡,也赞成德国参加国联。此外,英、法都希望,通过缔

---

① 《洛加诺公约》只保证德国西部边界,而不保证其东部边界。有的学者认为,这意味着英、法企图把德国引向东方去反对苏联。这种看法,缺乏有说服力的论据,值得商榷。

结《莱茵保安公约》和吸收德国参加国联，一面改善它们同德国的关系，一面离间《拉巴洛条约》以来的德、苏友好关系，必要时，还企图通过国联，纠合德国去参加反苏活动。

德国希望参加国联，以争取军备平等，并通过国联的委任统治制度，重新染指殖民地。它要求取得国联常任理事国席位，重新取得欧洲政治大国的地位。但是，德国对于《国联盟约》第16条心有疑虑。该条规定，国联会员国如违反盟约有关规定而从事战争者，应视为对所有会员国的战争行为，各会员国应对之进行经济的或军事的制裁。德国担心的是：在它参加国联之后，一旦英、法利用盟约第16条的规定，去组织反苏制裁活动时，它也会被卷进去。所以，德国声明，如果它参加了国联，也不参加盟约第16条规定的制裁活动。换句话说，德国想有条件地参加国联。

法国、英国和比利时都想通过国联，利用德国充当反苏工具，所以，它们坚持德国必须无条件、无保留地参加国联。洛加诺会议前，德国同英、法就这个问题照会往返，激烈争论，相持不下。

苏联坚决反对德国参加国联。苏联外交人民委员齐切林指出，德国参加国联，就会变成一个卫星国，被迫放弃拉巴洛政策，并被卷入反苏的联合行动中去。苏联要求，如果德国不参加英国拼凑的反苏统一战线，苏联则不参加法、比等国的反德联盟，并建议，苏、德缔结协定，规定未经对方同意，两国都不得参加国联。在德国代表团启程去洛加诺前两天，齐切林亲赴柏林，同特斯莱斯曼彻底长谈达四小时，劝德国三思。

斯特莱斯曼深知，德国同苏联友好，不但在经济上具有"头等重要的意义"，而且是德国用来向英、法施加压力的一笔"相当有价值的政治资产"。所以，他一直举着对苏友好的旗帜。但是，他并不因此而不同西方改善关系，也不按照苏联的要求，拒绝参加国联。斯特莱斯曼一再向苏联外交官解释，拟议中的保安公约，旨在保证德国西部边界现状，并不针对苏联；德国参加国联，也无意使自己成为任何反俄行动的附属品；德国决不承认波兰边界，从未打算同波兰站到一起去反对俄国。

斯特莱斯曼带着对苏联的保证，在洛加诺会议上，同英、法、比代表进行了激烈争论。

斯特莱斯曼指出，战胜国把德国的军备裁减得太过头了，德国已经没有可能按照《国联盟约》第16条的要求，提供军事力量参加制裁被指控的"侵略者"。他说，如果发生苏波战争，而德国参加对苏经济制裁，苏联定将对德宣战，那时，俄国兵就会席卷全德，而布尔什维主义将传播到易北河。

白里安、奥斯汀·张伯伦和王德威尔得纷纷发言，对斯特莱斯曼软硬兼施。他们有的威胁说，德国被吸收参加国联后，不履行义务就不能享有全部权利。有的安慰道，德国虽然只有 10 万军队，但这已经相当可观了。如果每个国联会员国都能向国联提供这么多部队，那将令人心满意足。有的则直截了当许诺，如果俄国进行"侵略"，德国周围都将是能加以援手的朋友，"那些解除德国武装的人，将是首先武装它的人"。反苏面目，暴露无遗！

斯特莱斯曼始终拒绝无条件地承担《国联盟约》第 16 条的义务，英、法、比等国无奈，只好妥协。最后，由比、法、英、意、波、捷六国向德国发出联合照会，对《国联盟约》第 16 条作了如下解释："每个国际联盟会员国应在符合本国军事情况，和照顾本国地理形势的范围内，忠诚地和有效地进行合作，以维护盟约和抵抗任何侵略行为。"这样一来，德国参加国联后，就可以以自己军事力量不足、地理形势不利为理由，拒绝参加国联组织的反苏"制裁"活动了。

《洛加诺公约》签订后，1926 年 4 月 26 日，苏、德缔结了友好中立条约，规定两国关系仍以《拉巴洛条约》为基础。同日，斯特莱斯曼照会苏联驻德全权代表，保证德国参加国联后，如果苏联被指控为侵略者，而德国认为此种指控无理时，德国将不承担义务去参加根据盟约第 16 条所采取的任何措施。

综观《洛加诺公约》缔结前后，英法—德国—苏联三角关系的发展，可以看出：

英、法，特别是法国改善了同德国的关系，这与《拉巴洛条约》以来，德国对苏友好，而同英、法对抗的局面，大有不同。但英、法通过国联，利用德国充当反苏工具的企图，并未实现。

苏联未能阻止德国参加国联和同英、法接近。但《苏德友好中立条约》的缔结，仍是苏联外交的重要成就。苏联副外交人民委员李维诺夫说，这个条约已经在某种程度上，"拔掉了洛加诺的反苏之刺"。

德国既改善了同英、法、比的关系，又不随其俯仰，并未充当它们的反苏打手。它既没有恶化对苏友好关系，又违反苏联的愿望，参加了国联，并取得了常任理事国席位，摆脱了战败国的屈辱地位。斯特莱斯曼坚持自主立场，在东西方之间保持平衡，左右逢源，他所主持的德国外交的成就，引人注目。

战争的祸根并未消除

《洛加诺公约》草签后，欧洲一片欢腾。白里安说，"和平终于到来了"。斯特莱斯曼称，公约将成为国家之间和人民之间关系史上的"里程碑"。奥斯汀·张伯伦则誉之为"战争和和平年代的分水岭"和"欧洲历史的转折点"。他们三人先后获得了诺贝尔和平奖金。

《洛加诺公约》的签订，对欧洲局势确实产生了一定的影响。

《洛加诺公约》缔结前，法、比同德国的关系十分紧张。一方刀剑出鞘，高压制裁；一方举国动员，消极抵抗。《洛加诺公约》缔结后，这种局面消失了。1926 年 5 月，法、比同德国缔结航空协定，取消了对德国航空事业的一些限制。国联宣布，1927 年 1 月撤销在德国的军事管制委员会。1930 年 6 月，外国占领军提前五年，全部撤出莱茵河左岸的德国领土。德、法、英三国外长还在国联建立了相当密切的关系。白里安说，战场上血迹未干，过去曾经激烈对抗过的国家，竟能在国联共商大事，实在令人欢欣鼓舞。斯特莱斯曼称赞：法、德谅解和欧洲合作的思想，像一根红线那样，贯串在白里安的全部活动之中。

把《洛加诺公约》前后的这两种形势作一对比，就可以看出，公约对于缓和德、法矛盾，维护它们各自的安全，稳定西欧局势，确实起了一些作用。那种认为《洛加诺公约》不仅没有削弱，反而加剧了欧洲各大国之间的矛盾；不仅没有改善欧洲局势，反而恶化了国际关系的说法，是难以令人信服的。

但是，把《洛加诺公约》吹嘘为战争与和平年代的"分水岭"，那也是欺人之谈。《洛加诺公约》是帝国主义国家之间暂时妥协的产物，随着它们力量对比关系的变化，妥协就会被新的争夺所代替。道威斯计划为德国恢复经济大国的地位准备了条件，《洛加诺公约》又为德国重新跻身政治大国之林铺平了道路。德国经济政治实力显著加强之后，这种新的争夺局面很快就出现了。《洛加诺公约》墨迹未干，西欧还到处在为"洛加诺精神"唱赞歌的时候，人们已经看到某些不祥的征兆了：

（1）德国在修改东部边界的既定政策指导下，一再提出对波兰"走廊"等地的领土要求；

（2）德国以国联常任理事国的身份，要求参加委任统治制度，企图夺回大战中丧失的殖民地；

（3）德国打着参加国联裁军活动的旗号，力争摆脱和约的限制，要求军备平等。

这一切，都是对凡尔赛体系的公开挑战。《洛加诺公约》既然没有解决《凡尔赛和约》中战胜国与战败国的根本矛盾，也就当然不可能消除必然会由它们导致的冲突，因而保留了战争的祸根。《洛加诺公约》正式签字才满10年，德国就进军莱茵兰非军事区，公开宣布不再受《洛加诺公约》约束。再过三年，第二次世界大战就爆发了，被吹嘘为"分水岭"和"里程碑"的《洛加诺公约》于是被弃如敝屣。

意大利法西斯主义的兴起与独裁统治的确立

陈祥超

1922 年 10 月 27 日，以法西斯创始人墨索里尼为党魁的意大利国家法西斯党，以它所控制的那不勒斯和佩鲁贾等城市为基地，发动了所谓"向罗马进军"的武装政变，并于 10 月 31 日夺取国家权力，建立了世界上第一个法西斯政权。

法西斯政党的建立

1914 年第一次世界大战爆发后，意大利各派政治势力围绕着参战还是中立的问题，展开了激烈的斗争。

以社会党为代表的绝大多数意大利人民反对参战，主张中立。垄断资产阶级和民族沙文主义者企图利用世界大战的机会，对外进行扩张，建立起梦寐以求的"意大利帝国"，因而极力主张参战，并为此建立了各种名目的组织，进行战争宣传。其中有的组织为了标榜革命，笼络人心，以"法西斯"① 命名。第一个法西斯组织是由米凯莱·比昂基和切萨雷·罗西等 10 人于 1914 年 10 月 5 日在米兰建立的，取名"国际行动革命法西斯"，于 10 月 11 日发表了鼓吹参战的宣言。

"国际行动革命法西斯"建立后，除鼓动深受民族沙文主义思想毒害的

---

① "法西斯"一词系由拉丁文"Fasces"音译而来，它最早出现于古罗马时代。那时，贵族出游，常由仆从举着一个中间插着一把斧头，并由红条紧系的棒束，这个棒束名曰"法西斯"，是一种权力的象征。1890—1891 年，西西里的矿工和农民联合建立"劳动者法西斯"，以反对资产阶级霸占耕地和要求提高工资。在意大利语中，"法西斯"的本意是"联盟""协会"。"劳动者法西斯"，即"劳动者协会（或联盟）"。该组织建立后提出了一个反映工农要求的革命纲领，对工农及其他小资产阶级分子具有很大的吸引力，因而在意大利，"法西斯"一度成了革命的代名词，后来才蜕变为对内独裁，对外侵略反动政党。

青年学生举行游行、要求参战外，积极同墨索里尼等有影响的各派政治势力的领导人进行接触，以便取得他们的同情与支持。

与此同时，参议员马菲奥·潘塔莱奥尼和乔万尼·普莱齐奥西等人，网罗了150名参、众两院议员，组成了一个"议员法西斯"，在议员中广泛进行活动，以便推动议会赞同参战。

1914年9月，以萨兰德拉为首相的意大利政府，为了摆脱内外交困的处境，从开始主张中立转而支持参战，致使参战派的声势大增。这使墨索里尼意识到意大利参战是大势所趋。在投机心的驱使下，这个名噪一时的社会党左派领导人突然改变原来的反对参战的立场，于1914年10月18日，在由他任主编的社会党机关报《前进报》上，发表题为"从绝对中立转向积极、有效的中立"的文章，公开支持参战。为此，他于10月20日离开《前进报》，24日被开除出社会党。

墨索里尼依靠本国的昂萨尔多公司和皮雷利公司等大垄断集团提供的50万里拉，以及法国政府每月向其提供的1.6万里拉的经费，于1914年11月14日在米兰创办《意大利人民报》，鼓吹战争。他加入了"国际行动革命法西斯"，并以该组织领导人的身份，把米兰等几个地方组织改名为"革命行动法西斯"。

1915年1月24—25日，"革命行动法西斯"在米兰召开第一次代表大会，正式宣布成立。它打着社会主义的旗号，凭借墨索里尼在社会党素有"强硬的革命派"的名声，吸引了不少人参加。到2月底，"革命行动法西斯"分布在全国各地的基层委员会共有105个，成员约9000人。"革命行动法西斯"在罗马和米兰等地，组织一些受沙文主义毒害的青年和教师，上街游行和举行集会，支持主战的政策，攻击和殴打反对参战的议员。

在主战派的威逼和英、法等国政策的利诱下，意大利国王维托利奥·埃马努埃莱三世，批准萨兰德拉政府于1915年3月开始同协约国政府就意大利参战的条件问题，举行谈判。4月26日意大利同英、法、俄三国秘密签订《伦敦条约》，5月24日，意大利正式对奥地利宣战。

然而，"革命行动法西斯"却随着墨索里尼于1915年8月应征入伍，而名存实亡。

第一次世界大战结束后，意大利虽然也以四大战胜国之一出席巴黎和会，但在《凡尔赛和约》中，《伦敦条约》对意大利所作的许诺并未兑现。

意大利仅仅分得 1.5 万平方公里①的土地。它在这次战争中总共动员了 500万人，死亡 65.5 万人，伤残 145 万人。军费总支出高达 650 亿里拉，致使这个当时每年国民总收入仅 200 亿里拉的国家债台高筑，有外债 200 亿里拉、内债 350 亿里拉。意大利付出巨大的代价，本来指望能够攫取它所期望获得的大片地区，结果所获甚微。意大利对此强烈不满。垄断资产阶级和民族主义分子借机发动了一场反对《凡尔赛和约》的政治运动。反动文人邓南遮组建一支由 2500 名退伍军人和狂热的民族主义分子参加的义勇军，于 1919 年9 月 12 日占领阜姆城，并宣布阜姆与意大利合并。这种民族主义思潮加剧了战后在意大利发生的政治危机和经济危机。

意大利的工业，特别是与战争有关的工业，在第一次世界大战期间发展很快。战后由于政府撤销大批军事订货，造成工业生产急剧缩减。到 1921年，有 26% 的钢铁公司倒闭。生铁的产量只相当于战前水平的 20%。许多企业、银行和股份公司破产。100 多万人失业。通货膨胀，粮食和工业品的价格昂贵。与战前的 1913 年水平相比，物价提高了 441%，生活费用上升了317%，工人的实际工资收入降低了 50%。

广大工人生活状况的进一步贫困，引起阶级矛盾尖锐化。在俄国十月革命的影响下，意大利的工人运动蓬勃发展。1919 年有记载的罢工达 1871 次，参加者共 55.4 万人次。1920 年罢工增加到 2070 次，参加者达 231.4 万人次。就在这一年的 8 月底，意大利冶金工会为抗议厂主"同盟歇业"，决定米兰、都灵等地的冶金工人占领工厂。社会党左派领导人葛兰西等积极参与领导，组织各工厂建立"赤卫队"和"工厂苏维埃"。运动很快蔓延到整个意大利北部和中部的大部分地区。参加者共达 60 多万人，革命形势在逐渐成熟。

随着工人运动的发展，意大利社会党的威望大大提高，党员人数迅速增加。1919 年 10 月，意大利社会党还只有党员 7.1 万人，1921 年 1 月增加到22 万人。工人运动的发展，使社会党成为左右国内形势的重要力量。通过1920 年的地方选举，它在全国 67 个省和 8327 个市镇议会中，在其中的 26个省和 2166 个市镇控制了多数席位。这使广大工人产生了在意大利建立

---

① 《伦敦条约》许诺给意大利的是：南蒂罗尔、特兰提诺、戈里齐亚、格拉迪斯卡、的里雅斯特、伊斯特里亚、达尔马提亚群岛中的几个重要岛屿、达尔马提亚省的南部、萨赞岛、发罗拉和多德卡尼斯群岛等。但《凡尔赛和约》只分给意大利的里雅斯特、皮拉、布里纳山道、伊斯特里亚、格里察和萨斯诺小岛。

"苏维埃政权"的希望。

这时，社会党内部分化加剧，党的领导人屠拉梯等人深受第二国际改良主义的影响，不能肩负起领导无产阶级革命的重任。以塞拉蒂为首的人数众多的"最高纲领"派虽然表示赞同无产阶级专政，却迟迟未同改良主义者决裂。尽管以葛兰西为首的左派于1921年1月21日退出社会党，建立了意大利共产党，但在当时，其力量和影响十分有限，还不具备把工人运动引向无产阶级革命的能力。这样，1919—1920年蓬勃发展的工人运动，也就未能转变为革命。

第一次世界大战使意大利的农村经济遭到严重破坏。大片耕地荒芜，1920年的粮食生产比战前的平均年产量减少1800万公担。战后，社会党提出"土地社会化"的口号，即主张所有土地统统归合作社所有，遭到农民的坚决反对。当城市工人举行大罢工和占领工厂时，农村爆发了占地运动。1919年全国有50多万农民参加了这个运动，1920年达到100多万。墨索里尼针对有地农民害怕失去土地和无地农民渴望得到土地的心理，提出"扩大小农所有制"和"分土地给农民"等口号，深得农民的拥护。农民转到了法西斯运动一边，成了这个运动的主要群众基础。

战后，意大利有100多万士兵退役。这些人主要来自农村，多数是无地或少地的农民。王国首相曾在他们入伍前许诺：退伍时分土地给他们，但战后政府却拒不履行这个诺言。战前反对意大利参战的社会党不仅不支持他们的要求，反而对他们采取歧视、虐待的态度，不准他们加入社会党，甚至殴打战争中受伤致残和获得勋章的人。退伍军人对现政权不满，对社会党抱敌视情绪。他们期望有人能帮助自己改变现状。这就为墨索里尼拉拢退伍军人提供了极好的机会。他在报纸上极力为军人歌功颂德，提出分土地给退伍军人，并支持他们去夺取地主的荒地。这使他赢得了退伍军人的拥护。

在取得农民和退伍军人的支持后，墨索里尼于1919年3月2日在他创办的《意大利人民报》上刊登一则启事，宣布将于1919年3月23日在米兰举行"一次非常重要的集会"，要求各方人士积极参加并给予大力支持。启事刊出后，他组成了一个以他为首的七人执行委员会，并于3月21日在他的办公室举行了第一次会议。3月23日在米兰的圣·塞波尔克罗广场，如期举行了以退伍军人为主要成分的会议。会上正式建立法西斯组织，取名"战斗的意大利法西斯"。会议通过一个宣言，"要求实行普选，给妇女以选举权和被选举权"，"实行八小时工作日，确定最低工资标准"和"把工厂或公用事业的管理权交给无产阶级的组织"，"修改……劳保法，把享受劳保的年龄从 65 岁降至 55 岁"，等等。

然而，由于墨索里尼在会上攻击社会党是"民族的叛逆"，使这个貌似代表工人阶级利益的"革命"纲领，没有起到笼络广大工人的作用。同时，它所打出的"社会主义"招牌，又使垄断资本家很不放心。

"战斗的法西斯"建立后，在国内的政治影响十分有限。在 1919 年举行的第 25 届议会选举中，法西斯分子无一人当选。许多法西斯分子纷纷退党。"战斗的意大利法西斯"一时处于危机之中。墨索里尼一度左右徘徊，举棋不定，最后才选定了投靠垄断资本的路线。他于 1920 年 5 月 24 日在米兰召开"战斗的意大利法西斯"全国代表大会。会议决定把暴力作为该组织的行动准则。自此以后，大搞暴力恐怖活动，"法西斯"同"蓖麻油和大棒"成了同义语。它彻底抛弃了虚假的社会主义外衣，充当垄断资产阶级镇压工人运动的忠实工具。7 月 20 日，法西斯分子袭击并焚毁了罗马的社会党《前进报》编辑部。

1920 年 8 月 30 日，意大利北部地区爆发了 60 万工人占领工厂的运动，"战斗的意大利法西斯"中央委员会于 9 月 6 日晚举行紧急会议，研究对付冶金工人占领工厂的策略。会后发表声明，指责政府无能，要法西斯分子做好采取行动的准备。同年 11 月中旬，法西斯分子在当局的纵容下，开始对工人阶级采取大规模的暴力行动。他们袭击和捣毁工会，殴打、杀害工人和革命者。法西斯分子在采取行动时，个个手提大棒，因而又被称为"棒喝队"。在短短几个月时间里，法西斯分子的暴力恐怖政策收到了使垄断资产阶级满意的效果。罢工大大减少，1921 年罢工减少到 1134 次，参加者仅有 72 万人次。

法西斯分子的反革命行动深得垄断资本家的赏识。他们向法西斯分子提供大量经费，为他们购买武器和制作统一的黑色制服。法西斯分子在 1921 年春季都身穿黑衫，所以人们也常常称他们为"黑衫队"或"黑衫党"。此时，国王、高级军政官员和教会都把法西斯组织看成是国家秩序，尤其是王国权威的恢复者。官方的这种态度，促使一些深受沙文主义毒害，梦想当"英雄"和"骑士"的小资产阶级分子和青年学生纷纷参加法西斯组织。法西斯党徒的数量迅速增加。据法西斯党书记处公布的材料，到 1921 年底，它的基层组织从 1920 年底的 88 个增加到 834 个，党员从 20615 人增加到 249036 人。

法西斯势力壮大后，"战斗的意大利法西斯"于1921年11月7日在罗马举行全国代表大会。会议通过了一个声称"国家是至高无上"的纲领。法西斯组织正式更名为"意大利国家法西斯党"，选举米凯莱·比昂基为总书记，墨索里尼为"领袖"。

向罗马武装进军

意大利国家法西斯党建立后，迅即利用垄断资本的支持和资产阶级政府的软弱，为夺取政权进行全面准备。它主要采取以下措施。

首先是整顿、强化法西斯武装。1921年12月16日，法西斯党机关报《意大利人民报》刊登了一份由总书记比昂基签署的公报。公报宣布：法西斯党中央执行委员会决定，把党的支部和法西斯军事组织行动队合并；从1921年12月15日起，所有党员一律参加行动队。

公报发出后，法西斯党即着手对行动队进行全面整顿。它解除了马尔西克的行动队司令职务，把全国划为四大军区，分别由佩罗内、科姆帕尼、甘多尔费和伊里奥利指挥。由巴尔波、德·博诺和德·韦基三人组成最高司令部，对法西斯武装实行全面控制。

为了提高行动队的战斗力，法西斯党在全国建立一批能容纳千人以上的大型兵营，作为驻扎和训练行动队骨干的基地。它还决定强化法西斯纪律，并明文规定，未经领导批准，任何人不得擅自采取行动。

采取上述措施后，法西斯武装在数量上超过了意大利国民军，达到30多万人。全国的法西斯行动队全部纳入统一指挥、统一行动，并受严格纪律约束的有机整体中，为"向罗马进军"提供了有效的武力保证。

法西斯党继续以暴力行动捣毁工会，夺取社会党控制的城市，建立"进军"基地。自1922年初开始，法西斯党以帮助政府"恢复社会秩序"为名，有计划、有步骤地袭击、破坏各种形式的工人组织。据意大利警察当局的材料记载，3月至7月，有19个城市的工会，70个合作社和161个俱乐部、社会党基层组织被捣毁。各地工会组织遭到严重破坏。

自5月中旬开始，法西斯行动队转入武装夺取社会党控制的城镇。到7月底，先后占领的中等以上城市有费拉拉、洛维戈、波伦亚、克雷莫纳和拉文纳等。这为法西斯"向罗马进军"建立起一批重要的基地。

法西斯党采取了一些笼络人心的行动，取得中小资产阶级的拥护。为了回击法西斯对工人阶级的暴力行动，受意大利社会党控制的"劳动同盟"决定，于 1922 年 8 月 1 日举行"争取政治自由和工会自由"的反法西斯总罢工。参加者主要是铁路工人、电车工人、邮电工人和清洁工人。这些行业的罢工影响了城市的正常生活，引起中小资产阶级的不满。对此，法西斯党早已察觉，在它获悉"劳动同盟"将要举行总罢工的消息后，便一方面向政府发出"最后通牒"，逼迫其实行镇压，另一方面在采取大规模暴力行动的同时，派遣黑衫队队员接替罢工者驾驶火车、电车、清扫街道和从事其他公共服务活动，保证了城市生活的正常进行。这一举动深得中小资产阶级的欢心，有人自愿拿出钱财，作为发给接替罢工工人劳动的法西斯分子的奖赏。

1922 年 10 月初，与奥地利接壤的上阿迪杰区出现一种亲奥地利的离心倾向。意大利舆论对此反应强烈，纷纷要求政府采取行动，予以制止。当时，政府已对边远地区失去控制。法西斯党趁机把黑衫队开进这个地区，占领博尔扎诺和特伦托等几个主要城市。它把纵容离心倾向的高级专员和市长赶跑，解散地方武装，宣布了保证这一地区意大利化的措施。这一行动大大树立了法西斯的威望。地处波河三角洲的波尔西内地区总共有 62 个市镇，法西斯分子在当月举行的选举中，在这个地区的 60 个市镇取得了胜利。在亚平宁半岛南端的莱基诺，法西斯分子在总共 7 个市镇的选举中全部获胜。

法西斯党在此时期加紧拉拢军队，争取广大士兵的同情与支持。墨索里尼一向重视做军队的工作。1922 年 10 月 14 日，他在《意大利人民报》上发表署名文章说："国民军不会反对黑衫军，理由很简单，因为法西斯分子从不与国民军为敌，相反对它怀有最崇高的敬意和无限的钦佩。"他还派与阿奥斯塔公爵关系密切的德·博诺①专门从事争取军队上层的工作。阿奥斯塔公爵在国民军中颇有影响，且同情法西斯主义，因而德·博诺对军队的争取工作取得很大成效，这对法西斯顺利地夺取政权起到了重要作用。

在完成上述步骤后，墨索里尼于 1922 年 10 月 16 日在米兰召开了有法西斯巨头比昂基、巴尔波、德·博诺、德·韦基和伊里奥利等九人参加、邓南遮列席的会议。会议分析了国内局势和各项准备工作，决定发动政变。同时决定在博迪盖拉建立由巴尔波、比昂基、德·博诺和德·韦基组成的"四人领导小组"，全权负责"向罗马进军"的组织与指挥。

---

① 德·博诺，1866 年生，1878 年入预备军校，后入军校，1916 年 3 月由阿奥斯塔公爵推荐，被任命为特拉帕尼旅旅长。第一次世界大战后期晋升为第四军军长。

10月20日，"四人领导小组"在佛罗伦萨拟订了具体行动计划，确定了进军的路线、各路纵队的指挥人选和失败后的具体安排。10月24日，在那不勒斯召开了有3万名法西斯分子参加的大会，实际上是向罗马进军的誓师会。墨索里尼在向黑衫队讲话时暗示，法西斯即将"向罗马进军"。

在进军的各项准备工作完成之后，墨索里尼于10月26日晚在那不勒斯的维苏威旅馆，召集法西斯"四人领导小组"成员以及巴斯蒂亚尼、特鲁兹和斯塔拉塞①等人举行会议，决定立即"向罗马进军"。次日，又召开各地法西斯头目的会议，最后下达了"向罗马进军"的命令。法西斯总指挥部迁到罗马以北仅100多公里的佩鲁贾。

意大利政府对上述事态发展缺乏应有的重视，错误地认为法西斯自那不勒斯会议后，放弃了向罗马进军的计划。10月26日，首相法克塔给当时在圣·罗塞莱的国王维托里奥·埃马努埃莱三世的电报说，那不勒斯"法西斯群众大会是在平静的气氛中举行的，今天晚上（19时30分）法西斯行动队队员已开始返回各自的岗位，迄至目前为止，未发生任何事件。现在我相信，他们已放弃了向罗马进军的计划"。

其实，在他发这份电报的时候，黑衫队已奉命向距罗马20—50公里的圣·马里奈拉、蒙特罗托多和蒂沃利三地集结。27日，法西斯"四人领导小组"发布"向罗马发起猛烈攻击"的布告。法西斯分子兵分三路，向罗马挺进。另一路作为预备队开往弗里尼奥待命。

罗马师团指挥官普里埃塞将军得知法西斯开始向罗马进军的消息后，遵照军团司令基拉尔迪的命令，立即采取行动保卫罗马。他派兵保护各大公共建筑物，在各主要街道部署了步兵和炮兵，在重要地区设置了铁丝网。

政局的突然恶化使国王埃马努埃莱三世于27日晚匆忙返回罗马。他在听取了首相法克塔的汇报后，同意宣布全国戒严。

28日凌晨6时，法克塔召开紧急内阁会议，一致决定向国王建议宣布戒备状态、批准一切应付政治、经济局势所必要的措施和授予有关大臣相应的权力。然而，会后政府向全国发表的声明，不仅只字未提将对法西斯分子采取何种镇压措施，甚至连一句警告的话也没有说。声明只是说，意大利的一

---

① 巴斯蒂亚尼，法西斯众议员，法西斯上台后任经济副大臣和外交副大臣等职；特鲁兹，军官，法西斯众议员，法西斯上台后历任内政副大臣和意大利非洲事务大臣等职；斯塔拉塞，历任法西斯党总书记和法西斯民兵总参谋长等职。

些省出现了有组织的颠覆性集会，其目的在于阻止国家机构正常行使其职能和使国家陷入极度混乱之中。对此，政府虽然宣布自 28 日中午起，在全国范围内实行戒严，但并未采取强有力的措施，予以制止，而是强调"确保和平解决"。

法克塔首相于 28 日上午 9 时前往王宫，请国王在戒严令上签字，国王却断然拒绝。几个小时之后，斯特法尼通讯社（即现在的安莎社）受权宣布，取消戒严。国王的态度之所以发生变化，用他本人的话说，是因为当时首都的卫戍部队总共只有五六千人，而且全都是征集来的，百分之百地靠不住。除用于保护梵蒂冈、政府各部、银行和封锁进入罗马的六条交通要道之外，无可用之兵以进行有效的防御。而且当时有消息说，向罗马进军的法西斯分子约有 10 万人，这使他十分恐慌。

其实，这只是遁词。促使国王改变态度的主要原因，是在法西斯上台前的几周里，执政的自由民主党的几个主要领导人，如前首相乔里蒂、萨兰德拉、尼蒂等人，都在同墨索里尼搞秘密交易。被认为是乔里蒂代理人的法克塔，甚至指望通过政局的混乱捞到好处。墨索里尼同他们都进行过谈判，对每个人都做过一些许诺，虽然法西斯上台后，这些许诺基本没有兑现，但对法西斯夺取政权却起到了重大作用。此外，民族主义协会（国家主义党）总书记费德尔佐尼，作为垄断资本的代言人，向国王施加了压力。军队的亲法西斯倾向也起了作用。本来，只要装备精良的普里埃塞将军指挥的罗马师团出兵干预，向罗马进军的武装法西斯分子即可被击溃。狡诈的墨索里尼也害怕出现这种局面。正因为这样，他才把一切权力于 10 月 26 日统统交给法西斯"四人领导小组"，只身一人跑到米兰，准备一旦进军失败，即逃往瑞士。

然而，国家当权者中，此时没有一个人想动用军队去粉碎法西斯的进军，他们企图借助法西斯这支反动力量去镇压革命运动。这就是国王拒绝在戒严令上签字，并接受法克塔内阁提出的辞职要求的真正原因。随后，国王又根据垄断资本的组织——意大利工业家联合会的建议，把首相职务交给了墨索里尼。

29 日下午，墨索里尼接到国王首席副官齐塔迪尼将军的紧急电话，通知他，国王让他立即前往罗马组成新政府。正在米兰清理物品、打点行装、准备逃亡的墨索里尼颇感意外，不相信国王会让他出面组阁。墨索里尼要求对方把电话内容以电报形式发给他。在他的坚决要求下，齐塔迪尼将军放下电话，给他发去下述电报：

米兰墨索里尼阁下：

国王陛下请您立即前来罗马，因为他想委任您组成内阁。

顺致敬意

齐塔迪尼将军（签名）

收到电报后，墨索里尼于当天晚上从米兰乘火车前往罗马。30 日上午，他按照传统的宫廷礼仪觐见国王，领取了组阁委任状。第二天，1922 年 10 月 31 日，墨索里尼组成了政府。

法西斯独裁统治的确立

墨索里尼刚上台时，其他党派的势力很大，特别是全国 8000 多个市镇中，约有 1/4 由社会党控制。他未能立即实行法西斯独裁统治，而是组成了一个多党联合政府。由 14 名阁员组成的内阁中，法西斯分子仅 4 人，其中墨索里尼任首相兼内政与外交大臣，阿尔多·奥维利奥任司法大臣，阿尔贝托·德·斯特凡尼任财政大臣，乔万尼·米利亚蒂任被解放的土地大臣（殖民大臣）。其余的 10 名阁员中：自由党 2 人，自由民主党 2 人，人民党 2 人，军人 2 人，社会民主党 1 人，民族主义分子 1 人。

这种状况，既不符合垄断资产阶级的利益，也与法西斯主义反对民主自由的思想体系不协调。墨索里尼组成政府后，立即采取措施，来改变法西斯党在政府内外的力量对比。1922 年 11 月 1 日，墨索里尼逼迫内阁会议做出了一系列有利于垄断资本和封建势力的决定，其中包括把电话业和保险业的经营权交给私人资本，取消《累进税法》和《农业改革法》等，以此来博得这些反动势力的支持。

墨索里尼以改编武装部队为借口，取缔了社会党的"赤卫军"、民族主义协会的"兰衫队"和由 4 万人组成的"皇家卫队"。他于 1923 年 1 月 14 日建立了一支 30 余万人组成的法西斯民兵，取名"国家安全志愿民兵"，作为实现独裁统治的重要工具。

为了控制议会多数和削弱国王的权力，墨索里尼强迫众、参两院分别于 1923 年 7 月 16 日和 11 月 13 日批准新选举法。该法规定：在大选中获得最多数选票（但最少需得到总票数的 1/4）的党，应占有议席总数的 2/3（356

席），剩下的1/3（179席）按照比例代表制进行分配。

在执政的最初1年半内，墨索里尼给报界、工会以及其他政党都还留有一点自由的余地。法西斯主义也还是新的事物，人们对它的本质还不了解，多持观望态度。还有相当一部分人认为，法西斯党使国家恢复了秩序，因而对它抱有幻想。这一切都大大减少了对法西斯的阻力。

1924年4月6日，意大利按照新选举法进行大选。法西斯党用武力控制选举机构，强迫选民每三人编为一组，进行投票。法西斯党共获得65%的选票，在议会中的席位从上届的35席猛增至375席。

5月30日，在新选出的议会开会时，反对派议员发言，揭露法西斯分子在选举过程中舞弊和使用暴力的情况。统一社会党总书记马泰奥蒂用大量的事实证明，法西斯分子不仅用武力阻止共产党人和社会党人投票，而且强迫选民分组进行投票，以便对那些未投法西斯党票的选民进行种种迫害。

马泰奥蒂的讲话在全国引起强烈反响，有力地推动了全国反法西斯斗争的开展。为此，墨索里尼指使法西斯分子，于1924年6月10日绑架并杀害了马泰奥蒂。这导致新议会中共产党、社会党共和党、人民党、自由党、自由民主党和社会民主党的约150名议员（几乎包括了除法西斯党以外的全部议员）退出议会。他们组成阿文廷①反对派。宣布除非把马泰奥蒂案件查清，而且证明政府并未牵连其中，他们决不返回议会。这些议员还要求解散法西斯民兵，并停止其暴行。

法西斯分子杀害马泰奥蒂的暴行，激起了全国人民的反对。法西斯党内部也乱作一团，有的法西斯分子也对杀害马泰奥蒂不满。特别是被当作"替罪羊"的法西斯领导集团的第四号人物切萨雷·罗西备忘录的内容传出后，使许多法西斯分子感到自己被墨索里尼欺骗了。他们从备忘录中了解到"马泰奥蒂事件"的真相和另外几起重大暴力事件的内幕，因而许多法西斯分子退党。到1924年底，法西斯党的人数从1923年底的782979人减少到642246人。有些地方组织处于瘫痪状态。这种内外交困的局面使法西斯政权面临着崩溃的危机。墨索里尼甚至做好下台的准备。

为了平息群众的情绪，墨索里尼在议会中否认政府与此案有牵连，还下令逮捕杀害马泰奥蒂的凶手——杜米尼和普塔托。他还授意四名法西斯分子辞去大臣的职务，免去法西斯党的第四号人物切萨雷·罗西的首相新闻办公

---

① "阿文廷"是位于罗马城西南的一小山名，相传古罗马时，反对贵族的平民曾到此山避难。

室主任的职务，并将其开除出党，予以逮捕。

马泰奥蒂事件在客观上为反对派创造了一个打击法西斯政权的良好机会。但是，退出议会的人员未能抓紧利用这一有利时机。他们迟疑不决，失去了宝贵的时间。特别是他们未能说服国王解除墨索里尼的首相职务。墨索里尼得以争取喘息时机，并依靠法西斯民兵的支持，对反对派采取报复行动。7月1日颁布新闻检查法，8月1日宣布禁止反对派集会。他并扬言要用武力镇压阿文廷反对派。

法西斯党的这种态度深得各垄断资本集团的赏识。它们立即推举四大财政寡头——本尼、皮雷利、奥利韦蒂和孔蒂组成代表团，于1924年9月15日会见墨索里尼，向他表示支持。在这之后，三名前首相乔里蒂、奥兰多和萨兰德拉，相继宣布自己不属于阿文廷派，造成了阿文廷派的分裂，各反对党的议员陆续返回议会。

1924年11月11日，议会通过对法西斯政府的信任案。墨索里尼的反动气焰更加嚣张。1925年1月3日，墨索里尼在议会发表了标志着确立法西斯独裁统治的演说。他公开宣布，将在讲话后的"48小时之内，用武力使全国的局势得以澄清"。墨索里尼讲话后，法西斯白色恐怖笼罩整个意大利。仅1月3日至5日的3天之内，法西斯分子就查封了95个团体和俱乐部；解散了150个公共团体、25个所谓"颠覆性"组织和120个"自由意大利"小组；逮捕了包括意共领导人葛兰西在内的111名重要的"危险分子"；查抄住宅655户。

接着，墨索里尼于1925年1月6日改组内阁，先后把非法西斯大臣统统逐出政府，继而解散了除国家法西斯党之外的所有政党，颁布了旨在取消集会和结社的《反秘密团体法》、从国家机关中清洗反对派的《保卫国家措施法》、确认墨索里尼个人独裁的《政府首脑的职责与特权法》和完全摆脱议会监督的《政府颁布法令的权力法》等，确立了法西斯独裁统治。

世界上第一个法西斯政权从此在意大利建立和得到巩固，此后它在传播法西斯主义思想和推动世界法西斯势力方面，起了重要的作用。

英国 1926 年总罢工始末

王章辉

　　1926 年罢工是英国历史上最大的一次罢工，是英国现代工人运动史上重大的事件之一。这次罢工是第一次世界大战后英国资本主义政治危机和经济危机尖锐化的结果，是英国工人阶级力量的一次集中显示，同时也暴露了英国工会运动的弱点。

爆发总罢工的历史背景

　　第一次世界大战是英国从强盛走向衰落的重要转折点。战争严重地削弱了英国在世界上的政治和经济地位。英国在战争中损失了 1/3 的国家财富，而且还从美国的债权国变成了债务国。到 1919 年，英国欠美国的债务达 8.5 亿英镑，内债比战前增加了 9 倍，在经济上陷于困境。由于缺乏资本，采煤、纺织、造船等老工业部门的设备得不到更新，生产效率很低，处于衰落状态。

　　大战过程中和战后，英国殖民地的民族解放运动高涨起来，民族工业有了发展。而且，美国和日本等国资本，趁战争之机渗入到英国的一些殖民地。法国和德国从战争的打击下复苏后，重新成为英国的竞争对手。战时和战后发生的这些变化，使英国在世界市场上的竞争能力相对削弱，海外市场逐渐缩小。这些外部原因加剧了国内的经济困难。战后，经济陷于长期萧条状态，直到 1929 年，工业总产值才勉强达到 1913 年的水平。而煤产量还没有达到战前水平，1928 年，英国煤产量比 1913 年还低 17% 以上。

　　资产阶级企图把困难转嫁到劳动人民身上。一位保守党经济学家认为，"提高工业中的工作效率，减少工资，增加工时，就能使英国重新获得它在 4 年战争中所失去的大部分东西"。资本家增加工时和降低工资的企图，导致阶级矛盾激化和阶级斗争的高涨。据统计，在 1919—1925 年的 7 年间，劳资冲突涉及的工人达 830 多万人，1926 年 1 年即达 270 多万人；而在 1927—1933 年的 7 年间，则下降到 200 余万人。可见，在 1919—1926 年工人运动是何等高涨。

战后，英国工人阶级的组织性和战斗性增强，一些工会在斗争中联合起来。还在 1915 年，矿工工会、运输工人工会和铁路工人工会三大工会为了在斗争中互相支援，就结成了"三角同盟"。这一时期，英国工人运动中左翼力量日益增强。在第一次世界大战时期，在工人群众中出现了"车间代表"组织①。这个组织在非熟练工人中得到了广泛的发展，成为工人运动的左翼，其领导人有后来英国共产党的领袖威廉·加拉赫。车间代表组织提出了生产资料国有化、对生产实行监督、按产业系统改组工会、改善工人生活条件等激进口号。1920 年 1 月，车间代表组织加入共产国际。同年 7 月，在英国社会党、社会主义工党、南威尔士社会主义组织和一系列其他社会主义组织的基础上，成立了英国无产阶级的先锋队——英国共产党。共产党为工人运动的团结和统一，为使工会运动摆脱工联主义的羁绊，进行了不懈的斗争。

20 年代产生的"少数派运动"，在英国战后工人运动中占有重要地位。它首先产生于矿工工会。1924 年 8 月，少数派运动召开全国代表大会。英国工人运动的积极活动家汤姆·曼任全国少数派运动主席。英国共产党领导人哈里·波立特当选为少数派运动组织书记。这个组织提出了建立工人对生产的监督，实行 44 小时工作周制，在企业中建立工厂委员会，确立全国工资的最低限额，加强同国际工会运动的团结等要求。这个组织是英国工人运动的左翼，在工人群众中有很大影响。1926 年，参加少数派运动的人数近 100 万人。工人运动中左翼势力的增长，加强了工人阶级的战斗性，是促成 1926 年总罢工的因素之一。

英国是一个产煤的国家，煤炭工业在经济中占有举足轻重的地位。煤的

---

① "车间代表"在战前是工会派到车间处理日常事务的代表。在大战期间，工会放弃罢工斗争，引起了普通工人的不满，工人纷纷选出自己的车间代表，来领导同资本家的斗争。1915 年 2 月，克莱德地区的车间代表组成罢工委员会，领导了这一地区的罢工斗争。罢工结束后，这个委员会作为一个常设机构，以"克莱德工人委员会"的名称继续存在下来。后来全国其他地区也起而仿效，车间代表运动遂发展到全国各地。以后，各地的车间代表机构组成了一个松散的中央机构——"全国工人委员会运动"。

出口量占英国出口总值的 10%。在煤炭工业中的就业人数，占英国工业中就业的男性工人数的 10%。采煤业设备陈旧，生产效率很低。英国矿山属地主所有，煤矿主必须交纳地租。因此，煤的生产成本较高。由于国际竞争日趋激烈，煤的出口量急剧减少，产量下降，大批矿工失业，煤炭工业陷入了严重的危机。为了摆脱困境，矿主多次企图削减工资和增加工时，以降低煤的生产成本。矿主的企图遭到全体矿工的强烈反对，所以在煤炭工业中，劳资冲突特别频繁。

煤矿工人是英国工人阶级中最富有战斗力的一支部队。他们的人数在100 万以上，有一个强大的矿工联合会，后者是全国职工大会①的成员。战后，矿工们为增加工资和减少工时进行了顽强的斗争。他们提出了矿山国有化、建立工人监督等要求，认为这才是摆脱危机的出路。资本家们把矿工的要求看成是对资产阶级的挑战。他们认为，如果能制伏矿工达到降低工资、增加工时的目的，他们就可以在其他行业照此办理。而工人阶级则认为，击退资本家对矿工的进攻，就是保卫整个工人阶级的利益。这样，在煤矿工业中的斗争就不仅是局部的劳资冲突，而是涉及全局的大博斗。

1926 年以前，煤矿工人同矿主进行过几次大的较量。战争结束不久，矿工们通过群众性的斗争，迫使政府于 1919 年在煤矿工业实行七小时工作日制，并提高了工资。可是到了 1921 年，矿主们利用经济危机，又向矿工发起反攻，于 1921 年 4 月 1 日宣布总同盟歇业。矿工们以罢工相对抗。铁路工人工会和运输工人工会答应于 4 月 15 日（星期五）举行声援罢工。但由于这两个工会的领导人背信弃义，声援罢工未如期举行。结果这次矿工罢工失败，工人们把这一天叫作"黑色星期五"。根据 1921 年与矿主们达成的协议，矿工们的工资下降了 34%。

1923 年，法国出兵占领德国的重要产煤区鲁尔。德国煤炭的生产和出口急剧减少。这给英国煤炭业造成了一个短暂的繁荣机会。矿工通过斗争，于1924 年 6 月同矿主签订了新的工资协议。矿工的处境得到了一些改善。同年，法国从鲁尔撤兵。德国借助美国资本，使鲁尔地区的煤炭生产迅速恢复，出口增加。英国煤的出口锐减。国际竞争的加剧使英国采煤业的境况更加恶化。矿工失业人数增加到 12 万以上，至少有 50% 的矿工不能整周工作。

---

① 职工大会是英国各业各地区工会的联合机构，成立于 1868 年。它每年召开一次年会，从1921 年起，选出总理事会作为中央机构。职工大会在各地有工会理事会，协调地方工会事务。

矿主们为了降低生产成本，决定降低工资和增加工时。1925 年 6 月 30 日，矿主们宣布从 7 月 31 日起，停止实行 1924 年的工资协议，废除全国统一的工资率，而以地区性的工资合同取而代之；保证矿主 12% 的最低利润率；把工作时间从七小时延长到八小时。如果实行这一办法，矿工们的工资将削减 13%—47%（视各地区的条件而定）。矿主们威胁道，如果矿工拒绝上述建议，他们就将于 7 月 13 日开始同盟歇业。矿工们愤怒地拒绝了矿主们的建议。

这次矿工们得到了兄弟工会的支援。7 月 18 日，职工大会总理事会通过了充分支持矿工反对降低生活水平的正义斗争的决议。总理事会还指定了一个特别工业委员会，同矿工联合会执委会保持经常的联系。7 月 30 日，各工会执委会代表会议通过了对煤炭实行禁运的决定。代表会议授权总理事会给予矿工以财务支持和号召工会罢工。当天夜晚，三个铁路工会的执委会向它们的成员分发指示，于矿主总同盟歇业开始生效的 7 月 31 日午夜 12 时起，停止煤炭装卸和运输。在全国停止煤炭供应，将使国家经济受到严重影响。保守党鲍德温政府对工人阶级联合行动缺乏准备，不得不暂时让步。7 月 31 日（星期五），政府决定给煤矿工业为期九个月的补助（到 1926 年 4 月 30 日为止），使矿主维持矿工的工资水平和劳动条件。政府指定了一个以赫伯特·塞缪尔爵士为首的皇家委员会，调查煤矿工业的情况。矿主接受了政府的建议，矿工们取得了重大的胜利，这一天被称为"红色星期五"。

总罢工的前夜

政府在"红色星期五"作出的让步，是为了利用九个月的时间来积蓄力量。1925 年 12 月 10 日，财政大臣丘吉尔在国会赤裸裸地道出了这个意思，他说："我们决定延缓危机，希望防止它爆发，如果这点办不到，那么，一旦时机成熟，就顺利地收拾它。"很清楚，统治阶级和工人阶级都在利用这个"休战"时期，为一次更严重的斗争做准备。

"红色星期五"以后，政府即开始从各个方面作全面准备，以便向工人阶级进行反扑。政府建立了秘密的非常政府机构，积极储备食物、燃料、运输工具和其他必要物资，招募和训练工贼，以对付可能爆发的总罢工。这种非常机构是车主协会以及类似组织的自愿人员和雇佣人员组成的，它得到资本家组织——不列颠工业联合会的支持。早在 1920 年，英国资产阶级就制订了对付罢工的紧急公路运输方案，以保证交通的运转和食物的供应。现在，政府又准备利用这套方案。政府还研究了动用军队镇压罢工的问题，建立了陆军辅助后备队、交通分队，组成了替换罢工工人的军事预备队。卫生部于 1925 年 11 月 20 日向全国城乡各自治政府发出了 636 号通告，其中载有在罢工时计划采取的措施。根据这个通告，英格兰和威尔士被划分为 10 个大区，苏格兰亦划分为类似的区，每个大区由一名大臣任民政专员。一旦爆发总罢工，根据《紧急权力法》授予专员以特别权力。专员手下配备有分管交通、食物、邮电、煤炭等各部门的官员。专员班子的官员在地方当局的协助下，查清和建立食品、煤炭、急需原料及产品储备，在总罢工开始后监督运输，组织燃料和食品的供应。地方上建立了运输和招募自愿人员的特别委员会。政府为了"维护法律和秩序，保护人身和财产免遭暴力侵犯"，招募了特别警察，加强了警察力量。

为了对付总罢工，资本家们在 1925 年 9 月建立了所谓"供应维持组织"，以"组织愿意在宣布总罢工时自愿参加保障居民供应和其他服务工作的公民"。一些退役的陆、海军高级军官和其他官员担负了这个组织的领导，其中有前印度总督哈定勋爵和海军上将杰利科等。这个组织从有产阶级中招募自愿人员，训练火车司机、卡车驾驶员、邮务人员等，使他们在罢工开始后充当工贼。供应维持组织名义上是民间的，实际上得到政府的全力支持。"不列颠法西斯同盟"的前身、英国法西斯组织的头目也表示愿意在罢工时为政府效劳，充当特别警察。政府竭力把资产阶级和小资产阶级都组织起来，以对付工人阶级的联合行动。

资产阶级报刊大肆制造反对总罢工的舆论，攻击矿工坚持"过分"的要求，是企图靠损害纳税人的利益，来给矿工创造舒适的生活。报刊说搞罢工就是破坏良好的社会秩序，并蛊惑人心地宣称，似乎有人要推翻合法政府。

1925 年底和 1926 年初，各大区都举行了政府全权代表和地方官员的联席会议，制订了应付罢工的运输计划。到 2 月、3 月，各项计划的细节都已制订出来，政府储存的煤已够五个月用。公路运输的官员得到指示，要在 4 月 27 日和 28 日放弃一切工作，等候行动指令。等白厅一发出叫作"行动"的电报信号，对付总罢工的全套机器就将运转起来。

工人阶级也在为一次阶级大搏斗做准备。以英国共产党和少数派运动为代表的左翼，号召并动员无产阶级的一切力量，准备击退资产阶级的新进攻。少数派运动代表于 3 月 20 日召开代表大会，通过一项决议，要求全体工人支持罢工，用工人阶级的统一行动来击退资本家的进攻。共产党主张组织工厂委员会和工会理事会，建立工人自卫队，把工人力量自下而上地组织起来。但是，共产党受到来自政府和工人运动中右翼势力两方面的打击。1925 年 10 月 14 日，警察袭击了共产党在伦敦的总部，逮捕了包括中央执委会书记哈里·波立特在内的 12 名党的主要领导人，使共产党的中央领导机构在罢工前即陷于瘫痪。同月，工党代表会议通过决议，禁止共产党员以个人党员资格加入工党，工会也不得选共产党员做出席工党代表会议的代表。共产党本来只有 4000—5000 名党员，又受到这种打击，对工人运动的影响自然就不会太大了。

以工党和职工大会的首领拉姆齐·麦克唐纳、沃尔特·西特林、恩内斯特·贝文等为代表的右翼势力，采取了消极等待的态度，他们期待皇家委员会作出"公正合理"的结论，以求得妥善的解决。职工大会总领事会没有制订切实的行动计划，它避免采取任何可能被政府认为的挑衅行动，以免刺激政府。直至 4 月 8 日，总理事会代理书记西特林在给矿工联合会的信中还说，职工大会工业委员会虽然认识到局势的严重性，但认为事态的发展"尚未到总理事会需要最后宣布其政策的阶段"。

3 月 10 日，皇家调查委员会（又称塞缪尔委员会）的调查报告发表。报告提出的建议实质上就是答应矿主的要求。报告否定了国有化和继续实行国家补贴的必要性。报告还说，如果没有国家补贴，大部分煤矿都要亏本，而减少生产成本的唯一办法就是减少工资，延长工作时间。委员会作出这样的结论是一点儿也不奇怪的，只要看看这个委员会成员的阶级面貌就明白了。委员会主席塞缪尔曾任邮政大臣、内务大臣等要职，其他三个成员有两个是大资本家，另一个是伦敦经济学院的院长兼《晨邮报》社论主笔。

矿工们坚决地拒绝了塞缪尔委员会的报告。4 月 9 日举行的矿工代表会议通过决议，反对废除全国性工资合同、降低工资和增加工时。如果矿主固执到底，矿工就要举行罢工。但总理事会把塞缪尔报告看成是避免重大冲突的法宝，企图在报告建议的基础上进行谈判，谋求妥协。

4 月 13 日，矿主和矿工代表举行会谈，未达成协议。矿主宣布，他们将不再在全国工资率基础上进行谈判，而要在各个地区寻求单独的解决方法，除非矿工联合会让步。4 月 16 日，矿主发出了准备关厂、封矿、实行同盟歇业的公告。

职工大会工业委员会请求首相鲍德温进行干预，请矿主和矿工再次坐下来谈判。首相答应了这个要求。4 月 22 日，鲍德温主持了矿主和矿工联合会代表的联席会议。由于矿主实际上是要矿工无条件投降，谈判仍无结果。4 月的最后一周，职工大会方面的一切谈判努力都失败了，直到 4 月 27 日，对罢工仍无准备。

同盟歇业的日期日益迫近，总理事会被迫于 4 月 29 日召开工会执行委员会代表会议，商讨在谈判破裂时的行动计划，即使在这个时候，总理事会仍在同政府谈判。工会执委会代表会议在作出罢工决定以前，曾三次休会等候谈判结果，但 4 月 29 日和 30 日的谈判还是没有结果。4 月 30 日，政府开始停发对煤矿工业的津贴，英王签署了宣布全国处于紧急状态的公告。同一天，卫生部发出 699 号通告，通知执行 636 号通告中规定的措施，根据该通告成立的紧急机构和各种工贼组织都投入了行动。报纸上出现了军队调动的消息。也在这一天，矿主宣布从午夜起实行同盟歇业，全国有 2/3 的矿工立即失业。

在这种情况下，工会领袖们意识到，如果再不采取行动，工人们就可能自发地奋起斗争，从而失去控制。于是，执委会代表会议于 5 月 1 日早晨以 365 万多票对 4 万多票的绝对多数，通过了采取"联合行动"的决议。决议把所属工会分为"第一线"和"第二线"：第一线包括运输、印刷、冶金、化学、建筑、电力和煤气等工业部门的工人，第二线包括机器制造和造船等部门的工人。决议让第一线工人于 5 月 3 日（星期一）首先投入罢工，第二线晚一些时候再参加。总理事会害怕承担号召罢工的直接责任，把下达罢工指示的任务，留给了各业工会理事会，因此影响了罢工的统一性，造成了各地的混乱。

执委会代表会议通过了总罢工的决议后，代表们高唱《红旗歌》走出会场。五一劳动节，在广大工人群众中洋溢着团结—战斗的激情。伦敦和其他城市举行了声势浩大的示威游行，支持矿工捍卫生活水平的正义斗争。

虽然通过了实行总罢工的决议，总理事会仍然指望求得一项妥协的解决办法，并未集中全力进行罢工准备。5 月 1 日，总理事会代理书记沃尔特·西特林写信给首相，表示愿意继续谈判。于是，总理事会背着矿工联合会，与政府重开谈判。总理事会决定在塞缪尔报告的基础上解决争端，并于 5 月 2 日召集矿工联合会执委会领导人，企图说服他们接受降低工资、延长工作日的建议。矿工联合会拒绝了这样的建议。

这一天，《每日邮报》准备发表一篇大肆攻击总罢工的社论。印刷工人们看到这篇社论的大样后非常气愤，他们通知报社当局，如不抽出这篇文章，就拒绝印报。鲍德温知道这个消息后，立即召见总理事会的代表，指责《每日邮报》工人的罢工是"对宪法和国家自由的挑战"，"是对出版自由的粗暴干涉"。他威胁说，在总罢工的决议没有无条件放弃以前，政府不愿继续谈判。谈判的大门被政府堵死了，总理事会"在强加于它的战斗中，成了交战的一方"。

两个阶级的较量

5月2日夜间，白厅发出了"行动"的电报信号。同一天，"供应维持组织"声明，整个组织移交政府指挥。在此以前，民政专员及其下属已各就各位。

5月3日中午，从唐宁街10号发出正式通知，总理事会同政府的谈判结束。当天午夜，总罢工开始。5月4日，被列为"第一线"的各部门工人纷纷停止工作。群众的战斗热情超过了总理事会的估计。计划罢工的只有250万人，可是还在头几天，罢工人数即超过400万。一些地方的工人尚未得到关于罢工的正式通知，就自动地停止了工作。许多不属于"第一线"的工人和非工会会员也参加了罢工。英国大部分企业停产。平时喧闹的工厂、码头、车站寂静下来，火车、电车和汽车停驶，交通运输陷于瘫痪，全国经济生活一片混乱。印刷工人的罢工使全国大部分报纸停刊，在1870种日报中，只剩下40种继续出版。报纸的运送需要经过罢工机关的许可。在爱丁堡等城市，各种报纸的停刊使统治阶级丧失了重要的舆论工具。工人举行浩大的示威游行，他们的脸上流露出必胜的信心。全国失业工人运动委员会决定支持罢工，坚决不当工贼。在爱丁堡，因爱丁堡大学部分学生破坏罢工斗争，该城的面包工人拒绝为他们烤制面包。

由于总理事会对罢工未作严密部署，罢工缺乏统一指挥，领导罢工的主要责任，落到了地方工会组织的肩上。在5月2日到10日之间，各地工会都成立了罢工组织，它们有的叫罢工委员会，有的叫行动委员会，在有些地方，罢工由地方工会理事会领导。这些委员会吸收了各工会执委会和地方工会的罢工委员会的代表参加，具有广泛的权力。罢工领导机构组织了群众性的纠察队，以防止工贼的破坏。经过罢工机构批准运送食物的汽车，都贴着写有"经职工大会许可"的通行证。

总理事会对罢工的态度与普通工人截然不同。普通工人对共同事业充满了高度的热情，而总理事会的领袖们则把这次罢工看成是一场未能避免的灾难。罢工开始后两天，总委员会才建立了五个委员会，分别处理交通运输、情报、食品供应、管理指导和财务等事项。

许多地方的罢工领导机构显示了很高的工作效能。在煤炭工业的重要基地——诺森伯兰—达勒姆地区，罢工的领导机构是由各地工会理事会的代表组成的行动委员会，它出版了《工人记事报》，向工人们提供有关罢工的正确消息。该报提出了"不减少一个便士的工资，不增加一分钟的工作时间，不要任何妥协"的口号，在罢工中起了积极作用。行动委员会控制了交通和供应，行使了地方政权的许多职能。纽卡斯尔地区的民政专员金斯利·伍德也不得不请求行动委员会协助。

工人纠察队与工贼们进行了英勇的斗争。在格拉斯哥、利兹、爱丁堡等大城市，罢工工人用石头砸碎工贼的汽车车窗，破坏汽车发动机，割断输油管。工贼们不得不用木板钉住车窗，用铁丝网封住引擎箱。

英国共产党在罢工过程中始终站在斗争的最前列。共产党提出了"矿山无偿国有化和工人监督""保守党政府辞职和建立工党政府"等主张，呼吁建立工人自卫队以对付供应维持组织和法西斯分子。共产党告诫工人不要局限于自卫，"既然战斗已经打响，取得胜利的唯一道路就是勇往直前，狠狠地打"。共产党出版了打印的《工人通报》，广泛地进行政治鼓动。

英国工人阶级的斗争得到了国际无产阶级的同情和支持。4 月 16 日，国际矿工联合会声明，一旦英国发生罢工，将对输往英国的煤炭实行禁运。4 月 17 日，红色工会国际向阿姆斯特丹国际建议，组织各国工人和国际工人组织援助英国矿工。这个建议遭到阿姆斯特丹国际的拒绝。之后，红色工会国际又向英国职工大会总理事会提议，由红色工会国际倡议，召开愿意援助英国矿工的各国工会组织的国际会议，以协调和安排对矿工的援助与支持。4 月 30 日，红色工会国际号召所属工会和各国工人采取行动，一旦英国矿主开始同盟歇业，就立即将以下口号付诸行动。"不许给英国一克煤！"

各国工人积极响应了红色工会国际的号召。苏联工人在全国各地举行了声援英国工人兄弟的集会和示威游行，并募集了 200 万卢布的捐款（但遭到职工大会的拒绝）。德国汉堡的码头工人、海员对开进港口的船舶，实行严格的监督措施，阻止把煤运往英国。法国、荷兰等国的工会也表示要采取措施，阻止向英国运煤。美国、加拿大、墨西哥、日本、爱尔兰、比利时、捷克斯洛伐克、印度等国工人也以不同方式对英国工人阶级的斗争表示支持。处在苦难中的中国工人阶级节衣缩食，为英国罢工工人募集捐款。上海工人举行群众集会，通电声援英国工人兄弟。

在总罢工的强大压力下，资产阶级营垒开始出现裂痕，他们中的一些代表人物主张向工人阶级让步。纽卡斯尔市议会呼吁首相，在原有基础上结束同盟歇业。5月7日，坎特伯雷大主教出面调停，他请求双方"以团结合作的精神，为共同的利益……而靠拢"。他建议停止总罢工和同盟歇业，把政府补助延长一个时期，在此基础上，在矿主和矿工之间重开谈判。一些资产阶级集团亦支持这项建议。自由党议会党团主席劳合·乔治说："我相信，如果我们支持政府在罢工尚未停止时就拒绝进行谈判，斗争就可能变成长期的，并且会给整个国家造成严重损失。"

可是，当时以财政大臣丘吉尔为代表的资产阶级强硬派在政府中占了主导地位。政府动员了手中的一切力量，对罢工进行镇压。政府派海军战舰运送必需物资，派士兵到电厂、码头顶替罢工工人。军队帮助运送邮件、运输和分配汽油。5月8日，伦敦一个粮食运输队从码头向海德公园的政府粮食仓库运粮时，政府调动了20辆装甲车，大批士兵和警察押运。第二天，汽车载着钢盔的士兵和警察在伦敦街头示威，企图吓唬罢工工人。在罢工期间，政府大量扩充警察力量，特别警察的人数从罢工前的9.8万人增加到22.6万人。警察大批逮捕罢工积极分子。印刷、传播和保存用复印机印刷的罢工公报被视为非法，遭到禁止，违者处以3个星期到3个月的监禁。工人纠察队经常遭到袭击。英格兰和威尔士有3000多人以"煽动叛乱罪"和因"暴力行动"被判处徒刑。格拉斯哥有200人因"阻碍交通"而遭逮捕，有1000人被判刑。伦敦共产党总部几乎天天遭到袭击，各地有许多共产党员被捕。

政府控制的广播电台和报纸大肆进行反对罢工的宣传，煽动中、小资产阶级仇视罢工的情绪，涣散工人的斗志。5月5日，政府利用工贼的力量出版了《不列颠公报》，丘吉尔直接控制该报。鲍德温于5月6日在《不列颠公报》上发表的文告称："立宪政府正受到攻击"，"总罢工是对国会的挑战，而且是通向无政府主义的道路"。他号召全国人民支持政府，以维护人民的"自由和特权"。统治阶级的代表人物不断地进行威胁和恐吓。5月6日，约翰·西蒙爵士在下院叫嚣说，这次罢工是"完全违反宪法和非法性质的……每一个劝诱和推动罢工过程的工会领导人，要拿出他财产的最后一文来赔偿破坏的损失"。5月9日，有消息说，政府要逮捕总理事会和地方罢工委员会成员，废除劳资争执法，并准备把宣布总罢工为非法的一项法律草案提交国会审查。

工人阶级勇敢地接受了统治阶级的挑战。面对资产阶级宣传机器对罢工的诽谤和攻击，纽卡斯尔行动委员会的通报回答说："工人阶级还没有对宪法发起有意识的革命进攻，但如果资本家们声明，宪法禁止工人们为保卫自己的面包而进行斗争，那么宪法就需要迅速地、彻底地改写。"

可耻的背叛

罢工运动的空前规模和工人群众高涨的战斗热情，使总理事会的工会官僚们惊慌失措，来自统治阶级的镇压和恐吓更使他们非常害怕。他们唯恐运动失去控制而转入政治斗争的轨道，更谈不到站在运动前面积极领导。总理事会没有很好地进行捍卫罢工的宣传，只是在政府出版了《不列颠公报》以后，才于5月5日晚出版了《英国工人报》。《英国工人报》受到总理事会的种种限制，仅限于消极防守，而不敢揭露政府镇压罢工的种种罪行。报纸对警察和工人的冲突闭口不谈，唯恐刺激工人情绪。《英国工人报》不是号召罢工者积极行动，而是要他们离开街头，待在家里，或者举行文娱、体育活动，遵守"秩序"。加的夫罢工委员会劝告工人们："保持微笑，不要受挑动。回到你们的园子中去，看看妻子和孩子们。如果你家没有园子，那就到郊外去。到公园和公共游乐场去。"

工党和总理事会的头目们内心是反对总罢工的。在罢工刚刚开始那天早晨，工党议会党团的领袖拉姆齐·麦克唐纳就公开扬言，他"不喜欢总罢工"。5月9日，在罢工的高潮中，总理事会成员托马斯也说："我从不掩饰我不赞成总罢工的原则。"这充分暴露了他们在统治阶级进攻面前的怯懦心理和推卸责任的企图。《曼彻斯特卫报》对总理事会成员们的心理状态作了生动的描述："总理事会是和革命的行动委员会完全相反的。聚集在这里的是一群萎靡不振的工会官僚……由于害怕可能发生混乱而意志颓丧，他们经常受到各种耸人听闻的传说的影响，他们与大工业中心的联系逐渐削弱，而他们最害怕的，是自己发动起来的力量会脱离自己的控制。"罢工开始不久，工会首领们就开始与官方代表秘密接触，企图尽快结束罢工。5月7日，麦克唐纳声明："我正在尽一切努力，保证把每一分钟都用以争取和平解决这一冲突，并达成协议。"

从 5 月 8 日开始，总理事会开始背着矿工联合会同赫伯特·塞缪尔爵士进行秘密谈判。塞缪尔实际上是政府手中的工具。他在罢工的关键时刻出面调停，目的在于瓦解工人斗志，加深总理事会与矿工联合会之间早已存在的裂痕，起武力镇压所不能起到的作用。塞缪尔曾明确声明，他并未得到政府授权，因此不能代表政府作任何保证。总理事会急于通过谈判结束罢工，所以根本不顾及塞缪尔的地位。塞缪尔于 5 月 11 日起草了一份关于停止罢工的条件的备忘录（所谓《塞缪尔备忘录》），其中包括恢复谈判、暂时恢复政府津贴、降低工资等内容。总理事会决定接受《塞缪尔备忘录》，停止总罢工，并于 5 月 11 日招来矿工联合会的负责人赫伯特·史密斯、阿瑟·库克等，企图把总理事会的意志强加于他们。矿工代表对事先未征求他们的意见就接受《塞缪尔备忘录》一事向总理事会提出抗议，并拒绝接受总理事会的决定。后来库克说，总理事会的决定是"日复一日的怯懦的顶点"。

就在这一天，根据总理事会事先的安排，"第二线"的机器制造工人和造船工人也投入罢工，使罢工人数达到近 600 万人，总罢工进入最高潮，运动方兴未艾。这一天，官方广播也承认，"罢工还没有削弱的迹象"。这是一次力量的较量，也是一次意志的较量。总罢工只要坚持下去，就可能迫使政府和矿主们让步，罢工就有可能获胜。可是，"第二线"工人投入罢工的指示生效刚刚 12 个小时，5 月 12 日午后 1 点，无线电广播便传来了停止罢工的消息。工人们简直不敢相信自己的耳朵。他们被总理事会出卖了。

5 月 12 日正午，托马斯和贝文等总理事会代表到唐宁街 10 号求见首相。他们通知鲍德温，总理事会已决定停止罢工。托马斯和贝文企图从首相那里得到某些保证，以便使事情"重新走上正确轨道"，使雇主让罢工工人不受阻碍地恢复工作。但鲍德温摆出一副受降者的姿态，对总理事会代表的讲话表现得很不耐烦。他以忙为借口，轻蔑地把他们打发走了。

次日，《英国工人报》发表了总理事会的公告。公告说，总理事会得到保证，煤矿问题将得到解决，因此宣布结束罢工。这纯粹是一种欺骗。政府的正式公告说，政府将不强迫雇主让参加过罢工的工人复工，政府并未承担这样的义务，由于罢工使生产下降，以及由于雇主对"自愿劳工"（工贼）承担了义务，解雇罢工工人势在必得。这对总理事会不啻是一记响亮的耳光。

停止总罢工的决定在工人群众中引起了惶惑和愤怒。地方罢工组织纷纷向伦敦的总理事会发电报、写信，询问到底发生了什么事情。许多工会都要求对停止罢工的原因作出解释。木器工人联合会要求召开特别会议，讨论停止罢工的问题。铁路工人问道，为什么在罢工明显要取得胜利的时候，他们要忍受失败的耻辱？许多地方的工人都拒绝复工。罢工仍在许多地方继续着。

总理事会宣布停止罢工以后，资本家趁机反攻，他们纷纷降低工资，解雇罢工工人。5 月 13 日，铁路公司宣布，铁路工人的罢工破坏了协定，所以参加罢工的人都被解雇，他们只有在单独签订合同的基础上才能重新受雇，企图借此大幅度削减工资。为反击资本家的进攻，有些地方的罢工委员会致电总理事会，要求恢复总罢工。铁路、码头、旅客运输和印刷等行业的工人又继续罢工了好几天。由于工人们的坚决斗争，资本家降低工资和延长工作时间的企图，才未能完全得逞。

经过若干保卫战后，其他行业的工人都陆续复工了，但矿工们拒绝接受屈辱性的条件，继续顽强地战斗着。他们孤军作战，处境十分艰难。资产阶级开动宣传机器，对矿工发动猛烈的进攻。6 月 1 日，宣布延长《紧急权力法》，数以百计的矿工纠察队和罢工积极分子遭到逮捕。矿工的集会受到冲击，矿工遭到殴打。政府千方百计地阻止国外援助的金钱和物资到达矿工手中。地方当局断绝了对矿工家属的救济。矿工向"三角同盟"的铁路工人和运输工人工会求助，希望他们停运煤炭，但未得到响应。矿工们请求阻止转运煤炭和禁止外煤输入英国，也受到总理事会的阻挠。矿工们坚持罢工近七个月，工会基金耗尽，矿工及其家属受着饥饿的煎熬，最后被迫于 11 月 30 日停止罢工。

总罢工的失败给英国工人运动造成了严重的后果。资产阶级趁机降低工资、延长工作时间和限制工会权利。1926 年 7 月 1 日，国会废除了 1919 年颁布的七小时工作日法，在煤矿重新恢复八小时工作日制。1927 年 7 月，国会通过《劳资争议与工会法》，宣布总罢工为非法。凡是发展为一个行业或是工业部门以外的"图谋直接地或以使社会遭受困难的方法来强迫政府"的罢工，都在禁止之列。群众性的纠察活动受到限制。法律禁止工会用工会经费支持他们在公共团体中的代表，禁止国家机关工作人员和邮务人员参加职工大会和工党。限制工会为工党筹集政治基金。这一反动立法极大地削弱了工人阶级在长期斗争中争得的权利。

由于总罢工的失败，工会会员和工党党员人数急剧下降。工会基金减少，工会的行会习气得以保存下来。工会右翼首领们利用总罢工和矿工罢工的失败，来证明他们的投降主义的正确性，公开号召工人同资本家合作，以消除萧条的根源和创造繁荣的条件。以帝国化学托拉斯领导人阿尔弗雷德·蒙德为代表的垄断资本家，对工会右翼首领的态度大加赞赏。1928年，以蒙德为首的垄断资本家使团通过同职工大会首领的谈判，使通过调解解决纠纷的方法制度化，成立了有双方代表参加的工业理事会，以调解劳资冲突，于是产生了臭名昭著的蒙德主义。

1926年大罢工失败的原因是多方面的。统治阶级为对付这次罢工作了长期的、周密的准备，并动用了军队、警察和整个国家机器反对工人阶级。工人方面虽然人数众多，但工会的最高领导权掌握在右翼领导人手中，他们随时准备向资本家妥协，不愿领导工人群众进行坚决的斗争。右翼领导人推行阶级投降主义政策，破坏了工会运动的团结。另外，改良主义在工人队伍中有根深蒂固的影响。英国共产党人数少，在工人中影响不大，起不到领导核心的作用。

这次大罢工暴露了英国资本主义深刻的矛盾和存在着尖锐的阶级斗争，戳穿了改良主义者鼓吹的资本主义已进入国内和平时期的神话，总罢工对统治阶级是一次沉重的打击，它使资本家损失了1.6亿个工作日。资本家所遭受的物质损失难以计算。据拉姆齐·麦克唐纳估计，到1926年10月初为止，煤矿业争端和总罢工造成的损失不下5亿英镑。从这个意义上来说，这次总罢工的结局，也算不上是统治阶级的胜利。

1926年总罢工是第一次世界大战后英国工人运动中左翼势力发展的结果，是两次大战之间，矿工和其他行业的工人同资本家阶级斗争发展的顶峰。总罢工显示了工人阶级在对国家政治和经济制度进行革命改造方面的潜在力量，为以后的斗争积累了宝贵的经验。在罢工过程中，工人群众的先进部分逐渐认清了工会官僚们的叛卖嘴脸，认识到以革命领导取代改良主义领导的重要性。在1927年1月20日举行的工会执委会特别代表会议上，许多代表对总理事会在罢工前缺乏准备，在罢工斗争中同塞缪尔进行秘密谈判，和在未从政府得到任何许诺的情况下就停止罢工等问题进行的批评，就表明了基层工会对总理事会投降主义政策的认识。工人阶级的先进部分从痛苦的经历中认识到，政府是有产阶级利益的忠实捍卫者，当劳资冲突影响到整个统治阶级的利益时，政府就会动用整个国家机器，来捍卫资本的利益。因此，工人阶级要捍卫自身的利益，就必须团结一切可以团结的力量，同资产阶级进行顽强的斗争，方有可能取得胜利。

　　1926 年总罢工虽然失败了，但它显示了工人阶级团结战斗的伟大力量，在英国工人运动史上写下了光辉的一页。

凯洛格—白里安公约的签订

卢明华

凯洛格—白里安公约，全名为《关于废弃战争作为国家政策工具的普遍公约》，俗称"非战公约"。这个公约最初由美国和法国发起，1928 年 8 月 27 日签订于巴黎，又称"巴黎公约"。创始签字国有德国、美国、比利时、法国、英国、意大利、日本等 15 国。[①] 依照公约规定，美国政府负责向世界其他国家发出加入公约的邀请，法国政府向苏联发出邀请。自 1928 年 9 月至 1934 年 5 月，苏联、中国等 49 国先后加入公约，使凯洛格—白里安公约签字国增加到 64 个，包括了当时世界的绝大多数国家。阿根廷、玻利维亚、萨尔瓦多和乌拉圭 4 个拉丁美洲国家，因反对美国在拉丁美洲的帝国主义政策，或对美国的诚意和公约的有效性持不信任态度，而拒绝加入公约。

根据公约规定，在 15 个创始签字国各按本国宪法程序批准并将批准书交存华盛顿后，美国总统于 1929 年 7 月 24 日宣布公约正式生效。

各加入国将其加入书交存华盛顿以后，公约在该加入国和其他缔约国之间即行生效。

公约全文含一简短序言和三个条款。第 3 条系批准和生效条款。实质性条款是第 1、2 两条。第一条规定："缔约各方以它们各国人民的名义，郑重声明，它们斥责用战争来解决国际纠纷，并在它们的相互关系中，废弃战争作为实行国家政策的工具。"第 2 条规定："缔约各方同意它们之间可能发生的一切争端或冲突，不论其性质或起因如何，只能用和平方法加以处理或解决。"

---

① 其他创始签字国为：波兰、捷克斯洛伐克和英属自治领加拿大、澳大利亚、新西兰、南非、爱尔兰自由邦以及印度。

20 年代和平主义非战运动遍及欧美，影响很大。凯洛格—白里安公约就是帝国主义利用这一形势，玩弄大国外交和强权政治的产物，它是这些大国在维护和平、反对战争的口号下，互相钩心斗角，争夺欧洲和世界霸权的表现。

"非战"运动的由来和发展

20 世纪 20 年代末期，第一次世界大战后短暂的资本主义相对稳定时期已逐步消失。欧洲经济首先告紧，危机已经开始出现，帝国主义国家之间的矛盾随之加剧，凡尔赛—华盛顿体系下的欧洲和国际均势日趋不稳。英、法、美等帝国主义大国为了维持现存国际体系，巩固和扩大既得利益，频频策划召开国际会议，签订相互保证中立条约，以稳定现状；同时加紧扩军备战，以便必要时制伏对手。20 年代中期以后，它们企图通过裁军谈判，限制对方，保护自己。结果军备越裁越多，谁也制伏不了谁。1926 年，世界裁军会议筹备委员会成立，但一事无成。1927 年 6 月，英、美、日三国日内瓦海军裁军谈判又告破裂。欧美各大国外交陷入困境。这时，一部分美国垄断资产阶级"国际派"人士①和有影响的知识分子及其控制的和平主义团体，便试图通过"非战"运动，寻找新的出路。

美国垄断资本凭借第一次世界大战和战后插手欧洲重建所积蓄起来的雄厚的金融和工业实力，自信可以通过"和平竞争"，首先确立美国的经济霸权，再徐图取得政治军事霸权。因此在 20 年代，美国垄断资产阶级，特别是在欧洲拥有巨大金融优势和工业品出口能力的大银行家、大制造商和大出口商，即号称"企业界国际派"的人士，一般说来是赞成和平，希望欧洲稳定，不希望战争，尤其不希望在自己没有准备好的

----

① 或称企业界国际派，形成于 20 世纪初期，是美国第一代垄断资本家，多出身于东部显贵家族。他们关心国外市场和海外投资，对欧洲尤有兴趣，其代表是摩根财团。相形之下，中西部的芝加哥、克利夫兰财团一般面向国内市场或国外利益的传统地区拉美或西太平洋地区，对欧洲事务的兴趣相对较少，被称为"企业界国内派"。国际派在政治上主张摆脱美国传统政策，卷入世界事务，支持美国参加第一次世界大战，积极策划和参加巴黎和会，谋求取得美国在欧洲和世界的霸权。由于当时美国军事实力有限，所以他们一般不主张轻易动用武力或承担力所能及的国际义务，而倾向于以经济实力为后盾，促使欧洲和国际体系"美国化"。他们之中的当权派（如历届国务卿中的诺克斯、蓝辛、休斯、凯洛格等）也主要从事仲裁、调解之类的外交活动，非当权人士（如卡内基等）则从事研究筹划有关仲裁、调解、非战之类的法案和计划。

情况下发生战争的。但是，尽管他们一般地主张和平，对20年代层出不穷的和平方案①，却因各自的特殊利益而态度各异。对非战运动，美国企业家一般表示支持，大多数只是觉得它"无害"而已。非战运动的热心推动者主要是当时摩根财团控制下的全国制造商协会的一些上层人物，特别是对该协会影响最大的美国钢铁公司。摩根财团在欧洲拥有的债券最多，美国钢铁公司当时是世界钢铁业中的佼佼者。20年代由于欧洲经济疲软，美国钢铁公司产品在欧洲市场的销路有萎缩之势。因此，都急于要保持欧洲稳定和经济复兴，以便扩大美国的资本输出和工业品输出。卡内基国际和平基金会当时是摩根财团和美国钢铁公司的重要喉舌。它在非战运动方面的代言人是卡内基国际和平基金会主席、哥伦比亚大学校长尼古拉斯·巴特勒和他的亲密同事、该基金会经济与历史部主任、哥大教授詹姆斯·肖特韦尔。

另一方面，以中西部财团为中心的垄断资本以及其他中小企业主和农场主集团组成的美国商会，也是非战运动的支持者，他们的经济支柱是钢铁、铁路等基础工业，食品、肉类加工包装等轻工业以及农业。他们既担心受国内东部财团的排挤，又担心欧洲同类产品打进美国市场，夺去自己的地盘，因此希望保持国内的稳定与繁荣，反对美国对多事的欧洲承担过多的义务，而损害他们的利益。他们也在一定程度上支持非战运动，以求太平。美国商会广大中小企业主并无发言权，这一派非战运动的主要发言人是爱达荷州共和党参议员、参院外委会主席威廉·博拉，和芝加哥富豪律师萨蒙·莱文森。

这两派差不多同时但又互不相干地从20年代初开始，发起非战运动。

非战思想和非战运动尽管是由经济政治力量决定和推动的，但决不只是这种经济政治力量的机械的反映。非战思想，同任何哲学思想和法的观念一样，"都具有由它的先驱者传给它而它便由此出发的特定的思想资料为前提"②。非

---

① 这些方案多围绕国联、世界法院、仲裁、裁军和非战等问题，如参议员麦坎伯于20年代初提出一项以"国家协会"取代国联的计划；1921年律师莱文森等起草的"非战计划"；1923年参议员博拉提出的建立世界法院，作为实施非战的手段的议案；1924年美国教会联邦委员会提出的条约草案，宣布侵略战争为国际罪行；同年哥伦比亚大学教授肖特韦尔等人向国联提出的"裁军与安全条约"草案；他还提出一项计划，主张美国同国联合作，对侵略者进行军事制裁。

② 引语见《马克思恩格斯选集》第4卷，第485页。恩格斯在这封信及恩格斯致弗·梅林的信中，阐明了政治经济动力对思想的决定性作用和思想具有本身的逻辑发展这一辩证关系。

战思想作为当时国际法研究和资产阶级"和平学"① 研究中提出的一个概念，当然有它自身的相对独立的历史发展的逻辑。卡内基国际和平基金会的创始人、美国钢铁公司的重要伙伴卡内基钢铁公司董事长安德鲁·卡内基早在1905年就说过，世界和平的保障在于国际法的渐进地外延。莱文森在1918年提出"宣布战争为非法"的口号，此后起草了一系列非战计划，由参议员博拉提交到参议院，但遭到否决。肖特韦尔曾协助威尔逊的亲密顾问豪斯上校，组织了一个以摩根财团显要人物为主的，由银行家、企业家、律师和国际关系专家组成的"咨询团"，随同威尔逊率领的美国代表团出席巴黎和会。他返国后撰文鼓吹消灭战争的办法是宣布战争为非法。他的文章被誉为消灭战争的"最佳计划"，获得《星期六晚邮报》的奖金。但在20年代中期，上述那些五花八门的和平方案都只是喧闹一场，毫无结果，美国朝野普遍对欧洲的和平稳定缺乏信心。因此，莱文森、肖特韦尔等人的非战计划，并未得到美国政府的赏识。这是非战思想和资产阶级"和平学"对它由此产生和发表的经济政治动力，具有相对独立性的表现，是它相对以按照本身的逻辑发展的表现。

为了克服非战鼓吹者的热情奔放与美国政府的冷漠态度之间的矛盾，巴特勒和肖特韦尔利用卡内基国际和平基金会的充足财源，每年花费50万以上美元，用于各项和平计划，经常出访欧洲，向各国政界、外交界的有影响力人物游说，试图燃起欧洲的热情，反馈过来影响美国的政策。结果，非战公约的官方倡议不是出自非战运动的发源地美国，而是首先从法国首都发出。

美法谈判

1927年3月，肖特韦尔访法，说服法国外长白里安采取行动，并为他起草了体现废弃战争思想的告美国人民书。

白里安是20年代有名的"条约迷"。为了维护法国通过《凡尔赛和约》得到的既得利益及其在欧陆的霸权，防止德国东山再起，他同许多欧洲国家

---

① 和平学 Peace Science，或称和平研究学 Seience of peacestudies，又称和平运筹学 Operating Science of Peace，是肖特韦尔在20—30年代创立的学说。他认为和平是"科学"，主张在国际社会的管理上，运用实证主义方法，即依靠国际法学家和社会科学家，通过调查研究和各国（特别是英、美两国）经验的积累，增强世界秩序活力；通过各国政府（特别是英美政府）的合作，实现普遍的协和，探索通向世界的秩序的道路，寻找实现和平的工具。这一理论后来发展为"功能主义"国际关系理论。

签订了一系列保证中立条约、仲裁条约和同盟条约。但法国还是感到不安全，它当然希望有一个美国那样的条约伙伴。这是白里安接受肖特韦尔建议的主要原因。4 月 6 日，即美国参加第一次世界大战 10 周年纪念日，白里安通过美联社向美国人民发出了肖特韦尔起草的信，建议法、美两国签订废弃战争作为国家政策工具的双边条约。6 月 20 日，白里安通过美国驻法大使赫里克，向美国国务卿凯洛格正式递交了双边条约的草案。

凯洛格和他的国务院顾问们深知白里安的用意，尤其怀疑白里安想借此搞法、美之间的某种军事同盟，因此对白里安的建议采取沉默拖延的政策。后来，慑于国内和平主义舆论的压力，国务院才不得不另谋对策。凯洛格和他的负责欧洲事务的助理国务卿威廉·卡斯尔，同以威廉·博拉为首的参议院外交委员会举行会晤，定下了一条以多边公约替代双边条约的妙计。

1927 年 12 月 28 日，凯洛格向白里安提出由美、法、英、德、意、日六国签订废弃战争多边公约，然后邀请其他国家加入的反建议。美国参议院代议长、新罕布什尔州共和党人乔治·摩西欢呼，"这是摆脱这该死困境的最好方法，法国不会同意跟德国签订非战公约的"。卡斯尔更想以多边公约堵住法国之口，一劳永逸地把法国自 1917 年以来一再提出的同美国结盟的要求顶回去。他在日记里透露：这是"一个重大的和平姿态"，"使他（白里安）防不胜防"。他还如释重负地写道："该是停止书信往来的时候了。政治把戏已达预期目的，现在该好好休息一下了。"可见到此时为止，美国并无谈判诚意，只是想把皮球踢回给对方。

白里安也是长于外交手腕的老手。他一方面不得不表示接受多边公约的建议，一方面又大做文字游戏，故意把美国建议的签署程序理解为法、美两国单独先签，然后再交别国接受。他还提出公约应限于废弃"侵略战争"，还主张在公约中加进国际制裁的条款，其意图显然是要利用法、美单独先签的程序，确立某种特殊关系，并把美国一向不愿承担的，诸如集体制裁一类的明确义务，套在美国脖子上。凯洛格意识到这一点，便断然加以拒绝。为了摆脱法国的纠缠，美国政府于 1928 年 1—2 月间两次照会法国，提议美、法两国共同将白里安 1927 年 6 月原建议和此后两国外交通信，提交英、德、日、意四国政府进行研究。凯洛格通知法国驻美大使，他 2 月 27 日的照会已交给报纸发表，以示不可更改。

法国不甘示弱，于 3 月 30 日复照美国，声言如美国坚持"无条件"签约的原则而不顾后果，"法国就不想再讨论它参与美国政府倡议，并对之负责的这个计划的问题了"。作为对策，法国提出若干保留或"明确谅解"，归纳起来是四点：（1）"如一个缔约国不信守诺言，则其他缔约国便不受其对该毁约国所负义务的约束"；（2）"废弃战争的承诺，不得剥夺缔约国合法自卫的权利"；（3）"新公约所含之义务，不得取代或以任何方式损害《国际联盟盟约》《洛加诺公约》或保证中立条约等以往国际协议所含之义务"；（4）"这个让所有国家加入的条约，只有获得全世界的承认以后，方能生效。除非签署或加入公约的国家一致同意它生效"。很明显，法国的这些保留，旨在维护现有条约体系下的特权。

至此，美、法双边磋商实际上已陷入僵局。美、法分歧的实质是两个帝国主义大国都在讨价还价，以获取自己最大的利益。但由于两国现政府当时都面临大选，出于各自国内政治的需要，双方才同意按美国建议的办法，把问题提交英、德、日、意四国讨论。谈判进入多边磋商阶段。

美国与英法的争斗

在 6 国多边磋商的第一个回合中，法国仍然首当其冲。美国方面以白里安 1927 年 6 月的双边条约草案为基础，拟定了多边公约的草案，附在它 1928 年 4 月 13 日照会之后，供四国政府考虑。法国于 4 月 20 日提出了它自己的《关于谴责和废弃战争作为国家政策工具的公约》草案，条款增加到六条，实际上把它在前一阶段提出的保留全部列为正式条款，而且在它的第 1 条中，把废弃战争作为国家政策工具的定义，限定为"即指作为各国主动采取的、各行其是的、自发的和独立的政治行动的工具，非指由于诸如《国际联盟盟约》或在国际联盟登记的任何其他条约的义务而可能卷入的行动"。这就是说，按照《国联盟约》及法国为维护其所签订的一些同盟条约而进行的战争，并不在废弃之列。

对此，美国反应强烈。美国不愿看到法国借此巩固由国联支配的国际秩序和加强法国的地位，它立即照会五国："法国的反战公约草案看来是完全不能接受的。"凯洛格指示美驻法大使向法国指出：法国草案"着重谈的是战争而不是和平，似乎实际上是在论证而不是要放弃使用武力"；"美国不会参与任何表面上为了维护和平，归根结底还是体现要诉诸战争，和使国际联盟体系永久化的那种国际条约"；"如果法国现草案是法国政府准备在通过公约废弃战争的道路上前进的极限，那么，美国力图同法国谋求一致的努力，是无济于事的"。因为两国政府在这个问题上的立场是不可调和的，美国态度一硬，白里安便招架不住，只好称病不出。于是这场外交游戏便转入以英、美对垒为主的角逐。

英国当时欧洲政策的主要目标是维护不稳定的欧洲均势，具体办法是："（1）重新赢得法国的信任；（2）恢复对法国东部边界安全的保证计划；（3）……把这种（英、法）双边联盟变为（英、法、德）三方保证。"英国外交部认为："欧洲的和平取决于英、法、德之间亲睦关系的维护……英国政府接受美国公约的方式，若使法国以为英国意欲弃法国于逆境，则将有损于英国的利益"。所以，英国外交大臣奥斯汀·张伯伦公开表示，英国不准备抛弃老朋友而迁就新朋友。然而，英国外交又比法国略胜一筹，它首先觉察到美国公约草案旨在维护欧洲现状，与英、法政策吻合。在这一前提下，英国以美、法之间的调解人身份出现更为有利。另外，在维护帝国主义既得利益和势力范围方面，英国有求于美国，不敢轻易得罪美国。例如，奥斯汀·张伯伦曾多次向美国表示，英国有它自己的"门罗主义"，询问美国如何处理新公约与门罗主义的关系。美国故意避而不答，这使英国格外谨慎。奥·张伯伦私下告诫法国，"必须真正下决心尽量迎合美国的观点，接受美国的建议"："对不得不提出的任何异议，在性质和方式上都要极为小心。"这就是多边磋商中英国的基本姿态。

奥·张伯伦先给德国外长斯特莱斯曼打招呼，表示"渴望同他磋商"，要他等到张伯伦"稍有时间考虑和有机会向他抒发己见后"，再复照美国，企图先拉住德国。但德国对英、法素有戒心，仍按自己的时间表复照，接受美国的公约草案。接着，英、法提出召开六国外长预备会议和法律专家会议统一意见，然后签约的建议，企图以多数制胜美国。美国事先从意大利方面得悉法国曾企图排斥美国，举行法律专家会议。凯洛格立即通知其驻有关国家大使"尽最大努力，打消举行法律专家预备会议的设想"。他对英国驻美大使说，法律专家会议"主要是为了找碴子，不是为了克服困难"。凯洛格也不同意举行外长预备会议。

4月28日，凯洛格在美国国际法协会上发表演说，基本上逐字逐句地照念了他4月23日致美驻法大使的指示信中已阐明的观点，旨在以美国独家的解释，一举抵消外长预备会议、法律专家会议的建议和法国的保留，垄断对公约的解释权。他对自卫、《国联盟约》《洛加诺公约》、保证中立条约与违约国的关系和公约普遍性等六个问题作了解释，中心意思是：美国的公约草案不限制或损害自卫权，每个国家均有权自行决定是否需要诉诸战争以实行自卫；公约与《国联盟约》《洛加诺公约》、保证中立条约不矛盾；一国违约诉诸战争，则其他缔约国自动解除其对该违约国的义务；公约应有普遍性，但无须等所有国家批准才生效。除最后一点以外，基本上安抚了法国。美国方面还同意对公约草案作些文字上的修改，又应英、法的要求将波、捷、比三个洛加诺公约国和几个英属自治领列为创始签字国。只因美国不肯将上述解释写入公约，英、法仍不罢休。

英国终于在 5 月 19 日复照美国。照会共 13 条，行文措辞十分狡黠，被称为外交文件中一篇"杰作"。美国人以为它接受了美国的立场，法国人则理解为支持法国的保留。照会不同意法国关于把自卫权和一国违约则他国自动解除义务的原则写入公约的意见（第 4、第 6 条），但又主张"以适当方式将上述谅解记录在案"，使之"与公约本身具有同等价值"（第 7 条）。照会第 8 条诡称《国联盟约》和《洛加诺公约》的唯一目标，是"消除作为国家政策工具的战争"，有制裁措施，比废弃战争更高明。仅这两条就足以表明，同法国一样，英国力图维护作为其霸权工具的《国联盟约》和其他现有条约，竭力贬低或抵消可能成为未来美国霸权工具的凯洛格公约。这是围绕公约问题，英、美双方争霸的特殊表现。

英国照会第 10 条阐明了"英国的门罗主义"。它说："世界上有些地区的繁荣和完整，对我们的和平和安全具有特殊而重大的利害关系。英国政府过去曾极力说明干涉这些地区是不能容许的。保护这些地区免遭攻击，对大英帝国来说，是一项自卫措施"，"英国政府是在明确理解到公约不会损害他们在这方面的行动自由，才接受新公约的"。并指出美国也有同样的利益，同样的意图和目的。英国提出这个敏感问题，迫使美国让了步，承认英国保卫苏伊士运河是自卫措施。英、美两国担心德、意、日都来提出各自的门罗主义不好收拾，乃商定"到此为止"，心照不宣。

对于英国照会第 7、第 8 两点，以及法国后来提出的，将保留条款列入"与公约同等价值的议定书"的建议，美国断然拒绝。凯洛格的逻辑是："如果我对公约的解释是正确的，其他国家就会承认，这就是他们对公约的全面理解"。并暗示说，美国参议院不会接受任何附加的东西。最后，美国施展了虚张声势的外交招数，于 6 月 23 日再次发出照会，避开实际存在的分歧，宣布收到有关国家政府对美国 4 月 13 日照会的答复，这些政府对美国的公约草案"均未表示不同意见"，"也未提出任何具体修改意见"。新照会附上公约草案修改稿，敦促有关各国迅速表态。

英国策划英、德、法三国外交部法律顾问，在柏林秘密碰头。三位顾问认为，"除了有关尊重现有条约这一点外，草案看来是令人满意了"。这些所谓"现有条约"，主要指《国联盟约》第 16 条。德国外交部法律顾问高斯认为，国联会员国执行盟约第 16 条而采取的军事行动，不是作为国家政策工具使用的，因此与公约第 1 条不矛盾。奥斯汀·张伯伦企图让国联主要会员国在其接受公约的复照中，将上述"高斯解释"记载在案。对此，美国再次拒绝。至此，英、法意识到，它们不可能期望对美国的公约草案作任何进一步修改，终于同意择日签约。

签署·批准和生效

《凯洛格—白里安公约》的签字仪式于 1928 年 8 月 27 日在巴黎举行。签字气氛出奇地冷清。只有东道主白里安唱独角戏，他说了一些莫名其妙的话："战争的最具体最可怕的形式——自私的和蓄意的战争——被废弃了，过去认为是天赋权利、今天在国际准则中仍然是主权属性的这种形式的战争终于在法律上丧失了……它的合法权。""现在不再是对这种祸害去组织防卫的问题，而是从根本上除害的问题了。"到会代表谁也没有发表意见。

凯洛格出席了签字仪式。他在巴黎逗留期间，在公开场合几乎是一言不发，私下里对英国签字代表说："每个国家都有特殊利益要保卫……例如美国曾保证巴拿马的独立，如需要捍卫这一保证，那就让美国来捍卫。"果然，就在公约签字那一天，为"维护门罗主义"而入侵尼加拉瓜已达 20 个月的美国海军陆战队，剿杀了 40 名桑地诺士兵。

奥·张伯伦称病未去巴黎，实际上是表明英国不想对公约承担责任。一位接近英国外交部的智囊人物把公约看作一次"投机买卖"。奥·张伯伦在提交接受公约的照会时就对美国人说：公约的价值取决于"美国在公约遭到违反时可能采取的行动"。言下之意，公约与英国无关。

德国外长到了巴黎，且同法国总理单独晤谈了 1 小时 20 分钟，毫无结果。这说明公约并未给两国关系带来希望。德国外交部一位负责官员说：他希望的"公约就这个样子，个个都参加，谁也不得罪"。换句话说，可有可无。

日本外相未到场，因为他不需要再说什么话了。日本副外相在递交接受公约的照会后透露："日本的照会根本未提及特殊地区或特殊利益，按照有关自卫权的保留，日本在满洲的行动自由是有保障的，因为凡有必要采取行动时，可以根据保护侨民的需要采取行动。"按照日本帝国主义者的逻辑，对中国采取侵略行为就是执行公约！

意大利首相兼外相墨索里尼也不到会。意大利法西斯分子不喜欢公约，说公约是"吃得饱饱的国家，企图维护几乎全靠战争得来的既得利益"。他们巴不得公约失败，反对维持均势和现状，渴望与既得利益的大国重新分配财富和资源。

公约条文以含糊的形式出现，就连美国企业界国际派也不敢寄予厚望。美国和平运动中的国际派领导人肖特韦尔等，对此并不满意。肖特韦尔和哥伦比亚大学另一位学者约瑟夫·张伯伦，在为白里安起草的条约草案里不仅规定要废弃战争，而且指明违约而诉诸战争的行为就是侵略。白里安向美国发出他的条约草案，却都抽掉了肖特韦尔原草案的上述内容。肖特韦尔还认为：公约的基本条款，应当是要求缔约国不得援助或教唆违约国。但是，所签署的公约并未作出规定。因此，肖特韦尔私下说过，他对公约有保留。为了尽快使公约获得各国批准，国际派一般不对公约公开提出批评。

在履行宪法手续批准公约时，帝国主义者的言行同样证明它们要废弃的不是战争，而是和平。最典型的是美国参议院。参议院外交委员会主席博拉，号称是公约的热心推动者和积极支持者，但在参院外委会审议时，博拉却要求附加一条保证：不论后事如何，美国不承担道义义务，帮助其他受害国家。参院外委会在向参议院呈递公约时特地附了一份报告（又称推荐书），对公约附了三点解释：（1）保留自卫权利；（2）实施门罗主义是美国自卫权的一部分；（3）美国有权根据现有条约改变自己的立场，不承担对以后违约国家实施公约的任务义务。这三条比签约前英、法等提出的保留，有过之而无不及。

1928 年 12 月 3 日，美国第 70 届国会举行任期届满前的最后一次例会，议程两项：批准公约和扩建海军法案。非战和备战摆在一起审议，颇有讽刺意味。即将下台的总统胡佛，在致国会的最后一篇国情咨文中读到公约时称："公约并未超越我们不可让与的主权权利和国防任务，也没有承诺在出事时采取……任何形式的行动。"参院关于公约的辩论表明，几乎是有多少个参议员，对公约就有多少种解释。主张扩充海军的参议员与赞助公约的参议员更是争论不休，辩论一度收不了场。直到副总统道威斯当众宣布：非战和巡洋舰法案是美国政策不可分割的整体后，参议院方终于在 1929 年 1 月 15 日批准公约，过了 20 天，又批准拨款 2.74 亿美元，建造 15 艘巡洋舰和 1

艘航空母舰的扩建海军法案。后一个法案是美国国内法，总统一签署就生效，而公约则过了 5 个半月，等到各创始国将批准书交存华盛顿后，才正式生效。备战先于非战！

帝国主义大国利用世界各国人民的和平愿望，投和平之机，行强权政治之实的虚伪做法，当时就遭到了抵制和谴责。

苏联政府于 1928 年 8 月 31 日答复法国转交的加入公约邀请书，同意加入公约，但严厉抨击"公约倡议者"在公约谈判和签署的问题上，排斥苏联、中国、土耳其和阿富汗等国的无理行径。关于公约本身，苏联政府指出，必须禁止"服务于镇压人民解放运动的目的"的战争，以及诸如"武装干涉、封锁、武装占领他国领土和他国港口等等"军事行动。苏联政府严正声明，不承认帝国主义国家对公约所作的保留。这一立场对于当时英、美反苏政策和蓄意破坏公约严肃性的企图，是一个打击，对中国和其他被压迫民族的反帝斗争，是有力的声援。

当时在外交上代表中国的南京政府外长王正廷于 1928 年 9 月 13 日致函美国驻华临时代办，表示加入公约，同时要求列强"严格遵守所有国家一律平等和相互尊重领土主权的原则"，"遵照本公约的精神，尽早取消一切对华不平等条约和对中国主权的侵犯，例如，在中国土地上驻扎大批军队"。帝国主义列强对中国的正当要求置之不理。日本外务省一官员竟狂妄宣称要提出保留："公约规定的义务对中国不存在"。这是对公约的嘲弄。

埃及政府在加入公约时声明："不承认任何有关埃及的保留性附言或运用"，"不承认英国可能作出的任何保留"。厄瓜多尔报纸谴责说，不邀请拉丁美洲国家参与预备性磋商与签约，是"与各国尊严和平等格格不入的、强加予人的荒唐做法"。阿根廷、巴西和智利一度联合抵制公约。阿根廷当年举行了选举，具有民主倾向的当选执政党，通过其在阿根廷参议院的代表和阿根廷当选总统，分别多次指出：美国倡导公约"无任何真诚可言"，"公约不是能带来普遍和平的手段"，强烈谴责美国对加勒比海各国的干涉政策。萨尔瓦多最初表示"倾向于加入"，但要到"适当时候"才作决定，最后决定不加入。

公约的"实施"和影响

综上所述，凯洛格—白里安公约是和平主义幻想和帝国主义强权政治奇特结合的产物。

凯洛格公约没有规定实施办法。凯洛格有言在先："公约所包含的唯一实施手段是人民的舆论。"可是,掌握舆论工具的不是人民,而是少数帝国主义大国的政府。它们在和平"实施"的具体办法(如仲裁、调解、调查、磋商、道义制裁、不承认主义)问题上扯皮不休,在真正需要制止侵略、维护和平的时候,往往议而不决、决而不行、行而不果;在不需要它们指手画脚的问题上,却颐指气使,把公约作为推行帝国主义霸权政策的工具。

1929年秋冬的中、苏中东铁路事件,被帝国主义者视为对公约的"第一次考验"。这不但是小题大做,而且是别有用心。中东铁路问题纯属中、苏两国的事。1924年《中俄解决悬案大纲协定》早已明确宣布:"承认对于中东铁路之前途,只能由中俄两国取决,不许第三者干涉。"然而,美国却妄图重温其武装干涉苏维埃俄国时期"国际共管"中东路的旧梦。事件发生时,凯洛格公约尚未正式生效,美国政府却迫不及待地于7月18日向中国,并通过法国向苏联政府发表声明,提醒注意公约义务。国务卿史汀生还同法国驻美大使会谈,"探询是否可在凯洛格公约中加上有关调查争端中是非曲直,和提出可公诸舆论的报告之条款"。显然是针对中东路事件,意在扩大事态,由于列强意见不一致才未果。

11月下旬,中苏已开始谈判。史汀生仍与美、法、德、日、意各国频频接触,企图引起它们对"共同监督"即国际共管的兴趣。但各国在华利益殊异,除了在远东实际利益甚微的意大利以外,没有人响应美国诉诸公约的建议。史汀生于是重演美国外交虚张声势的惯技,宣称他"在收到上述所有各国政府答复后,发现它们普遍在原则上赞成我的建议",径自于12月2日再次向中、苏代表声明,从而促使其他37国跟着发表类似声明。苏联政府当即指出,美国的做法"只能被认为是对谈判施加不正当的压力",并对美国不承认苏联又对它指手画脚的可笑行径表示惊讶。美国助理国务卿威廉·卡斯尔也承认,史汀生外交"没有促进公约的价值,反而弄得它有点儿荒唐可笑"。

同史汀生在中东路事件中的愚鲁行为相对照,美国政府对公认的侵略者日本帝国主义发动侵略中国东北的1931年九一八事变,采取了明显的绥靖姿态。

在事变发生后,将近一个月内,美国一直采取"避免采取可能刺激日本"的行动,拒绝国联关于向远东派出调查团,和邀请美国派代表出席国联行政院会议，讨论远东局势的建议，仅向日本发了一份对局势表示"关切"的非正式备忘录，跟在国联后头发表了一份不痛不痒的照会。直至 10 月上旬，史汀生和国务院还在清谈"诉诸凯洛格公约是否还不是时候"的问题。这甚至使已退休的前国务卿凯洛格感到恼火。他私下写信给一位国务院高级官员说："华盛顿的软弱无力态度令我厌烦。"10 月 16 日，胡佛和史汀生勉强指派代表出席国联行政院会议，但指令只参加讨论与凯洛格公约有关的问题，不愿涉及"中日争执的任何其他方面的问题"。11 月间，史汀生改派驻英大使、前副总统道威斯出席国联行政院会议。此人不去会场，却在他的旅馆下榻处向日本人献计："中国人全是趾高气扬的。你们的人要做的是，狠揍他们一顿，在他们的地方教训他们，然后他们才会讲道理。"

到 1932 年 1 月 7 日，史汀生发表被认为是"凯洛格公约的引申"的不承认主义照会时，日本占领整个中国东北已成事实。用凯洛格当时的话来说，照会"迟了三个月"，而且没有造成影响。美、法、比、荷等国并未响应。美国采取了更加明显的绥靖政策。它散布日本首相已宣布遵守门户开放政策、欢迎在满洲问题上合作的论调，借口中国从未有过"行政完整"，因而"认为没有必要向日本政府发出任何类似美国政府照会那样的正式照会"。迟至日本进攻上海的"一·二八"事变，史汀生还想以公约诱使中国乞求和平，"让中国明白，它根据这些条约享有的惠益，完全没有被遗忘"。

30 年代愈往后，公约的实施愈加笑话百出。1928 年爆发武装冲突，并在 1932—1935 年酿成玻利维亚与巴拉圭之间争夺大厦谷（查科）地区的战争，美国和若干欧洲帝国主义国家都在不同程度上卷入冲突，但它们又以中立国调解委员会或国联的名义，利用凯洛格公约"调解"冲突。尽管交战一方的玻利维亚根本未加入公约。1928 年 12 月它们指控巴拉圭为侵略国，1935—1936 年的调解与仲裁，又把在战争中为巴拉圭所控制的查科大部分地区判归巴拉圭，自己打自己的嘴巴。意大利侵略埃塞俄比亚时，美国总统富兰克林·罗斯福提醒墨索里尼注意公约义务。墨索里尼回答说："见鬼去吧！"1937 年中日战争全面爆发，美国国务院宣布日本在华行动违反凯洛格公约，同时却在"不干涉"名义下继续向日本输出战争物资，拒绝在物质上援助中国。

更可笑的是，迟至 1935 年，肖特韦尔还动员爱达荷州参议员詹姆斯·玻珀提出一项议案，鼓吹美国与国联结盟，条件是国联必须接受凯洛格公约作为其政策的试金石。此案虽无结果，却暴露了公约的美国炮制者和美国统治集团中一些人，确有利用公约取代国联盟约，从英法手里夺取欧洲霸权之意。

凯洛格—白里安公约尽管在国际关系的现实中只是一纸空文，但作为当时世界绝大多数国家参加的一项普遍公约，明文斥责"用战争来解决国际纠纷"，规定国与国之间的争端或冲突"只能用和平方法加以处理或解决"，仍然具有一定的国际法意义，尚不失为一个重要的国际文件。30 年代美国和其他一些国家的政府曾在不同程度上援引公约，警告和谴责日本军国主义对中国的侵略。第二次世界大战后，盟国审讯德、日战犯的纽伦堡审判和东京审判中，就援引了凯洛格—白里安公约。

公约的签署对当时美国国际法学界中的国际派人士是一种鼓舞，促进了对国际法的研究。有些国际法学家在对公约进行阐述时，意义远远超过了公约条文本身。哥伦比亚大学的约瑟夫·张伯伦在 1929 年美国国际法学会上说，公约使美国有机会、有权利保证不援助任何违约国而制止侵略。芝加哥大学国际法教授昆西·赖特在 1930 年说，即使公约没有规定采取行动的义务，但也没有否认任何国家有援助侵略的受害国的权利。他说："由于批准了凯洛格公约，美国放弃了同违约国从事中立国贸易的权利，也解脱了中立国对违约国利益的义务。"纽约大学政治教授克莱德·伊格尔顿也敦促美国放弃中立国权利，制裁侵略者，以便最有效地强化凯洛格—白里安公约。在 30 年代关于美国中立法问题的国内大辩论中，国际派就援引这个公约作为反对中立法的论据。他们说：中立法无视美国根据凯洛格—白里安公约所承担的义务。据美国历史学家的研究，凯洛格—白里安公约后来也是美国参加第二次世界大战的法律依据。[①]

美国某些非战运动的领导人，在实践中认识也有一定进步。如巴特勒在 1932 年为反对日本侵华，同美国 20 世纪基金会合作，成立了经济制裁委员会，并担任该会主席。他还建议在凯洛格—白里安公约中加进对侵略国禁运的条款。这表明他是希望通过公约保卫和平的。

总之，凯洛格—白里安公约既有措辞含糊、态度暧昧、混淆正义战争与非正义战争的消极面，也包含以和平方式解决国际争端这个国际关系和国际

---

① 美国杜克大学历史系荣休教授理德·沃特森 1985 年 4、5 月间在南京大学历史系的学术讲演。

法准则的积极面，因此，还具有某些积极意义。在 30 年代世界面临战争或战争威胁的形势下，公约具有一定的反战号召力，对蓄意发动侵略战争的法西斯国家不利。

魏玛共和国的演变及其解体

顾学顺　肖辉英

在德国现代史上，自1919年2月至1933年1月，称作魏玛共和国时期。1919年2月德国国民议会在魏玛城召开。这次会议制定了德意志共和国宪法，即魏玛宪法，成立了魏玛共和国第一届政府。

魏玛共和国是在德国十一月革命失败之后，德国资产阶级篡夺革命果实而建立的资产阶级共和国。魏玛宪法规定保护私有财产和私有制，总统有任免所有终身任职的官吏、法官和军官的权力。随着德国社会政治经济形势的变化，广大人民对魏玛共和国日益不满。魏玛共和国政权是不稳定的，从成立到最后解体，总共只存在约14年。它在1933年1月被希特勒法西斯专政所取代。

资产阶级议会制共和国的成立

德国资产阶级反动派镇压了德国十一月革命，德国社会民主党右翼领导人又以"不是全部权力归于苏维埃，而是全部权力归于人民"的口号迷惑群众，十一月革命风暴中诞生的工人士兵苏维埃尚没有深刻认识自己的历史使命，革命被引向资产阶级议会制轨道。

以社会民主党领导人弗里德里希·艾伯特和谢德曼等为首的临时政府决定，1919年1月19日举行国民议会选举。这时各不同派别的资产阶级政党代表不同的利益集团，力图对德国政局施加影响。如代表中等工商业资本家与部分知识分子利益的德意志民主党，代表大地主和重工业资本家利益的德意志民族党，代表加工工业和商人利益的德意志人民党，以及代表威斯特伐利亚工业家和南德大地主利益的中央党等，都参加了国民议会选举。工人阶级政党分为三个：德国社会民主党、德国独立社会民主党和德国共产党。除德国共产党外，其余两个工人政党也参加了选举。选举的结果是，德国社会民主党获 39% 的选票，165 个议席；中央党获 22% 的选票，89 个议席；德意志民主党获 18% 的选票，74 个议席；德意志民族党获 10% 选票，41 个议席；独立社会民主党获 5% 的选票，22 个议席；德意志人民党获 3% 的选票，22 个议席；其他各党派共获 7 个议席。选举结果表明，社会民主党和资产阶级政党获多数票，代表大垄断集团利益的资产阶级右派政党不占优势。在新的国民议会中，有 100 多个议员是原帝国时代的议员，他们曾支持帝国政府参加第一次世界大战，90 多位议员是大地主、大工厂主或高级官员。这样的代表结构，说明国会是不能代表工人农民的真正利益的。

国民议会定于 2 月 6 日在魏玛召开会议，讨论制定宪法。2 月 11 日，艾伯特在 379 票中获 277 票，当选为魏玛共和国第一任总统，谢德曼任总理。从此，诞生了资产阶级议会制的魏玛共和国，德国结束了半专制主义的君主立宪政体。

魏玛宪法于 2 月 6 日制定，经过修改，于 8 月 11 日生效。宪法规定国家权力属于人民，总统由公民投票选举产生。宪法第 118 条规定，任何德国人在法律限制的范围之内，有"用言词、文字、印刷物、图画等形式自由发表意见的权利"；第 146 条规定，每个德国公民不论其社会政治地位、世界观如何，都享有同等受教育的权利；第 163 条规定，每个德国人都应有通过劳动赚得生活费用的机会。此外，宪法还规定八小时工作制、妇女享有普选权、废除奴婢制等。

魏玛宪法产生于德国工人革命斗争的年代，因此，国会中的社会民主党还是坚持"合法的民主要求"，其他资产阶级政党迫于革命形势，也不得不向工人让步。更重要的是由于德国工人阶级和广大群众的英勇斗争，劳动人民才获得了民主自由的权利。关于工人的基本权利，宪法第 165 条规定，工人在企业中有"共同决定权"，"职工以平等地位协同企业主进行调整工资和劳动条件，关于发展生产的经济工作的权利……职工为维护其经济福利，得依法推举代表组成工厂工人委员会"。魏玛宪法以法律形式确定，魏玛共和国是资产阶级议会制共和国。因此，这部宪法扩大了资产阶级民主权利和自由，使统一的民族国家有了保障。资产阶级议会制比专制主义君主立宪前进了一步。

与此同时，魏玛宪法的基本权利中规定，私有财产是不可侵犯的，也就是说，垄断财团、工业巨头和容克地主的财产受到国家的保护。宪法规定总统为国家元首，总统拥有不受议会影响任免终身任职的官吏的权力。宪法第48条赋予总统独裁大权，总统是国防军最高统帅。如果德国国内公共治安遭受破坏，总统即可宣布戒严，"必要时还可进行武力干涉"，宣布基本权利暂时失效。实际上这一条为资产阶级采取专政措施，镇压工人运动制造了法律根据。资产阶级、容克地主的代表依然占据国家权力机构，他们留恋帝国时代的君主专制政体。艾伯特在1919年1月初就将社会民主党左派、柏林警察总监爱尔·埃喜霍恩免职。前帝国将军塞克特为首的、职业军官组成的军官团，是魏玛共和国的重要支柱。

魏玛共和国成立后，德国生产资料私有制未被消灭，旧帝国国家机器未曾打碎，从本质上说，只是权力的移交发生了变化。社会民主党的司法部长兰茨堡曾声称，"帝国国会权限转归国民议会，皇帝的权限转归德国总统，联邦会议的权限转归国家委员会"。特别在魏玛共和国后期，魏玛政府日益代表垄断资本的利益，把经济危机的沉重负担转嫁到劳动人民身上，工人阶级、劳动人民及小资产阶级社会阶层对共和国的不满急剧高涨，严重动摇了魏玛共和国的基础。

魏玛共和国初期的窘境（1919—1923）

魏玛共和国政府接受了《凡尔赛和约》。德国损失了1/8的领土，1/10的居民，军队被削减，并承受巨额战争赔款，这在社会各阶层中都引起强烈的不满。政府当局又把战争赔款重担转嫁于劳动人民。工人阶级和劳动群众很快就看清，必须用斗争来维护自己争得的民主权利。魏玛政府初期，便面临工人的罢工斗争风暴。

1919年3月，柏林工人罢工；7月，全德国有300万工人为抗议《凡尔赛和约》举行罢工；9月，柏林20万五金工人为提高工资而进行罢工和游行示威。以塞克特为首的军官团和国防军用武力镇压工人的罢工斗争。1920年1月，魏玛政府悍然公布取消魏玛宪法中关于工人有权选举工人委员会，并参加工厂生产与工资等事务的规定。工人们以游行示威抗议政府违反宪法的行径，并同国防军和武装警察发生激烈的冲突，数十万工人和劳动群众遭逮捕和屠杀。工人阶级、劳动群众同政府间的矛盾愈来愈尖锐。

保皇党人、军国主义分子、反动官僚把资产阶级议会制共和国视为眼中钉；他们总是企图以公开的军事专政取代魏玛政府。1920年3月13日，国防军和旧官僚分子合伙，在柏林发动一次暴动。这次暴动的领导人是中央党委员、普鲁士地方长官和德意志银行监事沃尔夫冈·卡普和国防军军官瓦尔特·吕特维茨等，史称"卡普暴动"。这次武装暴乱受到工业巨头克虏伯、施丁纳斯、蒂森等的资助。参与暴乱的，主要是那些因第一次世界大战失败而被迫退职的国防军军官（1920年达15000人）。他们把《凡尔赛和约》的恶果归罪于魏玛共和国，积极支持和参加颠覆共和国的破坏活动。以卡普为首的叛乱分子未遭到任何抵抗就占领了柏林，宣布政变成功，并建立以卡普为首的独裁政府。

在共和国危如累卵的严重时刻，艾伯特和政府其他首脑纷纷逃亡，先逃到德累斯顿，后来又逃到斯图加特，他们并未派警察去干涉或镇压暴乱。只有工人阶级挺身而出，发动反卡普政变的全国总罢工。约有1200万工人举行游行示威，召开群众大会，手持武器同叛军进行英勇战斗。在反卡普暴动的斗争中，德国共产党、德国独立社会民主党和德国社会民主党的地方组织，签订了关于共同反对暴动分子的协议。总委员会和罢工委员会组织领导工人和劳动人民，进行反对敌对分子的斗争。在鲁尔、中德和梅克伦堡等地迅速开展了罢工斗争。尤其是鲁尔工业区的工人、共产党员和社会民主党党员组织起来，成立了一个约有20万人的军事联盟组织——红色鲁尔军，给暴动分子以有力的回击，几天之内，就把卡普反动分子驱逐出鲁尔工业区。卡普政府被迫于3月17日慌忙逃离柏林，卡普本人逃亡瑞士。魏玛政府得以重返柏林，社会民主党人赫尔曼·弥勒出主联合政府。

叛乱平定后，魏玛政府并未采取坚决措施惩办暴动分子，而是任其逍遥法外，相反却派两万名国防军去镇压各地的工人罢工斗争。

在经济上，魏玛政府把战争赔款的沉重负担转嫁到劳动人民身上。1920年政府决定向工人职员征收10%的附加税，取消肉类和马铃薯的价格管理，同时大量发行纸币，造成通货膨胀。生活必需品价格大幅度上涨。据1920年12月工会备忘录公布的材料，1920年同1914年相比，生活必需品价格上涨了15倍，工人收入平均降低了3/4。政府利用发放"赔偿费"的名义，对大资本家按《凡尔赛和约》移交给外国的企业和财物，给予折价赔偿。仅在阿尔萨斯、洛林两地拥有企业的垄断组织就获赔偿费7.2亿金马克。资本家一手从政府处领取大量赔偿费，一手利用通货膨胀发财。魏玛政府成立的由326人组成的全国经济委员会中，工商界和银行的代表即占112人，大大有助于使垄断资本便于采取有利于自己的措施，巩固自己的政治经济地位。

1923 年 1 月，魏玛政府延期支付战争赔款的要求遭到拒绝，引起赔款危机，法、比两国政府派兵占领鲁尔。古诺政府实行"消极抵抗"政策，要求工人拒绝为占领者开采和运输煤炭。结果 60% 的工人失业和半失业。政府对工人使用贬值的纸马克支付工资，却用金马克给垄断资本发放补助金。在德共领导下，德国工人阶级积极开展了反对国内外金融资本的斗争，全国又一次酝酿着革命的高潮。

1923 年上半年，工人罢工斗争此起彼伏。3 月，上西里西亚 4 万工人举行罢工。4 月，多特蒙德和弥尔海姆工人罢工。5 月，柏林、鲁尔工业区举行示威游行。6 月，在西里西亚地区有 10 万矿工和冶金工人罢工。工人强烈要求政府改善他们的状况。政府惧怕革命，匆匆于 10 月通过一项授权法，获得处理经济、社会财产的全权，而人民群众的基本权利受到很大限制。各地工人革命高潮正在兴起。

10 月上旬，社会民主党左派和德国共产党首先在萨克森和图林根建立了联邦政府。

10 月 23 日，恩斯特·台尔曼领导的汉堡工人起义，成为 1923 年革命运动的另一高潮。由于物价飞涨引起各阶层不满。汉堡的妇女气愤地捣毁小商贩的商摊，工厂工人每天清晨上班都要为工资进行谈判，有时工人工资低到连一顿午餐都不够。台尔曼及时地提出要成立由共产党、社会民主党和无党派妇女参加的监督委员会，对物价进行监督。同时成立汉堡造船工人罢工委员会。10 月 19 日、20 日，汉堡失业工人游行示威。22 日，造船工人和建筑工人要求举行罢工。当晚，在台尔曼的领导下，召开了区领导会议，通过了起义计划。1923 年 10 月 23 日清晨 5 时，工人战斗队占领了 17 个警察派出所，警察被迫放下了武器。30 分钟之后，工人战斗队的步枪就由原来的 20 支增加到 170 支，实力大大加强。工人们很快占领了大街小巷，居民纷纷帮助工人修筑街垒。

反动当局下令派出 5000 名警察和国防军，开赴汉堡镇压工人起义。当时汉堡工人只有 300 人有武器，而敌人军事力量却数十倍于工人。德国共产党为了保存有生力量，组织工人将武器藏到安全地带，停止了持续 3 天的巷战。汉堡工人起义虽然失败了，但它在德国工人运动史上写下了光辉的一页。

汉堡工人起义被镇压以后，反革命力量趁机向共和国发起进攻，尤其是巴伐利亚的反动力量蠢蠢欲动。11 月 8 日，以希特勒为首的纳粹党伙同鲁登道夫集团，在慕尼黑贝格勃劳凯勒啤酒馆发动反革命暴乱，企图武力夺权。但这时纳粹党力量有限，暴乱以失败告终。希特勒被定为叛国罪受审之时，却肆无忌惮地攻击十一月革命，说共和国是罪恶的渊薮，反动的军政上层集团对此倍加赞赏。希特勒从此获得他们的青睐。

资本主义的相对稳定发展与右翼势力的抬头（1924—1928）

在世界资本主义相对稳定时期，德国工人革命运动也处于低潮和积聚力量的阶段。在这段时期内，魏玛共和国在政治经济上暂时巩固了统治地位。

1924 年以后，魏玛共和国政府削减了老年人和残废者补助金，大批裁减职员和公务员，并拨款 70 亿金马克补助垄断企业在"消极抵抗"中的"损失"，以扶植垄断资本的发展。

在执行道威斯计划之后，大量外资在高利率的吸引下，源源不断地流入德国。德国建立了很多美国企业，特别是银行，许多德国股票卖给美国企业主，德美企业不断合并。美国垄断资本一方面借此将德国经济置于美国控制之下，另一方面排挤其他帝国主义国家对德国经济的影响。德国希望借美国的帮助，实现建立大欧洲经济计划的目的。1924—1930 年，美国对德国工业投资约 630 亿马克。到 1931 年为止，德国共获得 51.5 亿美元外资贷款，使国民经济得以迅速恢复和发展，特别是重工业获得较大的发展。到 1927 年，德国的工业生产指数比 1923 年增长了 1 倍以上，超过了战前最高水平的 5%，总产量已达到战前 1913 年的高度，对外贸易也接近战前的水平。

随着经济的恢复和发展，生产进一步集中于垄断资本手中。1926 年，全德国总共有 12400 家股份公司，资本总计为 200 亿马克，其中 2000 家大公司就占有 132 亿马克。大康采恩组织控制着 93% 的煤矿企业、96% 的染料工业、85% 的钢铁业、87% 的电力工业。新建的康采恩组织也迅速地把有关的生产部门控制在自己的手里。1925 年底建立的伊格法本化学工业康采恩成为欧洲最大的托拉斯，集中了几乎 100% 的合成燃料的生产，80% 的染料和氮的生产，40% 的药剂生产等。1926 年成立的钢铁联合公司，控制着 132 家自办工厂和 152 家股份公司，把全德国一半以上的钢铁生产控制在自己手中。通用电器公司和西门子康采恩控制了电力工业部门总产量的 80%。1927 年，柏林 6 家银行集中了全国存款的 70%，它们向全国各种工商企业派出的董事达 1600 人。垄断资本控制着全国的重要生产部门，经济实力不断加强，经济政治地位进一步巩固。

　　垄断资本势力通过取消工人的民主权利，和在国会选举中争取选票的办法，扩大政治实力，加强了自己在共和国政权中的地位。垄断资本借口为应付战争赔款取消宪法规定的八小时工作制。1926 年 10 月，有 53％的工人每周工作时间超过 48 小时，工业部门的工人的劳动时间由 8 小时延长到 12 小时。大批小资产者在通货膨胀中很快被抛进了无产者行列。他们对魏玛共和国的抵触情绪是很明显的。工人们对社会民主党也产生不满情绪，党员中的工人比例大大减少，由战前的 90％下降到 1926 年的 73％，到 1930 年下降到 60％。

　　1924 年 5 月的国会选举中，以大地主兼大资本家胡根堡为首的资产阶级右翼政党民族党获得 600 万张选票、103 个议席，比 1919 年国会选举增加了 62 个议席。1925 年 2 月，艾伯特病故。同年 4 月举行总统选举，在垄断资本、军国主义分子和容克地主的支持下，前帝国元帅兴登堡当选为总统，魏玛共和国的军政大权落入反动势力的代表人物手中。这是德国垄断资本和军国主义势力进一步勾结，准备在德国复辟专制制度的一个重要步骤。

　　1926 年，在兴登堡的直接干预下，魏玛政府不顾工人农民的强烈抗议，决定将十一月革命期间没收的威廉皇帝及其亲属的一切财产——宫殿、别墅和庄园，全部归还他们，并对他们因十一月革命而受到的财产损失，折价予以赔偿。1927 年 1 月，兴登堡授意魏玛政府，邀请四名极右的民族党政客参加内阁。1928 年，兴登堡又任命前帝国军队总监格罗纳为共和国国防部长。这样，前帝国军队领导人重新控制了魏玛共和国的武装力量，左右着政府的内外政策。

　　在经济与重工业发展的同时，德国也逐步形成了军备工业基础。1927年，马克斯内阁推行扩军备战政策，取消国家对失业工人的救济，提高房租、邮资、面包和肉类的关税，以增加发展军备工业的资金。政府还决定，以建造一艘 1 万吨装甲巡洋舰为开端，建立庞大的舰队。为此，政府拨款 8000 万马克。德国的军事预算由 1924 年的 45700 万马克上升到 1928 年的 78300 万马克。在此期间，敌视共和国的军国主义、复仇主义、沙文主义的组织又活跃起来。1925 年 2 月，希特勒重建纳粹党。打击纳粹党内曾支持剥夺前王公国威财产的奥托·施特拉塞。纳粹党员由 1926 年的 17000 人增加到 1928 年的 10 万人，纳粹党逐步建立起宣传、新闻、外交、经济、文化等机构，在全国扩大了势力范围，不断地煽动人民去反对魏玛共和国。

魏玛政府越来越右倾的政策，激起了广大工人农民的反抗。德国共产党决定发起人民请愿、动员人民群众反对扩军备战。1928年，德国中部10万冶金工人、莱茵服装厂4500名工人举行游行示威，仅柏林一地，参加游行的人就达50多万。除此之外，在下莱茵区、萨克森—图土林根地区的工人，汉堡造船工人都掀起罢工浪潮。警察当局用武力镇压罢工工人。5月罢工中，柏林有27人死亡，35人受重伤，200多人受轻伤。

在资本主义相对稳定时期，统治阶级在经济上、政治上巩固了地位。德国在外交上也争得了有利地位，签订了《洛加诺公约》，参加了国际联盟并出任常务理事国，以大国姿态重返国际舞台。所以，人们曾称1926—1930年是魏玛共和国的"黄金时代"。但是，工人阶级与劳动人民对社会民主党越来越失望，魏玛共和国并没有使他们获得什么好处，中产阶层也没有恢复战前的稳定生活，他们对魏玛共和国越来越不抱希望。就在这种情况下，共和国迎来了震撼世界的世界经济危机。

魏玛共和国的解体（1929—1933）

1929—1933年世界经济危机期间，德国经济遭受了最严重的打击。到1932年6月，德国工业生产仅为1928年的53.8%，下降了40.6%，生铁产量下降了61%，纺织工业下降了20%。对外贸易一落千丈，1929—1935年，德国出口额减少了69%，进口额减少了70.6%。危机期间，有68000家企业倒闭，失业工人数字高达800万。财政金融危机也十分尖锐，1930年7月，达姆斯塔特国家银行宣布破产，大批银行倒闭，国库黄金锐减了4/5。整个财政金融体系濒于崩溃。德国的农业也遭受危机的袭击，政府提高农业税，降低农产品的价格。由于在国际市场上农业竞争力大大削弱，农业债务不断增加，由1928年的99亿帝国马克增加到1932年的118亿帝国马克。

1930年3月，在垄断组织和军国主义势力要求成立一个"实行更强硬方针的政府"的呼声下，中央党的海因利希·布鲁宁上台执政。布鲁宁一上台，便利用宪法第48条，以兴登堡的名义颁布紧急法令，进行财政改革。"紧急法令"首先规定大量削减失业救济金、养老金及因劳动或战争致残者的优抚金；降低工人、职员、公务员的工资。1929—1932年，这些人的收入共损失了300亿马克，政府又增加捐税，提高粮食价格。在高税收与押金的重压下，农民不断欠债，谷物和饲料的关税分别比战前增加了4倍和14倍。

由于布鲁宁的财政改革，仅 1931 年内，工人、职员及公务员的工资就降低了 30%，70 万失业者被取消了救济金。劳动人民的捐税也增加了 20 亿马克。1932 年，职员和公务员平均月薪仅为 150 马克。1931 年，德国工人的工资数比官方公布的最低生活水平还低 58%。1928—1932 年，农民因生活所迫，卖掉的土地达 36 万公顷。中产阶层如小商人、手工业者和知识分子纷纷破产，失业的大学毕业生比比皆是。1932 年，70% 的德国医生每月收入低于 170 马克。仅在 1931 年，就有 120 万青年失业，80 万青年无家可归。与此相反的是，前军国主义分子和帝国诸侯能从魏玛政府领取高额的养老金，垄断巨头依然获得高工资。如前皇室将军李茨曼的养老金是 17000 马克，前符腾堡王后的年金是 12 万马克，联合钢厂的伏格勒的月薪则是 33350马克。大资本家和容克地主从政府处得到的资助达 100 亿马克，政府还以"救济东部"的名义，资助容克地主 40 亿马克。

布鲁宁的财政改革和紧缩通货的政策，激起了工人和广大劳动人民的强烈反抗。布鲁宁政府残酷镇压工人的罢工斗争，仅在 1931 年，布鲁宁政府的警察就枪杀了 90 名工人，有 4 万多工人以政治理由被起诉。1932 年，有 7万多无产阶级政治犯被监禁。法西斯分子却处在警察保护之下，他们杀害了工人也能逍遥法外。布鲁宁的政策得不到国会多数的支持，就靠"紧急法令"来统治。这样的紧急法令，1930 年颁布了 5 次，1931 年颁布了 44 次，1932 年颁布了 66 次。这种紧急法令不受国会约束。依仗总统赋予全权的布鲁宁，如果遇到国会提出不信任案的情况，即使解散国会也在所不惜。所以说，1930 年是魏玛共和国历史转折的一年，布鲁宁政府上台标志着大联合政府垮台，总统制内阁开始。魏玛共和国政权，尤其是后期，实质上是垄断资本专政。

经济危机期间，德国社会阶级力量的对比发生了重大的变化。

德国共产党 1930 年 8 月发表了《德国人民民族解放与社会解放纲领》，1931 年 5 月发表了《扶助农民的纲领》，动员群众进行反对帝国主义和法西斯主义的斗争。共产党在群众中的影响不断增长。1930 年 9 月的国会选举，共产党获 460 万张选票，比 1928 年多得了 330 万张。德国社会民主党却失掉了 360 万张选票。

希特勒纳粹党利用经济危机，大肆进行复仇主义、民族主义和推翻共和国的蛊惑宣传，打着社会主义的旗号迷惑群众。纳粹党利用人民对《凡尔赛和约》的普遍不满，宣传要取消《凡尔赛和约》，争取德意志民族享有同其他民族平等的权利，鼓吹建立大德意志帝国，恢复德意志民族昔日的光荣。它抓住人们对魏玛共和国的失望心理，公开攻击共和国是德意志民族的叛徒和罪恶的象征，号召推翻共和国；用许诺就业来吸引工人加入冲锋队，对中产阶层和其他小资产阶层，则允诺恢复他们的经济地位；对大垄断巨头，希特勒则保证连根铲除马克思主义，保证不去侵犯他们的经济利益。纳粹党根据社会不同阶层的不同需要，作出了不同的许诺，以扩大纳粹党的群众基础，发展纳粹运动的力量。德国小资产阶级在经济危机期间生活水平不断下降，农民在第一次世界大战前平均收入比整个国民平均收入少20%，到1928年，这一差额增加到40%。1932—1933年，农民收入下降到1919年以来的最低点。在经济生活不能稳定的情况下，加上又受到纳粹党的关于创造就业机会宣传的吸引，大批农民、小手工业者、小商人涌向了纳粹党。纳粹党在1930年9月国会选举中获得的选票，由1928年的81万张增加到640万张，国会中的议席由12名增加到107名，在国会中一跃而成为第二大党；1932年7月国会选举中，它又获得1730万张选票，230个国会议席，一举成为国会中的第一大党。

垄断资本与各资产阶级政党密切注视着政治形势的发展。当1932年11月国会选举中，纳粹党失掉200万张选票而面临危机的时候，以沙赫特、蒂森、克虏伯和施罗德等为代表的垄断巨头，联名上书兴堡登，要求任命希特勒为帝国总理。因为垄断资本看出，披着议会制外衣的魏玛共和国无力阻止工人的反抗，也无力挽救他们所面临的经济危机的厄运。

经济危机使德国国内阶级矛盾进一步尖锐，历届魏玛共和国政府也不能有效地阻止工人的反抗斗争。1930年，德国发生366次罢工，参加的人数达24.5万。1931年罢工500多次，其中仅1931年1月，鲁尔矿区工人便有30多万参加了罢工斗争；1932年8—12月就有800多次罢工斗争。农民反对魏玛政府的游行示威也不断出现。在北德广阔的农村中，仅1931年，250多个地主庄园中曾发生冲突。在德国共产党的领导下，很多工人和劳动人民逐渐认清了纳粹党的实质，也开展了反法西斯的英勇斗争。1933年1月25日，柏林劳动人民举行最大的一次游行示威。垄断资本、反动集团和军国主义势力，唯恐工人阶级的革命斗争动摇他们的统治地位，更加迫切需要建立一个专制独裁的政权，维护他们的统治。于是，垄断资本和希特勒纳粹党频繁来往，协调各不同利益集团间的矛盾，密谋策划组阁。

1933年1月初，在大银行家施罗德的家里，垄断资本家费格勒尔、基尔道夫、蒂森、施奈德同巴本、胡根堡和希特勒举行会晤，经过一番谈判，作出了把政权交给希特勒的决定。1933 年 1 月 30 日上午 11 时，总统兴登堡主持了简短的宣誓仪式，任命希特勒为总理。至此，延续了 14 年之久的魏玛共和国宣告解体。德国建立了公开的法西斯统治。

共产国际初期和中期的活动

刘庸安

从共产国际成立到 1924 年共产国际第五次代表大会之前，是共产国际的初期。在这一时期，在列宁和季诺维也夫等人的领导下，共产国际帮助各国建立和巩固共产党，制定争取群众大多数的路线，确定统一战线策略，从而把共产主义运动从欧美推向整个世界。从共产国际第五次代表大会到 1935 年第七次代表大会前这段时间，是共产国际的中期。在这一时期，共产国际提出"布尔什维克化"的口号，在各国共产党内推行基本上是"左"倾的路线，给国际共产主义运动带来了不少消极影响。直到在第七次代表大会上，执委会总书记季米特洛夫在报告中提出，建立以工人阶级为领导的广泛的反法西斯统一战线，执行了正确的策略方针，共产国际的工作才有了转变。

扩大和巩固共产主义队伍

共产国际成立以后，它的主要任务是宣传共产主义思想，扩大共产主义队伍，以求实现建立"世界苏维埃共和国"的目标。为此，共产国际执行委员会于 1919 年 5 月，同时用俄、德、英、法四种文字出版了《共产国际》杂志①。为了指导各国共产党的工作，共产国际执委会先后在斯堪的那维亚、中欧、巴尔干、荷兰和南俄等地建立分支机构。

从 1919 年 3 月到 1920 年 11 月，共产国际执委会陆续派出代表帮助一些国家建立共产党。在共产国际的影响或帮助下，保加利亚、南斯拉夫、美

---

① 1932 年 11 月左右，又出版了西班牙文版和中文版。另外，1921 年 9 月，共产国际执委会用多种文字出版了《国际新闻通讯》。

国、墨西哥、丹麦、西班牙、印度尼西亚、伊朗、英国、土耳其、乌干达和澳大利亚先后建立了共产党或共产主义组织，并宣布加入共产国际。

共产国际在帮助各国建立共产党的同时十分重视国际青年、妇女和工人运动的发展。1919 年 5 月，共产国际执委会向各国革命青年组织发出号召书，号召成立青年共产国际。同年 11 月，13 个国家（苏俄、德国、奥地利、瑞士、瑞典、挪威、丹麦、波兰、匈牙利、罗马尼亚、意大利、西班牙、捷克）的革命青年组织的代表在柏林召开会议，决定成立青年共产国际，并加入共产国际。

为了促进国际共产主义的妇女运动，1920 年 7 月，共产国际执委会在莫斯科召开了国际女工代表会议，来自 16 个国家的 21 名代表参加了会议。根据会议的决定，共产国际执委会于同年 11 月，建立了由著名国际共产主义运动女战士克拉拉·蔡特金为书记的国际妇女书记处。

1920 年夏，共产国际发起，在莫斯科召开了苏俄、保加利亚、南斯拉夫、意大利、法国和西班牙革命工会代表会议，成立了拥有 900 万会员的红色工会国际支部。1921 年 7 月，各国红色工会组织在莫斯科正式成立了红色工会国际，索洛蒙·阿·洛佐夫斯基担任总书记。

在共产国际初期阶段，还先后建立了国际工人救济会、农民国际和红色体育国际等国际性组织。

一大批共产党和共产主义组织的建立，扩大了共产国际的队伍。到 1922 年底，全世界已经有了 58 个共产党和 5 个共产国际的外围组织。但在共产国际初期发展过程中，它还面临着巩固共产主义队伍的任务。

随着一批年轻的共产党加入共产国际，在共产国际内部出现了一股"左"倾思潮，其主要代表是，共产国际阿姆斯特丹局领导人安东·潘涅库克和海尔曼·果特以及在他们影响下建立的德国共产主义工人党。他们鼓吹关门主义，主张西欧无产阶级"必须单独进行革命，反对其他一切阶级"；他们提出"无产阶级只能用群众行动的手段来战胜帝国主义"，反对利用议会进行斗争；他们认为工会"不可能变成无产阶级革命的工具"，因此提出不仅要退出工会，而且还要消灭工会；他们甚至认为无产阶级政党根本没有存在的必要，鼓吹工团主义，等等。

如果听任这般"左"倾思潮蔓延下去，就有可能削弱共产国际。为此，列宁在共产国际第二次代表大会前写了《共产主义运动中的"左派"幼稚病》一书。列宁在书中批评了"左派"的错误观点。他强调指出，共产党是无产阶级进行斗争的主要武器，没有一个革命的马克思主义政党，无产阶级就不能完成自己的历史使命。针对"左派"鼓吹关门主义、反对利用议会、主张消灭工会等错误，列宁指出，共产党人必须是，"哪里有群众，就一定到哪里去工作"①，决不能脱离群众；无产阶级必须把议会外的群众行动同议会斗争结合起来；西欧无产阶级应该在工会中进行艰苦的、耐心的群众工作。

1920 年 7 月 19 日至 8 月 7 日，共产国际召开了第二次代表大会。参加大会的有来自 37 个国家的 69 个组织的 218 名代表。大会前夕，共产国际执委会向各国代表分发了列宁的《共产主义运动中的"左派"幼稚病》一书。大会根据列宁在这本书中提出的思想，通过了《共产党在无产阶级革命中的作用》和《共产党与议会制》等决议。这些决议否定了"左派"的错误观点，要求各国党必须强调党的纪律，必须把广大工人群众吸引到自己方面来，必须利用议会进行揭露敌人、团结群众的工作。

这次代表大会的一项重要内容，是讨论和通过《加入共产国际的条件》。

共产国际的建立和壮大，在整个国际工人运动中产生了巨大影响，同时也引起了社会民主党的分化。在社会民主党广大工人党员的要求下，法国社会党、德国独立社会民主党、瑞士社会党、意大利社会党、西班牙社会党、英国独立工党等脱离了第二国际，要求加入共产国际。但在这些党内还不同程度地存在着改良主义和社会和平主义派别，他们希望参加共产国际后仍能保持"自治"，以便能够继续过去的机会主义或中派主义策略。如果允许这些党原封不动地加入共产国际，那么，共产国际就"有被那些还没有摆脱第二国际思想体系的、动摇的、不彻底的集团削弱的危险"②。

大会认为，为了巩固国际，"必须十分确切地制定接纳新党的条件，并向那些已经加入共产国际的政党，指出它们应当承担的义务"。为此列宁向大会提交了《加入共产国际的条件》草案（该草案通过时为 21 条）③。列宁在草案中提出，"凡是愿意加入共产国际的组织，都必须有计划、有步骤地撤消改良主义者和'中派'分子在工人运动中所担负的比较重要的职务"，并同改良主义和"中派"政策完全决裂；"加入共产国际的党……必须按照

①《列宁选集》第 4 卷，人民出版社 1972 年版，第 209 页。

② 同上书，第 308 页。

③ 列宁的草案最初是 19 条，后增加两条，即关于愿意加入共产国际的党建立领导机关问题的第 20 条，和关于党员如否认共产国际提出的义务和提纲，应予开除出党的第 21 条。

高度集中的方式组织起来，在党内实行像军事纪律那样的铁的纪律"①，必须服从共产国际代表大会及其执行委员会的一切决议，等等。

在大会讨论中，德国独立社会民主党代表阿尔图尔·克里斯、威廉·迪特曼和意大利社会党代表扎钦托·梅诺蒂、塞拉蒂等人反对把开除改良主义者和"中派"作为加入国际的条件之一，主张"共产国际的大门，应当对所有能够同我们一起实现革命的政党敞开"；不赞成在共产国际内实行铁的纪律，提出"让每一个组织有在本国充分活动的自由，使它能够按照特殊条件并适应这种条件从事活动"。但是多数代表同意列宁的草案。他们认为，为了巩固国际，必须防止不愿丢弃第二国际传统的政党和派别加入国际，"而对于中派，应当采取的策略是：促使它们分裂，建立代表无产阶级革命派的真正的共产党"。大会最后以绝对多数票通过了《加入共产国际的条件》。

在对共产国际初期历史的研究中，国内外学者对"21条"持有不同的看法。苏联历史学家费·维·亚历山大罗夫认为，"21条"反映了马克思列宁主义的基本原则，为机会主义分子渗入共产国际设置了障碍，在思想上和组织上巩固了国际共产主义队伍。他的观点在苏联学者中具有代表性。而西方学者对"21条"一致持否定态度，他们认为"21条"是"世界工人运动分裂的基础"，它使"分裂从偶然事件变成了长久的现实"。近年来，我国不少学者认为，"21条"在当时为巩固国际起到了重要作用，但其中有些条文使共产国际变成一个高度集中的"世界共产党"组织，这种组织形式与多样化的世界共产主义运动的发展，存在着难以克服的矛盾。因此，当共产国际和各国共产主义运动发展到一个新的阶段时，这一矛盾就变得越来越尖锐了。

争取群众大多数

共产国际二大以后，各国社会党的分化大大加剧了。法国社会党分裂成三派，即反对加入共产国际的勃鲁姆派；不反对加入共产国际，但不完全同意"21条"的龙格派；要求立即加入共产国际的加香—弗罗萨尔派。1920年12月，法国社会党在图尔召开代表大会，加香—弗罗萨尔派获得多数，

---

① 《列宁选集》第4卷，人民出版社1972年版，第309、312页。

正式成立了法国社会党（共产国际法国支部）①。所有不参加共产国际的社会党人另组成了一个新的法国社会党。1921 年 1 月，意大利社会党在里窝那召开代表大会，葛兰西、博尔迪加等"左派"接受"21 条"，并同社会党决裂，成立了意大利共产党，宣布加入共产国际。

1921 年 2 月，10 个"中派"党和组织在维也纳召开代表大会，成立了第二半国际（社会党国际工人联合会）。这样，整个共产主义运动出现了三个中心，即共产国际、第二国际和第二半国际。在这种形势下，共产国际要求各国共产党必须把工人的大多数争取到自己方面来。为此，共产国际执委会决定提前召开第二次代表大会。

1921 年 6 月 22 日至 7 月 12 日，共产国际在莫斯科召开了第三次代表大会。出席大会的有 52 个国家的 103 个政党和组织（其中 48 个共产党）的605 名代表。代表大会的最主要任务，是为各国共产党制定一条争取群众大多数的策略路线，"为新的、日益有决定意义的战斗（无论是防御战或是进攻战）做更周密、更切实的准备"②。

大会委托俄共（布）代表团起草了共产国际的《论策略提纲》。该提纲认为，鉴于目前大多数工人群众还处于第二国际和第二半国际的影响下，各国年轻的共产党还缺乏广大群众的支持，因此"共产国际当前的首要任务是争取工人阶级的大多数完全处于共产国际的影响之下，吸引工人阶级中最积极的部分，参加直接斗争"。为此大会提出了"到群众中去"的口号，号召各国共产党员深入到工厂和各种工人群众中去，特别是要深入到旧工会中去，了解工人的经济要求和政治要求，关心他们的眼前利益，同他们一道参加各种形式的经济罢工斗争；在斗争中逐渐肃清第二国际和第二半国际的影响，把大多数工人群众吸引到共产国际的旗帜下，以便为革命高潮的到来积蓄力量。

根据共产国际三大的精神，在列宁等人的领导下，共产国际执行委员会开始着手制定统一战线策略。列宁在谈到这一策略时说："统一战线策略的目的和意义在于吸收愈来愈广泛的工人群众参加反对资本的斗争，而不是停留在甚至向第二国际和第二半国际的领袖们再一次发出呼吁。"③ 1921 年 12月，共产国际执委会发出了《关于统一战线的 12 月提纲》。该提纲重申了共

---

① 1921 年 1 月，正式改名为法国共产党。
② 《列宁全集》第 32 卷，人民出版社 1959 年版，第 509 页。
③ 《列宁文稿》第 4 卷，人民出版社 1977 年版，第 348 页。

产国际三大提出的"到群众中去"的口号,"要求共产党和整个共产国际完全支持工人统一战线的口号,并在这个问题上掌握主动权"。提纲明确提出:"所谓工人统一战线,应该理解为一切愿意同资本主义作斗争的工人的统一,其中当然也包括跟着无政府主义者、工团主义者这类人走的工人。"它在具体解释这一策略时指出,各国共产党在执行这一策略的过程中,不应该要求意识形态上的统一,而应该要求反对资本斗争中的行动的统一,应该强调各派工人利益上的一致,而不应该强调意识形态上的一致;在同第二国际和第二半国际达成某种协议时,应该保持共产党独立自主的原则,而不应该在组织上搞无原则的融合。提纲还进一步指出,在发动重大的经济和政治行动时,各国共产党要主动邀请黄色工会控制下的工人组织参加,在他们抵制统一行动时,就应对它们的领袖进行揭露,只有这样,才能发挥统一战线的作用,达到孤立社会党领袖,团结工人大多数的目的。

统一战线策略得到了各国共产党人的拥护。1922 年 3 月,英国共产党根据共产国际的指示,提出了为建立工人政府而斗争的口号。在秋季大选中,共产党撤回自己的候选人,投票支持工党候选人。1922 年 4 月,捷克斯洛伐克共产党召开会议,批判了否定统一战线策略的极左集团,表示坚决拥护统一战线策略。保加利亚共产党根据共产国际制定的统一战线策略,联合农民协会,一起向反动势力发起进攻。

1922 年 2 月 21 日至 3 月 4 日,共产国际召开了第一次扩大全会。全会确认了《关于统一战线的 12 月提纲》,并表示接受第二半国际执行局关于就联合召开国际工人代表大会问题举行三个国际代表会议的建议。

1922 年 4 月 2 日至 5 日,三个国际的执行机构在柏林国会大厦召开联席会议。共产国际执委会派布哈林、拉狄克、蔡特金等 12 人,组成共产国际代表团,参加了会议。第二国际的主要代表是国际社会党执行局主席艾米尔·王得威尔德、书记卡米尔·胡斯曼等,第二半国际的主要代表是第二半国际领导人、奥地利社会民主党书记弗里德里希·阿德勒、德国独立社会民主党领袖克里斯平和法国社会党领导让·龙格等人。这次会议主要是讨论筹备召开国际工人代表大会和工人阶级采取共同行动的问题。共产国际代表在会上阐明了它最近制定的统一战线策略,并建议参加国际工人代表大会的,除了三个国际所属的工人组织以外,还应该包括一切工会组织、无政府主义和工团主义组织。为了争取国际工人运动的团结,共产国际还强调指出:"即将举行的国际会议只讨论有关劳动群众当前的实际共同行动问题,也即是讨论不至于分裂而只能团结劳动群众的问题。"但是第二国际和第二半国际的代表在会上提出了召开国际工人代表大会的先决条件。他们要求共产党在格鲁吉亚恢复社会革命党人——孟什维克政府；停止对社会改良主义的批判；取消工会中的共产党支部；保证不处决因犯反苏维埃政权罪而被捕的社会革命党人。共产国际代表拒绝取消工会中的共产党支部，但在格鲁吉亚和社会革命党人问题上作了某些让步①。

会议最后通过一项协议，"建立一个由九人组成的筹备委员会，委托它准备即将举行的三个执行委员会的代表会议，并筹备吸收未加入任何一个国际的政党参加的扩大会议"。会议还号召全世界劳动者在 4 月 20 日或五一节共同举行群众性示威游行。但是，由于第二国际和第二半国际所属的很多党的代表，商定召开没有共产党人参加的国际工人代表会议，第二国际和第二半国际代表也迟迟不执行柏林会议关于举行群众性示威游行的决议，因此共产国际代表于 5 月底发表声明，退出了九人委员会。

柏林会议后，共产国际执委会召开了第二次扩大全会。季诺维也夫作了关于统一战线策略的报告。他认为，柏林会议已经表明，不能指望统一战线策略在上层能够取得巨大成果。他强调，统一战线策略应当是"经过一切共产党人的统一战线，达到全体工人的统一战线，再经过工人统一战线，达到对社会民主党和资产阶级的胜利"。他要求各国共产党"不要向上看，而要向下看，建立下层的统一战线！"

1922 年 11 月 5 日，共产国际召开了第四次代表大会。"建立下层统一战线"的口号在代表中间引起了争论。德国的路特·弗舍、意大利的博尔迪加、波兰的亨利希·多姆斯基和法国的迪莱等"左派"支持季诺维也夫的口号，反对就建立工人统一战线问题同社会民主党上层领袖进行谈判。但德国代表贝克尔等人不同意把统一战线仅仅局限于下层的统一，认为只要社会民主党的领袖还拥有群众，就应当同他们进行谈判。大会最后通过的《共产国际的策略提纲》指出："只有'从下层'，即直接从工人群众的最深处出发，才能使统一战线策略真正实现。但同时，共产党人在某种情况下，不能拒绝同敌对的工人党的领袖们进行谈判，而且应当经常地使群众充分了解这些谈

---

①　即同意由三个国际的代表组织一个委员会，研究格鲁吉亚的状况，同意争取让另两个国际的代表作为辩护人参加审讯社会革命党人。对于后一点让步，列宁写了《我们付的代价太大了》一文，对拉蒂克、布哈林等人进行了批评。（见《列宁全集》第 33 卷，人民出版社 1957 年版，第 293—297 页。）

判的进展情况。"为了建立统一战线，争取最广大的劳动群众，大会提出了
"工人政府"的口号，要求各国共产党人，在斗争中团结无产阶级和劳动人
民的各种党派，组成既不是资产阶级联合政府，也不是社会主义性质的、无
产阶级专政政府的、民主的工人政府。

在共产国际初期活动中，共产国际一直十分重视争取广大东方革命人
民，为此它特别强调西方无产阶级要支持东方的民族解放运动。1920 年 9
月，共产国际执委会在巴库召开了东方各民族代表大会。东方 37 个民族的
1891 名代表参加了大会①。大会决定成立由共产国际执委会领导的东方各民
族宣传和行动委员会，出版《东方民族》杂志，以支持和统一东方革命运
动。在这次代表大会上，季诺维也夫代表共产国际执委会，第一次提出了
"全世界无产者和全世界被压迫民族，联合起来！"的口号。

1922 年 1 月，共产国际又召开了远东各国共产党及革命组织第一次代表
大会，来自中国、朝鲜、蒙古、日本等国的共产党、社会党和资产阶级进步
组织的代表 148 人参加了大会②。共产国际执委会再次重申支持任何国家的
民族解放运动。为了把更多的群众争取到共产国际的旗帜下来，共产国际执
委会还分别组织召开了远东各国革命青年第一次代表大会和远东各国劳动妇
女第一次代表会议。

推行布尔什维克化方针

1923 年德国汉堡工人起义、保加利亚 9 月暴动和波兰工人斗争相继失败
后，无产阶级世界革命运动转入低潮，整个资本主义世界处于相对稳定时
期。在这种形势下，共产国际于 1924 年 7 月召开了第五次代表大会。

代表大会的重要内容之一，是总结 1923 年德国、波兰、保加利亚革命
失败的原因。大会指出，社会民主党领袖们的背叛是各国革命失败的一个重
要原因，但更重要的原因是欧洲各国缺少布尔什维克式的革命政党，而且在
革命转入低潮时，各国年轻的共产党更容易出现"左"的或右的偏差。因此
大会提出："现阶段共产国际活动的一项最重要的任务，就是使共产国际各
支部布尔什维克化。"大会根据俄（共）的经验，提出了布尔什维克化的五

---

① 其中包括 7 名中国代表。
② 其中包括 44 名中国代表。

个基本特点，即党应该是真正群众性的政党；党应该善于采用灵活机动的策略；党必须是马克思主义的，是为争取无产阶级战胜资产阶级而斗争的党；党必须是集中的政党，绝对不允许党内派别的存在；党必须在资产阶级军队中进行宣传和组织工作。

共产国际五大以后，共产国际及其各支部反对托洛茨基主义的斗争，成了布尔什维克化的重要内容之一。

1924 年 1 月 21 日列宁逝世后，俄共（布）党内斗争日趋激烈，党内反对派纠集在托洛茨基周围，公开打出托洛茨基的旗帜，进行派别活动。在共产国际内部，托洛茨基主义对各国党产生了较大影响。在德国，以马斯洛夫和费舍为首的派别集团，反对共产国际的争取工人阶级大多数和建立工人统一战线的方针，拒不执行共产国际的决议，甚至公开号召党员退出工会；他们声称在俄共（布）党内所有争论问题上支持托洛茨基。在法国，以苏瓦林等人为首的派别集团追随托洛茨基。他们未经党的批准，在党内印制、发行托洛茨基的小册子，鼓吹托派观点，在党内引起了极大混乱。此外，在美国、中国、波兰、奥地利、比利时、意大利等国共产党内部，也出现了托派集团和托派分子。托洛茨基主义逐渐发展成一股国际思潮。

1925 年 3 月，共产国际执委会召开了第五次扩大全会。这次全会专门通过了《关于俄共（布）党内的争论》的决议，决议完全支持俄共（布）中央对托洛茨基进行的斗争。会议在《共产国际所属各国党的布尔什维克化》提纲中明确提出，在共产国际范围内开展反对托洛茨基的斗争，是实现布尔什维克化的重要任务。

1926 年 11 月，共产国际执委会召开第七次扩大全会。斯大林在会上作了《再论我们党内的社会民主主义倾向》的报告，对托洛茨基、季诺维也夫、加米涅夫等人进行了批判。鉴于季诺维也夫和托洛茨基结成反党联盟，蔡特金、陶里亚蒂、库西宁和片山潜等人代表各党提出一项议案，认为季诺维也夫继续担任共产国际的领导职务是"不适宜的"。会议通过了这一议案，解除了季诺维也夫共产国际主席的职务①。全会还决定把德国的马斯洛夫、

---

① 这次全会同时废除了共产国际主席和执委会主席的职务，建立了一个集体领导机构——共产国际执委会政治书记处，成员有布哈林、莫洛托夫、皮亚特尼斯基（苏联）、贝尔（英国）、瞿秋白（中国）、什麦拉里（捷克斯洛伐克）、库西宁（芬兰）、巴尔贝（法国）、兰麦尔（德国）、塞拉（意大利）、安贝尔—德罗（瑞士）、曼努伊尔斯基（苏联）、契达罗夫（青年共产国际）、洛佐夫斯基（红色工会国际）。

费舍等四人开除出德共和共产国际；把法国的苏瓦林开除出共产国际。1927年 6 月，在共产国际执委会第八次全会后，托洛茨基等人被正式开除出共产国际执委会。1928 年 2 月，共产国际向各国党内的托派分子发出警告："参加托洛茨基反对派，赞同它的观点，是同今后继续留在共产国际队伍内不相容的。"

在共产国际的直接领导和支持下，英国、意大利、美国、波兰等国共产党内也开展了反对托洛茨基主义的斗争，先后从党内清除了托派分子。1938年 9 月 3 日，托洛茨基纠集英、法、美、俄、德、意、波、比、希、荷 10个国家的托派组织代表，在巴黎成立了与共产国际相对抗的"世界社会主义革命党"（即第四国际）。

布尔什维克化的另一个重要内容，是共产国际及其各支部的反右倾斗争。这一斗争是从共产国际第六次代表大会开始的。

1928 年 8 月 17 日至 9 月 1 日，共产国际召开了第六次代表大会。参加这次大会的有来自 65 个共产党的 532 名代表。在这次代表大会之前，在联共（布）党内，斯大林和布哈林等人在苏联社会主义建设等问题上出现了严重的分歧。到共产国际六大时，出席六大的联共（布）代表团把联共（布）党内的分歧带到了代表大会。他们以由布哈林签署并准备提交大会审议的《国际形势与共产国际的任务》决议草案未经代表团审议，并且其中包含某些机会主义观点为理由，对布哈林的草案作了约 20 处修改。大会通过了修改后的草案，它指出，资本主义世界相对稳定时期即将结束，世界革命即将出现一个新的冲突时期即"第三时期"[①]。大会根据这一提纲，要求各国党在新的革命时期到来之前，把反对右倾机会主义和右倾调和主义这个"主要偏向"的斗争，提到首要位置。

共产国际六大以后，联共（布）党内的分歧变成了公开的冲突。1929年 1 月，斯大林在联共（布）中央政治局和中央监察委员会主席团联席会议上第一次宣布："我们党内形成了由布哈林、托姆斯基和李可夫组成的特殊的布哈林集团"，并强调"布哈林集团是一个右倾投降主义集团"。[②] 1929 年

---

　　① 根据这一草案，共产国际六大提出，从 1917 年俄国十月革命到 1923 年欧洲各国革命失败为第一时期，即资本主义体系发生最尖锐的危机和无产阶级进行直接革命发动时期；从 1923 年到 1928年前后为第二时期，即资本主义体系逐渐形成局部稳定时期；而从共产国际六大前后开始，世界进入了大规模阶级搏斗时期，即革命高潮时期，共产国际称之为"第三时期"。

　　② 《斯大林全集》第 11 卷，人民出版社 1956 年版，第 274 页。

4月联共（布）对布哈林等人进行了全面的批判，并把他们说成是"共产国际各支部中的一切机会主义和调和主义集团的中心"。随后布哈林被解除了《真理报》主编和共产国际执委会政治书记处主要负责人的职务。①

根据共产国际六大决议，各国党都开展了反对右倾机会主义和右倾调和主义的斗争。

共产国际六大后不久，以亨利希·布兰德勒和奥古斯特·塔尔海默为首的德国共产党反对派坚决反对六大决议，他们认为"代表大会选择了一条极左的取消正确的共产主义方针的道路"。他们不同意六大决议对世界革命形势的分析，并正式宣布，"拒绝第六次世界代表大会的那些为错误的极左方针提供辩护和支持的决议"。反对派的观点在德共党内引起了争论。德共中央把这一问题提交给了共产国际。1928年12月19日，共产国际执委会主席团发表致德共党员的公开信，把布兰德勒和塔尔海默等人斥为"真正的左翼社会民主党政客……改良主义者的工具，共产党内的改良主义代理人"。公开信宣布把反对派重要成员豪森和加仑开除出德共和共产国际，并对德共党内所有反对派成员提出警告。不久，联共（布）中央监察委员会应德共中央的要求，把布兰德勒和塔尔海默开除出联共（布）②。

共产国际在处理德共党内问题时，还批判了执委会主席团委员、瑞士共产党领导人之一安贝尔—德罗，原因是"他企图支持德国共产党内的右倾分子"。1929年5月31日，瑞士共产党中央在共产国际的支持下，召开扩大全会。扩大全会指责以共产国际执委会委员、瑞士共产党总书记弗里兹·约瑟夫为首的党中央没有执行共产国际六大的路线，而是执行了机会主义路线。以后，支持安贝尔—德罗的党内领导人瓦尔特·布林戈特等人被开除出党，约瑟夫也被迫辞去总书记的职务。

在共产国际六大上，以共产国际执委会委员、美国共产党执行书记杰伊·洛夫斯顿为代表的美共多数派，不同意共产国际对世界革命形势的估计，他们认为至少在美国还未出现革命高潮。共产国际六大后，洛夫斯顿等人被斥为右倾机会主义者。1929年2月，共产国际作出决定，撤销洛夫斯顿执行书记的职务。不久，洛夫斯顿和9名中央委员、5名中央候补委员及

---

① 布哈林被解除职务后，到共产国际七大格奥尔基·季米特洛夫担任共产国际执委会总书记之前，实际负责执委会工作的是莫洛托夫。

② 他们也是联共（布）党员。

200 余名多数派成员被开除出党，理由是他们"提出了'美国例外论'的机会主义政纲……来与共产国际六大的纲领与决议相对抗"。

1929 年初，捷克斯洛伐克共产党召开了第五次代表大会。在这次大会上，共产国际执委会委员、捷共中央书记伊列克因其"右倾立场"被撤销党的领导职务，党中央委员会也受到了指责。大会选出的新的中央委员会几乎没有原来的中央委员。两个月后，伊列克和党的其他领导人博伦、托兹尔、阿洛伊斯、诺伊腊特等人被开除出党。

1929 年 7 月，共产国际执委会召开了第十次全会。这次会议把反右倾斗争推向了高潮。全会作出决定，免除布哈林、安贝尔—德罗等人主席团委员的职务，把洛夫斯顿和伊列克等人开除出执委会。这次全会特别指出："在共产国际的许多支部中，如在瑞典支部中，还广泛存在着右倾的危险，这也是实际工作中的一种巨大危险。"在共产国际六大时，瑞典共产党代表奥斯卡·萨米尔森等人反对共产国际关于瑞典是一个帝国主义国家的论断。共产国际六大后，党内逐渐形成了以共产国际执委会主席团委员卡尔·基尔博姆和萨米尔森为首的多数派。他们仍然坚持自己的观点。1929 年 10 月，共产国际执委会决定把瑞典共产党多数派和基尔博姆等人开除出共产国际，因为他们在对"瑞典帝国主义"的估计上持有"右倾观点"。

在共产国际的指示下，波兰、奥地利、法国、意大利、英国、加拿大、挪威、中国和南非等国也开展了反右倾斗争。在这场斗争中，一大批共产党领导人被开除出共产国际和本国共产党。1930 年 12 月，被共产国际开除的美国、德国、法国、瑞典、捷克斯洛伐克、瑞士、挪威、奥地利、芬兰、意大利和加拿大共产党内的反对派，在柏林成立了国际反对派组织——国际共产主义者反对派。他们仍然称自己是共产国际的一部分，但他们否定"第三时期"理论；要求改变共产国际控制各国共产党的局面；主张扩大对共产国际领导机构进行批评的权利；要求撤销对所有反对极左路线的反对派的开除处分；等等。

争取建立反法西斯统一战线

共产国际第六次代表大会以后，世界形势出现了新的变化。资本主义经济危机加速了 20 年代初出现的法西斯主义的蔓延。反法西斯主义的斗争成了世界各国革命人民的一项迫切任务。

　　早在共产国际初期，共产国际就提出了反法西斯主义的斗争任务，主张各国工人政党和工人组织不分党派地联合起来，开展反法西斯主义的斗争，但从共产国际五大以后，共产国际却认为，社会民主党和法西斯是一对孪生兄弟，它"永远不能成为无产阶级反对法西斯主义斗争中的可靠同盟者"。在共产国际六大提出"第三时期"理论以后，共产国际不断强调"要加强反对社会民主党的斗争，特别是反对社会民主党的'左翼'，因为它是共产主义在工人运动队伍中最危险的敌人"。

　　共产党和社会民主党的长期对立，分散了整个工人阶级的力量，影响了反法西斯主义的共同斗争。这也是法西斯分子之所以得逞的原因之一。1933年1月，希特勒终于在德国上台执政，实行法西斯恐怖统治；法国、捷克斯洛伐克、奥地利、西班牙等国的法西斯分子，也在向共产党和一切民主力量猖狂进攻。在这种形势下，越来越多的人认识到建立反法西斯统一战线的重要性。

　　1934年2月，法国共产党和统一总工会参加了社会党和总工会为反对法西斯分子的进攻而组织的罢工。这次罢工粉碎了法西斯分子暴乱的阴谋，显示了两派工人联合在一起的力量。在法共中央3月全会上，共产党重新估计了国内的主要危险，认为法西斯是当前主要的打击对象，因此要团结一切同盟者，共同进行反法西斯斗争。5月30日和6月5日，法共中央向法国社会党常设执行委员会提出关于共同反对法西斯的建议。社会党在以J.热罗姆斯基和K.若斯特为首的左派坚持下，接受了共产党的建议。7月27日，两党正式签订了统一行动公约。

　　随着奥地利国内法西斯危险的日益增加，奥地利共产党向社会民主党提出了联合反对法西斯的建议。但当时吸引着90%的工人的奥地利社会党拒绝了共产党的建议。1934年初，奥地利法西斯分子突然发起进攻，共产党被宣布为非法，社会党被解散；奥地利实行了法西斯宪法。

　　法国成功的经验和奥地利失败的教训，向各国共产党证明了反法西斯统一战线的必要性。1934年9月，西班牙共产党和社会党一道参加了工人同盟，朝着建立反法西斯统一战线迈出了一大步。1934年11月，捷克斯洛伐克共产党抛弃了"组织共产主义的统一战线以反对法西斯的统一战线"的思想，向捷克斯洛伐克社会党、捷克的日耳曼人社会民主党和捷克国家社会党提出了联合行动的建议。此外，英国、罗马尼亚、芬兰、美国、希腊等国的共产党都为建立反法西斯统一战线作出了努力。

在各国共产党联合社会民主党及各派民主力量开展反法西斯斗争的推动下，共产国际的统一战线策略开始出现新的变化。

1934 年 4 月 22 日，季米特洛夫被选为共产国际执委会政治书记处书记，同时被指定为共产国际执委会中欧书记处领导人。根据欧洲各国反法西斯斗争的经验和教训，季米特洛夫认为，必须改变共产国际过去在实际上只注重建立下层工人统一战线的做法。1934 年 5 月 11 日，季米特洛夫在同法共领导人多列士谈话中，完全赞同法国共产党所采取的统一战线的步骤。他强调指出："共产党的工人和社会民主党的工人之间的隔阂应该打破。凡是能实现这一目的的任何方法都是正确的。统一战线的政策必须摆脱季诺维也夫时期的陈旧的教条主义公式。"

1934 年 5 月 28 日，共产国际执委会决定召开共产国际第七次代表大会，并拟定了代表大会的议事日程。根据拟定的议程，季米特洛夫将就"法西斯的进攻和共产国际在争取工人阶级统一、反对法西斯的斗争中的任务"这一问题，向大会作报告。1934 年 7 月 1 日，季米特洛夫在准备报告的过程中向共产国际执委会写了一封信，对社会民主主义和统一战线等问题提出建议，要求执委会考虑。季米特洛夫在信中提出："（1）笼统地把社会民主主义说成是社会法西斯主义，是否正确？（2）认为社会民主主义无论在哪里，无论在何种条件下都是资产阶级的主要社会支柱，是否正确？（3）认为社会民主党的一切左翼集团在任何条件下都是主要危险，是否正确？（4）笼统地把社会民主党和改良主义工会的全体领导干部都说成工人阶级自觉的叛徒，是否正确？"季米特洛夫对这些问题作出了否定的回答。因此他提出，必须改变共产国际的统一战线策略，不应当把统一战线的策略仅仅当作揭露社会民主党的手段，而不认真设法在斗争中建立真正统一的工人队伍；必须抛弃那种认为统一战线只能在下面实行的观点，不能再把向社会民主党领袖发出的一切呼吁看成是机会主义。

季米特洛夫提出的问题和建议，为共产国际实行正确的策略转变，最终确定建立反法西斯统一战线的策略，起到了十分重要的作用。

在共产国际第七次代表大会前，共产国际执委会书记处通过的关于奥地利、德国、保加利亚、加拿大、英国等国共产党的任务的一系列决议中，明确支持各国共产党为建立广泛的工人统一战线所作出的努力，开始为建立反法西斯统一战线采取了一些实际步骤。自此以后，执委会便将建立国际范围内的反法西斯统一战线，作为一项最紧迫的任务。

英联邦的形成

庞朝阳

　　英联邦是由英帝国演变而来的一个非常松散的国家集团。它既没有宪法，也没有议会，更没有一个最高行政执行机构。它的形成是一个漫长渐进的过程。推动这一过程向前发展的是英国的殖民地争取独立的斗争：一种类型是合法的斗争，如加拿大、澳大利亚、新西兰、南非等；另一类型是武装反抗，如爱尔兰，但前者起主要作用。英联邦的形成主要是加拿大、澳大利亚、新西兰和南非四个以欧洲移民为主的殖民地，长期不懈地争取自主权的结果。它们与英国之间从统属关系发展为平等关系的变化过程，就是英联邦形成的过程。从19世纪下半叶开始的这几个殖民地争取自主权的行动，经过半个多世纪的努力，终于在1931年通过英国议会批准的法令，取得了重大成果。这几个殖民地从此取得了独立的主权。1944年英帝国会议正式更名为英联邦总理会议，它标志着英国官方正式承认英联邦的地位。其他领地在英联邦形成以后陆续加入。

第一次世界大战前英帝国内部关系的变化

　　大英帝国是伴随着掠夺、鲜血和暴力成长起来的。英国的殖民侵略活动开始于16世纪。初期的大部分活动限于海盗掠夺性质。1588年，英国打败了不可一世的西班牙"无敌舰队"，将西班牙赶下了世界霸主的宝座，开始走上创立世界大帝国的道路。

　　1607年英国在美洲建立第一个殖民地——詹姆斯城，后来扩大成为弗吉尼亚殖民地。它在17世纪进行了三次对荷战争（1652—1654年，1664—1667年，1672—1674年），赢得了胜利，进一步巩固了英国的海上和贸易优势。接着又与法国展开激烈的争斗。从1701年西班牙王位继承战争开始，到 1763 年七年战争结束的几十年中，英国在世界各地全面向法国进攻。在北美，英国夺取了加拿大、布里敦角岛及密西西比河以东的全部土地。在西印度群岛，英国抢走了多米尼加、圣文森特、格林纳达、多巴哥诸岛。在非洲，英国攫取了塞内加尔。在亚洲，英国基本上控制了印度，法国只保有五个据点。英国还从西班牙夺走了直布罗陀、梅诺尔卡、佛罗里达等地。至此，英国已经建立起一个庞大的帝国。它在英国殖民史上被称为"第一帝国"。

第一帝国随着北美 13 州殖民地的独立而宣告解体。英国统治阶级并不罢休，立即着手建立第二帝国。这时，英国开始了工业革命，本国的力量迅速增长，成为世界头号强国，在 1815 年最终打败了法国，结束了长达百年之久的英法争斗。结果英国得到了马耳他岛、爱奥尼亚群岛，控制了地中海。它占领了丹麦的赫耳果兰岛；从荷兰夺得了锡兰、好望角和圭亚那；从法国夺取了西印度群岛的圣卢西亚岛、多巴哥岛及毛里求斯，建立了第二帝国。

19 世纪后期，英帝国迅速扩展。在非洲、亚洲等广大地区攫取了很多殖民地，如巴苏陀兰、埃及、罗得西亚、贝专纳、尼亚萨兰、苏丹、乌干达、东非、新加坡等都是在这时成为英国殖民地的。到 20 世纪初，英国成了横跨非、欧、亚、澳、美五大洲，号称"日不落"的庞大帝国。面积达 3350 万平方公里，拥有人口 3.935 亿。

英国将自己的全部海外属地作了如下划分：第一类是殖民地①，它们由殖民部管理，大部分属地归这一类；第二类是印度，归专门的印度事务部领导；第三类则是"保护国"，如埃及、东非等，它们属于外交部的管辖范围。对不同类别的属地，采取了不同的统治方式。但是，尽管英国统治阶级为了保持大英帝国的一统江山煞费苦心，帝国的内部却已酝酿着分裂。19 世纪中叶到 20 世纪初，英国与一些领地的关系开始发生变化。这些变化标志着英帝国走向衰落的开始。其中最主要的变化，就是在一些领地日益兴起的要求自主的压力下，出现了自治领。

英帝国最早的自治领（截至 1914 年）有四个，即加拿大、澳大利亚、

---

①　根据英殖民部 1901 年所列的一览表，殖民地又分为直辖殖民地（立法、行政完全由英控制）、代议制殖民地（立法机构由殖民地自己掌管，行政权由英掌管）、自治殖民地（立法和行政都由殖民地自己掌管）。

新西兰和南非。它们是由自治殖民地发展而来的。因为这些殖民地的居民以白人为主，所以英国对它们的统治与对其他殖民地不同，采取了以笼络为主的方式。特别是 19 世纪 30—50 年代英帝国普遍发生危机以后，这一区别就更加明显了。那时，帝国内部民族主义情绪大大高涨，各地不断爆发反英起义。如 1837 年加拿大的起义、1854 年澳大利亚地区维多利亚殖民地的起义、1857 年的印度大起义。起义全部被镇压下去后，英国对加、澳等移民殖民地的政策进行了修改，遵循了著名的《德拉姆报告》① 的原则，在这些殖民地实行自治。殖民地可建立自己的议会，成立责任制政府处理地方事务，但外交及其他关系到整个帝国的事务，仍由英国政府掌握。加拿大首先在 19 世纪 40 年代中期获得自治。其后，新南威尔士（1855）、维多利亚（1855）、南澳大利亚（1855）、塔斯马尼亚（1855）、新西兰（1856）、昆士兰（1859）等其他移民殖民地相继成立了自治政府。到 1872 年开普殖民地实行自治的时候，除澳大利亚地区的西澳大利亚以外，其他的主要移民殖民地都已获得自治权。

英国被迫让步，同意自治，目的在于防止帝国分裂，因此，它极力限制自治政府的权力，力图使它们仍处于英国的统治体系之内，并企望实行"更紧密的联合"。这与自治殖民地争取独立的目标完全背道而驰，双方的冲突在所难免。获得自治后，自治殖民地为维护自己的权利，同英国继续进行艰苦的斗争，斗争的焦点主要集中在对自治殖民地自治范围的划分上②。自治殖民地在斗争中进一步完善了自己的自治体系，并以此为阵地，朝着完全独立的最终目标开始新的努力。

早在 1866—1873 年，就曾发生了历时近七年的英国和澳大利亚各殖民地间，关于征收差别关税③的著名纠纷。英国虽然同意自治政府有征收关税的权利，但在给予澳大利亚各殖民地自治的宪法中却规定："任何违反女王陛下与外国已经缔结的协定，而对任何产品的进口和出口加以限制，或给予任何豁免或特权，都是非法的。"1866 年，英国拒绝了新南威尔士要求取消

---

① 1837 年加拿大发生起义后，英国派出以德拉姆为首的调查团前往该地，寻求解决问题的长久之计。调查团在报告中提出以给予加拿大自治的方式解决现存的危机。这就是《德拉姆报告》。

② 不论是在《德拉姆报告》中，还是在英国给予这些殖民地自治的法令中，都没有确切地规定出哪些事务属于地方性，哪些事务关乎整个帝国的利益。况且许多事务本身就是两者兼而有之。对于处理这些事务的权力，双方争执甚烈。

③ 差别关税是指对来自不同国家或地区的同一产品征收不同的税率。

澳大利亚政府法中有关禁止征收差别关税的条款，同年还否决了塔斯马尼亚根据差别关税原则制定的新关税法，从而挑起了这场纠纷。

澳大利亚各殖民地不甘示弱，联合起来共同行动。1870 年和 1871 年，它们先后两次召集了殖民地间会议。会议通过的决议指出，英国对它们财政立法的干涉应"最后地、完全地终止"，而妨碍其财政立法权力充分行使的议会法令，应该全部废除。但英国坚持自己的立场，多次拒绝殖民地的要求。形势渐趋紧张，连维多利亚殖民地的总督也警告英国政府：继续拒绝殖民地的要求会使它们在反对英国的斗争中团结起来，从而危及"帝国的巩固"。到 1873 年 2 月，殖民大臣金伯利勋爵也不得不承认，除了给予殖民地"所要求的行动自由"，别无其他选择。一周以后，内阁同意了他的意见。英下院随之通过《澳大利亚关税法》，承认自治殖民地自由制定关税的权利。从此，自治殖民地便拥有完全的财政立法权。

在新西兰，19 世纪下半叶两次发生关于总督权力的宪法之争。1881 年，总督亚瑟·戈登爵士企图自行解散议会，而完全不顾宪法中关于只有按照政府的建议，总督才有权解散议会的规定，因而遭到以约翰·霍尔为首的新西兰政府的反对。双方争持不下。英国政府后来不得不出面确认，总督只能在当地政府建议下行事的原则。另一次发生在 1891 年。立法委员会中任命委员①出现 12 个空缺，总理约翰·巴兰斯任命了 12 个自己的支持者。总督则想指定自己的亲信，反对总理的任命。巴兰斯毫不让步。英国政府被迫再次重申总督应听从总理的劝告。从此这类争论基本绝迹。

到 19 世纪末，英国统治者采取了新的策略。一方面宣布承认自治殖民地已获得的权利；另一方面提出组织一个集权的中央机构的建议，妄图借此达到重新直接控制自治殖民地的目的。也就是要实现所谓"帝国联邦"②，表面上，它将超然于所属各成员的政府之上，由英国和各自治殖民地共同组成。实际上，英国在中央机构中占有绝对的优势，以此加强对各自治殖民地的控制。因此，这个建议理所当然地为殖民地所拒绝。从 19 世纪末到第一次世界大战前，自治殖民地一次又一次地挫败了英国实现"帝国联邦"的图谋。

---

① 在当时某些自治殖民地的立法机构中，一部分成员的产生是通过任命而不是选举，一般说来，他们在立法机构中占少数。

② "帝国联邦"（Lmperial Federation）与英联邦（British Commonwealth）不同，是联系紧密、中央集权的政治联盟。

英国政府为了实现自己的这一计划，在第一次世界大战前共召集了五次殖民地会议（1907 年决定改为帝国会议，所以 1911 年第五次殖民地会议便称为第一次帝国会议）。除第一次外，都由各自治政府的总理作为正式代表参加。

1887 年第一次会议属于试探性质，对实质性问题没有进行讨论。1895年，狂热的帝国主义分子约瑟夫·张伯伦担任殖民大臣后加快了步调。1897年他主持召开第二次殖民地会议，迫不及待地提出实现"帝国联邦"的全面纲领，力图建立一个中央政权，以完成"帝国最终的联合"。纲领要求：殖民地的军队置于英国的统一控制之下，而枢密院司法委员会将变成"帝国大上诉法院"，作为整个帝国的"最高法院"。约瑟夫·张伯伦还提出警告，如不接受这个计划，它们"将不能掌握自己的命运"，而被迫沦为其他大国的附庸。但自治殖民地却不为张伯伦所动。它们最后促使会议通过决议，表示："在现存条件下，联合王国和自治殖民地间的政治关系，总的说来是令人满意的。"这不啻给了约瑟夫·张伯伦当头一棒。但他并不死心，在 1902年的殖民地会议上，又提出，要建立一个最后将拥有"行政职能或许还有立法权"的"真正的帝国议事会"，以处理有关帝国利益的所有问题。同样遭到反对。1903 年约瑟夫·张伯伦卸职后，英国政府推行"帝国联邦"的行动屡遭挫折，势头日益减弱，渐渐也就销声匿迹了。

自治殖民地在挫败英国重新控制他们的图谋的同时，也提高了自己的地位，逐一成为自治领。加拿大早在 1867 年就成为自治领。1901 年新成立的澳大利亚联邦继之获得自治领地位。1907 年的帝国会议上，英国又承认新西兰，继而在 1910 年还承认南非地区自治殖民地的自治领地位。自治领的出现，是英联邦形成过程中一个重要的里程碑。第一，它表明英国承认了几十年来自治殖民地和英国之间关系的新变化，表明了帝国内部开始崩溃，而英联邦正是在这个基础上建立的。第二，一批自治领的出现，为它们继续争取新的权利、获得完全主权、成为英国的平等伙伴开辟了广阔的前景。

1901 年在关于英国国王称号的讨论中，各自治领都表现出摆脱英国羁绊、争得自主地位的更强烈的倾向。英国在给加拿大、澳大利亚、新西兰及南非等的电报中，主张英王应被称为"大不列颠及爱尔兰联合王国和海外更大不列颠的国王"。加、澳以它们是自治领而加以反对，要求使用"加拿大国王"和"澳大利亚国王"的字样。英国使用"海外更大不列颠"是把自治领只看成英国本土在海外的延伸，而加、澳则已把自己看成了在很大程度上独立于英国的国家。最后双方妥协，新王爱德华七世的称号定为"大不列颠及爱尔兰联合王国，英海外自治领国王"。1952年英国议会一位发言人曾将1901年称号的变化，说成是英国"承认自治领向联邦平等成员的发展"的表现。这个评价并不过分。

英国虽不承认自治领具有国家性质，但各自治殖民地一旦获得了自治领地位，便立即开始要求得到一个独立国家所应拥有的全部主权。具体说来，也就是直到那时它们从没有涉足过的海军指挥权和外交权。

英国在19世纪60—70年代从自治殖民地撤出军队以后，仍然承担着帝国的海上防务。从80年代开始，英国希望各自治殖民地交纳一定数量的海军费用。1897年的各殖民地会议上，新西兰同意交纳这笔费用。但加、澳对这种方法不满意，它们要建立自己的海军。到20世纪初，它们已建立了各自的小型海军舰队，打破了英国独霸帝国海军的局面。

英国不甘坐视自治领拥有独立的海军，提出"海洋是一个整体，不列颠海军也应是一个整体"，企图将新生的自治领海军置于自己的控制之下。加、澳对此根本不予理睬，坚持建设自己的海军。1911年的《帝国海军协定》不得不规定："加拿大和澳大利亚的海军事务和力量，将完全由它们各自的政府掌握。"自治领也作了一些让步，答应如果它们参加英国进行的战争，它们的海军舰队将加入整个帝国海军联合作战，接受统一指挥。但这并不意味单单由英国统一指挥，因为早在1909年自治领已被吸收参加了帝国防务委员会①。1911年的帝国会议上又作出了决定，规定凡"讨论涉及海外自治领的陆军和海军问题，都应邀请它们的代表参加"。

与此同时，各自治领也开始了争取外交权的斗争。它们这时尚未要求独立外交，只希望在帝国的外交事务中取得一席之地，拥有发言权。在这方面，第一次世界大战前自治领仅取得了微小的进展。只有加拿大得到了参与涉及本自治领商业事务谈判的权利和在商约上签字的权利。但英国对自治领外交的控制稍有松动。1911年的帝国会议改由英国外交部，而不是像通常那样由殖民部主持。外交大臣格雷不得不详细地向各自治领代表介绍当时的国际形势以及英国外交的基本方针，但英国不作根本让步。首相阿斯奎斯明确宣布，外交权不能分享，并表示这一决心不可动摇。对此，自治领是不满意

---

①　"帝国防务委员会"建立于1902年，后来成为英国政府的一个机构。起初它只包括首相、海军大臣、陆军大臣、外交大臣、殖民大臣和财政大臣。实际上是英帝国军事的最高决策机构。

的，加拿大总理便宣布：加不保证参加英国进行的所有战争，参加哪些战争，将由加自己来决定；当英国进行战争时，加拿大有可能继续处于和平中。英国对加拿大的这种态度却也无可奈何。当然，加拿大的这些宣布在第一次世界大战前并未付诸实施。自治领独立外交权的获得，还有待继续努力。

总的说来，到第一次世界大战前，帝国内部关系已经出现了变化。一种新的关系正在成长起来。这是英联邦形成的第一阶段。

第一次世界大战中及战后初期自治领的成长

1911 年帝国会议期间关于外交及军事权的争论，随着国际形势的日趋紧张而渐渐平息。在德国咄咄逼人的攻势面前，自治领和英国毕竟有着很多共同的利益。所以第一次世界大战一爆发，自治领立即表示支持英国。1914 年 8 月 2 日，在英对德宣战前两天，加拿大就通知英国；加拿大已经准备好"适于在国外服役"的军队，准备为英国提供帮助。到 10 月已有 3 万加军参加对德战争。澳大利亚也持同样的立场，它宣布："我们将站在母国的背后帮助她、保卫她，直到最后一个人、最后一个先令。"

各自治领积极参加协约国营垒，发挥了重要的作用。如澳大利亚在战争一开始，便派兵占领了德属新几内亚及所罗门群岛，与英军一道控制了南太平洋地区。澳、新军更是英国在中东战场的主力。加拿大军则在欧洲战场起了重要作用，特别在大战结束前的 100 天内，"以加军为主，协约国军接连在亚眠等地发动 4 次攻势，取得了很大胜利。各自治领在人力、财力上给予英国的支援是巨大的，加拿大前后共派出 40 万士兵到海外服役、澳大利亚派往中东及欧洲战场的士兵也有 41 万余人（澳全国及龄服役人数共 82 万）。加拿大共耗去战费 26 亿余美元，为其战前全部债务的 7 倍"。

这样，各自治领由于其在战争中对英国的重大贡献，它们的地位大大提高了。它们也就更有理由向英国要求享有自主的外交权。

自治领争取外交权的过程大致可分为两个时期。（1）1915—1918 年"共同外交"时期；（2）1919—1923 年"独立外交"时期。

1915 年 7 月 9 日到 9 月 4 日，加拿大总理罗伯特·博登爵士对英国进行了为期 7 周的访问，与英国政府首脑阿斯奎斯等讨论了关于自治领在外交事务中的发言权问题，打破了开战以来这一问题的平静状态。最后，博登向英国政府提出警告：自治领在外交事务中"要么拥有发言权，要么每一个自治领拥有一个他们自己的对外政策"。双方矛盾又趋激化。大战方酣，英帝国内部矛盾激化对英国不利。于是英国被迫选择了前者，同意自治领在外交政策的制定中，有权发表自己的意见，但外交政策的执行权仍属于英国外交部。1916 年 3 月初到 6 月底，澳大利亚总理 W. M. 休斯也访问了英国。中途他去了加拿大，与博登进行了长时间的讨论。加、澳在争取外交政策中的发言权问题上意见一致。休斯在伦敦取得了比博登更大的成功。他不定时被邀请出席英内阁会议，并参加所有事务，首先是外交甚至包括英国内部事务的讨论。在自治领的进一步压力下，刚刚上台的劳合·乔治建立了"帝国战时内阁"。由英国、自治领加上印度的代表组成，作为处理整个帝国事务的最高权力机构。自治领的权力更加扩大了，这使博登兴奋地宣布："一个新时代已经诞生。"

　　第一次世界大战结束后，自治领又进而开始走上独立外交的道路。它们要求在即将召开的巴黎和会上，要像其他国家一样，拥有自己独立的代表，而不再由英国代表它们出面。在 1918 年的"帝国战时内阁"会议上和帝国会议上，澳大利亚总理指出，战争肯定即将结束，和平谈判就要开始，澳大利亚要有自己的代表参加谈判。自治领的要求得到了英国政府的支持，因为英国想借此加强自己在和会中的地位。但 1918 年 10 月召开的协约国最高委员会却决定只有"英国代表"，即只有一个英帝国代表团，而无自治领单独的代表。英国将这种情况通知了自治领。10 月 29 日，博登在给劳合·乔治的回电中说，加内阁讨论了这个问题，仍然坚持独立的代表权。12 月 3 日协约国在伦敦召开了和会的准备会议。经过争吵，博登和休斯终被允许参加了第三次会议。会议同意自治领和印度可以派出代表，参加与其有关的会议。

　　对此，自治领并不满足，仍然坚持要有与其他战胜国同等的代表权。伦敦准备会议最后不得不同意：自治领可派代表出席和会，并有权单独在和约上签字。接着，它们又以独立成员国的身份加入国联，使自治领与英国平等的地位得到国际承认。从此，自治领开始独立的外交活动，逐渐摆脱英国的控制，改变了完全听命于英国的局面。

　　1. 自治领在一系列问题上所持立场不同于英国：在对俄政策上，反对干涉俄国。俄国十月革命后，帝国主义各国就积极策动干涉俄国，而英国则是最积极的鼓动者。但自治领人民在战争中蒙受了重大牺牲，迫切要求和平，不愿为英国继续打仗。在人民的要求下，自治领政府也表示不愿继续为英国卖命。在 1918 年 12 月的"帝国战时内阁"会议上，自治领要求停止进一步卷入对俄干涉。所有的自治领总理都表示反对进行"一场反对布尔什维克的战争"。加拿大更为激进，单独宣布从西伯利亚撤军。面对这种形势，英国政府首脑劳合·乔治和波那·劳只得慎重行事。他们清醒地知道，自治领军队如撤出，单凭英国现有的力量，是不足以进行干涉的，最后英国政府被迫放弃进行直接军事干涉，自治领的态度是迫使它这样做的重要原因之一。

2. 在对土耳其的政策上拒绝与英合作。这一点突出表现在"查纳克危机"问题上，在这里，自治领采取更为大胆的行动，公开表示了它们外交的独立性。查纳克是位于土耳其的达达尼尔海峡边上的一个小镇，第一次世界大战后由英军占领。英国唆使希腊军队侵入土耳其，但被凯末尔领导的爱国武装击败后，1922 年 9 月，土军迫近海峡。英国惊慌失措，9 月 15 日英国内阁作出决定，必要时将对土作战。会后，殖民大臣丘吉尔要求自治领在发生战争时援助英国。但除新西兰外，其他自治领都没有给予肯定的答复。加拿大、南非明确拒绝，澳大利亚则摇摆不定。自治领的这一态度使英国不能不郑重考虑，不敢贸然进行军事冒险。1923 年协约国与土耳其签订洛桑和约时，加拿大立即宣布拒绝受制于这一条约的任何特别保证。自治领的这些行动表明：它们已能独立行动，并不唯英国之意是从了。

1923 年还发生了一件重要的事情。加拿大和美国签订了《哈里布特渔业条约》。它是加拿大历史上第一次没有英国参与的情况下，独立与外国订立的条约。同时加拿大还提出要向美国派出自己的大使，并在 1927 年得以实现。而爱尔兰在 1922 年成为自治领以后立即这样做了。至此，自治领在实际上已经取得了内政、外交的自主权，达到了与英国平等的地位。只是这一地位尚未得到法律的具体保证而已。

内容改变了，形式也要随之改变。"帝国"一词已不能准确地反映英国和自治领间的新关系。早在 1904 年，南非的一位著名政治家约翰·梅里曼就曾在一封信中，使用了"英联邦"这个词，来表示他们与英国的新关系①。在 1909 年的帝国防务会议上，他又公开使用"联邦"一词。1917 年南非国防大臣（1919 年后成为首相）J. C. 史末资使用"英各民族联邦"，并对其进行了详细的解释。第一次世界大战后这一称呼就更加流行了。这表

①　梅里曼并不是第一次使用"英联邦"一词的人。但只是从他开始，人们才将这个词用来表示英国与自治领的新关系。

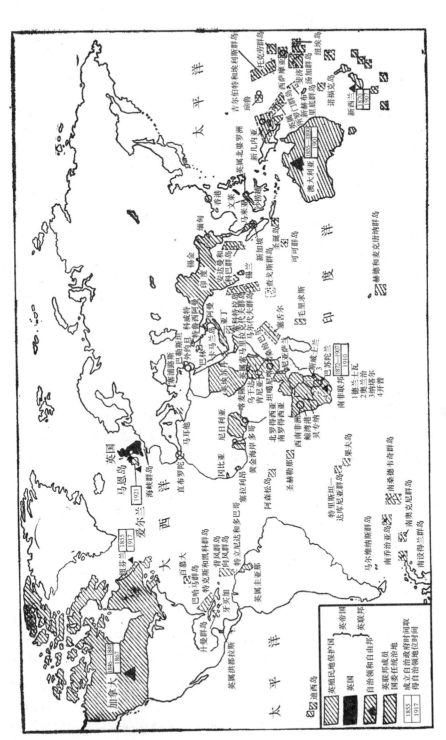

英帝国和英联邦 (1931)

明，以英联邦代替英帝国一事，已渐渐成为一种趋势。

英联邦的最后形成

各自治领在第一次世界大战后初期的斗争，加速了从英帝国向英联邦的转变。英联邦在事实上已经出现，只是在形式上和法律上还没有最后完成。如对自治领的地位，1865 年的《殖民地法律有效法》在承认它们的立法权的同时还规定：自治殖民地立法机构所通过的法律，如与英国专为该殖民地制定的特别法律相抵触，便被宣布无效。此一规定在第一次世界大战后初期仍未正式宣布废除。这对自治领已取得的独立地位，无疑是一个潜在的威胁。因此自治领开始为取得法律上的保证而斗争。

各自治领总理都在不同程度上先后提出了这一要求。其中尤以南非的史末资提得最早、也最为系统。在 1921 年的帝国会议上，他提出一份要求从法律上调整英国和自治领关系的备忘录。主要内容有以下几点：（1）在立法权问题上，要求给予自治领修改英国为其制定的宪法的权利，在今后自治领立法中，停止应用《殖民地法律有效法》，主张英国议会对自治领没有宪法上的立法权。（2）在政府的组织原则上，要求国王否决权对自治领和对英国一样，自治领应在没有任何英国大臣干预的情况下直接与国王接触。自治领不再由英国殖民部或英国其他任何部门领导，英国派驻自治领的总督仅代表国王，而不代表英国政府。（3）在外交上，主张自治领的国际地位和外交代表权应是无可争议的。（4）要求使用"英联邦"这个新名称，以标志出帝国内部这一划时代的变化。史末资在备忘录里还警告说："除非以满足这些年轻民族正当要求的方式尽快解决自治领地位，否则我们在联邦内肯定会看到分离主义的运动。"

当时，英国没有接受这一备忘录。但在 1926 年以前的几年中，事实上已默认其中的某些原则。例如英国在 1921 年承认爱尔兰自治领地位的条约中，正式使用了"英联邦"一词。这是官方文件中第一次废弃"帝国"这个词。1925 年签订《洛加诺公约》时，英国就没有与自治领进行任何协商，同时自治领也不受此条约的约束。这表明事实上英国也已抛弃了"共同外交"。

英国态度的转变，加快了实现自治领要求的过程。1926 年召开了帝国会议，会议任命了"帝国内关系委员会"，其任务为确立自治领和英国之间的新关系。英国前外交大臣、78 岁高龄的老政治家 A. J. 贝尔福担任了这个委员会的主席。委员会提出了报告，它后来被称为《贝尔福宣言》。报告中这样描述英国和自治领现存的关系："它们是英帝国以内的自治社会，地位平等，无论在其内政和外交的任何方面，彼此均不互相隶属，虽然是以对国王的共同忠诚的关系连成一体，却是各自作为不列颠联邦的一分子而自由结合的。"这里一共包含了四个要素，即自治、平等、共同效忠国王、自由结合。另外，在总督问题上，报告也完全同意史末资在备忘录里的要求，另派英国高级专员作为与自治领联系的桥梁。1928 年英国向加拿大派出了第一个高级专员。《贝尔福宣言》对过去几十年英国与自治领关系的发展作了全面总结，承认自治领已成为独立的、与英国平等的英联邦成员这一现实，从而具有重要意义。它使 1926 年成为英联邦历史上最著名的年代之一。

但是，在 1926 年还不能说英联邦已经形成。这个宣言虽在英国与自治领的关系方面向前跨进了一大步，但依然有所保留，如说平等"只适用于地位，而不能广泛地推广到职能的行使"。关于废除立法限制的问题，也推给专家专门讨论，而未予解决。

《贝尔福宣言》提出以后，自治领继续要求废除《殖民地法律有效法》和通过一个具体的法令，宣布自治领议会有立法权。各种建议和法律草案相继提出，使英国政府无法继续回避，于是在 1929 年 10 月到 12 月之间，专门召开了关于"自治领立法效力"问题的会议。

参加这次会议的，主要不是政治家而是文职官员。他们通过调查研究，提出报告，认为对自治领的主权仍然存在着四个限制。第一，英国拥有对自治领立法的搁置权和否决权；第二，自治领不能对领土以外事务施行立法；第三，英国仍通过《殖民地法律有效法》，对自治领立法进行限制；第四，1911 年以前通过的《英国商船法》规定帝国是一个整体，这一立法仍然未有变动。会议建议，通过废除《殖民地法律有效法》和通过一项宣布自治领议会权力的具体法令来取消这些限制。

1930 年的帝国会议全部接受了这些建议。基于 1926 年《贝尔福宣言》和 1929 年、1930 年会议的决议，1931 年英国议会通过了确认自治领地位和英国与自治领之间关系的《威斯敏斯特法》。它宣布：国王是英联邦成员自由联合的象征，英联邦成员通过共同对国王的效忠而联合起来；今后英国议会制定的法律不再作为自治领法律的组成部分，而扩及任何自治领；废除《殖民地法律有效法》；自治领议会拥有制定法律的全权，并可予以废除和修改。法令使自治领获得了完全独立的主权，并用法律的形式正式确认了英联邦。《威斯敏斯特法》标志着英联邦的正式形成。1944 年英帝国会议也改名英联邦总理会议，从此正式启用了"英联邦"这一名称。

英联邦的形成，是英帝国各自治殖民地长期斗争的结果。这些殖民地的经济，在移民长期开拓的过程中，有了较大的发展，逐渐形成了各具特色的民族经济。各殖民地都形成了具有相当雄厚实力的资产阶级，他们不甘继续受英国的限制，强烈要求获得更大的自主权和甚至是独立的主权，从而和母国统治集团产生了尖锐的矛盾。各自治殖民地要求自主和独立的努力是历史的必然，它必将达到自己的目的。

英联邦的形成，是英国统治集团在压制不成，改而让步的结果。它多年来梦寐以求，力图建立一个大一统的日不落帝国。这个目标在 18—19 世纪已经达到。第一次世界大战结束后大英帝国达到了鼎盛时期。当时出任外交大臣的寇松踌躇满志地宣称："目前，不列颠的旗帜已经飘扬在一个强大而统一的帝国领土之上。"但是好景不长，大英帝国内部出现了越来越大的裂痕，这首先是各自治领的强烈的自立倾向。横加压制，只会导致它们的坚决反抗和它们自行宣布独立。英国统治集团从自己丰富的政治经验中认识到，只有在矛盾尚未最后激化前，寻求其他办法，既能满足自治领的要求，又能在较大程度上维护自己的利益，以缓和矛盾，两全其美。这个办法终于找到了，它就是体现在《贝尔福宣言》中的确定英国与自治领新关系的形式，即一方面给各自治领与英国的平等地位，另一方面又保持了它们和英国的特殊联合。这一联合对英国还是有很大意义的。在争霸世界的斗争中，英国仍可利用英联邦作为其政治资本。一旦爆发战争，它在军事上还保留了在自治领获得或使用军事基地的权利。更重大的利益还是在经济上，自治领并没有在经济上完全独立，它仍是英国资本投资和商品销售的市场。

从经济角度看，英联邦的出现，却又与各自治领经济发展的状况相适应，不仅对英国有利，也对各自治领有好处。过去几百年相互关联的历史发展，使得英国和殖民地间有着千丝万缕的联系。特别是在经济上，更无法一刀两断。一方面，英国经济需要殖民地的原料和市场；另一方面，殖民地经济的发展也需要英国的资本、技术及英国的市场。因此，帝国内部政治关系虽日益松懈，经济联系却日益加强。从 20 世纪 20 年代初开始，经济问题在帝国会议中所占的地位就越来越重要了。1926 年帝国会议以后，经济问题超过了政治问题而成为帝国会议的中心议题。进入 20 世纪以来，英国与自治领之间的经济交往迅速扩大。1910 年到 1914 年，从殖民地进口的商品占英国进口的 25%，从英国出口到殖民地的商品占英国总出口的 36%。第一次世界大战后情况发生了很大变化。到 1935—1939 年，进口便已占总进口的 39.5%，出口则增加到 49%。又如 19 世纪 80—90 年代，新西兰平均每年出口 1000 万英镑，其中有 700 万英镑是输往英国的。

自治领在要求政治独立的同时，也希望加强与英国的经济联系，实行互惠贸易。早在 19 世纪 90 年代，自治领就已先后同意给予英国产品优惠，连独立倾向最强烈的加拿大也给予了英国产品 25% 的优惠，并要求作出对等的决定。英国统治集团中有一部分人对此作出了积极的反映，如以约瑟夫·张伯伦为首的一批人便掀起了关税改革运动①。第一次世界大战后英国放弃自由贸易政策，在 1932 年召开的帝国会议上最终实现了帝国特惠制②。会议签订了《渥太华协定》③，规定在帝国内部（即英本国、殖民地和自治领）实行特惠制。正是这种内在的经济凝聚力促进了英联邦的形成，使英联邦各成员之间，被一条强有力的经济纽带紧紧联系在一起。

20 世纪，正是社会化大生产充分发展的时代，世界各国的经济不是向着相互孤立的方向，而是朝着彼此之间更密切合作的方向发展。因此，英帝国解体了，却形成了具有重大经济意义的英联邦。英联邦的形成结束了成员间政治上的统属关系，却保持了经济上的合作，正是顺应了这一历史发展的趋势，应予积极肯定。

---

① 运动的目的是敦促政府放弃自由贸易政策，实行关税保护，以便与殖民地实行互惠。运动虽未成功，但对后来有较大影响。

② 对来自帝国内部的产品，特别是那些遭到外国竞争的产品，给予优惠的制度。

③ 协定的主要内容如下：英对从殖民地和自治领输入的商品给予优惠，大约 80% 的商品免税输入，另外 20% 的商品只征 10% 的关税；对于从英帝国以外地区输入的农产品，采取限额制度，以保证自治领与殖民地的农产品在英国运销的数额。另一方面，英国工业品向自治领和殖民地市场输出，也得到优惠待遇，各地区拟定关税政策时须接受英国的建议，提高对外国商品的关税税率。

小协约国的建立和瓦解

洪育沂

小协约国是第一次世界大战后初期，由捷克斯洛伐克、罗马尼亚、南斯拉夫三国结成的同盟体系，其主要目的是反对匈牙利修改1920年《特里亚农和约》。它在30年代初期还曾进行过某些反对德、意扩张的活动。30年代中期以后，由于德意进行分化，小协约国内部团结日趋涣散，1938年慕尼黑会议以后终于瓦解。

小协约国的产生是第一次世界大战后欧洲国际关系中一件值得重视的事情。它在成立的初、中期，曾得到当时欧洲首要强国法国的大力支持，并同法国建立了密切的合作关系，这对巩固法国在欧洲的地位起了重要的作用。法国和小协约国的同盟与合作，是构成20—30年代欧洲国际格局的一个重要因素。小协约国的涣散与瓦解，使法国在国际上陷于孤立、对欧洲局势产生了深刻的影响。

反对修改《特里亚农和约》

德奥集团在第一次世界大战中战败后，1918年，奥匈帝国瓦解，匈牙利有2/3的土地易手，其中绝大部分是非马扎尔人居住的地区。多数居民为罗马尼亚人的特兰西瓦尼亚并入罗马尼亚。多数居民为南部斯拉夫人的克罗地亚、斯拉沃尼亚等地，成为"塞尔维亚—克罗地亚—斯洛文尼亚王国"（南斯拉夫）的组成部分。多数居民为斯洛伐克人的斯洛伐克及多数居民为卢西尼亚人的卢西尼亚，则成为新成立的捷克斯洛伐克的组成部分。

匈牙利不甘心其原有版图的缩小，把这看成是自己的领土遭到了"肢解"。出席巴黎和会的匈代表团长阿波尼反对变更领土，强调必须保持具有"千年历史"的匈牙利的"完整"。匈牙利战败后，末代君主查理四世逃往瑞士，他时刻伺机回国复辟，恢复固有疆域。这些情况，对捷、罗、南形成了威胁。

罗马尼亚的统一和南斯拉夫、捷克斯洛伐克的成立，是三国人民对奥匈侵略和民族奴役进行长期斗争的结果。维护胜利成果的共同要求，使三国代表在巴黎和会讨论对匈和约时，频繁接触，密切配合。他们向和会发出联合备忘录，批驳匈牙利在维护领土"完整"口号下反对领土变更的主张。匈牙利对捷、罗、南三国的合作，十分不满。1920年2月21日，匈牙利《佩斯消息报》称三国为"微不足道的小协约国"，是"大协约国的可笑的相似物"。"小协约国"一词由此产生，并被捷、罗、南三国所接受，还在巴黎和会内外广泛流传。

1920年6月4日，战胜国同匈牙利缔结《特里亚农和约》，确认1918年发生的匈牙利的领土变迁。匈牙利政府虽然接受了和约，但声明这是受"政治环境的压力"所迫，暗示一旦条件许可，就要修改和约。捷、罗、南三国为了防止匈牙利修改和约，维护和约所确定的领土现状，捍卫自己的民族独立和国家统一的胜利成果，又把原有的合作关系发展到缔结同盟条约的高度。

1920年8月14日，捷南缔结同盟条约，规定缔约一方如遭匈牙利无端攻击，缔约另一方应对被攻击的一方提供援助，以进行防御。双方"坚决维持国际联盟所规定的和平"及《特里亚农和约》"所建立的秩序"。

1921年4月23日，捷罗缔结了与捷南条约内容相似的同盟条约。

1921年6月7日，罗南缔结同盟条约，规定缔约一方如遭匈牙利或保加利亚，或该两国无端攻击，而有损于对匈《特里亚农和约》或对保《纳依和约》所建立的秩序时，缔约另一方保证向受攻击的一方提供援助，以进行防御。罗南条约的假想敌，除匈牙利外，还有保加利亚，这是因为保加利亚同罗、南之间，也存在着修约和反修约的矛盾[①]。

上述三个条约，使小协约国成为一个拥有4300万人口和70余万平方公里土地的同盟体系，在战后中欧和东南欧的国际关系中，曾一度起过相当重要的作用。它同法国的特殊关系，十分引人注目。

战后，法国的主要防范对象是德国，它同小协约国的对手匈、保两国，并无直接利害冲突。但是，在反对修改和约，维持巴黎和会所确立的战后欧

---

① 1913年第二次巴尔干战争后，保加利亚把南多布鲁加割与罗马尼亚。1919年《纳依和约》缔结后，原保属马其顿割与南斯拉夫。保对这些领土变迁不满，要求修约。

洲国际秩序这一点上，法国同小协约国的利益是一致的。因此，法国从一开始就支持小协约国，向它们提供贷款和军火。小协约国则在外交上支持法国巩固凡尔赛体系的努力。在 1922 年的热那亚会议和 1923 年的洛桑会议上，以及国联的裁军活动中，小协约国都同法国采取一致步调。法国同小协约国合作，旨在加强自己在中欧和东南欧的阵地，以利于它抑制德国，并同英、意较量。这种合作，客观上有利于小协约国维护民族独立和国家统一的斗争。

1924 年 1 月 25 日，法、捷缔结友好同盟条约，规定：当霍亨索伦王朝企图在德国复辟或发生德奥合并的威胁时，两国将采取措施。在 1925 年的洛加诺会议上，法、捷缔结相互保证条约，规定在遭到"无端攻击"时，双方将相互提供援助。1926 年和 1927 年，法国又分别同罗、南缔结友好条约，规定在遭到"无端攻击"时，缔约双方将进行协商。这些条约，加强了法国同小协约国的合作，并同 1920 年的法比盟约和 1921 年的法波盟约一道构成了以法国为首的、以维持巴黎和会所确立的战后欧洲国际关系秩序为主要目的的条约体系。

法国曾企图利用罗马尼亚同苏联在比萨拉比亚的领土争端，把罗马尼亚拉入从波罗的海到黑海的反苏"防疫线"中去，但法国未能把小协约国变成它的反苏工具。因为捷、南两国，同苏联既不接壤、又没有重大的直接利害冲突，它们不愿意牺牲自己的利益，去为他人效劳。捷克斯洛伐克外长贝奈斯反对干涉和孤立苏联，他害怕孤立苏联会推动它去同德国达成协议，共同反对欧洲其他国家，那将对欧洲的未来造成"极大的危险"，而对捷克斯洛伐克来说，那将意味着"致命的危险"。1920 年苏波战争期间，捷、罗、南三国达成协议，对苏波战争严守中立。1921 年 4 月，南斯拉夫首相帕希奇公开声明，在任何情况下，南斯拉夫都不同俄国作战。1921 年 6 月 26 日，苏俄《消息报》曾在一篇社论里指出，小协约国并"不能构成对苏俄的威胁"。但同时《消息报》又认为：小协约国是"帝国主义列强巩固其在欧洲大陆（特别是在东欧）的统治地位的前哨"。

小协约国在成立过程中和成立初期，不断同匈牙利展开斗争。斗争的中心内容是反复辟和反修约。

1921 年 3 月 27 日，流亡瑞士的匈牙利废王查理四世突然潜回本国，企图重登王位。对此，捷、罗、南三国迅速作出强烈反应。它们宣布，哈布斯堡王朝复辟不是匈牙利内政，而是一个国际问题，必要时，它们将用武力加以反对。英、法、意政府也表示反对哈布斯堡王朝复辟。查理四世被迫离匈，重返瑞士。

10月20日，查理四世重整旗鼓，再次潜回匈牙利。他得到部分匈军的支持，气势汹汹地要求现政府交权，并摆出一副合法君主的架势，公然任命前国民议会议长拉科夫斯基为"首相"。面对这个新的挑战，捷克斯洛伐克迅速动员了30万军队，南斯拉夫动员了20万军队，罗马尼亚也动员了6个步兵师和2个骑兵师。三国一致表示，将采取一切措施，以制止哈布斯堡王朝在匈牙利复辟。在英、法、意的支持下，小协约国再次粉碎了查理四世的复辟活动。查理四世被迫再度离开匈牙利。匈牙利国民议会通过王位废黜法令，永远禁止哈布斯堡家族成员重登王位。

哈布斯堡王朝在匈牙利复辟的两次活动都失败了，但匈牙利国内要求修改《特里亚农和约》的情绪仍很强烈，还成立了为开展"领土收复运动"的专门组织。它广泛宣传："残缺不全的匈牙利不算一个国家，完整的匈牙利才是伊甸园！"在学校、教堂和其他公共场所，到处张贴《马扎尔人信条》。士兵和学生每天都要诵念信条中的几句："我们相信唯一的神，相信我们国家的统一，相信匈牙利的复兴。"匈牙利各地张贴地图，或将捷、罗、南的大片领土画入匈版图，或说明匈牙利"千年帝国"的土地如何遭到"野蛮的肢解"。图上的口号是"不，不，决不同意"。匈牙利军队对《特里亚农和约》关于裁减和限制军备的规定，进行怠工。

1923年初，捷外长贝奈斯说："我们密切注视着现在正在匈牙利发生的事。我们不能容忍推翻和约的武装力量和军事措施。"1924年3月，小协约国同英、法、意一道，利用匈牙利的经济困难，向它提供1100万英镑的贷款，条件是匈牙利必须保证履行《特里亚农和约》，特别是该约的军事条款。1925年，小协约国在布加勒斯特举行外长会议。会后，罗马尼亚外长杜卡强调指出："反对任何修约企图，维持和约，无论现在或将来，都是小协约国的主要的和根本的想法。"

小协约国协同一致的行动，有力地制止了匈牙利修改和约的行动，稳住了东南欧的局势。

防范德、意侵略

20年代末，特别是30年代初，形势发生了很大的变化。小协约国在不放松对匈牙利的警惕的同时，不得不同来自意、德的威胁展开新的斗争。

意大利虽然是第一次世界大战中的战胜国，但它对和会的分赃不均深为不满，一直图谋改变和约所确定的南欧和中欧秩序。1926—1927 年，意大利先后同阿尔巴尼亚缔结友好安全条约和同盟防御条约，实际上建立了对阿尔巴尼亚的控制，取得了意大利对亚得里亚海的霸权。从 1927 年起，墨索里尼公开鼓吹修改《凡尔赛和约》，宣传"和约的永恒不变意味着人类的僵化"。

1927 年 4 月和 11 月，意、匈先后缔结友好仲裁条约和商务条约。意匈两国，一个是战胜国，一个是战败国；一个是大国，一个是小国。但在要求修改和约，改变中欧和南欧现状的基础上接近了。这对于匈牙利同小协约国较量，显然是有利的。匈议会对此报以一片欢呼。一些议员公然称墨索里尼为匈牙利的"保护人"和"真正的朋友"，并暗示匈牙利可以指望在"消除《特里亚农和约》的非正义的规定方面"，同意大利建立"真正的合作关系"。1928 年和 1932 年，意大利两次通过奥地利领土，秘密向匈牙利运送军火，在小协约国和法国引起了震动。

30 年代的世界经济危机，推动德国加紧摆脱《凡尔赛和约》的束缚，走上向外侵略扩张的道路。1931 年 3 月，德、奥缔结关税协定，两国互免进出口税，实行统一的关税法和协商一致的税率。当时，德、奥两国在捷克斯洛伐克出口贸易中占 31% 的比重，一旦德、奥互免进出口税，势必沉重打击捷货出口。更有甚者，德奥关税同盟乃是德、奥走向经济统一，进而实现德、奥合并的准备步骤。贝奈斯警告道，这最终将使德国攫得在中欧的领导权。

1931 年 5 月 3—5 日，小协约国在布加勒斯特举行外长会议，谴责德奥关税同盟破坏了《凡尔赛和约》和 1919 年对奥《圣日尔曼和约》所造成的欧洲秩序。小协约国的态度得到法国的支持。意大利想向中欧扩张，对德奥关税同盟也持反对立场。1931 年 5 月 19 日，国联理事会将《德奥关税协定》提交海牙国际法庭审理。9 月 5 日，国际仲裁法庭判决，该协定违反 1922 年《日内瓦议定书》关于禁止直接或间接威胁奥地利独立的规定。

由于在国际上遭到广泛反对，德、奥宣布放弃关税同盟协定。小协约国在同羽翼未丰的德国的初次较量中占了上风。

在 1932 年 2 月开幕的裁军会议上，德国在争取"军事平等"的口号下，要求取消《凡尔赛和约》对它的限制，实行大规模扩军。纳粹党外事局领导人罗森堡公开发表关于修改和约的主张，在欧洲引起了不安。捷外长贝奈斯和南斯拉夫国王亚历山大一致认为，小协约国应该采取更有力的政策对付修约的行动。罗马尼亚外交大臣蒂图列斯库更主张，把小协约国变成一道"不使修约的风浪冲击欧洲海岸的堤坝"，并使之同法国和苏联结盟，在中欧堵塞修约主义的道路。

1933 年 2 月 16 日，小协约国在日内瓦举行外长会议，宣布为了保证中欧形势朝向"真正稳定的方向"发展，特缔结《小协约国组织公约》，把三国之间现有的友好和同盟关系，置于稳固的法律基础上。公约规定：三国实现一般政策的统一；由三国外长或特派代表成立小协约国常设理事会，作为三国集团共同政策的领导机关，理事会每年至少应开会三次，其决议应全体一致作出；小协约国的任何政治条约或具有重大政治后果的经济协定，或改变小协约国中任何一国对第三国的政治形势的任何行动，从今以后，都应经常设理事会一致同意；设立小协约国经济理事会，以逐步调整三国相互间或它们与其他国家之间关系的经济利益；三国之间现有的同盟条约一律无限期延长。

《小协约国组织公约》加强了捷、罗、南三国之间的合作。贝奈斯解释道，小协约国缔结这个公约的原因，在于国际形势的变化。他说，洛加诺政策曾经打算使欧洲走向和平，但"这一发展进程因为德国国内政策上发生的事件，而被猛烈地打断了"。此外，意大利正在"牺牲小协约国"而发展同奥地利和匈牙利的友好关系。他强调，最近在一些大国的政界里，再度提出了划分势力范围的计划，小协约国对此表示反对，并要保卫自己，不受其害。

贝奈斯的言论，反映了小协约国反对德意侵略扩张，维护自己安全的正当愿望。

小协约国在缔结组织公约后不久，就以国家联盟的姿态，投入了反对《四强公约》计划的斗争，并显示出团结结盟的力量。

对抗大国主宰

1933 年 3 月 18 日，墨索里尼建议，由意、英、法、德缔结为期 10 年的《四强公约》。其主要内容是：四国就欧洲问题达成协议，必要时可迫使其他国家接受四国的决定；认可在国联范围内修改《凡尔赛和约》的原则；如果裁军会议失败，就承认德国和其他被限制武装的国家军备平等的权利；四国就殖民地问题达成协议。

这个建议的主旨是修改和约、削弱国际联盟、全面动摇凡尔赛体系、实现大国主宰。德国和匈牙利对它表示欢迎，波兰和小协约国则强烈反对。1933年3月25日，小协约国常设理事会在日内瓦开会，集中抨击拟议中的《四强公约》及其"修约主义政策"。会议公报指出，墨索里尼的建议将使四大国有权处理属于别国权利范围内的事务，这是不能容许的，"正如人们不能直接间接处理他人的财产一样"。贝奈斯说，任何人企图强令捷克斯洛伐克调整边界，就必须把军队开进它的领土，而"我们是懂得怎样来保卫自己的"。蒂图列斯库则警告道：修改和约就"意味着战争"。南斯拉夫许多城市举行群众大会，反对修改疆界。

在法国政界，以保罗—庞古为代表的一批人，主张接受把苏联排除在外的由四大国主宰欧洲的安排；以巴都为代表的另一些人，则认为当务之急是反对来自德国的战争危险，为此，必须同苏、捷、波等国合作，反对修改和约，不使和约所确定的秩序发生有利于意德的变化，双方争执不下。小协约国对法国施加影响，警告它说，如果法国承认修改和约的原则，它们就要改变亲法的方针。

1933年7月15日，英、法、德、意四强签订《谅解与合作公约》。由于小协约国的强烈反对和英法统治阶级内部的意见分歧，意大利原先提出的公约草案，已经被修改得面目全非了。公约只适用于纯粹与缔约国有关的问题，也就是说，四大国无权处理英、法、德、意以外的欧洲中小国家的事务。意大利草案中关于修改和约、四大国主宰欧洲事务和四大国就殖民地问题达成协议的条款被完全删掉了。关于承认德国等战败国军备平等权利的条款，则改用十分模糊的措辞。在草签《四强公约》后，法国外长曾向捷、罗、南驻法公使保证，法国参加《四强公约》绝不有损于它同小协约国缔结的条约，并保证，法国绝不允许提出修改边界问题。

尽管如此，《四强公约》仍遭到英、法舆论的谴责，未获议会批准，因而没有生效。

《四强公约》的夭折，一方面，反映了当时英法的绥靖主义虽已露头，但尚未泛滥成灾；另一方面，它还说明，像捷、罗、南这样的中小国家，只要团结一致，坚决捍卫自己的权利，对抗大国主宰，就能够在欧洲国际舞台上，发挥不容轻视的积极作用。当时，瑞士《日内瓦日报》曾就《四强公约》的失败，发表评论道："小协约国的力量挡开了这次打击……如果我们要考虑四大国的意见，那么，还有一个大国是任何人也无权加以忘却的，那就是由捷、罗、南联盟组成的第五大国。"

30 年代初，小协约国，特别是捷克斯洛伐克，明显地加强了对苏的联系。

贝奈斯在他的回忆录里写道，希特勒上台后，"我们在布拉格尽力之所能及，保卫自己对付正在到来的灾难，措施之一，是建立对苏合作，争取它直接参加欧洲和国联事务"。日内瓦裁军会议期间，贝奈斯同苏联代表李维诺夫频繁接触。贝奈斯对李维诺夫说，捷政府确信，"如果没有苏联参与欧洲的特别是中欧的事务，德国就会重新称霸欧洲"。1933 年 7 月 4 日，罗、捷、南和其他七个中小国家一道，同苏联缔结了关于侵略定义的公约。当时，罗、捷、南三国同苏联尚未建交，罗苏之间为比萨拉比亚的归属问题，也已争论了十几年，在这种情况下，关于《侵略定义公约》的签订，具有特殊的意义。

1933 年 10 月，德国退出裁军会议和国联，加紧进行撕毁《凡尔赛和约》、改变欧洲现状的活动。法国外长巴都希望小协约国同苏联密切合作，并建议缔结包括苏、捷、波和波罗的海沿岸诸国的《东方洛加诺公约》（或称《东方公约》），作为《洛加诺公约》的补充，得到了苏联和捷克斯洛伐克的支持。1934 年 6 月 9 日，捷、罗两国同苏联建交。9 月中旬，小协约国常设理事会在日内瓦开会，决定支持苏联参加国联。1935 年 5 月，捷苏缔结互助条约。

总之，30 年代上半期，小协约国除了继续反对匈牙利的修约企图之外，进而试图对抗大国主宰，反对德意的侵略扩张，并进行了某些有利于建立欧洲反法西斯统一战线的活动。这一切，对于维护欧洲和平和安全，是具有积极意义的。

小协约国的瓦解

小协约国内部也并不是亲密无间的。捷、罗、南三国虽然宣布实现了外交一体化，实际上它们的利益和政策却存在着差别和分歧。这就给了德国以分化离间的可乘之机。法国对德国一味绥靖，也使小协约国对它由失望而离心。从 30 年代中期起，小协约国就日趋涣散，终于走上分崩离析的道路。

捷克斯洛伐克在小协约国三个成员国中，筹建欧洲集体安全最为积极。捷、苏之间，不但没有直接利害冲突，而且有反对德国侵略扩张的共同要求。所以，在对苏合作中，捷克斯洛伐克能够迈出较大的步伐。在小协约国三个成员国中，唯有它同苏联缔结了互助条约。

罗、南两国虽然也在一定程度上感受到德国侵略扩张的威胁，但它们同德国并不接壤，它们境内也不存在像捷克斯洛伐克那样的德意志少数民族问题，所以，这种威胁对罗、南来说，不如捷克斯洛伐克那样直接。

捷克斯洛伐克是个比较发达的工业—农业国，罗、南两国则是比较落后的农业—矿业国，它们出口的农产品和矿产品，对德国市场有很大依赖。德国利用30年代世界经济危机袭击下罗、南出口的困难，用提高进口限额、实行优惠税率和以货易货等办法，大幅度地增加同罗、南的贸易。30年代中期，德国在南斯拉夫对外贸易中已占首位。1937年，罗马尼亚出口的石油和小麦，分别有40%和45%是输往德、意的。1937年12月，德、罗缔结贸易条约，规定1938年头9个月中，罗自德进口额为80亿列伊，其中50亿列伊将用于购买德国的大炮、军用飞机和光学仪器。

对德经济关系的发展，促使罗、南亲德势力迅速增长。1933年12月，推行反法西斯政策的罗马尼亚首相杜卡被刺。亲法西斯的民族基督教联盟领导人竟公然宣称，"谁能满足我们的经济利益和国防利益，谁就应当成为我们的盟国。……我深信，只有一个国家能够满足我们的经济利益，并在冲突时期保卫罗马尼亚……这个国家就是德国"。受德国支持的罗法西斯组织"铁卫团"的活动日益猖獗。法西斯分子在1936年11月举行示威，参加者竟达10万人之众。

按照《苏捷互助条约》，如果捷克斯洛伐克遭到侵略，苏联有同法国一道援捷的义务。但因苏捷不接壤，苏军要援捷，必须假道波兰或罗马尼亚。对此，波、罗都坚决反对。罗、苏之间为比萨拉比亚的归属问题，长期争议不决。罗马尼亚对苏联一直心存疑惧，它害怕一旦苏军入境就不会撤出。罗首相塔塔列斯库曾把德苏两国相提并论，说"罗马尼亚政府认为，来自蒂萨河方面和来自德涅斯特河方面的入侵的威胁，可能性同样大"。这些情况，不能不影响对捷罗关系和小协约国的团结。

法国同小协约国和波兰合作的基础是维持现状、反对修约。但由于法国国内绥靖主义的抬头，这一基础逐渐发生动摇。1933年缔结《四强公约》的过程中，法国部分统治阶级对意、德的修约要求采取容忍的态度，使小协约国和波兰对法国产生了不信任。波兰率先改变单纯亲法的方针，转而在法、德之间保持平衡。在 1934 年 1 月缔结了《波德互不侵犯条约》，并对缔结《东方公约》一事怠工和阻挠，使波法同盟遭到严重削弱。1934 年 10 月，赞成集体安全的南斯拉夫国王亚历山大被刺后，由保罗亲王当政。在他的支持下，首相兼外交大臣斯托雅廷诺维奇步波兰的后尘，标榜推行"独立自主"的对外政策，不参加欧洲两个相互竞争的集团中的任何一个，实际上逐步同法国和小协约国疏远，而同德、意、保和解。法国方面则自从为建立集体安全而积极奔走的外长巴都同南王亚历山大同时被刺后，继任者改弦易辙，对德国的扩军备战，越来越公开地推行妥协退让的方针，使小协约国中的亲法势力产生了失望情绪，给了亲德势力以可乘之机。1936 年 3 月 7 日，德国进军莱茵非军事区，未受法国制裁。事后，罗马尼亚外交大臣蒂图列斯库对法国总理勃鲁姆说："请安慰我们吧，至少也请说实话吧！因为我们没有忘记，3 月 7 日你们并没有保卫自己，那么，你们又将如何保卫我们免受侵略呢？"亲德势力则借机大力宣传说，法国国际威望日益降低，苏联军事上软弱，罗马尼亚与其同法、苏站在一起而在国际冲突中沦为战败国，不如同德、意、波合作，德、意、波、罗联合的军事力量将是"不可战胜的"。1936 年 8 月，一贯主张加强小协约国，密切罗马尼亚同法、苏合作的罗外交大臣蒂图列斯库被迫辞职。新任外交大臣安东内斯库在谈到罗法关系时表示，"罗马尼亚的路线是十分明白的，不再有任何同盟了"。

德国利用捷、罗、南之间的差别和分歧，纵横捭阖，对之进行分化瓦解。希特勒说，"必须削弱（小协约国的）内部团结"，但"不要在几个方面分散力量，而要集中在一个方面——针对捷克斯洛伐克"。德国一面用提高农产品的收购价格，扩大贸易的办法，在经济上吸引罗、南，一面在政治上对它们进行安抚和拉拢。德国空军总司令戈林向罗国王卡罗尔保证，德国不使用军事手段修改和约，不支持匈牙利对罗的领土要求。希特勒则对南首相斯托雅廷诺维奇表示，德国在巴尔干只有经济利益，而没有领土要求。如果匈牙利破坏匈南边界，德国将轰炸布达佩斯。

保加利亚和意大利也步德国的后尘，去破坏小协约国的合作。1937 年 1 月，保南缔结《永久友好条约》，搁置了保加利亚对马其顿的要求，缓和了保南关系。罗马尼亚报纸评论道，这个条约"使小协约国的团结处于值得怀疑的地位"。1937 年 3 月，意、南缔结中立条约，意外交大臣齐亚诺说，这是"在小协约国下面埋了炸药"。希特勒在获悉意南缔约后，立即向双方表示热烈祝贺。

上述种种情况，对小协约国造成了深刻的影响。

1936 年 6 月，小协约国在布加勒斯特举行首脑会议，捷克总统贝奈斯建议，缔结一项"反对一切侵略者"的公约。南斯拉夫保罗亲王竟说，这样做"会使德国同我们对立"，并强调英、法态度"捉摸不定"，小协约国不宜轻举妄动。实际上埋葬了捷克斯洛伐克的建议。南、捷在对外政策问题上的重大分歧表明，小协约国开始出现了裂痕。

1938 年，小协约国内部的裂痕进一步扩大了，各成员国的同床异梦，迅速导致了小协约国的名存实亡。1938 年 3 月，德国吞并奥地利，捷克斯洛伐克要求召开小协约国紧急会议以讨论局势，南、罗均加以拒绝。德、奥合并后，德国侵略矛头迅速指向捷，它通过苏台德区德意志人党，掀起了要求该区完全"自治"的恶浪，企图肢解捷克斯洛伐克。5 月初，捷外长要求小协约国讨论德国对捷威胁问题。对于这样一件直接和小协约国的存亡有关的事，南、罗外交大臣竟同声宣称，苏台德问题是捷内政，南、罗两国不愿过问。事后，罗国王进一步表示，"罗马尼亚不干预德捷冲突"。

为了迫使捷政府拱手接受德国的侵略要求，英国张伯伦政府竟劝罗、南政府，要它们向捷政府表态：如果捷为苏台德问题而同德国发生冲突，别想指望得到罗、南的援助。慕尼黑会议前夕，戈林也要求南、罗两国在捷克斯洛伐克问题上持中立立场。在拆散小协约国方面，英、德两国是异曲同工，殊途同归，而罗、南政府果然按照英、德的意图行事，最后抛弃了自己的同盟国。1938 年 8 月，罗政府向捷政府表示，希望按照德国所能接受的精神，去解决苏台德问题。9 月中旬，南外交大臣表示，他认为苏台德问题和奥地利问题一样，都是"德意志人民的内部事务"。

正当法西斯德国磨刀霍霍，准备入侵捷克斯洛伐克的时候，匈牙利也在恢复"历史边界"的口号下，在 1938 年 9 月 22 日向捷提出了领土要求。捷要求罗、南提供援助以对付匈牙利的威胁。9 月 25 日，罗、南两国外交大臣会晤，竟认为捷匈边界应该修改。这次没有捷代表参加的罗南会晤表明，罗、南两国不但拒不支持捷克斯洛伐克对抗德国的侵略，而且连援捷抗匈的义务也不愿承担了。难怪南外交大臣对罗外交大臣强调，"小协约国已不复存在了"。

为了推卸自己的责任，罗、南两国政府在捷政府被迫接受屈辱的《慕尼黑协定》后，竟反诬捷未按 1933 年《小协约国组织公约》的规定，在这样重大的问题上征得罗、南的同意，并借机宣布：因此，小协约国应该被认为"已经永远被埋葬了"。

臭名昭著的《慕尼黑协定》给业已入殓的小协约国钉上了最后一颗棺材钉。罗南政府本想以背弃盟反，瓦解小协约国为代价，以求苟安，但结果终于逃不脱先后沦为德国的附庸国或被它占领的命运。

小协约国的解体，对欧洲局势的发展产生了一定的影响：由于法国丧失了在东欧的盟友，和其多年经营的东欧同盟体系的消失，它在东欧的优势地位顿然崩溃，国际地位进一步下降。不仅如此，它既然失去了从东面钳制德国的盟友，对付德国的力量也就大为削弱，这就使法西斯德国敢于肆无忌惮地对英法挑战。另外，德国吞并捷克斯洛伐克后，经济实力和军事实力大大加强，贪欲也就越来越大。这一切都增强了希特勒发动侵略战争的决心。

小协约国存在的历史告诉我们：在30年代的历史条件下，一些中小国家为了维护本身利益所结成的国家集团，还很难作为一种自主力量而独立存在，因而在国际上发挥的作用是很有限的。这种状况与第二次世界大战后出现的局面，是不可同日而语的。

日本米骚动

田久川

1918 年 7—9 月，当第一次世界大战即将结束之时，日本人民为反对资本主义的剥削尤其是当时的米价暴涨，进行了一场规模空前的"抢米"和"捣毁米店"的斗争。这一事件在历史上称为"米骚动"，又称"米粮暴动"。这场自发的群众运动，震撼了日本全国，影响深远。

日本社会的深刻矛盾和米价暴涨

日本在明治维新以后，随着资本主义经济的发展，迅速走上了对外侵略和谋求东亚霸权的军国主义道路。在 20 世纪初成为亚洲唯一的帝国主义国家。它先后通过中日甲午战争和日俄战争攫取了对朝鲜的"宗主权"，霸占了中国的台湾省，获得中国旅顺口和大连的租借权，将中国东北的南部据为自己的势力范围。1910 年，它通过在刺刀威逼下签订的《日韩合并条约》，正式吞并了整个朝鲜，成为一个占有大片殖民地和势力范围的"大帝国"。此后，日本抓住第一次世界大战的"天赐良机"，达到了付出很少战争代价而兼收中立国和战胜国双份厚利的目的，攫取了中国山东省的胶州湾租借权等特权，以及德属太平洋诸岛的委任统治权。它的资本主义经济获得空前的膨胀。1914 年底到 1919 年底，全国各种企业的投资总额增长了两倍，企业总数增加近 1/2，工人总数增加近 1 倍，工矿业年产量增长 5—8 倍；对外贸易总额增长了 3 倍，硬通货储存量增加近 7 倍。从此，它由贸易入超和资本输入国一跃而为出超国、资本输出国，并且由债务国变成了债权国。与此同时，迅速积累和集中起来的大产业资本和大金融资本相互结合，在日本确立起以三井、三菱、安田、住友四大财阀为首的金融垄断资本主义经济体系。日本帝国主义成了当时世界的五大列强之一，称霸东亚。

资本主义工商业的迅速发展，导致城市居民逐年激增。城镇人口从 1913 年的 1522 万人增加到 1918 年的 1854 万人，占全国总人口的 1/3。乡村中的各种工匠和商贩的人数也与日俱增。众多的非农业人口需要消耗大量的大米。农民本身的大米消费量也在增加。但是，落后的农业经济满足不了这方面的需要。

日本经过明治维新特别是 1873 年实施的地税改革，废除了封建领主的土地所有制，确立了日本所特有的近代土地制度，它的突出特点是寄生地主制，属于资本主义性质的富农经济得不到发展。第一次世界大战期间拥有土地 10—50 町步①的大地主和 50 町步以上的特大地主分别增加了 13% 和 42%，总户数超过了 5 万。新潟县蒲厚地方的大地主伊藤氏甚至集中了上千町步的土地。这些地主大都住在大城市里坐收租米，专靠佃租过活，被称为"寄生地主"，基本上属于封建阶级。他们对变革土地的经营方式不感兴趣，严重阻碍着农业经济的发展。寄生地主的佃耕地在 20 世纪初已占总耕地面积一半以上，而一般农民平均每户的耕地面积不足 1 町步。连自耕民也要租种地主的土地，接受地主的封建地租的剥削，无力改善经营条件。

日本国土狭小，可耕地面积有限，地价昂贵，靠扩大耕地面积而不改变土地制度和经营方式来大幅度地增产粮食，是不可能的。大战期间，农业产值在工农业总产值中所占比例下降 10%。1919 年的农业产值仅占工农业总产值的 35.1%。其中粮食作物在 1917 年和 1918 年连续两年减产。日本想从被它侵吞的朝鲜和中国的台湾，以及从中国东北大量输入农产品来缓和国内的粮食危机。这种做法又有抑压国内农业发展的副作用。到 1917 年底，"吃饭问题"日益严重，已酿成社会的大患。米骚动之所以会在日本"空前大繁荣时期"骤然爆发，从根本上来说，在于资本主义产业的迅猛发展与落后的半封建农业的相对停滞造成了越来越大的矛盾。

1917 年底，当粮食问题已经相当严重之时，日本大正天皇政府（1912—1926）积极参与了帝国主义国家武装干涉苏维埃俄国的战争，它为此搜集了大批军粮。地主和米商乘机大搞粮食投机，日本的粮食市场进一步恶化，大米价格扶摇直上。面对严重的情况，天皇政府为了保护地主的利益，一不废除大米进口税以增加自由输入的外国大米，二不遏制地主囤积和外运粮食以缓和市场上大米供求的矛盾，三不紧缩通货和降低运费以控制米价涨势，反

① 耕地的面积单位，约 9.918 平方米，近 1 公顷。

而让三井、铃木等特权政商垄断大米进口，任其哄抬米价，牟取暴利，加剧了粮食危机和粮食市场的紧张状况。从政治方面来说，米骚动的爆发与大正天皇政府实行的反动内外政策是分不开的。

米价的持续上涨，加剧了本来就尖锐的国内的阶级矛盾。日本的地主资本家在第一次世界大战中发了横财，他们却丝毫没有减轻对劳动人民压榨的程度。工人的劳动时间普遍为每日 12—14 小时。劳动条件恶劣，许多工人甚至没有起码的安全生产设施。日本工人的工资在当时的主要资本主义国家中是最低的，他们的平均工资额仅为美国工人的十几分之一。大战期间，政府借"参战"之名，制造通货膨胀。膨胀率如以 1913 年为 100%，1917 年则为 165.8%，1918 年上升到 239.4%。它直接引起物价指数的急剧上升，1918 年比 1914 年上升了 130%。相反，工人的实际工资却下降了 32%。普通农民要向政府缴纳占收入 1/3 的土地税，佃农还要向地主缴纳占收成 2/3 甚至 3/4 以上的高额地租，他们的处境更为痛苦。

人民普遍贫困，购买力大幅度下降，每个家庭每日三餐不可缺少的大米却以惊人的速度涨价：1918 年 3 月每升大米价格为 2 角，7 月涨为 4 角和 4 角 5 分，8 月初涨到 5 角以上。米价在不到 4 个月的时间里上涨了 1 倍以上。当时工人的平均日工资额为 8 角多钱，不足以用来购买全家人食用的大米。民以食为天，食乏则民乱。粮食问题极为敏感地触及千家万户劳动人民，他们为求生存必然要掀起一场反抗资本主义压迫和剥削的斗争。

俄国十月革命的胜利，促进了日本人民的觉醒。日本的许多报刊，包括早期社会主义刊物，曾广泛报道了俄国二月革命的消息。俄国十月革命胜利的消息传来以后，日本无产阶级和劳动人民深受鼓舞，有的"甚至越过大海奔赴西伯利亚，亲身帮助俄国革命"。1918 年 8 月，拥有 3 万余名会员的工人团体友爱会①通过机关报《劳动与产业》组织了一次"对俄国革命的感想"的征文活动。人们在征文中欢呼十月革命给劳苦大众"带来了生存的希望"，表示人民的团结斗争可以摧毁任何强大的反动政权。一些民本主义者②要求日本政府承认苏维埃俄国。日本政府感到，十月革命带来的所谓"不合国体的国民思想"正在日本"蔓延滋长"，担心会给自己的统治造成威胁。

---

① 友爱会是当时日本最大的工人团体，建立于 1912 年。它主张劳资协调，相互"让步"，"互助互爱"，提高工人的地位。

② 民本主义是盛行于大正时代的一种资产阶级民主主义思潮，主要体现日本中产阶级的要求。它主张"一般地"尊重民众，建立以众议院为基础的政党内阁制，争取男子的普选权。

1918 年春夏之交，当日本政府忙于缔结旨在独占中国的日华军事协定和西原借款协定，发动对苏维埃俄国武装干涉之时，由于米价的直线上升，日本城乡的阶级斗争已经趋于白热化。首相寺内正毅于 5 月下旬向地方长官发出警告：民众生活日见恶化，"资本家和工人的对立加剧"，"人心思乱"的社会危机正在逼近，有一触即发之势。6、7 月间，"劳资纠纷"与日俱增，许多地方每天发生数起，1918 年的工人罢工次数从上一年的 398 起增加到417 起；参加人数从上一年 57309 人上升到 66457 人。农民的斗争从 1917 年的 85 起猛增到 1918 年的 256 起。大阪、京都等地甚至连法警、狱吏、一般警察和小官吏也都"不安分"，纷纷要求政府给他们增薪。资产阶级和小资产阶级民主主义者也在猛烈抨击政府。

在国内阶级斗争尖锐化的形势下，统治阶级内部出现了分裂。连忠于寺内内阁的政友会①一类团体也加入了反对派的行列。寺内一度要辞职，他的党羽却要他"强硬"起来，用暴力对付民众。7 月 3 日，东京增加了 219 名警官、2300 名警察，警员总数增加了近 3.5 倍。大阪等地也在积极筹划大增警察。日本统治集团剑拔弩张，妄图铲除"社会阶级间正在产生的不安的祸根"。然而，日本政府采取的高压手段，并不能平息日本人民由于米价暴涨所引起的反对资本主义剥削的斗争。

米骚动的爆发与经过

1918 年 7 月，首先在富山县下新川郡鱼津町（镇）爆发了"米粮暴动"。

富山县位于本州中部，北临日本海，其沿海村镇的居民一般都是男子出海打鱼或外出做工，妇女在当地参加装卸船货等重体力劳动。由于米价飞涨和收入微薄，外出者的收入已难以维持本人的生活，更难寄钱养家，许多家庭陷于无米下炊的境地。装船的妇女目睹本地生产的大米被地主和米商们大量运往外地，自己和亲人却经受饥饿之苦，她们再也无法忍受这种极不公平的世道。7 月 23 日，鱼津町数百名渔妇自发地聚集起来向米商示威，强力阻止本县所产大米装船外运。她们的勇敢举动立即引起附近村镇的响应，揭开

---

①　政友会全称立宪政友会。1900 年由伊藤博文以宪政党为基础建立，是代表大资产阶级利益的政党，受三井财阀支持。

了米骚动的序幕。8月3日，中新川郡水桥町渔妇数百人集会示威，阻止大米装船，要求廉卖。4日，东水桥町700余男女渔民包围了粮食投机商高松长太郎的住宅，强烈要求他不再外运大米。高松拒不接纳群众的呼声，其妻甚至破口大骂："粮食贵，活不下去，那你们就干脆死了吧！"怒不可遏的人们蜂拥而上，捣毁高松家的大门，冲入米店库房，将囤积的大米一抢而光。6日，滑川町贫民2000多人突袭米商山泽家，警察赶来镇压，抓走了一些群众。8日，暴动群众同警察搏斗，救出所有被捕的乡亲，取得"抢米夺人"的胜利。

7月23日至8月8日是米骚动的初发阶段。骚动的地区限于富山县境内，总共发生了20起左右。参加者达数千人，主要为渔妇、家庭主妇，后来加入了渔民、贫民和特殊部落民①。这些骚动的规模虽然不大，每次参加者多为300—500人。斗争的方式初以请愿示威，说理诉苦，阻止发出载米车船，要求廉卖大米；继而发展到采取袭击米商、抢夺粮食、同警察搏斗等比较激烈的手段。

米骚动一开始便得到社会进步舆论的广泛支持。许多同情民众运动的知识分子，特别是报刊的进步记者和编辑，不顾个人安危，亲临现场采访。《高同新报》《北陆时报》等地方报纸迅速报道群众的斗争，认为群众"过火"和"违法"的举动是被迫的、争生存的正义行为。反动当局对此恨之入骨，诬蔑《高同新报》等是"以某种思想"煽动骚乱的罪魁祸首，准备予以"取缔"。但是，进步报纸毫不畏缩，针锋相对地给予猛烈还击。《高同新报》在8月7日发表了题为《狼烟四起》的社论，指出："俄国革命是从吃饭问题掀起的，德国的军国主义也因其国外（殖民地）人民的吃饭问题而痛遭咒骂。现在东西水桥町和滑川町穷苦人民的暴动已燃起了可怕的社会狼烟。妄图以警察的暴力来镇压人民，固然是容易的，但怎能镇压得了与人民的绝望叫喊相共鸣的思想呢！"富山的《北陆时报》等许多地方报刊也都站在民众一边，大力声援米骚动。8月5日以后，大阪的《朝日新闻》《每日新闻》等有影响的全国性大报，以"越中家庭主妇的暴动"为基调，向国内外连续报道米骚动的消息，同时追究寺内政府的责任。民本主义者更群

---

① 特殊部落民，即"未解放部落民"。日本封建社会中被蔑称为"秽多""非人"的贱民，生活在特定地区，无居住、职业、婚姻等自由。明治维新后，在法律上获得平民身份，仍遭受种种歧视，处在社会最底层。

起攻击政府的所作所为不合宪法和不得民心。

从 8 月 9 日开始，米骚动进入高潮。这一天，日本最大的纺织业中心、"千年古都"京都市发生了大规模的工人和市民暴动。它标志着米骚动开始从小村镇蔓延到大城市。

城市居民大都靠工资收入买米糊口。他们因米价飞涨生活恶化，产生了不满。城市居民成分复杂，加上政府控制严密，这里的米骚动稍迟了一步。但是，城市人口集中，工人和贫民的比重大。他们和一小撮阔老大亨相比，贫富悬殊，阶级对立更加尖锐。这里有进步知识阶层的宣传鼓动，以及其他民主势力的推动。因此，城市米骚动一旦爆发，其来势之猛和规模之大，远远超过渔村，并且带有政治色彩。

8 月 10 日入夜时分，京都市暴动的群众分头切断了所有电线和电话线，全市陷于一片黑暗。市政府以下的各种机关全部"失灵"，政府各级官员和警察无不心惊胆战，龟缩室内。暴动者则大胆地进行"夜战"，把各处米店抢得一干二净。

京都的暴动持续到 12 日。寺内政府束手无策。8 月 11 日，名古屋等地又发生了米粮暴动。名古屋在京都和东京之间，有"中京"之称，为全国第四大城市。11 日夜至 12 日午前，10 万群众涌上街头，到处"砸毁""抢掠"。市政府派来警官队进行镇压。暴动者把他们团团包围，段段割截，斗争取得了胜利。同日夜间，以海军工厂工人为主力的吴市（位于广岛湾东南部）3 万民众，聚集到没有路灯的黑暗街道上举行暴动。海军部队奉命镇压。暴动者同全副武装的军队激战数小时，几百人倒在血泊里。但群众有进无退，继续袭击米铺、商店。寺内政府一面四处镇压各地的暴动，一面在首都东京加强防范，政府出动大批军警，日夜巡逻缉察如临大敌。尽管军警满街，戒备森严，东京同样有数万群众上街示威，高呼"降低米价""反对镇压"等口号，声震街衢。示威者散发传单，历数政府专横独裁、漠视民生和纵容奸商富豪鱼肉百姓的种种罪恶，强烈要求寺内内阁下台，以"谢罪天下"。

8 月 11 日入夜，大阪数万市民一起行动，迅速捣毁了 250 家从事粮食投机的米店和许多派出所，夺取火车站内的大粮库，强迫未被捣毁的米店一律按半价售米。7000 多人把大粮食投机商铃木的宅第围得水泄不通，把赶来镇压的军警阻挡在外。军警部队不但未能为铃木解围，反而遭到群众投掷的砖头、石块的袭击。另一群暴动者乘军警集中在铃木宅第周围之机，捣毁了其他负隅顽抗的米店。政府当局急忙调兵围剿，已无济于事。8月13日以后的两天之内，暴动群众不仅抢光了几乎所有的大小米店，而且砸毁了许多煤店、仓库和供富豪官绅享乐的游艺场所。

大阪是当时日本最大的工商业中心，全国第二大都市。这里接连爆发了自米骚动以来规模最大、震动最强的米粮暴动。8月中旬，它实际上成了全国各地米粮暴动的中心。15日夜里，仅仅几个小时之内，大阪、东京、横滨等10个城市和静冈、歧阜等5个县同时爆发了群众暴动。

8月9—15日这一周，是米骚动全面展开、斗争急剧升级的高潮期。全国的大中城市，除东北三县和九州南部外，几乎都发生了暴动。这表明米骚动的重心已从农村转移到城市。骚动事件共70余起，平均每天达10余起之多。参加者主要是市民、工人、小职员等下层群众，还有少年儿童。斗争方式以激烈的暴动为主。每一起暴动的人数少则上千，多则数万至10万人。矛头所向不限于米商富豪，还涉及警察机关和其他政府机关。

8月16—20日，米骚动处于向纵深发展的第二个高潮期。在这一高潮期内，被称为"井下奴隶"的广大矿工成为群众斗争的主力。许多原先比较"平静的"偏远小村镇也加入暴动的行列。8月16日，本州西端的宇部煤矿有6000多名矿工举行罢工，他们要求增加工资，改善劳动条件，遭到矿主的拒绝。矿工群情激愤，立刻变罢工为暴动。他们攻入煤矿管理处，砸毁资本家的住宅和米店。工人们还组织了一支敢死队，用大刀、竹枪等简陋武器迎战装备精良的军警部队。矿工暴动坚持了三天，参加者最后增加到1万多人，有15人在激战中英勇牺牲，数百人身负重伤，1828人被抓走。这是米骚动期间最为激烈的一次工人暴动。

由宇都煤矿首先开始的工人暴动迅速波及其他矿山，8月17日，九州北部的福冈县峰地煤矿发生了有6000多名矿工参加的罢工，要求加薪。矿主假言相骗。矿工们便烧毁了十几处建筑物和事务所。军队冲入矿井，逼迫井下工人投降。工人们宁死不屈，他们与反动军队展开肉搏。六名工人在战斗中牺牲，多人受伤。19日在福冈县方条、三好两矿，20日在本州西部岛根县的金田、丝田两矿，以及其他各地矿山，都发生了激烈的矿工暴动。

这一阶段，一些刚刚兴起米骚动的村镇也出现了前所罕见的激烈斗争场面。福岛县河沿郡坂下町的暴动者向军警投掷炸弹。山口县大岛郡安下庄村暴动群众与军警搏斗，伤亡多达19人。

日本的统治阶级感到单纯依靠暴力无法"平息动乱"，便采用安抚的方法，企图瓦解群众的斗争。由皇室带头，政府和大垄断资本集团拨出近两千万日元的"贫民救济费"，作为廉卖进口大米的补贴金。一般米店也被迫削价售米。由于米价问题稍得缓解，城市的暴动平息下来，村町的骚动也有所缓和。

寺内政权的垮台和米骚动的结束

8月21日以后，米骚动进入最后阶段。这时，矿工的斗争仍然引人注目。23日在福岛县石城郡各煤矿，29日在九州北部佐贺县岩屋煤矿，9月2日在福冈县三井三池煤矿，9月21日在福岛县小川乡煤矿，都发生过激烈的暴动。三池煤矿暴动的参加者达15000多人，他们与军队搏斗数小时，伤亡38人。岩屋煤矿暴动时，工人们炸掉矿主的住宅，切断电话线，扣押了资方代表作为人质。附近各矿场近两万名矿工同时暴动，破坏了井下与井上的设施，吓得各矿矿主狼狈逃离。

9月21日，在小川乡煤矿工人大暴动的同一天，寺内政府在米骚动的冲击下宣告辞职。29日，非华族出身的政友会总裁原敬继任首相，建立起日本第一个议会内阁和政党内阁。新内阁为了免遭覆辙，对一系列社会政策进行了调整。为了稳定米价，防止米骚动这样的社会动乱，它后来专门制定了一部《米谷法》。原敬本人为此被称为"平民首相"。

从7月23日鱼津町渔妇强阻船只运出大米到9月21日小川乡矿工暴动与寺内政府的下台，从全国而言，米骚动持续了两个月之久，它席卷了日本3/4以上的地区。群众暴动以大阪、东京等四大工业地带为中心，跨1道、3府、38县，达38市、153町、177村，计368个市、町、村，加上一般性骚动的市町村，总共有436个。受到军事镇压的地点达34市、49町、34村，计117个市町村。政府出动军队超过5万人次。参加斗争的群众超过1000万人。被拘捕、受处罚者有8253人，其中被提请"公诉"者有7776人。最后被判为"有罪"必罚者达2645人，包括无期徒刑7人、死刑2人。

米骚动是一场自发性的群众运动，它没有统一的领导，事先无计划和组织。它被米价上涨所诱发，因而在米价减低后自趋结束。这场米粮暴动虽然涉及广大地区，然而运动的主力是各种苦工、手艺人、行商和无固定职业的城市贫民。城市工人参加了暴动，但未作为一个整体，未发挥出无产阶级特有的作用，这证明日本无产阶级在当时虽已觉醒，却尚未成熟。相比之下，日本统治阶级的力量还是相当强大的，他们又采取软硬兼施的两手策略，终于把米骚动镇压下去。

米骚动虽然失败了，但是，它给予日本历史的发展以深远的影响。

米骚动打击了地主与资产阶级，最终促使军阀官僚的内阁让位于政党议会内阁。新内阁改革和调整了一些社会政策，政府被迫采取降低米价与增加粮食进口量的措施。同时通过改变农业的生产结构和经营方式，以增加粮食生产。米骚动在客观上起了促进日本农业生产近代化的作用。大正晚年的日本农村，较广泛实行改良土壤和治山治水，较多地采用新技术和新式农机具，扩大了商品作物的生产，粮食作物的单位产量不断提高。仅在米骚动的第二年，即 1919 年，日本的大米总产量就增至 6000 万石左右。

米骚动促进了日本人民的政治觉醒。广大群众在米骚动中意识到通过斗争去求得生存。米价暴涨威胁到他们的生存，他们被迫超越代表地主、资产阶级利益的法律，以抢米斗争的形式打破了财产权观念的束缚。这正如《奈良新闻》当年 9 月 6 日所指出的那样："米骚动以来，下层群众的情绪是非常好的，他们深感兴趣的是任何事情都强调所谓'全体力量'……他们获得了相当的胜利，能够吃到减价米了，于是认为任何事情只要进行骚动就可以取得胜利。"

群众在斗争中虽未提出明确的纲领，但已出现从阶级对立的角度看待米价暴涨问题的动向。在一些群众集会上，讲演者要求当局减低米价；指出，米价飞涨是政府与奸商狼狈为奸所致。在米骚动中，民本主义者比以前更为激进，倾力追究引起社会动乱的政治责任，主张打倒军阀官僚内阁和创立议会政治。新闻界不仅冲破了种种禁令，猛烈抨击政府的倒行逆施，甚至敢于嘲弄和揭露天皇"慈善济贫"的把戏。8 月 25 日，在大阪召开了全国 84 家报社记者大会，决议要求内阁总辞职、实行言论自由和确立宪政。

米骚动最深远的影响，在于它推动了日本工农群众组织和革命群众运动的发展。劳动群众通过米骚动的斗争实践，更易于理解并接受包括社会主义思想在内的革命思想。米骚动后继任首相的原敬在当年 11 月 3 日的日记中写道："社会主义的传布，现在已经骤然发展为无可奈何的形势了"，人民"随时可能造反"。日本无产阶级和劳动群众从米骚动中获得了有益的教训：革命斗争的关键在于组织。米骚动当年及其以后的几年内，工农群众组织不断增多，1918 年有工会 107 个，1919 年增至 187 个，1921 年上升到 300 个。1918 年日本有佃农会 88 个，1922 年增到 1114 个，并产生了全国性的农民组织"日本农会"。同年，特殊部落民也成立了全国性组织"全国水平社"，并在各地组建起 300 个支部。在工农群众组织迅速增长的同时，1922 年日本共产党宣告诞生。与此同时，日本人民的反抗斗争出现了新的势头：1919 年发生了近 500 起罢工、怠工事件，有 6 万余人参加；翌年，佃农斗争超过 400 次，参加者达三四万人；妇女运动、学生运动、部落解放运动、民本主义运动也不断高涨。在日本的现代历史上，米骚动成了一切社会运动发展的转折点。

朝鲜三一运动

葛振家

1919 年的朝鲜三一运动,是朝鲜人民反对日本殖民统治、争取民族独立的爱国运动。在这场运动中,爱国学生起了先锋作用,农民群众加入了斗争行列,工人阶级显示了力量。在朝鲜革命史上,三一运动为过渡到无产阶级领导的民族解放斗争的新阶段准备了条件。

深重的殖民压迫

1910 年 8 月,日本帝国主义以武力威逼实行"日韩合并",正式吞并朝鲜。10 月,日本将设在朝鲜的统监府①改为总督府。总督由日本现役陆海军大将担任,直属天皇,总揽军事、立法、司法和行政大权。当时的统监、陆军大将寺内正毅任第一任总督。这个日本军阀一上任就公然宣布:朝鲜人顺从日本统治者生,逆者亡。

在日本统治下,朝鲜总督府所属行政、司法等部门的官吏几乎都由日本人担任。朝鲜人民被剥夺了言论、信仰、集会、结社等自由权利。根据 1908 年的《报纸法》,除总督府机关报《每日申报》与有限的宗教团体刊物外,禁止发行和进口其他报刊,甚至连以往发行的爱国刊物也被没收和焚毁。

日本为在朝鲜建立以总督为中心,以军警为支柱的殖民统治体制,实行军事恐怖的"武断政治"。它在罗南、咸兴、会宁、龙山、平壤、大邱、大田、马山等地,派驻(包括骑兵和炮兵)两个陆军师;在镇海湾、永兴湾要

---

① 1905 年 11 月,日本强迫朝鲜签订第二次《日韩协约》(《乙巳保护条约》)。据该条约,日本于 1906 年 2 月 1 日在汉城设立直属日本天皇的统监府,总揽朝鲜的外交内政大权。

塞驻扎两个海军分队。它以"宪警合一"强化原有的宪兵警察统治，日本驻朝宪兵司令兼任总督府警务总监，各道宪兵队长兼任警务部长，1918年时，朝鲜宪警机关多达1825个。根据1910年12月的《犯罪即决法》和1912年4月的《犯罪处罚规则》，警察署长、宪兵分队长有权判处拘留、笞刑、拘役3个月和100元以下的罚款。宪警机关有87条"即决权"，它们可自行对流浪者、请愿者、集会结社者、作"煽动"讲演或写"煽动"文章者进行"即决处罚"。它们以"扰乱治安""破坏秩序""思想犯"等罪名任意逮捕朝鲜人。1911年至1918年有46万无辜者遭到监禁，其中不少人被处以笞刑或处决，仅1918年被关押受刑者即达94000多人。朝鲜的三千里江山成为一座人间地狱。如同列宁指出："日本人在那里把沙皇政府的一切办法、一切最新技术，同纯粹亚洲式的刑法和空前的残暴行为结合起来了。"[①]

在经济上，日本于1910年初设立土地调查局，从掠夺土地着手，控制朝鲜的经济命脉。1912年总督府颁布《土地调查法令》和《不动产登记法令》，实行土地调查。在调查中，他们借口"证据不足"或"违反申报手续"，肆意夺占朝鲜农民的耕地。到1918年底的9年期间，33万多朝鲜农民耕种的13万余町步官房田、官屯田和驿田[②]，以及9万余町步未开垦的土地，被总督府霸占。总督府还根据《土地征用法令》，以"军用地""铁路用地"等名目强征土地。掠夺的大部分土地，由总督府兼价卖给日本人经营的东洋拓殖、不二、东山、熊本、片仓等土地公司和朝鲜地主。仅东拓公司占有的土地，便从1910年的11000多町步扩大到1919年的78000多町步。这些公司把土地租给朝鲜农民，向他们榨取占全年收成3/4的高额地租。日本在掠夺土地的同时，还向朝鲜大量移民。总督府把掠夺来的一些土地分配给部分日本移民，1912—1919年，日本移民由243729人增加到346619人。

日本在掠夺朝鲜土地的过程中，没有放过霸占山林。总督府根据1911年的《森林法令》和1918年的《林地调查法令》，对朝鲜山林进行调查，将占总林地81%的1300万町步林地划归"国有"。

日本为遏制朝鲜民族资本的发展，保护日本资本家在朝鲜的投资，从1911年1月开始实行1910年12月颁布的《公司法令》。法令规定，只有总

---

① 《列宁全集》第31卷，人民出版社1959年版，第404页。

② 驿是国家所设的交通站。为供给驿站经费及驿员薪资而划拨的土地，谓之驿田。

督府有权批准企业的开设、查禁和关闭。至 1917 年底，朝鲜人经营的工厂共 605 个，仅占工业资本总额的 5.9%，占工业生产总额的 14%。而日本人经营的工厂达 736 个，资本总额为朝鲜人经营工厂的 16 倍，生产总额为朝鲜人经营工厂的 7 倍。朝鲜的大型企业与大部分中型企业，都被日本垄断资本所掌握。

第一次世界大战期间，日本垄断资本加紧了对朝鲜的铁、煤、铅、钨、金、铜、锌等矿业资源的掠夺。1915 年，总督府为此颁布了《矿业法令》，实行矿业许可制。1918 年，日本人经营的矿业生产额达 2467 万日元，占朝鲜矿业生产总额的 80%。

日本出于经济掠夺的需要，完备了它在朝鲜的金融机构。1911 年总督府颁布《朝鲜银行法》，把 1909 年开设的韩国银行改称朝鲜银行，作为中央银行。1914 年，根据《地方金融组合法》，在各地广泛建立金融合作社。1918 年通过设立朝鲜殖产银行，把金融合作社连成网络。日本还垄断了朝鲜的对外贸易，1910—1919 年，从日本的进口额由 63.7% 增加到 65.3%，朝鲜的对日出口额由 77% 增加到 90%。日本向朝鲜倾销棉布、食品、纸张等轻工产品和机器零件，从朝鲜掠取粮食和原料。1910—1919 年，朝鲜运往日本的大米、大豆等农产品出口额从 1447 万日元增加到 15600 万日元，9 年内增长了 10 倍。从朝鲜运往日本的金、铁、煤等矿产品出口额从 133 万日元增加到 2194 万日元，9 年内增长 16 倍之多。

日本从吞并朝鲜之日起，竭力推行同化政策。根据 1911 年的《教育法令》，日语被定为公用语，各级学校实行日语教学，禁止讲授朝鲜的历史和地理课程。日本殖民主义者诬蔑朝鲜人为"劣等民族"，破坏和盗运朝鲜的文物，妄图抹杀朝鲜的历史传统和民族精神。

在日本的殖民统治下，朝鲜人民深受掠夺之苦。当时，农民占全国人口的 80% 以上，他们年收获量的 50%—80% 被地主和日本土地公司所占有。1910 年从朝鲜运往日本的大米为 77 万石，1918 年剧增到 225 万石。农民口粮逐年减少，他们遇到歉收，加上高利贷和苛捐杂税的盘剥，纷纷破产，其中多数沦为"火田民"[①]，或成为流浪民。

1918 年朝鲜工人为 12 万多人，其中产业工人 4 万多人。他们的劳动时间长达 12—14 小时，工资不及日本工人的 1/2 或 1/3。女工和童工的工资更

---

① 烧山开荒度日的贫苦农民。

低。学生和知识界受到民族歧视和凌辱。民族资产阶级命途多舛，在深重的民族压迫下，除少数大地主和买办等民族败类之外，朝鲜人民同日本帝国主义处在尖锐的对立地位。

爱国运动的酝酿

在 1917 年俄国十月革命以后，包括朝鲜在内的东方殖民地和附属国掀起了民族解放运动的高潮。朝鲜人民除了从敌人反动宣传的字缝里了解十月革命的消息外，还从海外特别从旅居苏俄的朝鲜爱国志士那里直接了解到十月革命的情况。这在青年学生中首先引起了反响。汉城延禧专科学校学生金元璧等认为，十月革命的胜利预示"世界将以民主治理"，"渴望共和政治的日子不会太远了"。留日学生金范寿在一次演讲中表示："俄国是世界各国思想上的向导。今后不论任何国家都要走俄国的道路。"俄国十月革命的胜利，鼓舞了在黑暗中探索解放道路的朝鲜爱国志士，他们感到："我同胞又有了开展活动之机。"日本殖民主义者为此惊呼："马克思主义的过激思想日渐侵袭到了朝鲜。"

1918 年 1 月 8 日，美国总统威尔逊在美国国会发表"十四点"和平原则拟作为即将召开的巴黎和会的主旨。其中宣称，对一切殖民地的处置应顾全当地居民的利益，大小国家要互相保证政治自由和领土完整。朝鲜国内及旅居国外的资产阶级民族主义者，轻信参加巴黎和会的列强，以为列强将按威尔逊的"十四点"解决世界问题，只要递上一份请愿书朝鲜即可获得独立。他们想派代表出席会议。然而，准备赴巴黎的旅美朝侨代表受到美国政府的阻挠。旅居上海的朝侨独立运动团体"新韩青年党"的代表金奎植，前往巴黎向会议提交请愿书，遭到列强的拒绝。

与此同时，朝鲜各阶层人民的爱国斗争日趋高涨。朝鲜被吞并前已遍及全国的反日义兵斗争和爱国文化运动以新的形式继续展开。一部分义兵队伍编成许多股"独立军"，他们在与我国东北和俄国接壤的边境地区开展游击活动，袭击警察局和边境哨所，破坏日军的军事目标。爱国的知识分子以城市私立学校和乡村的书堂为阵地，开展爱国文化运动。他们避开日本人的检查，在学校中开设国语、国史和朝鲜地理课，教唱爱国歌曲。这一运动旨在反对日本的同化政策，宣传爱国思想。

农民的抗租斗争连绵不断。从 1918 年以来，这一斗争开始以农民暴动的形式出现。这年 3 月，江原道铁原郡马场面①农民 500 人袭击面事务所。5
月，又有春川郡西下面农民 250 人袭击面事务所。6 月，咸镜南道文川郡云
林面农民 50 人袭击宪兵队分遣所。工人的罢工斗争更加频繁。1912 年只有
6 次罢工和 1500 多人参加，1918 年发展到 50 次罢工和 4400 多人参加；1919
年头两个月就发生了 7 次罢工事件。

在工农运动兴起的同时，各阶层爱国人士相继组成反日秘密团体。1907
年，安昌浩组织全国性团体"新民会"（1910 年被日本镇压）。1913 年，义
兵将领林炳瓒在全罗道建立"独立义军府"。1915 年，尹相泰、徐相日、李
始荣等在庆尚北道组成"恢复国权团"。1917 年，张日焕、金亨稷、裴敏洙
等在平壤地区成立了"朝鲜国民会"。旅居中国、苏俄、美国和日本的朝鲜
人组织了许多独立运动团体，建立军事学校和留学生会。其中，李东辉等在
苏俄伊尔库次克组织了传播社会主义思想的团体"韩人社会党"。

在反日爱国斗争不断高涨的形势下，最富政治敏感的青年学生率先酝酿
新的救亡运动。1918 年冬，汉城的延禧、普成、京城、富兰西等专科学校学
生纷纷讨论争取独立问题。他们利用寒假访友，或以忘年会②、迎新会等形
式进行串联，联合各校学生开展独立运动。

朝鲜留日学生也开始行动起来，他们共约 600 人，主要聚集东京。他们
在 1912 年成立了"学友会"。1918 年 12 月 30 日，"学友会"就朝鲜独立问
题在东京举行辩论会。与会的学生表示，民族独立是世界发展的趋势，朝鲜
人应该向世界表达自己的民族意志。在 1919 年 1 月 6 日举行的辩论会上，
参加者主张："朝鲜民族必须顺应世界潮流实现自主独立"，"青年学生要站
在斗争前列"。他们决定组织"朝鲜青年独立团"；草拟"独立宣言书"及
关于召开民族大会的"请愿书"。他们一面筹集经费，一面派代表分赴各地
和我国的上海等地，与各方面的朝鲜人士进行联系。

在日本殖民的压迫下，朝鲜知识分子大都持爱国的民族主义立场。其中
的一部分人通过天道教③、基督教④进行政治活动。1919 年 1 月，天道教方

---

① 道、郡、面都是行政单位，道相当于省，郡相当于县，面相当于镇。

② 辞旧岁活动。

③ 前身称"东学教"。1902 年，第三任教主孙秉熙（1861—1922）提出从国救（东学）、产
业、外交三方面保目安民。1905 年，清除了亲日分子李容九等人，改名为天道教，开展教育救国。
它在中小城镇有较大影响。

④ 分长老教会派和监理教会派，活动中心在平壤和汉城地区。代表人物是李昇薰（1864—
1930），先后在平壤等地兴办新式学校，在大城市和学生界颇有影响。

面的权东镇、吴世昌、崔麟等同留日学生代表宋继白接触，决定开展独立运动。他们与天道教教首孙秉熙一起拟定了和平请愿的方针，准备发表独立宣言，举行示威，向日本政府、美国总统和巴黎和会递交请愿书。他们打算争取原韩国大臣朴泳孝、韩圭卨、金允植、尹致昊等"名流"和"著望之士"的支持，但遭到拒绝。基督教方面的民族主义者于 1918 年底开始谋议独立问题。1919 年 1 月，新韩青年党的代表鲜于燨从上海来到平安道，与基督教人士李昇薰、梁甸伯、吉善宙等人取得联系，通报了海外朝鲜人开展独立运动的情况，呼吁国内掀起独立运动。李昇薰等准备以平壤的崇实、崇德、崇义、崇贤等校学生为基干力量，组织示威请愿活动。在汉城，中央基督教青年会干事朴熙道和咸台永联络该派人士和学校学生，也准备行动。

正当国内外学生和资产阶级民族主义者酝酿独立运动的时候，传来日本人于 1919 年 1 月 22 日毒死朝鲜废皇高宗李熙①的消息，顿时激怒了各阶层群众。高宗之死成了爆发爱国运动的导火线。为了平息民心，日本殖民当局特许朝鲜百姓吊丧七天，学生停课三天。汉城市民衣麻席藁。男学生臂戴黑纱，女学生头系皂色头饰。各地人民纷纷举行祭奠活动，许多人进京哭吊。人们的悼念活动全然超越了对废皇的哀思，而是借此表达对国亡家破的悲愤。

2 月 8 日下午，600 多名朝鲜留日学生在东京召开大会。会上，朝鲜独立青年团发表了由早稻田大学的李光洙起草，并由 11 名执行委员签名的独立宣言，遭到日本当局的镇压，10 名执行委员被捕。独立宣言列举日本侵占朝鲜的罪行，指出"日本若不应吾族之正当要求者，不得不对日本宣布永远血战"；号召朝鲜人民"为自由而溅其热血"。这个宣言很快得到国内学生的响应。"二八"朝鲜留日学生的斗争成为三一运动的先声。

2 月中下旬，天道教的李昇薰，佛教界代表韩龙云，经与基督教、佛教方面的民族主义者协商，决定联合行动并把学生运动纳入他们的和平请愿的轨道。资产阶级民族主义者与爱国学生结成松散的统一战线，他们决定利用人民参加高宗葬礼之机，于 3 月 1 日实行学生罢课，并在汉城塔洞公园召集群众大会，举行反日示威，要求国家独立。他们为此起草了一份由孙秉熙等 33 位②自诩为"民族代

---

① 李氏朝鲜第 26 代王。1864 年登基，1897 年称帝，改国号大韩帝国。他因反对日本强迫朝鲜鉴订的《乙巳保护条约》于 1907 年被迫退位。

② 天道教方面有孙秉熙等 15 人，基督教方面 16 人，佛教方面 2 人。

表"签名的《独立宣言》，屡述朝鲜深受日本统治之苦；强调争取朝鲜的独立是当务之急；要求日本"廓正旧误，基于真正理解之同情，打开友好之新局面"。宣言幻想日本帝国主义会凭"正义"和"人道"给予朝鲜以独立，甚至表示："今日吾人之任有自己之建设，而决不在于破坏他人也。"宣言还特意加上约法三章，让人们"一切行动务必遵守秩序"，"切勿以排外感情用事"，从而把独立运动限制在和平请愿的范围内。

2月26日，"民族代表"朴熙道把发表独立宣言的日期、地点通报汉城学生代表金元璧，并要求学生不要扰乱，不要另发宣言。金元璧表示接受"民族代表"的独立宣言书，参加联合行动。28日，2万多份独立宣言通过各派的组织分发各地。同日，"民族代表"在孙秉熙处召开会议，当得知学生将在会上超越他们规定的举动时，生怕引起日本当局借机镇压，决定不在塔洞公园而改在太华餐馆发表宣言。在斗争的重要关头，资产阶级民族主义者暴露了他们的妥协立场，而汉城的青年学生仍积极准备翌日的行动。

汹涌澎湃的全民抗争

1919年3月1日中午，汉城各校学生、市民和前来参加高宗葬礼的外地农民，成群结队地涌向汉城钟路大街的塔洞公园，齐集于六角亭前。唯独不见"民族代表"。学生派代表至太华餐馆找他们交涉。然而，这些"民族代表"不仅拒绝出席集会，而且指责学生搞暴力，要出乱子，声明不再与学生一起行动。"民族代表"们躲在餐馆喊几句口号就算代表人民宣告朝鲜独立了。随后，他们通过电话向总督府警务总监部自首。

青年学生仍按原定计划行动。学生代表金元璧、康基德等主持了群众集会。敬新学校毕业生郑在榕当众宣读原定由"民族代表"发表的独立宣言。长期遭受殖民者蹂躏的人民听到"独立"二字，群情激昂，高呼"独立万岁!"随后，分成几路上街示威。游行队伍主要经过大汉门德寿宫（旧王宫）、日本人街和美国领事馆等地。学生们在街头发表讲演，散发传单。一天之内，约有30万人参加了汉城的示威活动。总督长谷川好道不得不召集紧急会议商讨对策。他从龙山调来三个中队步兵和一个中队骑兵，驱散游行队伍，拘捕130多人。群众的示威一直坚持到傍晚时分。

同日，平壤也爆发了示威游行。中午1时，基督教方面的民族主义者与平壤几个私立学校的学生共2000多人，以悼念高宗为名，分别在将台岘长老教会堂和南山岘监理教会堂集会，发表了"民族代表"署名的独立宣言。他们走上街头，经南门、日本人街、府厅、道厅、警务部。许多市民也加入示威行列。群众示威活动直至夜晚。日本殖民当局出动两个中队的驻军，拘捕了50多人。

在京义（汉城至义州）和京元（汉城至元山）铁路沿线的镇南浦（今南浦）、安州、义州、宣州、元山等地，也都于当天爆发了群众性反日示威。斗争浪潮沿着交通线迅速推向全国13个道的大小城镇和农村。

这场爱国运动的头10天中，全国有220所中学校的13000名学生参加了示威活动。其中，汉城学生于3月15日在南大门火车站广场单独发动游行示威，前来参加的各界群众达10万多人。

3月中旬以后，爱国运动越出城市学生、知识界和市民的范围，向纵深发展。工农大众到处都自发地加入了运动的行列，从示威游行转向更为激烈的暴动。3月下旬至4月初，运动达到高潮。人们到处袭击警察署、宪兵派遣所、郡厅、面事务所①、邮局，破坏铁路交通，处决日本官员、宪兵、警察，惩办朝奸、走狗和恶霸地主。

工人的奋起增添了这场运动的声势。3月8日，汉城铁路工人和电车司机联合罢工，全城的交通陷于瘫痪，工厂企业也因工人罢工而停产。在一些地方，如兼二浦（今松林）私槐山等地，爱国运动是以工人罢工为开端或由工人带头发动的。3月27日夜，稷山金矿100多名工人袭击了日本宪兵派遣所。28日，稷山附近的梁台金矿200多名工人与农民一起袭击日本宪兵派遣所，夺取武器弹药。6月以后，群众性斗争在日本当局镇压下走向低潮，但工人的罢工在这年下半年仍不时发生。全年罢工达84次，有近万人参加。

占朝鲜人口大多数的农民是爱国运动中最庞大的一支力量。京畿道水原郡农民的抗争最为猛烈。3月26日，该郡松山面200多名农民袭击了面事务所。28日，松山面四江里②农民700多人在日本警察派出所前举行示威。日本当局派水原警察署司法部主任野口率警察和守备队前往镇压。农民奋起反抗，活捉并处死野口，捣毁派出所。同日，该郡胜湖面五山里农民暴动，袭击并烧毁了当地的"金融合作社"。第二天，五山里800多名农民手持棍棒，涌向面所在地，捣毁日本警察派出所、面事务所和邮局，救出被日军警关押

---

① 地方行政机关办公处。
② 行政单位，相当于村。

的爱国者。31 日，香南面 1000 多名农民举行示威，烧毁日本人办的学校。当晚，义王面古川里农民袭击了面事务所和警察派出所。4 月 2 日夜，长安面和牛井面 2000 多名农民齐聚双峰山，3 日清晨下山捣毁面事务所，烧毁警察派出所并处死日本警察。在北部地区平安北道义州郡高岭朔面 4000 多名农民群众，在永山镇利用集日举行示威。他们遭到日本警察镇压后转为反日暴动，打死日警，捣毁派出所，夺取武器。这次农民暴动成为该地区反日武装斗争的先声。据总督府统计，3 月 1 日至 4 月 30 日，被起诉的 6552 人中有农民 3480 人，占总数的 54%。3 月 1 日至 5 月末，被关押的 8521 人中有农民 4941 人，占总数的 58%。

民族资本家、艺妓及在日本统治机关服务的中下级官吏，也以罢市停业或弃官罢职的方式参加了运动。商人的罢市首先于 3 月 4 日从平壤开始，由宣川、汉城、仁川、大邱等大城市扩展到中小城镇。在晋川、昌原等地，艺妓组成"艺妓独立团"，积极参加示威运动。不少地方的郡守、面长也被卷入爱国运动。如庆尚道宜宁郡守和成安郡守参加了群众示威。全罗北道南原郡六面面长、庆尚南道密阳郡八面面长和河东郡一面面长，以及咸兴等地的不少巡查、巡查补、宪兵补辞去公职。

在朝鲜三一运动中，除少数亲日官员、大地主和买办资本家外，包括旅居国外的爱国朝侨在内的朝鲜人也都加入了全民抗争的行列。据统计，从 3 月 1 日至 5 月 31 日的 3 个月中，朝鲜的 218 个府、郡中有 203 个府、郡爆发了 1491 次示威和暴动；至同年 12 月末，则有 217 个府、郡爆发了 3200 余起示威和暴动。

日本帝国主义为了镇压朝鲜人民反日爱国斗争，出动了驻扎在朝鲜的所有宪兵、警察和军队。不仅如此，日本内阁在 4 月 4 日还作出决定，从国内增派 6 个大队①步兵，400 多名宪兵和宪补。这批军警于 7 日到达元山和釜山，派往 500 多个地方。日本军警采用砍头、劈肢、挖眼、火烧、集体屠杀等残暴的手段，镇压朝鲜人民。据不完全统计，从 3 月 1 日到 5 月 31 日的 3 个月内，7509 人被屠杀，15961 人被打伤，46948 人被拘捕，49 所教堂和学校以及 715 户民房被烧毁。

---

① 相当于营。

失败原因与历史意义

三一运动是朝鲜人民掀起的一场全民性反帝爱国运动。这一运动未能取得最终胜利，其原因除了日本帝国主义的镇压和缺乏国际革命力量的支援外，还在于运动本身的自发性。当时，朝鲜的工人阶级尚未成长起来。这个先进的阶级尚未形成自己的政党以实现对运动的领导。朝鲜的资产阶级在日本帝国主义的压迫下虽有反帝要求，但它的社会经济基础薄弱，没有形成政治上有组织的力量。在运动酝酿时期，它们的政治代表——资产阶级民族主义者对运动的爆发起到了推动作用。一旦民众起来，他们就动摇妥协。他们在运动期间创刊的《朝鲜独立新闻》第一号中强调："吾二千民族，即令剩下最后一人，也勿行暴乱之事。倘若一人有暴乱破坏之举，吾朝鲜亦将千古无以得救。慎之慎之，千万千万！"当运动扩大到全国规模并遭到日本军警镇压时，他们主张："无论如何，切勿侮辱日本人，切勿投石，切勿用拳打人。"

三一运动从一爆发就处于分散的状态。反对日本殖民统治和争取国家独立的民族因素把各阶层人民动员起来，并投入运动。但是，缺乏统一的领导，使运动本身没有提出代表工人、农民和各阶层人民要求的革命纲领，不可能把革命力量组织起来，进行持久而有效的斗争。

三一运动虽以失败告终，但在朝鲜民族解放斗争史上有着重要意义。第一，它打击了日本在朝鲜的殖民统治。此后，日本不得不改"武断政治"为"文化政治"；撤销长谷川的总督职务，换上文官出身的斋藤实接任；"改革"总督府一部分官制；废除宪兵警察制度和笞刑。在经济上，日本被迫作出让步，取消了《公司法》。第二，经过三一运动的洗礼，朝鲜工人阶级开始成熟起来，以一支有组织的力量登上历史舞台。1920年4月，汉城出现了第一个群众性的工人组织"劳动共济会"。接着，工人、农民和学生的群众组织在各地纷纷建立，"无产者同志会""新思想研究会"等宣传马克思主义的组织相继出现。1925年4月，朝鲜共产党宣告诞生。以三一运动为转折点，朝鲜民族解放斗争开始进入以工人阶级为领导的新时期。

朝鲜的三一运动，是十月革命后在东方各国中最先掀起的一次反帝爱国运动，它鼓舞了东方殖民地和被奴役国家的人民，引起广泛的反响。朝鲜三一运动进入高潮，正值我国五四运动爆发之时，它自然得到中国人民的同情和支持。当时我国有影响的《每周评论》《国民》《新潮》《湘江评论》《民国日报》《天津学生联合会报》等报刊详尽报道了三一运动的经过，盛赞"可敬可佩的朝鲜"人。北京学生界5月4日宣言中赞扬朝鲜人民"不独立，毋宁死"的爱国精神。我国各地学生在宣传和讲演中，常以朝鲜亡国惨祸为鉴，并以朝鲜人民英勇斗争的精神鼓舞民众。湖南学生排演了《朝鲜亡国史》和《安重根》等反映朝鲜现实的新剧。旅居朝鲜的我国侨民直接参加朝鲜人民的反日斗争，在三一运动期间就有327名华侨工人加入朝鲜工人的罢工行列。

在日本，进步学生和人士纷纷抨击本国反动政府，同情朝鲜人民的爱国运动。进步人士石桥湛山在《对韩人暴动的认识》一文中指出，"朝鲜人也是一个民族。他们有自己的语言和悠久的历史……不获独立决不会停止反抗"。旅居朝鲜的日本工人有400多人参加了朝鲜工人的罢工斗争。三一运动还在亚洲的印度、菲律宾等殖民地国家，以及西欧北美一些国家中引起了反响。

1919 年阿富汗独立战争的胜利

彭树智

1919 年阿富汗的独立战争是阿富汗人民反对英帝国主义的外交控制权、争取完全独立的正义战争。它是阿富汗人民第一次抗英战争（1839—1842）和第二次抗英战争（1879—1880）在新的历史条件下的继续。这次战争巩固了新成立的阿富汗国家政权，为青年阿富汗派的改革创造了条件。

独立战争前的阿富汗社会及政治力量的变动

阿富汗作为亚洲的一个内陆国家，地处中亚的中心，是从西亚通往印度的门户。从 19 世纪以来，英国为使自己的势力范围从北非到印度连成一片，把殖民扩张的触角伸向阿富汗，对它两度实行军事侵略。沙皇俄国为实现南下印度，获得一个暖洋出海口的梦想，把阿富汗视为嘴边的一块肥肉。因此，阿富汗成为英、俄两强争夺中亚霸权的焦点。

阿富汗人民为维护民族的尊严和国家的独立，在 19 世纪先后进行了两次抗英战争，粉碎了英国把阿富汗变为殖民地的阴谋，争得内政上的自主权。然而，阿富汗是一个落后的小国。1893 年，阿富汗国王阿卜杜尔·拉赫曼（1880—1901 年在位）迫于英国的压力，承认以杜兰线①为阿富汗与英属印度的新边界线，从而失去占全国 1/3 人口的土地。他还由于阿富汗面临英俄两国竞相争夺，既对英国的高压政策感到愤慨，同时又奉行"以英抗俄"的外交战略。他不许英国干涉阿富汗内政，却接受英国控制阿富汗外交的耻

---

① 1893 年阿富汗国王拉赫曼被迫接受英国政府特使摩尔提迈尔·杜兰的条件，将阿富汗与英属印度之间广大的阿富汗人（普什图民族）居住的地区，划归英属印度。在阿富汗与普什图民族居住处之间划了一条边界线，称杜兰线。

辱条件；即不经英国同意，阿富汗不得与其他国家发生外交关系。1919 年独立战争以前的阿富汗，实际上处于英帝国主义的半殖民地的地位。

当时，阿富汗不同于其他半殖民地国家之处，在于英国为保证其在中亚和南亚的军事战略上的利益，不急于对它进行大规模的经济掠夺，而是通过外交控制权，把它掌握在自己手中，以抗衡沙皇俄国。1907 年，英、俄两国政府背着阿富汗缔结重新瓜分势力范围的协定①。沙俄在伊朗获得较大利益之后，在协定中"承认阿富汗处于俄国势力范围之外"，并承诺它同阿富汗之间的政治关系应通过英国政府来进行。这一协定激起阿富汗各爱国阶层的反对，以致当时亲英的哈比布拉国王（1901—1919 年在位）不敢贸然给予承认。但是，英国从此确立了对阿富汗外交政策的继续控制。

1917 年俄国十月革命胜利以后，英国把阿富汗作为它反对苏维埃俄国的跳板。列宁在 1918 年指出，英国人"完全征服了阿富汗，早就给自己建立了据点来扩大殖民地、镇压各民族和进攻苏维埃俄国"②。英帝国主义加强对阿富汗的控制，促进了阿富汗的民族觉醒。

直到 1919 年独立战争的前夕，阿富汗在经济上还是一个封建部落关系占统治地位的农牧国家。它没有现代工业和铁路。唯一的公路是连接首都和印度边界的喀布尔—贾拉拉巴德公路；唯一的工厂是官办的喀布尔军工厂，规模很小。另外还有几家小型手工业作坊，其中包括一家小型印刷厂。全国 700 万居民日常生活所需，不仅是纺织品，就连火柴、肥皂等日用小商品都依靠进口。封建主和部落酋长占有全国最好的土地和牧场，大部分牲畜也归他们所有。占全国人口 90% 以上的农民和牧民遭受封建主和部落酋长的沉重剥削。他们每年把农牧产品的 4/5 交给地主或牧主，还要向政府或部落缴纳田赋、人头税，负担劳役及其他强制性的封建义务。深重的封建压迫，英国为便于控制而迫使阿富汗实施的封闭政策，加上人少山多的不利条件，使阿富汗的落后状态长期延续下来，除了占主导地位的封建部落经济以外，在边远山区还保存着更加落后的原始公社经济。

在哈比布拉统治时期，人民苦于租税的盘剥和横征暴敛，北部几省有成百万农户破产，其中有许多人背井离乡，逃往俄国或伊朗去谋生。许多地方

---

① 1907 年 8 月英俄两国签订协定的要点是：（1）把伊朗分为三部分，北部归俄国势力范围，南部归英国势力范围，中部为中立区；（2）阿富汗归英国势力范围；（3）承认英国在中国西藏地区的特权。

② 《列宁全集》第 28 卷，人民出版社 1956 年版，第 6 页。

发生了武装起义。1912 年底，帕克蒂亚省农民起义坚持了五个月，政府从喀布尔、辛瓦尔和库纳尔等地抽调军队和民团进行镇压。此后，各地农民和牧民自发的反抗活动一直未停止。

与此同时，在封建部落经济占主导地位的阿富汗社会中，发展资本主义的某些因素已经出现。阿卜杜尔·拉赫曼统治时期，国内政治上出现了统一局面。他实行统一的货币制度，用军队保证商队的安全，国内贸易有了发展。棉花、水果等农作物的专业化生产加强了。城市人口也增加了，出现了一批商人；还出现了以在阿富汗定居的印度高利贷者为主的买办阶层。他们充当了印度与阿富汗之间的经济中介人，从阿富汗输出羊皮、羊毛、棉花和水果，从印度输入纺织品和日用品。这个阶层拥有大量货币，成为王室乃至国王的债主。他们得到宫廷中掌握财政大权的佞臣穆罕默德·侯赛英的支持，获得控制阿富汗对外贸易的特权。他们从自己的经济利益出发关心阿富汗与英国的关系，构成亲英派的社会基础。同时，阿富汗社会中出现的民族商人阶层开始向买办阶层的商业垄断地位提出挑战。在地主阶层中，有一部分人同国内外贸易有联系，他们反对闭关自守，要求打破国内的关税壁垒和消灭封建土地国有制的残余。

社会经济中的这些变化，使阿富汗国内出现了要求改革的呼声，哈比布拉在其统治前期做了一些迎合改革要求的事，他在国内修建了公路；在喀布尔建设了水电站，铺设了自来水管道；一些现代体育项目（如足球、曲棍球、板羽球、网球、高尔夫球和羽毛球运动）受到鼓励。1903 年，他在喀布尔创办了培养官吏的哈比比亚高级中学。在他的宫廷和臣僚中，开始模仿欧洲的生活方式。尽管如此，哈比布拉并不是改革者，他所实施的措施更多地表现于生活享受方面，而未触动落后的社会制度。

哈比布拉对改革要求所采取的消极态度，以及实行的亲英政策，使统治阶级内部出现反对派，形成了一股爱国民主势力。在上层人物中，一些在哈比比亚高级中学学习或在土耳其、法国和英国流亡的知识分子，接触到欧洲资产阶级的政治思想，提出了立宪改革的要求。在哈比比亚高级中学的师生中，首先出现了早期的民主主义者。在下级官员中，也有一些爱国民族主义知识分子。

1906 年，以哈比比亚学校的爱国师生为核心，组成了包括宫廷和其他校外爱国者在内的"青年阿富汗派"。它虽然是一个狭小的、脱离人民群众的秘密组织，但毕竟是阿富汗历史上第一个要求实行现代化改革的党派。它在

"改革内政"的纲领中，要求实现"文明、民主的立宪政府"，使阿富汗摆脱英国在外交上的控制权，实现完全的独立。它的领导者是哈比比亚学校负责人之一的阿杜尔·甘尼博士，以及塔吉·穆罕默德·汗、贾乌哈尔·沙阿·汗、米尔·赛义德等哈比比亚学校的师生。由于叛徒告密（其中一个重要人物是塔吉·穆罕默德·汗的弟弟穆·夏里夫），哈比布拉在1909年逮捕了许多青年阿富汗派成员，并分别处以死刑和徒刑。刚刚兴起的民主运动遭到镇压。

但是，民主运动并未被消灭，它仍在继续。1911年起，马穆赫德·贝格·塔尔齐（1865—1933）成为青年阿富汗派的主要理论家和宣传家。他长期随父亲流亡国外，游历土耳其、埃及和法国，深受欧洲文明和青年土耳其党的影响。1903年回国后在国内宣传教育改革，介绍青年土耳其党的思想，发表有关欧洲政治和自然科学方面的译著。1911年创办《光明新闻》，鼓吹民族独立、民主改革，宣传自由思想和普及科学技术知识。《光明新闻》不仅成为青年阿富汗派的喉舌，而且成为这一组织的核心。它的周围团结了一批王室贵族中的进步分子、官吏和军官中的激进派，以及具有民主思想的知识分子。他们发表新的民主运动纲领，要求消灭封建割据和实行中央集权，主张制定宪法。在俄国十月革命胜利的影响下，他们又强调恢复阿富汗国家主权和自由的内容。这一派得到哈比布拉的第三个儿子、塔尔齐的女婿阿马努拉亲王的支持，在政治上占有重要地位。

统治阶级中的另一个反对派被称为"老年阿富汗派"。它在纲领中要求哈比布拉政府的政策向后倒退。例如，取消一切模仿西方的措施，保持封建主和部落酋长的特权，实行闭关自守。在对外政策方面，它反对亲英政策，但主张在第一次世界大战中同德国合作，参加德国反对英国的战争。他们的代表曾多次同德国政府代表谈判，甚至达成了有关协议。只是由于哈比布拉的反对，阿富汗才没有卷入世界大战。这个派别主要代表上层僧侣和与市场联系较少的部落酋长、宫廷豪贵的利益。他们反对哈比布拉是为了争夺王位，在这一点上同青年阿富汗派既有联合、也有对抗。这个派别的代表人物纳斯努拉（哈比布拉的弟弟）曾经同阿马努拉达成协议，拟定在1918年冬杀死哈比布拉。阿马努拉知道纳斯努拉不可能使阿富汗进步，但仍同意事成之后立他为阿富汗国王，纳斯努拉对阿马努拉也存有戒心，致使谋杀计划没有实现。

然而就在1918年，阿富汗发生了《光明新闻》编辑阿卜杜拉·拉赫曼·鲁迪谋刺哈比布拉未遂事件。哈比布拉在未查明这一事件组织者的情况下，在全国实行大逮捕。许多同鲁迪毫无关系的爱国者被当作嫌疑犯逮捕入狱，从而引起人民的不满。哈比布拉多少察觉了自己统治地位的不稳，采取了一些缓和措施。如向巴黎和会提出要求，希望摆脱英国在外交上对阿富汗的控制权，以笼络人心，但是已无济于事。1919 年 2 月 21 日，哈比布拉在贾拉拉巴德的狩猎帐篷中遇刺殒命①。接着，阿富汗出现了为期不长的两个政权并存的局面：纳斯努拉为国王的贾拉拉巴德政权和阿马努拉为国王的喀布尔政权。不久，纳斯努拉在他的军队的压力下，被迫放弃政权，成了阶下囚，之后死于狱中。阿马努拉取得了全国政权。2 月 24 日，阿马努拉在喀布尔的群众大会上宣布了青年阿富汗派多年来鼓吹的思想：对外独立自由；对内保障个人自由，实行平等、博爱和正义。

2 月 28 日，阿马努拉在加冕典礼上发表了独立宣言，他郑重宣布："阿富汗为自由独立国家，不承认任何外国特权。"他强调：公民有充分的自由权；政府将实行社会改革，以便使阿富汗置身于世界文明国家之列；取消封建徭役制——"官工制"②。随后，他把士兵的月薪从 12 卢比提高到 20 卢比，受到全国 6 万军人的支持。

独立战争的发展过程

阿马努拉政府面临着英国侵略的严重威胁。第一次世界大战结束以后，英国作为战胜国扩大了在亚洲的势力范围。1918 年，它以防御土耳其侵犯为借口，对伊朗实行军事占领，从西部到南部包围了阿富汗。在东部，英国沿阿富汗和印度边界驻扎了 34 万军队。阿马努拉政府面对这种严峻的形势，决定从外交和军事上双管齐下，摆脱英国的威胁，保卫国家的独立。

1919 年 3 月 3 日，阿马努拉以"自由和独立的阿富汗政府"的名义，写信给印度总督蔡姆斯福，建议修改 1905 年的阿英条约，并且表示："我独立自由的阿富汗政府准备在任何时候……同英国政府缔结有利于双方的贸易互惠权的条约和协定。"阿马努拉还致函列宁，请求苏维埃俄国支持阿富汗的

---

① 哈比布拉遇刺案至今是个谜。阿马努拉即位后曾追查此案，但始终未弄清真相，一说为一位爱国青年所刺，一说为一个毛拉所为，还有说是阿马努拉周围人干的。

② 阿富汗的封建剥削方式之一。它规定农牧民每年为国家无偿地服一定期限的劳役。

独立。3月27日，苏俄宣布承认阿富汗新政权，同时向巴黎和会提出，不许以武力干涉独立的阿富汗。4月7日和20日，阿马努拉两次给列宁写信，并于5月间派使团去苏俄商谈两国建交事宜。但是，由于苏俄当时正在同国内外敌人作战，中亚地区被自卫军与英国干涉军切断，只是在10月中亚封锁线被打开后，阿富汗使团才抵达莫斯科。

阿马努拉政府除了谋求同苏俄建立外交关系以外，还向印度西北部、特别是旁遮普等反英斗争的中心地区，发送了传单和小册子，对印度人民反对罗拉特法和抗议阿姆利则大屠杀的反英斗争表示支持。有一份以阿马努拉名义写的传单中说："从伊斯兰教教义和人道主义观点出发，我反对非正义的罗拉特法，而且据我看，印度人举行起义是他们应有的权利。"这些传单在印度的伊斯兰教徒中广为流传。此外，阿富汗政府还同边界另一侧的英国占领区的普什图人取得了联系。这一地区成千上万的部族人民已经拿起武器，准备战斗。他们的代表也越过边界，同贾拉拉巴德的阿富汗官员商谈配合作战的计划。

当时，英国在印度的殖民统治受到印度人民反帝运动的有力冲击。英国既不愿失去对具有军事战略意义的阿富汗的控制，也害怕阿富汗的独立会鼓舞印度人民更大的反抗，因而对阿马努拉的信件迟迟不予回复。直到4月15日，英印政府才向阿马努拉复信。信中只字不谈阿富汗政府3月3日函件中提出承认阿富汗独立问题，仅仅同意商谈签订一项贸易协定。同时，英国宣布驻扎在印度与阿富汗东部和南部交界地区的军队处于战备状态。面对这种形势，阿富汗政府便从喀布尔陆续调遣军队，加强边境防务。

1919年5月3日，英国军队向阿富汗东北部开伯尔山口的阿边防军发动进攻。阿富汗军队奋起反击。阿马努拉在喀布尔清真寺举行的群众大会上发表"圣战"宣言，号召军民"准备牺牲一切，以求国家的自由与独立"。5月7日，他发布动员令，向英军宣战。

从军力对比来看，英军占有明显的优势。阿富汗只有6万人的军队，没有坦克和飞机，大炮不多，刺刀、剑等落后的武器占大多数。它只有一条公路，运输工具主要是骆驼，调动军队极其缓慢。士兵们在崎岖的山路上行军时，只好用双手搬运军需品，用肩扛抬大炮。英军拥有可调往作战的部队34万人，相当于阿军的5.5倍以上。英军不仅有精良的步枪、机关枪，而且有现代化的飞机和坦克，训练有素，运输工具发达，弹药充足。他们依靠军事实力的优势，从三条战线发动对阿富汗的进攻。

第一条战线在开伯尔山口。阿富汗军司令沙利·穆罕默德·汗在 5 月 3 日发起反击，阿军越过边境，向英军驻地挺进，占领了几个英国军点，但未能抵挡住优势敌人的反扑。12 日，英军占领了阿富汗境内的达卡，出动飞机轰炸贾拉拉巴德。但是，英军未敢深入阿富汗国土的纵深地区。他们对第一次侵略阿富汗战争中折将损兵，最后只有一个军医生还的历史教训记忆犹新。第二次侵略阿富汗战争中，梅旺达一役英军惨败的历史，他们也难以忘怀。

第二条战线在东南部的坎大哈。阿富汗军队的指挥官是阿卜杜尔·库杜斯首相。英军依仗兵力上的优势，于 5 月 26 日越过边境，侵入阿富汗。英将哈尔迪指挥两个团和一个骑兵队包围了阿富汗边防军据点，并向阿边防军诱降。阿边防军坚守阵地，宁死不屈，同英军激战达 7 小时之久。300 多名边防军半数在血战中牺牲，另一半负伤被俘。消息传到坎大哈，军民义愤填膺。驻军司令古朗姆·纳比准备率军出击，被省长胡希迪阻挠。库杜斯首相到坎大哈后，将省长革职查办，组织了一支数千名的政府军和民兵，越过杜兰线，攻占了英军严密设防的巴格拉据点。阿军在这里切断了水源，使英军受到严重威胁。

第三条战线在东部的帕克蒂亚。阿军在这条战线上的指挥官是穆罕默德·纳迪尔·汗。阿军共 7 个营，英军为 8 个团。纳迪尔除向军队动员外，还动员人民参战。各部族的参战人员达 35000 人，这些志愿军虽然是分散的游击队，无统一组织，但有很高的战斗热情和牺牲精神。5 月 14 日，纳迪尔率军兵分三路，发起强大攻势。第 1 路军由瓦里·汗指挥进攻瓦齐尔斯坦。第 2 路军由马茂得指挥，在庇瓦尔作战。第 3 路军由他自己指挥，直指英军的塔尔要塞。在当地居民的支持和志愿军的配合下，第 1 路军在 5 月 23 日和 24 日先后攻克瓦齐尔斯坦的两个据点——斯宗瓦姆和瓦纳。英军连连败退，阿军长驱直入，包围了英军在瓦齐尔斯坦的司令部所在地——特奇。在部族志愿军的支持下，瓦齐尔斯坦北部的阿军乘胜进攻，迫使英军司令部放弃特奇和古玛尔要塞，退守穆赫·库特和佐博。阿军进而包围穆赫·库特，英军不得不再次溃逃，退守逊迪孟据点。

5 月 23 日，东部战线的第 2 路军在人民武装的配合下，占领了卡尔佩尔要塞，英军逃往特凯。在阿富汗军民的追击下，英军又放弃了庇瓦尔。

东部战线的第 3 路军是阿富汗政府军的主力。5 月 25 日，纳迪尔率军 3000 人，在 1 万多名人民武装力量的支持下，越过阿富汗国界，进入英属印度的西北边省，包围英军要塞塔尔。5月28日，阿军下令强攻要塞，九门大炮齐轰，要塞内储油库、粮站、电报局和火车站纷纷起火。英军出动飞机，企图用"空中优势"挽回败局。阿军英勇冲击，一些英军逃离阵地，剩下的英军负隅顽抗。但是，阿军的攻势越来越猛。英军不得不宣布投降。塔尔要塞升起了阿富汗国旗。

攻占塔尔要塞，是阿富汗独立战争的巨大胜利。它使英军在白沙瓦和库哈特的两个阵地受到严重威胁。从军事上看，这个胜利打通了阿军进入印度河河谷的道路；从政治上看，它使阿富汗的军心民心大振，也鼓舞了普什图部族和印度人民的反英斗争。

1919年5月是阿富汗独立战争发展到高峰的时期。到了6月初，整个战局处于僵持状态。英军出动飞机轰炸包括首都喀布尔在内的一些城市，在阿富汗军民的心理上造成了压力。阿军虽在帕克蒂亚战线特别在塔尔打了胜仗，但在整个战场上已暴露出弱点。阿军没有一个有力的指挥中枢和完整的作战计划。阿马努拉周围的许多高级将官和参谋人员庸碌无能，指挥艺术差。阿军的装备特别是运输条件不能满足扩大战果的需要。交通工具的落后不能及时地传递命令和递送战报，使中央指挥系统失灵，各条战线缺乏配合。与此同时，英军中充满着难以消退的厌战情绪，许多士兵认为，世界大战已经结束，该回家与亲人团聚。在这种情况下，阿英双方都不愿使战争继续下去。6月3日，阿、英签订停战协定。

停战协定的前提是英国对阿富汗独立的确认。但是，英印统治当局利用阿富汗政府迫切要求独立的愿望，以抽象的许诺换取具体的利益。停战协定的主要条款规定：阿富汗军队必须从阿富汗边界一侧后撤20英里。参加帕克蒂亚战役和坎大哈战役的军民反对这一条款，写信谴责政府。阿马努拉却不同各条战线的司令官商议，接受了向后撤军的要求。

独立战争的最后结果

停战协定签订以后，阿英双方的斗争由战场上的兵戎相见转向谈判桌上的唇枪舌剑。

外交上的第一轮斗争于1919年7月25日开始，在拉瓦尔品第进行。阿富汗政府代表团团长是阿马努拉的兄弟、内务大臣阿里·阿赫默德·汗。外交大臣塔尔齐对团长的人选并不满意。英国代表团的团长哈姆尔顿·格郎特，是英印政府的外交部长。在谈判过程中，阿里依仗自己是国王的亲信，接受了英方苛刻的条件。他同意前国王与英印政府确定的两国边界，并把确定开伯尔山口西段领土的权力拱手让给英印政府。他同意取消阿富汗通过印度从国外进口武器弹药的过境权，把开伯尔山口北侧原属阿富汗的查曼·恰巴高地割给英国，而换取南侧一片干旱贫瘠的地段。8 月 8 日，两国在拉瓦尔品第签订临时和约。和约维持了阿富汗和印度原先的边界线（杜兰线），把英国占领阿富汗东部领土合法化。英国在条约中加上了这样的条款："只有阿富汗在今后半年中用行动证明同英国的友谊时，才能谈判双方关系正常化问题。"阿富汗得到的唯一许诺，是在附录中承认阿富汗是"内政和外交上自由的主权国家"。

拉瓦尔品第条约的签订，在阿富汗引起强烈抗议。阿里回国后受到政界和舆论界的谴责。阿马努拉认为阿里在拉瓦尔品第的谈判和签约属严重失职。法院对阿里进行了审讯，判处他两年软禁。但是，由于条约已经草签，阿马努拉于 1919 年 8 月 19 日正式批准了这个条约。

根据拉瓦尔品第条约第 4 条的规定，阿富汗政府和英印政府要进行关于完整、平等的新条约的谈判。第二轮谈判于 1920 年 4 月在印度的穆苏里开始。阿方代表团长是外交大臣、青年阿富汗派的理论家塔尔齐。他的基本方针是：英国承认阿富汗完全独立，恢复两国外交关系，签订一项新的平等条约。英国代表团在承认阿富汗独立问题上毫无诚意，使谈判时断时续，从 4 月一直延续到 7 月，未达成一致协议。谈判期间，塔尔齐要求去穆苏里清真寺过古尔邦节，英印政府被迫予以同意。在阿富汗代表团驱车去清真寺的街道两旁，当地居民高呼"阿富汗独立"的口号，吻着缓缓行驶的汽车，向代表团表示友好的情谊。这使英印政府深感不安。

7 月 18 日，双方通过了一个备忘录作为对未来阿英条约的准备。在备忘录中，英印政府承诺："绝对尊重阿富汗在内政和外交事务上的完全独立。"诺言虽然有待兑现，但英印政府毕竟在这个原则问题上不得不满足阿富汗代表团的要求。8 月 1 日，塔尔齐率阿富汗代表团回国，谈判暂告中断。

1921 年 1 月，英印政府派出以特命全权公使亨利·达布斯为团长的英方代表团到喀布尔，开始了阿英之间的第三轮外交谈判。

在英印政府代表团到来的前后，塔尔齐主动发起了外交攻势。以穆罕默德·瓦里汗为首的阿富汗政府访欧使团访问了德国、意大利、法国，同这些国家的政府商妥了互派外交使节问题。1921 年 2 月 28 日，阿富汗政府同苏俄签订了阿苏友好条约。同时，阿富汗政府代表同土耳其政府代表在莫斯科签订了友好条约。双方在条约中宣布："东方世界已进入上升、觉醒和解放的时期"，并且认为东方各国人民应该获得"完全自由和独立的权利"。同年6月，阿富汗政府又同伊朗政府签订了互不侵犯条约。

塔尔齐在这种有利于阿富汗的形势下，同英印政府代表团进行了长时间的谈判。争论首先集中在"杜兰线"问题上。阿富汗代表团坚决要求英国给"杜兰线"印度一侧自由边界地区①的部族以自主权，遭到英方拒绝。不仅如此，英方还蛮横地要求阿富汗只能与英国友好作为先决条件，进行恢复两国外交关系的谈判。阿富汗方面坚持独立的外交政策，并且宣布，它同苏俄及其他国家建立友好关系是自身的权利。喀布尔谈判未获结果。

阿富汗继续向英国政府展开攻势。以瓦里汗为首的阿富汗政府代表团被派往伦敦。英国政府原想让印度事务大臣同瓦里汗谈判。瓦里汗则要求同英国外交大臣谈判。英国外交大臣寇松被迫接受了这个要求。但是瓦里汗在谈判中遭到英方的冷遇，他气愤地把真情汇报给本国政府。阿富汗外交大臣、代表团团长塔尔齐接到报告后，给英国代表团团长达布斯写了一封措辞强硬的信件，他在信件开头有意把达布斯名字中最后一个字母"斯"略去，写成了"达布阁下"。英代表团认为这是侮辱性行为，要求阿方收回信件。塔尔齐收回信件，但坚持继续谈判。英国政府也不得不面对现实。

阿英之间的第三轮谈判，从喀布尔到伦敦又转到喀布尔，历时10个月。1922年10月22日双方在喀布尔签订了最后和约，史称"喀布尔条约"。

条约确认了"杜兰线"的存在，承认1919年8月拉瓦尔品第条约关于开伯尔山口西段的边界线。双方恢复外交关系，在对方国内互设公使馆、领事馆和武官处。英国同意阿富汗通过印度各港口运送武器的过境权。签约以后，亨利·达布斯在致塔尔齐的信中写道："英国政府奉告贵国，英国对边境地区所有部落都怀有善意，并竭力设法同他们和睦相处，但条件是他们不得采取敌视英国公民的行动。"

喀布尔条约没有改变"杜兰线"作为阿富汗和英印的边界线。尽管如此，阿富汗通过1919年的独立战争和1919年至1921年的三轮外交谈判，终于争得了在对外政策上不受英国控制的完全独立。阿富汗成为亚洲在20世纪出现的第一个拥有完全主权的国家。这在亚洲，以至于世界民族解放运动

---

① 即根据杜兰线划归英属印度的普什图人居住的地区。

史上，都占有独特的地位。战争的胜利，也使阿富汗政府有条件进行政治、经济和社会改革，实施青年阿富汗派长期追求的理想，从而揭开了阿富汗历史的新篇章。

1919—1922 年印度民族解放运动的发展

尚会鹏

第一次世界大战之后，帝国主义殖民体系出现严重危机，亚洲兴起了民族解放斗争的高潮。印度作为亚洲最大的殖民地国家，在 1919—1922 年爆发了具有广泛规模的民族解放运动。这场反帝运动冲击了英国对印度以至南亚地区的殖民统治，是 20 世纪历史上反对帝国主义殖民统治的重要事件之一。

爆发民族解放运动的前提

第一次世界大战中，英国把印度拖入了战争，利用了印度的人力和物力。英国在印度实行形式上的自愿原则而实际上强征的募兵制，据统计，约有 150 万印度士兵参加世界大战。英国为了战争的需要，从印度榨取粮食与锰、钨、云母、橡胶等战略资源，运走铁轨和武器。印度负担的军费仅次于英国，在英帝国范围内居第二位。与此同时，它每年要交付大量的殖民地贡赋。1917 年，印度被迫向英国交特种"自愿赠礼"1 亿英镑；1918 年为4500 英镑。大战结束后，英国殖民当局因供养军队和警察，增加了印度的军费负担，1918—1919 年为 7 亿多卢比，1919—1920 年增至 9 亿多卢比。巨额的殖民贡赋和军费加重了印度人民的经济负担。

印度在当时是一个落后的农业国，全国 80% 以上的人口在农村。1918—1919 年印度农业歉收，出现了严重饥馑，同上一个年度相比，小麦收获量从990 万吨减到 750 万吨，稻谷产量从 3590 万吨下降到 2430 万吨。印度在当年缺粮达 1900 万吨。与此同时，广泛发生了流行病。据统计，1918—1919年有 1200 万—1300 万印度人因此丧生。1920—1921 年许多省份继续发生饥荒，引起食品价格上涨。英国贸易公司、印度的地主和商人趁机囤积居奇。

农民为了糊口被迫向地主、商人和高利贷者借债。英国银行则为高利贷者提供资金。大批农民因经不住地主、商人、高利贷者的盘剥和自然灾害的打击，出卖土地，沦为佃农或赤贫。

在英国商品的排挤下，印度的一些手工业者丧失了传统的谋生手段，处于贫困之中。

第一次世界大战期间，军需品需求的增加刺激了印度工业的发展，使资产阶级首先是英国资本家获得大量利润。以黄麻工业为例，英国厂主在 1913 年获利润 245 万卢比，而在 1918 年达到 1230 万卢比，5 年间几乎增加了 5 倍。据印度经济学家克·沙赫和克·坎巴塔估计，英国资本家从印度榨取的收入总额在 1910—1920 年度达 21.9880 亿卢比。然而，为英国资本创造了巨额利润的印度工人阶级的地位十分低下。由于存在着一支由失去土地的农民和破产手工业者形成的庞大的失业大军，英国和印度资本家可以获得大批廉价劳动力，因而压低工人的工资。1914 年 7 月至 1919 年 1 月，印度最低的生活费用上涨了 83%，而工人的工资只提高了 21.5%。不仅如此，印度的工人和企业主之间有中间人。工人在招工时需向中间人行贿；获得工作后，需将工资的一部分交给中间人。低微的工资收入常常迫使工人向高利贷者借贷，并支付高额利息。这种利息不是通常的年息、月息，而是按周甚至按日计息。贾·尼赫鲁指出，工人的生活"低到了难以置信的水平——住在污秽不堪、疾病流行的小屋里，没有窗户和烟囱，没有水电和卫生设备"。工人阶级同英国和印度的资产阶级的矛盾日益尖锐。

随着资本主义工业的发展，印度的民族资本在 20 世纪初得到较快的增长。印度有了一个具有一定经济实力的民族资产阶级。但是，英国的殖民统治妨碍印度实现工业化，阻挠印度发展重工业。一些重要的工业部门，如黄麻工业、制茶工业和采矿业被英国垄断资本所控制。印度民族资本处于依附地位。英国资本家通过垄断组织经理行，掌握了印度工业部门的信贷、设备进口和产品出口，并在许多印度股份公司董事会中安插代理人，操纵它们的业务，这促使印度资产阶级要求摆脱殖民统治和在政治上的无权地位。

当时，代表印度资产阶级的国民大会党（简称"国大党"）对反英斗争的态度较以前积极，国大党建立于 1885 年，这个党的初期活动家对英国殖民统治造成的经济落后表示不满，同时又赞许英国人在印度建立起来的"和平与秩序"，他们只要求使印度在英帝国范围内获得有限的自治。他们与群众自发的反英斗争缺少联系，甚至对这种斗争持否定态度。第一次世界大战爆发后，国大党已不限于向殖民政府递交抗议书和请愿书，要求在殖民统治下扩大印度人的权利，而是采取新的斗争方式。1916年，国大党领导人巴·甘·提拉克仿效英国"爱尔兰自治党"建立"自治同盟"，要求让印度获得自治。在工农群众不断爆发反对殖民压迫的斗争的形势下（如1917年比哈尔的农民掀起反对英国种植场主的斗争，1918年初阿默达巴德工人举行罢工，同年12月孟买爆发纺织工人总罢工等），许多国大党党员认识到，反对殖民统治需要依靠广大群众，要与群众的反英斗争结合起来。在这样的基础上，国大党内产生了甘地主义。

莫·卡·甘地不同于国大党的老一辈领导人，他接近人民群众，重视吸收广大群众参加民族解放斗争。他认为，印度人应以耐心和善良去制伏帝国主义者，靠道德感化使英国结束在印度的殖民统治，而不主张诉诸暴力。尽管如此，甘地主义在反对英帝国主义这一根本点上，不仅反映了印度资产阶级的愿望，也反映了广大劳动群众的要求。甘地还十分强调印度教的传统，主张用印度教的语言和习惯去发动群众。因此，甘地主义在印度迅速得以传播。甘地主义反映了印度资产阶级立场的复杂性和两重性。一方面，这个阶级与英帝国主义存在着越来越尖锐的矛盾，要求摆脱英国的殖民压迫；同时感到，要与力量强大的英帝国主义较量，如不吸收劳动群众参加，将难于成功。另一方面，它不希望自己的阶级利益受到工农群众的威胁，因而害怕进行革命斗争。正如甘地多次强调，革命的道路不适于争取印度的自治，"印度不要布尔什维主义"。第一次世界大战结束时，国大党接受了甘地主义的指导。在甘地成为国大党的实际领导者之后，甘地主义给予印度民族解放运动以深刻的影响。

反对《罗列特法案》的斗争与阿姆利则惨案

1918年，印度许多城市的工人出于经济要求，如提高工资、实行午间休息、降低罚款等，纷纷举行罢工。在工人斗争的影响下，自第一次世界大战以来未曾平息过的农民骚动更加频繁。面对劳动群众斗争的不断高涨，1919年3月18日英国殖民政府颁布了旨在保护统治秩序的《罗列特法案》。这一事件成了导致1919—1922年民族解放运动的直接原因。

第一次世界大战期间，殖民政府为镇压群众运动，曾颁布一项禁止言论自由和各种政治活动的《战时防卫法》。这一法令在战争结束六个月后自然失效。为替代《战时防卫法》与镇压日趋高涨的群众运动，殖民政府颁布了《罗列特法案》。法案规定，授予印度总督以特别权力；以他为首的殖民政府可以逮捕、搜查和不经审讯而关押任何人；"三名高等法院的检查官可在法庭上对政治犯作即席判决，政治犯不得上诉"。这一法案的颁布，引起了印度各阶层人民的抗议。

国大党领导了这场反英运动。甘地向印度总督递交了一份最后通牒。要求当局撤回《罗列特法案》，否则将以开展"坚持真理运动"进行对抗。甘地所谓的"坚持真理运动"，即要求人们在殖民统治者的暴行面前采取非暴力斗争，如举行和平示威、机关停业、学校罢课、商店关门等。甘地号召人们不要惧怕敌人的暴行，主动走进监狱，用爱去唤醒敌人的良心，用肉体去磨钝敌人的利刃①。

甘地的最后通牒遭到印度总督的拒绝，他决定发动全国性"坚持真理运动"，组织了坚持真理联盟。国大党根据甘地建议，决定在 3 月 30 日举行全国性罢业②，号召人民在同日实行全国性斋戒和祷告，举行和平示威。

原定 3 月 30 日的罢业曾改期为 4 月 6 日。然而，人民群众在 3 月 30 日却自发地起来斗争。这一天，德里所有的工厂、机关和商店完全停止工作；人们在群众集会上谴责英帝国主义的殖民压迫政策。在阿姆利则、拉合尔、木尔坦、贾朗达尔和阿默达巴德等城市，也都举行罢业、示威游行和群众集会，要求殖民政府撤回《罗列特法案》。

4 月 6 日，罢业斗争扩展到全国各地。仅旁遮普省就有 30 多个城市和地区开展了这一斗争。在孟买、阿默达巴德等城市，挂起了白旗，人们穿上暗喻埋葬《罗列特法案》的丧服，长期遭到当局禁止的甘地的著作《印度的自治》销售一空，反映了人民群众对殖民统治的不满和对自治的强烈追求。

在反对《罗列特法案》的日子里，人们开始摆脱英帝国主义的"分而治之"政策的束缚，缓和了教派之间的矛盾，暂时抛开了宗教和种姓的区分。在德里，一些印度教徒和穆斯林同台演说，投入共同的斗争。殖民当局的官方报告承认："伊斯兰教徒和印度教徒在反对《罗列特法案》的斗争中

---

①　甘地在英国受教育后，于 1893 年去南非从事律师工作，1915 年回印度。在南非期间，他曾用这种方法反对殖民主义者歧视南非的印度人。在 1917 年比哈尔西北部农民反对英国种植场主的斗争中，也曾采用这一方法。

②　罢业按字面解释是"关闭店铺"。这原是印度教徒在服丧期停止干活、断食、净身、进行祈祷的习惯。甘地和国大党领导人把这一习惯作为反对英国殖民统治的一种特殊斗争形式。

出现了史无前例的团结。"

在反对《罗列特法案》的斗争中，旁遮普省的群众运动最为激烈。这个省素有"印度的粮仓"之称。英国在第一次世界大战中，从这里运走大量粮食和军需物资，大约有60万人被征入伍。因此，这里的农业衰落，农民的状况更为恶化。有关俄国十月革命胜利的消息，通过中亚细亚和阿富汗首先传到这里。这些原因促使旁遮普成为反英斗争最活跃的省份。印度著名政论家普·奠汉写道，在反对《罗列特法案》的运动中，"旁遮普各地都举行了抗议性罢业和群众大会。在这以前从未参加过政治运动的许多人都出席了群众大会，以前成千上万对政治不感兴趣的人都参加了宣传工作"。特别是4月6日这一天，该省有30多个城市和地方举行大规模的罢业斗争、群众大会和反英示威。

英帝国主义为了扑灭席卷全印的反对《罗列特法案》的群众运动，选择斗争最为活跃的旁遮普省阿姆利则市作为镇压反英运动的突破口。阿姆利则是印度重要的铁路枢纽，旁遮普省锡克人①旧的宗教中心。自1919年3月起，这个城市不断举行反英群众大会、示威游行和罢工。人们严格遵守非暴力斗争的原则。4月9日，旁遮普殖民当局出动警察，逮捕反英斗争的参加者。10日，著名政治家赛福丁·克其鲁和萨提亚帕尔两位博士以"领导最激烈的反政府宣传"的罪名，被当局未加任何审讯逐出阿姆利则。这件事激起市民的愤怒，人们越出甘地规定的非暴力原则，当天约有3万人前往市政府，要求送回克其鲁和萨提亚帕尔，受到武装警察和骑兵的驱赶。面对武力镇压，愤怒的群众用石头和棍棒进行抵抗，并且占领了火车站、电报局、电话局，切断阿姆利则同其他各地的联络。他们杀死了几个英国人，殴打了1名英国女牧师。城里的英国人都躲进了要塞。甘地闻讯后，立刻前往阿姆利则进行劝阻，中途被当局逮捕。群众听到这一消息，更加义愤填膺。

4月13日是印度历的新年。阿姆利则的2万名群众不顾4月12日当局颁布的禁止集会的命令，在市中心的查利安瓦拉·巴格公园举行集会，并有附近乡村和城市的居民参加，抗议殖民当局把克其鲁和萨提亚帕尔驱逐出旁遮普。

查利安瓦拉·巴格公园四周都是建筑物和高大的围墙，只有一个出口，在同一时间内只能容纳几个人进出。参加群众大会的人都坐在地上听演讲。

---

① 锡克人是旁遮普人的一部分，信奉锡克教，他们骁勇善战，有光荣的斗争传统。

英国殖民军官达厄率领 150 名士兵，闯进公园。士兵们排成队，堵住出口，未发出任何警告，开枪射击手无寸铁的群众（其中还有妇女和儿童）达 10 分钟。此后，又放进廓尔喀人（尼泊尔山地部落人）砍杀群众。当场有 1200 人被杀害，2000 多人受伤。刽子手们还不让救护受伤者。在枪杀集会者以后，他们立即禁止任何人上街。英国殖民当局制造了一场骇人听闻的阿姆利则惨案。

殖民当局在旁遮普各地实行戒严，试图封锁大屠杀的消息，同时发布了侮辱印度人的指示与命令，如印度人路遇英国人必须下车或下马行举手礼，印度人在通过那位英国女牧师被殴打的大街时必须爬着走，等等。1919 年任国大党主席的莫·尼赫鲁为此致函国大党，他愤怒地写道："……这是最坏的磨难的日子。通过街道的印度人被迫像爬虫一样爬行。"在农村，英国人故意把牛（印度教的圣物）和猪放在一起，企图挑起印度徒和伊斯兰教徒之间的冲突。

阿姆利则大屠杀的消息冲破封锁传到印度各地，举国为之震骇。印度著名诗人罗·泰戈尔愤怒地将授予他的勋爵称号退还给殖民政府，并向印度总督递送了抗议书，其中写道："政府在旁遮普镇压当地骚动时所犯下的滔天罪行，是对我们的一种沉重打击，使我们印度的不列颠臣民感到自己毫无地位可言。我们认为，我们不幸的同胞所受非法处罚的残酷程度以及在处罚时所采取的横暴方法，都是在文明国家政府的历史中毫无前例的。"

阿姆利则惨案的发生，激起了反帝运动的进一步高涨。德里、阿默达巴德等地的群众举行集会，声讨英国殖民主义者的罪行。阿默达巴德的街头还出现了"赶走英国统治者，打败英王，建立自治"的标语。这里的纺织工人开展了罢工斗争，与警察发生了激烈的冲突。人们焚烧政府机关、邮电建筑物和警察局，破坏通往孟买的电线。特别是旁遮普省的反帝运动在 4 月 14—15 日两天中扩展到 50 个城市和地区，农村也爆发了骚动。人们不顾国大党领导人把运动限制在非暴力范围内的号召，在沟通印度北部、西北部和中部地区的铁路沿线，焚毁了政府机关和火车站。《印度时报》在 4 月 18 日写道："破坏电报联络，倾覆军用火车，焚毁火车站，袭击银行，放出被捕者，这已经不是坚持真理运动支持者的行动。"

面对不断高涨的群众性反帝斗争，运动的领导人甘地十分惧怕。他责备运动的参加者不遵守非暴力原则。4 月 18 日，由于甘地下令制止，这场轰轰烈烈的群众反帝斗争暂时平息下来。

蒙塔古—契姆斯福改革与哈里发运动

反帝斗争的高涨，动摇了英国在印度的殖民统治。殖民政府在对印度人民实行镇压的同时，不得不对它的殖民政策作些调整，向印度资产阶级作出细微的让步。

早在 1917 年，英国印度事务大臣蒙塔古和印度总督契姆斯福，曾经制订印度政府组织法改革方案。1919 年 12 月，以该方案为基础的政府组织法生效。根据新的组织法，印度的立法权名义上由总督和两院（国务会议和立法会议）组成的"印度立法机关"行使。然而，总督由于享有否决权，成了立法权的实际行使者。新组织法允许有三个印度人参加总督署行政会议，但这丝毫未触及行政权。新组织法还规定，给予一部分有产阶级的代表以选举权，其中只有 1% 的印度居民有权选举中央立法机关，3% 的居民有权选举省立法机关。这样的政府新组织法并未改变原有的殖民统治秩序。

英帝国主义是以改革为幌子，企图缓和印度各阶层人民的不满。结果适得其反，这场"改革"反而促进了民族解放运动的重新高涨。1919 年 12 月，国大党在殖民当局制造流血惨案的阿姆利则召开年会，通过三项决议：（1）反对新的印度政府组织法，主张成立符合自治原则的政府；（2）要求调查阿姆利则事件；（3）要求政府撤回《罗列特法案》。这届年会有 700 名代表参加。甘地出席了会议，他当时在群众中已有很高的声望，被印度教徒称为"圣雄"。

这一时期，印度穆斯林开展的哈里发运动①，构成了群众性反英斗争的重要组成部分。

20 世纪初，民族解放的思想已经深入到信仰伊斯兰教的印度知识分子中间。伊斯兰教徒、作家、政论家伊克巴尔和阿布尔·卡拉姆·阿札德等人，作诗著文，宣传民族独立思想。他们创办的《柴明达尔报》《新月》等报刊激烈抨击殖民统治，在伊斯兰教徒中产生了广泛的影响。1906 年成立的印度穆斯林政党"全印穆斯林联盟"，不断摆脱亲英倾向，在穆罕默德·阿里·

---

① 哈里发是伊斯兰教徒对教主的称呼。在民间，"哈里发"一词具有新的意义。农民认为，它源于"希拉弗"一词，乌尔都语意思是"反对"。因此，他们把哈里发运动理解为反对英国统治，争取民族独立的运动。

真纳、穆罕默德·阿里和绍克特·阿里的领导下，表现出明显的反英情绪。这个联盟主张伊斯兰教徒和印度教徒联合起来，表示愿与国大党合作，共同反对英国的殖民统治。早在 1916 年，在勒克瑙举行的国大党和全印穆斯林联盟代表的联席会议上，两党便共同通过一项决议，其中提出了在英帝国范围内争取印度自治的口号。

第一次世界大战时期，印度的伊斯兰教徒颇为关心德国的盟友土耳其的命运，因为土耳其苏丹当时被认为是全世界伊斯兰教的教主。英国为拉拢印度伊斯兰教徒，声称战后将不惩罚土耳其。战争结束时，包括英国在内的战胜国企图瓜分奥斯曼帝国，废黜苏丹的王位，激起了印度伊斯兰教徒的强烈不满。

1918 年，印度的穆斯林成立了"哈里发委员会"。它的领导人是在伊斯兰教徒中间享有威望的穆罕默德·阿里和绍克特·阿里两兄弟。他们号召广大伊斯兰教徒反对列强瓜分土耳其。这场以宗教名义开展的哈里发运动的矛头直指英帝国主义，配合了争取印度自治的斗争，它得到了甘地的同情和支持。甘地号召印度教徒同穆斯林兄弟联合起来。

1919 年 11 月，哈里发委员会召开会议，甘地和一些印度教徒应邀出席。甘地在这次会议上提出了"不合作"的反英斗争策略。他认为，在英帝国主义的血腥屠杀面前，不能只表示愤怒，而应采取更积极的反对态度，既然用爱不能唤起敌人的良知，就不能继续同敌人合作。甘地在会上宣布了当年 9 月在国大党加尔各答临时会议上制定的《不合作纲领》。这个纲领主要包含八项内容：（1）拒绝接受英国政府授予的爵位和荣誉称号；（2）拒绝参加殖民政府的工作；（3）不让自己的子弟在殖民政府开办的学校就读；（4）抵制殖民当局法庭的传唤；（5）军人、教员、工人等拒绝为英国到国外工作；（6）抵制按新的政府组织法进行的选举；（7）抵制英货，提倡国货；（8）在运动的最后阶段，应拒绝向政府纳税，并把它作为一种不得已的手段。

《不合作纲领》虽未超出非暴力的界限，但比起甘地先前倡导的"坚持真理"的策略思想前进了一大步。哈里发委员会同意将上述纲领作为哈里发运动的指导方针，并把争取印度的自治定为运动的目标之一，从而使哈里发运动与国大党倡导的公民不合作运动汇合在一起。

公民不合作运动的全面展开

1920 年 3 月，殖民政府发表了关于阿姆利则事件的调查结果，并为造成这一惨案的现场指挥达厄等人开脱罚责。这在印度人民中引起极大的不满，甘地（代表国大党）和哈里发委员会宣布，从 1920 年 8 月 1 日起，开始全国性的公民不合作运动。

8 月 1 日是印度杰出的社会活动家提拉克逝世的日子。许多城市在这一天举行悼念他的群众集会。甘地和哈里发运动的领导人阿里兄弟等人在群众集会上号召人们参加不合作运动。甘地将英国政府在南非授予他的奖金退回，并在递交印度总督的信中表示，他将不再对"连续推行恶政的政府抱有尊敬和热爱的感情"。在他的影响下，许多知名人士纷纷退还政府授予的衔位和名誉称号。著名律师莫提拉尔·尼赫鲁父子、拉旃德位·普拉萨德等人离开法律界。一些政府高级官员、教授辞去职务。许多青年学生离开学校，志愿参加国大党组织的义勇队。义勇队开赴农村，鼓动农民参加不合作运动，提倡禁酒（因为酒税是殖民政府的一项重要收入）抵制英国的纺织品。在一些城市，人们从商店里搬出进口的布匹，在广场上焚毁。为了表达印度人民对英国殖民掠夺的强烈憎恨，甘地亲自摇起纺车。国大党鼓励人民恢复手工纺织，号召他们在每天规定的时间内纺线。从城市到乡村，家家户户响起纺车声。许多知识分子和政府职员，脱去西装，换上土布制作的民族服装，使用国货成为时尚。

1920 年 11 月，印度按照新的政府组织法举行大选。由于广泛开展不合作运动，许多地方的绝大多数选民拒绝参加投票。在 1921 年 2 月 3 日召开的中央立法议会第一次会议上，被选入议会的国大党领导人全部缺席，以示抵制。

在不合作运动广泛开展的过程中，城市的工人和职员纷纷举行罢工和罢业。1920 年，孟加拉省国大党委员会组织的铁络和海员工人罢工，使东孟加拉和阿萨姆地区的交通陷于瘫痪。这年末，罢工运动席卷孟买、马德拉斯和孟加拉等省，并与不合作运动结合在一起，从经济斗争发展到政治斗争。在 1921 年，工人罢工达 396 次，人数在 60 万人以上，半数的罢工斗争以胜利告终。

1920 年的农业歉收和由此引起的饥荒，促使广大农民也积极参加不合作运动。在孟加拉农村，发生了农民抗税运动。当局派来警察镇压，农民进行了顽强的抵抗。旁遮普的锡克人忍受不了大封建主和英帝国主义的双重压迫，从 1920 年 7 月起开展了阿卡里①运动。他们反对殖民当局支持僧侣把持各大庙宇的财产和领地要求进行改革，减轻剥削。这个运动具有明显的反帝性质，殖民当局对起来斗争的农民实行大逮捕，并在拉合尔市附近的南卡纳制造了流血惨案。此后，庙宇的卫队又杀害了 200 名赤手空拳的锡克教徒。殖民统治者的血腥镇压引起了全国的愤怒。

不合作运动的迅猛发展，超出了甘地制定的《不合作纲领》规定的界限。1921 年 8 月，南印度的马拉巴海岸地区爆发了莫普拉②农民起义。这是这个时期规模最大的一次农民运动。

马拉巴海岸地区有许多英国人经营的种植园。这里的大多数农民是农业工人和农业雇工。他们深受印度大地主特别是英国大种植场主的剥削。1920 年以前曾发生过 30 多次莫普拉起义，国大党和哈里发委员会的代表在群众中宣传民族自治的思想。莫普拉农民按照自己的理解，认为"自治"就是建立自己的伊斯兰教王国。1921 年 8 月 20 日，莫普拉农民在提鲁兰加迪举行起义，赶走了这里的军队、警察和行政长官，占领了交通要道，破坏了电报联络，宣布自治，挂起哈里发的旗帜，成立了"哈里发王国"。

殖民政府派大批英军进行镇压，同时又以起义者反对印度教徒中的地主和高利贷者为借口，编造了起义是对于印度教徒的仇恨的谎言，企图煽起宗教纠纷。农民认清了敌人的阴谋，他们不顾宗教信仰的区别，用自己制作的刀枪和收藏的兵器抗击英军。但是，由于起义领袖没有满足农民对土地的要求，这次起义终归失败。当局杀害了"哈里发王国"的领导人哈季·库纳赫麦德和其他起义领袖，把投降者从一个监狱解往另一个监狱时，有 100 人被关闭在一个铁皮货车厢内，不给水喝，不透空气，使 70 人窒息而死。

莫普拉农民起义被镇压后，仍有一些起义者潜入附近山林进行长期的反英武装斗争。

1921 年 1 月，农民骚动蔓延到联合省各地。农民和城市不合作运动的参加者共同举行示威游行，攻打地主的庄园。该省奥德地区的农民成立了"农民反对地主协会"。协会号召农民夺取地主的土地，抗交捐税，杀死殖民官

---

① 意即"不灭"，是锡克教一个教派的名字。
② 居住在马拉巴海岸的穆斯林的通称。

吏。地方当局派警察进行镇压，运动参加者用棍棒和石块进行顽强的抵抗。英国《泰晤士报》报道说："以前受各种苛捐杂税压制的佃农不能有效地表示自己的抗议，但是，由于群众不久以前对政治生活发生兴趣，他们就开始捍卫自己的权利。"

在孟买等省份，也发生了农民骚动。

不合作运动的结束

城市工人罢工的普遍展开，旁遮普、马拉巴和联合省等地农民起义的风起云涌，给英国在印度的统治造成严重的威胁。1921年，殖民当局以煽动民众反对政府罪逮捕了哈里发运动的领袖阿里兄弟。这对遍及全国各地的不合作运动起了火上浇油的作用。

殖民政府在对不合作运动镇压的同时，想通过英国王太子威尔斯亲王访问印度，安抚反英情绪高昂的印度群众。11月17日，威尔斯亲王抵达孟买。孟买当局准备发动群众夹道欢迎。在国大党的组织下，迎接他的却是全市性罢工、罢业和大规模的抗议示威。当局想用武力驱散游行队伍。国大党想把抵制亲王访印控制在非暴力范围之内。然而，群众同警察发生了冲突，30人被打死，200多人被捕。在印度其他城市，也发生了抵制亲王访问的群众运动。贾·尼赫鲁写道："亲王无论走到哪里都遇到罢业，街道上冷冷清清的没有人。阿默达巴德在亲王到来时好像一座死城。过了几天，加尔各答这个大城市的一切活动突然停止了。"

殖民政府对抗议英国亲王访印的群众运动实行高压政策，逮捕了2000名群众。1921年末至1922年初，政府对整个不合作运动的镇压达到高峰。据统计，1921年11—12月，交法庭审判的政治犯为9136名，其中6913人被判刑；1922年1—3月，交法庭审判的人数为10332名，其中8424人被判刑。在甘地的非暴力思想的影响下，成千上万的印度人包括大学生、工人、职员和商人，主动走进监狱，表示对殖民当局的迫害的抗议。各地监狱都人满为患。

由于殖民政府的暴力镇压，不合作运动越来越超出非暴力的界限，这引起了甘地和其他资产阶级代表人物的恐惧。当1921年联合省的农民运动出现暴力斗争的势头时，国大党领导机关讨论了这个问题，发表了反对暴力斗争的告农民书。其中写道："不应当使用刀棍……不应当抢劫庄园。农民应当以自己的好意和仁爱制伏敌人的铁石心肠。”它还指责农民拒绝交纳地租和服劳役是“不道德的行为”。

在孟买抗议英国亲王访印事件发生后的两天，甘地发表《告孟买居民书》，写道：“我在这两天所看到的自治，已经使我厌恶。”甘地要求国大党工作委员会讨论停止公民不合作运动。1921 年末，国大党在阿默达巴德召开年会。会议通过决议，表示继续实行非暴力的不合作纲领，直到“消除哈里发国所受的不公平待遇”的要求得到满足，确立印度的自治，同时，根据甘地的指示，会议谴责了群众的暴力行为，规定运动的参加者必须宣誓，不仅在口头上，而且在行动上严格遵守非暴力原则。会议承认甘地为不合作运动的独裁者，授予他可以不经国大党全印委员会批准，同政府签订任何条款的权力。

1922 年 2 月 1 日，甘地向印度总督发出最后通牒，声称如不释放政治犯，他将开始不合作运动的最后阶段——抗税。但他并未打算在全国范围内开展这一斗争，仅在孟买省做试验，事成之后逐渐扩展到其他地区。

2 月 4 日，联合省的巴雷利和果腊克浦尔两个行政区爆发反政府游行。警察向游行者开枪，几人被打死，若干人受伤。这一暴行引起了群众的愤怒。两千名游行者焚毁果腊克浦尔附近的乔里—乔拉村的警察所，打死警察和更夫，焚烧了他们的尸体，破坏了当地的铁路交通。甘地闻讯后，对群众的暴力行为十分气愤，在巴尔多利召开了国大党工作委员会紧急会议。会议通过的决议指出：“工作委员会谴责惨杀警察和无故焚毁警察所的乔里—乔拉的无知人们的惨无人道的行为”，“命令国大党地方委员会指示农民缴纳田赋和应向政府缴纳的其他各种赋税，停止一切挑衅性的活动”。决议以“保证和平的气氛”为理由，“命令国大党的所有组织在未接到进一步的指示之前，一律停止当局所禁止的活动”，“停止自愿者的示威游行和群众大会”。甘地声称不合作运动犯了“喜马拉雅山那样大的错误”，下令停止不合作运动，并绝食五日，以示悔恨。

不合作运动的参加者对国大党的决议和甘地的命令十分震惊，甚至国大党的某些领导人也表示不满。例如，国大党的领导人——苏·昌·鲍斯写道：“独裁者的命令被执行了，但是，它在国大党阵营引起了真正的起义。当人民的热情达到沸点的时候，下达退却的命令是真正的民族的灾难。”尼赫鲁回忆说：“当时我们似乎正在巩固阵地，各方面向前顺利推进，忽然听说斗争停止了，不由得感到愤怒。”不合作运动的停止，对哈里发运动也是一个沉重的打击，哈里发运动的领导人指责甘地违背了当初向伊斯兰教徒的承诺。此后，城乡群众自发的不合作运动持续了一段时间。1922年3月10日，殖民当局逮捕了甘地，判处六年监禁。一场轰轰烈烈的群众性反帝运动遭到失败。

1919—1922年的印度民族解放运动，是在资产阶级的领导下，包括工人、农民、职员、手工业者和知识分子在内的印度各阶层人民参加的反帝群众运动。由于当时英帝国主义的力量强于印度人民的力量，印度人民反帝斗争的自发性和分散性，各地区之间缺乏相互联系与支持，以及运动的领导者资产阶级在政治上的软弱，它在任何条件下都片面地强调非暴力斗争的策略，所有这些原因导致这场运动未能以胜利告终。

尽管如此，这场民族解放运动遍及印度城乡，长达三年之久。在斗争的过程中，罢工、罢业和农民起义此起彼伏，极大地震撼了英国在印度殖民统治的基础，也给予帝国主义世界殖民体系沉重的打击。在这场反帝群众运动中，印度教徒和伊斯兰教徒为了民族解放的共同利益，团结奋斗，同仇敌忾，粉碎了英帝国主义利用宗教信仰的差异进行挑拨离间的图谋，为印度的民族解放运动增添了新的特色。广大群众，特别是工农大众面对殖民当局的武力镇压，多次奋起，以暴抗暴，经受了非暴力斗争和暴力斗争两个方面的锻炼。从历史发展的全局来看，1919—1922年的印度民族解放运动，为印度人民以后争取民族独立的斗争积累了经验，并为这一斗争的胜利提供了基础。

土耳其凯末尔革命的胜利

朱克柔

第一次世界大战结束以后，战败的奥斯曼帝国在其本土安纳托利亚爆发了民族解放运动，这是一次反对外国瓜分领土、推翻奥斯曼封建王朝、建立民族国家的资产阶级民族民主革命。这次革命根据其主要领导人穆斯塔法·凯末尔（阿塔图尔克)[①] 的名字，历史上亦称凯末尔革命。

爆发革命的社会背景

凯末尔革命的发生是土耳其历史演进的结果。帝国主义瓜分土耳其的活动加速了这一进程。

19 世纪以后，奥斯曼帝国虽在南欧、西亚和北非领有广大的属地，实际上已是外强中干的泥足巨人。克里米亚战争以后的 30 多年间，外国资本的势力渗透到帝国的政治、经济、财政、司法、教育等各个领域。奥斯曼国债管理处、奥斯曼帝国银行、铁路公里保证金制度[②]，以及众多的外资工矿、市政企业和商号，控制了帝国的财经命脉，它们又是列强影响帝国内政和外交的强有力的工具。19 世纪 70 年代末起，列强开始掠夺帝国的边远领地。俄国夺取了小亚细亚东部的卡尔斯和阿尔达罕等地（1878），英国攫取了塞浦路斯（1878）和埃及（1882），奥匈帝国抢走了波斯尼亚和黑塞哥维那（1878），法国占领了突尼斯（1881），等等。

帝国境内被压迫民族的解放运动的兴起，使它占有的疆域不断缩小。希

---

① 阿塔图尔克是 1934 年土耳其实行姓氏法时大国民议会授予凯末尔的姓氏，意为"土耳其之父"。文内人名后包括内的译文均系该人的姓氏。

② 奥斯曼帝国政府保证外国铁路投资者获得最低利润的制度。例如巴格达铁路每公里的保证金为 165000 法郎（其中每公里的修建利润为 12000 法郎，经营利润为 4500 法郎）。

腊、塞尔维亚、罗马尼亚、保加利亚陆续摆脱了奥斯曼帝国的羁绊。1912—1913 年巴尔干战争的结果使帝国几乎丧失在欧洲的全部领土。第一次世界大战为阿拉伯人民脱离帝国统治造成了现实条件。到大战结束时，奥斯曼帝国已是名存实亡，全部领土仅为土耳其人聚居的安纳托利亚和欧洲的东色雷斯。

19 世纪下半叶，资本主义因素在土耳其有所增长。沿海和铁路沿线地区较快地发展了经济作物的种植。农村随着阶级分化的加速，出现了经营地主和富农。工业中供出口需要的地毯业和丝织业也有较大发展。例如在布尔萨、格姆利克、伊丝密特等丝织中心，1906 年已有 16500 个丝织工场，拥有9200 台缫丝机。与此同时，资本主义因素的发展因封建专制统治和外国资本享有各种特权而受到压制。

1908—1909 年青年土耳其革命推翻了阿卜杜哈米德苏丹的统治。青年土耳其党人通过奖励工业法[①]等措施，促进了资本主义的发展，但土耳其民族资本的力量仍很弱小。根据 1915 年对伊斯坦布尔、伊兹密尔等 7 省的统计材料，这些主要工业地区仅拥有 284 个工厂型企业，这些企业资本的 85%属于希腊人、犹太人、亚美尼亚人和外国人。1914 年土耳其共产煤 65 万吨，铜 1000—1500 吨，含银的铝矿 1.3 吨，铬 1 万吨，但全都掌握在外国矿主的手里。土耳其人仅在商业领域占有较高的比重，安纳托利亚 80%的牲口商和40%的地毯商是土耳其人。

第一次世界大战期间，外国商品进口剧减，竞争减少，加上战时废止治外法权，取消外资企业根据奖励工业法获得的优惠，提高关税和实行保护税率，有利于民族资本的发展。希腊族、亚美尼亚族资产阶级经济地位的削弱乃至消失，客观上提高了土耳其民族资产阶级的经济地位。1908—1918 年土耳其一共建立了 139 个有限股份公司，其中 88 个在大战年代里建立。

19 世纪下半叶，土耳其人的民族意识逐渐觉醒。在欧洲东方学家阿·拉·戴维斯、莱昂·卡翁的影响下，土耳其学者杰夫代特帕夏、韦弗克帕夏开始从中亚追溯土耳其语言的起源，探究土耳其民族的历史。新奥斯曼人纳米克·凯末尔、舍纳西等放弃传统的古典风格，并在著作中尽量运用纯粹的土耳其语。俄国突厥语民族的一些知识分子移居土耳其，带来了西方流行的民族主义思想。当时移居土耳其的沙俄著名学者阿克丘拉奥卢·尤苏夫、阿

---

① 1913 年颁布，规定对注册工业给予税收和关税方面的某些优惠。

加奥卢·阿赫梅特、侯赛因扎代·阿利推行克里米亚人伊斯梅尔所倡导的大土耳其主义运动。

最初，土耳其民族主义没有摆脱泛伊斯兰主义和奥斯曼主义，与之混杂交融。青年土耳其党人继承奥斯曼人倡导的奥斯曼主义，把鼓吹建立"奥斯曼民族"作为保存奥斯曼帝国的重要手段。他们力图利用苏丹阿卜杜哈米德奉行的泛伊斯兰思想，保持帝国的统一，甚至幻想建立土耳其阿拉伯二元帝国。

历史的演进使土耳其民族主义摆脱了泛伊斯兰主义和奥斯曼主义。巴尔干战争使人醒悟到并不存在所谓的奥斯曼民族。阿拉伯人摆脱奥斯曼帝国的控制，表明阿拉伯人虽然也是穆斯林，但有自己的民族利益。第一次世界大战初期，恩维尔帕夏为实现突厥民族"天然边界"的迷梦，在小亚细亚东部萨勒卡默什战役中遭到破灭。1918 年，土耳其军队占领巴库等行动，加速了帝国的军事崩溃。人们逐渐认识到，在泛伊斯兰主义、奥斯曼主义或泛突厥主义基础上建立庞大的帝国是无法实现的，唯有在土耳其民族主义基础上建立民族国家。

建立土耳其民族国家的任务，是在极为复杂的情况下进行的。在第一次世界大战中，奥斯曼帝国有 60 万士兵战死或被俘。200 万人受伤，耕地从 6400 万土亩减少到 3000 万土亩。国债高达 44800 万金里拉，其中外债为 23900 万金里拉。物价成倍上涨。1918 年 10 月 30 日，作为战败者的奥斯曼帝国政府被迫与协约国代表签订摩得洛司停战协定。协定签订以后，协约国军队先后占领了首都伊斯坦布尔和海峡地区、安纳托利亚的东南部和西南部、黑海沿岸的重要港口城市、安纳托利亚铁路沿线的重要城镇。到 1918 年底，外国占领军超过 10 万人。土耳其面临被瓜分的危险。1919 年 5 月 15 日，希腊人又在英、法支持下占领安纳托利亚西部港口伊兹密尔及其邻近地区。正是在这种形势下，土耳其各地兴起了救亡图存的爱国革命运动。

俄国十月社会主义革命胜利以后，苏维埃政府揭露各帝国主义政府在战争期间瓜分奥斯曼领土的密约，宣布废除沙俄在奥斯曼帝国的一切特权，鼓舞了土耳其人民争取建立民族国家的斗争。

民族解放运动的兴起

摩得洛司停战协定签订不久，土耳其各地纷纷成立民族主义组织，其中规模较大的有东部安纳托利亚保护权利协会（1918 年 12 月）、伊兹密尔护权协会（12 月初）、色雷斯帕夏埃利协会（12 月 2 日）、基利基亚护权协会（12 月底）、伊斯坦布尔国民大会协会（11 月 29 日）等。它们发表声明，出版书刊，向协约国政府递交函电，说明各自所在地区的土耳其民族的权利。这些组织因以保卫本地区的权利为宗旨，相互缺乏联系，并寄望于苏丹政府的明智和同英国的合作。

就在这些组织兴起的时候，1918 年 12 月 19 日，安纳托利亚东南部德米特约尔地方的人民首先起来反抗法国占领军，打死法军 15 名。安纳托利亚西部的农民纷纷建立游击队，抵抗希腊入侵军。

于是，联合各地民族主义组织，成立全国性机构统一领导抵抗外国占领军斗争的任务被提上日程。民族英雄、伟大爱国者凯末尔承担起这一艰巨的任务。

凯末尔 1881 年出生在萨洛尼卡（今属希腊）的一个木商家庭。学生时代积极参加秘密政治活动，抨击阿卜杜哈米德封建统治的弊政。他积极参加了 1908—1909 年的土耳其革命，此后专心致志于军事生涯。第一次世界大战中军功卓著。他坚决反对摩得洛司协定的辱国条件，从叙利亚前线写信给伊泽特帕夏首相："不管我们是多么软弱无力，都需要确定我们国家作出牺牲的程度。"凯末尔主张以武力抵抗英国人占领伊斯肯德伦等地中海港口，因建议未被采纳，他辞职返回伊斯坦布尔。他一面在议会和苏丹之间游说，力主建立有他参加的强硬政府，抵制协约国的压力，一面筹划创办《论坛报》，直接向人民呼吁。

协约国枪炮威胁下的伊斯坦布尔不可能成为抵抗侵略的策源地，凯末尔谋求去安纳托利亚。恰好苏丹政府建议他出任安纳托利亚第 9 军督察使（不久改名为第 3 军督察使），凯末尔接受任命，被授予广泛的职权。他直接管辖锡瓦斯的第 3 军（两个师）和埃尔祖鲁姆的第 15 军（4 个师），有权任命、调动各师的军官。特拉布松、埃尔祖鲁姆、锡瓦斯、凡、埃尔津姜、贾尼克等省州的官员都应听从他的命令。凯末尔甚至有权向其辖区的邻近省州下达指令。凯末尔凭借上述权力，开始了统一民族主义组织的活动。

1919 年 5 月 19 日，凯末尔在黑海港城萨姆松踏上安纳托利亚土地。他号召人民："永远也不应失去希望""应该力图挽救国家""开展救亡运动"。他利用一切场合，向人民灌输"不独立，毋宁死"的思想。

1919 年 6 月 22 日，凯末尔在阿马西亚向全国各地军政负责人发出通知

（阿马西亚通知）。通知指出，祖国的完整和民族的独立在危急中，伊斯坦布尔政府无力履行它应负的职责，只有民族的魄力和决心才能拯救国家独立；通知宣布将在安纳托利亚的锡瓦斯紧急召开"不受任何影响和控制的国民大会，要求各州立即选派三名赢得民族信任的代表"。在通知上签字的还有第20 军军长阿利·富阿德（杰贝索伊）、前海军大臣侯赛因·拉乌夫（奥尔巴伊）、第 3 军军长雷费特（贝莱）。埃尔祖鲁姆第 15 军军长卡泽姆·卡拉贝基尔也积极支持通知精神。他们五人成了民族解放运动初期的主要领导人。

支持凯末尔的这几位领导人，特别是当时的地位仅次于凯末尔的拉乌夫，实际上并不完全赞同凯末尔的政治观点。拉乌夫曾代表帝国政府在摩得洛司停战协定上签字，他认为这个协定挽救了国家的独立、苏丹的权利和民族的尊严，他还公然表示"英国人是可信赖的朋友"。

安纳托利亚运动很快成为除苏丹封建买办统治集团外各阶层共同参加的事业。工人、农民是运动的主要参加者。工人阶级主要集中在外国占领军控制下的伊斯坦布尔（55%）、伊兹密尔（22%）等大城市，他们的民族成分极为复杂，土耳其人仅占工人总数的 15%，其余是希腊人（60%）、亚美尼亚人（15%）和犹太人（10%）。1920 年 9 月在巴库成立了土耳其共产党，但它未能克服工人队伍的分裂，以谢菲克·许斯尼为首的伊斯坦布尔的共产党人，宁愿留在首都工人中而拒绝到安纳托利亚去。凯末尔党人采用各种手段破坏社会主义思想的传播，他们从成立官方共产党，屠杀真正的共产党人，直到公然取缔共产党[①]。农民最早开展武装反击外国占领军的斗争。农民虽因民族运动领导人都是苏丹政府的高级官员，对他们抱有不信任的情绪，但由于民族主义者反对外国占领军，农民对他们又有同情和好感。在反对外国入侵者和苏丹卖国政府的斗争中，农民逐渐接受了资产阶级民族主义者的影响，成为他们的支持者。

安纳托利亚的地主阶级、宗教人士和部落首领中的一部分人有过短暂的动摇和观望，他们从整体上也是安纳托利亚运动的参加者。在民族主义组织的各次代表大会和首届大国民议会中，这些人占有很大比重。他们主张民族和国家独立，而在思想感情上却和苏丹哈里发息息相通，力图捍卫君主和宗

---

① 土耳其共产党成立（1920 年 9 月 10 日）后半个月，安卡拉政府内务部即宣布成立阿德南·阿迪瓦尔、泰弗克·吕斯蒂（阿拉斯）、絮克吕·卡亚等人领导的官办共产党。1921 年 1 月，土共主席苏布希一行 14 人在特阿拉松附近黑海上被卑鄙地杀害，1921 年 2 月安卡拉政府正式取缔土耳其人民共产党（总部在安卡拉）。

教的权利，因而倾向于在一定条件下同协约国妥协。拉乌夫等人实际上就是其中的代表。

1919 年 7 月 23 日至 8 月 7 日，由东部各省护权协会召开了埃尔祖鲁姆大会。来自比特利斯、埃尔祖鲁姆、锡瓦斯、特拉布松和凡省等 6 个省的 54 名代表参加了会议。凯末尔和拉乌夫出席了会议。经过反复协商，凯末尔被选为大会主席和代表委员会主席，这等于承认了他对民族运动的领导地位。大会决议宣布，停战协定确定的民族边界内的领土是不可分割的整体；反对各种形式的外国占领和干涉；一旦伊斯坦布尔政府无力捍卫国家独立，就应成立临时政府；不接受任何形式的托管和委任统治。大会的这些成就使其意义远远超出了地区的范围。

9 月 4—11 日举行锡瓦斯大会。38 名代表来自全国各地。大会确认了埃尔祖鲁姆大会所通过的民族斗争的纲领性要求。大会明确宣布："不论何种情形，我们土耳其之独立自由，决不能听受他人之限制，所以凡我土耳其人民所居各省，不论何地，吾人均不承认其脱离帝国而独立。"会上成立了全国性的安纳托利亚和罗梅利亚护权协会，选出以凯末尔为首的 16 人代表委员会。在 1920 年 4 月安卡拉政府建立之前，代表委员会实际上起着临时政府的作用，是民族革命政权的雏形。

锡瓦斯会议期间，民族主义者关于解放道路的不同看法，在委任统治问题上表现出来。拉乌夫、贝基尔·萨米、拉伊夫、雷费特和卡拉·瓦瑟夫等人支持委任统治。伊斯坦布尔护权协会代表瓦瑟夫表示："我们没有独立生存的足够物质条件……没有钱，没有军队……即使我们今天赢得独立，有朝一日我们会被瓜分。"这些托管论者对美国抱有幻想，他们认为美国在中东没有特殊的利益，土耳其可以在美国帮助下保持领土完整，争取民族独立。拉乌夫在会上争辩时说："在我国面临这种威胁（指瓜分）面前，我们不得不接受处于中立地位的美国的帮助。"著名女作家哈利代·埃迪布则提出"最小祸害论"，作为接受美国委任统治的理由。凯末尔称这些人为"愚蠢的人们"。大会代表，军医学校学生希克梅特对凯末尔说："帕夏！我所在的军医学校派我到这里来是参加独立斗争的，我不能接受委任统治。"凯末尔当即激动地回答："我们的口号只有一个，并且是不可改变的，这就是：'不独立，毋宁死'。"大会经过三天激烈辩论，终于从议事日程上勾销了委任统治问题。

大会闭幕当天，代表委员会宣布即日起断绝与伊斯坦布尔政府的一切联系，要求驸马费里特政府引咎辞职。代表委员会还驱逐或拘留各地不服从命令的军政官员。为了抵消护权协会的影响和加深民族主义者内部的分歧，继任的阿利·里萨内阁被迫承认了安纳托利亚和罗梅利亚护权协会的合法性，并同意召开议会。

民族主义者在议会选举中取得巨大胜利，至少控制了 2/3 的议席。1920年 1 月 28 日，帝国末届议会投票通过代表委员会事前根据锡瓦斯大会决议精神拟定的国民公约。公约宣布，停战协定规定的边界内土耳其人占大多数的地区"构成一个真正的、在法权上不能以任何借口分割的整体"在伊斯坦布尔和马尔马拉海的安全得到保证的前提下，黑海两海峡向国际的贸易和交通开放；土耳其"像其各国一样，需要有充分的独立和主权……我们反对阻碍我国政治、司法、财政发展的种种限制""偿还国债的办法亦不应违背这个原则"。

末届议会的行动安全出乎苏丹政府和协约国的意料。3 月 16 日，协约国军队悍然在伊斯坦布尔登陆，占领电台等要害部门，驱散议会，逮捕、放逐民族主义派议员。针对协约国的武装干涉，代表委员会下令拘留安纳托利亚的英国官员和军人，宣布召集拥有非常权力的新议会。协约国占领伊斯坦布尔促进了人民的爱国热情。爱国军人和官员纷纷投奔安纳托利亚，在伊斯坦布尔担任军事要职的伊斯梅特（伊诺努）和费夫齐（查克马克）来到安卡拉；前者成了军队参谋长（后为西线司令），后者当了安卡拉政府的国防部长（后参谋长、政府主席）。投奔安卡拉的还有末届议会议长杰拉勒·阿利夫等人。

1920 年 4 月 23 日，首届大国民议会在安卡拉开幕，成立了以凯末尔为首的政府。大国民议会通过决议，宣布从 3 月 16 日伊斯坦布尔被占领之日起，议定书一律无效。议会以凯末尔名义给列宁写信，要求苏维埃政府支援土耳其的民族事业。5 月 11 日，安卡拉政府向莫斯科派出代表团。6 月 3 日，苏俄外长齐切林复信，表示苏俄"最深切地注视着土耳其人民为独立和主权而进行的英勇斗争"。

苏丹为了铲除安卡拉政权，动用了他作为君主和宗教领袖的全部"权威"。伊斯兰教教长迪里扎代·阿布杜拉颁发教谕，宣布民族主义者为反叛苏丹哈里发的暴徒。军事法庭缺席判处凯末尔等人死刑。苏丹政府还在安纳托利亚组织哈里发军，挑起武装叛乱。

驱逐外国占领军

协约国在英国操纵下，借助希腊军队扼杀民族主义政权。1921年6月22日，希腊以6个师兵力越过米尔恩线。[①] 半个月之内，希腊人攻占包括巴勒克西尔、布尔萨在内的大片土地。与此同时，希军在色雷斯攻占克尔克雷利和埃迪尔内等地。

在小亚细亚东部，亚美尼亚达什纳克政权在协约国的唆使下挑起边境冲突，企图夺取巴黎和会许诺给它的土地。土耳其军队奋起反击。达什纳克政权遭到失败，被迫签订居姆鲁和约（1920年12月2日）[②]。东部威胁消除以后，土耳其得以从东线抽调兵力加强西线。

希腊军队的侵略和1920年8月10日巴黎和会通过剥夺土耳其民族生存权利的色佛尔和约，激起了土耳其人民的愤慨，促进了民族阵线的团结和巩固。

1920年秋，安卡拉政权决定改编农民游击队，加速建立正规军。大部分游击队同意加入正规军。对不愿受改编的游击队，安卡拉政权采取强力的改编措施。对公开反抗的契尔克斯人埃泽姆游击队，安卡拉政府于1920年12月28日下令从西线调动4个多步兵师和3个骑兵旅共8000名士兵，进行围歼。埃泽姆投靠了希腊。

1921年1月6日，布尔萨地区的两师希军发动进攻，企图占领厄斯基色希尔，控制安纳托利亚铁路沿线重要据点。土、希两军在伊诺努附近占据阵地。1月10日，西线司令斯梅特指挥下的9000土军与兵力胜过1倍的希军交战，结果希军遭到重大伤亡，被迫后撤。3月底，希军在协约国默许下发动第2次伊诺努战役。新建的土耳其正规军再次以少胜多，迫使希军在4月1日撤退。两次伊诺努战役的胜利，提高了土耳其人民争取民族独立的信心。

1921年7月，希腊政府在英国首相劳合·乔治的支持下，调动10万余兵力，由国王康士坦丁任总司令，决心在安纳托利亚孤注一掷。希军相继攻

---

① 1919年11月3日英国占领军总司令米尔恩将军根据巴黎和会的决定，以土希军队的实际控制区为界划定的临时军事分界线。该线北起艾瓦勒克以北的爱琴海岸，经索马、阿克希萨尔西北、南迄艾登地区以南的库什阿达。

② 在埃里温建立的亚美尼亚苏维埃政府不承认居姆鲁和约。该约未能生效。两国间的争执通过1921年3月16日的土苏条约和1921年10月13日卡尔斯条约获得解决。

陷阿菲永、屈塔希亚、厄斯基色希尔等地。土军唯一的出路是主动退却，延长敌人供给线，以便组织有效的抵抗。大国民议会内对此意见分歧，部分议员反对军队后撤的策略。8月5日，凯末尔出任总司令，他果断地命令军队后撤，并在萨卡里亚河右岸构筑防线。

凯末尔下达全国总动员令，要求每户缴一套衣服、一双鞋袜；商人和居民具有的衣料、棉花、羊毛、皮鞋、便鞋、铁钉、粮食口袋、缰绳等征调40%，其代价以后支付；小麦、大麦、面粉、大米、豆类、供屠宰的牲口、糖、肥皂、油、盐、茶、蜡烛、橄榄油等，亦征用40%。

土耳其人民为争取独立付出巨大的牺牲。在尘土飞扬、硝烟弥漫的安纳托利亚中部高原上，农妇携儿背女赶着牛车，向前线运送弹药给养。一些妇女在战壕与丈夫、兄弟并肩作战。"防线是没有的，有的是阵地，整个国家就是一个阵地。在浇满鲜血之前，祖国的任何一寸土地都不应放弃。"总司令的这个号召，成为军民的引动。在萨卡里亚战役中，16500名土耳其士兵英勇献身。战士们用尸体筑成的坚固长城，挡住了优势敌人的进攻。经过22天的奋战，土军取得了萨卡里亚战役的胜利。

各国人民特别是苏联人民对土耳其反帝斗争给予了大力的援助。据统计，苏俄在1920—1921年向土耳其提供了4万支步枪、6000万发子弹、54门大炮、近13万发炮弹、327挺机枪。此外，土耳其还得到100万金卢布的无偿援助。

萨卡里亚战役是独立战争的转折点。它迫使希腊军队从战略进攻转为战略防守。这一战役的胜利，改善了土耳其的国际地位。

1919年秋，法军接替英国占领马腊什、安特普、乌尔法等地之后，一直受到当地军民的袭击和围攻。1920年2月，马腊什人民迫使法军撤出该城。4月，法军被赶出乌尔法。安特普人民的抵抗持续了10个多月，使法军损失了6000兵员（亚美尼亚士兵的伤亡数尚未计算在内）。法国的古罗将军哀叹："要粉碎安纳托利亚的土耳其军队，就要占领全国，这只有百万大军才能做到。"萨卡里亚战役之后，法国政治家们认为，法国应从安纳托利亚战局中脱身。1921年10月20日法土签订安卡拉协定，法国正式承认大国民议会政府，在两个月内从安纳托利亚东南部撤出全部占领军。法军撤退时将价值2亿法郎的军事装备（包括8000支步枪、10架飞机），卖给土耳其。意大利军队也于同年秋撤出安纳托利亚西南部。英国被迫改变公开支持希腊的立场，转而采取"中立"。

1922 年 3 月 22 日，协约国照会希腊和土耳其安卡拉政府，要求希土军队脱离接触，建立非军事区，由协约国军事小组监督双方的军队调动和武器配备等；双方停止敌对行动三个月，开始和平谈判。这个建议实质上是维护希腊军队在安纳托利亚西部的既得阵地，阻挠土军反攻。它在大国民议会内部引起强烈的反响。不少议员认为，土耳其人只能进行保卫战，宣称："我们不可能把希腊人赶下海去。我们的军队没有进攻的力量，让我们讲和吧！英国人也要求讲和。"凯末尔进行耐心的解释，他指出："我们的决定是进攻。但要推迟进攻，因为完成准备还要一定时间。"他同时向协约国提出反建议：一旦开始和谈，希军应立即开始从安纳托利亚撤退。协约国拒绝安卡拉的要求，他们的和谈阴谋遂告破灭。

经过近一年时间的准备，1922 年 8 月西线土军共有 18 个步兵师、5 个骑兵师，拥有近 10 万支步枪、2864 挺机枪、323 门大炮、10 架飞机。希军共有 13 万支步枪、4154 挺机枪、344 门大炮、30 架飞机，双方实力的差距已大为缩小。8 月 25 日，凯末尔、伊斯梅特、费夫齐秘密到达科贾泰佩的总司令部，下达了总反攻的命令。

8 月 26 日清晨 5 点半，土军炮兵突然向敌军阵地倾泻密集的炮弹，开始了总反攻。头两天，土军突破埃斯基色希尔的希军防线。30 日，杜姆鲁泊纳尔地区的希军被分割包围，翌日该地区希军全部被歼，总司令特里库皮斯等高级将领被俘。9 月 9 日土军光复伊兹密尔，18 日最后一批希腊兵逃离安纳托利亚。在不到一个月的时间内，土军消灭希军 75000 人，缴获大炮 284 门、机枪 2000 挺、飞机 15 架。

土军继续向协约国控制的海峡地区推进。英国本想凭借武力进行反扑，无奈此时法、意两国已不愿为英国利益去冒险，并把它们在恰纳卡累的驻军撤退到海峡的欧洲一边。英国自治领澳大利亚和新西兰拒绝向近东增兵，国内的反战活动甚为活跃。以劳合·乔治为首的英国政府被迫作出体面地退出战争的抉择。10 月初，英、法、意代表在穆达尼亚同土军西线司令伊斯梅特开始停战谈判。

根据 1922 年 10 月 11 日签订的停战协定，土耳其收复东色雷斯；在和约签订之前，协约国军队仍留驻伊斯坦布尔和海峡地区，但两地的行政管理权交还土耳其大国民议会。土耳其人民通过几年的英勇斗争，确保了国民誓约所要求的领土完整。

建立共和国

独立战争胜利以后，土耳其面临两大任务：签订和约；在帝国的废墟上建立资产阶级民族国家。

解决和约问题的洛桑会议于 1922 年 11 月到 1923 年 7 月召开。在谈判进程中，协约国不愿放弃它们在土耳其的既得权益。土耳其代表团团长伊斯梅特拒绝作出有损民族利益的让步。为了迫使土耳其改变立场，1923 年 2 月初协约国一度中止谈判。直到 7 月 24 日，土耳其和英、法、意、希、日等国签署了洛桑和约。根据和约规定，协约国承认土耳其的领土完整和民族主权，废除外国的治外法权和其他特权。土耳其也作出了一定的让步，如摩苏尔的归属留待英、土两国日后协商；土耳其海关延期到 1929 年恢复关税自主权；承认海峡地区非军事化，由国际委员会①监督管理；原则上同意偿还奥斯曼帝国所欠债务。《洛桑和约》是土耳其在外交上取得的重大胜利。

解决第二项任务要复杂得多。独立战争期间，民族主义者出于策略上的考虑，未把苏丹哈里发问题提上议事日程。但是凯末尔早在 1919 年一次私下谈话里，就清楚地表明"胜利以后我国政府的形式将是民主的""苏丹及其皇室将视他们在事业中的表现对待之"。1921 年 1 月 20 日大国民议会通过的根本组织法（宪法）规定："主权应该无保留地和无条件地属于民族所有"，大国民议会是"人民的唯一真正代表，是立法和行政两项权力的保持者"。

从 1920 年起，特别在起草根本组织法的过程中，围绕政权形式、苏丹哈里发前途问题，议会中争论愈演愈烈，议会工作实际上"陷于瘫痪"状态。

凯末尔为了贯彻自己的政治意图，于 1921 年 5 月 10 日在议会中建立安纳托利亚和罗梅利亚护权协会集团，即第一集团，其目的是在国民公约确定的范围内"保证国家的领土完整"和"民族独立"，并根据基本组织法"尽可能逐步准备巩固国家和民族的组织"。参加第一集团的共有 151 名议员。同年秋天，议会中以埃尔祖鲁姆护权协会主席、"代表委员会"委员、议员

---

① 国际委员会由土耳其代表任主席，负责监督土耳其政府正确履行海峡公约的规定。

拉伊夫为首的反对派成立护权协会第二集团①。他们的目的实际上是要为苏丹保留至尊的地位。第二集团尽管人数较少，但得到第一集团中的拉乌夫②、阿利·富阿德等人的幕后支持，在议会中极为活跃，常常使第一集团处于被动地位。

1922 年 11 月 1 日，凯末尔利用协约国邀请伊斯坦布尔政府参加洛桑和会的时机，在议会提出废除苏丹制的提案，遭到许多议员的反对。凯末尔最后凭借个人的威望和掌握的全部军政权力，他警告反对派："如果在这个问题上不能达成一致，可能有些人的头颅将会滚滚落地。"议会终于通过了废除苏丹制的决议。出于策略上的考虑，当时既未宣布共和国，也没有废除哈里发制③。大国民议会决定哈里发一职仍遴选奥斯曼王室中"最属品学兼优的分子"担任。

废除苏丹制以后，反对派企图把哈里发捧为国家元首，成为无冕苏丹。伊斯坦布尔新任哈里发阿卜杜梅吉德的官署，成为封建宗教势力集结的中心。新统治集团内部的斗争明显激化。对政治局势发展不满的阿利·富阿德④辞掉议会第二议长之职。拉乌夫辞掉政府主席职务，要求凯末尔"加强和巩固国家的最高职务（即哈里发）"。

为了实现真正的共和制，凯末尔将护权协会第一集团改组为人民党，决定解散议会，进行新的大选。1923 年 4 月，凯末尔发表了筹建中的新党的九点竞选纲领。第 1 条宣称："政权无限制地和无条件地属于民族……在制定法律、设置组织、行政事务、公共教育中都将遵循民主的原则……"第 3 条宣布苏丹制是"永不变更的原则"。第 5 条主要涉及经济领域，如"根本改变引起人民埋怨的征收什一税的方法""扩大信贷机构网""大量引进农业机器""保护和奖励生产原料""兴修铁路""制定保护劳动人民的法律"，等等。纲领尽管没有提出建立共和国的任务，却充分体现了它的资产阶级性质。

九点纲领使新党候选人在议会选举中取得胜利，原第二集团除一人外都

---

① 第二集团的主要势力在安纳托利亚东北部和黑海地区，埃尔祖鲁姆的 10 名议员中有 8 名属第二集团。

② 拉乌夫于 1921 年 9 月从马耳他流放中返回安卡拉，先任公共工程部部长，从 1922 年 7 月 11 日起担任政府主席。

③ 1917 年奥斯曼帝国征服埃及后，阿巴斯王朝的末代哈里发穆召瓦基勒曾把哈里发职位让给苏丹塞利姆一世。从这时起，奥斯曼帝国苏丹一身二任，既是世俗的君主，又是穆斯林的精神领袖。

④ 1921 年上半年任驻苏大使，回来后在议会任职。

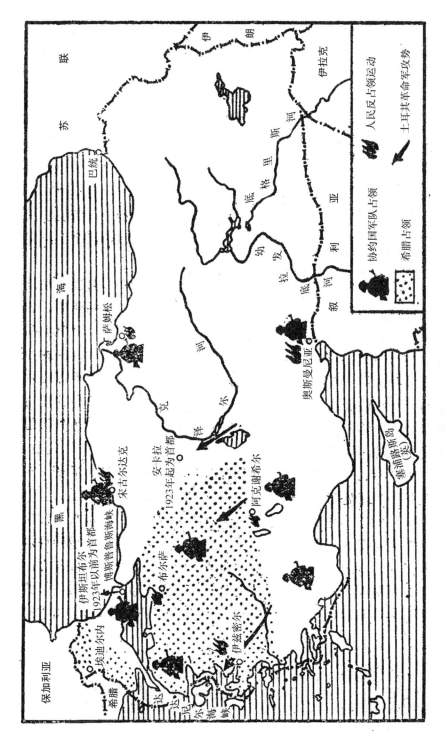

1918—1923 年土耳其民族革命

未能进入议会。1923 年 9 月人民党正式成立，并通过第一个党章，宣布该党建立在共和主义、平民主义和民族主义的基础之上。它表明土耳其宣布共和的时刻已经到来。凯末尔当时同外国记者谈话时指出："土耳其的主权应属于人民，它的行政立法权将集中在大国民议会。"他进而指出：这两点如用一个词表达的话，"这个词就是共和国"。10 月 25 日，凯末尔指示费特希内阁集体辞职，制造了政府危机。10 月 29 日晚 8 点半，议会在"共和国万岁"声中通过建立土耳其共和国的决定，凯末尔当选为共和国首任总统。共和国的建立是凯末尔革命完成的标志。

共和制建立以后，土耳其在 20—30 年代进行了一系列资产阶级改革，如废除哈里发制度，撤销教法和教会地产基金部，统一教育制度，取缔托钵僧团①，采用资产阶级的民法、刑法、商法，改革文字，推行欧洲服装，给妇女选举权等。这些改革是 1918—1923 年革命的继续。

凯末尔革命使土耳其摆脱被帝国主义瓜分的命运，开创了建设土耳其现代民族国家的历史，增强了土耳其民族的自尊心和自信心，它是土耳其现代史上光辉的一页。在国际范围内，凯末尔革命是十月革命后由资产阶级领导的最早胜利的民族民主革命，它极大地鼓舞了亚非地区，特别是伊斯兰世界的革命。20—30 年代中近东许多地区和国家的民族民主运动，如摩洛哥的里夫共和国、伊朗礼萨汗改革、叙利亚 1926 年起义、青年阿富汗党人的改革……都受到它的强烈影响。中国共产党早期著名活动家蔡和森、高天宇都著文高度评价土耳其革命。蔡和森认为，它"不独挽回了土耳其和近东几千万回教民族的命运，而且给全世界被压迫民族以最好的模范和印象"。土耳其革命沉重打击了帝国主义的殖民统治，是促使英国从 20 年代起逐渐改变对近东殖民统治方式的重要因素。

---

① 伊斯兰教中神秘主义教派（苏非派）的团体。奥斯曼帝国主要的托钵僧团，有贝克塔什僧团、梅夫莱维僧团、纳克什本迪僧团。他们在群众中有很大的影响。20 世纪初，首都伊斯坦布尔约 60% 的居民属于这些团体。

1919 年埃及反英起义

王少奎

埃及 1919 年爆发的反英起义，是一场埃及人民反对英国殖民占领的民族解放斗争。这一事件的发生，迫使英国政府在 1922 年放弃在埃及的"保护"制度，承认埃及有限的独立。它在阿拉伯与非洲诸国反帝反殖斗争史上有着重要的地位。

英国殖民占领下的埃及

埃及北临地中海，东南濒红海，地处欧亚非三大洲的连接点，具有重要的战略地位。尼罗河由南向北纵贯全境，形成了肥沃的尼罗河河谷和尼罗河三角洲。这里农业发达、物产丰富。19 世纪下半叶，埃及已成为西方列强争夺之地。

1869 年苏伊士运河通航以后，英国担心其他列强利用这条沟通地中海与红海的通道，经印度洋去夺取它在东方的最大殖民地印度，加紧了对埃及的渗透与控制。1882 年，埃及爆发民族英雄奥拉比将军领导的民族主义运动。英国借口镇压奥拉比"叛乱"，恢复赫底威①的统治，于同年 7 月 11 日令舰队炮击亚历山大港，武装占领埃及。

英国占领埃及以后，由于它与法国等列强的矛盾，未直接吞并埃及。它在 1882—1922 年的 40 年间曾 66 次作出"撤军和尊重埃及主权"的许诺，但实际上，埃及从被占领之日起，就已沦为英国的殖民地。

埃及在形式上依然是衰败的奥斯曼帝国的属地，仍受土耳其苏丹委任的

---

① 埃及在当时是属于奥斯曼帝国的一个行省。1867 年埃及总督伊斯梅尔为其本人与后继者确立了赫底威的称号，意即伟大的埃米尔。其地位高于其他行省的总督，近似国王三和苏丹。

赫底威统治，实际的权力却掌握在英国驻埃及的代表兼总领事的手中。1883—1907 年的英国代表兼总领事克罗默在埃及推行"英国的智慧与埃及的手"的殖民政策。埃及政府的重要职务由英国人或欧洲人把持，一般职务才让埃及人担任。他一方面保留了赫底威和埃及政府，并在中央和各省分别设立了立法会议、总会议、省代表会议三个虚设的代表机构，其中多数代表是亲英的大地主；另一方面，又委派一批英国文职官员担任埃及内阁的"顾问"和"总监"，他们才是各部中的实权人物。克罗默还在埃及军警中安插亲信，让英国的军人窃据埃及军队总司令、陆军部副大臣和警察局长等要职，这些人有权向各级官吏甚至赫底威本人提出强制性"忠告"，违者将被革职。因此，英国代表兼总领事在埃及具有至高无上的权力。克罗默被人称为"没有加冕的埃及总督"，他代表英国主宰埃及。

第一次世界大战爆发不久，英国借口土耳其加入同盟国对英作战，于 1914 年 12 月 18 日宣布对埃及实行"保护"。第二天，英国废黜了正在伊斯坦布尔与土耳其苏丹密谋反对英国的赫底威阿巴斯二世，让他的叔父侯赛因·卡米勒上台，并改称苏丹，以示独立于土耳其苏丹。与此同时，英国驻埃及代表兼总领事改名为高级专员。埃及外交部被取消，它的权力由高级专员代为行使。立法会议被无限期地延期召开，实际上已被解散。埃及的一切重要法令均由高级专员参与制定。为了进一步控制埃及，把它纳入战争的轨道，英国指使新上任的侯赛因·鲁世底内阁（1914—1919）颁布一系列新法令，其中的集会法规定，严禁 5 人以上的聚会，违者轻则判处 6 个月的徒刑与 20 埃镑的罚金，重则判处两年徒刑。军事管制法规定，英国占领当局可不经法庭审讯，随意监禁、流放、处死任何人；可对任何报刊进行检查，或勒令停刊。

英国在实行政治控制的同时，加紧经济上的掠夺。它在埃及大力推行"农业经济专业化"政策。克罗默一上任就强调："英国对埃及的政策，首先是要求埃及向英国出口棉花，然后进口纺织品。"棉花成了埃及的主要产品和出口产品。埃及沦为英国纺织工业的原料基地之一。1914 年，埃及的棉田面积占农田总面积的 23.17%，棉花产量达 7664000 堪他尔[1]。与此同时，英国工业品大量向埃倾销，使本来就很弱小的埃及民族工业奄奄一息。

第一次世界大战期间，棉花的国际市场价格不断上涨。1918 年每一堪他

---

[1] 埃及重量单位，1 堪他尔等于 44.928 公斤。

尔棉花达到 64 里亚尔①，比 1914 年增长了 3.9 倍。然而，英国为了满足本国和整个协约国集团不断增长的军粮的需要，强令埃及削减棉田，扩大粮食生产。它还垄断埃及棉花的销售市场，一再压低棉花收购价格。1918 年 1 堪他尔棉花的定价仅为 32 里亚尔，低于国际市场价格的 50%。仅此一项，埃及人在这一年中就损失 3200 万埃镑。英国占领当局为了战争的需要，发布命令，低价征购埃及农民的粮食、饲料和牲畜。许多农民因家无余粮，被迫变卖家产与土地，以免遭受皮肉之苦。据统计，在埃及占有不足 1 费丹②土地的农民 1910 年为 72 万人，1916 年超过 100 万人。由于劳动人民收入减少，物价不断高涨，他们的生活水平极低，健康状况恶化。1918 年的全国人口死亡率高于出生率，死亡总数超过 50 万人。

英国占领当局为了制止埃及人民的不满与反抗，不断加强对埃及的军事控制。英军占领埃及不久，占领当局便解散了原有的埃及军队，拆毁埃及军舰，惩处了一大批参加奥拉比起义的爱国军人。它建立了一支受英国军官直接控制的伪军，人数不超过 6000 人。

第一次世界大战期间，埃及成了英国在中东最大的军事基地，1916 年初在埃及的英军多达 13 个师。英军利用埃及这块基地，进攻达达尼尔海峡、伊拉克、叙利亚和巴勒斯坦。英国为弥补其军力的不足，在"志愿支前"的名义下，强行拉夫，组织了埃及劳工队和驮运队。据不完全统计，大战期间埃及的被征人数达到 117 万人，其中有 14 岁的少年和年迈的七旬老人。他们在英军的刺刀与皮鞭的逼迫下，被驱赶到巴勒斯坦及其他阿拉伯国家，乃至运往法国，承担修筑工事、铺设道路、运送粮食弹药等繁重的劳役。他们甚至被送到前线充当炮灰。数以万计的埃及人因此致残或丧生。

综上所述，英国对埃及的军事占领及其实行的"保护"制度，使埃及人民深受殖民压迫的苦难。自发的、零星的工人罢工与农民反抗时有发生，但都遭到占领当局的镇压。直到 1919 年建立华夫脱民族主义组织后，埃及终于爆发了一场规模巨大的反英起义。

华夫脱的建立与谋求民族独立的活动

20 世纪初活跃于埃及政治舞台的，主要有两个政党：民族党和祖国党。

---

① 埃及货币单位，1 个里亚尔等于 1/5 埃镑。
② 埃及土地面积单位，1 费丹合 6.3 亩。

民族党建立于1907年，创始人是马哈茂德·苏莱曼帕夏，成员中不少是立法会议的议员。该党代表埃及封建大地主的利益。据统计，1914年仅占全国人口0.8%的大地主拥有2396940费丹的土地，占全国耕地总面积的43.9%。这些人同英国资本家相勾结，垄断了埃及的棉花经营。他们主张"在英国占领的条件下实行自治"，认为"要实现改革，只能采取和平手段，不能触犯外国的利益"。第一次世界大战期间，由于实施军事管制法，民族党停止活动。埃及的大地主阶层一方面继续与英国合作，承认英国对埃及的"保护"；另一方面抱怨英国占领当局解散立法会议，使他们处于政治上的无权地位。他们不满于英国占领当局削减棉田，压低收购农产品价格，使他们蒙受经济损失。这些人在一定限度内表现出要求取消"保护"制度和争取国家独立的愿望。

与民族党相继产生的是祖国党。它建立于1907年12月，创始人是著名的民族运动领袖穆斯塔法·卡米勒。这个党主要由知识分子、学生和商人组成，代表民族资产阶级的利益。它旗帜鲜明地提出"英国撤军，埃及独立"的口号，深得人民群众的拥护和支持。英国占领当局对祖国党实行镇压，迫使它的主要领导人长期流亡国外，脱离人民。因此，祖国党的力量和影响在战前大为削弱。第一次世界大战期间，它更成为占领当局的主要打击对象，党部被抄，不少党员被捕或流亡国外，组织瘫痪。

但是在第一次世界大战期间，这个党所代表的民族资产阶级曾获得暂时的发展。战争期间运输紧张，进口商品急剧减少；驻军大量增加，对日用工业用品的需求量骤然增长，市场商品紧缺，物价上涨。埃及民族工商业者利用这一有利的时机，开办了一批企业。据统计，到1918年，埃及已有工商企业20201家，纺织业、制糖业、酿酒业、制革业的发展更为迅速。1916年埃及民族资产阶级还组织了"工商委员会"，它提出了一些促进民族工商业发展的建议。但是，好景不长，战争结束后，西方商品又大量涌入埃及市场，使埃及民族工业立即遭到严重打击。

埃及民族资产阶级从而认识到，没有民族的独立，就没有国家的保护，也就不可能有民族工业的发展。因此，他们积极要求英国撤军，争取埃及独立。可是，祖国党在战后仅剩下少数党员，已不能肩负领导人民进行反帝斗争的任务。

在埃及资本主义发展的进程中，工人阶级有了相应的成长。到1917年，工人总数已达64万人，其中包括相当数量的外籍工人、手工业者和家庭佣人。他们主要集中在开罗、亚历山大等大城市。他们深受西方的、埃及的资本家与赫底威为代表的封建势力的压迫，生活贫困，具有较强的反抗精神。20 世纪初各种社会主义思潮从欧洲传入埃及。在俄国十月社会主义革命的影响下，1918 年在亚历山大建立了第一个社会主义小组，继而在开罗与塞得港也出现类似的组织。他们人数很少，未形成一个政党去指导工人运动。当时的埃及工人阶级和其他劳动人民还不能成为一支独立的政治力量。

正是在上述的历史背景下，以萨阿德·札格卢勒为首的华夫脱组织出现在埃及的政治舞台上，它开始领导埃及的民族独立运动。

札格卢勒出身于地主家庭，父亲是村长，拥有 200 多费丹土地。1896年，札格卢勒与亲英的前首相穆斯塔法·法赫米之女结婚，并受到克罗默的青睐，平步青云，先后就任高等法院法律顾问、政府教育大臣和司法大臣。1913 年当选为立法会议副议长，他的政治态度基本上是亲英的，主张与占领当局合作。大战期间，立法会议在事实上被解散，使他在政治上很不得志，他作为一个埃及人，目睹英帝国主义造成国家的落后和人民的贫困；作为一个大地主，在战时受占领当局颁布的种种法令限制之苦，这些都对他的思想产生了重要影响。战后，当埃及各阶层的代表人物在考虑国家的前途时，他便提出取消"保护"制度，主张埃及独立与经济民族化。但是，他的民族独立思想并不彻底，他一再向英国人表示："只要英国帮助我们完全独立，我们就向它作出合理的保证：不让任何一国干预我们的独立与损害英国的利益，保证让英国使用苏伊士运河通往印度，必要时将给予英国占领苏伊士运河之权，而且与英国（而不是与其他国家）结盟，向它提供两国联盟所需的军队。"

大战结束前夕，埃及各界，包括侯赛因·卡米勒苏丹与侯赛因·鲁世底首相在内，都在酝酿派代表团前往伦敦或巴黎，向英国政府或巴黎和会提出埃及今后的命运问题。札格卢勒率先行动，于 1918 年 11 月 13 日与两名前立法会议议员阿卜杜·阿齐兹·法赫米和阿里·舍阿拉维会见英国高级专员温盖特，要求批准他们去伦敦，以便向英国政府表明埃及人民的民族愿望。温盖特否认他们三人具有代表资格，拒绝了这一要求。

为了与英国占领当局对抗，札格卢勒、法赫米、舍阿拉维等七人在当天正式组成华夫脱（阿拉伯语为代表团之意），准备前往伦敦。不久，华夫脱扩大到 14 人。他们大多数是原立法会议的议员、民族党成员与祖国党成员。因此，华夫脱是一个地主阶级和民族资产阶级联合的爱国组织。

同年 11 月 23 日，华夫脱拟定了包括 26 项条款的章程。第 1 条规定，华夫脱由札格卢勒等 14 人以埃及代表团的名义组成。第 2 条提出："华夫脱的使命是尽可能通过合法的和平方式谋求埃及的完全独立"，这一条实际上是华夫脱的政治纲领。其他条款规定了华夫脱的组织机构、领导人的职责，以及成员的权利、义务和纪律等。

华夫脱成立后立即起草了一份《委任书》，旨在让埃及人民作出认可：由他们作为民族的代表，同英国政府直接谈判埃及独立问题。

华夫脱谋求埃及完全独立的政治主张，得到人民的拥护。当华夫脱将《委任书》散发全国后，各阶层人民掀起了一场广泛的签名运动，支持札格卢勒等代表埃及人民与英国政府正式谈判。据统计，仅在 1918 年 11 月 13 日至 23 日的 10 天中，就有 10 万人在《委任书》上签名。其中有原立法会议议员，省代表会议成员，省、市的官员，农村村长，以及律师与学生等。

随着签名运动的深入，华夫脱的主张家喻户晓。它在群众中的威信不断提高。英籍内政部顾问海恩斯下令禁止埃及人在《委任书》上签名，其理由是埃及仍然处于紧急状态，签名运动"扰乱"了社会治安。华夫脱拟定在 1919 年 1 月底召开群众大会，进一步表明埃及独立的主张，也遭到英国占领当局的反对。

英国的倒行逆施激怒了埃及人民，在全国范围内掀起了反英浪潮。3 月 1 日，鲁世底首相被迫辞职。占领当局把政局的混乱归咎于华夫脱。3 月 6 日，英国在埃及的驻军司令沃森召见札格卢勒等人，向他们下达《通牒令》，将依据紧急状态法对他们实行"严厉制裁"。札格卢勒等据理力争，表示不予妥协。3 月 8 日，札格卢勒等四名华夫脱成员被捕，立即被流放到马耳他岛。英国占领当局以为这一镇压行动可以震慑群众。然而，这一事件却导致了 1919 年反英起义的爆发。

反英起义及其结局

3 月 9 日上午，开罗法律学校学生得知札格卢勒等人被捕的消息，他们不顾校方阻挠，立即罢课，上街游行，抗议英国占领当局的暴行。当游行队伍经过工程学校、农业学校、医药学校、商业学校时，这些学校的学生纷纷加入游行行列，汇成了一支巨大的人流，朝着著名的赛伊黛·札奈卜广场前进。警察企图制止，双方发生冲突。在市中心和穆罕默德·阿里大街，示威者捣毁电车，打碎路灯，筑起街垒。这一天约有 300 名学生被捕。

华夫脱的其他成员并未因札格卢勒等人被逮捕而畏缩不前。3 月 9 日，他们在阿里·舍阿拉维的主持下，在札格卢勒家（后称民族之家）中开会，决定继续用合法手段保卫埃及的事业。他们向英国首相发了一份电报，抗议占领当局非法逮捕札格卢勒等人，并向各国驻埃代表揭露了这件事。次日，他们又上书侯赛因·卡米勒苏丹，要求他站在人民一边。在起义过程中，札格卢勒家成了活动中心。华夫脱在这里接见各地的学生和律师代表；从这里派出人员，号召埃及人民起来表达自己的意愿。

3 月 10 日，以著名的爱资哈尔大学为首，全市各类学校的学生举行大罢课和游行。示威者经过外国使馆区时，高呼"埃及万岁！给华夫脱以自由！打倒保护制度！"等口号。

学生的爱国行动得到开罗各界的支持。首先站出来的是深受压迫的工人。3 月 11 日，开罗电车工人罢工；出租汽车工人、赶大车工人相继响应，使市内交通陷于瘫痪。与此同时，商人罢市，银行关门，律师停业。学生、工人以及各界人士组成的游行队伍充满大街小巷。3 月 15 日，开罗铁路机务段工人罢工，参加者超过 4000 人。他们捣毁轨闸，切断因巴贝附近的铁路，使开罗通往南方的交通中断。3 月 16 日，开罗市的妇女破天荒加入游行大军，她们来到使馆区，并向各使馆递交了抗议英国殖民者暴行的信件。

同一天，从开罗通往南北方的铁路、电报和电话全部中断。首都和全国各大城市失去联系。在持续不断的全市规模的反英示威中，有的群众就地设置路障，阻止英军车辆通行，有的人在街道上挖掘深堑，修筑防御工事，并从隐蔽处向前来镇压的军警投掷石块。

首都罢课、罢工、罢市和反英示威的消息，迅速传到全国各地。亚历山大、坦塔、达曼胡尔、曼苏拉、席宾考姆、艾斯尤特、阿斯旺等城镇相继爆发群众性反英示威。从 3 月 14 日起，反英斗争的浪潮席卷全国。各地农民的斗争带有暴力性质，他们破坏铁路，割断电线，袭击警察局，与英军进行搏斗。

在下埃及坦塔省的札夫特镇，居民组成了以优素福·艾哈迈德·琼迪为首的起义委员会，宣布独立。起义委员会由地方显贵、知识分子和小商人组成，下设两个分支机构，分别负责治安和征税。起义委员会组织失业工人从事排除泥潭积水和修路等工作，还出版了《群众报》。在起义过程中，盖勒尤比叶省人民焚烧了当地的火车站，捣毁铁路，破坏电话、电报线。东方省的明尼亚·盖姆哈镇的起义者冲进监狱，救出被关押的犯人并袭击火车站。

在下埃及的贝尼·苏韦夫，起义群众冲进地方法院，试图逮捕英籍法官；接着又冲进省府大楼，捣毁办公室。在艾斯尤特城内，起义者放火焚烧了一座专门堆放草料的仓库，大火蔓延数日，全城一片混乱。他们还冲进警察局，夺取武器，向英军开火；并不断袭击尼罗河中的英军巡逻艇。

起义的迅猛爆发，使英国占领当局措手不及。为了镇压起义，占领当局出动警察、步兵、马队、装甲车，大肆镇压游行示威群众；它在全国城乡宣布戒严，发布告示：禁止集会、游行，严禁收藏、携带武器。占领当局还设立军事法庭，对示威者和"嫌疑分子"罗织罪名，处以鞭笞、罚款、监禁、流放。它甚至出动飞机，轰炸埃及城镇。据统计，仅 3 月就有 3000 埃及人被英军杀害，伤者更多。

反英起义的巨大声势，迫使英国占领当局于 4 月 8 日释放了札格卢勒等人，并准许埃及人出国。札格卢勒等获释后，立即去巴黎，试图向巴黎和会递交请愿书，要求承认埃及独立。巴黎和会拒绝接受华夫脱列席会议。华夫脱便寄希望于美国总统威尔逊。威尔逊却于 1919 年 4 月 22 日公开承认英国对埃及的"保护"地位。6 月 28 日，帝国主义列强签订《凡尔赛和约》，其中的第 147 条确认埃及受英国"保护"。对此，华夫脱仅作了无力的抗议，他们中的一些人产生动摇，对埃及能否获得独立失去信心，有人甚至断言："埃及获得独立的希望已不复存在，除此之外的一切论断都是诡辩。"然而，札格卢勒等人依然坚持斗争。

英国政府为了平息埃及人民争取民族独立的斗争，分裂民族独立运动，企图撇开札格卢勒为首的华夫脱，单独同亲英的埃及政府达成协议。1919 年 12 月，英国派出以殖民地大臣米尔纳为首的"调查团"前往埃及，"调查埃及最近发生骚动的原因"。米尔纳打算提出一项"在英国保护下，既能实现自治又能保护外国人利益的组织法"，以便解决埃及问题。英国政府的这一做法遭到埃及人民的强烈反对。华夫脱拒绝与米尔纳的"调查团"发生接触与进行会谈。全国各地的学生、商人、律师与职员等纷纷举行罢课、罢业与游行示威，表示不同"调查团"发生任何联系。米尔纳率领的"调查团"在埃及待了三个月，一无所获，只得悻悻而归。

米尔纳给英国政府的一份调查报告承认，英国继续保持对埃及的"保护"已无可能。它应在与埃及结盟的基础上，承认埃及在形式上的独立，以维护英国在埃及的政治地位和经济权益。

　　1920 年 6 月，英国政府邀请札格卢勒等人赴伦敦谈判，并根据米尔纳的建议提出如下方案：英国同意取消保护权，承认埃及为君主立宪的独立国家；埃及未经英国许可，不得同其他国家签订政治条约；埃及给予英国在其领土上驻军的权力；埃及任命一位英籍财政顾问，给予该顾问与过去的埃及国债局等同的权力。面对这些苛刻的条件，札格卢勒未贸然作出决定，他派遣部分代表回国征求意见。英国的方案遭到埃及人民的强烈反对。札格卢勒遂提出修正方案，要求限制英国对埃及财政和司法方面的控制权，遭到英方拒绝。1921 年 4 月，谈判破裂，埃及代表团返回国内。

　　在埃及代表团回国前的一个月，即 1921 年 3 月，英国占领当局在苏丹的支持下组成阿德利·亚昆（原鲁世底内阁教育大臣）为首的新内阁。亚昆希望札格卢勒同他一起组成一个官方代表团，与英国政府重新谈判。亚昆提出由他本人任代表团团长，遭到札格卢勒的反对。札格卢勒认为亚昆是在英国的操纵下出任首相的，由亚昆担任团长无异于让"乔治五世国王（当时的英国国王）与乔治五世会谈"。

　　华夫脱本来是由不同政治倾向的人物所组成的，巴黎和会后，它的内部矛盾加深。札格卢勒同亚昆的分歧则成了华夫脱公开分裂的导因。1921 年 4 月，包括阿里·舍阿拉维和阿卜杜·阿齐兹·法赫米在内的一大批成员宣布退出华夫脱，倒向亚昆一边。这些人大多是大地主或原民族党成员，他们主张向英国妥协。1921 年 11 月，亚昆在福阿德苏丹与华夫脱分裂分子的支持下，撇开札格卢勒，率领一个官方代表团前往伦敦，同英国外交大臣寇松进行谈判。亚昆原以为经过相互妥协能达成协议，使埃及获得条件较为"优越"的独立。事实与此相反，寇松提出的方案实际上是米尔纳方案的翻版。同年 12 月，亚昆被迫停止会谈，并提出辞呈。

　　札格卢勒面对华夫脱的分裂没有气馁。他深感广大埃及人民是和他站在一起的，从而坚定了他为埃及的独立进行不懈努力的信心。他不顾占领当局的反对和埃及政府的阻挠，吸收了一大批新成员，扩大了华夫脱组织的队伍。他发表宣言，反对政府与英国会谈，拒绝政府的一切禁令。1921 年 12 月 23 日，英国占领当局再次逮捕札格卢勒和另外三位华夫脱的领袖，并把他们流放到塞舌尔群岛。这一事件引起埃及人民的愤怒。反英斗争再次进入高潮。开罗和亚历山大爆发了大规模的反英示威游行。各地掀起了抵制英货、拒绝为英国人服务的爱国运动。

　　此时英国政府感到，仅仅依靠武力来维持对埃及的统治已不现实，它被迫于 1922 年 2 月 28 日宣布取消对埃及的"保护"，单方面承认埃及独立。然而，英国给予埃及的独立是很不完全的，它附有四项保留条件：（1）英国有权在苏伊士运河区驻军，"监督"大英帝国交通线的安全；（2）英国"保护"埃及免受其他国家的侵略；（3）维护外国人在埃及的权益；（4）英国保留在苏丹地区的主权。

　　1919 年埃及反英起义是一场自发性的反帝斗争。这场起义虽然遍及全国，但没有形成领导中心，各地的运动缺乏联系，未能形成相互配合和支持。活跃于当时政治舞台的华夫脱主张埃及取得完全的独立，但它软弱无力，崇尚和平的斗争方式，不赞同群众的"过激"行为。起义本身存在的上述弱点，使英国占领当局能凭借武力，把这场震撼全埃及的起义镇压下去。

　　在起义的酝酿和发展的过程中，华夫脱的争取埃及完全独立的政治主张及其正义行动，对鼓动埃及人民投入起义，具有不可磨灭的历史功绩。埃及各阶层人民争取国家独立的意志，他们在起义中表现出的爱国主义觉悟，给英国在埃及的殖民统治以打击。起义虽被镇压，但埃及人民并未停止争取独立的斗争，终于迫使英国政府作出一定的让步，同意承认埃及形式上的独立。在继埃塞俄比亚、利比里亚之后，埃及成为非洲大陆上第三个取得独立的国家。从这个意义上讲，1919 年埃及反英起义不仅为埃及人民争取完全的独立打下基础，也给予阿拉伯和非洲各国人民的反帝反殖斗争以鼓舞。

1921—1926 年里夫民族解放战争

黄丽英

20 世纪 20 年代，摩洛哥北部的里夫地区爆发了阿卜杜·克里姆领导的反对西班牙和法国殖民统治的民族起义。这次起义的时间之长和规模之大，在摩洛哥的历史上是空前的。它为非洲民族解放运动的历史谱写了光辉的篇章，也是世界现代史上一件令人瞩目的大事。

解放战争爆发前的摩洛哥及其里夫地区

摩洛哥地处非洲西北隅，北濒地中海，西临大西洋，扼守着直布罗陀海峡，具有重要的战略地位。历史上，摩洛哥北部的里夫地区是兵家常争之地。大西洋航道开辟后，它成为欧洲殖民者向外扩张的必经之路。

在欧洲列强争夺在非洲的商品市场、原料产地和投资场所的斗争中，摩洛哥以其重要的战略地位和丰富的矿藏成为它们争夺的重要目标。1880 年，摩洛哥苏丹被迫签署《马德里公约》，承认法国、西班牙、英国、意大利、德国等 14 个缔约国享有最惠国待遇，外国人在摩洛哥享有产权。

法国怀有独占摩洛哥的野心，它加紧对摩洛哥进行政治、经济、军事渗透。通过 1904 年 4 月的《英法协定》①、10 月的《法西秘密协定》②、1906 年的《阿尔黑西拉斯总议定书》③、1911 年 11 月的《法德协定》④ 等，法国

---

① 这个协定规定：法国承认英国在埃及的特权，英国承认法国在摩洛哥的特殊地位。

② 法国和西班牙背着摩洛哥政府签订的这个协定，划分了法、西在摩洛哥的势力范围：北部及西南部为西班牙势力范围，其余部分为法国的势力范围。

③ 1906 年 1 月 16 日至 4 月 7 日在西班牙的阿尔黑西拉斯召开了讨论摩洛哥问题的国际会议。会议通过的总议定书中的很多条文表明，法国在摩洛哥的优势地位获得了承认。

④ 协定规定：德国承认法国对摩洛哥的保护权，法国把法属刚果的一部分让给德国。

取得了奴役摩洛哥的行动自由，最终迫使摩洛哥苏丹于 1912 年 3 月 30 日签订保护制条约，即《非斯条约》。同年 11 月 27 日，法国又与西班牙签署《马德里条约》，正式划分了各自的势力范围。摩洛哥沦为法国的保护国，它的部分地区（北部——包括里夫的大部、西南部和伊夫尼地区）则为西班牙的保护地。摩洛哥名义上还保持自己的国王（苏丹）和政府（马赫曾），实际上完全丧失了国家的独立。

按照《非斯条约》，摩洛哥要进行被法国视为"有益的"行政、司法、经济、财政和军事改革，即建立一套适应法国殖民统治所需要的制度。法国在沿海城市拉巴特建立了总督府；摩洛哥的马赫曾也从传统的政治经济中心非斯迁到这里。根据"允许法国政府在通知马赫曾之后对摩洛哥领土进行军事占领"等条款，1912 年 4 月法国调集大批军队占领非斯等地。条约还规定，苏丹将"根据法国政府建议"采取需要的措施；苏丹"未得法国政府同意"，不得签订任何国际性条约，不得借款，不得以任何形式出让任何权益。法国政府通过驻拉巴特的总督府主宰摩洛哥的一切内政、外交大权。

在西班牙保护区内，西班牙政府委派的高级专员握有全权，苏丹的代表哈里发只是个傀儡。法西条约规定，苏丹要在西班牙政府提名的两名候选人中挑选哈里发。苏丹签署的文件、国际条约等需经西班牙政府同意，才能在西属区生效。

西方殖民者从摩洛哥攫取了大量利润，由于输入大量工业品，摩洛哥的对外贸易出现大幅度逆差。1903 年海上贸易进口总额为 6243 万余法郎，出口总额只有 3656 万余法郎。1920 年进口总值（南部地区）为 1 亿法郎，出口总值只有 3000 万法郎。外国工业家、银行家纷纷涌入摩洛哥。20 世纪初法国投资达 4.83 亿法郎，其中巴黎荷兰银行就占一半。法国的摩洛哥总公司控制了铁路运输、电力、农业、轻工业和食品工业。摩洛哥日内瓦公司也参与了这里的农业、采矿、渔业、铁路、港口等经营活动。此外，还有北非公司、西班牙里夫矿业公司、摩洛哥公共工程公司、摩洛哥矿业联合体等，都参与了对摩洛哥的投资。这些外国垄断公司控制了摩洛哥的经济命脉。

1912 年后，大批移民，特别是法国人来到摩洛哥。几年之内，法属区欧洲人达 16 万之多。为了给这些移民分发小块土地（几公顷）和大面积租让地（500—3000 公顷），法国殖民当局从 1913 年起实行私有土地注册制，1919 年建立公有土地政府监护人委员会，征收"多余"土地。1921 年被殖民者瓜分了约 90 万公顷好地。帝国主义的奴役，加上本国统治阶级的内讧和地方封建势力的割据，严重阻碍了摩洛哥的经济发展。国家的税收减少，财政状况恶化。1903 年国库已经空虚。1904 年 6 月摩洛哥政府以全部关税作抵押，向法国的巴黎荷兰银行借款 6250 万法郎，年息为 5 厘。高利贷的盘剥，使摩洛哥更加贫困化，1909 年外债高达 2.1 亿法郎。帝国主义的殖民掠夺使许多农民丧失土地，手工业者破产，中小封建贵族和商人的利益受到损害。除极少数封建主外，广大人民群众对法国和西班牙殖民者极端不满，不断奋起反抗。

在摩洛哥人民反对殖民压迫的斗争中，里夫地区的斗争十分尖锐。位于摩洛哥北部的里夫，北临地中海，南连韦尔加河谷，西起丹吉尔，东到木卢亚河下游，东西长 300 公里，南北宽 30—80 公里，面积 2 万余平方公里。里夫地区居住着 19 个部落，其中以乌里阿格勒部落势力最强。

里夫人向以酷爱独立、骁勇善战著称，有反对外族侵略的光荣传统。1912 年非斯军民反法起义时，里夫人曾在塔尔吉斯特和塔格当普特等部落首领带领下进军非斯。

1912 年 11 月建立"保护制"后，西班牙殖民者在沿海城市集中了 10 多万军队。他们常派武装人员到农村骚扰。群众稍有不满，轻则遭毒打或监禁，重则被杀戮，甚至家破村毁。当地的名门望族也难以幸免。一位卡伊德（地方官、首领）因未去欢迎路过的西班牙军官，被当众棒打和监禁。另一位卡伊德仅仅因为欢迎时表现不热情，遭到毒打。里夫起义领袖阿卜杜·克里姆因抨击殖民当局而身陷囹圄。西班牙殖民者的暴行激起里夫群众的极大仇恨。乌里阿格勒的卡迪（伊斯兰法官）老阿卜杜·克里姆等一些名人显贵多次提出抗议。殖民当局不仅置之不理，反而变本加厉地进行镇压。

里夫地区隔地中海与欧洲大陆相望，这里的人民与欧洲早有交往。到了近现代，大批欧洲人涌入里夫沿海城市，里夫内地因耕地不足，每年都有许多人流入沿海城市和阿尔及利亚做工。这些人易于接受西方文明的影响。里夫一些开明的封建主将子女送到欧洲学习或将他们安排在欧洲人的军队或事务所中工作。他们成了里夫早期民族知识分子的代表，具有较强的民族独立意识。他们还接受了俄国革命、土耳其革命和中国革命的影响，追求民族自决。其中有人明确提出："俄国已经摆脱了压迫者，我们正在走同样的道路。"

第一次世界大战爆发后，为进一步控制内地和掠夺矿产，西班牙殖民当局决定从梅利利亚、休达等沿海城市派军队进驻里夫山区，征服"不安分"

的部落。西军于 1919 年征服杰巴拉地区，1920 年进驻里夫内地最大城镇舍夫沙万（即沙温）。1920 年冬，西军总司令西尔维斯特率 2 万大军从梅利利亚出发，进犯东部和中部山区。正在酝酿起义的乌里阿格勒人听到西班牙殖民军大举进犯的消息，便立即拿起武器，集结在卡迪老阿卜杜·克里姆的周围，组成一支民军，开赴塔弗尔西特，从此揭开了里夫解放战争的序幕。

里夫解放战争的爆发与"里夫共和国"的建立[①]

乌里阿格勒人与殖民军交战不久，老阿卜杜·克里姆中毒身死。[②] 他的长子穆罕默德·本·阿卜杜·克里姆被选为首领。1921 年 6 月 1 日夜，阿卜杜·克里姆率领 300 多乌里阿格勒人突然袭击夺取西军重要据点阿巴拉村，歼敌 400 余名，缴获大批武器弹药。附近一些部落纷纷投奔阿卜杜·克里姆，起义队伍发展到 3000 人。

里夫起义军乘胜前进，他们在西迪·布雅纳再次打败西军后，于 7 月 21 日发动了著名的阿努瓦勒战役。起义军首先扫清这个敌人大本营的外围据点，将它包围，然后以 5000 名战士发起总攻。西军统帅西尔维斯特自恃兵力雄厚，对里夫人的军事行动视若无睹。起义军兵临城下，西尔维斯特仓促下令应战。西军的炮兵、骑兵失去作用，几次突围均告失败，被迫请求谈判。

西军企图借谈判之名，行镇压起义之实。当里夫起义军的 60 名参加谈判的人员走近城堡时，事先埋伏好的殖民军突然开火。敌人的背信弃义激起了里夫起义军的愤怒。他们在阿卜杜·克里姆的率领下，冲进城堡，与敌人展开白刃战，终于取得了胜利。在这次战役中，里夫人缴获大炮 100 多门、机枪 400 多挺、步枪 2 万多支，以及大量的弹药和军需品。西尔维斯特全军崩溃，他本人自杀身亡。法国殖民官吏亨利·康崩认为："这是任何国家殖民史上都未曾有过的一次大败仗。"

---

① "里夫共和国"成立的时间，各国学者意见不尽一致。苏联学者认为里夫共和国的诞生日是 1921 年 9 月 19 日，西方学者和阿拉伯学者则认为是 1923 年 1 月 18 日或 2 月 1 日。近来有些学者对"里夫共和国"的名称也提出异议。他们指出，里夫领导人在一些外交场合称自己的国家为"里夫共和国"，但在里夫内部从未称"共和国"，而称"里夫战线"。尽管如此，现在国内外史书一般仍用"里夫共和国"之称。

② 据说是被殖民当局收买的叛徒所害，但始终未得到证实。

阿努瓦勒战役的胜利在里夫解放战争中具有重要意义。在此之前，某些起义领导人对西班牙殖民者曾抱有幻想。他们本来希望通过谈判实现里夫的独立。敌人玩弄假和谈阴谋的败露及里夫人在战斗中的胜利，使他们坚定了通过武装斗争争取独立的决心。在阿努瓦勒大捷的鼓舞下，一些尚在犹豫的部落看到了自己的力量，纷纷参加起义队伍。大量的战利品和赎俘金为起义队伍增加物资供应。西军在阿努瓦勒战役中丧失了有生力量后，它的残部退守到沿海据点，给里夫地区提供了暂时的和平。这就为里夫国家的建立创造了必要条件。

长期以来，里夫地区处于半独立的无政府状态。多数居民从事农牧业。他们组成一个个地方共同体：氏族、部落和村社，这里层峦叠嶂，交通不便。除少数共同体形成完整的地域外，如乌里阿格勒的阿卜杜拉人和布阿瓦什人，大多数部落的居民分散交错。20 世纪初叶，这里部落、氏族乃至家族间随时都可能分裂成各种"利夫"（联盟）。只有外族入侵时，他们才暂时团结对敌。

阿卜杜·克里姆意识到要赶走西班牙殖民者，争取里夫独立，应靠巩固的部落联合。他指出："如果不建立一个政府，解放战争是不会胜利的。"在阿努瓦勒战役后，阿卜杜·克里姆开始筹建里夫国家。他多次召开部落代表会议，谴责殖民当局的罪行，号召停止内部纷争，解散各种"利夫"。他主张在团结对敌的基础上，建立统一的里夫国家。

1921 年 9 月 19 日，阿卜杜·克里姆召开了起义部落的代表会议。会议决定成立由各部落推选的代表组成国民会议，选举阿卜杜·克里姆为议长。会议还通过了《国家宪章》（或称《民族誓约》），其内容包括：不承认任何损害摩洛哥权利的条约；西班牙必须撤出 1912 年法西条约批准前不属其管辖的里夫领土；承认里夫国家完全独立（即摆脱西班牙和法国的奴役）；建立宪共和政府；西班牙必须赔偿 12 年来里夫蒙受的损失；同所有大国建立友好关系，缔结条约，其条件是这些国家不享有特权。这次会议后，实现了里夫中部和东部 12 个部落的联合。1923 年 2 月 1 日，阿卜杜·克里姆主持召开了这 12 个"部落"的代表参加的国民会议。会议签署的文件，确认阿卜杜·克里姆为全里夫的最高统帅埃米尔，宣告里夫国家成立。

阿卜杜·克里姆受过良好的教育，曾就读于非斯卡拉维因大学，专攻伊斯兰法，通晓阿拉伯文和西班牙文。毕业后在西属梅利利亚城任教师、编辑等职，1915 年成为该城伊斯兰法官。他既受过传统教育，也受到西方民主思想和东方民族主义思想的影响。他的胞弟、里夫解放战争主要领导人之一马哈迈德·本·阿卜杜·克里姆，曾就读马德里中学和马德里矿业学院，受西方影响更深。他们想把里夫建成"现代的、民族的、欧洲式的"国家。

在建立共和国的过程中，阿卜杜·克里姆进行了一系列政治、军事、经济改革。

在政权建设方面，阿卜杜·克里姆主张立宪、民主协商和人民参政，把现代国家、伊斯兰国家与里夫的传统（称为"杰马"的部落议事会）协调起来，建立一个立宪的共和政府。他曾口授了一部有40项条款的宪法草案，可惜这一草案文本在战乱中被焚。

里夫国家的最高权力机构是由部落选举产生的由80名代表组成的国民议会。阿卜杜·克里姆任议长即埃米尔。下列成员组成为政府，他们是埃米尔的总代表（相当于总理）马哈迈德·本·阿卜杜·克里姆，内政部长卡伊德·利亚齐德，外交部长穆罕默德·本·阿泽尔卡奈，财政部长阿卜杜·萨拉姆·哈塔比，司法与教育部长弗基·泽尔胡尼，作战部长艾哈迈德·布德拉。

地方行政单位沿用部落村社的名称，但其首领卡伊德不再是选举产生，而由埃米尔任命。

在军事方面，阿卜杜·克里姆不再沿袭落后的传统，建立了包括步兵、炮兵、卫队和军官团的正规军，聘请欧籍教官，制定军规、军旗和军歌，实行义务兵役制，规定16—50岁的男性必须服兵役，分期分批参加军训或战斗，建立了通信网和情报站。

在司法方面，里夫国家废除了习惯法和习惯法庭，禁止族间仇杀和集体宣誓。实行司法独立和统一的伊斯兰法规，建立由司法部长和15名顾问组成的最高法庭，被告有权请辩护人和上诉。

在经济方面，阿卜杜·克里姆提出了按人口分配土地的主张（因为战争而未能实现），实行统一的税制，除人头税（穷人、战争致残者免缴）和财产税外，部落不准乱征捐税。

在对外关系方面，里夫不承认欧洲国家在摩洛哥的特权，主张在尊重主权、平等和合作的基础上建立国家间的友好关系。

这些改革措施有利于里夫人民的反殖民主义斗争，也有利于里夫社会的进步，但因忙于战争未予充分实施。

1923年9月西班牙国内发生政变，普里莫·德里维拉将军建立了军人独裁政府。为了镇压里夫起义，他设立了摩洛哥局，组织配有空军的庞大纵队，收买并指使里夫大封建主拉伊苏里反对阿卜杜·克里姆。1924 年初，西班牙远征军从东、西两个方面向里夫起义军发动进攻。阿卜杜·克里姆把起义军部署在梅利利亚和得土安之间的防线上，并亲自指挥东线战场。起义军采用游击战术，打骚扰战，波浪式向前推进。西军打壕堑战，四面受敌，损失惨重，被迫向沿海据点撤退。4 月 28 日至 5 月 10 日，里夫起义军取得西迪万索战役的胜利，转入反攻，不久进逼得土安。

里夫人民的胜利，迫使西班牙殖民当局要求谈判。6 月 10 日双方在乌季达举行会谈。里夫提出的主要条件是：（1）西班牙撤出得土安和 1912 年《法西条约》签订前的所有领土；（2）承认里夫人民完全的和绝对的独立；（3）西班牙应赔偿里夫人民 12 年来的损失，支付战争赔款和战俘的赎金；（4）流放和监禁所有替西班牙作战的部落首领；等等。由于殖民当局拒绝接受上述条件，谈判破裂。

7 月，西军在战斗中仍无转机，被迫在空军掩护下撤退。8 月 16 日，西属摩洛哥高级专员宣布形势危急。25 日，普里莫·德里维拉表示："摩洛哥问题令我们付出的代价太大了，我们将不是前进而是后退。"

法西联合进攻与里夫解放战争的失败

正当里夫人民即将赶走西班牙殖民者之际，法国殖民军在里夫南部向里夫发起了进攻。起初，法国低估了里夫人民的力量，对他们的反西起义未予重视。更重要的是，西班牙作为法国在摩洛哥的主要竞争者，其势力受到削弱，对法国也不无好处。因此，法国当局采取坐山观虎斗的态势，甚至还向里夫出售武器等战争物资。

然而，1923 年底至 1924 年初，"里夫共和国"的影响日增，与法属区临界的韦尔加河上游的一些部落也加入了阿卜杜·克里姆的行列。法国总督里奥代感到，"在离非斯这样近的地方竟然建立了一个独立的现代穆斯林国家，对于我们的制度来说，再没有比这更糟糕的了"。法国政府认为，里夫的胜利和西班牙的失败势必在法属区北部引起反响。与此同时，里夫连续几年发生旱灾，这使里夫的主要粮食产地韦尔加河谷更显重要。法国想趁西班牙败北之机占领这片土地。里夫共和国建立后，向韦尔加河北岸地区派了政府代表和少数边防人员。1924 年 5 月 27 日，法军渡过韦尔加河，在北岸建立据点，肆意袭击里夫的车队，扣押里夫人员。法国殖民当局还用金钱、枪支弹药和各种许诺收买当地大封建主麦德布赫卡伊德，指使他于1925年1月率600多名武装人员到马西尼萨部落进行煽动和挑衅活动。

为了集中全力赶走西班牙殖民者，阿卜杜·克里姆对法军的挑衅采取克制态度，甚至令部队后撤。他及其外交代表哈杜·本·哈穆多次致函里奥代总督和法国政府，抗议法军的挑衅行为，同时表示：愿意通过外交途径解决争端，划定里夫与法属区的边界。里夫的代表穆罕默德·本·布日巴尔和埃贝尔·哈吉为此去到巴黎，会见了法国外交部的代表。他们得到的回答却是："鉴于目前的困难，我们将不会给你们答复。"阿卜杜·克里姆又写信给摩洛哥苏丹穆莱·优素福，希望他出面干预。可是，苏丹对此不予理睬。在和平的道路被堵塞的情况下，阿卜杜·克里姆终于下了抗法斗争的决心："为了实现我们的愿望，一句话，为了实现独立，我们准备同整个世界斗争。"

1925年4月12日，阿卜杜·克里姆下令反攻。战斗在阿乌杜尔河和阿尼泽尔河之间的扎尔瓦勒人地区展开。在一个多月时间内，里夫的主力部队拔除了43个法军据点，俘敌2000余人。7月初，里夫军队已推进到法属区北部和东部重要市镇韦赞和塔扎附近，距非斯只有27公里。法国在摩洛哥的殖民统治受到极大威胁。

但是，阿卜杜·克里姆没有抓住战机，联合法属区人民攻取非斯，坐失良机。此后，里夫战场形势开始逆转。

法国总理潘勒韦奔赴摩洛哥进行"视察"。贝当元帅也到里夫进行"战地考察"。法国议会通过了摩洛哥战争特别法案，增加军费18300万法郎。任命贝当元帅为驻摩法军总司令，施格特为总督。配有飞机、坦克等重型武器的法国远征军从本土源源开赴摩洛哥，阿尔及利亚、塞内加尔等地的外籍军团也被调到里夫前线。与此同时，法国政府又派代表前往马德里，与西班牙政府策划共同镇压里夫人民的阴谋。8月，贝当到摩洛哥走马上任途经西班牙时，再次会见普里莫·德里维拉，最终确定了法西联合军事行动计划。

9月初，法军和西军从南北两面同时向里夫发动强大攻势。7日，西班牙军队在法国舰队的配合下在胡塞马湾登陆。由于里夫军主力南移，北方空虚，10月1日里夫的首府阿杰迪尔失守。在南部，法军采取配备飞机和坦克的大兵团作战。里夫人擅长的游击战很难发挥作用，一些阵地得而复失，不得不退守里夫境内。与此同时，殖民当局用尽威胁利诱的伎俩，煽动里夫一些封建主叛乱。10 月有 7 个部落的首领投降法国。

里夫人民的斗争引起了包括宗主国人民在内的世界各国人民的极大关注。在法国，1925 年 10 月 12 日爆发了有 90 万人参加的大罢工，有力地声援了里夫人民。西班牙、苏联、美国和拉丁美洲一些国家人民举行集会，发表文章，呼吁停止镇压里夫人民的战争。中国与摩洛哥虽然远隔千山万水，当时的《东方杂志》等报刊连续发表了愈之等人有关里夫战争的文章，谴责殖民者的暴行，颂扬里夫人民的斗争精神。阿卜杜·克里姆曾表示："在北非，我们为了自己的独立揭竿而起。同样，在远东，4 亿人民的中国，为了解放他们的国土，也奋起抵抗。让我们同东方国家联合起来，共同进行决胜的打击……"

1925 年冬季到来后，双方处于暂时休战状态。阿卜杜·克里姆在战争失利的情况下，力争和谈，提出只要承认里夫独立，愿作某些让步。法、西两国政府在国内外反战舆论的压力下，也表示赞同谈判，成立了法西委员会。但是他们不承认里夫独立，要求里夫解散军队，交出武器，放逐阿卜杜·克里姆等领导人。

实际上，谈判不过是掩人耳目。法国政府早已命令驻摩法军："把已开始的军事进攻继续下去。"1926 年 2 月，贝当元帅与普里莫·德里维拉制订了新的联合作战方案。两国不断从本土增派援军。5 月初，里夫与法西谈判最终破裂后，在北部，已突破里夫得土安防线的西军在胡塞马地区和克尔特河流域展开攻势。在南部，法国陆军和空军一齐出动，向阿卜杜·克里姆指挥部所在的塔尔吉斯特地区发动猛攻。里夫军队抵挡不住南北夹攻，失去了战争主动权，不久，塔尔吉斯特的重要屏障布泽尼失守，里夫的抵抗斗争全线崩溃。5 月 27 日，阿卜杜·克里姆宣布投降。里夫民族解放斗争就这样被法西帝国主义绞杀了。

里夫民族解放战争的失败，主要原因可以概括为以下几个方面：

第一，敌我双方力量对比过于悬殊，法国和西班牙在军事上占压倒优势。法国外长皮诺和议员克洛斯特曼在一次会议上引述的材料表明：1925 年法国在摩洛哥的占领军（包括外籍军团）达 325000 人，加上西班牙军 10 万，共计 42 万余人，配有飞机、坦克、大炮等现代化武器。而里夫正规军不到 3 万，加上民兵总共只有 7 万多，武器是从敌人手中缴获的步枪、机枪和为数不多的大炮。尽管里夫人骁勇善战，利用游击战术取得多次胜利，终究难以抵挡有飞机、坦克装备的几十万大军的南北夹击。

第二，里夫的起义缺乏摩洛哥其他地区人民斗争的支援。在法属区，殖民当局实行所谓"绥靖"政策，对那些享有个人威望的当地首领施以恩惠和笼络，使他们效忠殖民当局，以孤立里夫。战争过程中，摩洛哥苏丹穆莱·优素福站到法国一边，帮助镇压里夫人民。法国殖民者诬蔑阿卜杜·克里姆为篡权者，歪曲里夫人民争取独立的斗争是搞分裂，使摩洛哥其他地区的广大群众对里夫起义缺乏正确认识。阿卜杜·克里姆曾给非斯宗教界和知识界的一些上层爱国人物写信，以求支持，但他们对里夫起义抱怀疑和观望态度，拒绝予以支援。因此占摩洛哥人口7%的里夫人的斗争始终处于孤军奋战的境地，势单力薄。

第三，就里夫内部而言，尽管里夫国家的建立和改革在很大程度上促进了本地区的统一和团结。但是，国家机器刚刚建立，地方势力还很强大，长期分散落后的无政府状态的影响也很深。当时，在里夫甚至在整个摩洛哥民族矛盾是主要矛盾。在这里，封建社会还处于发展阶段，封建贵族和宗教领袖有很大的影响。为了取得解放战争的胜利，应该尊重宗教，以取得宗教界的支持，发挥宗教界人物的作用。但阿卜杜·克里姆等人却错误地采取排斥的态度，把他们看成是解放道路上的绊脚石，甚至主张对落后的宗教人士采取武力打击的做法。对于一些尚未公开投敌、为虎作伥的封建酋长，本来也应适当照顾他们的经济利益以尽力争取他们至少保持中立。但阿卜杜·克里姆等人计不及此，致使一些部落离开起义队伍，甚至叛变投敌，给里夫人带来了十分不利的后果。

里夫的民族解放战争虽然失败了，但它在世界现代史上谱写了光辉的一页。这次起义发生在资本主义暂时相对稳定时期，成为向这一相对、暂时稳定进行猛烈冲击的亚非民族解放运动新高潮的一个重要部分。它促进了摩洛哥人民的民族觉醒。里夫起义失败后，1926年，非斯出现了民族主义者小组，1930年又发生了全民性的反对《柏柏尔敕令》的斗争，1934年出现了第一个民族主义政党——"摩洛哥行动委员会"①。里夫人民的斗争开创了摩洛哥民族解放运动的先声。

里夫民族解放战争也对马格里布民族解放运动产生了深远的影响。1925年8月15日，阿卜杜·克里姆发表了著名的《告北非穆斯林书》。他谴责帝国主义利用阿拉伯人打阿拉伯人的罪行，号召穆斯林要"像一座大厦的各个

---

① "摩洛哥行动委员会"于1937年改称为独立党。

部分那样互相支持"。他指出："突尼斯和阿尔及利亚的穆斯林们，我们深感痛心的是目睹你们的孩子被迫来打我们，而我们为了保卫民族的独立，不得不在战场上与自己的同族同教的兄弟们兵戎相见。正是这些事情叫我们深感忧虑和悲伤。"这些肺腑之言在当时引起强烈反响，对后来的马格里布民族主义者具有教育意义，激励他们为马格里布的解放团结战斗。

1925—1927年叙利亚民族解放战争

郭应德

1925—1927年叙利亚人民为反对法国的殖民统治，争取民族独立而掀起的民族解放战争，声势浩大，影响深远，在世界现代史上引人注目。叙利亚人民的壮举是第一次世界大战后蓬勃兴起的东方殖民地附属国反帝高潮的一个重要组成部分，在西方无产阶级革命运动暂时处于低潮的时刻，叙利亚人民和东方各国人民一起，点亮了革命的火炬，给了帝国主义凡尔赛体系以沉重的一击，有力地冲击了资本主义暂时、相对的稳定。

法国对叙利亚的委任统治

叙利亚（包括黎巴嫩、巴勒斯坦）曾是奥斯曼（土耳其）帝国的领地。1516年土耳其占领叙利亚后，即将叙利亚划分为若干省份，进行管理。在土耳其统治的后期，全境分为贝鲁特省（辖今黎巴嫩的沿海地区及巴勒斯坦的北部）、大马士革省（辖今叙利亚的南部，约旦的大部分）、阿勒颇省（辖今叙利亚北部）及一些自治州，共有人口约360万。

第一次世界大战时，英军曾与土军在叙利亚南部（巴勒斯坦）激战，英法军并进入西部（黎巴嫩）沿海地区。英国为了煽动阿拉伯人民起来反对土耳其，曾于1916年5月允诺麦加地区的阿拉伯首领侯赛因，在战后给予阿拉伯人民独立的权利，从而促成了阿拉伯人民的反土大起义。但帝国主义心口不一，就在英国向侯赛因作出空头诺言的同时，英法秘密缔结了萨克斯—皮柯协定，私自瓜分土耳其所属的阿拉伯领土[①]，叙利亚（包括黎巴嫩）划

---

① 协定把这些领土分为三个区，由英、法瓜分："灰色地区"包括叙利亚西部，归法国；"红色地区"包括伊拉克南部及巴勒斯坦的一部分，归英国；"褐色地区"包括巴勒斯坦，由国际共管。此外还规定叙的内陆及伊拉克北部为"A区"，属于法国势力范围，约旦及伊拉克中部为"B区"，属于英国势力范围。签订这个协定的英国代表为萨克斯，法国代表为皮柯，故又名萨克斯—皮柯协定。

给了法国。

第一次世界大战结束时，法英军占领了叙利亚的西部地区（包括黎巴嫩、拉塔基亚、亚历山大勒达等沿海地带）。英军占领了巴勒斯坦。而英国还把叙利亚东部（包括叙利亚内陆及约旦）交给麦加首领侯赛因之子费萨尔所统率的阿拉伯军，以安抚阿拉伯人。

叙利亚人民强烈要求建立自己的独立国家，对外国军事占领十分不满，展开了反对占领军的游击战。1918 年 11 月，他们和费萨尔联合派出代表团出席巴黎和会，提出独立的要求①。但帝国主义对之不予理睬，它们策划以委任统治的方式，对叙利亚进行新的殖民统治。

叙利亚人民奋起反抗。领导这一斗争的是资产阶级和具有民族主义思想的封建上层人士。斗争的主力则是深受占领军残酷迫害的农民和牧民。

当时叙利亚是个落后的农业国，全国人口的大部分为农民，而 80% 的农民又是佃农。在封建土地制度的压榨下，他们每年须将收入的 1/2 至 5/6 交纳地租，生活十分困苦。占领军的烧杀掳掠，更使他们活不下去。当时国内还没有雇工 300 人以上的企业，只有一些小企业和手工业作坊，工人阶级还处在幼年时期，影响甚微。资产阶级力量则相对强大。他们主要从事贸易，在黎巴嫩地区从事对外贸易的商人更多，其中不乏富商巨贾。这些人多与外国资本，主要是法国资本有密切联系。他们是资产阶级中的买办集团。资产阶级中的中小商人大多从事国内贸易或经营土地，发放高利贷，这些人构成了民族资产阶级的主干。外国军队的占领和外国商品的倾销，严重损害了他们的利益。因此，民族资产阶级积极投入了反对委任统治的斗争。

叙利亚的多数居民信奉伊斯兰教，其中的多数又是伊斯兰教逊尼派的信徒（在内陆地区，逊尼派信徒占全体居民的 2/3 左右）。但同时还存在伊斯兰教的什叶派、德鲁兹派、伊司马仪派和阿拉维派等。而在沿海地区（主要是黎巴嫩）则信奉基督教的居民比信奉伊斯兰教的居民要多些②。在这些基督教徒中，多数属于基督教中的马龙派，其余则分属希腊东正教、天主教等

---

①　派往巴黎的阿拉伯代表团由费萨尔、努利·赛义德（费萨尔的参谋长）、艾哈麦德·卡德利医生及律师阿夫尼·哈迪与鲁斯腾·海达尔（后三人是叙利亚和巴勒斯坦民族主义组织的代表）组成。

②　据 1932 年调查，该区居民中基督教马龙派教徒占 28.8%，而伊斯兰教什叶派教徒只占 19.6%。但这种情况在后来已有改变，1980 年马龙派教徒下降为 22%，伊斯兰教什叶派教徒则上升为 30%。

教派。由于信仰不同,伊斯兰教与基督教之间以及分属它们的不同教派之间,素有矛盾。这种复杂的情况,为帝国主义利用它们之间的不和,实行分而治之的策略,提供了有利条件。

1919 年 7 月,第一次叙利亚全国大会在大马士革召开,要求承认包括巴勒斯坦在内的叙利亚为独立的主权国家,拒绝拟议中的委任统治。9 月,英、法达成协议:英军从叙利亚西部撤出,由法军全部占领,叙利亚东部则仍由费萨尔统治。但法军取得增援部队后,继续向东部深入。他们遇到了爱国的游击队的坚决抵抗。

在英国居间调停下,费萨尔和法国在 1920 年 1 月达成协议,同意将叙利亚内陆地区交给法国。这一投降行为引起了爱国力量的坚决抗议。费萨尔于是软硬兼施,一面镇压爱国人民的反抗,一面又说绝不会损害"阿拉伯事业"。他致力于拉拢民族资产阶级,并在 1920 年 3 月召开了第二次叙利亚全国大会,这次大会宣布立费萨尔为叙利亚国王。大会还宣布叙利亚(包括黎巴嫩和巴勒斯坦)完全独立。1920 年 4 月,协约国最高委员会在圣雷莫举行会议,决定叙利亚和黎巴嫩由法国委任统治。7 月 14 日,法军总司令古罗向费萨尔发出最后通牒,要求无条件承认法国的委任统治。接着,法军便向大马士革急速推进。费萨尔采取不抵抗政策,只有少数爱国者在国防大臣优素夫·阿兹姆的率领下,在通向大马士革的山隘马沙隆英勇抗击侵略者。他们全部壮烈殉国。7 月 25 日,法军进入大马士革,废黜费萨尔,叙利亚和黎巴嫩完全落入法帝国主义手中。

法国占领叙利亚后,建立了一整套罪恶的殖民制度。

政治上,法国主宰一切,对叙利亚和黎巴嫩采取镇压民族运动,分化民族力量的政策。

法国高级专员掌握叙利亚的行政大权。叙利亚政府的各个部门,都有法国的行政顾问和技术顾问。统治初期,各省区长官全由法国人担任。后来,虽然委任了当地人为长官,但他们往往是法国占领者的傀儡,实权仍操在高级专员派遣的代表手里。高级专员、省长、代表和顾问成为统治叙利亚各个部门的大、小太上皇。法国人不但独揽行政大权,而且控制立法和司法大权,本地法官和律师受到严重的排挤和打击。

法国当局不给叙利亚人民任何自由,残酷迫害爱国者。许多人被迫流亡国外。出版社被封闭。报纸经常被勒令停刊。法国高级专员亲自领导的情报局特工人员,遍布各地,暗地监视人民的言论行动。情报局的特别小组,专门窥探游牧部落的动向。在这些特工人员的诬陷下，不少无辜者横遭逮捕、监禁和流放，冤狱遍于域中。1920 年，豪兰人民因拒付罚款，杀死了法国当局派去谈判的伪总理阿拉乌丁等人，遭到法国飞机的疯狂轰炸和法国士兵的大肆抢劫。法国当局还强迫豪兰人民交纳 10 多万土耳其里拉的罚金。1922 年 4 月，大马士革、哈马、阿勒颇、代尔·祖尔和特里波利等地群众举行示威游行，反对委任统治。法帝国主义出动军警，枪杀示威群众，逮捕民族领袖和爱国学生。从 4 月至 6 月这段动乱期间，被监禁、放逐、判刑的多达441 人。

法国对叙利亚实行分而治之的政策，主要表现在两个方面。一是收买部分本地上层人物，支持亲法势力，拉拢少数民族，煽动宗教对立。二是把叙利亚划为几个各自为政的地区，扶植分裂主义势力。法国当局借口宗教信仰不同，发展水平各异，把叙利亚分成大黎巴嫩区（相当于今黎巴嫩辖地）、阿拉维区、阿勒颇区、大马士革区和亚历山大勒达区。以后，区的划分虽有更动，但法帝国主义分割反法力量的政策始终没有放弃。

经济上，法帝国主义残酷压榨叙利亚人民，强迫叙利亚支付沉重的委任统治费（其中军事占领费占绝大部分）。据统计，1919—1923 年，法军驻叙费用为 24 亿 4000 多万法郎，行政费为 3 亿 6500 万法郎。1924—1928 年，军费为 50 亿法郎。

法国当局给予它所依靠的大地主集团以种种特权，而对广大农民无情掠夺。法国统治者横征暴敛，征收土地税高达农民收成的 20%。超经济剥削十分严重。16—60 岁的男子，必须服劳役。拉塔基亚的农民，就曾为法国统治者修筑了 500 公里的道路。法国当局常以各种借口，向居民勒索罚金。1920年，巴尼亚斯居民被罚 50 万金里拉，阿米勒山区、德鲁兹山区等地也被迫交纳过罚金。

多达 10 亿法郎的法国垄断资本，控制着叙利亚的铁路、港口、电力、自来水等企业。以法资为主的叙利亚和黎巴嫩银行，垄断了叙利亚的货币发行权。到 1923 年纸币流通总额达 9700 万叙镑。叙利亚 300 万金里拉的外汇和黄金储备，被殖民当局劫掠到法国。法国把叙利亚当作商品销售市场和原料供应地，榨取高额利润。法国仅在贝鲁特一处的贸易公司就有 15 个。法国资本享有烟草专卖权。法国的日用百货、珠宝首饰和丝绸等商品，大量涌入叙利亚市场，叙利亚的工业受到严重的排挤和打击。

法帝国主义竭泽而渔的政策，使叙利亚的经济日益恶化，通货不断膨胀，人民生活愈益穷困。叙利亚和黎巴嫩的小麦产量，从战前的728000吨降到1922年的345000吨；大麦从45万吨减少到185000吨。1901—1910年，蚕茧平均年产5200吨，1920—1925年，下降到1800吨。1910—1911年，有194家丝纺厂，到1922年只剩下45家。由于纺织工业衰退，大量工人失业。第一次世界大战前，有28000织布工人和手工业者，1926年仅余25000人。

文化上，法国当局一方面限制民族教育文化的发展，另一方面大力支持和保护法国天主教会的教育文化活动，推行文化专制主义。天主教会创办的许多中、小学和大学，完全采用法国教学方式，学生必须学习法语。有的学校甚至禁止教阿拉伯语。法语成了官方语言，通晓法语成为公务员、特别是高级职员必须具备的条件。

法帝国主义在叙利亚推行文化专制主义的目的，在于削弱叙利亚人民的民族意识，进而从思想上征服叙利亚。

法国的委任统治使叙利亚人民饱尝殖民主义的苦难，进一步促使他们起来进行反对委任统治，争取独立的斗争。

民族解放战争的爆发

叙利亚人民同法国侵略者进行了不屈不挠的斗争。

法军占领大马士革后，各地游击队与法军展开了殊死的战斗。希纳努领导的叙利亚北部游击队，直到1921年7月才被法军击溃。幼发拉底河游击队，曾一度占领代尔·祖尔，使法军疲于奔命。1921年6月，高级专员古罗等人去库奈特拉访问，游击队打伤了古罗及其参谋长。1922年4月至6月中旬，发生了35起局部性起义，打死5000名法军。到1924年7月，游击队共击毙法军士兵9000人，军官250名。

与国内进行武装斗争的同时，侨居国外的叙利亚民族主义者与法帝国主义进行了不懈的政治斗争。法国占领叙利亚后，不少爱国者逃到开罗，在那里建立了叙利亚联合党等政治组织。1921年9月1日，叙利亚、黎巴嫩和巴勒斯坦各党派代表在开罗召开叙利亚—巴勒斯坦大会，讨论统一组织、统一行动的问题。大会选举联合党中央委员会主席米歇尔·鲁特夫拉为主席，大马士革叙利亚全国代表大会主席赖世德·里达和巴勒斯坦全国代表大会代表哈吉·陶菲克·哈马德为副主席，阿拉伯独立党代表谢基卜·阿尔斯兰为秘书长。大会决定成立一个执行委员会（一般称叙利亚—巴勒斯坦委员会），会址设在开罗，负责日常工作。执委会主席由大会主席担任。大会向国联发出长篇呼吁书，揭露帝国主义侵占叙利亚的阴谋，要求承认叙利亚、黎巴嫩和巴勒斯坦的民族独立和主权；承认这些地区的统一。国外的政治斗争，配合国内的武装斗争，促进了民族解放运动的发展。

1925 年法国"左派集团"上台执政，新政府任命激进社会党人萨拉伊尔为驻叙高级专员。萨拉伊尔上任后标榜开明进步，他宣布取消戒严，大赦政治犯，扬言他"准备倾听这个国家提出的要求"，并允许叙人民组织政党。萨拉伊尔的这些做法引起了叙利亚民族主义者的幻想，他们以为可以通过和法国协商谈判来恢复民族权利。2 月，叙利亚资产阶级民族主义政党——人民党成立。主席为著名的政治活动家阿卜杜·拉赫曼·沙赫班德尔，秘书长为哈桑·哈基木。该党在阿勒颇、霍姆斯和哈马等地设有支部，与国外的叙利亚民族主义组织以及黎巴嫩地区的阿拉伯民族主义组织和德鲁兹山区的地方部族领导人有联系。人民党提出了以下纲领：（1）承认叙利亚的民族主权；（2）叙利亚取得在其天然疆界中的统一；（3）保证集会、结社、出版等自由及人民对民主管理政府的权利；（4）保护民族工业，开发经济资源；（5）以社会民主的精神教育人民，改革司法，教育制度。这个纲领表达了民族资产阶级的要求。

法国拒绝了人民党和其他爱国人士的要求。法国总理埃里欧（旧译赫里欧）宣布叙利亚需首先制定宪法，但这部宪法并不通过召开全国立宪会议产生，而是由法国政府钦定。几个月后，由法国外交部起草的宪法草案公布了。它完全保持了叙利亚的分裂状态，剥夺了人民的权利，而赋予法国高级专员以决定一切的大权，实际上，就是企图通过宪法，使委任统治合法化。这使民族资产阶级大失所望。

1925 年 4 月，英国前外相贝尔福到大马士革访问。贝尔福曾公开主张在巴勒斯坦为犹太人建立民族家园，为阿拉伯人特别是叙利亚人所痛恨。消息传来，全城鼎沸。贝尔福被法国当局接往维多利亚饭店时，群情激愤，跟踪追击，高呼"打倒贝尔福""打倒犹太复国主义和法国委任统治""自由、独立万岁"等口号。法国军警残酷镇压群众，许多人受伤，23 位青年被捕。大马士革全市罢工。群众涌至伍麦叶清真寺举行聚礼，接着开始声势浩大的示威游行，高呼"打倒委任统治""打倒贝尔福""向巴勒斯坦及其人民致敬"的口号。法国军警悍然向示威者开枪，打死两人，伤 20 人，萨拉伊尔赶紧派军警把贝尔福护送到贝鲁特，抗议浪潮始渐平息。

这次事件不啻是火上浇油，使叙利亚人民的反法情绪更为激昂，它标志着叙利亚人民的进一步觉醒和反法风暴的即将来临。萨拉伊尔在其备忘录中写道："大马士革用抗议来接待贝尔福。这个城市到处是'巴勒斯坦属于阿拉伯'的传单。在'阿拉伯的土地属于阿拉伯'这一反犹口号背后，潜在着许多问题。其严重后果，绝不限于商店关门、报纸抗议和学生罢课。"

叙利亚全民起义的直接导火线，是德鲁兹人民要求撤换法国驻德鲁兹长官加比埃上尉的事件。

1923年7月，法军上尉加比埃以山区部族首领、德鲁兹代理长官赛里木·阿特拉什顾问的身份，来到德鲁兹。9月，赛里木去世，加比埃任代理长官，期限三个月，到选出本地长官为止。加比埃使用偷梁换柱的手法，骗取山区代表会议选举他为正式长官，并经当时高级专员魏刚批准。山区部落领袖群起反对，要求按1921年同法国达成的协议，任命本地人为长官。他们委托侯赛因·阿特拉什和穆特伊卜·阿特拉什带着请愿书到大马士革，向法国当局控告加比埃的罪行，请求撤换他。

加比埃一面胁迫部分群众上书支持他，一面严厉镇压阿特拉什家族和其他家族的首领。他曾用皮鞭当众抽打萨勒哈德地区摄政法赫德·阿特拉什。不仅如此，加比埃还征收重税，强迫群众服劳役。

1925年4月，山区代表哈木德·阿特拉什、纳西卜·阿卜杜·加法尔、穆特伊卜·阿特拉什和欧格莱·盖塔米等人，到大马士革晋见高级专员萨拉伊尔，要求执行1921年达成的协议，以本地人为长官。萨拉伊尔看过代表带来的协议书后说，一纸具文，从未执行，我不承认，也不遵守别人签署的文件。他要代表团在两小时内离开大马士革，否则驱逐出境。代表团愤怒地离开大马士革。欧格莱·盖塔米被捕，并被流放到塔德木尔（即帕尔米拉）。他是哈尔巴村的首领，德鲁兹山区基督教徒的领袖。

5月17日，加比埃回国休假两个月。18日，接替他的雷诺上尉来到德鲁兹区首府苏韦达。德鲁兹的首领们认为，这是赶走加比埃的好机会。为了统一步伐，他们成立了一个最高委员会来领导反法斗争。会址设在苏韦达，领导人为苏尔坦·阿特拉什。6月19日，最高委员会派出30名代表到大马士革，向法国当局递交一份请愿书，要求任命雷诺来代替加比埃，尊重个人自由，禁止不经公正法庭判决就任意监禁、惩罚和流放居民。接着，代表团转赴贝鲁特。萨拉伊尔拒不接见，代表们愤愤而归。

　　萨拉伊尔又派图米·马尔丁少校到苏韦达，与支持加比埃的阿米尔家族商谈加比埃返回德鲁兹的问题，企图制造德鲁兹家族之间的对立。

　　7月11日，萨拉伊尔密告驻大马士革的法国官员，要他把德鲁兹山区的代表召到大马士革，借口是听取他们的控诉和要求。萨拉伊尔指示，代表一到，即以煽动骚乱罪加以扣留，代表中应包括苏尔坦·阿特拉什、纳西卜、阿卜杜·加法尔、哈木德、穆特伊卜等人。哈木德、阿卜杜·加法尔和纳西卜等到达大马士革后立即被捕，并被流放到塔德木尔。几天后，法国当局又逮捕了阿里·阿特拉什、阿里·阿比德和优素福·阿特拉什等人，把他们放逐到哈斯杰。但苏尔坦·阿特拉什十分警惕，一再拒绝了法国当局的邀请，因而得以逃脱。

　　当代表被捕，法国决心使用武力让加比埃回来的消息传到山区时，苏尔坦·阿特拉什亲自到各村发动和组织群众，准备起义。起义队伍聚集在阿特拉什周围，向天开枪示威，高唱战斗歌曲。7月18日，起义爆发。起义军袭击苏韦达飞机场，烧毁法国飞机。20日攻占萨勒哈德。法国驻该地代表团人员逃往苏韦达。次日，阿特拉什从两面夹击卡弗尔的法军。双方展开白刃战，法军被歼。起义军乘胜进攻苏韦达。马尔丁带着金银财宝和法国官员及几个亲法分子，躲进城堡。法军龟缩堡内达两个月之久。

　　萨拉伊尔十分惊恐，急派法军3000人由艾资拉耳驰援。8月1日，起义军袭击法军部队，缴获大批武器弹药。8月2日，起义军在马兹拉阿附近夜袭法军主力，歼敌1500名，缴获来福枪2000支、大炮多门、军用物资无数。

　　德鲁兹人民反法斗争的胜利，成为全国大起义的先声。人民党领袖沙赫班德尔决定与德鲁兹起义者联合起来，掀起全民族革命。人民党派人与德鲁兹起义者联系，组成叙利亚民族政府和民族革命军，并积极准备在大马士革起义。8月23日，民族革命军总司令苏尔坦·阿特拉什发表文告，号召人们从睡梦中醒来，勿忘民族光荣，拿起武器，赶走法国统治者，驱散笼罩祖国蓝天的乌云，为叙利亚的自由独立而战。文告提出如下的政治纲领：承认叙利亚的独立和统一；建立人民政府，召开会议，制定基本法，撤退法国占领军，建立民族武装。文告指出，今后，全叙利亚人民没有教派纷争，没有党派倾轧，只有一个共同的敌人，那就是残暴的军事统治和外来的帝国主义。文告要求伊斯兰教的德鲁兹派、逊尼派、阿拉维派和基督教徒紧密团结起来，共同对敌。

8月25日，沙赫班德尔在德鲁兹与阿特拉什达成协议，绝不单独与法国讲和。26日，法国当局查封人民党总部，逮捕人民党党员。许多人逃到德鲁兹山区，与阿特拉什会合。

阿特拉什的讨法檄文，激起了成千上万的叙利亚儿女起来参加战斗，起义军很快发展到4万人。主力为农民。各地纺织、烟草、印刷、电力、码头工人和职员、商人、律师、新闻记者的大罢工，有力地支援了起义。起义得到了设在开罗的叙利亚—巴勒斯坦委员会的巨大支持，它为游击队购买枪支，不断向全世界揭露法军的暴行。阿拉伯各国和叙利亚侨民为起义提供了12万镑的援助。埃及民族主义领袖扎格卢勒和他的夫人亲自为叙利亚难民募捐。法国共产党也揭露法国侵略军在叙利亚和黎巴嫩屠杀人民的暴行，号召举行24小时的总罢工，要求取消委任统治，承认叙利亚独立。这时，摩洛哥里夫人民正在进行反法起义，他们拖住了法国大量兵力。凡此等等，极大地鼓舞了叙利亚人民的反法斗争。

9月3日，法国政府任命甘末林为驻叙法军总司令，要他扑灭革命烈火，挽回颓势。甘末林到大马士革后几天，就向德鲁兹山区发动攻势。法军在飞机、坦克的支援下，攻至苏韦达。困守苏韦达城堡的法军得以解围。后因供给困难，法军被迫撤回大马士革。面对叙利亚的燎原烈火，甘末林无能为力。

10—11月，反法起义达到高潮。各地成立了革命政府，负责筹集经费，购买武器，动员人民参军，执行地方政权的一切职能。起义军袭击了库奈特拉、巴勒贝克、霍姆斯等城市，围攻阿勒颇和拉史亚，并一度占领了考卡巴、哈萨巴亚、马尔吉欧云和哈马。10月4日晚，在哈马战役中，游击队攻下了政府大楼，击落了两架法机，缴获了大量武器，毙伤敌400人，游击队仅伤亡35人。法国侵略军烧毁了哈马城内的100多家商店，对居民大肆杀掠。

这段时期，游击队经常破坏交通，切断大马士革—拉亚克—贝鲁特铁路和大马士革—德拉铁路，使全国陷于瘫痪。法军在长时期内只能守住一些大城市。

当法军向德鲁兹山区猛扑时，阿特拉什等起义首领决定，派人到大马士革郊区的库塔和盖莱蒙山区组织游击队，把战争引向敌人的心脏——大马士革。起义者很快在库塔地区建立起三支游击队：哈桑·赫拉特支队，以祖尔为基地；祝木耳·苏赛格支队，在盖莱蒙山区活动；赖麦丹·舍拉什支队，驻库塔北部。纳西卜·贝克里为最高指挥官。游击队不断发展，屡创法军。法国当局惶恐不安，急从豪兰抽调大军进剿，并在大马士革城周围筑堡防守。法军在游击队根据地杀人放火，焚毁村舍，抢劫粮食，企图困死游击队。

为了预防大马士革市民暴动，阻止城内革命者与库塔游击队联系，10 月 14 日，法国讨伐队从库塔带回 24 具被无故杀害的村民尸体，让骆驼拉着游街，然后放在烈士广场示众，借以恐吓群众。

法帝国主义的残暴行为，引起人们的极度愤慨。10 月 18 日，一支有 400 人的游击队（1/4 来自德鲁兹山区，其余为库塔居民）在纳西卜·贝克里的率领下，潜入市内，准备在萨拉伊尔到阿泽姆宫时，将其活捉。同这支队伍一起入城的，还有哈桑·赫拉特和哈桑·穆格比耳等人指挥的、由城内居民组成的游击队。游击队在阿泽姆宫和守军交火，阿泽姆宫着火，哈桑·穆格比耳牺牲。市内南区，即麦丹、沙古尔和塞里杰门等地的战斗最为激烈。法军损失重大，警察缴械投降。起义者进至城中心的加比叶门，威胁政府大楼和城堡。19 日晨，法国当局命令所有部队及其家属从麦丹区撤到撒里哈区，增派军队、坦克守卫。从 18 日下午起，法军不加警告，连续炮击大马士革近 48 小时。许多住宅、商场变成废墟，无数市民惨遭不幸。阿泽姆宫的无价之宝，有的被抢，有的被毁。被破坏的建筑物，估计价值 100 万—280 万土耳其金镑。

为了大马士革免遭彻底毁坏，游击队于 10 月 19 日晚撤回库塔。大马士革市民被罚款 10 万土耳其金镑（后改为 1 万金镑），还要上缴来福枪 3000 支，每支附子弹 100 发。

法国殖民者对大马士革的疯狂炮轰，受到全世界人民，包括法国人民的谴责。当时中国广东革命政府也发表声明，向法国总统直接提出抗议。法国政府迫于舆论压力，撤换了萨拉伊尔。12 月 2 日，新任高级专员戴·茹文尼尔到达贝鲁特。

民族解放战争的失败

戴·茹文尼尔曾任法国驻国联代表多年，是一个阴险诡诈的政客。他把自己打扮成和平使者，决定在加强武力镇压的同时，对叙利亚人民玩弄政治分化的手腕，他对《金字塔报》记者说，他不愿使用武力，他去叙利亚是为了帮助叙利亚人民组织民族政府。可是，他上任后的第一件事，就是要求法国国防部增派 5 万援兵，扼杀起义。接着，他到伦敦，与英国达成了封锁叙利亚和巴勒斯坦以及叙利亚和伊拉克的边界，两国在东方互助合作的协议。战后英、法在中东的矛盾十分尖锐，英国从 19 世纪中叶以来，又同德鲁兹人有着长期的联系，因此，在叙利亚反法战争初期，英国曾幸灾乐祸地指望法国遭到削弱，对于处在它所控制下的约旦、伊拉克人民支援德鲁兹的行动控制不严，这种做法对叙利亚的反法斗争是很有利的。但英国统治阶级十分清楚：叙利亚人民的胜利，将会在埃及、伊拉克、约旦等地引起连锁反应，这对英国在中东的殖民统治将是很不利的。因此，它最后还是决定支持法国的要求，封锁叙与约、伊、巴的边界，断绝叙利亚与外界的联系。英国支持法国，对叙利亚反法起义，产生了极为不利的影响。

戴·茹文尼尔企图使用政治手段来瓦解叙利亚革命，他诱骗开罗的叙利亚—巴勒斯坦委员会接受法国的殖民统治，未成。1925 年 12 月 21 日，他又告诉由大马士革的叙利亚贵族与大商人组成的代表团，只要叙利亚人民交出武器，便可安全回家，获得和平，参加选举，组成民族政府。但为苏尔坦·阿特拉什所拒绝。1925 年 12 月下旬和 1926 年 1 月初，法国当局连续向德鲁兹起义者发出公告，诡称，如果投降，德鲁兹人即可在三个月后选举自己的独立政府。否则，强大的法军将直捣山区，苏尔坦·阿特拉什不信法国当局的花言巧语，坚决战斗到底。1926 年 1 月，戴·茹文尼尔还导演了一幕所谓的议会选举。他的这一套手段收到了一些效果，部分封建主和资产阶级上层人物果然放下武器，归顺了殖民当局。

法国当局还极力利用宗教及教派之间的分歧，破坏民族力量的团结。他们蓄意挑起基督教徒和穆斯林之间的冲突，成立了一些由伊斯兰教中的伊司马仪派、努赛尔派和基督教马龙派人组成的分遣队，来进攻以德鲁兹人和逊尼派为主的起义军。他们利用叙利亚人打叙利亚人，基督教徒打穆斯林，穆斯林这一派打那一派。法国当局在德鲁兹山区还武装了一批背叛德鲁兹的封建主，让他们去进攻起义的德鲁兹人。

这时，法帝国主义镇压了里夫人民起义，援军从摩洛哥源源到达，总兵力达 10 万人。戴·茹文尼尔利用同起义者进行政治谈判，赢得了时间，增强了势力，决心对叙利亚人民使用武力。

1926 年春，法军开始行动。当时的形势如下：起义军包围了大马士革。大马士革北边的内卜克，西边的泽布达尼成为起义军的重要根据地。游击队实际上控制了大马士革—贝鲁特和霍姆斯—德鲁兹的铁路，并经常袭击大马士革。德鲁兹山区几乎完全由起义军控制。法军仅据守霍姆斯、大马士革、德拉等铁路沿线的城市，在库塔、豪兰有几个军事据点。

大马士革麦丹区的市民以勇敢著称，他们同郊外游击队有密切的联系。为了肃清内部"隐患"，法军首先镇压麦丹区居民。1926 年 2 月，法国当局出动几百名士兵，以装甲车、坦克开路，冲入该区，烧杀掳掠，无所不为，终于迫使起义军退出。

3 月，法军以优势兵力和装备，分别从霍姆斯和大马士革出发，夹击内卜克、盖莱蒙山区的游击队。15 日，内卜克失守，盖莱蒙山区随之陷落。接着，法军占领大马士革以西地带，在库奈特拉等处建立了军事基地。

1926 年 4 月下旬，法军两万分三路进攻德鲁兹山区。这时，起义军竟放弃素来行之有效的游击战，反而集中兵力与法军决战，从而遭到了重大损失。形势随之急剧逆转。25 日，法国飞机狂轰滥炸苏韦达，法军进入城内。沙赫班德尔带着部分起义将士转移库塔，阿特拉什则向艾因·哈沙拜撤退。7 月，阿特拉什召开会议，决定战斗到底，严惩投降分子和为虎作伥的德鲁兹败类。经过六个月（5—10 月）的反复较量，法军付出了巨大代价，才在德鲁兹山区站稳脚跟。但是，阿特拉什及其战友仍然率领着一批战士在山区坚持战斗，1927 年 5 月在法军的强大压力下，游击队不得不撤退到外约旦的阿兹拉克。英国边防军当即强迫他们解除武装，予以拘留，并限他们在两周内离开阿兹拉克。阿特拉什本人被英国逐回叙利亚，后来他又逃往内志。

1927 年 7 月 18 日，法军出动 8000 多人，集中对起义军的最后一个根据地库塔森林区进攻，把起义军逐出了库塔。起义最后被镇压下去了。

起义军的失败是有多方面原因的：各路起义部队，只有少数战役上的配合，缺乏强有力的政治领导和军事指挥；起义没有真正执行团结基督教徒的政策；没有统一的军事计划，协调一致的战斗行动和机动灵活的战略战术。这一切使起义军在敌人强大的军事政治进攻面前，很快就丧失了原有的优势。

1925—1927 年叙利亚民族解放战争虽然功败垂成，但对法叙双方都具有重大意义。战争使法国懂得，再沿用老一套的殖民方式，是难以维持对叙利亚的统治的。他们汲取在战争后期的经验教训，在实行武力镇压的同时，更加重视施展政治手段。此后，它不断设置各种政治骗局，如同意召开立宪会议，同意制定宪法和签订法叙条约，并在 1926 年单方面宣布黎巴嫩共和国成立等，以缓和与叙利亚的关系。同时，大力拉拢封建主和资产阶级上层，分给他们一些管理地方事务的权力，此外还有意扩大和保持各教派之间的分歧，以破坏叙利亚人民的团结。这些做法使法国得以在第二次世界大战前，比较成功地维持住了对叙利亚的委任统治。

战争也教育了叙利亚人民，促进了他们的民族觉醒。而广大的亚非各国人民也从这场民族革命战争中，学习到许多宝贵的经验教训。

伊朗巴列维王朝的建立

刘　陵

1921 年 2 月 21 日，伊朗军人礼萨汗与亲英政客赛伊德·齐亚丁合作，发动军事政变，推翻塞帕赫达尔·拉什蒂政府，建立了以赛·齐亚丁为首相、礼萨汗掌握军权的新政府，暂时保留了卡扎尔王室。1925 年底，礼萨汗在夺取了全部军政权力后，最后推翻了统治伊朗达 140 余年之久的卡扎尔王朝，建立巴列维王朝。这一事件是伊朗历史进入现代史时期的标志，它在中东和世界现代史上留下了鲜明的痕迹。

第一次世界大战后伊朗的局势

伊朗旧名波斯（1935 年改为今名），是一个文明古国。20 世纪初的伊朗是个封建的农牧业国家。全国大约有 1000 万人口，其中农民占一半以上，牧民约占 25%。农村中，封建的生产关系居统治地位。贵族和地主占有可耕地的 70% 以上。85% 的农民沦为佃农，他们每年所得仅为总收成的 1/4，还要承担沉重的封建徭役。

19 世纪中叶外国资本大量侵入，使伊朗的社会经济发生变化。据统计，到第一次世界大战前夕，英国对伊投资约 960 万英镑，沙俄对伊投资为 1.6 亿金卢布。外资的侵入使伊朗成为它们的原料供应地和销售市场。伊朗的农业生产被迫服从世界市场的需求，手工业生产也日趋萎缩，粮食生产逐年减少，传统的蚕桑业一蹶不振，而棉花、茶叶等经济作物的生产却大量扩大。到 19 世纪末，伊朗出口的农副产品已由粮食、干果、丝绸、皮革等变成了棉花、羊毛、树胶、鸦片等。20 世纪初，伊朗国民经济更加依附于世界市场。

农村中商品生产的发展，加速了封建生产方式的瓦解，促成了农民的分化，也分解了地主阶级。其中，一部分地主已有别于旧式地主，他们采用新的经营方式，面向世界市场，从事经济作物的种植。同时，有很大一部分商业资本也进入农产品的收购、出口业务，其中一部分还直接投入购置土地，以生产世界市场所需要的经济作物，这就使新式地主阶层得到了扩展。

外国资本对伊朗经济的操纵和控制，对民族资本主义的发展是一个严重的障碍。外资挟其雄厚的经济实力和享有的政治特权（领事裁判权），处于优越的地位。它封堵了伊朗民族资本向工业和矿山投资的道路，迫使它们只能投向购买土地和从事高利贷，力图把它们变成外资在伊朗的商业活动的代理人。资产阶级也发生分化：部分从事外贸的商业资产阶级，资金比较雄厚（一般都拥有 10 万土曼①以上的资金），成了外资的买办；更多从事国内贸易的中小商业资产阶级力图挣脱外资的控制，他们构成了民族资产阶级。为了争得自由发展的权利，伊朗商业民族资产阶级曾奋力斗争。早在 19 世纪末，德黑兰的商人便建立了联合公司，同英国控制伊朗金融的波斯帝国银行竞争。商业资产阶级还曾积极投入 1907—1911 年的伊朗资产阶级革命，提出了建立国家银行的主张。革命的失败使他们的希望破灭，1911 年以后，民族资本经营的企业几乎没有增加，接踵而至的第一次世界大战更给他们带来巨大的灾难。不仅是中小商人，甚至连商业资产阶级中的首富扎尔卜家族所属企业，也纷纷破产倒闭。

伊朗在政治上是个封建专制国家，它只在 1907—1911 年资产阶级革命浪潮的冲击下，发生了一些变化：颁布了第一部宪法，实行君主立宪制，通过选举产生了第一个国会。不过这些上层行政改革大都流于形式。

伊朗还是个伊斯兰教什叶派占统治地位的国家。宗教势力控制了司法（民事诉讼）和教育大权，左右着群众的思想。教会拥有大量土地，上层教士实际上就是大地主，他们享有广泛的权力，常常干预政治，是封建统治的支柱。中、下层教士就其经济地位而言，和小资产阶级较接近。

18 世纪的波斯帝国疆土辽阔，占领有直达顿河、黑海北岸和中亚的广大地区。但在外国的侵略下，格鲁吉亚、亚美尼亚和阿塞拜疆的北部等地区先后被并入沙俄的版图，国土日蹙。19 世纪中叶以后，更加速沦为半殖民地。到 20 世纪初，帝国主义已经控制了伊朗的全部重要资源（石油、矿产、渔业等），直接干预政府的组成，控制了财政、关税、金融、交通、邮电等大

---

　　① 伊朗旧式的货币单位。

权，操纵了伊朗的武装部队。帝国主义分子在伊朗享有领事裁判权。沉重的外债（到1914年为止，伊对英、俄负债700万镑）及其附加的奴役条件，像一道道锁链，紧紧地捆住了伊朗。

英、俄、德等帝国主义在20世纪初对伊朗展开了激烈的争夺，其中美国和沙俄是主要的对手。1907年8月，英、俄达成了协议，其中涉及划分伊朗势力范围问题，规定北部（从伊拉克边境的卡斯列—西林经伊斯法罕、伊斯得至阿富汗边境的祖尔卡达尔一线以北的地区，面积为79万平方公里）为沙俄势力范围；东南部（从波斯湾畔的班达—阿巴斯港经克尔曼、比尔占德至阿富汗边境的加迪克一线的东南部地区，面积为35.5万平方公里）为英国势力范围。在这两个地区中间的地区为中立地区，双方保留在这一地区获得租让权的权利。列宁在分析这一局面时指出：伊朗"差不多完全变成了殖民地"①。

在伊朗1907—1911年革命期间，英、俄两国又从1909年起同时派兵侵入伊朗。俄军占领了北部的大不里士、腊什特、喀兹文等城，以后就一直盘踞在伊朗的阿塞拜疆省北部。英军则占领南部的布什尔、班达—阿巴斯等城，以后也一直强赖在库齐斯坦省的阿瓦士、穆罕麦拉等城。

第一次世界大战时期，伊朗的独立遭到进一步蹂躏。尽管伊朗政府宣布中立，但交战双方的帝国主义集团却把伊朗作为战场。德国和土耳其军队占领了伊朗西部，并与俄军在西北部激战。俄军击败德、土军后，占领了伊朗的阿塞拜疆省并继续进占恩泽里、库姆、哈马丹、伊斯法罕等城。英军也强占了克尔曼、班达—阿巴斯、伊斯得等城。英、俄两国又在1915年3月达成秘密勾结，商定战后由英国占领1907年英俄协定所划定的中立地带，沙俄则得到土耳其的黑海海峡和君士坦丁堡作为补偿。到1917年，伊朗北部及西北部为俄军所控制、南部及东南部为英军霸占，西部邻近土耳其边境一带为德、土军占领。伊朗政府直接管辖的国土已所剩无几。

帝国主义战争给伊朗人民带来了巨大的灾难。许多地区在战火的洗劫下成为废墟。据战后到过伊朗北部各地的美国人米尔斯波的实地调查，伊朗西北部的佳鲁斯地区所辖的241个村庄，就有106个被毁或荒无人烟。全国播种面积大减，如棉花种植面积比战前减少80%。农田灌溉系统遭到严重破坏。全国饥荒流行，1918年德黑兰省的农业人口中，就有1/4死于饥馑。接

---

① 《列宁全集》第22卷，人民出版社1958年版，第250页。

着又瘟疫四起，设拉子市的 5 万居民中，就有 1 万人死亡。战争也使卡扎尔王朝残存的统治权力继续削弱，各地封建势力各自为政，少数民族（库尔德族、土库曼族、阿拉伯族等）和游牧部落纷纷分立。社会秩序紊乱。

战争期间，各地群众自发地掀起了反对外国占领的爱国斗争。其中声势最大的是吉朗省森林军的反帝斗争。森林军由商人出身的米尔扎·库切克汗领导，以吉朗省的茂密丛林为根据地。他们提出争取独立，在伊斯兰旗帜下进行反帝斗争的口号；要求恢复宪法与振兴经济；采取了一些减轻农民负担的措施，如减免地租 1/3—1/2。他们的正义斗争得到人民的拥护。吉朗的商人直接为森林军提供军费和武器。

俄国十月革命的胜利，大大改变了伊朗的国际环境。1917 年 11 月 20 日，苏俄发表了《告俄罗斯和东方全体劳动穆斯林书》，宣布放弃沙俄在伊朗的特权，废除沙俄强加给伊朗的不平等条约，声明立即从伊朗撤出全部俄军，并号召伊朗人民起来同帝国主义斗争，掌握自己的命运。1918 年 1 月 14 日和 1919 年 6 月 26 日，苏维埃俄国两次照会伊朗政府，确认放弃对伊朗的领事裁判权及一切特权，提出把俄资企业交还伊朗。1919 年 8 月 28 日，苏俄又发表《告波斯工农书》，旗帜鲜明地支持伊朗人民进行反对英帝国主义的斗争。苏俄的诞生使伊朗摆脱了战后被瓜分的厄运，也为其争取独立创造了有利的国际条件。

但是协约国在第一次世界大战中的胜利，却给伊朗带来了不利的影响。英帝国主义对伊朗的侵略野心急剧膨胀了。英国在俄军撤出后，立即派遣"远征军团"，进占伊朗东北部和北部，1918 年年中，英军已占领伊朗全境，并以伊朗为基地，侵入高加索及中亚，进行反苏武装干涉。1918 年 8 月，英国扶植亲英分子、官僚贵族沃苏格·杜拉出任首相，进一步控制了伊朗政府。至此，英国基本上达到独吞伊朗的目的，正如列宁在 1919 年指出的，"波斯归了英国"。[①]

为了使独占伊朗合法化，英国和沃苏格政府于 1919 年 8 月 9 日签订了《英伊条约》。条约规定：英国有权向伊朗政府各部派出享有实际控制权的顾问；向伊朗军队派出教官、顾问和提供全部装备；英伊合办（实即英国控制）铁路和其他交通事业；共同确定关税。伊朗因此丧失了国防、行政、财政、关税、交通等大权，完全沦为英国的保护国。

---

① 《列宁全集》第 29 卷，人民出版社 1956 年版，第 469 页。

伊朗巴列维王朝的建立　521

　　英伊条约遭到了伊朗人民的反对，全国各城市举行了大规模的抗议示威和群众大会，一致要求取消这个条约，责令沃苏格政府辞职。在国际上，美、法等国也对英国独吞伊朗的行动表示不满。美国驻伊公使发表声明，不赞成这个"将伊朗从拥有独立和主权的国家名单上抹掉"的条约。

　　1920年初，英国在高加索及中亚的反苏武装干涉，在红军的胜利反击下连遭失败。1920年5月，红军追击敌军，乘胜进入伊朗，在吉朗省的恩泽里港登陆。红军的胜利进攻打击了英国的侵略计划，鼓舞了伊朗人民的反英爱国斗争。

　　1920年6月，沃苏格政府在群众斗争的强大压力下垮台。继任的莫希尔·杜拉政府宣布停止执行英伊条约。莫希尔政府为了解决红军进入吉朗的问题，同意苏俄的建议，于8月派出代表去莫斯科与苏俄进行谈判，同时宣布承认苏俄。

　　苏伊关系的改善，使英国处于不利的地位。英国被迫从变伊朗为保护国的计划后退，采取寻找代理人对伊朗进行间接控制的方式，以维护其帝国主义利益。在英国的中东战略计划中，伊朗的地位也从原来预定的反苏前进基地，改变为防止苏俄影响南下的防波堤。

　　1919—1920年，与伊朗毗邻的土耳其和阿富汗掀起了反帝独立斗争的高潮。1919年8月，英国被迫承认阿富汗独立。1920年4月，土耳其人民成立了大国民议会政府，坚决进行争取独立的武装斗争。土、阿人民的成就鼓舞了伊朗人民，使伊朗的反帝斗争在1920年上半年逐渐发展为革命高潮。4月，阿塞拜疆省爆发了群众反英反卡扎尔王朝的起义，建立了民族政府，并企图建立独立的阿塞拜疆民主国家。6月，库切克汗领导的爱国武装宣布建立吉朗共和国临时革命政府，号召进行反英战争。同月霍拉桑省爆发了反英起义。伊朗共产党[①]也在6月举行第一次代表大会，提出了党的纲领，并和库切克汗合作。革命烈火在整个北方熊熊燃烧。

　　革命高涨的形势使伊朗统治集团中的当权派惊慌失措。他们是贵族大资产阶级大地主集团利益代表，因公开投靠帝国主义，早已声名狼藉。统治集团中代表新兴地主—商人集团的在野派，他们处世比较精明干练，同帝国主义较少联系，在群众中还享有一定声誉。他们自信还能设法挽救统治阶级的

---

　　① 伊朗共产党的前身是正义党，成立于1916年。1920年6月召开的第一次全国代表大会通过决议，改名为伊朗共产党。

命运。英国自然企望在这一派当中物色到代理人，通过政变建立一个较强有力的政权，以稳定局势，制止革命。

1921 年二月政变

1921 年 2 月 21 日发生的军事政变，使一批新的政治人物登上了伊朗的历史舞台。

英国原先属意的政变人选中，有着形形色色的人物，如新闻记者赛伊德·齐亚丁；前外交大臣、封建主诺斯拉特·杜拉；巴赫蒂亚尔部落的首领阿萨德·巴赫蒂亚尔等。英国当局最初选中诺斯拉特·杜拉。但他的亲英色彩太浓，声誉不佳。英驻伊使馆和驻伊英军当局则交相推荐塞·齐亚丁。他不仅对英国忠贞不二，而且常以自由派的姿态抨击朝政、倡导革新；既擅长口才，又会舞文弄墨，在首都曾主持《雷声报》，有些虚名，具有更大的欺骗性和号召力。最后，塞·齐亚丁中选。但是，他平日与武装部队无缘，缺乏实力作为后盾。英国几经踌躇，为他物色了一位执掌部分军队的强有力人物礼萨汗作为辅佐。英国公使向英国外交部保证说："礼萨汗是个诚实能干的军官，没有政治野心。"英国远征军团的埃昂塞德准将也很赏识礼萨汗的军事才干，并向上级力荐。于是，礼萨汗被选中为协助齐亚丁发动政变的搭档。

礼萨汗当时是伊朗哥萨克师的一名团级军官。该师师长胡马雍只是个徒有虚衔的贵族，很少到军中视事，因而礼萨汗在很大程度上控制了这支部队的实权。他出身低微，起自行伍，性情粗野，作战勇敢，军功卓著，在军中甚有威望。他憎恨沙俄及哥萨克师中的俄国高级军官。俄国二月革命后，他带头把他们逐出部队。他从第一次世界大战后期起同英军建立了联系，历史渊源并不太深。但他反对布尔什维克，曾率部多次与进入吉朗的红军作战。他敌视人民革命，曾长期进剿吉朗森林军，因而博得了英国人的青睐。不过礼萨汗对国家的积弱沦落和外国的恃强凌弱，常常愤然于心，怀有朴素的民族感情。他没有上过学，文化很低，但能刻苦自学，经常阅读报刊，尤喜阅读历史，对古代波斯帝国的繁荣强盛，十分向往。

当时伊朗的武装力量是不统一的，中央政府能指挥的只是一支人数不多的皇家警卫部队；负责维持地方秩序的宪兵部队由瑞典军官指挥；首都的警察部队掌握在瑞士顾问手中；各部落都拥有自己的武装，根本不听命于政府，甚至外国也可以在伊朗直接建立自己的军队。在 1917 年以前，沙俄一直控制着哥萨克旅（第一次世界大战时扩编成师），这支部队装备精良，兵力最强，约有 8000 人。抓住了它的指挥权，就等于抓到全国最重要的那一部分军权。英国在沙俄军官被逐后，向哥萨克师提供经费和弹药，派出了一些教官和顾问；只因插手的时间太短，未能达到完全控制它的程度。

英国人积极怂恿牵线，礼萨汗同意参加政变。塞·齐亚丁便主动与他进行联系。双方同意共同行动。

1921 年 2 月中旬，国王艾哈麦德准备出巡南方，指名要哥萨克师派出部队护卫。齐亚丁利用这个机会，疏通了师长胡马雍，让他指派礼萨汗率部入京，出任护卫部队司令官。齐亚丁从英国方面为哥萨克师争取到一批经费、军服和弹药。2 月 18 日，礼萨汗率领 2000 名哥萨克骑兵出发，在首都郊区与齐亚丁会合。这时国王艾哈麦德风闻礼萨汗有异心，派人前来劝阻，为礼萨汗所拒绝。他表示：一定要发动政变，因为"德黑兰显然已没有人能在英军撤出伊朗后，抵挡住布尔什维克的前进"；他们进军德黑兰，就是为了"建立一个能抵抗布尔什维克的强有力的政府"。礼萨汗同时表态将忠于王室，但也要清除君侧，排除那些包围国王的宵小。

驻防首都的几千宪兵和警察由于英国早已进行了疏通，对政变袖手旁观。2 月 21 日政变部队兵不血刃，推翻了塞帕赫达尔·拉什蒂政府。塞·齐亚丁出任新政府首相，礼萨汗被任为哥萨克师师长和武装部队总司令。

二月政变的成功表明：贵族集团开始衰落，卡扎尔王室从此大权旁落了，伊朗的统治权力已开始从传统的贵族集团转移到新兴地主—商人集团之手。英国扶植了地主—商人集团，并组成了以这个集团为主干的强人政府，这对制止革命势力的扩展，确实将起重大作用。但这个集团却和贵族集团不同，不是那么俯首帖耳，它有着自己的野心和抱负，决心为保护并发展本身的阶级利益作一番奋斗。礼萨汗更从政变成功后不久便表现出较强烈的独立性，在一系列问题上顶撞英国，自行其是，这就使英国原定的建立代理人政府的计划，在很大程度上落空。

新王朝在权力斗争中诞生

新政府虽以塞·齐亚丁为首脑，政府的实权却为礼萨汗所控制。从政变之日起，礼萨汗便在伊朗政治舞台上展开了近五年之久的夺权斗争，这场斗争首先是在他与塞·齐亚丁之间进行的。

面临中东人民反帝高潮和伊朗人民蓬勃兴起的反英独立斗争，塞·齐亚丁深知，必须以爱国民主的色彩来伪装自己。他以爱国者和革新派的面貌出现，上台伊始，便宣布了一个冠冕堂皇的施政纲领，其主要之点是：（1）宣告要根除贪污腐化，改组行政机构，铲除"寄生虫和吸血鬼"；（2）许诺改善工农生活，把国有土地分给农民；　（3）发展教育，改善交通运输；（4）建立强大的国防军；（5）结束外国占领，拒绝 1919 年英伊条约。

齐亚丁的纲领是集空谈、高调与骗术之大成。他确曾拘禁了一批王公贵族、达官显贵，但主要是为了借机勒索，筹集款项，以济政府开支之急。他也曾裁减一些机构，清退一批冗员，但主要是为了借机排斥异己和培植私人势力。表面上，他确曾公开要求废除 1919 年英伊条约，表示反对英国军官继续在伊朗军队中留任；实际上他早就明白：英国已经改变策略，决定放弃这个条约了。他公开唱起反英高调，却在私下向英国公使献策，劝英国在伊朗"牺牲影子，保全实体"，以此来保持它在伊朗的地位，获得"从一个不切实际的条约（指 1919 年条约）中所得不到的好处"。他还向英国保证，日后要在军队中雇用英国顾问。

齐亚丁唯一付诸实施的诺言是建军和扩军，这是礼萨汗全力坚持的结果。但齐亚丁却不愿让礼萨汗独掌兵权。他一面企图拉拢宪兵部队，使他与礼萨汗分庭抗礼；一面又企图以明升暗降的手法，任命礼萨汗为国防大臣，将礼萨汗调出哥萨克师，但都未达到目的。齐亚丁和礼萨汗不仅在权力问题上产生矛盾，在某些重大问题上，如对是否在军队中保留外国顾问的问题，也有着明显分歧，礼萨汗坚持要解除他们的职务，而齐亚丁则反对。这就表明：他们之间的权力斗争，也带有真假爱国斗争的性质。

齐亚丁的改革高调及上述的一些行为触怒了传统的封建贵族势力。王公显贵对他群起而攻之。齐亚丁向人民群众的许诺只是空头支票，群众对他的不满和反对日趋高涨。而他和礼萨汗之间的矛盾日益激化，导致新政府内部的严重不稳定。这种状态对英国急欲建立强人政府的意图十分不利。英国经过一番斟酌，决定放弃对齐亚丁的支持。1921 年 5 月，齐亚丁终于不得不弃职出走巴勒斯坦。6 月组成了由著名的政客、前任霍拉桑省总督、大封建主卡凡姆为首相的新政府，礼萨汗首次出任国防大臣，同时仍兼任哥萨克师师长，取得夺权斗争中第一个回合的胜利。

在夺取最高权力的道路上，礼萨汗还面临不少劲敌，他们是：卡扎尔王室及贵族集团、宗教上层势力以及地方割据势力。此外，北部各省声势浩大的反帝运动始终威胁着统治集团的根本利益，也被礼萨汗引为心腹大患。为了稳定统治秩序，逐步夺权，礼萨汗采取了一系列军事政治措施。

他首先全力以赴，夺取全国军事领导实权，大力扩军，组成一支强大的、号令统一的国防军。他出任国防大臣后，抓紧时间于 1921 年 7 月，全部解除了哥萨克师中英国军官的职务，使这支部队民族化，并置于他个人的绝对指挥之下。9 月又全部解散了为英国所控制的南波斯步枪队。同年底还下令遣散宪兵部队中的瑞典军官，将宪兵的指挥权收归国防部。

同时，他还开始了统一整编全国武装力量的行动。1922 年 1 月，政府颁布了统一全国军队的命令，把全国划分为六个军区，由国防部管辖，各种杂牌部队被取消了原番号，统一编练，归国防部直接指挥。礼萨汗掌握的军队从而增加了几倍。为了扩军，礼萨汗强令政府把大部分收入用于军费。1922 年的军费开支就占国家预算的 49%。

礼萨汗整军的目的，在于加强地主—商人集团和自己的地位，对付异己和镇压革命。

在统治阶级积极整顿内部以镇压革命的同时，革命力量内部却发生了分裂。分裂的导因，是吉朗共和国临时革命政府的部分领导人和伊朗共产党的主要领导者，错误地推行了一系列"左"倾政策，如没收一切地主的土地，剥夺商人和手工业者，反对伊斯兰教和强令妇女脱去面纱等，严重地脱离了群众，导致统一战线内部意见严重分歧。伊共和其他革命力量组成的民族统一战线迅速瓦解，革命出现危机。1921 年 1 月，伊共改组领导机构后，提出了新的纲领，纠正了大多数"左"倾错误，重建了革命统一战线。1921 年 5 月，吉朗省的革命力量重整旗鼓，宣布成立以库切克汗为首的新政府，宣告吉朗为苏维埃共和国。然而，统一战线内部各派的旧怨并未真正消除，库切克汗对伊共还存在重大的猜疑，加上吉朗内部潜伏的帝国主义间谍分子大肆挑拨离间，各派之间只恢复了表面的团结。这时，统一战线内部以厄萨鲁拉汗为代表的小资产阶级分子，却在革命创伤未复、又未做好任何准备的情况下，进行军事冒险，竟匆匆向首都发动进军。但伊朗政府已做好准备，卡凡姆继任首相，礼萨汗就任国防大臣后，积极整军备战。英军也还留驻伊朗未撤，积极支援政府军，甚至出动部队和飞机，协助哥萨克师作战。吉朗军向首都的进军于 8 月初失败。

吉朗内部再次陷入分裂和混乱。1921 年 9 月，库切克汗公开与伊共破裂，统一战线彻底瓦解，伊共领导人被杀害，库切克汗和其他领导人也相互攻讦。礼萨汗乘机展开了全面进攻。1921年底，哥萨克师占领了吉朗全省，库切克汗殒命。至此，吉朗反帝革命便被最后镇压下去。

与此同时，礼萨汗挥兵镇压了霍拉桑省的反帝起义，接着又在1922年初把阿塞拜疆省的反帝反王室起义淹没在血泊里。

在扫平各地的分裂割据势力方面，礼萨汗也取得了重大的成就。随着中央政权的衰微，帝国主义采取分而治之的手法，对地方势力进行收买利用，长期以来，各地的封建主和部落首领在不同程度上都独立于中央政权管辖之外。艾哈麦德王登基以来，分裂割据现象更发展到十分严重的地步。北部有沙赫谢文汗、马金汗的割据；西部的库尔德族坚决要求分立；中部和南部有鲁尔汗、喀什开部落和巴赫蒂亚尔部落的分立抗命；西南部更有英国公开卵翼下的以哈扎尔为首的阿拉伯部落的割据。20年代初，英国还利用这一状态来作为控制礼萨汗的得力手段。

因此，礼萨汗平定分裂割据的行动，也具有和英国对抗的性质，在客观上有利于伊朗国家的统一和民族复兴。

1922—1922年，礼萨汗集中力量，先后征服了北部的沙赫谢文汗等，平定了西部库尔德地区和中央鲁利斯坦，使中央政府的权力扩展到了这些化外之域，为国内经济交流创造了条件，极受商人集团的欢迎。1924年平定哈扎尔的行动更博得了广泛的支持和拥护。

聚居在西南部库齐斯坦的阿拉伯族，历来就不愿臣服伊朗。20世纪初该地发现丰富的石油矿藏后，英国为了控制这一地区，于1922年鼓动该地阿拉伯部落首领哈扎尔建立"南方部落联盟"，阴谋成立一个听命于己的傀儡国家。哈扎尔依靠英国，拥有雄厚的财力和数万人的武装。他公开反对礼萨汗的统一行动。

礼萨汗在击败国内其他割据势力之后，又于1924年10月出动了三个军讨伐库齐斯坦的哈扎尔，并亲临前线指挥作战。英国为了保护自己的走狗和不使自己的石油利益受损，一再提出照会，警告礼萨汗停止军事行动，但他不为所动。在战斗迫在眉睫之际，英国权衡轻重，认为避免与礼萨汗直接冲突更为有利，表示只要石油利益不受损害，可以放弃对哈扎尔的支持。礼萨汗随之作了妥协，同意了英国的条件。哈扎尔失去主子的撑腰，不战而降。库齐斯坦平叛的胜利，宣告了全国统一事业的完成，大大加强了礼萨汗在内部权力斗争中的地位。

在统治阶级内部的权力斗争中，礼萨汗最强劲的对手是封建贵族集团。尽管礼萨汗掌握军权，在平定割据势力，恢复国家统一的事业中屡建功勋，但在他们的多方阻挠下，礼萨汗却难以谋取首相的职位。1923 年 2 月卡凡姆内阁倒台后，礼萨汗曾力图出面组阁，立即遭到贵族集团的强烈反对。反对礼萨汗组阁的还有地主商人集团中带有自由色彩的人士、小资产阶级和知识分子，后者主要是对他的军人专制作风和限制人民的民主自由不满。这就使礼萨汗充分意识到，必须争取这支力量。

礼萨汗在试图组阁失败后，迅速改变姿态，公开表示赞成广泛的政治经济改革。在他的影响下，伊朗政府宣布废除贵族称号，削减王室开支，统一全国度量衡，实行茶、糖专卖，以其收入作为修建铁路的费用，通过征兵法（实行普遍征兵和义务兵役）。这些措施颇受商人及知识分子的拥护。他还努力与地主—商人集团中的自由主义人士及民族主义分子，建立政治上的合作，拉拢他们中的代表人物，呼吁建立民族力量的团结。经过一番努力，礼萨汗在政治上的势力加强了。1923 年 10 月，他终于在权力斗争中取得重大胜利，获得首相职位。新内阁颇具爱国开明的色彩，自由主义人士、社会党①领袖苏莱曼，著名爱国人士、主张改革内政的前司法大臣摩萨台等，担任了政府部长。

为了彻底打击贵族集团及其后台卡扎尔王室（礼萨汗组阁后翌月，艾哈麦德王被迫出走欧洲），礼萨汗在 1924 年发动了经过周密策划的"共和运动"，亮出废除卡扎尔王朝，建立共和国的旗帜。

从 1924 年 2 月开始，首都各报对卡扎尔王室及国王本人发动全面抨击，指责王朝制度妨碍伊朗国家的进步，揭露宫廷丑闻和国王的腐化，要求建立共和制度。针对宗教界反对共和制度，各报陆续纂文阐明共和制度并不违反伊斯兰教义。在政府的默许下，首都和一些大城市纷纷举行群众集会，要求建立共和国。各种以促进共和政体为宗旨的政党和群众团体纷纷出现，它们开展多方面的活动，为共和制大造舆论。

1924 年第四届国会任期届满，第五届国会尚未选出。礼萨汗为了掌握国会这一合法工具，急忙下令加速国会选举，设法使自己的追随者成为议员。他在全国议员仅选出 70 多席（总数为 96 席）的情况下，便急忙宣布召开国

---

① 伊朗社会党是由民族主义政党民主党的左翼发展而成的，在中小资产阶级和知识分子中有一定影响。

会。在已经选出的议席中，礼萨汗的拥护者占40席，仅略占优势。因此，他又大力争取到自由派人士（14席）的支持，从而在国会中拥有稳操胜券的多数。国会决议要求召开制宪会议来决定国家制度。

卡扎尔王室在礼萨汗的猛烈打击下，声名俱败，在政治上完全破产。至此能与礼萨汗抗衡的唯一势力，就是在伊朗拥有强大影响的宗教上层。

这股势力历来是旧秩序的维护者，它们和王室及贵族享有共同的利益，惧怕统治制度的改变。它们以共和制度不符伊朗历史传统及不合教义为名，策动受其影响的群众，反对共和运动。它们煽动罢市，怂恿群众进行集会示威，提出"我们是古兰经的子民，不要共和制"等口号。

礼萨汗面临和宗教上层势力发生尖锐对立的严峻形势，斟酌再三，终于后退。在邻邦土耳其废除帝制、宣告共和的强烈感染下，他并非无意仿效凯末尔的榜样，但他的决心却远逊于凯末尔。此外，在共和运动高涨的影响下，伊朗国内出现了日趋浓厚的民主气氛：以进步工会及一些群众组织为代表的民主力量空前活跃，使地主—商人集团受到威胁。这使礼萨汗对是否要把共和运动继续下去，发生了动摇。1924年3月，首都拥护民主共和的群众举行了数千人参加的大会，与会群众对第五届国会的选举方式和组成表示不满，提出了打倒国会的口号。礼萨汗大为震惊，他终于认定：继续推行共和运动，势必促进民主力量的壮大，从而会对自己造成严重的威胁。封建贵族集团乘机接近和拉拢礼萨汗。这个集团在国会中的代表，集体晋见礼萨汗，表示愿意团结一致，共同对付民主势力，并怂恿他和宗教上层接触。

礼萨汗于是下令共和运动刹车。他立即亲临宗教中心库姆城，拜见宗教领袖伊斯法罕尼及赖尼等人，并与该地的什叶派领导集团谈判。双方很快取得妥协：礼萨汗撤销建立共和政体的计划，宗教上层也不再支持卡扎尔王室。3月31日，礼萨汗发表声明，要求人民放弃建立共和制度的打算。共和运动宣告夭折。尽管如此，这一运动毕竟还是给了卡扎尔王朝以沉重的一击，为新王朝的建立制造了舆论。

1924年10月，伊斯法罕尼和赖尼也发表公告，要求人民不要反对礼萨汗政府，"反对者将被视为离经叛道"。这一事实表明：宗教上层势力进而在一定程度上支持礼萨汗。

共和运动的半途而废，标志着礼萨汗政治方向的重大转变。从此他一反过去，致力于建立自己的封建王朝，公开排斥以往曾保持一定联合的自由派人士，并和封建贵族集团建立日益密切的关系。1924年8月，礼萨汗改组了政府，竟把大封建主诺斯拉特纳入内阁，同时斥退自由派人士、社会党领导人苏莱曼。这表明在礼萨汗的地位空前巩固后，地主—商人集团和贵族集团在新形势下开始携手合作。

1925年1月，礼萨汗又亲自向宗教领导人伊斯法罕尼及赖尼承诺：他如掌握最高权力，将执行宪法中有关伊斯兰教的各项规定。

最终废黜卡扎尔王朝一事于1925年2月提上了日程。国会通过授予礼萨汗以全国武装部队最高统帅称号。10月31日，国会又通过决议，决定废黜卡扎尔王朝，召开制宪会议，决定今后政权的形式。12月12日，制宪会议宣布建立以礼萨汗为首任君主的巴列维王朝。

第一次世界大战后国际局势剧烈变动下产生的巴列维王朝，是十月革命和东方民族解放运动，尤其是土耳其革命的影响，在伊朗历史中几经折射和变型，最终孕育而成的畸形儿。它既不是老的封建贵族政权，也不是民族资产阶级政权；而是以统治阶级中新兴的地主—商人集团为主干，吸收了一些封建贵族分子参加，主要代表地主资产阶级利益的政权，这在伊朗历史上是首创的。

作为巴列维王朝的前奏的二月政变和巴列维王朝的产生，在制止人民革命方面起了重要的作用。它在一定的历史阶段里，暂时改变了伊朗历史发展的方向。但新兴的地主—商人集团和以卡扎尔王朝为代表的封建贵族集团不同，他们为着自己的阶级利益，具有发展民族经济的愿望，要求政治上的独立自主，而不愿事事听命于外国和屈从外国的支配，有较强的民族性。当时，他们作为伊朗历史舞台上新登台的角色，还有发挥作用的余地。和卡扎尔王朝相比较，在伊朗历史发展的曲折道路上，巴列维王朝的建立，毕竟不失为向前跨进的一步。

阿拉伯半岛的统一和沙特阿拉伯王国的建立

王　彤

地处中东的阿拉伯半岛，其面积的约83%为沙特阿拉伯王国领土。半岛东部、东南、南部，分布着科威特、巴林、卡塔尔、阿拉伯联合酋长国①、阿曼、南北也门诸小国。这是20世纪20—30年代以后逐渐形成的格局。

20世纪初的阿拉伯半岛

20世纪初，在地理条件上多沙漠的阿拉伯半岛，在政治上也是一盘散沙。仅现今的沙特阿拉伯王国疆域，就分为汉志、内志、哈萨、阿西尔等地区。这些地区又为众多互相敌对的酋长、埃米尔②、谢里夫③统治着。

汉志—红海东岸的沿海低地和山区，它自10世纪法蒂玛王朝时期就为伊斯兰教创始人穆罕默德的后裔所治理，附属于埃及。1517年奥斯曼帝国占领埃及后，汉志归顺土耳其。1805—1840年，这里先后为内志的沙特家族和埃及穆罕默德·阿里总督所占领。埃及撤军后，土耳其势力又伸了进去。1916年反对土耳其统治的阿拉伯大起义爆发后，汉志独立。自969年至1925年，汉志一直保持着谢里夫制度。埃及、土耳其主宰汉志期间，主宰者完全根据自己的意愿废立谢里夫；圣裔家族中为争夺谢里夫职位，弑父杀兄者迭出不穷。官吏玩忽职守，盘剥、残害百姓。整个汉志地区的社会治安一片混乱。1908年被奥斯曼帝国任命的谢里夫侯赛因·伊本·阿里·哈希米，上台不久便发动起义，摆脱了土耳其的控制。但他穷兵黩武、横征暴敛，激

---

① 包括阿布扎比、迪拜、沙迦、阿治曼、乌姆盖万、富查伊拉、哈伊马角七个酋长国，原为英国"保护国"，1971年12月2日宣告组成阿拉伯联合酋长国。

② 阿拉伯人对王子、君主的一种称呼。文中"埃米尔"指君主，其地位介于国王和酋长之间。

③ 统治汉志的穆罕默德后裔的称号。

起汉志人及外来朝觐者的怨恨。

在阿拉伯半岛最辽阔的腹地内志，18 世纪中叶，沙特家族崛起，建立沙特埃米尔国，史称前沙特国。18 世纪末，前沙特国统一了内志境内林立的酋长国。19 世纪初，它的势力扩展到半岛绝大部分地区，1818 年被侵占汉志的埃及总督所灭。19 世纪 20 年代，沙特家族东山再起，重建沙特埃米尔国，史称后沙特国。19 世纪末，后沙特国被 1830 年建于内志北端的沙马尔埃米尔国所灭。它占领后沙特国首都利雅得，把沙特家族统治者赶跑后，没有继续进军。内志其他地区形成部落割据，相互抢掠仇杀，使整个内志陷于四分五裂。沙马尔国统治者赖希德家族内讧不已，自其 1891 年战胜沙特家族后的 30 年间，先后更替了 8 个埃米尔。赖希德家族还勾结土耳其人，残害内志百姓。

位于半岛西南部、介于汉志和也门之间的阿西尔地区，在第一次世界大战前附属土耳其，大战爆发后土军撤出。这里居住着伊德里斯和阿伊德两个势力强大的家族，两家争权夺利，战乱不已。百姓不堪其苦，有的部落逃亡异地。

东部沿海湾的哈萨地区，自 1869 年至 1913 年为奥斯曼帝国的一个州。

20 世纪初，阿拉伯半岛多数居民主要从事游牧和半游牧的畜牧业，少数人从事农业、商业、手工业，沿海居民则以打鱼、采珠为生。当时，游牧和半游牧部落尚处在氏族部落关系瓦解、封建关系产生的过程中。牧场及水井私有制逐步确立，牲畜逐渐向部落头领手里集中。氏族部落内部出现贫富分化，开始形成封建主和贫穷的普通牧民，但阶级关系尚为氏族部落组织所掩盖。定居人口中出现了私有土地和土地的买卖与抵押现象。部落上层人物、商人变成地主阶级，他们支配着土地与在土地上耕作的农民。氏族制残余在定居人口中还多少保存着。小村落的居民往往是某个部落的一个分支。他们为防范游牧部落的袭击，保持着大家族的组织。在被称为城镇的大型村落里，常常住着来自各个部落的人。这里亲缘关系逐渐为地缘关系所取代，村镇首脑已不是部落首领，而是从富人中推举出来的长官。

20 世纪初叶，阿拉伯半岛的游牧自然经济发生危机。随着中东地区新的通路和新的交通工具的出现，游牧部落经济中最活跃的驮运业和商队贸易逐渐没落，骆驼价格逐渐下跌。封建割据势力的发展，连绵不断的战争，使半岛上本来就不发达的经济状况更趋恶化。

阿拉伯半岛是伊斯兰教的发祥地。但自中世纪以来，伊斯兰教受基督教、佛教、拜火教等影响，众多的多神教和"异端邪说"在半岛盛行。

18世纪中叶，在内志兴起以恢复穆罕默德和四大哈里发时代、朴素的伊斯兰教为主旨的瓦哈比运动。此运动以其发动者、著名伊斯兰教改革家穆罕默德·伊本·阿卜杜·瓦哈卜而得名。瓦哈卜坚守的主要信条是严格的一神论。他主张只依据《古兰经》和早期编订的《圣训》持论立说，反对崇拜先知穆罕默德和亚当、耶稣等其他圣徒，反对异教徒和叛教者，反对多神信仰和"异端邪说"。

瓦哈卜的信条和主张得到了当时内志的德拉伊叶酋长国统治者穆罕默德·伊本·沙特的支持。他们共同进行宗教、政治改革、破除多神信仰，恢复独尊安拉的一神教；取消赋税，以天课①、战利品等合法收入充实国库；用圣战取代进行抢掠的部落战争。他们建立起一支由瓦哈比教派信徒——视死如归的圣战者组成的军队，训练军队使用火器，给军队规定严明的纪律、制定灵活的战术。沙特家族借助瓦哈比教派的力量，统一了半岛绝大部分地区，广泛传播了瓦哈比教义。

半岛居民信奉瓦哈比教义带有一定强迫性，所以，在沙特埃米尔国两起两落之后，多数人对瓦哈比教义信仰发生动摇以至背弃。20世纪初，瓦哈比教义在内志定居人口中还有相当数量的人信奉，瓦哈比教派宗教学者还在活动。但在其他地区，信奉瓦哈比教义者已寥寥无几。占半岛人口多数的游牧部落，其中包括内志牧民，他们已经把宗教信仰抛之脑后，热衷的只是劫掠和杀戮。

20世纪初，阿拉伯半岛上已经形成英国与土耳其两大外来势力争夺之势。英国殖民主义者早在19世纪20年代就通过与马斯喀特、巴林、哈伊马角、阿布扎比、迪拜、沙迦、阿治曼的诸教长、酋长签订"贸易协定""和平条约"，逐渐控制了海湾地区。19世纪末至20世纪初，他们又策划科威特政变、干预汉志谢里夫人选，以培植亲英势力，试图向阿拉伯腹地渗透。奥斯曼帝国在20世纪初虽已日趋衰落，仍然固守它在阿拉伯半岛的属地和势力范围，设法加强其控制力量。

20世纪初，阿拉伯半岛氏族部落关系的瓦解，为工农业生产的发展提供了先决条件。但是，半岛上存在的封建割据，内战不休，居民信仰各异，各地政令不一，不仅阻碍生产力的发展，也难以抵抗外来的侵略势力。因此，历史发展的趋势要求半岛统一、建立一个中央集权的国家。

---

① 伊斯兰教的宗教课税。纳天课为伊斯兰教的"五功"之一。

阿卜杜·阿齐兹统一内志、哈萨和阿西尔

　　沙特阿拉伯王国的缔造者阿卜杜·阿齐兹·伊本，阿卜杜·拉赫曼·沙特，1880 年 12 月 2 日（回历 1297 年 12 月 29 日）生于利雅得，自幼聪颖好学、胸怀大志。他 11 岁时随父亲、后沙特国末代埃米尔阿卜杜·拉赫曼·伊本·费萨尔·沙特逃亡国外，1892 年以后客居科威特，但时刻不忘沦亡的故国。

　　1901 年秋，阿卜杜·阿齐兹率领一支由 40 名内志人组成的敢死队，向利雅得方向进发。由于阿卜杜·阿齐兹及敢死队员们的机智勇敢，加之利雅得及其周围居民大部分人，心向沙特家族，赖希德家族统治者过于轻敌，利雅得城戒备松弛等客观因素，1902 年 2 月，阿卜杜·阿齐兹奇袭利雅得，一举成功，从沙马尔国占领者手中夺得政权。他借助内志定居人口中瓦哈比教派的势力，在 1902—1906 年统一了除沙马尔国本土以外的内志地区。

　　阿卜杜·阿齐兹在内志夺取政权后，面临着各种不安定因素的威胁：境内游牧部落因为他们热衷的劫掠受到限制，而对中央集权强烈不满；昔日各霸一方的封建割据势力，因为被剥夺权力而对沙特家族怀恨在心；还有沙特家族内觊觎埃米尔权位者，也对阿卜杜·阿齐兹虎视眈眈。

　　1902—1912 年，内志各种反政府势力不断暴乱。特别是 1910 年作乱的哈赞家族封建主与后沙特国埃米尔沙特·伊本，费萨尔的子孙相勾结，企图攻占通往利雅得的南面要冲哈尔季。反叛者多受土耳其、汉志及沙马尔当权者的煽动和利用。阿卜杜·阿齐兹在定居人口多方支持和帮助下，采取软硬兼施、宽猛相济的手段，逐个消灭了作乱的封建势力。被抓获的哈赞家族 19 名反叛首领中，有 18 名被当众处决，另 1 名获释。企图夺权的王室贵族逃往汉志。

　　阿卜杜·阿齐兹虽然消除了境内的不安定因素，但他的国家尚处在英、土敌对势力的包围之中。英国控制着伊朗南部、海湾、亚丁保护地、埃及、苏伊士海峡；土耳其控制着伊拉克、叙利亚、巴勒斯坦、汉志、也门和哈萨。此外，盘踞在沙马尔山区的沙马尔国统治者赖希德家族还在不时地进行捣乱和破坏。

　　为了打破对内志的经济封锁，发展内志的经济和贸易，阿卜杜·阿齐兹打算夺取哈萨，以获得出海口。但他担心与控制海湾的英国势力发生纠葛，

担心难以战胜土耳其。他通过科威特酋长穆巴拉克与英国联系，向英国讲明双方都是为了摆脱土耳其，不想损害英国的利益。此前，英国没有与阿卜杜·阿齐兹发生过任何关系，它无意干涉阿卜杜·阿齐兹与土耳其间的斗争。阿卜杜·阿齐兹争得了英国的中立。

1911年末，意大利进攻土耳其控制的利比亚首府的黎波里。1912年末，巴尔干同盟对土耳其的战争即第一次巴尔干战争爆发。土耳其日感兵员紧张。1913年初，阿卜杜·阿齐兹派人去哈萨侦察，发现土耳其正在哈萨首府胡富夫及沿海重要城市抽调兵力，增援巴尔干战场。这是难得的好机会。

1913年2月，阿卜杜·阿齐兹率700名精悍骑兵进入哈萨。5月，进攻胡富夫。该城当时有土耳其守军1200人。经过24小时激战，阿卜杜·阿齐兹攻破敌堡，胡富夫的统治者及守军投降。阿卜杜·阿齐兹继而发兵进攻沿海城市卡提夫。土耳其守军望风而逃。接着赶来的沙特援军廓清了哈萨地区的土匪。整个哈萨遂归阿卜杜·阿齐兹领有。

哈萨被阿卜杜·阿齐兹夺取后，土耳其政府面对既成事实，于1913年秋与阿卜杜·阿齐兹签订条约。条约规定哈萨名义上属土耳其；土耳其向阿卜杜·阿齐兹提供武器、钱财；由阿卜杜·阿齐兹负责该地区安全。1914年第一次世界大战爆发，土耳其加入德国一方与英国交战。阿卜杜·阿齐兹乘机宣布哈萨名义上不再属于土耳其。

1906年被赶回沙马尔山地区的赖希德家族，在第一次世界大战期间追随土耳其，接受土耳其提供的金钱和武器援助，反对沙特家族。英国从协约国利益出发，向阿卜杜·阿齐兹提供援助，鼓励他进攻土耳其的盟友赖希德家族。

第一次世界大战结束后，赖希德家族因土耳其战败而失去靠山，转而投靠英国。英国企图利用赖希德家族的力量牵制阿卜杜·阿齐兹。因此，英国驻海湾地区代表斯尔贝里斯·考克斯提出，他愿为沙马尔与内志举行谈判进行斡旋。阿卜杜·阿齐兹拒绝谈判，他不顾英国保存沙马尔为独立埃米尔国的企图，向沙马尔山地区连续发动进攻。1921年11月2日，沙马尔国末代埃米尔穆罕默德·伊本·塔拉勒·赖希德，在其都城哈伊勒被包围55天后，宣布投降。沙马尔国就此灭亡。

接着，阿卜杜·阿齐兹派兵占领靠近汉志、原附属沙马尔国的焦夫、锡尔汉涸谷及海巴尔、太马两个绿洲。整个内志地区皆归阿卜杜·阿齐兹统治。

阿卜杜·阿齐兹在进攻沙马尔国的同时，也把矛头指向阿西尔。

第一次世界大战爆发后，土耳其从阿西尔撤军。阿西尔成为伊德里斯家族统治下的酋长国。它由阿西尔·帖哈麦（沿海地区）和阿西尔·萨拉特（山区）两部分组成。

1919 年，当地封建贵族阿伊德家族占领阿西尔·萨拉特的首府阿卜哈。阿西尔国酋长穆罕默德·伊德里斯跑到内志，请求救助。阿卜杜·阿齐兹借机出兵打败阿伊德家族，把穆罕默德送回阿西尔·帖哈麦首府基赞，并把阿西尔·萨拉特并入内志。

1921 年，阿伊德家族在阿卜哈谋反，赶走内志守卫部队。1922 年，阿卜杜·阿齐兹发兵打败阿伊德家族军队及其支持者汉志族侯赛因的援军。

1923 年，阿西尔国酋长穆罕默德死后，其子阿里·伊本·穆罕默德·伊德里斯继位。他懦弱无能，被他的叔父哈桑·伊德里斯所取代。也门国王穆罕默德·叶海亚·伊本·哈米丁乘乱借口边界问题进攻阿西尔·帖哈麦，哈桑因力量不支，要求阿卜杜·阿齐兹保护。1926 年 10 月，哈桑与阿卜杜·阿齐兹签订条约。从此，阿西尔·帖哈麦置于阿卜杜·阿齐兹保护之下。叶海亚不敢与阿卜杜·阿齐兹争锋，遂停止其军事行动。

1932 年，哈桑在阿卜杜·阿齐兹的反对派"自由汉志人"的怂恿下，欲以武力收回其全部权力。也门军队也乘机开进阿西尔，阿卜杜·阿齐兹派军队打败哈桑。哈桑逃往也门。阿卜杜·阿齐兹将整个阿西尔划入沙特版图。

阿卜杜·阿齐兹统一汉志

阿卜杜·阿齐兹统一阿拉伯半岛的关键性步骤是统一汉志。

汉志谢里夫与内志沙特家族之间的矛盾，始于瓦哈比运动兴起之时，既是教派之争，也是政治权力之争。特别是 1908 年侯赛因成为汉志的谢里夫以后，他雄心勃勃地要统一阿拉伯东方，与志在统一阿拉伯半岛的阿卜杜·阿齐兹的矛盾发展到了顶点。1910 年，侯赛因出兵阿西尔，同年攻入内志边境。1911 年，侯赛因宣布把内志领土阿提拜并入汉志。1912 年，侯赛因又从阿提拜虏走阿卜杜·阿齐兹的弟弟萨尔德·伊本·阿卜杜·拉赫曼，同时在内志制造内乱。当时，阿卜杜·阿齐兹为集中精力镇压国内的反叛，对侯赛因采取了暂时忍让的态度。

　　第一次世界大战爆发后，英国政府分别拉拢侯赛因和阿卜杜·阿齐兹，争取他们站在英国一边反对土耳其。一方面，英国高级专员亨利·麦克马洪在与侯赛因通信中表明，英国政府承认侯赛因在汉志的主权，答应他在战后建立包括肥沃新月地带①和整个阿拉伯半岛（亚丁除外）的独立的阿拉伯国的要求；另一方面，英国又派考克斯代表英国政府与阿卜杜·阿齐兹签订乌凯尔协议，承认内志和哈萨独立，归阿卜杜·阿齐兹所有，许诺协约国在战后瓜分土耳其领土时不考虑这块地方。

　　阿卜杜·阿齐兹此时不知侯赛因与英国的关系，想借第一次世界大战之机进攻"土耳其的盟友"，侯赛因被英国代表劝阻。1916 年 6 月 2 日，侯赛因宣布反土耳其起义。阿卜杜·阿齐兹因此主动与侯赛因讲和，承认侯赛因在阿拉伯民族运动中的领导地位，条件是侯赛因不得干涉内志的内部事务。

　　1918 年春，与内志接壤的汉志胡尔马地区信奉瓦哈比教义的地方官哈立德投向阿卜杜·阿齐兹。侯赛因进兵胡尔马。哈立德率领居民反抗，同时呼吁内志援救。阿卜杜·阿齐兹由于宗教信仰的一致，而把胡尔马居民视作自己的子民，但碍于在 1915 年乌凯尔协议中他已向英国承诺不进攻英国的盟友，只向侯赛因提出抗议。侯赛因依仗英国的支持，对阿卜杜·阿齐兹的抗议不予理睬，且扬言要出兵内志，赶走沙特家族。

　　同年夏，胡尔马居民再次奋起反抗。侯赛因派其子阿卜杜拉·伊本·侯赛因·哈希米率兵镇压。阿卜杜·阿齐兹决心支援胡尔马。英国代表对此进行了干涉，认为惩处胡尔马居民是汉志的内部事务，内志无权干涉。阿卜杜·阿齐兹向英国提出抗议，并决计出兵。当阿卜杜拉率汉志军向胡尔马进发时，阿卜杜·阿齐兹也率 12000 内志军驰援胡尔马。阿卜杜拉军到达胡尔马以西 25 公里的图腊巴扎营，遭到 400 名内志军先遣队的夜袭。汉志军猝不及防，伤亡惨重。阿卜杜拉逃回麦加。阿卜杜·阿齐兹顺利占领胡尔马和图腊巴。

　　图腊巴战役打开了阿卜杜·阿齐兹进军汉志的大门。当时第一次世界大战尚未结束，英国认为圣裔侯赛因的可利用性还很大，不愿抛弃他，因而向阿卜杜·阿齐兹发出通牒，限他在六小时内撤军，否则英国将出兵干涉。阿卜杜·阿齐兹被迫撤军。但他从图腊巴战役中看出了侯赛因军事力量的

---

　　①　指从幼发拉底河与底格里斯河流域到地中海东岸的弧形地带。它包括现今的伊拉克、叙利亚、黎巴嫩、约旦和巴勒斯坦。该地带因土地肥沃、形似新月，故有"肥沃新月地带"之称。

虚弱。

1919 年春，侯赛因从土耳其手中攻取麦地那后，准备再度惩罚胡尔马和图腊巴居民。阿卜杜·阿齐兹把侯赛因的动向告知英国驻伊拉克代表，未得到答复。于是，他出兵胡尔马和图腊巴，以保护那里的居民。3 月 24 日，阿卜杜拉率领汉志军进入图腊巴。25 日，内志军赶到，攻占此地，消灭 5000 汉志军。英国出于对阿拉伯东方分而治之的考虑，不愿看到阿卜杜·阿齐兹的势力不断扩张，6 月 4 日迫其从图腊巴撤军。

第一次世界大战后，法国控制了叙利亚，英国控制了伊拉克、外约旦和巴勒斯坦。英国答应侯赛因成立独立的大阿拉伯国的许诺一直没有实现。1924 年 3 月，土耳其废除哈里发制度。侯赛因为了争得阿拉伯民族对自己的支持，抬高自己在英国人心目中的身价，借机自立为哈里发。侯赛因的这一举动激起大多数穆斯林的强烈反对。另外，侯赛因多年坚持要建立一个由自己统治的大阿拉伯王国，有悖于英国的分而治之政策，他自立为哈里发，更使他的大阿拉伯政策开始带有不利于英国的、泛伊斯兰主义色彩。因此，英国逐渐对他疏远。

1924 年，巴勒斯坦、伊拉克民族解放运动的高涨，以及英、法在伊拉克境内摩苏尔问题上矛盾的尖锐，使英国在中东处境困难，它一时无力顾及内志、汉志之争。当时法国也忙于应付叙利亚人民的反法起义，同样无暇顾及阿拉伯半岛事件。

阿卜杜·阿齐兹利用了这一有利时机，于 1924 年 8 月率 2000 内志军（后又有 1000 汉志人加入）从胡尔马、图腊巴突入汉志，向塔伊夫挺进，9 月初到达塔伊夫附近侯维叶村。汉志军 400 人携机枪、大炮迎战失利。侯赛因派其子阿里·伊本·侯赛因·哈希米率军增援塔伊夫，但亦不能挽回败局，内志军占领了该城。随后，又进占胡达，打通了去麦加的道路。

汉志政府惊恐万状。侯赛因一面拼力抵抗，一面向英国寻求支援，却迟迟得不到答复。10 月初，侯赛因在汉志祖国党负责人及一些学者、名流、商人的联名敦促下，逊位给其长子阿里。阿里自认为他不存在猎取"大阿拉伯王"和"哈里发"的非分之想，英国或许肯助他一臂之力。他一上台，立即向英国求援。英国的答复是：侯赛因家族与沙特家族间的斗争属于教派之争，其目的是解决哈里发让位问题所引起的矛盾。英国人根据其传统，不介入这场斗争。阿里见依靠英国人已无指望，便转请阿卜杜·阿齐兹提出条件。阿卜杜·阿齐兹得知英国已抛弃侯赛因父子，遂答复："不见最后一个哈希姆家族的人离开汉志，我们决不放下武器。"

10月底，内志军攻占麦加。阿里退守吉达。11月初，阿卜杜·阿齐兹率5000大军奔赴麦加前线。驻吉达的英、法、意、荷、伊朗等国代表联名写信给进占麦加的内志军将领，表示他们所代表的国家对内志、汉志之争持中立态度。

面对侯赛因父子败局已定的局面，英国决定与阿卜杜·阿齐兹打交道。它一面派代表团去见阿卜杜·阿齐兹，一面派外约旦军占领汉志北端的亚喀巴。英代表与阿卜杜·阿齐兹围绕锡尔汉涸谷和亚喀巴两个战略要地的归属问题，举行会谈，达成如下协议：阿卜杜·阿齐兹从锡尔汉涸谷撤军，但保留对该地居住的部落的主权；对亚喀巴，阿卜杜·阿齐兹暂不提出领土要求，亚喀巴的命运留待将来谈判解决。

阿里退至吉达后，继续谋求与阿卜杜·阿齐兹谈判、订立和约。但阿卜杜·阿齐兹声明，要为穆斯林解放汉志。

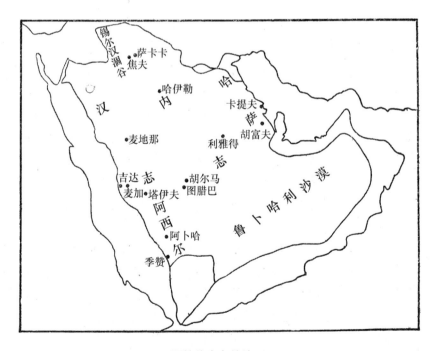

阿拉伯半岛的统一

　　1925 年 12 月 5 日，麦地那被围 10 个月后向阿卜杜·阿齐兹投降。12 月 17 日，阿里在吉达宣布投降。从而，整个汉志地区被阿卜杜·阿齐兹占领。

　　占领汉志使阿卜杜·阿齐兹的国家打开了通向红海的出海口，打破了敌人的包围，使阿拉伯半岛的统一成为定局。

　　阿卜杜·阿齐兹统一阿拉伯半岛的上述地区，共花费了 30 年时间。随着领有疆土的不断扩大，国家的名称也数次变更。1902 年阿卜杜·阿齐兹攻占利雅得后，他所创建的国家只是一个规模不大的沙特埃米尔国。1921 年阿卜杜·阿齐兹攻占哈伊勒，统一了整个内志和哈萨后，他的国家成为内志及其属地苏丹国。1925 年阿卜杜·阿齐兹征服汉志后，1926 年汉志人拥戴他为汉志国王。这样，汉志和原来的内志及其属地形成由一个统治者统治的两个国家，即汉志王国和内志及其属地苏丹国。1927 年，内志人对阿卜杜·阿齐兹的称呼，由内志及其属地苏丹改为内志及其属地国王。自此，两个独立的国家就变成了一个联合的王国，即汉志、内志及其属地王国。1932 年阿西尔并入后，为了进一步清除封建割据势力、统一行政管理、巩固中央集权，阿卜杜·阿齐兹发布敕令，将这一联合的王国变为统一的王国，正式定名为沙特阿拉伯王国。

阿拉伯半岛统一成功的原因

　　阿卜杜·阿齐兹统一阿拉伯半岛的事业之所以获得成功，有下列原因：

　　阿卜杜·阿齐兹实行了一系列改革。他首先发动了旨在使游牧民转入定居生活的伊赫万运动，造就了一支亦农亦军的强大队伍。建国初期，占人口多数的游牧民不断反叛。阿卜杜·阿齐兹逐渐意识到，游牧民所以叛服无常，是因为他们无定居的土地。给他们以土地、帮助他们建立固定的国家，有助于使他们俯首听命。1910 年，阿卜杜·阿齐兹着手组织宗教学者，在游牧民中宣传瓦哈比教义，警告他们不得信仰多神，引导他们敬奉唯一的真主安拉；并发起成立"伊赫万·陶希德"意即敬奉唯一真主兄弟会，做安拉的信徒。伴随游牧民加入伊赫万而来的，是游牧民向定居生活的转变。1912 年，阿卜杜·阿齐兹在内志北部的阿尔塔维叶建立起第一个移民点"希吉拉"，先使木太尔部落转入定居。阿卜杜·阿齐兹从内志西部派了一些农民教游牧民垦荒，向他们传授耕耘和灌溉技术。国家为希吉拉的定居者修建房舍和清真寺，提供种子和农具。这些伊赫万逐渐适应了农业劳动。此后，不断有新的希吉拉建立起来。1917 年，阿卜杜·阿齐兹颁布教令，指定伊赫万一律转为定居。1918 年，他又发布政令，规定内志的各个游牧部落必须遵照指定的程序加入伊赫万。伊赫万运动因之得到迅速发展。

希吉拉不仅是新型的农村，而且是新型的军屯。希吉拉的伊赫万每人都发给一支枪，边生产、边习武。当希吉拉稳定下来的时候，阿卜杜·阿齐兹就开始从它的居民中为新军招募士兵。未入伍的适龄者被编为预备役。阿卜杜·阿齐兹教育伊赫万士兵，尊重、帮助同教兄弟；向他们灌输一切异教徒和叛教者都是不共戴天的仇敌，除却奠定在《古兰经》和《圣训》基础上的政权，别无其他统治者。经过宗教熏陶的伊赫万士兵，逐渐成为为安拉而战、为传播瓦哈比教义而战的勇士。1918 年和 1919 年两次图腊巴战役中，伊赫万军对汉志军作战旗开得胜，表现出强大的战斗力。此后，夺塔伊夫、取麦加、克麦地那、占吉达，维护汉志新秩序，兼并阿西尔，阿卜杜·阿齐兹主要是凭借这支伊赫万军。

此外，阿卜杜·阿齐兹用兵沿袭沙特前朝传统，以布道士开路，大军断后，形成敌方信仰瓦哈比教义的军民与沙特军里应外合之势，而沙特兵力则着重对付固守的敌人，迫使他们降服后，再强迫他们接受瓦哈比教义。传播瓦哈比教义开辟进军的道路，并以军事的胜利推动瓦哈比教义的传播，这是沙特家族开疆扩土行之有效的策略手段。

半岛统一后，为了加强国家经济、军事的现代化建设，阿卜杜·阿齐兹提出了开明的瓦哈比理论，即对任何技术，只要与伊斯兰教精神没有抵触，即便《古兰经》没有明文规定，也可以接受。在这种理论指导下，国家从西方引进了电话、汽车、无线电等先进设备。阿卜杜·阿齐兹允许免税进口汽车和汽车零部件。汽车运输业迅速发展起来。这不仅增加了朝觐收入、扩大了贸易，而且对于巩固国防、维护社会治安也起了很大作用。为使军队增强机动能力，提高战斗力，阿卜杜·阿齐兹决定广泛使用装甲车和无线电联络。对那些认为唯有巩固信仰才是加强军队的正当途径，拒绝将刀剑、骆驼换成机枪、战车的伊赫万保守分子，阿卜杜·阿齐兹作了坚决的斗争。1928 年底和 1929 年底爆发的伊赫万保守派反叛被荡平后，一支以现代化技术武装起来的正规军，随即取代了建立在游牧民的宗教狂热和尚武精神之上的伊赫万军事组织。国家的军事力量日渐强大。

半岛统一后，阿卜杜·阿齐兹还进行了某些推动国家机构现代化和管理制度一元化的改革。他摆脱了一些落后的穆斯林传统的束缚，参照欧洲样式，1931 年组成汉志大臣会议，1932 年又成立汉志咨议大会。以后，国家管理体系逐渐整齐划一，将汉志大臣会议、咨议大会的职能向内志扩展，汉志政府各部与内志宫廷各府合并，并逐步健全主管全沙特行政各部。地方各部落酋长也改由政府任免。酋长被赋予一定的职权，负责本部落成员遵守国家法令、按期如数缴税、随时待命为国王服役。在阿卜杜·阿齐兹的监督下，各部落相互间缔结了捐弃前嫌、和平相处的协议。

阿卜杜·阿齐兹谋求国家机构、经济、军事现代化的改革，对克服地区分立主义，加强中央集权，加强经济、军事力量，起了重要作用。

阿卜杜·阿齐兹实行灵活的外交政策，使年轻的沙特国在复杂的国际环境中，得以生存和发展。

1913 年阿卜杜·阿齐兹从土耳其手中夺取哈萨前，他尽力争取控制海湾地区的英国保持中立，避免了可能发生的纠葛。夺取哈萨后，为照顾土耳其的脸面，又同意哈萨名义上属于土耳其，以此换取了物质利益，但确保了自己对哈萨的控制权，等到第一次世界大战爆发，土耳其实在无力西顾时，他才乘机宣布，哈萨名义上不再属于土耳其。

第一次世界大战爆发后，1915 年，英国与阿西尔签订了基赞条约，继而又占领了幼发拉底河与底格里斯河汇合处，控制了阿拉伯河，随时可以南下进攻哈萨。内志东部、西部、南部也都有英国的势力范围，英国完全可以封锁内志。在此险恶环境下，阿卜杜·阿齐兹审时度势，作出必要的退让，与英国签订《乌凯尔条约》（1927 年又以平等的吉达条约取代之），接受了英国的保护。但他绝不像汉志的侯赛因，在防务上完全依赖英国，而是坚持壮大自己的力量。事实上，他也没有完全受乌凯尔条约的束缚，而是看准时机，两次进行图腊巴战役，取得了对英国的盟友侯赛因的胜利。

他还机敏地利用英国与土耳其之间的矛盾，接连进攻土耳其的盟友、沙特家族的宿敌赖希德家族，终于将其最后消灭。

在对汉志统治者侯赛因的关系上，沙特家族与麦加谢里夫是势不两立的，双方的既定方针都是要吃掉对方。但阿卜杜·阿齐兹却善于运用适当的策略，来达到目的。当侯赛因宣布反土耳其起义以后，阿卜杜·阿齐兹一反其历来的反侯赛因立场，赞扬侯赛因拿起武器反对阿拉伯各国人民共同的敌人土耳其，并主动与侯赛因讲和，承认其在阿拉伯民族运动中的领导地位，还鼓励盖西姆的内志人参加侯赛因的军队。而当侯赛因自立为哈里发后，阿卜杜·阿齐兹看出他已招怨于伊斯兰世界，便立即率先发出声讨侯赛因的檄文，谴责他只热衷于非法自立为哈里发，而对阿拉伯土地被人占领却无动于衷，等等。这些举动及时又合乎情理，赢得了大多数阿拉伯人和穆斯林的支持。所以，当阿卜杜·阿齐兹向汉志进军时，很少有人对侯赛因表示同情。

在向汉志进军的时机的选择上，阿卜杜·阿齐兹十分注意英国对侯赛因态度的变化。当他看到英国还需要利用而不愿抛弃侯赛因时，他绝不贸然行动。而当他确认侯赛因触犯英国利益，而被英国疏远以至抛弃时，则不失时机地作出了进军汉志的决定。

阿拉伯人民要求摆脱土耳其统治和西方殖民主义侵略的愿望，以及他们为此进行的斗争，给了阿卜杜·阿齐兹统一阿拉伯半岛的事业以有力的支持。内志人民反对土耳其傀儡赖希德家族统治的斗争，支持了阿卜杜·阿齐兹收复利雅得和整个内志；哈萨人民反对土耳其统治的斗争，支持了阿卜杜·阿齐兹夺取哈萨地区；伊拉克、叙利亚和巴勒斯坦等阿拉伯人民反对英、法殖民主义侵略的斗争，使它们无力顾及阿卜杜·阿齐兹进军汉志的行动。这一切都大大帮助了阿卜杜·阿齐兹去统一阿拉伯半岛。

阿卜杜·阿齐兹统一阿拉伯半岛的斗争，矛头是指向奥斯曼土耳其和英国帝国主义的，因而带有反帝、反殖，争取民族独立的性质。中央集权的封建国家沙特阿拉伯王国的建立，则打破了阿拉伯半岛封建割据的落后状态，促进了社会的进步。独立的沙特阿拉伯王国在阿拉伯半岛的崛起，对激发阿拉伯各国人民继续进行反帝、反殖的伟大斗争，具有积极的意义。

1926 年印度尼西亚人民反荷起义

梁英明

1926 年 11 月至 1927 年初，荷属东印度（今印度尼西亚）的爪哇岛和苏门答腊岛接连爆发了反抗荷兰殖民统治的武装起义。这是继 19 世纪著名的蒂博尼哥罗战争之后，印度尼西亚人民的又一次反荷斗争的高潮。它对印度尼西亚的民族独立运动具有深远的影响。

荷兰对印尼的殖民掠夺和压迫

1926 年起义的爆发，是荷兰帝国主义对印度尼西亚实行殖民掠夺和压迫的必然结果。

19 世纪末叶，荷兰、英国等国的垄断资本大量涌入印尼。它们利用当地的廉价劳动力，修建铁路、公路和港口；开辟种植甘蔗、咖啡、茶叶、烟草和橡胶的大种植园；大规模地开采锡矿和石油，掠夺这里丰富的自然资源。据统计，到 1923 年底，荷兰等国垄断资本在印尼的投资总额约为 26.5 亿盾，每年获利润约 5 亿盾。

第一次世界大战结束后，荷兰为摆脱经济危机，加强了对印尼人民的剥削。在受荷兰殖民政府监督的大企业里，工人每周连续工作 7 天。除每日工作 8—10 小时外，每周加两次夜班。许多企业的工人每周劳动时间长达 84—88 小时。然而，他们的收入极其微薄。据荷兰经济学家胡恩德的实地调查，1925 年，在爪哇与马都拉的工厂或种植园干活的印尼工人家庭，年平均收入只有 370 盾（约 148 美元）；农业雇工家庭的年平均收入只有 101 盾（约 41 美元）。胡恩德承认，1920—1923 年，爪哇土著居民的实际收入比 1913 年下降 5%—10%，1924 年时只恢复到 1913 年的水平。

荷兰殖民政府还在印度尼西亚实行全面增税，以弥补其财政赤字。例如，西爪哇万丹地区在1918年征收的人头税、土地税、屠宰税等共178亿盾，1924年增加到270亿盾。又据胡恩德在1920—1921年调查，爪哇和马都拉土著居民所缴纳的税额占其收入的132%。他认为，这是居民所能承受的最沉重的负担。在此后的7年中，居民的纳税额继续上升。1921—1927年，印尼农民缴纳的土地税从2100万盾增加到3100万盾。广大农民不堪忍受地租和捐税的盘剥，纷纷破产。据统计，1905年印尼的自耕农和乡镇小业主约占人口的75%，到1925年时下降到52%。

荷兰从16世纪末开始对印度尼西亚进行殖民侵略，经过300年的军事征服和采取种种政治欺骗手段，到20世纪初才得以确立全面的殖民统治。荷兰殖民者除在印尼建立各级殖民政府以外，同时在一些地区如中爪哇的日惹、梭罗等保留了原有的土邦。荷兰政府在形式上只向这些土邦委派驻扎官，而由土邦王公进行统治。实际上，这些王公要服从驻扎官的一切指令。荷兰政府从安汶和未那哈萨等地招募基督教徒士兵，给予较高待遇，利用他们镇压其他地区穆斯林的反抗斗争。

在雅加达的荷印总督是殖民政府的最高负责人。他拥有荷兰政府赋予的多种权力，包括他认为必要时可以将印尼人放逐到特定地区，可以不经法律手续对任何嫌疑分子实行"临时监禁"，可以勒令任何报刊停止出版。

荷兰殖民者还在印度尼西亚推行愚民政策，以利于他们的殖民统治。1890年以后，他们开办了用荷兰语和印尼语授课的新式小学，以培养低级公务员。这类官办小学的学费每学年为36盾。印尼人的一般家庭负担不起这笔费用，入学的都是贵族子弟。中学全部用荷兰语授课，印尼人即使能够入学，也要受到歧视。因此，印尼人的文盲率高达95%以上。1920—1924年，印尼人中平均每年只有5万多名在校的小学生、20多名中学生。由于受教育的程度低和不懂荷兰语，印尼的平民子弟没有机会在各级政府机构中或企业中担任较高的职务。

第一次世界大战期间，荷兰为了缓和印度尼西亚人的不满情绪，1916年2月颁布了一项关于在荷属东印度成立国民议会的法令。1918年5月，国民议会召开了第一次会议。这个议会实际上只是一个咨议机构，没有立法权。荷印总督可以修改或否决议会的决定。在全部48名议员中，28名是总督任命的荷兰人，5名是总督任命的印度尼西亚人，其余15人由各省议会推选，入选的条件之一是精通荷兰语。议员的大多数是荷印殖民政府的官吏。在印度尼西亚的政治生活中，这个所谓的国民议会只不过是掩饰荷兰殖民统治的一个摆设。

民族主义组织的产生和印尼共产党的建立

在长达 300 多年的荷兰殖民统治期间，印度尼西亚人民为争取民族独立，多次进行武装斗争。20 世纪初，随着亚洲的觉醒，印度尼西亚的民族主义运动蓬勃兴起。

1908 年 5 月 20 日，爪哇和苏门答腊等地具有民族主义思想的贵族知识分子，在退休医生瓦希丁·苏迪罗胡梭多的积极倡议下，在雅加达市创立了至善社①。它自称文化团体，其宗旨为普及教育，振兴科学和民族文化，促进农业和工商业的发展。它主张通过发展教育来提高印度尼西亚人的社会和政治地位。为此，瓦希丁医生在爪哇各地奔走呼吁，筹募教育基金，资助贫苦学生上学。至善社虽然没有提出推翻荷兰殖民统治的要求，它在唤起印尼人的民族意识、增强民族自尊心方面，起了积极的作用。1908 年 10 月 5 日，至善社在日惹市举行第一次大会，推选爪哇贵族提尔塔库苏马为主席，瓦希丁医生为副主席，并决定将总部设在日惹。到 1909 年底，它已建立 40 个分社，社员约 1 万人，其中大部分是现职和退职的公务员，以及知识分子和学生。

1911 年，印度尼西亚出现了另一个民族主义组织，即由部分印尼花裙商在中爪哇梭罗市建立的伊斯兰商业联盟。它最初的宗旨是用伊斯兰教团结印尼人工商业者，抵制华人的商业竞争。1912 年 9 月，它改组为伊斯兰联盟，由著名贵族知识分子佐克罗阿米诺托任主席。

伊斯兰联盟是印度尼西亚人组成的第一个民族主义的政治团体，它的成员有伊斯兰教的领导人、商人、农民、工人和知识青年，到 1915 年拥有盟员 36 万人。它由于成分复杂，政治观点分歧，逐渐形成为两派。一派是以阿吉斯·沙林为首的温和派，主张参加国民议会，通过扩大国民议会的权力，使它成为真正民选的议会，从而实现印度尼西亚民族的自治。另一派是以司马温为首的激进派，主张抵制国民议会，发动工农群众，组织武装起义，推翻荷兰殖民统治，实现民族独立。主席佐克罗阿米诺托支持阿吉斯·沙林的主张。但是，由于激进派力量的增长，在 1917 年伊斯兰联盟第二次代表大会上，他不得不赞同社会改革的某些要求。大会通过的伊斯兰联盟纲

---

① 至善社又译良知社。"至善"梵文原意是纯洁的善行。

领是两派观点相互妥协的产物，它谴责外国"罪恶的资本主义"，主张发展民族资本，要求建立政治组织的自由，改善劳工立法，实施自由教育制度。1919 年，伊斯兰联盟盟员增加到 250 万人，至善社的民族主义分子也纷纷加入联盟。

1914 年初，荷兰社会民主党党员史尼弗立特①等人到达印度尼西亚宣传马克思主义。5 月 9 日，他们和在印尼的一些荷兰进步知识分子，在泗水市建立了东印度社会民主联盟。这是印度尼西亚第一个宣传马克思主义的组织，它在纲领中提出了以社会主义思想教育群众，建立工会和农民合作社，争取印度尼西亚独立等要求，同年 10 月，社会民主联盟创办荷兰文的《自由之声报》，1917 年 4 月出版该报的印尼文版，1918 年 3 月停刊，改出《人民之声报》。伊斯兰联盟激进派领导人司马温、达梭诺等于 1915 年加入东印度社会民主联盟。

在俄国十月社会主义革命的影响下，东印度社会民主联盟第七次代表大会于 1920 年 5 月 23 日通过决议，改组为东印度共产主义联盟，选举司马温为主席，达梭诺为副主席，并于同年年底加入共产国际。1924 年，东印度共产主义联盟改称印度尼西亚共产党，仍以 1920 年 5 月 23 日为建党日期。

印尼共产党的建立，推动了工农运动的发展。早在 1905 年，印度尼西亚出现了第一个工会组织——全国铁路工会，1908 年联合电车工人组成铁路电车工会。此后，在印尼又建立了典当业土著职工联合会、私营企业工会等组织。为了更好地领导工人的斗争，1919 年 12 月 25 日，22 个工会组织在日惹举行联合会议，决定成立工人运动联合会，司马温当选为主席。工人运动联合会拥有会员约 7 万人，它的建立促进了各地工人的罢工斗争。1920 年9 月，苏门答腊的荷兰企业日里铁路公司工人和火水山巴达夫石油公司工人，为要求提高工资举行罢工。11 月，泗水船坞公司工人相继罢工，要求增加工资。1922 年 1 月，典当业土著职工联合会为了反对荷兰资方要求土著职工从事额外工作，发动日惹典当业土著职工的罢工。这次罢工蔓延到爪哇其他地区，罢工工人达 1000 人。同年 8 月，三宝垄码头工人又为反对资方降低工资而举行罢工。

印度尼西亚共产党成立后，积极领导了罢工斗争。但是，在工人运动联合会领导机构中改良派占据优势，受他们的影响，罢工工人仅限于要求改善

---

① 即后来共产国际派到中国来的马林。

经济待遇，罢工斗争未能形成反对殖民统治的政治行动。1921 年 6 月，工人运动联合会中的激进派另在三宝垄成立革命中央职工会。组织上的分裂削弱了工人阶级的力量，工人群众要求建立统一的工人组织。1922 年 9 月，革命中央职工会和工人运动联合会合并为东印度职工会联合会，由公共工程雇员工会领导人苏罗梭担任主席。东印度职工联合会的会员虽然减少到 4 万人，但是，印尼共产党领导的铁路电车工会在其中发挥核心作用，使联合会成为推动工人运动的有力组织。

1923 年 4 月，全国铁路电车工会要求提高工人工资，酝酿新的罢工。5 月，殖民政府逮捕铁路电车工会领导人司马温，促使三宝垄铁路工人首先举行抗议罢工，此后，罢工扩展到井里汶、直葛、北加浪岸、茉莉芬和泗水，在总共 2 万名铁路职工中，有 13000 人加入罢工者行列，其中一部分是欧籍工人。这次罢工由于殖民政府的镇压而失败。8 月，司马温被殖民政府驱逐出境。

在工人运动兴起的同时，农民运动也有了发展。从 19 世纪末开始，爪哇和苏门答腊等地农民为拒缴人头税、土地税、屠宰税等，曾不断进行斗争。根据荷兰殖民政府的规定，中爪哇梭罗王公领地内的农民须将一半土地租给甘蔗种植园，甘蔗收获季节为种植园无偿服役。1917 年，东印度社会民主联盟组织农民与农业工人协会，要求提高种植园租用农民土地的租金。1919 年，南爪哇牙律县农民为抗拒按政府规定的价格出售谷物而举行暴动。

印尼共产党成立后，伊斯兰联盟内激进派领导人司马温等共产党人和改良派之间的矛盾日益突出。1921 年 10 月，联盟中央通过决议，不准中央机构的盟员同时参加其他政党。1923 年 2 月，联盟又通过决议，不准地方组织的盟员同时参加其他政党。于是，司马温等共产党人退出联盟，于同年 12 月建立红色伊斯兰联盟，并吸收农民参加。1924 年，红色伊斯兰联盟改组为人民同盟，接受印尼共产党的领导，并派代表参加党的代表大会，人民同盟拥有 3 万多盟员，其中大多数是农民。

在国际上，亚洲各国民族独立运动的高涨给印度尼西亚人民的斗争以很大的推动力。特别是中国在 1924 年实现第一次国共两党合作，推动大革命节节胜利的形势，使印尼人民受到很大的鼓舞。1924 年在三宝垄人民庆祝五一国际劳动节大会上，第一次悬挂孙中山的画像。同年 6 月，太平洋交通运输工人代表会议在中国广州举行，印尼共产党领导人阿利敏等参加了会议。印尼共产党领导的红色工会书记处在泗水成立后，加入了国际劳联和设在广州的泛太平洋工联。1925 年上海五卅惨案爆发后，印尼共产党人和进步人士同当地华侨一起，捐款支持上海的罢工工人。

在工农运动日益高涨的情况下，1924 年底在日惹举行的印尼共产党特别代表大会过高地估计革命力量，认为印尼已存在武装起义的可能性，并提出建立印度尼西亚苏维埃共和国，实行银行和工业国有化等口号。会议决定准备起义而首先整顿党的组织，在工厂建立秘密小组，加强党的组织纪律。1925 年，三宝垄、泗水、棉兰等地的工人在印尼共产党领导下相继罢工，反对荷兰殖民统治。

荷兰殖民当局对印度尼西亚的民族独立运动加强了镇压。它开始逮捕印尼共产党和工会的领导人，颁布限制新闻自由的条例，封闭宣传民族独立的报刊，禁止共产党公开集会。同时，它在各地扶植互助会、反共会等反动武装组织（这些组织后来统称为绿色联盟），袭击印尼共产党在各地的办事处，殴打拥护共产党的群众。在西爪哇的勃良安州，殖民当局还强令居民交出印尼共产党党证和人民同盟的证件。

反荷武装起义的组织准备

1925—1926 年，爪哇的外南梦和直葛等地农民因抗缴苛重的租税，遭到荷兰殖民当局的武力镇压。1925 年 12 月 14 日，泗水最大的四家工厂和船坞工人相继罢工。殖民当局随即逮捕了印尼共产党领导人马尔佐罕和阿利亚哈姆，将他们流放到西伊里安岛。达梭诺则被迫流亡苏联。

为了研究和制定在这一新形势下的行动方针，印尼共产党于 1925 年 12 月 25 日在日惹附近的布兰班南举行紧急代表会议。出席会议的有当时在国内的中央执行委员会（即中央委员会）的成员和一些地方党组织的领导人。会议由中央执行委员会主席沙佐诺主持。委员苏戈诺代表党中央作了形势分析，他指出，殖民当局对印尼民族独立运动的残酷镇压，使印尼共产党和人民同盟的各级组织遭到破坏，领导人不断被逮捕。他建议，共产党人必须发动罢工，武装工农群众，准备起义，推翻荷兰的殖民统治。代表会议一致同意这些建议，通过了发动武装起义的决议。

布兰班南会议结束后，印尼共产党中央执行委员会立即派遣代表分赴万隆、泗水、三宝垄、梭罗、巨港和望加锡等地，准备在 1926 年 6 月举行起义。中央执行委员会成立了以雅加达党组织领导人达赫兰为主席的起义委员会，作为武装起义的全国领导机构。为了避免荷兰殖民当局的注意，起义委员会的总部不设在首都雅加达，而设在万隆，各地分别建立地区起义委员会。

布兰班南会议后，印尼共产党中央执行委员会先后派阿利敏和慕梭向共产国际远东局汇报布兰班南决议，请求共产国际给予指示，但是一直没有获得答复。中央执行委员会决定派遣代表会见印尼共产党驻共产国际代表丹马拉卡①。当时，丹马拉卡正在菲律宾的马尼拉。阿利敏到马尼拉会见丹马拉卡，说明印尼的形势和党中央准备发动武装起义的决定。丹马拉卡到国外后，接受托洛茨基的观点，认为印尼不应单独进行革命，"只有等待世界革命所带来的好处"。因此，他反对关于发动武装起义的布兰班南决议。

1926 年 4 月，印尼共产党中央执行委员会成员在新加坡召开会议，决定再委派慕梭和阿利敏去广州，再次向共产国际执委会远东局反映情况，接着又去莫斯科向共产国际执委会反映情况。这时，丹马拉卡为了反对布兰班南决议，派遣追随他的塔敏从新加坡回到印尼，向一些地方党组织的领导人进行游说。丹马拉卡还拒绝运送慕梭和阿利敏在国外购买的武器。不仅如此，丹马拉卡伙同印尼共产党领导人苏普罗佐等另行成立印度尼西亚共和党，使印尼共产党人的队伍陷于分裂。

慕梭和阿利敏在莫斯科向共产国际汇报布兰班南会议决议并会见斯大林后，于 1926 年 12 月途经马来亚准备返回印度尼西亚。12 月 18 日，他们在柔佛州被英国警察发现并被逮捕，被押解到新加坡。在进步舆论的谴责下，英国殖民当局释放了慕梭和阿利敏，但勒令他们立即离开新加坡②。

由于遇到上述种种困难和挫折，起义日期不得不推迟。1926 年 6 月 20 日，印尼共产党召集地方负责人会议，雅加达、万隆、勃良安等地方组织表示已做好起义准备工作；其他的地方组织只同意近期内举行起义，但未确定具体日期。8 月，直葛县党组织认为时机成熟，要求提前发动起义，党中央执行委员会未予同意。尽管如此，在直葛、梭罗、雅加达和万丹等地仍陆续发生零星的武装反抗事件，并导致梭罗、日惹等地方党组织被破坏，党的领导人布迪苏吉特罗、威南塔等被捕。1926 年初，铁路电车工会有 66 个分会，9000 多名会员，由于工会领导人被捕，组织遭到破坏，到起义爆发前只有 6

---

①　丹马拉卡是印尼共产党的早期领导人之一。1922 年，他因领导罢工斗争被荷兰殖民政府逮捕，拘留在帝汶岛。后来根据本人要求，获准离开印尼，任共产国际远东局书记之一。

②　当慕梭和阿利敏离开新加坡时，印尼人民的反荷武装起义早已爆发。而且，爪哇各地的起义已经失败。他们无法回国，也不可能同党中央取得联系，于是又去莫斯科。

个分会，会员不到 1000 人。这样，武装起义的组织准备和群众基础遭到削弱。当起义爆发的时候，工会组织处于瘫痪状态，无法担负起组织和领导工人起义的任务。

反荷武装起义的爆发和经过

1926 年 11 月 12 日晚，雅加达郊区农民在印尼共产党起义委员会领导下揭竿而起。起义队伍分三路从加烈、芒加杜阿和丹那望出发，向市中心草埔会合。他们攻打监狱，同荷兰殖民军队进行了激烈的战斗。起义者一度攻占旧城区电话局，他们企图攻取本贾卡兰警察局，未获成功。战斗一直延续到 14 日晚。在起义队伍攻入雅加达市中心的同时，郊区的于冬圩和文登地区 300 多名武装农民同警察巡逻队之间发生了武装冲突。

在雅加达郊区农民起义的同一天，西爪哇万丹县梅尼斯区的农民在该区起义委员会的领导下，为反对殖民当局强征土地税、地方税、乡村税和各种无偿劳役，发动了武装起义。起义者打死了以残暴著称的梅尼斯区区长，同当地的警察部队展开激战。接着，他们又袭击并焚烧了查彝英区副区长和巴格拉兰区副区长的住宅，打死了泽宁乡警察所所长等警官。11 月 15 日，起义者破坏了梅尼斯和拉勿湾—巴马乡之间的铁路桥梁，使运输中断。起义者还砍伐大树，在公路上设置路障，并切断电话线，以阻止荷兰殖民政府派遣援军。他们一度占领拉勿安市，后因兵力和武器不足，被迫撤出。万丹农民起义坚持了一个多月。

雅加达和万丹起义爆发后，爪哇的勃良安、梭罗、万由马士、北加浪岸和谏义里等地的农民在印尼共产党各地区起义委员会的领导下，纷纷拿起武器，加入起义的行列。勃良安的起义者破坏了铁路和公路桥梁，烧毁了乡长的住宅，占领了电话局，打死一名警长，并袭击了勃良安州副州长的官邸。梭罗的起义由于当地共产党组织领导人被捕而推迟到 11 月 17 日晚开始爆发，约有 500 人的起义队伍袭击了一个区长的住宅，起义农民烧毁荷兰人经营的种植园的烟草仓库。起义延续到 11 月底。东爪哇谏义里的起义由于事先被殖民当局发觉，遭到了镇压。尽管如此，这里农民零星的袭击活动接连不断，坚持到 1927 年 1 月。爪哇各地的起义缺乏统一的领导，没有相互配合和支援，这些分散的起义被荷兰殖民军队各个击破。

布兰班南会议结束后，印尼共产党西苏门答腊省委员会建立了起义委员会，计划与爪哇同时举行起义。11 月 12 日雅加达郊区农民起义爆发前，由于印尼共产党中央执行委员会和起义委员会多数成员被捕，党中央原定给西苏门答腊地方党组织的密电未能发出。直到 12 月中旬爪哇的起义渐趋平息的时候，西苏门答腊党组织才决定不等待中央的通知而发动起义。

1927 年 1 月 1 日，起义委员会决定首先在沙哇仑多煤矿区发动起义。起义者打死了公共工程局局长，逮捕了一批殖民军官，同时破坏了铁路，切断交通，夺占电话局，占领了火车站。沙哇仑多起义队伍同荷兰殖民军队激战了 12 天，于 1 月 12 日失败。梭罗地区的农民也在 1 月 1 日开始起义，支援沙哇仑多矿工的斗争。农民起义队伍袭击包括副州长在内的殖民官员的住宅，切断沙哇仑多同外界联系的电话线，袭击载运殖民军队的火车。西苏门答腊的武装起义历时一个月。在起义失败后，各地农民分散的反抗斗争此伏彼起，坚持了三个月之久。

爪哇和苏门答腊的武装起义使荷兰殖民政府感到十分震惊。雅加达的起义爆发后，荷兰殖民政府立即宣布印尼共产党和人民同盟为非法组织，下令解散所有进步工会。为了镇压万丹的农民起义，荷兰殖民政府一次就出动了 1 个步兵连和 100 名警察与骑兵。在爪哇的起义被镇压下去后，荷兰殖民政府集中了 12 个连的兵力镇压苏门答腊的起义。他们杀害起义农民，对被捕的起义领导人施加各种酷刑，并砍头示众。在起义过程中，荷兰殖民政府先后逮捕了 2 万名共产党人和革命者，其中 4000 多人被判处 5 年至 10 年徒刑，一些人被判处绞刑，1300 多人被流放到西伊里安的利辜集中营。

利辜是一个人烟稀少、恶性疟疾盛行的沼泽地区。流放者被迫在这里砍伐森林、建造房屋、开垦土地。极端恶劣的生活条件和繁重的体力劳动，使许多人患病死亡。为了反抗荷兰殖民当局的残酷迫害，流放者组织起来开展新的斗争。1933 年 7 月 2 日，年仅 32 岁的印尼共产党领导人阿利亚哈姆因疾病的长期折磨而在利辜集中营逝世。许多流放者参加了悼念仪式和葬礼，抗议荷兰殖民当局对待流放者的非人道待遇。1929 年起，不少流放者在当地居民的帮助下，历尽艰辛，逃离了利辜集中营。

起义失败的原因和起义的历史意义

1926 年的反荷武装起义在印度尼西亚民族独立运动的历史上具有重要的地位。这次起义与历史上由封建贵族或宗教领袖所领导的反荷斗争不同。它是在帝国主义和无产阶级革命时代发生的印尼第一次民族起义，是印尼劳动人民在共产党领导下为解放全民族而进行的战斗。它标志着印尼人民反对荷兰殖民统治的斗争进入了一个新的阶段。

1926年反荷武装起义失败的根本原因，在于双方力量对比的悬殊。荷兰在印尼进行了300多年的殖民统治，有一整套殖民统治机器。它的殖民军队从兵力、武器、装备、组织到指挥系统都优于未经训练的起义队伍。与此同时，起义者本身存在一系列弱点，甚至犯了严重的错误，这是导致这次起义失败的主观原因。

印尼共产党作为当时唯一有能力领导这次起义的革命政党，在政治上还很不成熟。它对当时印尼社会的主要矛盾未能作出正确的分析，没有认识到首要任务是完成民族民主革命，推翻殖民统治，实现民族独立；对印尼革命的长期性和艰苦性缺乏思想准备。它错误地认为，印尼的民族革命与社会主义革命可以毕其功于一役。

这种"左"倾错误首先表现在未能建立起革命的统一战线。1923年12月红色伊斯兰联盟改组为人民同盟以后，印尼共产党不是使它发展成为一个统一战线组织。1924年12月印尼共产党在日惹举行特别代表会议，错误地决定不再建立人民同盟的新分部，而将其中的部分盟员吸收为印尼共产党党员，其余的盟员则退出同盟或加入农会组织，从而使人民同盟逐步消亡。这次会议还强调以工会取代农民组织作为党的群众基础。印尼共产党在提出推翻荷兰殖民统治的同时，错误地提出消灭富农、消灭民族资产阶级、立即建立苏维埃政权、实行无产阶级专政等口号。上述错误受到共产国际批评后，印尼共产党在1925年仍然拒绝同伊斯兰联盟和至善社等建立民族联合阵线。

正如印尼共产党在总结这次起义的历史经验时指出，在这个时期，"党不懂得印度尼西亚人民客观的基本要求，即消灭帝国主义和封建主义，并争取民族独立、民主和自由的要求。此外，党的领导没有认识到，为了实现这些基本要求，就必须建立在工人阶级领导下的，以工农联盟为基础的，包括工人阶级、农民、城市小资产阶级和民族资产阶级在内的广泛的统一战线"。

党在领导起义的过程中，由于"左"倾冒险思想的指导，往往未经充分准备，轻率地发动罢工和破坏活动，使党的不少领导人相继被捕，党的组织不断遭到破坏。许多地区因而未能及时建立领导起义的委员会。直葛、梭罗等地虽然建立了起义委员会，但在未做好起义准备的情况下，群众自发地开始了起义。西苏门答腊起义委员会则因未接到党中央执行委员会的通知而推迟起义。所有这些使各地的起义未能同时发动而陷于孤军作战，从而遭到荷兰殖民军队的各个击破。

印尼共产党中央领导机关内部在起义问题上意见分歧。党的主要领导人之一丹马拉卡坚持反对起义，在起义爆发前夕另立印尼共和党，不仅造成党内的思想混乱，也使党的力量遭到削弱。广大党员虽然积极参加各地的起义，许多党员甚至献出了生命，由于上述原因，他们虽浴血奋战却未能挽救起义的失败。

起义虽然以失败告终，但它对印尼的民族运动产生了深刻的影响。1926年起义第一次举起了印尼民族独立革命的旗帜。荷兰殖民政府对起义的血腥镇压表明，伊斯兰联盟的改良派主张通过国民议会和平实现民族自治只是一种幻想，从而宣告了这一改良主义企图的破产。1927 年 7 月 4 日，一个新的民族主义政党——以苏加诺为首的印度尼西亚民族党诞生。许多印尼爱国志士加入了这一组织，继续为实现印尼的民族独立而斗争。

1926 年起义打击了荷兰在印尼的殖民统治，同时鼓舞了东方殖民地半殖民各国人民争取民族解放的斗争，也得到了他们的同情和支持。起义爆发不久，中国共产党机关刊物《响导》发表了《爪哇的暴动》一文，指出："中国、朝鲜、菲律宾、荷属印度等处的革命斗争，最近是很强烈的，每天都动摇世界帝国主义的基础。"文章表达了中国人民对印尼人民斗争的声援："我们从这里，告诉爪哇的兄弟们说：'中国民众是同情于你们的，你们的斗争引起全东方的同情。继续你们的独立运动吧！'"

尼加拉瓜桑地诺领导的反美武装斗争

陆国俊 李 祥

20 世纪初，美国加紧侵入尼加拉瓜。尼加拉瓜民族英雄奥古斯托·塞萨尔·桑地诺（1895—1934）为保卫民族独立，组织游击队，自 1926 年至 1934 年进行了长达九年的反美武装斗争。这次斗争结束了美国侵占尼加拉瓜领土的历史，推动了尼加拉瓜和拉丁美洲的民族解放运动。

美国对尼加拉瓜的入侵

1838 年，尼加拉瓜脱离"中美洲联邦"①，建立尼加拉瓜共和国。1840 年以后，尼加拉瓜由两党轮流执政，一个是以西南部格拉纳达为中心、代表大地主和天主教利益的保守党，另一个是以西部莱昂为中心、代表大商人和小农利益的自由党。两党为争夺政权不断争斗，为此，甚至不惜乞求外援，引狼入室，这就给美国的侵入打开了方便之门。

尼加拉瓜成为美国入侵的重要对象，与美国加速开发西部地区有关。19 世纪中叶起，美国疆界由东逐步向西延伸。西部土地的开拓，尤其是 1849 年加利福尼亚地区发现金矿兴起淘金热后，东部居民大批西迁。美国中部被山脉阻隔，交通不便。东部居民只得东出大西洋，绕道尼加拉瓜的圣胡安河和尼加拉瓜湖，乘车抵达太平洋岸，再乘船转赴美国西部的加利福尼亚，舟车辗转，很不方便。于是有人提出在尼加拉瓜开凿一条沟通大西洋与太平洋的运河的设想。从尼加拉瓜湖西岸到太平洋之间数十公里的陆地，正是开凿

---

① 也称中美洲联合省。包括原属危地马拉都督府辖区的危地马拉、萨尔瓦多、洪都拉斯、尼加拉瓜和哥斯达黎加五省，于 1823 年宣布独立，以危地马拉城为首都。此后，由于各省意见分歧和保守派、自由派之争，导致内战。联邦瓦解，各省分别建立独立的共和国。

这条洋际运河的理想地区。

美、英殖民主义者为争夺开凿这条运河的权利，进行了谈判。1850 年，美国国务卿克莱顿和英国全权大使布尔瓦签订了《克莱顿—布尔瓦条约》。条约规定双方保证尼加拉瓜的中立，英、美两国有同样的权利共管将来以任何方式修建的运河。争端暂时得以平息。

1855 年 6 月，美国冒险分子威廉·华尔克利用尼加拉瓜两党的矛盾，率领 57 名同伙，支持自由党，占领保守党的中心城市格拉纳达，推翻了帕特里西奥政府，自命为尼加拉瓜总统。华尔克得到美国摩根财团和加里逊运输公司的支持，他的军队迅速增加到 900 人。华尔克的侵略行径引起中美洲国家危地马拉、萨尔瓦多、洪都拉斯和哥斯达黎加的恐惧，它们组织了联军，抗击华尔克军队。1860 年，联军在洪都拉斯北海岸的战斗中俘获华尔克，将其处死。

尼加拉瓜从 1857—1893 年的 36 年中一直由保守党执政。该党执行亲美政策，使美国资本势力迅速渗入尼加拉瓜。美国资本家霸占尼加拉瓜土地，开辟咖啡种植园，修筑铁路，控制了尼加拉瓜的部分运输事业。

自 1893 年起，何塞·桑托·塞拉亚为首的自由党取代保守党，执政达16 年之久。塞拉亚采取了一些限制美国资本的政策，并企图以日资、英资来开凿尼加拉瓜洋际运河（当时美国正在开凿另一条洋际运河——巴拿马运河）。美国出于争夺开凿洋际运河的垄断权，维护美资在尼加拉瓜的权益，对塞拉亚政府十分敌视。1909 年 10 月初，尼加拉瓜东海岸布卢菲尔兹发生反政府叛乱，叛军首领埃米利亚诺·查莫罗、胡安·埃斯特拉达和阿道夫·迪亚斯，得到美国政府的支持。在镇压叛乱中，塞拉亚政府逮捕并处死了在圣胡安河帮助叛军安放水雷的美国军事冒险分子坎农和格罗斯。美国政府以此为借口，派遣 3600 名海军陆战队在布卢菲尔兹登陆，支持保守党，推翻了塞拉亚政府。

1910 年，尼加拉瓜建立了以埃斯特拉达为首的保守党的统治。1911 年埃斯特拉达因国内严重的通货膨胀，在人民的压力下被迫辞职。另一名保守党人迪亚斯在美国的支持下上台执政。

迪亚斯原是美国在尼加拉瓜一个矿业公司的秘书。他一上台就同美国签订了《诺克斯—加斯特利罗条约》。其中规定，美国银行家给尼加拉瓜 1500万美元的贷款，其条件是，美国有权监督尼加拉瓜财政，并由提供贷款的银行家提名经美国国务院认可的尼加拉瓜总税务司主管关税。这一丧权辱国的行为引起人民的不满。1912 年，尼加拉瓜人民在爱国将领、自由党人塞莱东的领导下举行起义。美国借口"保护美国公民的财产安全"，在 1912 年 8 月派美舰"安纳波利斯"号及大约 100 名美军到达马那瓜。美国在两个月中先后派遣 8 艘军舰去尼加拉瓜，总兵力达 2700 人以上。美军镇压了人民起义，杀害了塞莱东等爱国人士。此后，美国对尼加拉瓜公然实行长期的军事占领。

在美军的保护下，迪亚斯变本加厉地进行卖国活动。1913 年 10 月，他同美国签订借款协定，为了获取贷款，不惜把全国 51% 的铁路股票与国家银行股票卖给美国银行家；协定还规定由美国政府、美国银行家和尼加拉瓜政府 3 方共同管理尼加拉瓜的铁路和银行事业。1914 年 8 月，尼加拉瓜又同美国签订《布里安—查莫罗条约》。根据这一条约，美国有权在尼加拉瓜修筑一条洋际运河；美国还可以在租借期为 99 年的丰塞卡湾修筑军事基地，在加勒比海的科恩岛设防。美国还控制了尼加拉瓜的对外贸易，它在尼加拉瓜进出口贸易中都占第一位。1913 年，尼加拉瓜的出口总额为 771 万美元，其中美国占 272 万美元；进口总额为 577 万美元，美国占 324 万美元。

1916 年，迪亚斯下台。保守党人埃米利亚诺·查莫罗继任，继续执行亲美政策。1917 年，尼加拉瓜政府和美国政府建立尼加拉瓜公共信用委员会（后称高级委员会）。这个委员会的三名代表中只有一名是尼加拉瓜人，实际上为美国政府所操纵。该委员会的职责是：监督尼加拉瓜财政、它同外国债权人的信托关系、债务以及确定每年的预算。因此，受美国操纵的高级委员会随同美国籍的海关税务司一起，控制了尼加拉瓜政府的财务大权。

到 20 世纪 20 年代，尼加拉瓜在实际上已经沦为美国的保护国。

反美武装斗争的爆发，桑地诺游击队参加"护宪战争"

1920 年 10 月，尼加拉瓜举行大选，在埃米利亚诺·查莫罗的控制下，他的叔父迭戈·曼努埃尔·查莫罗当选新总统。他继续执行保守党传统的亲美政策。与此同时，查莫罗家族几乎完全控制了政府要职。

1910 年以来，尼加拉瓜保守党政府的卖国政策，越来越引起尼加拉瓜人民的不满。1921—1924 年，尼加拉瓜大西洋沿岸的香蕉工人曾举行大罢工。在美军驻地，尼加拉瓜人民同美军亦不时发生冲突。

在这样的形势下，查莫罗虽极力操纵 1924 年的大选，但保守党仍然遭到失败。受自由党人支持的卡洛斯·索洛萨诺（自称保守党共和派）当选为总统，自由党人萨卡沙当选为副总统。保守党于是发动武装叛乱。1925 年 10 月 25 日，查莫罗率军占领首都附近的要塞洛马炮台，直接威胁首都的安全。1926 年 1 月，副总统萨卡沙逃往国外。在查莫罗的威胁下，尼加拉瓜国会诱劝索洛萨诺辞去总统职务。1 月 17 日，查莫罗篡夺了尼加拉瓜的总统职位。

查莫罗的政变，引起尼加拉瓜人民的强烈反对。1926 年 5 月，自由党人蒙卡达在大西洋沿岸的布卢菲尔兹率军起义。起义迅即蔓延到全国。消息也传到侨居墨西哥的尼加拉瓜爱国者桑地诺耳中。

桑地诺于 1895 年 5 月 18 日出生于尼加拉瓜西南部马萨亚省的尼基诺沃莫镇。父亲格雷戈里奥·桑地诺是一位具有自由主义倾向的庄园主。桑地诺青年时曾目睹美国海军陆战队杀害爱国志士塞莱东的暴行。1920 年因与他人械斗，为躲避追捕，先后逃往洪都拉斯、危地马拉和墨西哥做工。在此期间，他受到墨西哥资产阶级革命中反帝反封建思想的影响。

1926 年 5 月，桑地诺到达尼加拉瓜北部，在美国资本家所控制的圣阿尔维诺金矿工作。他向矿工揭露美军屠杀尼加拉瓜人民的暴行，以及查莫罗的篡权活动；用自己积攒的 3000 美元购置武器弹药，准备起事。1926 年 10 月 26 日，桑地诺率领 29 名矿工组成游击队，炸毁矿山，举行起义。随后他又进入北部的塞戈维亚斯山区，开展游击活动。

查莫罗闻讯后，调遣 200 名政府军进行镇压。11 月，桑地诺游击队同政府军在希卡罗镇交火。这次冲突规模虽小，但它揭开了桑地诺游击队开展武装斗争的序幕。

11 月 11 日，美国为集中力量对付桑地诺游击队，决定派海军舰队司令拉蒂默调停蒙卡达和政府之间的武装冲突，并劝告双方停战 10 天。在此期间，双方在科林托城举行会谈。查莫罗为革命形势所迫，宣布辞去总统职务。自由党与保守党在总统人选上发生分歧：自由党提名由萨卡沙担任，保守党和美方坚持由迪亚斯继任。经过所谓的选举，迪亚斯获胜。

自由党全力反对迪亚斯担任总统。12 月 7 日，蒙卡达率军抵达大西洋沿岸的卡贝萨斯港，成立尼加拉瓜"护宪政府"，由萨卡沙担任总统，蒙卡达为陆军部长。将自由党的军队改称"护宪军"，与迪亚斯政府分庭抗礼。

1926 年 12 月，桑地诺为了同护宪政府联合反对迪亚斯政府，遂带领 6 名游击队员沿北部的科科河东下，到达护宪政府所在地卡贝萨斯港。他被萨卡沙授予将军衔。

为了维持迪亚斯政权的统治，12 月 24 日，美国海军司令拉蒂默派遣 2000 多名海军陆战队员在尼加拉瓜登陆，占领护宪政府所在地卡贝萨斯港。他宣布该城为"中立区"，强迫护宪军在 48 小时内撤出。萨卡沙丢下大量武器，向尼加拉瓜西南方向逃遁。桑地诺在当地群众的帮助下，抢出 40 支枪和 7000 发子弹。

1927 年初，桑地诺带领游击队员向塞戈维亚斯山区进发。途中，游击队积极展开爱国宣传，许多群众报名参军，游击队员增加到 200 余人。桑地诺回到塞卡维亚斯山区后，建立了以圣拉斐尔镇为中心的游击根据地。

蒙卡达率领的护宪军向西南部撤退时，受到政府军和美军的袭击，损失惨重。1927 年 1 月，美国海军陆战队在西部的科林托登陆，2 月控制了奇南德加至莱昂的铁路线。3 月，美国又调集 2000 名海军陆战队员增援政府军。蒙卡达的护宪军被包围在穆伊至博亚科之间的地区。

4 月，蒙卡达护宪军向桑地诺求援。桑地诺率领 150 名游击队员南下，攻克希诺特加城并控制了附近的乡村。接着，桑地诺的游击队又攻击琼塔莱斯、贝胡科和梅塞德斯等城镇，突破了政府军和美国海军陆战队对护宪军的包围圈，援救了蒙卡达。最后，桑地诺游击队攻至尼加拉瓜湖和马那瓜走廊，打开了通向首都的大门，迫使政府军处于守势。这时，桑地诺游击队已增加到 800 余人。

美国总统柯立芝为形势所迫，决定促成政府军同护宪军达成协议，让他们合力对付桑地诺的游击队。1927 年 4 月，柯立芝派遣私人特使亨利·史汀生陆军上校同蒙卡达进行秘密政治交易，5 月 4 日签订了《史汀生—蒙卡达协定》。协定规定，迪亚斯继续担任总统到 1928 年大选时为止；迪亚斯政府进行全面裁军；护宪军也立即向美军交出全部武器弹药，每交 1 条枪得 10 美元和 1 套棉衣；由美国训练和领导的尼加拉瓜国民警卫队负责维持全国治安；一些著名的自由党人士将参加政府内阁，并担任公职；美国支持蒙卡达为尼加拉瓜下届总统候选人，等等。于是蒙卡达背弃了原先的反美爱国立场。他命令 3000 名护宪军官兵放下武器。《史汀生—蒙卡达协定》的签订，标志着自由党和保守党的合流，桑地诺及其游击队从此同自由党分道扬镳。

桑地诺游击队独立开展反美武装斗争

"护宪战争"结束以后，桑地诺的游击队独立地开展了反美武装斗争。

这场斗争历经七年（1927—1934），分为三个阶段。

它的第一阶段主要是反对美国侵略及迪亚斯政府的斗争。

1927 年 5 月 5 日，桑地诺得悉签订《史汀生—蒙卡达协定》和蒙卡达投降的消息后，断然率领 200 名游击战士，北撤到希诺特加省，转战塞戈维亚斯山区。桑地诺在山区的亚利镇发表了《5 月 12 日通知》，通知表示："不准备交出武器……宁愿同少数人在一起作为反抗者战死疆场，不愿做奴隶苟且偷生。"此后，蒙卡达强迫桑地诺的父亲格雷戈里奥去希诺特加，妄图招降桑地诺。桑地诺公开表示拒绝，并在给蒙卡达的复信中说："我不出卖自己，更不投降敌人。""我认为我能赢得胜利，并且将以我的鲜血写下我的斗争史"。

蒙卡达劝降失败后，美国海军陆战队上校哈菲尔德下达围剿令。他诬称桑地诺是"土匪""反政府流寇"，决定"由尼加拉瓜政府和美国政府联合派兵围剿桑地诺所盘踞的地区"。桑地诺为动员根据地军民投入新的战斗，于 1927 年 7 月 10 日发表第一个政治宣言，其中写道："查莫罗及其继承人迪亚斯想在美国侵略者刺刀的帮助下统治这个灾难深重的国家，不，决不可能！""我要向祖国和历史宣誓，我将以我的宝剑捍卫民族的尊严，拯救被压迫者。我将发动并参加这场战斗，以战斗呼声来回答阴险的侵略者和出卖祖国的罪犯们，以我和战友们的胸膛筑成铜铁长城，阻挡尼加拉瓜敌人的进攻。"

7 月 12 日，美国驻尼加拉瓜海军陆战队司令哈特菲尔德发表致桑地诺的一份照会，要求桑地诺游击队必须于 48 小时内在奥科塔尔放下武器；否则，桑地诺"将被放逐、被剥夺公民权，随时随地要受到追捕，最后名誉扫地而死去"。桑地诺看后义愤填膺地回答："我要誓死解放祖国。我不怕你们，因为我有我的战友们的满怀热情的爱国主义精神。要祖国，要自由！"哈特菲尔德接到桑地诺复信后，气急败坏地指挥美军和第一批国民警卫队共计 100 名官兵，进攻游击基地。

7 月 16 日凌晨，桑地诺率领一批游击队员，在几百名农民的支援下，进攻美军驻地奥科塔尔，炸毁敌军司令部、市政府和卖国分子的住宅。当天下午，美国出动空军，配合地面部队发动反攻。桑地诺的部队遭到重大伤亡，死 100 余名，伤 200 余名，被迫向城外撤退，回到游击队占领的奇波特高地。

经过 10 天休整，桑地诺再次率领游击队夜袭美军和国民警卫队驻防的特尔帕纳加城。由于该城外围有深沟和铁丝网的封锁，游击队始终不能攻入，后遭美军飞机的轰炸，损失惨重，被迫撤退。经过这两次战斗，桑地诺的游击队停止向敌人防备森严的城镇进攻，采取"分散队伍，夜间出击，利用障碍，伏击敌人"的作战方针。

桑地诺为了在政治上、军事上集中统一领导游击队，于 1927 年 9 月 2 日在奇波特召开官兵大会，正式成立了尼加拉瓜主权保卫军（简称游击队），并通过了《尼加拉瓜国家主权保卫军组织条例》。条例共 14 条，最主要的内容如下：

尼加拉瓜国家主权保卫军准备不惜牺牲，保卫尼加拉瓜的自由；

国家主权保卫军是一支独立的队伍，"不承认尼加拉瓜政府和侵略者发出的一切命令和指示"；

严禁国家主权保卫军军官同敌人签订秘密协定，不得接受任何协议，凡违反规定者将受到军事法庭的审判。

到会的国家主权保卫军共 1000 余名，都在这一《组织条例》上签了名。国家主权保卫军的大本营设在奇波特，其参加者主要是工人、农民和手工业者。1927 年，该军共有四个支队。每个官兵都佩戴一个象征"不自由，毋宁死"的红黑标志：红色代表自由，黑色代表死亡。他们或以一个红、黑色的布结装饰在帽檐上，或以一条红、黑色的丝绸围巾围在脖子上。

1927 年 11 月 12 日，美国海军陆战队进攻国家主权保卫军司令部所在地奇波特。在保卫奇波特战斗中，国家主权保卫军即游击队利用树木、山地和各种掩蔽物，展开游击战，英勇抗击来犯之敌。美国只得出动飞机，轮番轰炸，把这个城市几乎炸成焦土。游击队为避免伤亡，扎了许多稻草人在山林中巧布疑兵，趁黑夜主动从奇波特撤到基拉利。不久，美国海军陆战队尾随而至。双方交战，美国海军陆战队死 5 人，伤 23 人。游击队也受到严重的损失，被迫撤出基拉利，转战塞戈维亚斯山区和农村，转入小规模游击活动。

从 1927 年至 1928 年初，游击队坚持战斗，抗击了 5000 余名美国海军陆战队的进攻，打死美军 21 人，使美国政府损失 1530170 美元。

同时，游击队还提出和逐步推行了一些经济改革措施：1927 年宣布尼加拉瓜土地为国家所有，同年没收了奥科塔尔地区部分外国侨民的土地；1933 年在科科河一带普遍推行农业合作化；规定确保公民"以正当手段取得的私有财富"，侵犯私有财产者将受到惩处；1927 年在东部丛林地区又宣布商人、农民和外国侨民必须交纳赋税，本国居民不交纳赋税将以叛国罪论，外国侨民则没收其一切资产。正是根据此项规定，游击队于1927年没收了塞戈维亚斯地区的美资巴特勒等矿业公司的资产。此外，游击队为了保证塞戈维亚斯山区的食盐供应，1927年对食盐投机商进行了严厉打击。由于游击队正全力进行战争，以上改革措施并未得到普遍认真执行。

反美武装斗争的第二阶段主要是反对美国占领军和蒙卡达政府的斗争。

根据《史汀生—蒙卡达协定》的规定，1928年尼加拉瓜举行大选。由美国总统柯立芝提名美国的麦克伊将军担任选举委员会主席，操纵这次选举。选举结果，蒙卡达当选为总统。

美国对尼加拉瓜游击队的军事镇压受到尼加拉瓜、中美洲乃至本国人民的反对，它不得不陆续从尼加拉瓜撤走海军陆战队。据统计，1928年选举前夕海军陆战队最高数额为5673名，1929年9月1日为2215名，1930年9月1日为1384名。美国从直接的军事镇压转变为间接的军事镇压，即实行支持蒙卡达国民警卫队镇压桑地诺游击队的政策。

蒙卡达上台后，为缓和国内人民的反抗情绪，在对游击队实行军事镇压的同时，表示将进行和平谈判。

1929年初，蒙卡达提出和平谈判的建议。桑地诺为了争取蒙卡达来共同反对美国的侵略，接受了蒙卡达关于和平谈判的要求，提出了停战的四项条件：

（1）通过说理或诉诸武力，促使美国政府立即从尼加拉瓜领土上撤走全部军队；

（2）拒绝接受美国的一切不平等贷款；

（3）宣布《布里安—查莫罗条约》，以及根据该条约签订的其他条约、协议和协定，一概无效；

（4）坚决拒绝美国对选举或其他方面的干涉。

桑地诺邀请蒙卡达到圣拉斐尔进行和谈。在和谈中，由于蒙卡达政府拒绝接受桑地诺提出的停战条件，双方没有达成协议。

桑地诺为了争取墨西哥政府对他的支持，于1929年6月25日去墨西哥。然而，他没有获得墨西哥政府的贷款，只得到一些枪支和弹药，以及少量的旅费，并于1930年5月返回尼加拉瓜。

在桑地诺赴墨西哥期间，蒙卡达政府散布谣言，说桑地诺离开尼加拉瓜是“失败中的逃跑”，吹嘘政府军和美国海军陆战队的“战绩”，以动摇游击队反美救国的决心。蒙卡达还推行"集中营"政策，将塞戈维亚斯山区的大批居民迁入城镇，以 6000 至 1 万名居民为单位，集中监督，妄图切断游击队与人民群众的联系。与此同时，蒙卡达还组织了一支 2000 余人的警卫队，对游击队进行"清剿"。到 1930 年初，游击队员只剩下400 余名。

桑地诺回国后，为扭转不利形势，采取了一系列紧急措施：对游击队中的叛徒进行镇压刹住了叛变活动；组建了一支正规化的主力部队——中央游击队，使之成为带动其他各地游击队的核心力量。桑地诺还十分重视发动"一半时间的起义者"参加游击活动，这些起义者由农民组成，作为战斗中的援兵，与游击队一起行动。战斗一结束，他们便自行解散，从事农业生产。这样，他把主力部队、地方游击队和"一半时间的起义者"组成一个有机的战斗整体，提高了军事实力。

从 1931 年初开始，桑地诺基本上克服了游击战争的被动局面。到该年年底，游击队已占有 8 个省的农村和一些重要城镇，活跃于大西洋沿岸的琼塔莱斯和马塔加尔帕、希诺特加、埃斯特利、索莫托、奥科塔尔、基拉利、希卡罗、莱昂、奇南德加地区，约占全国总面积的 1/2。游击队员增加到3000 余人，分属于 8 个纵队。当时的形势正如桑地诺所指出的："我们的军队现在已经有更大的把握，能在军事上控制整个国家了。"

桑地诺游击队的失败

反美武装斗争的第三个阶段主要是反对美国御用工具国民警卫队的斗争。

1932 年 11 月，尼加拉瓜又一次举行大选，自由党人萨卡沙当选为总统。

萨卡沙上台不久，尼加拉瓜的军事和政治形势发生了重要变化。1933 年1 月 2 日，美国从尼加拉瓜撤走最后一批海军陆战队。桑地诺游击队的许多官兵认为革命任务已经完成，普遍产生了"解甲归田"的思想。萨卡沙又任命桑地诺的朋友萨尔瓦铁拉担任政府农工部长，委派自由党将领取代某些保守党将领，从而使桑地诺游击队的许多官兵对萨卡沙政府产生幻想。他们认为可以通过谈判解决同政府之间的争端。由于美国对拉丁美洲实行了所谓的"睦邻政策"，改变了过去赤裸裸的军事干涉政策，中美洲各国同美国的关系逐步得到改善，它们对尼加拉瓜革命采取了敌视态度。面对这些不利条件，桑地诺未能提出适应新形势的斗争方针和政策，将革命推向前进，而是求助于和平谈判，以结束战争。

1932 年 12 月 23 日，萨卡沙以美军将全部撤出尼加拉瓜为理由，委托萨尔瓦铁拉写信给桑地诺，进行和谈的试探。次日，桑地诺复信萨尔瓦铁拉表示接受和谈建议。不久，他委派代表赴马那瓜进行谈判。1933 年 1 月 23 日，双方代表正式宣布停止敌对行动。2 月 2 日，桑地诺为了表示对和谈的诚意，乘飞机抵达马那瓜，当晚在总统府与萨卡沙总统签订了和平协定。协定总共五条，其主要内容如下：

（1）桑地诺的代表声明，桑地诺及其军队是为祖国自由而战斗；

（2）协定的签字者一致认为，宪法和共和国基本法律是政治纲领的基石，要以一切合理的法律手段来维护尼加拉瓜的政治、经济主权和民族独立；

（3）桑地诺和两党代表都承认，共和国必须实现真正的和平，为实现和平，桑地诺将军领导的游击队必须从事"卓有成效的劳动和有步骤地放下武器"；

（4）为确保桑地诺战士今后劳动生活的正常化，必须采取下列措施：

①实行大赦，自 1927 年 5 月 4 日到签订和平协定为止，凡此期间的政治犯一律释放；

②桑地诺有权在 1 年之内保留 100 名武装战士的"紧急应变部队"；

③桑地诺战士可以在离现政权 55 公里以外的科科河或塞戈维亚斯山区开荒屯田；

（5）本协定一旦签订，政府军和桑地诺军应停止一切敌对行动，以保证尼加拉瓜人民的生命和财产安全。

同意签订上述的和平协定，是桑地诺的重大失策。根据和平协定的规定，桑地诺游击队员以获得"大赦"和从事务农屯田的空头保证为代价，绝大多数被解除了武装，从而使爱国力量丧失了最重要的自卫手段，陷入了任人宰割的悲惨境地。

协定签订后，桑地诺及其和谈代表回到尼加拉瓜北部的科科河一带，从事开矿、公共事业建设和开展合作化运动。

2 月 22 日，桑地诺在北圣拉斐尔镇向萨尔瓦铁拉交出大批武器和弹药，计有各式步枪 327 支、各式机枪 21 挺以及子弹 3129 发。依照规定，萨尔瓦铁拉将其中 100 支步枪、13 挺机枪和全部子弹交给了桑地诺保留下来的 100

名武装战士的紧急应变部队。

与此相反，国民警卫队司令索摩查却不顾和平协定的规定，一再挑起与桑地诺游击队之间的摩擦，甚至逮捕和枪杀游击队员。同时，他还暗地里与美国大使馆频繁联系，请求美国批准他暗杀桑地诺和消灭桑地诺紧急应变部队的计划。

按照和平协定，桑地诺的紧急应变部队应于 1934 年 2 月解除武装。由于索摩查国民警卫队对游击队的生命安全造成了现实威胁，紧急应变部队拒绝交出武器。

2 月 16 日，应萨卡沙邀请，桑地诺及其父亲格雷戈里奥·哥索卡拉特斯，以及桑地诺的助手埃斯特拉达和乌罗索尔两位将军飞往马那瓜。在会谈期间，桑地诺不同意交出紧急应变部队的武器。索摩查便加紧策划暗杀桑地诺的阴谋。2 月 21 日下午，经美国驻尼加拉瓜大使布利斯·赖的同意，索摩查秘密召开国民警卫队军官会议，正式下达杀害桑地诺的命令。当晚，萨卡沙在总统府举行盛大宴会，欢送桑地诺等返回科科河。宴毕，当桑地诺等驾车抵达马那瓜的奥尔米格罗军营时，索摩查的警卫队逮捕了桑地诺和他的两名助手，在离美国大使馆不远的布鲁塞飞机场附近把他们杀害。

桑地诺牺牲后，国民警卫队包围了游击队垦区科科河的威威利，进行野蛮的屠杀，无论老弱、妇女或病残、儿童都不能幸免。据统计，被杀害的游击队员达 300 余人。

尼加拉瓜反美救国斗争虽然失败了，但是，桑地诺将军领导的游击队经过 500 余次的战斗，顶住了 5000 余名美国海军陆战队员的进攻，终于迫使美国从尼加拉瓜全部撤出占领军，从而结束了美军占领尼加拉瓜长达 20 年之久的历史。

桑地诺游击队的斗争业绩，鼓舞了拉丁美洲各国人民的反美斗争。正当桑地诺游击队在尼加拉瓜进行反美救国战争的时候，1928 年在哈瓦那举行了第六届美洲国家会议，萨尔瓦多代表提出了《任何一个国家都没有干涉他国内政权力》的草案。会议虽然遭到美国代表的种种阻挠，但仍然通过了一项《关于内战时期各国的权利和义务公约》。它宣布美洲各国一律平等，彼此尊重主权和独立，坚决反对侵略战争。这实际上是对美国侵略尼加拉瓜的谴责。1929 年，海地爆发了反对美国侵略和保耶诺卖国政府的斗争，美国被迫于 1934 年撤出占领军。1931 年，巴拿马推翻了亲美的阿罗塞梅纳政府，迫使美国修改了 1903 年签订的《美巴条约》。[①] 1933 年，古巴人民推翻了亲美的马查多政权，美国不得不于 1934 年宣布废除普拉特修正案[②]。在包括尼加拉瓜在内的拉丁美洲人民反美斗争的冲击下，美国不得不作出一些让步，于 1933 年宣布了新的拉丁美洲政策——"睦邻政策"，以经济和外交的干涉代替了赤裸裸的军事干涉。

---

① 1903 年 11 月 18 日，巴拿马政府与美国签订《美巴条约》。条约规定，美国有"永久占领"、"永久使用"巴拿马运河区及单独开凿、管理运河和有关河流、湖泊等特权，获得对运河设防、在运河区驻军以及其他干涉巴拿马内政的权利。1936 年美国被迫同意修改《美巴条约》，其中规定，美国只有取得巴拿马政府同意后，才能把军队开进巴拿马；美国政府放弃对巴拿马与科隆两市"维持社会秩序"的权利。

② 1901 年 3 月 2 日，美国国会提出"普拉特修正案"，强迫古巴接受。该修正案规定：美国有权在古巴购买为建立"煤站"或"航站"所需土地；未经美国政府同意，古巴政府不得与任何外国政府订立有损古巴主权的条约，不得以任何方式把领土割让给任何外国政府；不得举借外债，承认美国在占领期间所获得的一切特权，并允许美国为"维护古巴的独立以及为保护生命、财产和个人自由而进行干涉"的权利；此外，美国还根据该修正案，夺取了古巴的皮诺斯岛。在美国的压力下，1901 年 6 月 12 日古巴被迫接受"普拉特修正案"，作为附录载入古巴宪法。

20 世纪 20 年代南非工人运动的兴起

陆庭恩

在非洲国家中，南非是最早产生工人阶级队伍的国家之一。这里的非洲工人深受殖民奴役和种族主义的压迫，他们不断掀起反抗斗争。20 世纪 20 年代，南非的工人运动出现了一个高潮期，并具有新的特色。

南非工人阶级的状况

南非是非洲大陆上较早遭受西方殖民者蹂躏的一个地区。到 19 世纪末，南非存在着两种对非洲人实行全面歧视和压迫的制度：布尔人统治下的德兰士瓦共和国和奥伦治自由邦，明目张胆地实行种族主义政策，保持野蛮的农奴制和奴隶制的统治，英国人治理下的开普殖民地和纳塔尔，则在伪善的言辞的掩饰下，使前资本主义的剥削方式适应于资本主义发展的需要。1910年，上述 4 块殖民地合并建立南非联邦，把原先的种族主义政策用法律形式固定下来。

第一次世界大战期间，帝国主义列强忙于战争，它们从欧洲和美洲输往南非的货物大为减少。南非本地的工业获得较快的发展。苏伊士运河航行暂时中断后，绕道南非航行和在此停靠的欧洲船只急剧增多，对煤、工业品、粮食和蔬菜的需要量迅速增加，推动了南非经济的发展。

在南非的经济中，采矿业的发展最为显著。早在 19 世纪 60 年代和 80 年代，这里就先后发现钻石和黄金矿。欧美各国的资本家、冒险家等蜂拥而至。他们为掠夺钻石与黄金，攫取利润，钻营夺地，投资开采。据统计，到第一次世界大战前夕，仅金伯利的一个钻石矿就已开采价值达 5000 万英镑的钻石。在德兰士瓦发现金矿的头五年中，英国资本家在那里建立了 141 家公司。到 19 世纪末时，仅兰德矿区黄金年开采量就已达 380 万两，价值

1600 余万英镑。矿业的发展使南非从落后的农牧业国家变成以采矿业为主、制造业为辅的工业国。

第一次世界大战以后，南非经济继续增长。1920 年，非洲矿工达到 27 万人。同年，其他工厂、企业的数目比第一次世界大战初期增加 3000 多家，翻了一番。这些工厂的工人从战前的 6 万人增加到 113000 人。白人经营的农场迅速发展，据不完全统计，当时已有 1700 多个，它使非洲农业工人增加到近 20 万人。20 年代初，南非已经形成一支有相当数量的工人阶级队伍。

在白人经营的矿山和工厂工作的非洲工人中，除因违反种族歧视的法律被处罚，或因付不起赋税在遭受监禁后被出租给欧洲资本家者外，绝大多数是来自农村的契约工①。白人殖民当局为了迫使非洲农民出卖廉价劳动力，成为雇佣工人，则采取立法手段，把非洲人强行驱赶到"土著保留地"，大量剥夺他们赖以生存的土地。1910 年，约占南非总人口 1/5 的白人移民霸占着 90% 以上的土地，而占人口绝大多数的非洲人，拥有的土地却不到 9%，被迫居住在近 300 个保留地内。这些保留地人口稠密，耕地不足，灾荒连年。许多人因生活所迫而充当了白人矿主或农场主的雇工。根据研究南非问题的学者巴赛尔·戴维逊的估计，保留地内的人口几乎有半数以上出外谋生。1913 年，南非议会为了限制非洲人在保留地外取得土地，特别制定了《土著土地法》。该法规定：非洲人不得在保留地外购买、租借或用别的方法取得土地。如果取得白人农场主的同意耕种了他们的土地，每年至少为农场主服 90 天以上的劳役。法律还规定了违法者将受到严厉的惩处。

资本家在获得非洲人廉价劳动力过程中，为避免相互竞争，通过政府建立劳工招募机构，如代办站、招募站等，实行垄断性招工。他们还勾结警察和部落酋长，强迫非洲人签订契约，实施强制分配。劳工契约期限一般为一年或半年时间，期满后，立即返回保留地。非洲人契约劳工不仅来自南非本土，还有不少来自当时英国殖民地巴苏陀兰（今莱索托）、斯威士兰和贝专纳兰（今博茨瓦纳），甚至遥远的南罗得西亚（今津巴布韦）、北罗得西亚（今赞比亚）、尼亚萨兰（今马拉维）和葡萄牙属地莫桑比克等地。

在白人资本家的奴役下，非洲契约工人的处境异常艰难。在矿山劳动的非洲人被迫住在集中营式的棚子里，20 多平方米的地方拥挤着数十人，缺粮

---

① 指白人资本家的代理人在农村临时雇用来劳动的非洲人。他们的地位十分低贱，工资低微，雇佣合同期满后重新回到农村去。

少医，供水不足，疾病流行。他们不能像白人工人那样干技术活，而只能干非熟练性的繁重与危险的工作。他们所得的工资约及白人工人工资的1/20，仅能勉强维持个人的生活，无法供养居住在保留地的家庭。

契约劳工的劳动条件极为恶劣。他们中的矿工在深达数千英尺的矿井下劳动，通风不畅，呼吸困难，体格强壮的人在工作几个月后，也会被折磨得多病，甚至丧失劳动能力。第一次世界大战后到过南非考察的埃·罗伯逊，在《非洲旅行记》中记述约翰内斯堡的见闻写道："我们又遇见了'矿工列车'……（专门运送）在矿坑里做工期满的非洲人。其中有些人已经累得受了内伤，有些人咳嗽，有些人已显出肺结核病的初期症状。他们虚弱不堪，全都成了'废物'。许多人从窗口探出身子贪婪地接受阳光，呼吸新鲜空气。他们积蓄的钱很少，不久就会因缴付各种捐税而用光。"

在殖民奴役和种族歧视下，南非的非洲工人所从事的是奴隶般的劳动，生活毫无保障。地位的低下迫使他们掀起了反抗殖民奴役与资本剥削的斗争。

南非工人运动的兴起和20年代初期的斗争

还在19世纪末，南非工人就开始了反对种族歧视、争取生存权利的斗争。当时他们的斗争尚停留在自发的阶段，即使出现过行业性的工会组织，它的影响也极为有限。20世纪初，随着英国和其他欧洲国家的工人到达南非，出现了南非工党组织。这个组织只限于白人工人参加，旨在维护白人工人的政治、经济权益，在反对白人资本家的残酷剥削方面起了一定的进步作用。

1915年9月，南非工党内部在对第一次世界大战的态度等问题上发生分歧，出现组织上的分裂。新建立的国际社会主义者联盟主张各国工人阶级团结起来，反对帝国主义战争。它的领导人开始运用马克思主义观点分析南非工人运动的主要问题，著名领袖伊冯·琼斯认为："南非白种工人是一种高级的寡头政治的奴隶，他们本身是依靠一个比较低下的奴隶阶级——土著种族来养肥自己。"他提出："如果国际主义者不承认土著工人阶级有资格要求得到全部权利，那么这种国际主义者就是虚假的。"他主张白人工人只有"解放土著人"才能解放自己，这在南非工人运动史上是一种崭新的革命思

想。国际社会主义者联盟还同非洲人国民大会取得联系。非洲人国民大会于
1912 年建立，是一个由上层非洲人组成的争取黑人解放的民族主义组织，但
它在建立初期不重视非洲无产阶级的斗争。在国际社会主义者联盟的影响
下，非洲人国民大会开始参加非洲工人的斗争，联盟的成员直接加入并帮助
组织非洲无产阶级的斗争。

1917 年，在国际社会主义者联盟的帮助下，在约翰内斯堡成立了非洲产
业工人工会。它是南非最早产生的非洲工人的政治组织，它的第一批会员多
半是参加联盟为非洲工人举办的讲习班成员。

1918 年，在非洲产业工人工会的领导下，约翰内斯堡的金矿工人、市政
工人、公用事业工人联合起来，开展罢工斗争，要求提高工资，改善劳动条
件。10 万名工人参加了罢工，斗争坚持了两个月之久。罢工工人在各矿井散
发传单，这些传单用当地的祖鲁语和巴苏陀语书写，其中写道："对于我们
班图工人，获得解放的道路只有一条，工人们联合起来！把离间你们的一切
因素全都忘掉！不要因为你们当中有巴苏陀人，有祖鲁人，有尚加人，而产
生任何分歧。你们都是工人，让劳动使你们团结一致。"非洲工人在罢工斗
争中加强了团结，沉重打击了白人统治阶级。

在工人罢工的影响下，约翰内斯堡地区的非洲人纷纷举行示威游行，反
对种族歧视制度和战后加紧实施的通行证法。[①] 这一斗争有力地声援了非洲
工人的罢工运动。殖民当局被迫作了某些让步，给非洲工人提高了一些工资
（一般提高 5% 左右）；答应改善劳动条件，如更新工作服，改善井下劳动保
护措施，等等。

1919 年，在开普敦建立了全国性的工人组织非洲工商业职工联盟。联盟
的创始者和领导人是克莱门茨·卡达利。他是出生在尼亚萨兰的契约工人。
他在故乡教会学校毕业，当过学校的教师，是一位天资聪明、杰出的政治演
说家，在非洲工人中有很高的威望。联盟明确提出反对种族压迫，实现社会
平等的政治口号。这个组织团结了不同行业的非洲工人，它在南非四个省分
别成立委员会，大力发展联盟成员。开始时，参加者只有数十人。五年后发
展到 3 万人。1927 年增加到 10 万人（一说 8 万人，又说 25 万人）。他们多
半是产业工人、手工业者和小商人，有的地区也有农民加入。同年，在刚成

---

　　① 是白人种族主义压迫非洲人的一种政策。起源于 19 世纪中叶。规定非洲人流动或迁徙必须
携带白人当局准许通行的证件，否则以违法论处。

立的非洲工商业职工联盟的领导下,南非(开普敦、伊丽沙白港等)各大港口的码头工人以及钻石开采中心金伯利的非洲铁路工人爆发了罢工斗争。罢工工人要求废除种族压迫的法令,享有同白人平等的权利,实行八小时工作制,与白人工人同工同酬,等等。他们与前来镇压的军警英勇地进行搏斗。伊丽沙白港工人的斗争最为激烈,他们中的许多人被殖民当局监禁,数百人被杀害。非洲工商业职工联盟总干事克莱门茨·卡达利在领导罢工斗争中被当局逮捕。许多地方的斗争,也先后遭到殖民当局的血腥镇压而失败。

在工人斗争的推动下,农民掀起抗捐抗税运动。在这场斗争中,从19世纪末在保留地发展起来的独立的非洲人教会,利用基督教提倡的"凡人皆兄弟""仁爱"等教义,反对种族压迫和歧视,要求建立和发展非洲人的教会或教派。1919年时,南非已建立起这样的教会或教派近80个。它们摆脱了西方传教士对基督教会的控制,自己管理自己,培养民族意识。它们之中以"禁欲派教会"和"犹太人教派"传播较广,影响较大。"犹太人教派"把非洲人比喻为古代犹太人,宣传上帝像对待犹太人一样,把非洲人从欧洲人的压迫下拯救出来,号召农民拒绝向白人政府交纳税收和服从命令。这一斗争遍及南北部地区。统治当局出动大批警察,捣毁教堂,残杀反抗的教徒。德兰士瓦省的不少地方的斗争坚持了好几年的时间。

1920—1921年欧洲资本主义国家爆发了经济危机,给南非经济以沉重打击。黄金价格下跌,矿业衰退,经济萎缩,物价飞涨。白人资本家把危机转嫁给工人,削减工人工资70%,延长工作时间2—3小时。

非洲无产阶级的斗争在新形势下迅速发展起来,1920年,南非非洲工商业职工联盟在约翰内斯堡发起召开首届非洲人劳工大会。来自全国许多地区的非洲工人代表参加了大会。大会号召工人举行大罢工,抵制白人资本家转嫁经济危机的恶劣做法。会后,兰德矿区的非洲矿工率先发起罢工,约有7万人投入了这场斗争。他们要求提高工资,缩短工作时间,建立劳动保护制度。兰德矿工的斗争在南非各地引起连锁反应。刚刚从监狱里被释放出来的联盟领导人克莱门茨·卡达利继续领导了这场斗争。南非当局对于非洲人的斗争惊恐万状,调动大批军警对兰德罢工工人实行镇压。工人们以斧子、镐头和铁管等作武器进行顽强抵抗。战斗持续了好几天,非洲工人死亡近百人。

在20年代初期的罢工运动中,南非白人工人也加入了斗争的行列。他们与黑人工人一样,也是南非白人资本家奴役的对象。南非的白人工人多半是南非土生的"贫穷白人"。"贫穷白人"的出现是数百年来布尔人内部阶级分化的结果。1910 年，这个阶层达到 30 万人左右，第一次世界大战期间，数量又有所增加。他们之中有的成为白人农场主的佃农，更多的人流落到城市或矿山成为雇佣工人。1920 年开始的经济危机也使白人工人的生活境况恶化，他们与白人资本家的矛盾日益尖锐化。

1922 年 1 月，兰德矿区 2 万名白人工人举行震惊全国的罢工。统治当局为平息这场斗争，防止白人工人与黑人工人联合起来，鼓吹资本家因经济危机不得雇用黑人劳工取代白人工人。这时，建立不久的南非共产党①在罢工工人中开展宣传工作，揭露统治阶级的挑拨离间。它向工人们指出，这是一场反对白人资产阶级剥削的斗争。它呼吁白人工人不要受统治当局的欺骗而去伤害黑人工人；并且强调"我们唯一的永久同盟军就是我们的不分种族和肤色的工人伙伴们"。南非共产党力图把斗争引向正确的方向，一些党员被选入领导罢工的委员会。然而，许多白人工人当时尚未摆脱种族主义思想的影响，他们最多只是把黑人工人视为"中立者"，而不认为是斗争中的盟友。

罢工持续两个多月。白人统治当局向黑人工人宣扬说：白人工人得势后，就会把他们驱逐出工厂，剥夺他们的工作权利。在孤立了白人工人之后，当局遂于 3 月 10 日，宣布兰德地区处于紧急状态。史末资政府决心用武力迫使白人工人复工，它调集了拥有装甲车和大炮的两万名政府军进行镇压。白人工人被迫投入战斗。政府军用了六天时间把罢工镇压下去。统治当局先后逮捕了 5000 多人，有 1400 人被定罪，判服各种惩罚，四名罢工领导人被判处绞刑。南非穷苦白人对反动当局的血腥镇压强烈不满，先后有 5 万人来到被绞死者的墓前致哀。从此以后，南非白人工人的斗争逐渐走下坡路。

20 年代后期工人运动的深入发展

1924 年，由南非白人极端种族主义者所组成的国民党上台执政，赫尔佐格担任政府首脑，它得到南非工党中一小撮英国血统的工人贵族的积极支持。国民党于 1913 年成立，它扬言要对非洲黑人实行严厉的种族歧视和迫害政策。1922 年兰德白人大罢工之后，它继续传播黑人工人威胁白人工人生

---

① 南非共产党建立于 1921 年 7 月 29 日，威廉·安德鲁任总书记，泰勒任主席。

存的"黑人危险"论，力图用种族矛盾转移阶级矛盾。国民党一上台，在实行"有色人种差别待遇"的口号下，对非洲黑人的歧视和迫害达到了空前的地步。

20世纪20年代后期的几年时间里，反动政府先后颁布了近30项种族主义法律、法令和规章条例。在经济方面，主要有《文明劳工通令》《矿业和劳动法》《工资法》《工矿法修正法案》和《土著劳役契约法》等。它们将雇佣劳动分为"文明劳动"和"不文明劳动"两类。前者指技术性工种，属于白人工人才能从事的劳动，并领取"文明工资"（即高工资），后者指非技术性工种，属于非洲黑人即"相当于野蛮人或原始人生活水平的人从事的劳动"，只能领取低微的工资。即使在矿业、运输业等行业中也禁止向非洲黑人发放熟练工种执照。因此，在一切经济部门中，非洲人均被从熟练工作岗位上调走，而由白人工人代替。他们只能在农业、林业、渔业中干粗活、重活，或在矿井里劳动。

在政治方面，反动政府颁布了《土著住区法》《土地登记和保护法》《工业调解法》和《土著代表法》等。其中规定，在城市谋生的非洲人只准居住在专为他们划定的城郊"特定居住区"，并由政府派遣行政人员严格"管理"。在白人居住的城区，非洲黑人只是流动劳工，没有居住权利。他们必须到地方当局登记，领取随身携带的通行证。在南非，对非洲人实行通行证法已有悠久的历史，到1928年时，不同的省份，甚至同一省内的各个地区有不同的通行证。在德兰士瓦，非洲人要所带的通行证必须包括自己的手印和简历，他们还应携带一张劳动契约复写书。晚9点后，非洲人要继续留在城市，就必须携带特别通行证。违反通行证法的人即遭逮捕。他们在被判处徒刑以后，往往以"劳动教养"的名义，由政府出租给白人农场主充当劳工。通行证法是种族歧视法令中的一项主要法令。它不仅是南非种族主义政府攫取非洲人劳动力的需要，而且也是它们维持恐怖统治的一种重要手段。仅据南非政府1930年底公布的材料可知，这一年里因触犯通行证法被判刑的非洲人就有32000人。

种族主义法令还规定黑人工人在法律上不算工人，而称"奴仆"。政府不承认他们有成立工会的权利，不准罢工。

在社会生活方面，赫尔佐格公开声称白人是家长，非洲人像子女一样，一刻也不能离开白人的"慈父般的关怀"。他警告说，非洲人若"图谋不轨"，幻想享受与白人同等的权利，就要遭到最沉重的打击。1929年制定的

《暴乱集会法》，取消了非洲人集会和出版的自由，司法部长有权任意处置违犯者。各省又自行颁布一系列镇压非洲人的法令，如 1931 年纳塔尔颁布了一项所谓的《纳塔尔法令》，警察当局可任意监禁无辜的非洲人，而被监禁者必须提供证明无罪的证据，否则即处以大量罚款或服苦役数月。

在日益加强的种族主义迫害下，南非黑人工人更加不满，斗争也更为艰难。他们很难组织起跨行业的罢工。1924—1926 年，南非黑人工人不断爆发零星的斗争，规模虽不大，却很频繁。仅在德兰士瓦省，罢工即达 120 多起，大都遭到残酷镇压而失败。领导这些斗争的非洲工商业职工联盟的领袖们由于斗争遭到挫折，对前途产生悲观态度。他们在反动政府收买下，采取妥协投降的路线。他们要求黑人工人放弃斗争，等待白人资本家提高工资，改善劳动条件。与此同时，领导集团内部发生分裂。一些坚持反种族主义斗争的成员被开除，该组织中的纳塔尔委员会成员脱离本部成立独立联盟。从此，非洲工商业职工联盟瓦解，并从政治舞台上消失了。

然而，广大非洲劳动群众没有放弃斗争。1927—1928 年，南非不少地区的铁路、矿井和种植园的非洲工人，还有保留地里的农民自发地掀起斗争，他们要求提高工资、改善劳动条件、削减税收。南非共产党重新组织非洲工人斗争，在这两年时间里，它在黑人工人中建立起一系列工会组织，如南非成衣工人工会、非洲洗衣工人工会、非洲面包工人工会、非洲家具工人工会、非洲铁路工人工会和非洲港口工人工会等。参加工会的人数达到 10 多万人。在部门工会不断涌现的基础上，成立了它们的统一组织非洲人工会联合会，从而推动了全国规模的斗争，又出现了白人工人和黑人工人联合斗争的场面。

1927 年，南非缝纫业中的欧洲和非洲工人发动了第一次联合大罢工。他们一致要求提高工资，实行劳动保护制度。这次罢工从约翰内斯堡开始，随后波及到比勒陀利亚、韦雷尼京等地。参加者达 3000 多人。白人雇主被迫同意工人的要求，提高工资 12%，缩短工作时间。

与此同时，非洲人国民大会开始领导南非非洲人反对种族主义斗争。南非共产党人积极参加这个组织，推动了运动的发展。非洲人国民大会成为南非非洲人反种族迫害的统一战线组织，它在全国各地陆续建立基层支部，除了过去进步的部落首领和知识分子参加外，还吸收广大工人和农民群众。它的宗旨也从过去只是反对白人殖民者掠夺土地与奴役土著农民，发展到谴责种族压迫制度，要求改革，主张改变非洲人所遭受的非人待遇。

20 年代末期，世界资本主义经济危机迅速影响到南非。1930 年，农作物播种面积减少 1/3。白人农场主借口"合理化"生产，裁减工人，降低工资，恶化劳动条件，延长劳动时间和加强劳动强度。在制造业和交通运输业中，反动政府支持在一些工种中大批解雇非洲工人，同时又用降低工资的办法，扩大吸收白人工人的就业人数。20 年代末，南非"穷苦白人"队伍又增至 30 万人。统治当局想方设法安排他们的工作，免得引起 20 年代初期那样大规模的"反叛"和"骚动"。

因此，20 年代末期南非的失业现象相当严重，有 20 万黑人工人被工厂、矿山解雇，同时仍有 2 万多名白人工人失业。许多人或流落城市街头，或流入农村保留地，使那里的人口更加拥挤不堪，加上连年干旱造成的灾荒，继之畜瘟不断，农民被迫逃亡，大批饥民涌进城市。政府还对非洲人不断征税，对逃跑的"欠交税款犯"进行搜捕，判处长期苦役。国内矛盾有增无减。面对动荡的局势，统治当局采取欺骗手段。他们建立了改良主义政治组织，如"开普欧洲人和非洲人联谊会""开普非洲人社交俱乐部"和"约翰内斯堡国际俱乐部"等。这些组织向非洲人宣传要同种族主义当局实行"和平合作"，"抚慰"非洲人放弃斗争。它们还在白人工人中活动，诱使许多人脱离政治斗争。

但是，南非的工人阶级，特别是黑人工人，为求生存，没有停止自己的斗争，失业工人站在斗争的最前列。从 1929 年起的几年时间里，开普敦、约翰内斯堡、德班、伊丽沙白港、东伦敦和其他十几个城市的码头、铁路、制造、制革、缝纫等行业的工人，不时掀起斗争浪潮，不同种族的工人联合举行罢工。1929 年在约翰内斯堡的"五一"节游行队伍里，数以千计的白人工人同黑人工人共同打着"要面包""争人权""打倒政府"的标语。在南非各地爆发的黑人制革工人反对种族主义立法的斗争中，白人工人举行了声援罢工，并向他们提供食品，拿出自己的部分工资作为赠款声援黑人罢工者。显然，白人工人同非洲工人之间的团结在斗争中有了进一步的加强。

1929 年 9 月，在南非共产党的倡导下，非洲人国民大会联合各个非洲人工会组织，成立了包括所有进步社团参加的联合斗争组织"非洲各民族权利同盟"。该同盟决定以南非民族英雄丁干①领导祖鲁人同布尔移民进行血战的 12 月 16 日这一天为"丁干日"，作为全体非洲人民的民族节日，举行庆祝

---

① 丁干是 19 世纪中叶反对荷兰殖民侵略的领袖，生于 1797 年，于 1840 年战死。

活动，借以表示继承民族解放斗争的传统。同盟还决定在全国范围内开展一场反对白人政府转嫁经济危机、争取生存权利的斗争。

1926 年 12 月 16 日首次庆祝"丁干日"时，这一斗争进入高潮。抵抗运动整整延续了 1 年时间，工人罢工，农民抗捐抗税，城市居民反对通行证法，联合斗争席卷全国城乡。反动军警对此实行血腥弹压。1930 年 12 月 16 日在德班召开的第二次庆祝"丁干日"的群众集会上，警察开枪袭击会场，数名工人被杀害，其中有南非工人运动的杰出领袖、共产党人恩科西，还有 40 名工人受伤。统治当局还利用非洲人国民大会内部右倾分子的恐惧心理，迫使他们采取妥协投降的政策，分裂了这个组织。非洲人国民大会里的左派被迫另建"独立的国民大会"。敌人的破坏使得"非洲各民族权利同盟"的活动处于瘫痪状态。但是，包括工人运动在内的约翰内斯堡和纳塔尔两省的斗争仍在继续。南非人民的斗争，引起了南非种族主义政府甚至英国政府的震惊。在他们的报刊上，不断惊呼非洲人"好战""大规模制造武器""制造暴乱""野蛮骚动"等。

在第一次世界大战后的 10 多年的时间里，南非工人阶级反对殖民奴役和种族主义压迫的斗争，开始摆脱以往那种纯粹自发的状态。他们在斗争中形成了自己的阶级组织，出现了黑人和白人劳动者的联合与相互支援的情形，工人运动的发展也促进了农民运动的高涨。20 年代的南非工人运动以上述的这些新的特点而载入史册。

越南义安、河静的苏维埃运动

梁志明

1930—1931 年，在印度支那共产党的领导下，越南中部的义安、河静两省农民推翻了法国殖民者和阮氏封建王朝在一些农村的反动政权，建立了工农革命政府。这在越南现代史上称为"义静苏维埃运动"。它将 20 世纪 30 年代初期的越南民族解放斗争推向了高潮。

义静苏维埃运动的客观前提

19 世纪，法国殖民者就窥伺越南。1858 年，法国以保护传教士为名，纠集西班牙，组成法、西联合舰队，炮轰岘港，发动了对越南的殖民战争。腐朽的阮氏王朝抵挡不住洋枪、大炮的进攻。19 世纪 80 年代，越南沦为法国的殖民地。

法国把越南划分为"东京"保护地（北圻）、"安西"保护国（中圻）和"交趾支那"直辖殖民地（南圻），分而治之，并将越南这三个地区与柬埔寨、老挝两个"保护国"拼凑在一起，组成法属"印度支那联邦"。法国总督掌管联邦的军政大权。法国保留越南顺化封建朝廷和各地方的封建官僚系统，作为它推行殖民统治的工具。为了镇压人民的反抗，法国在越南建立了一整套军事、警察、司法和特务机构，侦探楼、监狱和集中营遍布各地。

法国在越南实行资本主义与封建方式相结合的经济掠夺政策，并带有"高利贷帝国主义"的显著特征。法国垄断资本通过殖民政府大量发放高利贷，发行公债，较少注意经营工业和商业。以东方汇理银行（即印度支那银行）为主的法国垄断资本掌握了货币发行权，并通过贷款，控制了越南许多经济部门。第一次世界大战前，法国对越南进行了第一次殖民经济开发，兴建铁路、公路和港口，投资采矿业，掠夺原料，牟取利润。鸿基煤矿公司是越南最早成立，也是最大的一个矿业公司。1888 年股本达 800 万—900 万金法郎，仅在 1913 年该公司便获得 250 万金法郎的利润。第一次世界大战后，法国进行第二次殖民经济开发，加强了对越南的资本输出。从 1924 年至 1931 年，在印度支那（主要是在越南），法国资本家增加了 25 亿法郎的投资。法国除通过开办工矿企业、建设交通运输设施和农业种植园以外，还通过控制越南市场，操纵越南的煤、大米及橡胶的出口贸易，每年攫取 10 亿多法郎的巨额利润。

法国殖民者仍然维持越南封建制度的残余——地租剥削。在南圻平均地租为收获量的 50%—80%，在北圻和中圻为 40%—70% 不等。有的教会出租地要收取占收成 2/3 的地租。法国殖民者侵占越南后就开始掠夺耕地，1900 年霸占了 30 多万公顷土地，1913 年掠夺的土地增至 47 万公顷，其中北圻 136000 公顷，中圻 26000 公顷，南圻 308000 公顷。除了缴纳地租外，广大农民还要受到捐税和高利贷的盘剥，除了人头税、地税、盐税和酒税等主要税收外，还有多种多样的附加税以及劳役、送礼等。此外，渔民要纳船租、渔税。在殖民主义和封建主义的双重压迫下，劳动人民的生活极为艰难。

由于法国殖民当局有意压抑越南民族资本，越南的工商业落后。第一次世界大战期间和战后初期，越南民族工商业虽有较快进展，力量仍很薄弱。据统计，1926—1927 年，河内较大的工商企业约 700 个，越南人经营的仅有 300 个；西贡有 539 个企业，越南人经营的只有 70 个。越南资产阶级大都是中小商业资产阶级。1926 年在西贡开业的第一所越南人银行，很快就被法国大银行吞并。

在法国殖民统治下，资本主义因素被移植进来，越南由封建社会演变为殖民地、半封建社会。一方面，帝国主义和封建势力互相勾结起来，对越南人民进行残酷的经济掠夺和政治压迫，使越南社会经济和文化十分落后，民族矛盾和阶级矛盾十分尖锐；另一方面，越南社会的阶级关系发生变化，民族资产阶级和工人阶级逐步成长，民族觉醒意识日益增强，这就为越南民族解放运动的兴起准备了条件。

1930 年初，越南卷入了世界资本主义经济危机。这场危机持续到 1935 年，它首先影响越南的农业经济。粮食价格在 1929—1934 年急剧下跌。西贡米市的 1 号大米 1929 年每石价格为 11.58 印支币，1931 年下降到 6.72 印支币，1934 年落到 3.26 印支币，下降了 68%。同期内征收的赋税却增加

50％，甚至高达 1 倍。1929—1933 年，各地连年遭受水、旱、风灾，田地荒芜。许多农民流离失所，或死于饥馑，甚至一些富农和小地主也濒于破产。地价下跌，许多地方仅相当于过去的 1/20。法国银行资本家、种植园主和本国大地主乘机兼并土地。在 1930 年，占人口 5.2％的殖民者和地主、官僚占有 50.6％的耕地；占人口 94.8％的农民仅有 28.5％的耕地。迄 1931 年为止，法国殖民者占有的耕地增加到 90 万公顷，占越南总耕地的 20％。

法国为转嫁危机向越南倾销免税输入的商品，使越南民族工商业蒙受打击。许多企业因此减产或倒闭，商店歇业，对外贸易额下降。在危机年代，半数以上的工人失业，许多职员被迫辞退或提前退休。工人的工资减半，劳动时间和强度较以前增加。种植园工人由每人管理 1 公顷增加到 4 公顷土地。

经济危机给越南各阶层人民带来巨大灾难。法国殖民当局不仅拒绝实施救济，每年还向本国政府缴纳殖民"贡赋"。1930 年上缴法国政府 10900000 法郎，1931 年增加到 11542000 法郎，1932 年为 10196000 法郎。殖民当局增加财政预算，利用政府的储备基金，给予在越南的法国公司和种植园以贷款、津贴或奖金，使它们在危机年代仍然收取大量利润，仅每年向本国汇回的利润就高达 1300 万印支币。殖民官吏和封建官僚的薪俸也普遍得到提高。

经济危机的发生促使越南社会两极分化的鸿沟更为加深。据法国人保罗·贝尔纳在《印度支那经济问题》一书中指出，危机年代越南人与在印度支那的法国人相比较，他们的年平均收入竟相差 120 倍以上。

经济危机揭穿了法国在越南的殖民统治的脓疮，更加激化了越南的社会矛盾。

义安、河静两省是越南社会矛盾表现得十分尖锐的地区，这里居住着 100 多万人，然而山多地少，土地贫瘠，经常遭受干旱、水涝和台风袭击，是越南最贫穷的两个省份，这里的法国殖民官吏以及当地的知府、知县与地主土豪相勾结，残酷欺压农民。一小撮外国种植园和大地主霸占着大量土地。成千上万的破产农民被迫到北方矿区或南方种植园谋生，甚至到老挝、泰国和法国在太平洋的殖民点新喀里多尼亚岛去充当苦力。农村的状况异常恶化。

义安省会荣市及其附近的边水港是工业中心，集中着较多的产业工人。这里拥有 1500 名工人的火车修理厂，500 名工人的火柴厂，边水港有 500 名码头工人，还有 8 个拥有 60—400 名工人的机器厂。工人每天工作长达 12—

17 小时，日工资仅为 6 分至 2 角 5 分。他们经常要缴纳各种罚款，并遭受工头的殴打，地位的极端低下使他们具有较强的斗争精神。他们大多来自附近的郊区农村，与农民有密切联系，因此，这里的工人运动与附近各县农民的斗争往往相互呼应。这些因素为在这里开展苏维埃运动提供了有利条件。

工人阶级的成长和共产党的建立

第一次世界大战时期和战后初期，资本主义经济在越南有了较迅速的发展。从此，工人阶级开始形成并发展起来。据法属印度支那劳动调查总局统计，到 1929 年底，在印度支那（主要是越南）的工业和商业部门有 14 万名工人，其中有 53000 名矿工和 86000 名商业职工。此外，还有 81000 名种植园工人，共计 22 万多名工人，约占当时全国 1800 万人口的 1.2%。越南的工人主要来自破产农民和城市贫民，有的具有半工半农性质，还有不少女工和童工，文化水平普遍较低。

越南工人阶级在数量和占人口的比重上不能与资本主义国家相比，但是，越南的工人却相当集中，其中 1/3 以上的工人集中在种植园，1/4 的工人集中在采矿业。就地域分布而言，主要集中在北部各大城市和工矿区，中部集中于义安省的荣市—边水地区，南部则以西贡—堤岸地区居多。越南工人阶级相对集中的特点有利于把他们组织起来。

越南工人阶级受到殖民主义和封建主义的双重压迫，工人的劳动时间通常长达每日 12—14 小时，工资低微。据统计，他们的年平均收入为 490 法郎，而法国工人年平均收入为 6200 法郎，两者相差 13 倍之多。越南工人被剥夺了政治权利，他们随时会遭到厂主和监工的虐待和毒打，不享有任何社会保险，他们的反抗被视为非法而受到镇压。特别是种植园和矿山的契约劳工则完全丧失了行动自由。越南工人阶级由于政治和经济地位的低下而富有革命性，这个阶级还与占人口大多数的农民有密切的联系，这就为在革命斗争中建立工农联盟创造了有利条件。

俄国十月革命的胜利，马克思列宁主义在东方殖民地国家的传播，以及中国大革命的影响，使越南自 20 世纪 20 年代初开始的工人运动，由自发、零星的经济斗争，逐步转向政治斗争。在这过程中，越南工人阶级创建了革命政党。

1924 年，已经加入法国共产党、任共产国际东方部委员的阮爱国（即胡志明）从苏联到达中国大革命的策源地广州，他在中国共产党人的协助下，联合越南革命者，于 1925 年在广州创建了越南青年革命同志会。他还在广州举办政治训练班，选送优秀的越南青年进黄埔军校，培养了一批革命骨干。这些青年回国后，深入工矿农村，发动并组织工农运动。1928 年后，工人罢工扩展到重要的经济中心、工矿交通与种植园，并出现了秘密的红色工会。1929 年 6 月，在工人运动最为发展并邻近中国的北圻，越南青年革命同志会内部的共产主义小组在河内召开会议，建立了"印度支那共产党"。同年 6 月，中圻的共产主义倾向组织新越革命党内的青年积极分子建立了印度支那共产联盟。10 月，南圻的越南青年革命同志会改组为"安南共产党"。

1930 年 2 月 3 日，阮爱国代表共产国际东方部在香港附近的九龙秘密召集党的统一会议。印度支那共产党和安南共产党的代表参加了会议，同意建立统一的共产主义组织，定名为越南共产党，选举了临时中央执行委员会。不久，印度支那共产联盟同意加入。同年 10 月，在党中央第一次会议上，通过了党的第一任总书记陈富起草的《资产阶级民权革命论纲》（即"政治论纲"），指出，越南资产阶级民权革命"主要是一方面为了肃清封建残余，消灭各种前资本主义的剥削形式，为彻底实现土地革命而进行斗争；另一方面，要为打倒法帝国主义，使印度支那完全独立而进行斗争。这两方面的斗争互相密切关联，因为只有打倒帝国主义，才能消灭地主阶级和取得土地革命的胜利；同时也只有摧毁封建制度，才能打倒帝国主义"。这次会议还选举了以陈富为首的中央常务委员会，并将党改名为"印度支那共产党"。党的建立，标志着越南工人阶级领导的民族民主革命的开始，促进了越南民族解放斗争高潮的兴起。

1930—1931 年的革命高潮和义静革命运动的兴起

在共产党成立的时候，世界性经济危机波及越南，各阶层人民的反帝情绪不断高涨。

1930 年 2 月 9 日，越南爆发了由国民党领导的安沛起义。越南国民党主要由资产阶级、小资产阶级以及少数民族的土司组成，是越南的一个民族主义政党。国民党在 1927 年 12 月 25 日建立后，深受孙中山的三民主义思想的影响，主张发动一场民族革命。它在越籍士兵中发展组织，准备通过起义夺取政权。在1930年的安沛起义中，国民党提出"把法国强盗赶回法国去，把南国（即越南）交还南人"的口号。起义以越籍士兵为主力，有部分农民、学生和知识分子参加，由于准备不周，没有充分发动群众，特别是农民，几天内即被殖民当局镇压。起义失败后，国民党的领导人牺牲，许多起义者被捕，幸存的国民党人被迫逃亡。安沛起义是越南国民党领导的第一次也是最后一次武装起义，它的失败标志着越南资产阶级领导的旧民主主义革命阶段的结束。

安沛起义失败后，共产党面对殖民当局的镇压，发展工会、农会等群众组织，着手统一和建立各级党的组织，提出"反对白色恐怖""释放被捕起义者"和"改善人民生活"等口号，动员各阶层人民掀起群众性抗法斗争。

工人阶级成为这场斗争的先导。1930年2月至4月，罢工斗争接连不断，其中突出的有下列事件。2月，南部富莲种植园的5000名劳工罢工。3月，北部党组织领导的南定纱厂4000名工人大罢工，这次罢工影响较大，许多地方的工人为此进行了募捐和声援活动。4月，中部的边水火柴厂和锯木厂的400名工人进行联合罢工。与此同时，农民运动首先在北部的河南省和太平省蓬勃开展，农民们要求分配地主的稻谷。上述斗争揭开了1930—1931年革命高潮的序幕。

1930年5月1日国际劳动节，在共产党各级组织的号召下，爆发了全国规模的群众性示威游行。五一节前夕，党组织在各地发出传单，一些城市的建筑物上挂起红旗。法国殖民当局宣布戒严，禁止集会、罢工和游行，并出动了军警和密探。但是，越南城乡依然掀起斗争怒潮。北部的太平省有600人参加示威游行，示威群众冲进省城，被打死1人，117人被捕。中部的义安省也举行了声势浩大的群众示威。南部雅贝巴、边和等地的工人在火车站、十字街头和橡胶园内挂起红旗，张贴了"工农兵联合起来！""全世界无产者联合起来！""八小时工作制"等标语。南部的农民掀起了抗税运动，沙沥省高岑县1000多农民在游行中提出缓税两个月的要求，官府被迫同意。美萩县新富乡400多农民包围了乡政府，要求缓税。在当地群众斗争的压力下，法国驻南圻殖民当局不得不宣布，原定4月30日应缴的人头税延期至6月30日。西贡附近的农村每晚都可听到召集农民集会的鼓声，形成了一个广阔的红色地带，一些乡被称为"共产乡"。

五一节的群众斗争引起了殖民者的惊恐。1930年5月31日法国总统杜梅格召集内阁会议，专门听取殖民地部长比耶德里的报告，并讨论对策。但是，法国殖民者无法阻止越南人民的群众革命运动。反帝反封建的斗争继续发展，一直持续到1931年年中。

在1930—1931年的斗争高潮中，中部义安、河静两省的运动发展最为迅猛，形成了这场斗争的最高峰。

20世纪20年代中期以来，义静地区的反法斗争勃兴，越南青年革命同志会和印度支那共产联盟的前身——新越革命党在这里建立了组织。陈富曾在荣市—边水一带从事秘密斗争。1930年越南共产党建立以后，由阮德景、黎毛和黎日述等组成的中圻党委和义安省委相继建立。越共中央委派中央委员阮丰色和中圻圻委一起，直接领导义安、河静两省人民的革命运动。

从1930年五一节开始，义静地区出现了群众斗争的高潮。5月1日，边水火柴厂和试场火车修理厂工人举行罢工，郊区的上万名农民进城游行。他们提出了"增加工资""减少工作时间""归还被强占的土地""减轻捐税"，以及"反对白色恐怖""赔偿安沛起义中被害家属的损失"等口号。这些口号反映了这里工农群众的斗争已经超越了单纯的经济斗争而具有明显的政治色彩。他们的罢工和游行遭到军队和厂方的联合镇压，被打死7人，打伤18人，许多人被捕。但是革命运动继续高涨。工人罢工和农民运动相配合，从游行示威发展到建立地方苏维埃政权。

5月10日，边水火柴厂、锯木厂工人和搬运工人举行罢工。6月2日，工人们再次爆发罢工，斗争坚持了40天之久。与此同时，荣市试场工厂和锯木厂工人，搬运工人和车夫，采取怠工、散发传单等方式开展斗争。一些工人运动的干部深入农村发动农民，义静地区的农民运动疾风暴雨般发展起来。据义安省委机关报《穷苦人报》所载，"在6、7两个月中，仅义安省就发生11次大的示威游行，参加人数达12000余人"。

在8、9两个月持续不断的农民运动中，规模最大的是义安省清章农民的大游行。9月1日，清章两万名农民举着200面绣有斧头镰刀、写着各种口号的红旗，冲破当地驻军的阻拦，夺回过河的渡船，奔向省城。农民们捣毁县府公堂和知县官邸，砸开牢门，释放犯人，包围当地的兵营和据点。他们把作恶多端的密探和恶霸捆绑游街。农民提出的口号，已由要求免税、把公田分给农民，发展到打倒法帝国主义和阮朝封建统治、没收大地主土地分配给贫农。农民运动促进了城市工人的斗争。9月2日，边和火柴厂500名工人罢工，这次罢工得到附近各县农民的支持，坚持了10天，取得了胜利。

义静的九月风暴和乡村苏维埃政权的建立

1930 年 9 月，义安、河静两省差不多每天都发生农民斗争。农民运动扩展到所有县份，其中影响最大的是兴元县农民的示威游行。

9 月 12 日，兴元县委发动各乡农民游行，响应各地蓬勃发展的革命运动和支持边水工人的斗争。在义安省委委员黎尹曳的领导下，两万人的游行队伍集合在安春车站。他们切断电话线，截住开往荣市的火车，向旅客进行宣传。游行队伍奔向县城的沿途，加入的群众越来越多，形成了长达三四公里的人流。殖民当局派军队镇压，但无法阻止队伍的前进。中午，殖民当局出动飞机向群众队伍投弹，使数十名群众中弹；同时派遣数百名外籍士兵和伪保安兵对示威群众进行血腥屠杀，打死 170 多人，打伤 300 多人，逮捕了许多人。当天下午，死难者的家属去寻找亲人尸体，又一次遭到轰炸扫射，死伤几十人。这就是骇人听闻的"兴元大惨案"。兴元惨案的发生激起了义静人民的无比愤怒，农民斗争更为高涨，荣市—边水地区工人举行长达两个月的罢工，荣市国立学校学生举行罢课，抗议殖民者的暴行。此后，9 月 12 日被定为"义静苏维埃运动纪念日"。

九月风暴，尤其是兴元事件，标志着义静人民的斗争进入建立苏维埃政权的新阶段。在工农运动蓬勃发展的形势下，各县农村的党支部、乡农会、妇女会、青年会、红色救济会和自卫队纷纷建立。在农民斗争的冲击下，一些地方官吏弃官逃遁，有的被迫交出代表权力的印章，地主豪绅威信扫地。在反动政权陷入瘫痪或瓦解的情况下，当时称为乡农部、村农部的农会执委会由农民团体转变为革命政权，成为农村中唯一的权力机关。农民政权首先在义安省清章县武烈乡出现，迅即遍及该县 5 个乡内 154 个村子的 68 个村，随后发展到南坛、兴元、英山、定州、宜禄等县的 17 个乡。《穷苦人报》在 10 月 5 日报道："从 9 月 1 日到现在，义静农民兄弟姐妹们展开了激烈斗争，赢得了许多权利，许多乡村的政权转归农会手中，豪绅们凡事都要询问农会。"在河静省，1930 年农会已公开活动，但苏维埃政权的产生较晚，直到 1931 年初，苏维埃政权才在于禄县、德寿县、石河县、宜春县和香溪县的 14 个农村地区建立起来。

义静地区没有在县级而只在乡级形成苏维埃政权。当时的基层干部、党员和农民并不知道"苏维埃"的名称。苏维埃政权的称呼是在党的文件中根据它的活动和职能确定的。1930 年 11 月，胡志明在向红色农民国际的报告中指出："现在，在一些红色农村中，已经成立了农民苏维埃。"许多共产党员被选入农会执委会，成为苏维埃中的核心骨干。荣市—边水的一些工人受党组织的派遣到农村当苏维埃的顾问。义静地区的苏维埃具有工人阶级及其政党领导下的工农民主专政的性质。

农村苏维埃按照党的指示，实施了初步的民主改革。

在政治方面，党支部和乡农会负责管理本乡政权。各乡建立由青年组成的农民武装自卫队，每个村设有 2—3 个由 10—15 人组成的小分队。自卫队的任务是保卫乡、村苏维埃，保卫群众的集会和游行，维持社会秩序。苏维埃成立了自己的法庭，负责审讯和惩办受殖民当局控制并由地主豪绅组成的"里人党"分子。为了掌握在农民中有影响并被豪绅控制的族权组织"伦理会"，党支部和乡农会将一些倾向革命的开明士绅选为族代表。

在经济方面，苏维埃政权采取了限制封建剥削和改善农民处境的措施。在苏维埃政权控制的乡村中，废除包括人头税、市集税、渡船税、盐税等在内的苛捐杂税；减免地租；把富豪积存的稻谷分配给饥民；收回并重新分配被地主霸占的公田公地；追回被豪绅、乡长、里长贪污和挪用的公益金。

苏维埃政权的建立，激发了农民的政治热情。农民们组织了识字班，学习文化，谈论政治，村庙成了农民阅读书报和各种宣传材料的场所。封建迷信和颓风陋俗逐渐被破除，婚丧喜庆和年节取消了礼仪和筵席。赌博被禁止，农村中出现"盗贼潜踪，道不拾遗，夜不闭户"的景象。

为了保卫义静苏维埃政权，1930 年 11 月初，党中央委派阮丰色为代表，召集了有 36 人参加的中圻圻委会议。会议分析了形势，认为全国性的起义尚未成熟，应在各省开展支援义静人民的斗争。在这同时，党中央还散发了声援义静苏维埃运动的传单。其中一张传单写道："几个月来，（义静）农民兄弟姐妹们已经建立苏维埃，自己管理自己，法帝国主义及其走狗——资产阶级、地主、官僚残杀了许多农民兄弟姐妹。但义静的兄弟姐妹们没有气馁，反而更加积极行动起来。……我们必须懂得，我们的权利只有斗争才能获得。……必须快快起来，响应义静兄弟姐妹的斗争。"

在党中央的号召下，各地掀起了保卫义静苏维埃运动。河内、海防、鸿基、锦普、南定、顺化、西贡、高岭、沙沥等地举行集会或群众示威，人们进行罢工、怠工、罢课，汇成了全国规模的声援浪潮。1930 年 10 月，广义省农民在"保卫义静工农""反对帝国主义"等口号下，举行示威游行，10

月8日，广义省德普县农民的游行队伍冲进县城，捣毁官府衙门。10月14日，太平省前海县农民举行示威，同军警发生了冲突。

包括义静苏维埃运动在内的30年代初越南人民的反帝反封建斗争，也得到国际无产阶级的同情和声援。共产国际、中国共产党和法国共产党分别致函印度支那共产党，赞扬并支持越南人民的革命运动。1930年11月，法国工人阶级举行了声援集会与游行。

殖民当局的镇压和义静苏维埃运动的失败

义静苏维埃运动严重威胁着法国在越南中部地区的统治，殖民当局不顾舆论的谴责，决定镇压这一地区的苏维埃运动。法属印度支那联邦总督巴斯基埃亲自研究情况，部署镇压计划，并派遣阮朝刑部尚书尊室坛为执行其计划的钦差大臣。

自1930年9月起，殖民当局向义安、河静两省增调军队，除"蓝带兵""红带兵"① 及少数民族的士兵外，还专门调来外籍军队。两省实行戒严，遍设军事据点，其中义安省68个，河静省54个，在苏维埃运动最为发展的清章县，多达16个。小据点驻兵30余人，大据点驻兵400—500人。殖民当局还在两省中组织反动民团，用篱笆将一些未建立苏维埃的村庄包围起来，以防止来自红色乡村的影响。

在建立据点的过程中，反动军队拆毁民房，洗劫乡村，无恶不作，尊室坛叫嚷："有义静不富，无义静不穷。"他主张血洗义静的红色乡村。

为了反对敌人的镇压，义安省委充分依靠群众。每当反动军队下乡搜捕和清剿时，各乡农民以鸣锣击鼓为号，集合起来进行抗议示威。1930年的十月社会主义革命纪念日，香山、府演、安城、安春、兴元、于禄等县农民，响应义安省委的号召，反对殖民当局建立据点和摧毁村庄，举行大规模的游行。群众携带棍棒、匕首和梯子，烧毁敌人的岗楼，与巡逻的雇佣兵发生武装冲突。12月12日广州公社纪念日这一天，义静人民举行了纪念集会，同时捣毁了德寿县和于禄县的一些敌人据点。

1931年初，在苏维埃运动发展较迟缓的安城、演州、琼琉等县爆发了有

---

① 法国统治越南时期组织的越籍军队，因其帽带和腰带的颜色不同，称为"蓝带兵"和"红带兵"。前者为地方军，即保安兵，后者为正规军。

数千人参加的大示威。宜禄县双禄乡农民把率兵捕捉农民的县官孙七环推入河中淹死。尊室坛借机制造流血惨案，他派遣数百名士兵围剿双禄乡，烧毁房屋 227 间，枪杀了 30 人，后来又有 9 人被判处死刑。

殖民当局与阮氏朝廷除武力镇压外，还玩弄政治欺骗手段。1931 年 1 月，殖民当局另一名走狗阮科琦被任命为义静总督代替刽子手尊室坛，他向农民散发"归顺证"，强迫他们手持法国三色旗和阮朝黄旗，用刺刀威逼他们去县衙门"自首"。他还向义静农民许诺修水渠、建医院、办学校，以微小的让步争取民心，分化瓦解革命运动。与此同时，殖民当局加强了反动宣传。它出版《新义静新闻》，歪曲苏维埃的性质，它还在河内、顺化、西贡等地出版的报刊上诬蔑共产主义是"乱伦"，强迫农民购买阅读。

1931 年 3 月，设在西贡的党中央机关遭到破坏，总书记陈富与中央常委全部被捕。4—5 月，中圻圻委和义安省委主要领导人相继被捕，惨遭杀害，整个革命运动失去了领导核心。尽管在当年五一节，荣市—边水的工人和义静许多县的农民曾举行示威游行，然而整个革命运动依然逐渐低落。

在革命退潮时期，越南遭受严重水灾，全国面临饥荒。义静地区人民虽然进行了反镇压、抗捐税和夺米斗争，但已缺乏领导，规模不大。他们在斗争中把矛头错误地指向富农与中农，殖民当局加强镇压，建立"治安长"恐怖组织，授予它"格杀勿论"的特权，不断制造惨案。1931 年 6 月，英山县安福乡农民惩办了 11 名地主劣绅，打死 1 名法国军官。殖民当局派兵血洗全村，屠杀了 468 人。安福乡农民的斗争被镇压，以及随着殖民政权的复辟，义静农村的苏维埃政权不复存在。

义静苏维埃运动的失败，根本原因在于革命主观力量还不成熟。当时，印度支那共产党处在幼年时期，缺少经验。义静地区有 1332 名党员，建立了 134 个党支部；荣市—边水有 312 名工会会员；两省有 33000 名农会会员。然而，党的组织不够巩固，群众组织也不健全。它们都尚未建立从乡村到县的组织系统，在紧张的斗争中更来不及培训干部和巩固组织。深重的民族压迫和封建压迫，促使这里的人民揭竿而起，而主观条件的不成熟又使他们不可能全面地发动武装斗争，建立省、县级的革命政权，即使一些乡村建立了苏维埃政权，也难以巩固。全国范围内尚未出现持久的革命斗争，义静以外的地区没有建立革命政权，从而使敌人便于集中力量镇压义静地区的苏维埃运动。

在苏维埃运动中，党在指导思想上犯有错误。

首先，义静地区的党组织对建立反帝民族统一战线认识不足，而在许多方面实行了过"左"的政策。党中央曾指示建立反帝同盟会，义静两省的党组织却没有坚决执行。他们虽注意了在工农基本群众中的工作，却没有提出争取中间阶层的口号，中圻圻委还一度提出"挖掉知识分子、富农、地主和土豪的老根"，不加区别地一概将他们视为革命对象。没有重视发动佛教徒和少数民族的工作。在运动兴起时，不适当地把富农分子拉进农会，到运动的后期，特别是在夺米时又扩大打击面，损害了许多富农甚至部分中农的利益。在运动退潮时，因少数干部发生动摇而进行"清党"，把一些知识分子和富农出身的党员错误地清除出党。

其次，党组织没有领导群众实行积极的武装斗争。义静各级党组织虽在乡村中组织了自卫队，但武器落后；当敌人进行血腥镇压时，没有发动群众夺取敌人枪支，武装自卫队，却让手无寸铁或仅有原始武器的群众去对付全副武装的殖民军队。运动退潮时，党组织没有及时组织退却，保存革命力量，一些地方甚至把全部力量投入最后的斗争。

义静苏维埃运动虽然以失败告终，但是，在越南现代历史上，1930—1931年革命高潮是越南工人阶级领导的民族民主革命的开端。义静苏维埃运动作为这一历史性事件中的光辉篇章载入了史册。义静人民一度摧毁了殖民当局设在许多乡村中的统治机器，是在局部地区建立工农民主专政的一次尝试。它打击了法国殖民者及其在越南的封建走狗，引起了殖民当局的恐慌。在西贡出版的法国资产阶级的《公论报》也不得不承认："这并非是一场寻常的事变，而是一次巨大的革命运动。"

在义静苏维埃运动中，工人阶级和农民的斗争相互配合，相互支持，体现了越南工人阶级与劳动农民的紧密团结和战斗联盟。这为以后的革命斗争留下了可贵的经验。

义静乡村地区苏维埃政权的建立，是越南农民在工人阶级政党领导下的革命创造。它是革命农民捍卫自己的权利、反对民族敌人和阶级敌人的有力武器。苏维埃存在的几个月中，初步实施了一些民主改革。它的一些成果，如分配给农民的公田，在一些地方保留到1945年八月革命以后，义静的各种附加地租从当时被取消后，地主阶级一直不敢恢复。殖民当局为了缓和群众的不满情绪，不得不兴修了一些水渠，建立了一些医院和学校。这是农民群众的斗争所取得的成果。

义静苏维埃运动所建立的业绩，它所提供的经验与教训，给越南人民尤其是义静两省人民留下了宝贵遗产。正如胡志明所指出的："尽管法帝国主义和封建势力使革命运动一时被淹没在血泊里，但是，义静苏维埃的光辉传统将全国革命运动向前推进，并导致八月革命的辉煌成功。"①

---

① 《胡志明主席在 1964 年 2 月 3 日参观义静苏维埃博物馆的题词》，越南《人民报》1964 年 2 月 4 日。

20世纪头30年的物理学革命及其影响

董光璧

20世纪头30年里，俄国十月革命的爆发开辟了人类政治生活的新纪元；而在此期间默默进行的物理学革命，开辟了人类科学文化生活的新纪元。在第一次世界大战期间，爱因斯坦（1879—1955）发表了他的广义相对论，这个理论预言，在日食时可以观测到光线在太阳引力场中的偏转。1919年5月29日恰逢日食，英国天文学家爱丁顿（1882—1944）领导的观察队的工作，证实了相对论的这一预言。1919年11月6日，英国皇家学会和皇家天文学会确认了这一结果。英国皇家学会会长汤姆逊（1856—1940）在一次会议的讲话中说：爱因斯坦的相对论是人类思想史上最伟大的成就之一——也许是最伟大的成就，因为他不是发现一个孤岛而是发现了新的科学思想的新大陆。

在这同时，一个17岁的中学生海森伯（1901—1976）在战争结束后决心投身"探索蕴藏着世界和谐"的科学，他终于在对物质结构的探索中找到了这种秩序与和谐，为人类思想的另一伟大成就量子力学的建立，做出了伟大的贡献。

也许列举一些同我们的日常生活密切相关的技术成就能有助于人们理解科学在现代文明史中的作用。例如，人口不断增长会给解决吃饭问题带来巨大困难。早在1898年英国物理学家克鲁克斯（1832—1919）就在英国的一次科学协会的会议上，列举事实警告人们说，由于人口增加，土地变得狭小了，长此下去，粮食不足的时代就会到来，解决的办法是必须寻找新的氮肥。在这方面，由于能斯特（1864—1941）和伯克兰、艾德等人的研究，于1905年在挪威实现了电弧法合成硝酸的工业化，再把硝酸变成硝酸钙而制成化学肥料；由于奥斯特瓦尔德（1853—1932）、哈伯（1868—1934）、能斯特、勒夏特里（1850—1936）、波施（1874—1940）、米塔希（1869—1953）

等人的研究，于1913年在德国实现了高压高温合成氨的工业化，从而能生产大量的硫氨化肥。化肥对于增产粮食无疑起了重要作用，可是粮食不足至今是人类的重大危机之一。

从穿的方面看，19世纪的化学提供了合成染料茜素和靛蓝等，完成了人造丝制法，但是人造丝工业化和人造棉的发明是在20世纪初，20年代末开始研究合成高分子化合物，30年代美国杜邦公司用缩合和聚合酰胺的方法制成人造纤维耐纶，开辟了解决穿衣问题的新途径。

在居住方面，中国一直是"秦砖汉瓦"和木石的建筑，外国也差不多。19世纪已有了水泥、混凝土和钢材。1903年在巴黎建造了钢筋混凝土建筑。而1931年在纽约建成102层、高375米的"帝国大厦"。

在交通方面，飞机的使用是一项重大进展。19世纪后期，德国人利里恩塔尔做过大约2000次滑翔实验。他在1889年还写了一本关于机器飞行的书《飞行技术基础——鸟的飞翔》。14年之后的1903年，美国莱特兄弟制造了以4缸12马力的汽油发动机为动力的最早的飞机。1919年伦敦—巴黎开始最早的客运航班。

在信息方面，有声电影、无线电广播、电视广播，都是在20世纪头30年里开始出现的。

这些被列举的诸多发明大大地改变了人们的生活方式，但是，给20世纪人类思想带来深刻影响的却是在这30年里发生的物理学革命。

这场物理学革命是19世纪末达到顶峰的古典物理学理论的内在矛盾以及它在新的实验事实面前无能为力而陷入危机的必然结果。1900年普朗克（1858—1974）的"量子"假说一举打破了"自然界无飞跃"的古老格言，吹响了物理学革命的号角。爱因斯坦是这场革命的主将，1905年不但发表了光量论，推进普朗克的量子理论，而且发表了狭义相对论，变革近300年来的物理学时空观。他马不停蹄地前进，1915年完成了狭义相对论的推广，提出广义相对论，并于1917年应用广义相对论考察宇宙问题，开创了现代科学宇宙学。丹麦物理学家玻尔（1885—1962），在1913年以其著名的"三部曲"原子理论推动了这场物理学革命的一个战场的胜利前进。沿着爱因斯坦和玻尔的两种不同的思路，在1925年至1926年，海森伯和薛定谔（1887—1961）等完成了数学上等价的两种不同形式的量子力学：波动力学和矩阵力学。相对论和量子力学是这场物理学革命的主要标志和成果，它们构成了新物理学发展的理论基础。

　　20 世纪头 30 年被称为"物理学的黄金时代""激动人心的年代""需要而且产生巨人的时代"。这场物理学革命带动了 20 世纪整个科学技术的革命，并为人类文明开辟了新纪元，是 20 世纪人类历史的重要事件之一。

古典物理学的矛盾和危机

　　在 19 世纪后半叶，继牛顿力学之后又完成了关于热现象和电磁现象的两个理论体系。在热现象领域，由于卡诺（1796—1832）、焦耳（1818—1889）、克劳修斯（1822—1888）、开耳芬勋爵（1824—1907）及其他人的工作，建立了热的能量理论——能量守恒定律和能量耗散定律，即热力学第一和第二定律。赫尔姆霍兹（1821—1894）的工作，把能量守恒定律纳入力学的数学化体系中去。麦克斯韦（1831—1879）和玻尔兹曼（1844—1906）又把统计的方法和几率的概念引入热力学，在力学的基础上解释了热力学第二定律，建立了统计力学。在电磁现象领域，由法拉第（1791—1867）和麦克斯韦完成了电磁场理论；洛伦兹（1853—1928）把电磁场和电粒子的概念综合起来建立了电子论。

　　在 19 世纪末，许多物理学家对当时物理学的状况感到满意，认为物理学已经达到相当完善的地步，似乎牛顿力学、电磁场理论、热力学和统计力学就可以解开一切自然现象之谜，物理学的主要框架已经构成，剩下的问题只是提高精度和推广应用的问题了。其实不然，热力学和统计力学以及电磁场理论都突破了牛顿力学的框架和力学自然观，并且这些理论之间还存在着内在矛盾。

　　热力学第二定律的不可逆性同牛顿力学的可逆性相对立。虽然热力学第二定律的统计解释表明可以从力学定律导出热现象的不可逆性，但它引入了和牛顿力学规律的确定性相对立的统计规律；同时统计力学的"各态历经假说"根本不能归结为力学原理。另外，统计力学中的能量均分定理不能适用于具有无限力学自由度的电磁场。电磁场理论和电子论揭示了同分立的原子概念相对立的连续的电磁场这一新的物理实在；并且导致电磁相互作用以有限速度传播的结论，这同引力的瞬时超距作用相对立。此外，麦克斯韦的电磁场方程和伽利略相对性原理不协调，电磁现象领域中质量和电动力的速度相关也同牛顿力学的质量和力的速度无关相矛盾。

　　但是，在实验发现导致古典物理学危机之前，正视这些矛盾并从根本上抛弃力学自然观，探索新的物理学认识以推动物理学理论变革的物理学家为数不多。多数人仍然盲目乐观。其中有些人看到了这些矛盾，但他们没有怀疑传统物理学的研究纲领和力学自然观，而是在它的基础上修补漏洞。只有少数物理学家为了克服这些矛盾开始探索新的物理学认识论和方法论，这主要表现为摆脱力学自然观和力学物理学方法的种种努力。在这个探索过程中，以奥斯特瓦尔德（1853—1932）为代表人物的唯能论物理学和维歇特、维恩、阿伯拉罕等人发展的电磁自然观出现了。

然而唯能论和电磁自然观并不比力学自然观高明。马赫（1838—1916）在它们出现之前就曾通过自己的探索指出：用力学来解释一切自然现象是一种偏见，应该揭穿"力学神话"，任何特殊类型的自然现象的规律都没有资格作为解释其他现象的基础，应该寻求对各种现象的统一解释。彭加勒（1854—1912）从非欧几里得几何学的成功看到了科学原理是可以改变的真理，提出理论的一部分具有约定的性质，人们可以自由构造理论，由经验去选择。这些思想在物理学家中所产生的影响，事实上为物理学革命准备了认识论的条件。

古典物理学内部的矛盾与为克服这些矛盾所进行的认识论和方法论的探索，都还不足以动摇大多数物理学家对古典物理学的信任。真正造成物理学危机的是19世纪末的一系列出人意料的实验发现，而物理学革命正是古典物理学危机的直接产物。

19世纪末许多物理学上的实验发现和古典物理学理论不相容。检验地球相对以太运动效应的迈克尔逊—莫雷实验得到否定的结果。根据麦克斯韦—玻兹曼的能量均分定理计算的双原子和多原子气体比热值和实验得到的值明显偏离。黑体辐射现象、光电效应以及原子的线状光谱都不能从古典物理学理论得到理论上的说明。最令人震惊的是X射线、放射性和电子的发现。

1895年，德国物理学家伦琴（1845—1923）意外地作出了一项轰动世界的发现。他发现放电管能射出一种射线，它可以穿透近千页的书、二三厘米厚的木板、15毫米厚的铝板以及手的筋肉。他用这种射线照射他的夫人的手，得到了手骨和手指上的戒指都清晰可见的照片。他把这种射线叫"X射线"。伦琴的发现、伦琴夫人的手骨照片成了轰动世界的新闻。于是伦琴被皇帝召见，被邀请到大学讲演。他的论文被译成英、法、意、俄等国文字发表，许多国家的科学家立即重复他的实验。

X射线的发现成了另一项重大发现的契机。1896年初，伦琴的发现传到法国。法国物理学家贝克勒尔想到 X 射线可能和他长期研究的荧光有关。他立即着手研究，结果发现铀盐能使包着黑纸的照相底片感光。继贝克勒尔之后波兰物理学家居里夫人（1868—1934）又发现钍能发射类似铀发射的射线，她称它为"放射性"。接着，她又发现了钋和镭元素的放射性。

X 射线的发现也促成了电子的发现。法拉第电解光律就暗示了电的原子性。赫姆霍兹曾根据电解定律推断电是由粒子形成的。斯通尼给电的基本单位起名为"电子"。洛伦兹又提出电子论。1896 年塞曼发现钠火焰光谱的 D 线在磁场下变宽，他用洛伦兹的电子论解释它，并由光谱线的宽度计算出带电粒子的电荷同质量的比 e/m 为 10^7 数量级。1897 年英国物理学家汤姆孙在对阴极射线长期研究的基础上，成功地通过阴极射线在电场和磁场中的偏转测定了 m/e 值为 10^{-7}，电子的存在被直接证实了。

这三项发现震动了整个物理学界，因为它们和几千年来关于元素的不变性和原子的不可分性的观念相冲突。放射性进一步研究的惊人成果是元素嬗变的发现。到 1900 年已经查明放射性物质可以自动地发射三种射线：a 射线、β 射线和 r 射线。1902 年卢瑟福（1871—1937）和索迪（1877—1956）提出放射性嬗变理论：放射性元素的原子是不稳定的，它们自发地放出射线和能量而衰变成另一种放射性元素，直到成为一种稳定的原子为止。电子的发现导致原子可分的认识。人们很快把电子看成构成原子的要素。汤姆孙在 1897 年就提出阴极射线粒子（即电子）是"建造一切化学元素的物质"。此后，各种原子结构模型相继提出。最有影响的是汤姆孙的正电球浸泡着负电子的模型（1903）和卢瑟福的负电子绕正电核心绕转的模型（1911）。诸实验发现和由它们引出的这些物质结构的经典模型都不能在古典物理学理论的基础上得到合理的说明。物理学家们开始怀疑和重新审查物理学既有的基本概念和原理。正是在这个过程中酝酿着一场物理学革命，相对论和量子力学应运而生。

相对论和量子力学的诞生

物理学革命的第一个理论成果是爱因斯坦的相对论。它包括狭义相对论和广义相对论，前者本质上是关于时空的物理理论，后者是前者的推广并且还包含一种新的引力理论。它的诞生从根本上改变了物理学的时空观，它作为一种启发原理可以应用于一切物理理论，从而完成了一次物理学时空观的革命。

古典物理学诸多矛盾的根源之一是牛顿力学中所包含的绝对时空和绝对运动的观念。这种绝对时空观念的局限性，在运动物体电动力学的研究中集中体现在地球相对电磁以太运动的最恼人的难题中。迈克蒂逊—莫雷实验对澄清这个问题做出了伟大的科学贡献。为了解释这个实验的否定结果，爱尔兰的物理学家斐兹杰惹（1851—1901）和洛伦兹沿用旧的时空观念先后于1889年和1892年分别独立地提出了一个特设性的假说，认为运动物体在运动方向上的长度要缩短，所以不能观测到地球相对于以太的运动的光和电磁的效应，然而专门设计的一些实验并没有证实收缩效应存在。于是1904年洛伦兹又提出一个运动坐标系和静止坐标系之间的变换关系式，对于远小于光速的情况它保证了麦克斯韦方程在这种变换下形式不变。彭加勒支持洛伦兹这个理论，并把这个变换叫"洛伦兹变换"。他早在1895年就指出，要证明地球相对以太的运动是不可能的。1898年他甚至还讨论过对一切观察者光速恒定和同时概念的相对性的必要性。1904年他明确提出物理现象的定律对于静止观察者和运动观察者必定是相同的。然而洛伦兹的理论借助于特设假定保留了没有经验证据的电磁以太和绝对运动，彭加勒只在经验的意义上确认了运动的相对性、光速恒定和同时概念的相对性。

爱因斯坦的研究不是洛伦兹和彭加勒工作的直接继续，他从自然界的统一性出发，于1905年创立了狭义相对论。在牛顿力学领域里普遍成立的伽利略相对性原理，在麦克斯韦电动力学中不成立。他根据法拉第电磁感应定律分析了这一事实，认为这种不统一不是自然界所固有的，而是由于描述这种现象的牛顿力学体系有局限性。他吸取了休谟（1711—1776）对先验论、马赫对绝对空间概念的批判成果，首先考察了在两个空间上分隔开的事件的"同时性"问题，得出同时性是相对的结论。他以运动的相对性原理和光在真空中以确定的速度传播这两条作为公理前提，并利用同时的相对性，导出空间坐标和时间坐标在不同惯性系之间的变换关系式，即洛伦兹变换。由洛伦兹变换联系起来的空间距离和时间间隔随着坐标系的相对速度而变化，这就意味着空间和时间本身没有绝对性。又按照相对论原理来改造牛顿力学而得到相对论力学，它把古典力学作为物体低速运动这一极限情况的描述，包括到了自身之中。这样，狭义相对论就把力学和电磁学在运动学的水平上统一起来了。

爱因斯坦把相对性原理从相互作均速运动的惯性系推广到相互作加速运

动的非惯性系。他接受了马赫的观点，认为非惯性系理论一定要包括引力理论。他从惯性质量同引力质量相等的实验事实出发，于 1907 年提出等效原理：一个加速的非惯性系等效于一个含有均匀引力场的惯性系。他在他的朋友格罗斯曼（1878—1936）的帮助下，借助于黎曼几何学和张量分析，于 1915 年完成了狭义相对论的推广，提出广义协变原理：在任何坐标系中物理学规律的数学形式相同。因为广义协变原理是狭义相对性原理的推广，所以他把它称为"广义相对论"。广义相对论用空间结构的几何性质来表示引力场，使非欧几里得几何学获得了物理应用。广义相对论揭示了空间的几何结构决定于物理分布状况并体现着引力场的强度。这里所揭示的物质与时空的关系，表明时空不能脱离物质而存在。这就在比狭义相对论更深的层次上否定了牛顿的绝对时空观念。

物理学革命的另一个重要理论成果是量子力学。它能够描述古典物理学所不能描述的微观世界的现象。但是它不只是适用于微观现象的一种有效的物理理论，原则上它也适用于由原子、分子构成的宏观物体以至天体和宇宙。它作为自然界的一种普遍的量子原理，和相对论原理一起构成现代科学的理论基础。由于量子力学根本改变了古典物理学的因果观和实在观，它在与相对论不同的方面实现了物理观的革命。

量子力学是在普朗克、爱因斯坦、玻尔的旧量子论的基础上发展起来的。1900 年德国物理学家普朗克"孤注一掷"提出量子假说，成功地解释了古典物理学所不能解释的黑体辐射光谱的能量随频率分布的情况。按照这个假设，辐射能量的发射和吸收是以不连续的"能量子"的形式实现的，它的大小同辐射频成正比，比例常数记为 h，赋名"作用量子"或"量子"，亦称"普朗克常数"。量子的概念第一次揭示了能量的不连续性，打破了"自然界无飞跃"的古老的格言。这一假说可以看作对能量均分定理的制度和修正。

爱因斯坦把普朗克的能量不连续的概念从发射和吸收过程推广到空间传播过程，认为辐射本身就是由携带着能量和动量的"光量子"组成。这里除了能量的不连续性外又引入了动量的不连续性。这种光量子，瞬时效应表现为粒子性，而统计平均效果则表现为波动性，它第一次揭示了光的波粒二象性。

玻尔接着又迈出决定性的一步。他把能量的不连续概念推到原子内部的能量上去。按照古典电动力学去理解卢瑟福的核式原子，电子在核外绕转，必须连续地辐射，而电子的轨道半径由于辐射能量而越来越小，最后落到核上而停止辐射。这是同原子的线状光谱和原子的稳定性不符。玻尔提出电子在核外只能在特定的轨道上做圆周运动，当电子在这些轨道上运动时不发射辐射，原子的能量有确定值。他把原子所处的这种状态叫"定态"。电子占据的轨道离核愈远，原子的定态能量愈高，当电子从高能态过渡到低能态时，原子发射辐射；反之只有原子吸收了辐射，电子才从低能态过渡到高能态。他把原子的这种能态之间的过渡叫作"跃迁"。发射或吸收辐射是单频的，并且辐射频率 Y 和能量 E 的关系由 $E = hY$ 给出。他利用这样一个模型成功地解释了氢原子光谱的经验规律。量子论的进一步发展是循着爱因斯坦和玻尔的两个不同的纲领进行的，从而导致了波动力学和矩阵力学的诞生。

1923 年，法国物理学家德布罗意（1892—1987）把爱因斯坦的光的波粒二象性观点推广到电子，认为电子伴随着波。他用电子相波的观点解释了玻尔硬性假设的电子特定轨道的存在条件。奥地利物理学家薛定谔考察了电子的量子轨道问题并发展了德布罗意的物质波思想，他认为不是电子伴随着波而是波包形成电子。因此，他不试图由轨道电子相波导出电子轨道，而是致力于寻找支配这种波的波动方程。1926 年从力学—光学的相似和类比建立了波动方程，玻尔理论中的量子化条件作为这个方程的本征值给出。

沿着玻尔的对应原理即借助古典理论的概念和定律构造量子理论，必须把古典理论作为极限情况包括在其中。德国物理家海森伯成功地发展出矩阵力学，他利用对应原理处理辐射问题，用电的傅利叶展式的频率和振幅计算辐射的频率和强度，也就是说，抛弃电子轨道的概念，不把力学定律写为电子的位置和速度的方程，而是写为电子的傅利叶展式中的频率和振幅的方程。这样，理论工作就成了寻找可观察的辐射频率和强度所对应的那些量之间的关系。1925 年海森伯给出了一个数学形式系统，牛顿力学的运动方程被矩阵之间的类似的方程所代替，称为矩阵力学。不久，玻恩（1882—1970）和约丹同海森伯一起完善了这个理论。用以观察原子辐射出来的光的频率和强度。英国物理学家狄拉克发展了矩阵力学的数学形式，称为 q 数理论。玻恩和美国物理学家维纳用算符理论推广了矩阵力学，称为算符力学。

不久证明波动力学和矩阵力学在数学上是等价的。1926 年玻恩结合电子碰撞实验，提出对薛定谔波的物理解释，即波函数的平方代表电子在某时某地出现的概率。因此，薛定谔波不能认为是存在于三维空间的真实的波，而是一种位形空间的"几率波"。

　　1927 年，海森伯提出测不准原理，玻尔提出互补原理，对量子力学的物理原理作出进一步的阐释。测不准原理说，两个共轭的物理量不能同时被确切预言，它们的不确定量的乘积大于或等于普朗克常数。互补原理说，一种古典物理学的应用排斥另一种古典物理学概念的同时应用，而这另一种古典概念在不同的联系上对阐明现象是同样必需的。

物理学革命的意义和影响

　　物理学革命的实质在于，通过物理学基本概念和原理的变革，改变了以往指导物理学研究的牛顿纲领。牛顿纲领是用牛顿力学体系解释整个物理世界的纲领。这场革命所建立起来的以相对论和量子力学为核心的新的研究纲领，则成为整个现代物理学发展的指导方针。

　　这个新的研究纲领表明，古典物理学所达到的主要是关于自然现象和过程规律的宏观描述，而现代物理学则深入到从微观过程机制说明宏观过程的水平。现代物理学同古典物理学相比具有更高的普遍性，相对论和量子力学都把牛顿力学作为某种极限情况包括在自身之中，现代物理学提供了认识自然和描述自然的新的思考方式，放弃了关于物理事件在空间和时间上的进程与观察无关的古典物理学的信念，限制了古典物理学概念有效性的适用范围。

　　在物理学危机和革命过程中，一些物理学家曾经出现过认识论观点的混乱。在他们看来，古典物理学的真理性是绝对的，所以在古典物理学的适用界限被发现之后，就怀疑它的有效性；在物理学的基本原理变革之后，就惊呼"科学原理普遍毁灭"。实际上，受到限制的不是古典物理学的有效性而是它的适用范围，现代物理学把实验揭示出来的古典物理学理论框架内的矛盾提升为原理，为科学知识开拓了新经验领域，恰好证明科学原理是可以改变的。认识混乱的重要根源是对待科学的教条主义态度。随着物理学革命的进展，教条主义的呼喊逐渐被革命胜利的欢呼淹没。几个世纪以来在整个自然科学领域占统治地位的力学自然观终于在这场革命中被冲垮，物理学实现了认识论的变革。

　　这场物理学革命带动了 20 世纪整个科学和技术的革命。正是在它的影响下产生了量子化学、分子生物学、相对论宇宙学和量子宇宙学。正是在它的推动下出现了原子能技术、固体电子技术和激光技术等新技术。

爱因斯坦狭义相对论的一个重要的结论是，质量和能量并非是相互独立的属性，而是同一种属性的两种表现形式。这就是所谓的质能关系式。它意味着，从理论上讲，极小的质量可以释放出巨大的能量；反之，巨大的能量可以聚合成极小的质量。这就为以后解释太阳能和其他天体储藏着似乎用之不尽的能量提供了理论基础。由于所有生命过程都与太阳能有关，因此生活的活力来自何方的问题就得到了解决。质能关系式也揭示了原子核储藏的巨大能量可以用来制造极其可怕的毁灭性的武器，也可以用来发电的奥秘。

爱因斯坦在量子论基础上提出的受激发射理论和量子力学为20世纪60年代出现激光技术奠定了理论基础。由于量子力学应用于固体物理学研究推动了固体电子技术的发展，因此才有了固体电子器件和大规模集成电路的发展。如果没有这些也就不会出现大容量、高速度的电子计算技术。没有高超的电子通信和电子计算技术，航天事业也就不可能实现。

就科学理论的发展来说，由于量子力学在化学研究中的应用，在1927年产生了量子化学，它为化学的发展开拓了新方向，分子设计工程的进展很可能导致化学的革命。从量子力学的观点理解生命，促进了分子生物学在50年代的诞生。1945年薛定谔在英国出版了《生命是什么？》一书，概括了30年代物理学家对生命的看法，启发人们用物理学的思想和方法探讨生命问题。有人把这本书叫作"唤起生物学革命的小册子"。

相对论和量子论都被用于宇宙的研究。爱因斯坦在完成广义相对论以后，立即用它来考虑大尺度的空间问题。他于1917年发表了《对广义相对论的宇宙学考察》，开创了现代宇宙学。他在这篇文章中给出了广义相对论场方程的第一个宇宙学解。按照这个解，宇宙的体积有限但没有边界，并且不随时间而变化。在他的工作的影响下，许多学者提出各种宇宙模型。当前被认为有前途的是"大爆炸"宇宙学说。

在物理学革命中诞生的相对论和量子论，作为人类智力的伟大成就，它的影响远远越出了自然科学和技术本身。首先，新物理学的哲学含义同传统哲学相冲突。但是，这些新思想的力量又使得任何想要维持旧传统的哲学家不能无视。于是，他们就以曲解科学内容和同日常生活概念类比的方式，或者把它纳入他们自己的旧传统或者斥为同他们敌对的思想体系。唯心论者们不是把相对论解释成对唯物论的胜利就是把它说成粗糙的唯物论形式。因为哲学同意识形态的密切关系，所以纳粹德国的哲学代表人物把相对论斥为唯物论的思想产物，30年代的一些苏联学者则说相对论浸透着反动的马赫哲学的唯心论观点。传统宗教的信仰者则用海森伯的测不准原理论证精神的"自由意志"。但是，这种旧传统对新思想的对抗的力量愈来愈弱，新物理学的哲学含义愈来愈成为真正现代哲学的丰富营养。

新物理学和技术结合所产生的力量，影响到人类对掌握自己命运能力的看法。科学技术的力量不但可以造福人类，也可以为害人类。新物理学导致的原子武器的威力足以毁灭人类。和平民主力量的发展和使用原子武器不免毁灭自己的心理因素，使得毁灭人类的世界大战有可能避免，但这却造成把使用常规武器的战争视为平常的危险。无限制地利用科学技术的力量发展经济会造成对生态环境的严重破坏，这一点业已被人们所认知。例如，无限制地燃烧会增加大气中的二氧化碳和造成氧气不足，长此下去就会为害人类的生存。

鉴于科学技术的力量在发展国民经济和改变国际政治关系中的这种巨大的作用，各国政府都已把发展科学技术列为国策之一，并且不得不吸收科学家参政。科学技术力量为害人类的事实和可能性也激起科学家的社会责任感。但是，诚实的科学家对社会政治生活的某些见解，如果和统治者的政见不合，他们往往被作为持不同政见者受到各种不同程度的政治迫害。现在已经明确，利用现代科学技术发展经济所造成的环境破坏会超出国界成为全球性问题。因此，各国都开始注意国际合作，国家之间的科学文化交流增多了，而且这种科学技术交流往往作为改善国家政治关系的先导。科学家全力促进国际合作的努力，必将为现代文明社会的发展发挥极大的作用。

20世纪初西方先锋派文学的兴起

王逢振

20世纪初，随着资本主义的高度发展，科学、技术、交通、通信突飞猛进，大规模的机器生产已经基本普及，西方进入了全面工业现代化时期。现代大都市，机器生产，速度和竞争，构成了资本主义社会生活的主要特征。同时，随着资本垄断的高度集中，资本主义固有的矛盾也日趋尖锐，整个社会在表面的繁荣之下隐蔽着巨大的动荡。一方面，发达的工业和技术的进步创造了富裕；另一方面，科学技术的进步和大工业又引起非人化[①]的后果，切断了人与自然的统一。人们既有模糊的憧憬，同时又感到一片混乱。于是，艺术家感到正出现某种新的、和过去截然不同的东西。这种意识强烈而真诚，但抽象而朦胧。他们想到以新的艺术，面对未来，探索未知；企图用它来反映新的现实和以此为基础的新的价值观念，积极展示人在新形势下的意识。结果，一批艺术家和作家，反对既定的制度和传统，积极创造花样翻新的艺术形式和风格，采用曾经受到忽视和常遭禁锢的题材，强调独立的个性，向约定的文化标准和虔诚的态度挑战。他们的行动引起了巨大的反响，追随者日益增多，新形式不断出现，在20世纪20年代前后形成了一股强劲的潮流，发展成一次文化运动。由于他们的共同特点是强调探索和创新，勇敢地向旧文化冲击，具有"打先锋"的意思，所以他们被统称为"先锋派"。

"先锋"（Avant—Garde）源出法语里一个军事用语，意思是"前卫"或"先锋队"，从19世纪末开始被用来指艺术领域里的创新和实验，常常与"现代主义"联系在一起。"先锋"在艺术里的含义指艺术形式的变化及艺

---

① 由于技术发展和大工业生产，人类的选择受到严格限制，人不能完全作为独立自治的个人发挥作用，在某种程度上变成被动的、由机器控制的"动物"，这种人类个性的丧失被称作非人化。

术家脱离既定艺术趣味的努力。因此用"先锋派"来概括 20 世纪 20 年代前后的文化运动，重点也在指艺术形式和审美趣味的变化。

"先锋派"最早出现在法国，其根源可以追溯到 19 世纪欧洲浪漫主义。它的主要精神源于印象主义和新印象主义画家的反经院观点，与诗歌中的象征主义也有密切关系。先锋派的艺术家和作家一般都形成一个松散的集体，在各种艺术之间进行交流和合作。他们常常在艺术之外的科学或政治运动中寻找激情；而他们的努力又常常围绕着同情他们的某种出版物或某个艺术画廊表现出来。

先锋派运动波及文学、绘画、建筑、音乐、电影等各个文化领域，在不同国家的表现形式不尽相同。它主要包括 20 世纪绘画中的野兽主义①、立体主义、表现主义、漩涡画派②，文学中的未来主义、达达主义、超现实主义、表现主义乃至第二次世界大战后的存在主义，以及现代派建筑、表现主义音乐和现代派的电影。

西方许多人认为先锋派与现代派是同义语。这并不奇怪，因为它们都否定传统，主张创新，对社会现实表现出不满和怨诉。但它们并不完全相同。总的来看，现代派怨诉的出发点是绝望悲观，而先锋派则从希望出发进行探索。这种希望尽管朦胧晦涩，但一般都围绕着人类主体进行。

先锋派包括以下几个主要文学流派：

未来主义

未来主义是先锋派文学早期的流派之一。它兴起于意大利，随后传入俄国，并波及法国、英国、波兰、德国等地。未来主义的创始人是意大利诗人、剧作家马里内蒂（1876—1944），代表人物有帕拉泽斯基、戈沃尼、帕皮尼、索菲奇等。1909 年 2 月 20 日，马里内蒂在法国《费加罗报》发表《未来主义宣言》，宣告了未来主义的诞生。翌年，他又发表《未来主义文学宣言》，进一步阐明了这一流派的理论主张和创作原则。1913 年，他参与创办未来主义刊物《莱采巴》，并前往俄国旅行，宣传未来主义。

---

① 野兽主义（Fauvism），以法国画家亨利·马蒂斯为代表的画派，其特点是色彩强烈，形式自由，具有生动活泼的气氛和装饰效果。

② 漩涡画派（Vorticism）指英国 20 世纪初的一次抽象艺术运动，其作品包含立体主义和未来主义两方面的观念。

未来主义是在尼采、柏格森的哲学思想影响下建立起来的。它反对旧的传统文化，追求文学艺术内容和形式的创新。未来主义者认为，未来主义应该勇于探索未来，歌颂新出现的一切事物。他们歌颂现代化都市，歌颂现代的机器文明，歌颂"速度之美"，也歌颂暴力和战争。在他们看来，战争、暴力乃至恐怖，都是为摧毁旧传统、创立新未来所必需的，因而都应该赞美。未来主义者否定一切文化遗产和传统，认为人类以往的文学艺术和现在的文化都已腐朽、僵化，无法反映当今飞跃发展的时代，因而提出摒弃全部艺术遗产和现存文化，摧毁一切学术机构。他们在探索现代生活本质的旗帜下，排斥爱情、幸福、美德这些传统的主题，把脱离人类社会的抽象的因素，例如速度和力量等，看作美的准绳。

在艺术形式上，未来主义者提倡以自由不羁的字句为基础的诗歌，随心所欲地表达运动的形式、速度以及它们的组合。他们强调直觉，主张用一系列的类比、感应、凌乱的想象来排斥理性和逻辑，表现作者朦胧的感受和不可理解的事物，表现病态、梦境、黑暗乃至死亡。有些未来主义者甚至要求取消语言规范，取消形容词、副词和标点符号，而仅仅借助于奇特的文字游戏，词语的字体变化，各种图案的剪贴、组合，模拟自然界杂乱的声音，甚至使用枯燥的数字符号、乐谱，来赋予字句以他们想象的意义。例如，马里内蒂的许多诗歌和散文，便以违背语言规范的字句，以至杂乱的模拟音响，来表达未来的"新人"力图冲破现实牢笼时的焦躁不安的病态情绪，而他的小说《未来主义者马法尔卡》，则把未来人描写得仿佛机器，具有万能的本领，但没有心灵，极端残忍，以此来表现他对科学技术所引起的非人倾向的朦胧感受。

未来主义从文学开始，很快蔓延到绘画、戏剧、音乐、电影、建筑等各个文化领域。1910年2月11日，画家博乔尼、巴拉等发表《未来主义绘画宣言》，提出绘画要表现"运动感"。1915年，马里内蒂、塞蒂梅利、科拉等发表《未来主义戏剧宣言》，宣称以前的戏剧是迂腐静止的心理分析戏剧，已经失去生命力，要求在有限的时间、空间和情节里，表现从无意识和纯想象中所能发现的一切。未来主义者一方面承认艺术是认识和反映生活的一种手段，作了种种大胆新奇的实验，在表现手法上有所突破；另一方面，由于未来主义者从主观唯心主义出发，过分夸大某些方面的特征和某些表现方法，所以又常常走到脱离实际的荒谬地步。

未来主义后来出现了分裂。以马里内蒂为首的未来主义右翼在政治上发生蜕变，迎合垄断资产阶级的扩张和竞争，支持侵略战争，最后投靠了墨索里尼。但它的另外一些成员，如帕拉泽斯基等，则反对马里内蒂的政治主张；他们坚持从探索艺术革新的目的出发，摆脱传统文化的束缚，寻求对新的现实用新的方法作新的反映；还有一些成员在向资本主义制度和文化传统提出挑战的同时，力图把未来主义文学艺术传播到社会下层。

未来主义诞生后不久便在欧洲传播开来。在法国，诗人阿波利奈尔响应未来主义，1913 年发表了《未来主义的反传统》。他还通过介绍新出现的立体派绘画提出"立体未来主义"，并写出将诗句分散排列成奇异图像的"立体诗"，例如诗集《美好的文字》中的《窗》和《英俊警察》等试验性作品。他的诗既表达知识阶层对旧世界的厌倦、苦闷，又表达对现代文明和科学技术的赞美和追求。他的构成图像的"立体诗"对马雅柯夫斯基产生了积极的影响。

未来主义在十月革命之前的俄国相当活跃。1911 年，作家谢维里亚宁发表了《自我未来主义序幕》（称自我未来主义）。1912 年，诗人马雅柯夫斯基与布尔柳克等人共同发表了俄国未来主义宣言《给社会趣味一记耳光》，宣称要把普希金、陀思妥耶夫斯基、托尔斯泰等从现代轮船上丢下水去。他们不满现存秩序，否定文化遗产，在写作上排斥现有语言，杜撰新词，并竭力标榜自己。马雅柯夫斯基的长诗《穿裤子的云》对资产阶级的爱情、艺术、制度和宗教表示愤怒和抗议，号召进行反抗，预言革命即将到来，可以说是未来主义的一个范例。

未来主义虽然在英国、法国、波兰等国也有一定影响，但远不如在意大利和俄国那样明显。随着 20 世纪 20 年代末资本主义经济危机的全面爆发，现代文明和科学技术发展所带来的希望逐渐幻灭，未来主义的进取精神受到挫折，整个运动也终于瓦解。

表现主义

表现主义在 20 世纪初兴起，二三十年代盛行于德国、奥地利、北欧和美国，它首先出现于绘画界，后来在文学、音乐、戏剧、电影等文化领域里得到重大发展。

表现主义一词最初出现于 1901 年巴黎举办的玛蒂斯画展上，是法国画家埃尔韦一组油画的总称，用以区别注重外在客观事物描绘的印象主义。

1911 年，德国《风暴》杂志刊载希勒尔的一篇文章，首先借用这个词来称呼柏林的先锋派作家；1914 年以后得到人们的普遍承认和采用。

1905—1906 年，德国一群青年画家在德累斯顿组成第一个表现主义团体"桥社"。他们厌恶资本主义社会的都市文明，要求自由意识，但他们在工业化社会中找不到代替都市文明的东西，于是转向在精神上寻求解脱。表现主义绘画或者表现对资本主义社会的愤怒和反抗，揭露金钱和物质的奴役，以及科学技术发展和大工业所造成的人性异化，或者表现没有受到工业化社会侵害的自然风光和田园景色。他们用强烈的色彩作为表现手段，画面画的是什么并不重要，重要的是色彩本身传达的画家的思想感情。1911 年慕尼黑出现了第二个表现主义团体"蓝骑士"社，进一步推动了表现主义的发展。

参加表现主义运动的知识分子，在政治信仰和哲学观点上存在着很大的差异。其中有无政府主义者、虚无主义者，也有社会主义者，因此表现主义运动始终不是一个统一协调的运动。但表现主义者具有共同的思想倾向和艺术特点：不满现状，要求改革，不满足对客观事物的描摹，要求表现事物内在的实质；不满足对人的行为和人的环境的描绘，要求揭示人们的灵魂；不满足对暂时现象和偶然现象的记叙，要求展示永恒的品质。他们深受柏格森的直觉主义和弗洛伊德精神分析学说的影响，强调表现"主观的现实"，亦即表现艺术家"自己"。

表现主义 1911 年以后传入文学界，到 20 年代获得了巨大发展，在诗歌、小说，特别是戏剧领域里产生了一大批有影响的作家。这些作家的共同特点是：对资本主义现实有着盲目的反抗情绪，否认现实世界的客观性，认为只有主观才是真实的；他们标榜艺术无目的；认为艺术是表现而不是再现，艺术的任务在于将个人的品质凭自己的"灵魂"主观地表现出来，而不是按照客观世界的实际去描述；他们强调主观的感觉和激情，要求揭示人的灵魂，即人的内心世界和无意识。表现主义作品中的人物，往往只是某种精神品质或思想观念的象征。作品的情节变化突兀，形体和色彩过分夸张，大量采用内心独白、梦景和潜台词的手法。

表现主义诗歌的主题多为厌恶都市的喧嚣，暴露都市的混乱、堕落和罪恶，充满了隐逸的伤感或者对人性的赞扬。它不注重细节描写，追求强有力地表现主观精神和内心冲动。表现主义初期的抒情诗形式自由，不受句法约束，往往以音响引起联想；但后来走向极端，出现了没有思想内容，只有音响、节奏的纯形式主义的"绝对诗"。奥地利诗人特拉克尔的《寂寞者的秋天》《童年》，德国诗人海姆的《新的日子》《城市之神》《柏林》，以及奥地利诗人韦尔弗的诗集《世界之友》等，都是有代表性的表现主义诗作。

在小说领域里，表现主义常常同奥地利作家卡夫卡和爱尔兰作家乔伊斯联系在一起。他们笔下的人物和故事都是现实的变形和歪曲。卡夫卡把荒诞无稽的情节与绝对真实的细节描写相结合，表现了现代人的困惑，反映出时代的某些隐伏的危机。例如，他的小说《变形记》写小职员格里高尔·萨姆沙一天清早突然变成一只甲虫，因而失去职业，成为家庭的累赘，最后在寂寞和孤独中死去；《审判》写一个公民无端遭到逮捕和处决，其中有些情节近乎荒诞，但又反映了现实；《城堡》写主人公 K 踏雪去城堡（官府）要求批准在附近的村子里落户，城堡就在眼前，但历尽艰辛却始终不能进入。这些作品通过奇特的构思，把现实与非现实、合理与悖理、常人与非人并列在一起，深刻揭示了资本主义社会的异化现象和非人化的精神危机。

乔伊斯与卡夫卡有共同之处也有不同之处。他刻意运用内心独白的方法，通过主人公的内心活动来描绘他的经历和客观世界。他认为内心独白可以表现意识的任何一个领域，包括梦境和无意识。他以意识作为描写的"银幕"，以内心独白作为表现意识的方法，写出了典型的意识流作品《尤利西斯》和《为菲尼根守灵》。《尤利西斯》写都柏林三个居民在 1904 年 6 月 16 日早晨 8 点到夜间 2 点 40 分将近 19 个小时内的经历，把三个人物的活动细节构成一幅交叉的、万花筒式的图画。《为菲尼根守灵》写老菲尼根垂危时的一场噩梦：他看到爱尔兰和全世界的历史从他的头脑中流过去。这两部作品以逼真的细节、变幻不定的象征意义、梦的语言和独到的混成词，表现了资本主义社会的混乱和腐朽。

表现主义戏剧的主要特点是内容荒诞离奇，结构散乱，场次缺少逻辑联系，情节变化突兀，生与死、梦幻与现实之间没有明显的界限，鬼魂与活人常常同时出现；人物没有鲜明的个性，只是共性的抽象和概念的象征。这个戏剧流派的先驱是瑞典剧作家斯特林堡。他的三部曲《到大马士革去》以独白的形式描写人与命运、异性、教会以及与自己的搏斗，为表现主义戏剧奠定了基本格局。此后重要的剧作有德国托勒尔的《群众与人》，凯泽的《珊瑚》《煤气厂》，捷克恰佩克的《万能机器人》，美国奥尼尔的《琼斯皇帝》《毛猿》，等等。这些戏剧一般都大量运用象征手法，以感官直觉的形象来表现人物的潜意识；在语言上往往用简短、快速、高声调、强节奏的冗长的内心独白来表现人物的思想感情，同时也大量运用其他非语言的手段，如灯光、音乐、舞剧、哑剧、假面等来补充和加强语言的效果。例如，奥尼尔的《琼斯皇帝》，写一个岛上的黑人首领琼斯背叛了自己的种族，遭到黑人群众的反对，企图穿过一片森林逃走，结果被追捕者杀死。这个剧本不分幕，只分场，许多场面只是描写琼斯一个人在森林里的活动，他的紧张心情、恐惧的心理、精神恍惚的潜意识活动以及在这种情况下出现的种种幻象。剧中用不断加快的鼓声一步步催逼琼斯在艰难的处境中走向死亡，加强语言的戏剧效果；在演出时运用复杂的布景、灯光以及奇异的服装道具，加强对主题的表现。所有这些都体现了表现主义的特征。

表现主义戏剧抨击和暴露资产阶级社会的"罪恶"，模糊地憧憬美好的未来，表现出一种在绝望中奋起的乐观情绪，但充满了盲目性。表现主义戏剧作为一个运动，在20年代中后期逐渐衰落，但它有价值的探索和创新成果却仍被继续运用。尤其通过杰出的剧作家和导演皮斯卡托尔、耶斯纳、布莱希特等人的努力，使表现主义戏剧对60年代兴起的荒诞派戏剧产生了很大影响。

表现主义还波及音乐和电影领域。表现主义音乐从根本上否定旋律，它以紊乱的旋律线、强烈的不和谐弦和无调性音阶，来达到歪曲现实世界、强调自我感受、自我专注的目的，表现主义电影主要表现在画面、音乐、音响等非词语传播方式上，如特写镜头、主观镜头和蒙太奇及与之相关的音乐，其目的在于深化人物的心理，并加强反理性主义的因素。

第一次世界大战以后，艺术家们痛定思痛，发现原来的激情和理想终于幻灭，于是表现主义运动也趋于结束。这一运动存在的时间并不长，但它的反叛精神和创新探索都对西方的文化产生了相当大的影响。表现主义暴露和表现了资本主义社会的种种矛盾，虽然提不出解决的办法，但却能引人震惊、发人思考。当然，它的致命弱点是它的唯心主义和形式主义。

达达主义和超现实主义

达达主义（Dadaisme）的首倡者是法国诗人特里斯唐·查拉。1916年，查拉在瑞士苏黎世与一些青年诗人组成文艺小组，他们翻开一本字典，信手指去，正好指到"Dada"这个字，于是就用它命名。"Dada"本是初学说话者的儿语，意思是"马"，用作文艺活动的旗号并无任何意义。达达主义的宗旨在于反对一切有意义的事物，反对一切传统和常规，也反对被认为有意义的文学艺术，包括达达主义在内。它主张用梦呓般的混乱语言和怪诞荒谬的形象表现不可思议的事物，因此否定传统的文学艺术形式和规律，否定任何文艺批评，对理性、科学、逻辑、宗教、政治、家庭、道德等既定的制度和价值观念统统采取否定的态度。

达达主义的产生与资本主义进入帝国主义阶段有着密切的关系。作为资本主义发展的必然结果，爆发了第一次世界大战。战争的酝酿和爆发，动摇了人们对西方文明和文化基础的信心。青年人仇视产生这场战争的社会制度和精神世界。他们要否定它，但又不知道用什么来替代。他们所意识到的，就是必须将旧世界破坏，新的世界才能产生。这种苦闷彷徨和追求，便是达达主义的根本意义。

达达主义者的目的在于设法证明在各种情况下诗歌是一种活的力量，文字只是诗歌的偶然寄托，是诗歌这种自然事物的表达方式，由于没有合适的形容词只好叫它"达达"。达达主义的指导原则是破坏一切。正如德国文学理论家瓦尔特·本亚明所说："先锋派艺术家，特别是达达主义者，试图用绘画手段来创造电影般的效果。达达主义者并不重视他们作品的交流价值，而是更多地注意它们对沉思的无用性……他们的诗是一种'文字色拉'（Word Salad），包括猥亵用语和各种可以想象的语言垃圾。他们的绘画也是一样，他们在画上堆积扣子和票券。他们期望和得到的是对他们创作视感的一种无情的破坏，而他们把这种破坏称作是以真正的生产方式进行的再生产。"这里，预感的破坏并非指再生产技巧的变化，而是指艺术创作者的目的。整个艺术特征的变化不再是技巧创新的结果，而是一代艺术家有意识的活动所传递的结果。它的价值在于为后继的事物扫清道路。

达达主义没有系统的理论，也没有什么杰出成功的创作，它只存在了短短的几年。但它的出现却成了超现实主义的先声，或者说超现实主义由达达主义发展而来。1919 年，勃勒东、阿拉贡和苏波三位年轻诗人在巴黎创办了《文学》杂志；"文学"之名是反语，指与一般文学相反的"文学"。1919 年年底查拉到巴黎以后，《文学》杂志立即变成了达达主义的喉舌。但 1920 年勃勒东和苏波的第一部超现实主义作品《磁场》发表以后，人们很快就离开了达达主义。1921 年，巴黎大学生抬着象征达达的纸人，把它扔进塞纳河"淹死"。1924 年，勃勒东发表第一个《超现实主义宣言》，正式成立超现实主义小组，达达主义基本上瓦解。

超现实主义兴起于法国，波及欧美其他国家。其内容不仅限于文学，而且还涉及绘画、音乐等艺术领域。它提出了创作源泉、创作方法、创作目的等问题，也提出了关于资本主义社会制度和人们的生存条件等社会问题。超现实主义者自称他们进行的是一场"精神革命"。

第一次世界大战后，资本主义的种种矛盾已暴露无遗。资产阶级对自身的危机已经不能再遮遮掩掩，它已经没有能力掩饰危机，因而不得不对此作出说明，甚至进行辩解。而最可靠的方式就是宣扬生活的荒诞、任何社会制度根本上的不完善和人的本性里的原始罪恶……于是资产阶级哲学又重新注意起广泛的世界观问题，极力建立某种万能的理论。结果，直觉主义、唯我主义和神秘主义开始兴盛起来。许多作家感到，社会的破坏是不可避免的。他们在痛悼行将消失的事物的同时，对那个不符合他们愿望的制度进行强烈的反抗。

勃勒东在第一个《超现实主义宣言》里否定现实主义与传统小说，明确提出了超现实主义的定义。他指出超现实主义敌视一切道德传统，认为它是平庸和仇恨的根源；而小说之所以成为文学的宠儿，是因为它适应了读者要求合乎逻辑地反映生活的追求。超现实主义主张打破所有这一切，追求"纯精神的自动反应"，力求通过这种反应，以口头的、书面的，或其他任何形式来表达思维的实际功能。它不受理智的任何监督，不考虑任何美学或道德方面的后果，而只将这种思维记录下来。为了达到纯精神的自动反应，它强调无意识和潜意识，强调梦幻和想象，提倡事物的偶然巧合。它认为清醒的、理智的、符合逻辑的思维活动是受到资本主义文明毒化的精神，是不纯的精神。只有无意识、潜意识、睡眠状态或偶合情况下的思维活动才是未受外界干扰的纯精神。超现实主义是纯粹的心理无意识主义。它提出诗人要听从无意识的召唤，要写梦境，写事物的巧合，并且提出相应的创作方法"自动写作法"——根据"纯精神的自动反应"写作，把梦幻和一刹那的潜意识记录下来。超现实主义者根据《超现实主义宣言》的精神进行创作，他们在咖啡馆、电影院等公共场所寻找、收集人们思维的原始状态，并以此为根据进行写作。阿拉贡早期的超现实主义作品《圣洁的礼拜四》，可以说明超现实主义的一些特点。

　　市街，郊野，我跑遍了吗？明镜一路追赶我拐向另外的水潭。
　　绿荫大道呵！昔日我观赏，眼帘也垂不下，可是今朝，太阳已不象红绣球花。

那马车扮作象征性彩轿：该载上花神和那位嘴唇苍白的少女。一片不显眼的草坪，流星可是太强：团团楼台该有锦旗招展！天下的恋女必将凭窗守望。迎奉我吗？可认错人了。

光明渗透我身心。明镜和交臂而去的女人于我何求？谎言还是笑话？那都不是我血液的本色。

阳春三月的柏油路上，白雪莲啊！我的心谁都明白。

我羞惭，呵，不胜羞惭。

（《欢乐之火》）①

这首诗逻辑混乱，变化突兀，几乎完全依据无意识的活动而写成。

超现实主义在绘画方面的主要表现是用几何形状和鲜明色彩组合而产生透视幻觉，或者说画面的色、线、形、结构等由透视幻觉而产生。例如毕加索 1922 年画的《海滩上奔跑的妇女》，人物的头、躯体、四肢忽大忽小，忽远忽近，不符合透视规律，但突出了海洋的宽广和妇女的飞奔动态，这样就使孤立的透视变成了有力的方法。

随着超现实主义运动的进展，出现了一个新的问题：精神解放可以单独进行还是必须先消灭资产阶级物质生活条件？围绕对这个问题的争论，超现实主义运动开始出现分裂。以皮埃尔·纳维尔为代表的一方主张先投身革命，认为运动要为革命服务。勃勒东则认为运动本身便包含革命，因此运动要保持绝对独立，不接受任何外界的监督。1928 年，纳维尔离开了超现实主义运动。1930 年，勃勒东发表了第二个《超现实主义宣言》，重申了运动的原则：反抗的绝对性，不顺从的彻底性，以及对既定制度的破坏。

20 世纪 30 年代，世界形势发生了急剧的变化。随着法西斯势力的增长，资本主义内部矛盾日益尖锐，超现实主义运动原有的裂痕进一步扩大。阿拉贡、艾吕雅先后离开超现实主义运动参加了法国共产党，佩雷去西班牙参加战斗，克勒韦尔自杀，几乎只剩下勃勒东一人还在坚持运动的宗旨。于是运动转入低潮，但并未完全结束。第二次世界大战期间，勃勒东在美国和马塞尔·杜尚一起鼓吹超现实主义，主编《3V》月刊。1946 年勃勒东回国后继续宣传超现实主义。他创办杂志，发表演讲，进行创作，并多次举办国际超现实主义作品展览。

---

① 译诗根据叶汝琏同志译本，原载《外国现代派作品选》，第 300 页。

超现实主义的理论基础是柏格森的直觉主义、"生命冲动"和弗洛伊德的无意识学说。除达达主义影响之外，它还接受了象征派关于想象的力量和探索幻觉世界的主张的影响。由于提倡"自动写作"（亦称"无意识写作"），主张不受理性或美学、道德准则的制约，认为只有"下意识"的领域和梦幻、本能才是文艺描写的对象，所以超现实主义作品所表现的常常是一些杂乱无章的细节和不知所云的符号，给人以荒谬混乱、艰涩难懂的印象。超现实主义的形成与出现，反映了第一次世界大战后西方青年一代在探索中彷徨不安、痛苦郁闷的狂乱心理。他们看不见个人矛盾和社会矛盾的出路，企图在对艺术的崇拜中寻求解脱，把艺术看作摆脱资产阶级世界污秽的避难所。超现实主义在本质上是唯心主义的。

超现实主义作为一次文学运动，实际存在的时间并不是很长。但作为一种文艺思潮，作为一种美学观点，其影响却相当深远。70年代在美国出现的新超现实主义，便是超现实主义直接影响的结果。

尽管先锋派当中不同文学流派有着这样或那样的差异，但它们之间仍然存在着共同的特征。先锋派艺术家通过各种方式和实物世界种种可感知的现象发生关系。他们或是描绘物质的东西粗暴地侵入理想的精神领域，或者借助不可思议和奇异的东西来分解日常生活现象，或者用把现实因素颠倒错乱的办法来建立一种幻想性的完整统一。他们在所有这些场合里都企图达到同一种效果：感觉到存在事物的无法理解的敌对，感觉到可怕的不稳定和冷酷；个人失去了个性；人被物压倒，沉没在物的中间，乃至完全消失或变成物的一个部分。

先锋派的根源可以说是一种无政府主义意识，它感到资本主义解体而又沾染了解体过程中析出的腐败之物，因此它几乎对一切都采取否定态度。所以在某些方面它对资本主义的反对是真实的——它面对难以理解的世界，在绝望中准备摒弃一切。它的激进态度确实对资产阶级是一种威胁、一种挑战，而这也是它被称作先锋派的一个原因。

先锋派借助敏锐的感受、痛苦的体验和心灵的冲动去对待它身处其中的客观世界。由于它允许体验和感受对内心世界产生作用，所以它根据无意识的作用过程，可以部分地从批判认识的结果来创立新的艺术形式。先锋派艺术家是时代的"感官"，是时代的"地震仪"。他们指出振动、移位和冲击，但却不探究它们产生的原因。他们认为现代工业社会所带来的是个人的悲剧，是内心的悲剧。这内心就像弃置于露天的一架钢琴，琴盖敞开，风沙雨雪，孩子醉鬼，都可以随意敲打琴键，于是钢琴一声声呜咽，汇成一片裂人心肺的沉重的嘈杂声。这也就是它对客观世界的主观反响。先锋派的创作过程便是创造某种和现实相当的内心状态。它不是真正对世界冷眼相观，它本身就再现了世界。

　　总之，先锋派是资本主义进入全面工业现代化时期的特殊产物。它对资本主义的否定具有先锋冲击的作用，它在艺术形式上的创新丰富了文学艺术的表现方法；但它是在绝望痛苦中的带着盲目希望的冲击，因而在艺术创新时又常常走向极端。大多数先锋派作品都有两重性：一方面揭示了资本主义的某些阴暗面和矛盾，具有一定的认识价值；另一方面又往往从个人反抗的角度表达对现状的不满，提出虚无主义的解决方法。先锋派既反映出资本主义社会扭曲脱节的情况和由此而产生的反常心理，同时又把矛盾抽象化为人的存在问题和人性的问题。因此，对先锋派的评价历来有许多争论，但作为一次文化运动，它对西方人心理意识和西方文学艺术发展的影响却不容忽视。

中国社会科学出版社"社科学术文库"
已出版书目

22. 何振一：《理论财政学》，2015 年 6 月出版。

23. 冯昭奎编著：《日本经济》，2015 年 9 月出版。

24. 王松霈主编：《走向 21 世纪的生态经济管理》，2015 年 10 月出版。

25. 孙伯君：《金代女真语》，2016 年 1 月出版。

26. 刘晓萌：《清代北京旗人社会》，2016 年 1 月出版。

27. 陈之骅、吴恩远、马龙闪主编：《苏联兴亡史纲》，2016 年 10 月出版。

28. 朱庭光主编、张椿年副主编：《外国历史大事集》，2017 年 3 月出版。